Bruce Seymour
Lola Montez

Zu diesem Buch

Ihre außergewöhnliche Schönheit wurde ihr zum Verhängnis, ihr skandalumwittertes Leben brachte sie in Verruf, ihre Liebschaft mit König Ludwig I. machte sie unvergeßlich: Die gebürtige Irin Eliza Gilbert (1821–1861), die unter ihrem Künstlernamen Lola Montez berühmt wurde, führte ein bewegtes Leben in den Metropolen Europas. Als »spanische Tänzerin« am Münchener Hof eroberte sie 1846 das Herz des bayerischen Königs im Sturm. Ludwig I. war hingerissen von Lolas Feuer, von ihrem Geist und ihrer Schönheit, und er beauftragte den Hofmaler Joseph Karl Stieler mit einem Porträt für seine Schönheitsgalerie. Als Mätresse des Königs in den Adelsstand erhoben, löste sie mit ihrem provozierenden Auftreten und ihrem intriganten Wesen heftige Unruhen in der bayerischen Hauptstadt aus, bis sich der Monarch schließlich gezwungen sah, 1848 die Krone niederzulegen. – Bruce Seymour schildert in seiner Biographie, die sich auf bisher unveröffentliche Dokumente und den Briefwechsel zwischen Lola Montez und Ludwig I. stützt, das bewegte Leben dieser faszinierenden Femme fatale.

Bruce Seymour, Rechtsanwalt und Historiker, lebt in Piedmont/Kalifornien. Gemeinsam mit Reinhold Rauh hat er 1995 den Briefwechsel zwischen König Ludwig I. und Lola Montez herausgegeben.

Bruce Seymour
Lola Montez
Eine Biographie

Aus dem Amerikanischen von
Renate Sandner

Mit 16 Schwarzweißabbidungen

Piper München Zürich

Ungekürzte Taschenbuchausgabe
Piper Verlag GmbH, München
April 2000
© 1996 Bruce Seymour
Titel der amerikanischen Originalausgabe:
»Lola Montez. A Life«, Yale University Press,
New Haven/London 1996
© der deutschsprachigen Ausgabe:
1998 Artemis & Winkler Verlag, Düsseldorf, Zürich
Umschlag: Büro Hamburg
Stefanie Oberbeck, Katrin Hoffmann
Abbildung Umschlagvorderseite: Joseph Karl Stieler
(»Lola Montez«, 1847, Archiv für Kunst und Geschichte, Berlin)
Satz: Fotosatz Moers, Mönchengladbach
Druck und Bindung: Clausen & Bosse, Leck
Printed in Germany   ISBN 3-492-22784-8

Inhalt

7	Vorwort
9	Von Irland nach Indien
19	Vom Kind zur Frau
28	Die Freuden der Ehe
44	Lola Montez wird geboren
61	Deutschland wird mit der Peitsche erobert
78	Der Weg nach Rußland und zurück
87	Die Eroberung eines Genies
93	Das Urteil von Paris
102	Eine Verabredung im Bois
109	Auf der Suche nach Zerstreuung – zu Hause und im Ausland
122	Ein König im Herbst
130	Der verwunschene Prinz
138	Die Mätresse des Königs
151	Eine gewonnene Schlacht
168	Mätresse gegen Minister und Mob
188	Die Gräfin und ihr Hofstaat
219	Der Weg zur Revolution
255	Auf der Flucht
267	Kühnheit und Verrat
283	Eine Gräfin im Exil
306	»Das ändert die Lage«
323	Mistress Heald auf der Flucht
345	Wieder im Rampenlicht
353	Die Eroberung der Neuen Welt

386 Daheim im goldenen Westen
412 Zu den Antipoden
435 Sorgen und Erfolg
456 Heimwärts
488 Epilog

Anhang
497 Bibliographie
504 Abkürzungen
506 Quellenangaben
548 Bildnachweis
549 Personenregister

****

Vorwort

Lola Montez behauptete einmal, über sie gebe es mehr Biographien als über jede andere lebende Frau, und sie fügte hinzu, daß eine Beschreibung ihres Lebens einer authentischen Geschichte über den Mann im Mond gleichkäme. Die Biographien über diese faszinierende Frau blieben weiterhin ungenau, und zwar hauptsächlich deshalb, weil ihr Sujet eine unverbesserliche Lügnerin war. Die Zeugnisse über ihr Leben waren über die zahlreichen Orte auf dem ganzen Globus verstreut, in denen sie gelebt und die sie besucht hatte, und ihre Biographen haben sich weitgehend damit begnügt, Lolas Lügen zu überarbeiten und noch einige neue zu erfinden. Die Anstrengungen der wenigen, die sich um die Wahrheit ernsthaft bemühten, waren durch Lolas Versuche, die Tatsachen zu verwirren, und die Erfindungen einiger Biographen vergeblich. Als ich mit dieser Biographie begann, wurde mir rasch bewußt, daß die Schilderung ihres Lebens weitgehend auf Fiktion beruhte und daß ich nur durch ein Zurückgreifen auf die ursprünglichen Quellen hoffen konnte, auf die Wahrheit zu stoßen. Die Suche nach diesen Quellen führte mich in Dutzende von Archiven und Bibliotheken in vier Kontinenten, und ich machte einige spektakuläre Entdeckungen, insbesondere den Reichtum des Materials im Ludwig I.-Archiv in der Bayerischen Staatsbibliothek.

Ich habe mich sorgfältig darum bemüht, die Geschichte Lolas auf zeitgenössische Quellen zu stützen. Wann immer ich die Quellen anzweifelte oder das Fehlen jeglicher Dokumentation mich zur Spekulation zwang, wird das im Text erwähnt. Die ersten Absätze der Biographie, die die Gedanken von Reverend Hawks beschreiben, sind eine Erfindung, die sich sehr eng an seine Memoiren über seine kurze Begegnung mit Lola Montez anlehnt, ansonsten habe ich nichts hinzugefügt. Alle Übersetzungen sind von mir. Ich bin überzeugt, daß die wahre Geschichte über das Leben von Lola Montez, die hier zum ersten Mal erzählt wird, zumindest ebenso faszinierend und unglaublich ist wie Lolas eigene Erzählungen oder die ihrer früheren Biographen.

Um jedem, der an der Weiterverfolgung der Geschichte von Lola Montez interessiert ist, die Arbeit zu erleichtern, habe ich meine gesamten Notizen und Forschungsunterlagen bei der Bancroft Library der Universität von Kalifornien in Berkeley hinterlegt. Diese, mehrere tausend Seiten lang, umfassen meine transkribierten Notizen, Fotokopien von Zeitungen und Dokumenten sowie eine frühere Version dieser Biographie mit zusätzlichem Material und ausführlicheren Zitaten. Ich habe überdies noch eine kritische Bibliographie und Anmerkungen zu einigen unbeantworteten Fragen über Lolas Leben hinzugefügt.

Ohne die Hilfe vieler Bibliothekare und Archivare wäre es unmöglich gewesen, dieses Buch zu schreiben. Als Bewahrer der gesammelten Erinnerungen der Menschheit leisten sie einen unbezahlbaren Dienst, der selten anerkannt und geschätzt wird. Jedem einzelnen an dieser Stelle persönlich zu danken, ist mir nicht möglich, doch ich bin allen für das, was sie für mich und unsere Zivilisation getan haben, überaus verbunden.

Auch möchte ich vielen Menschen und Organisationen meinen Dank aussprechen, die mir bei der Arbeit an dieser Biographie besondere Hilfe geleistet haben. Ohne meine Gewinne bei dem Fernsehspiel »Jeopardy« wäre es mir unmöglich gewesen, vier Jahre meines Lebens zu forschen und zu schreiben, und ich danke den Produzenten und Mitarbeitern der Merv Griffin Productions, daß sie mir die Gelegenheit gaben, Lolas Geschichte auf der ganzen Welt zu verfolgen. Mein besonderer Dank gilt auch Nicholas Shreeve aus Arundel in England, Joel Honig aus New York und John Duncan aus London, die mir alle wertvolle Informationen lieferten.

Die Mitarbeiter der Bayerischen Staatsbibliothek, des Bayerischen Hauptstaatsarchivs und der Harvard Theatre Collection zeigten sich besonders hilfsbereit, mich durch das umfangreiche Material über Lola Montez in ihren Sammlungen zu führen. Ihnen und den anderen Einrichtungen und Personen, die mir erlaubten, Abbildungen zu kopieren oder aus Manuskripten in ihren Sammlungen zu zitieren, bin ich zu Dank verpflichtet.

Heidi Downy, meine Lektorin beim Verlag Yale University Press, war mit der entmutigenden Aufgabe konfrontiert, einen Pfad durch das dichte Unterholz meines Textes zu schlagen. Ich danke ihr dafür, daß sie das Buch knapper und lesbarer gemacht hat.

Schließlich möchte ich allen Freunden danken, die außergewöhnliche Geduld bewiesen, als sie während der vergangenen vier Jahre mein ständiges Gerede über Lola Montez über sich ergehen ließen. Ich weiß, daß sie der Auffassung sind, ich sei Lolas letztes Opfer, verführt von Reizen, die über die Grenzen der Zeit hinausgehen, und daß sie glücklicher als ich sein werden, daß dieses Projekt nun beendet ist. Denn selbst wenn ich meine letzten Zeilen über Lola Montez beinahe mit einem Gefühl der Erleichterung niederschreibe, muß ich gestehen, daß ich sie, trotz ihrer Lügen und ihrer Anmaßung, doch vermissen werde.

****

Von Irland nach Indien

Hochwürden Francis Lister Hawks[1] schien besorgt, als er an einem kalten Wintertag Ende Dezember 1860 Manhattans belebte, morastige Siebzehnte Straße hinunterging. Seine quälenden Gedanken kreisten nicht um die am Horizont aufziehenden dunklen Wolken eines drohenden Bürgerkriegs, sondern um die seltsame Bitte eines Gemeindemitglieds der Calvary Episcopal Church. Diese Frau hatte eine frühe Jugendfreundin, die im Sterben lag, eine Dame, der Hawks zwar nie zuvor begegnet war, deren Ruf jedoch in der zivilisierten Welt praktisch jedem, der eine Zeitung lesen konnte, nur allzu bekannt war: Lola Montez.

Der Pfarrer konnte sich an mehr als nur eine erstaunliche Geschichte über Lola Montez erinnern, die Frau, die nun im Angesicht des Todes seinen geistigen Beistand erbat. Sie sollte unterschiedlichen Meldungen nach eine spanische Adlige, eine irische Schlampe oder gar eine gebürtige New Yorkerin sein, doch alle Berichte stimmten darin überein, daß sie in ihrer Jugend, die noch nicht allzu lange zurücklag, eine überwältigende Schönheit gewesen war, die die Herzen mächtiger und berühmter Männer in ihren Bann schlug, als sie auf den Bühnen der ganzen Welt ihre verführerischen Tänze darbot. Dem Vernehmen nach hatte sie von dem alten König Ludwig, ihrem sie vergötternden Liebhaber, die bayerische Regierung übernommen und wollte das Königreich in einen liberalen Modellstaat verwandeln, als der von Reaktionären gedungene, mörderische Straßenmob sie zur Flucht zwang. Es hieß, hinter ihrer Schönheit stecke ein physischer Mut, der jedem Manne ebenbürtig sei, und die Zigaretten, die sie ständig rauchte, charakterisierten ihre Verachtung konventioneller Weiblichkeit. Sie konnte reiten wie eine Amazone, traf sicher mit der Pistole und hatte mehr als einen Mann, der es gewagt hatte, ihren Charakter anzuzweifeln, ihre Peitsche spüren lassen. Lola habe, so wurde erzählt, den größten Teil der Welt gesehen und fühlte sich in einer Hütte in Indien ebenso zu Hause wie in einem Palast. Je nachdem, welcher Geschichte man Glauben schenken wollte, war Lola Montez eine lebende Furie oder die Verkörperung weiblichen Liebreizes, eine Frau von beeindruckendem Intellekt oder ein gewöhnliches Flittchen, die erstaunlichste Erscheinung ihres Zeitalters oder eine größere Schwindlerin als Barnum. Sorgenfalten durchzogen die Stirn über den buschigen Augenbrauen von Hochwürden Hawks, als er überlegte, ob er bei seiner Mission bei der sterbenden Frau der aufrichtigen Beichte einer wahrhaft reuigen Christin beiwohnen oder nur Zeuge der pathetischen Verzweiflung einer sündigen Hure sein würde, deren einziges Bedauern war, daß der Tod sie an weiteren Fehltritten hinderte.

Der Priester traf sein Gemeindemitglied in der West Seventeenth Street, kurz vor der Fifth Avenue, und gemeinsam gingen sie die wenigen Häuserblöcke hinunter bis zur Hausnummer 194 auf der südlichen Straßenseite der West Seventeeth Street, kurz vor der Eight Avenue. Es war eine bürgerliche Wohngegend mit anständigen Pensionen. Die Frau wies ihm den Weg die Treppe hinauf zu einer kleinen Hinterhauswohnung. Hawks betrat ein einfaches Zimmer und sah im flackernden Lampenschein auf das Gesicht von Lola Montez herab, das einst schön, nun durch Krankheit eingefallen und zerstört, aber immer noch lebhaft war. Die dunkelblauen Augen zeichneten sich unnatürlich groß und ausdrucksvoll in dem blassen, von pechschwarzem Haar umrahmten Gesicht ab.

Der Pfarrer muß sich gefragt haben, wie die zerbrechliche Gestalt, die vor ihm lag, die Bewunderung und das Begehren von Königen und Kaisern erregt haben, den zornigen Mob eingeschüchtert und unbekümmert getanzt haben konnte. Aber Lola hatte sich selbst eingestanden: »Ich habe *alles* erlebt, was die Welt zu geben hat - *alles*!«[2] Nun, da sie im Sterben lag, konnte sie auf vierzig Jahre voller Abenteuer zurückblicken, die für vierzig Lebenszeiten ausreichten.

Lola hatte einmal geschrieben, daß »unsere ersten Gefühle immer unsere letzten Erinnerungen bleiben«,[3] und für sie werden sich diese letzten Erinnerungen auf eine exotische Kindheit in Indien bezogen haben. Die sengende Sonne des Subkontinents hatte offensichtlich die ersten drei Lebensjahre, die sie in der grauen, frostigen Atmosphäre Irlands verbracht hatte, in ihrem Gedächtnis verblassen lassen. Sie kam im Sommer 1823 mit ihrem Vater, einem Fähnrich der Britischen Armee, und ihrer Mutter, der illegitimen Tochter einer Stütze der herrschenden protestantischen Klasse Irlands, in Indien an.

Etwas von dem Abenteuerdurst seiner Tochter mußte von dem Fähnrich Edward Gilbert stammen, der seinen sicheren, aber langweiligen Polizeidienst im unzufriedenen irischen Hinterland gegen den Dienst in einem anderen Regiment in Indien eintauschte. Indien war nicht nur viel exotischer als Irland, auch der Sold dort war besser und reichte länger; und die Chancen eines Offiziers auf Beförderung, falls er sich den Krankheiten, dem Klima und den rebellischen Eingeborenen besser als seine Vorgesetzten widersetzen konnte, waren viel größer als zu Hause.

Gilbert war gerade sechsundzwanzig,[4] als er in Kalkutta eintraf, aber er hatte bereits sechs Dienstjahre als Armeeoffizier hinter sich. Lola beschrieb ihn als einen Mann mit einem hübschen, jungenhaften Gesicht, das mit hellblondem Backenbart und einem dünnen Schnurrbart verziert war. Seine genaue Herkunft liegt im dunkeln, aber ganz sicher entstammte er, ob legitim oder illegitim, dem Hochadel oder dem wohlhabenden niederen Adel.

Er war Ende Dezember 1818 mit dem 25. Infanterieregiment in die Grafschaft Cork gekommen,[5] und das Regiment machte sich daran, die Rebellion in der irischen Domäne von König Georg zu unterdrücken. Cork hatte durchaus seine Attraktionen, und eine davon waren die irischen Mädchen. Lola berichtete, ihr Vater habe ein heiteres und gewinnendes Wesen besessen, und möglicherweise war es dieses Wesen ebensosehr wie seine jugendliche Gestalt in der roten Uniformjacke und den engen Hosen, die Eliza Oliver, die vierzehnjährige Gehilfin einer Putzmacherin, anzogen. Der Name Oliver hatte sowohl in der Grafschaft Cork als auch in der angrenzenden Grafschaft Limerick einen guten Klang; die Familie besaß viele Ländereien und kontrollierte die meisten öffentlichen Ämter sowie die parlamentarische Vertretung der Gegend. Eliza war stolz auf ihre Herkunft aus dieser einflußreichen protestantischen Familie, auch wenn sie ein uneheliches Kind war. Ihr Vater, Charles Silver Oliver, ehemaliger hoher Verwaltungsbeamter von Cork und Parlamentsmitglied, hatte mit der Heirat gewartet, bis er über Vierzig war, doch während dieser Bedenkzeit hatte er mit Mary Green, seiner Geliebten, vier Kinder in die Welt gesetzt.

Eliza oder Elizabeth,[6] wie ihr Vater sie nannte, war das jüngste Kind Olivers von Mary Green. Sie wurde 1805 geboren, in demselben Jahr, in dem ihr Vater schließlich eine einheimische Erbin aus guter Familie zur legitimen Ehefrau nahm und sieben eheliche Erben für den Namen Oliver zu zeugen begann. Doch Eliza und ihre Schwester Mary sowie die Brüder John und Thomas trugen alle ebenfalls den Namen ihres Vaters, und er sorgte für ihr Wohlergehen, selbst nach dem Tod ihrer Mutter. Die Jungen gingen bei einem Lebensmittelhändler und die Mädchen bei Mrs. Hall, einer Putzmacherin in Cork, in die Lehre, so daß sie sich selbst anständig durchs Leben bringen konnten. Und als Oliver 1817 schließlich starb, hinterließ er jedem seiner vier »mutmaßlichen« Kinder 500 Pfund, eine beträchtliche Summe in jenen Tagen, die ihnen an ihrem einundzwanzigsten Geburtstag ausgezahlt werden sollte.

Leutnant Gilbert war wohl eher von Eliza Olivers hübschem Gesicht, ihren dunklen Augen und dem rabenschwarzen Haar angetan als von dem, was er möglicherweise über ihren Vater und ihre Erbschaft erfahren hatte.[7] Zwischen dem britischen Offizier und dem irischen Mädchen entwickelte sich eine Romanze, und im Frühjahr 1820 dachten sie an Heirat. Genau um diese Zeit wurde Gilberts Regiment aus Cork abgezogen. Soldaten im Polizeidienst wurden regelmäßig an andere Orte versetzt, um sie davon abzuhalten, mit dem Volk, das sie unterdrücken sollten, zu fraternisieren, und das 25. Infanterieregiment wurde in das Hinterland geschickt, um eine Rebellion weiter nördlich zu unterbinden.[8] Um eine Fraternisierung zwischen Edward und Eliza zu verhindern, war es jedoch schon zu spät, und am 29. April 1820 wurden sie in Cork in der Christ Church getraut, wo der Bürgermeister von Cork und die protestantische Elite der Stadt ihre Kirchenbänke innehatten. Und falls irgend jemand das Aufgebot übersehen haben sollte, wurden in den Zeitungen Inserate aufgegeben, so daß alle von der Heirat von »Edward Gilbert, wohlgeb., 25. Regiment, mit Eliza, der Tochter von Charles Silver Oliver, wohlgeb., aus Castle Oliver, Mitglied des Parlaments« erfahren würden.

Das junge Paar begann ein unstetes, von vielen Umzügen geprägtes Eheleben, da Gilberts Kompanie in den Grafschaften Roscommon und Sligo von einer Stadt zur anderen beordert wurde.[9] Dieses Zigeunerleben muß noch schwieriger geworden sein, nachdem die fünfzehnjährige Braut schnell in andere Umstände kam. Im Hochwinter befanden sich der Fähnrich Gilbert und seine Frau in Grange, einem in Meeresnähe und im Schatten des Ben Bulben Mountains gelegenen Dorf nördlich von Sligo; und dort wurde am 17. Februar 1821 das Kind, das der Welt später als Lola Montez bekannt werden würde, geboren. Seine Eltern gaben ihm den Namen Elizabeth Rosanna Gilbert, wenngleich seine Mutter es stets Eliza nannte. Später würde Lola Limerick als ihren Geburtsort angeben, doch das war nur eine ihrer vielen Lügen.

Vielleicht war es sein Status als frischgebackener Familienvater, der

Gilbert dazu bewog, nach einer Position mit höherer Bezahlung und einer besseren Aussicht auf schnelle Beförderung Ausschau zu halten, oder vielleicht hatte er die gleiche Sehnsucht nach Abenteuern, die seine Tochter verzehren würde. Im Jahr 1822 gelang es ihm schließlich, seinen Posten mit einem frischen Absolventen der Militärakademie in Sandhurst zu tauschen, der dem 44. Regiment, das sich bereits auf dem Weg nach Indien befand, zugeteilt worden war. Der englische Handel mit Indien war zu jener Zeit ein Monopol der Britischen Ostindienkompanie, einer Gesellschaft, die als Quasi-Regierung in den von Großbritannien beherrschten Teilen des Subkontinents fungierte. Die Ehrenwerte Gesellschaft, wie sie hieß, besaß ihre eigene Armee aus einheimischen Truppen, die von britischen Offizieren befehligt wurden. Diese Truppen wurden jedoch mit Regimentern der regulären britischen Armee ergänzt. Die englischen Soldaten standen im Ansehen weit über den einheimischen, und durch die allgemeine Verringerung des Militärs nach den Napoleonischen Kriegen war das Kriegsministerium froh, für einige seiner Regimenter eine Einsatzmöglichkeit zu haben.
Also reisten die Gilberts nach England, um Vorkehrungen für die Überfahrt nach Indien zu treffen, und am 14. März 1823 segelten sie von Gravesend ab, ohne zu wissen, wann sie wiederkehren würden.[10]
Vor dem Bau des Suezkanals brauchte man für die Reise nach Indien etwa vier Monate, mit einer oder zwei Unterbrechungen, um Wasser und Vorräte zu laden. Gilbert erreichte Kalkutta, die Hauptstadt der Präsidentschaft Bengalen, im Sommer 1823 und mußte feststellen, daß sein neues Regiment schon in die Garnison Dinapore in der Nähe von Patna, fast vierhundert Meilen den Ganges hinauf, beordert worden war.
Nach vier Monaten auf See waren Gilbert und seine Frau wohl nicht sehr begeistert darüber, sich sofort wieder mit ihrer kleinen Tochter auf die beschwerliche Reise flußaufwärts zu machen, aber es war schon fast ein Jahr vergangen, seit er offiziell zu seinem neuen Regiment versetzt worden war, und jede weitere Verzögerung, sich zum Dienst zu melden, wäre schwer zu rechtfertigen gewesen. Die Familie schloß sich wahrscheinlich den letzten Kompanien des Regiments an, die von Kalkutta aufbrachen, und begann die Reise in kleinen Schiffen den Ganges hinauf.[11] Die Expedition reiste nur bei Tageslicht und legte im Durchschnitt etwas über zehn Meilen am Tag durch die trügerischen Stromschnellen und Untiefen des gewaltigen Flusses zurück. Durch die Hitze, den Monsunregen, die Insekten und

das langsame Vorwärtskommen des Schiffes war die Fahrt alles andere als eine Vergnügungsreise. Die Eingeborenen, die auf der weiten Ebene zu beiden Seiten des Flusses ihre Felder bestellten, waren den Fremden gegenüber nicht wohlgesonnen, und sie verkauften ihnen nur sehr widerstrebend Proviant.

Leutnant Gilbert hatte sich bereits für das langwierige Unternehmen gerüstet und zehn Bände des *New British Theatre*, drei Bände von Popes Werken, *Rhyme and Reason, Essays on Physiognomy* sowie eine französische Grammatik mitgebracht.[12] Mit seinen Farben und Stiften und der Zeichenausrüstung wollte er die Landschaftsbilder Indiens einfangen, und an den Abenden konnte er seine Mitreisenden auf seiner mit silbernen Paßstücken ausgestatteten Flöte unterhalten.

Trotz der Unbequemlichkeit und des langsamen Vorankommens der Schiffe mußten die Reisenden von der Exotik Indiens fasziniert gewesen sein. Der Fluß erstreckte sich in seinem Hauptkanal über eine Breite von drei Meilen, und die Landschaft wechselte zwischen ausgedehntem Weideland, üppigen Farmen und Wäldern, in denen graue Affen kreischten. Die Inder selbst, die entlang des Wasserweges ihren täglichen Arbeiten nachgingen, mußten den Briten auf wunderbare Weise fremdartig erschienen sein.

Doch für Leutnant Gilbert war die Reise nicht der Beginn eines großen Abenteuers. Als die Schiffe sich in Patna dem großen Markt am Flußufer näherten, hatte er wahrscheinlich schon unter Erbrechen und Durchfall, den für den Ausbruch von Cholera typischen Symptomen, gelitten; und am 22. September, nachdem die Gruppe die wenigen letzten Meilen zu dem Quartier in Dinapor zurückgelegt hatte, wurde Gilberts Name in die Musterrolle sowohl als Neuzugang, der sich zum Dienst meldete, als auch als Todesfall eingetragen.[13]

Als junge, hübsche Offizierswitwe würde Mrs. Gilbert ohne Schwierigkeiten sowohl in der regulären britischen Armee als auch in den Regimentern der Ehrenwerten Gesellschaft Bewerber gefunden haben. Sie verfügte zwar über eine kleine Witwenpension, doch wäre für sie in der heimatfernen Gemeinde in Indien gesellschaftlich oder wirtschaftlich wenig Spielraum gewesen, wenn sie sich nicht wieder verheiratet hätte.

Nach Lolas Aussage[14] war ihre Mutter eine eitle, egozentrische Frau, die sich hauptsächlich mit den Menschen und Ereignissen in ihrer Umgebung befaßte; Feste, Bälle und Gesellschaften waren der Mittelpunkt ihrer Welt. Sie gehörte zu jenen unglücklichen Frauen, schrieb

Lola, die unter nervöser Erschöpfung leiden, wenn sie mit ihren Gedanken alleine gelassen werden.
Wenn das der Fall war, dann erwog die Witwe Gilbert wahrscheinlich niemals ernsthaft, sich an dem abgelegenen und unwegsamen Außenposten niederzulassen, wo sie ihren Ehemann begraben hatte. Selbst wenn sie in Indien bleiben wollte, wäre es bestimmt ihr Ziel gewesen, nach Kalkutta – dem Sitz des Generalgouverneurs und dem Zentrum der britischen Gesellschaft auf dem Subkontinent – zurückzukehren. Doch da es auf dem Fluß keinen regulären Passagierverkehr gab, mußte sie warten, bis ein Konvoi von Schiffen sich auf die Rückreise machen würde.
Die anderen Offiziersfrauen halfen wahrscheinlich dabei, sich um Lola zu kümmern.[15] Sie war alt genug, den Verlust ihres Vaters zu spüren. Die neuen Gesichter, Anblicke und Gerüche mußten ihr dabei geholfen haben, sich von dem Kummer, den sie vielleicht gefühlt haben mochte, abzulenken. Lola beschuldigte ihre Mutter immer, sie vernachlässigt und der Pflege allzu nachsichtiger indischer Kindermädchen, den Ayas, überantwortet zu haben, die es zuließen, daß sie verwöhnt und undiszipliniert wurde. Das Grundmuster ihres Verhaltens wurde vielleicht bereits während ihres Aufenthalts in Dinapore festgelegt.
Einen Monat nach Gilberts Tod versteigerte das Regiment seine persönliche Habe. Der Erlös und eine weitere Summe, die dem verstorbenen Offizier zustand, zusammen 60 Pfund, wurden der Witwe ausbezahlt.[16] Dieser Betrag hätte wohl mehrere Monate für den Unterhalt der Witwe und ihrer Tochter gereicht, aber bei weitem nicht für die Rückreise nach Großbritannien. Ob die Witwe nun um ihren Mann ein volles Jahr trauern wollte oder nicht, das einzige, was sie tun konnte, um für sich und ihre Tochter zu sorgen, war, unverzüglich einen neuen Ehemann zu finden.
Mutter und Tochter traten wahrscheinlich im November die Reise nach Kalkutta an. Möglicherweise trafen sie den jungen schottischen Leutnant Patrick Craigie bereits auf ihrer Fahrt flußabwärts.[17] Craigie, der dem 19. Einheimischen Infanterieregiment der Britischen Ostindienkompanie angehörte, war gerade von seinem Posten als Bewacher des politischen Vertreters der Kompanie am Hof von Jaipur nach Kalkutta zurückbeordert worden, und er könnte sich um diese Zeit auf der nach Dinapore gelegenen Strecke flußabwärts befunden haben.
Craigie war 24 und seit fünf Jahren in Indien.[18] Er stammte aus einer

großen, dem Mittelstand angehörenden Familie in Montrose an der Ostküste Schottlands. Er war beliebt bei seinen Offizierskameraden, und seine Vorgesetzten hielten ihn für pünktlich, fröhlich und diensteifrig. Der junge Schotte besaß eine eindrucksvolle Gestalt, und sein ovales Gesicht war von einem hellbraunen Backenbart eingerahmt, den er vielleicht wachsen ließ, um die hohe Stirn auszugleichen, die er durch vorzeitigen Haarausfall hatte. Craigie hatte auch begonnen, sich einen Namen als Verwaltungsoffizier zu machen, der fähig war, die unzähligen Einzelschritte im Zusammenhang mit der Bewegung und Versorgung großer Truppenverbände zu koordinieren.

Zwischen Craigie und der Witwe schien sich während des folgenden Sommers eine ernsthafte Liebesbeziehung entwickelt zu haben, als Craigie auf Bitten von Oberstleutnant William Innes zum Dienst an die Grenze des Distriktes Sylhet berufen wurde, der heutigen nordöstlichen Grenze zwischen Bangladesch und Indien.[19] Am 16. August 1824, nicht einmal ein Jahr, nachdem sie ihren ersten Ehemann begraben hatte, wurde die 19jährige Eliza Gilbert die Frau von Patrick Craigie.

Craigie gewann nicht nur die irische Witwe, sondern auch ihre blauäugige Tochter lieb, schrieb Lola.[20] Sicher ist, daß Lolas Erinnerungen an ihren Stiefvater weit glücklicher waren als die Erinnerungen an ihre Mutter. Sie schrieb immer voller Zuneigung über ihn und sagte, er habe sie davor bewahrt, ihren echten Vater je zu vermissen. Obwohl ihr Stiefvater Eliza immer als »Mrs. Craigies Tochter« bezeichnete, war er fröhlich und sanftmütig und die Hauptquelle ihres Glücks in ihrem neuen Hausstand. Durch seinen Dienst war Craigie die meiste Zeit im Feld, weit entfernt von zu Hause, und ihre Mutter, wenn wir Lola glauben wollen, überließ sie weitgehend der Fürsorge der Ayas. Lola beschrieb sich später als ein halbnacktes, auf der Hüfte ihres Kindermädchens sitzendes Kind, das ständig verwöhnt und gelobt wurde.

Lola berichtete ferner, daß sie, während ihre Mutter sich mit Kleidern und Unterhaltungen beschäftigte, unter der nachsichtigen Pflege ihrer Aya kaum gelernt hatte, zu gehen, zu sprechen oder selbständig zu essen.

Die Üppigkeit Indiens mit seiner unglaublichen Vielfalt an Pflanzen, Tieren und Menschen war für das verwöhnte, jedoch vernachlässigte Mädchen ein wundervoller Spielplatz, und Lola hatte zärtliche Erinnerungen nicht nur an Vögel, Affen und Blumen, sondern auch an das tägliche Leben in Indien, daran, daß sie täglich zweimal im Fluß

Houghly gebadet worden war, an das ständige Schauspiel der Händler, der Tänzer, der nackten Fakire. »Ich ging stets barfuß«, schrieb sie, »und mein Verstand hatte sich noch mit nichts Anderem beschäftigt, als mit den sonderbaren und überraschenden Schauspielen, denen in Ostindien das Auge auf jedem Schritt begegnet.«[21] Sie erinnerte sich daran, wie sie Betel gekaut hatte, bis sich ihr Mund hellrot färbte, und an glühend heißen Nachmittagen im Haus lag und im Schatten dem rhythmischen Zischen der großen Luftfächer, den *Punkhas*, lauschte, die ohne Unterlaß von einheimischen Knaben für nur ein paar Pfennige am Tag gezogen wurden.

Ihr Stiefvater war es, erzählte Lola, der sich schließlich Gedanken darüber machte, daß die fünfjährige Eliza keine Anstalten machte, etwas anderes als ein verwöhntes und halbwildes Tier zu werden. In den letzten Monaten des Jahres 1826 gingen ihre sorglosen Tage in Indien zu Ende. Leutnant Craigie wurde zum Stellvertreter des Assistenten des Generaladjutanten in Meerut, in der Nähe Delhis und über tausend Meilen von Kalkutta entfernt, ernannt. Und etwa gleichzeitig entschloß sich Oberstleutnant Innes, sein früherer Kommandant, mit seiner Familie nach England in den Ruhestand zurückzukehren. Wenn Eliza nach Großbritannien zur Schule geschickt werden sollte, wie für Offizierskinder üblich, dann war dies der geeignete Zeitpunkt. Meerut wäre zu weit von Kalkutta entfernt gewesen, um ohne Schwierigkeiten Vorkehrungen für die Seereise zu treffen. Es traf sich gut, daß Innes und seine Frau sich auf der Fahrt nach Europa um Eliza kümmern konnten.

Craigie sorgte dafür, daß seine Stieftochter mit der Familie Innes auf der *Malcolm* nach London reisen durfte. Von da aus würde das Kind nach Montrose gebracht werden, um bei Craigies Vater zu wohnen. Eliza war alles andere als glücklich bei der Vorstellung, Indien verlassen zu müssen. Damals, so schrieb sie, machte sie die Erfahrung, daß niemand wirklich frei ist und daß die Welt ein einziges großes Gefängnis ist.[22]

Ihre Mutter fing begeistert an, hübsche Kleider und Toilettenartikel zu packen, die Lola als ein weiteres Beispiel für deren Eigenschaft ansah, im Trivialen und Nichtigen Glück zu finden. »So verließ ich meine erste Heimath«, schrieb sie, »die Phantasie mit den poetischen Erinnerungen, den dramatischen Feenschlössern und den berauschenden Tänzen angefüllt, unter denen meine Kindheit entflohen war.«[23]

Die Familie feierte zusammen Weihnachten, und am 26. Dezember 1826 umarmten Mutter und Stiefvater das Mädchen am Diamond

Harbor, neunzig Meilen flußabwärts von Kalkutta, zum letzten Mal. Der Maat schrieb in die Passagierliste des Logbuchs »Eliza Gilbert, Mrs. Craigies Tochter«,[24] die Laufplanke ging nach oben, das Segel knatterte über den Köpfen, und die Fünfjährige winkte der einzigen Familie und Heimat, die sie je gekannt hatte, ein trauriges, schmerzliches Lebewohl zu.

****

Vom Kind zur Frau

Eliza reiste in guter Gesellschaft. Obwohl ein Offizier der Armee der Ostindienkompanie und nicht der Britischen Armee, war Oberstleutnant Innes Ritter des Bath-Ordens. Das bedeutete, daß er über eine gute Erziehung, beste Beziehungen und Vermögen verfügte. Er, seine Frau und ihre erwachsene Tochter mußten während der viermonatigen Reise mit einer launischen, eigenwilligen und undisziplinierten Fünfjährigen fertigwerden. Die *Malcolm* machte halt in Madras und segelte dann quer über den Indischen Ozean, durch Stürme und Unwetter. Je weiter südwärts das Schiff fuhr, um so mehr sanken die Temperaturen. Am 10. März sichtete man Kap Agulhas, die südlichste Landspitze Afrikas, und hielt dann nördlichen Kurs auf England.[1]
Familie Innes war geduldig und freundlich zu ihrem Schützling, aber für Eliza waren sie Fremde. In dieser andersartigen Welt zeigte das Mädchen die Unbeständigkeit ihres Temperaments und ihrer Stimmungen, die zu einem ihrer Charaktermerkmale werden sollte. Für Eliza, die an ihre beiden täglichen Bäder gewöhnt war, muß die Wasserrationierung an Bord eine weitere unliebsame Überraschung gewesen sein. Jeder Passagier hatte täglich Anspruch auf zweieinhalb Liter Süßwasser, da die Tanks erst wieder auf Sankt Helena gefüllt werden konnten.
Am 19. Mai 1827, nach fast fünf Monaten auf See, legte die *Malcolm* in Blackwall an, das unweit des Londoner Towers flußabwärts gelegen war. Lola erhielt von Oberst Innes und seiner Frau innige Küsse, die sie als Zeichen dafür nahm, daß ihr all ihre Launen und Wutanfälle vergeben waren, und wurde der Obhut ihrer Verwandten anvertraut, die gekommen waren, um sie nach Schottland zu begleiten.[2]
Einem Kind, das in Kalkutta aufgewachsen war, muß Montrose fremd und totenstill erschienen sein. Sogar die Sonne, die tief am Himmel stand und während der kurzen, kalten Wintertage kaum zu sehen war, war hier eine andere. Das Städtchen mit weniger als zehntausend Einwohnern lag, geschützt vor dem schlimmsten Toben der Nordsee, an einer Trichtermündung und einem Tidebecken zwischen Dundee und Aberdeen.[3] Elizas Stiefgroßvater, der ebenfalls Patrick Craigie

hieß, war während der Napoleonischen Kriege viermal Bürgermeister der Stadt gewesen und hatte sich 1816 aus dem Stadtrat in seine Apotheke zurückgezogen. Er und seine Frau Mary hatten während ihrer 30jährigen Ehe neun Kinder großgezogen, und das jüngste war nur sieben Jahre älter als der Neuankömmling aus Indien.

Lola erinnerte sich, daß die »Ankunft des seltsamen, widerspenstigen kleinen ostindischen Mädchens in ganz Montrose sofort bekannt wurde. Ihre eigentümliche Kleidung und, man kann wohl sagen, ihre ziemlich exzentrischen Umgangsformen dienten dazu, sie zu einem Gegenstand der Neugierde und Beachtung zu machen; und höchstwahrscheinlich bemerkte das Kind, daß es so etwas wie eine öffentliche Person war, und hatte vielleicht sogar schon in diesem frühen Alter angefangen, eigene Haltungen und Sitten anzunehmen«[4]. In Montrose erinnerte man sich später an Eliza wegen ihrer unkontrollierbaren Vorliebe für Späße und dumme Streiche; einmal, so erinnerten sich die Einwohner, hatte sie sich während des sonntäglichen Gottesdienstes in der roten Sandsteinkirche in der High Street damit amüsiert, in die Perücke des alten Herrn, der in der Kirchenbank vor ihr saß, heimlich, still und leise Blumen zu stecken.

Als sie zehn Jahre alt war, zogen die ältere Schwester ihres Stiefvaters, Mrs. Catherine Rae, und ihr Ehemann William weiter südlich nach Durham, um in Monkwearmouth eine Internatsschule zu eröffnen.[5] Es läßt sich nicht mehr rekonstruieren, weshalb Eliza mitkam, aber sie reiste mit dem Ehepaar Ende 1831 nach England. Unter den Lehrern, die eingestellt wurden, war auch ein Zeichenlehrer mit Namen Grant, der das Mädchen Jahre später folgendermaßen beschrieb:

Eliza Gilbert ... war damals ein sehr anmutiges und hübsches Kind von etwa zehn oder (vielleicht) elf Jahren. Ihre Figur wirkte größer, als es ihrem Alter entsprach, war aber ebenmäßig geformt, von fließender graziöser Haltung, deren Charme nur durch einen Ausdruck von dreister Selbstgefälligkeit – ich würde fast sagen von hochmütiger Ungeniertheit – gemindert wurde, in völliger Übereinstimmung mit dem Ausdruck ihres sonst schönen Antlitzes, nämlich dem ihres unbezähmbaren Eigenwillens – eine Eigenschaft, die sich, glaube ich, schon seit ihrer frühen Kindheit gezeigt hatte. Ihre Züge waren regelmäßig, konnten jedoch ihren Ausdruck rasch und stark verändern. Ihr Teint war orientalisch dunkel, aber durchscheinend klar; die Augen waren tiefblau und, wie ich mich genau erinnere, von außerordentlicher Schönheit, strahlten hell und gaben wenig Hinweis auf die sanften und zarten Gefühle ihres Geschlechts als vielmehr auf stürmischere und leidenschaftliche Erregungen. Der Mund wies ebenfalls auf einen besonders entschlossenen, eher resoluten als sinnlichen Charakter hin, und alles in allem war es unmöglich, sie längere Zeit anzusehen, ohne die Überzeugung zu gewinnen, daß sie sehr eigenwillig und schwierig war. Tatsächlich gaben die Heftigkeit und Halsstarrigkeit ihres Wesens ihrer gutmütigen, freundlichen Tante nur allzu häufig Anlaß zu schmerzlicher Besorgnis; und ich erinnere mich, daß Eliza einmal erst aus ihrer Einzelhaft entlassen werden mußte, in der sie den ganzen vorherigen Tag wegen eines rebellischen Ausbruchs von Leidenschaft gehalten worden war, damit sie den Unterricht besuchen konnte. Die Tür wurde aufgeschlossen und heraus kam bereits eine kleine Lola Montez, die wie eine junge Tigerin aussah, die gerade von einer Höhle in eine andere entkommen war!

Elizas Aufenthalt in Durham dauerte nur etwa ein Jahr.[6] Hauptmann Craigie (er war Ende 1830 befördert worden) hatte in Meerut unter dem Kommando von Generalmajor Sir Jasper Nicolls gedient, der sich durch seine Führungseigenschaften bei der Belagerung von Burthpore im Jahr 1825 hervorgetan hatte. Sir Jasper plante, im Frühjahr 1831 nach England zurückzukehren, und Craigie sah diese Rückkehr offensichtlich als eine Gelegenheit, für eine anspruchsvollere Erziehung seiner Stieftochter zu sorgen. Sir Jasper hatte selbst acht Töchter, einige waren noch im Schulalter, und daher bat Craigie seinen früheren Kommandanten, Eliza dort unterzubringen, wo sie eine standesgemäße Erziehung erhalten würde.
Catherine Rae und Eliza unternahmen deshalb die lange Kutschfahrt von Durham nach Reading, dem Wohnsitz von Sir Jasper, der in der Grafschaft Berkshire, westlich von London, lag, und trafen dort am 14. September 1832 ein. Sir Jasper war, so schrieb Lola, großgewachsen mit einer hohen Stirn und beginnender Glatze über einem ernsten Gesicht mit zwei schwarzen buschigen Augenbrauen. An Befehlen und Gehorsam gewöhnt, ließ der General im täglichen Umgang auch innerhalb der Familie eine gewisse militärische Strenge walten, obwohl er ein vornehmes und wohlerzogenes Benehmen zeigte. Für ihn bedeutete, nach Lolas Charakterisierung, Schweigen Würde und Kälte Ernsthaftigkeit. Die elfjährige Eliza machte einen gleichermaßen ungünstigen Eindruck auf Sir Jasper, der bereits früh die Überzeugung gewann, daß aus dem Mädchen nichts Gutes werden würde. Die beiden eigensinnigen Egozentriker hätten im selben Haushalt unvermeidlich Streit miteinander bekommen, aber Eliza sollte ohnehin nicht im Haus der Nicolls bleiben, sondern lediglich, wie es Sir Jasper in seinem Tagebuch vermerkte, »in einer Schule untergebracht« werden. Eliza wurde in einem Internat angemeldet, das von den beiden Fräulein Aldridge in Bath in der Grafschaft Somerset geleitet wurde.

Bath, ein von der britischen Oberschicht bevorzugter Badeort, stellte für Eliza nun wieder eine neue Welt dar. Seine Architektur mit der berühmten Abtei, dem Pump House und den Assembly Rooms war weit eindrucksvoller als alles, was Montrose oder Monkwearmouth geboten hatten, und seine Bewohner waren ebenfalls viel kultivierter und wohlhabender. Doch hat Eliza nur gelegentlich etwas von dem mondänen Leben in Bath zu Gesicht bekommen. Wie jedes gute Mädcheninternat in jenen Tagen nahm die Aldridge Academy[7] ihre Zöglinge fest an die Kandare und ließ sie nur selten und unter strenger Aufsicht ausgehen. Den größten Teil der Zeit verbrachte Eliza im Camden Place Nr. 20 (jetzt Camden Crescent), wo die Schwestern Aldridge und ihre Mutter vor einigen Jahren ein vornehmes Reihenhaus gemietet hatten, um dort ihre Schule zu eröffnen.

Der Camden Place war als ein weitgeschwungener Bogen von dreistöckigen Stadthäusern geplant worden, um mit dem Royal Crescent und dem Lansdown Crescent, den eleganten, halbkreisförmig angelegten Wohngegenden, zu konkurrieren, die immer noch zu den begehrtesten Adressen in Bath gehören. Doch der Boden des steilen Abhangs am rechten Bogenende stellte sich für eine Bebauung als ungeeignet heraus. Der Halbkreis von Stadthäusern wirkte daher durch den imposanten Zentralpavillon, der nun außerhalb des Mittelpunkts stand, leicht gestutzt. Elizas Schule war das vorletzte Haus am nördlichen Bogenende, und die großen korinthischen Säulen, welche die klassische Fassade schmückten, verliehen dem Gebäude ein für eine Mädchenschule überaus imposantes Erscheinungsbild. Über dem Eingang war in dem honigfarbenen Kalkstein, mit dem das ganze Haus verziert war, ein Elefant eingemeißelt, Teil des Wappens von Lord Camden, nach dem der Platz benannt war.

Wenn der Camden Place auch nicht so vornehm war wie die beiden anderen halbkreisförmigen Stadthausanlagen, so übertraf er sie doch in seiner großartigen Aussicht. Die Straße vor der Aldridge Academy bot einen weiten Blick auf das grüne, enge und sich schlängelnde Flußtal des Avon. Am Fuß des Hanges vor der Schule ragte der Turm der Kirche von Walcott empor, zu der die Mädchen wahrscheinlich jeden Sonntag geführt wurden. Auf der rechten Seite sah man über die Gärten und Häuser entlang der London Street auf das Wirrwarr der Dächer im Zentrum von Bath, das von der grauen Erhebung der ehrwürdigen Abtei geprägt wurde.

Die Aldridge Academy hatte etwa fünfzehn Internatsschülerinnen im Alter von zehn bis siebzehn oder achtzehn Jahren. Der Lehrplan umfaßte die üblichen weiblichen Fertigkeiten – Tanzen, Nähen, Zeichnen und Klavierspielen –, aber es wurde auch ungewöhnliches Gewicht auf Sprachen, Latein und Französisch eingeschlossen, gelegt. Nach Lolas Berichten war Französisch die Umgangssprache innerhalb der Schule, Englisch war nur an Sonntagen erlaubt. Den Mädchen, die unter der Woche Englisch sprachen, wurde zur Strafe etwas von ihrem Taschengeld abgezogen. Das Französisch, das Lola in Bath lernte, sollte ihr noch sehr zugute kommen, obwohl sie es niemals ganz korrekt sprach oder schrieb, selbst nicht nach mehreren Jahren in Paris. Tanzen sollte ihr Beruf werden, und Sticken und Klavierspielen blieben ihr ganzes Leben lang ihre beliebtesten Zerstreuungen.

Es ist schwer zu sagen, wieviel Kontakt die junge Eliza zu Menschen außerhalb der Schule hatte.[8] Sie behauptete, die Schulferien bei der Familie Nicolls in London und Paris und auf »ihrem Schloß bei Bath« verbracht zu haben, aber die Tagebücher von Sir Jasper machen deutlich, daß dies nur Lolas Phantasien waren. Wahrscheinlich war sie mehr oder weniger in die Schule abgeschoben worden, wie viele Internatsschüler in dieser Zeit, um im heiratsfähigen Alter wieder nach Hause geholt zu werden.

Die Jahre in Bath scheinen für sie dennoch eine glückliche Zeit gewesen zu sein.[9] Sie erinnerte sich, unter den Schülerinnen die Hauptträdelsführerin gegen die Autorität der Erwachsenen gewesen zu sein, und sagte, sie sei nie müde geworden, Streiche gegen die Lehrer auszuhecken. Die Erziehung, die sie erhielt, war außergewöhnlich gut für ein Mädchen ihres Standes. Viele Mädchen der Mittelschicht wurden damals nur von ihrer Mutter in den Fertigkeiten unterrichtet, die für die Aufgaben einer Ehefrau und Mutter für notwendig erachtet wurden. Sir Jasper schätzte, daß Craigie über 1000 Pfund in die Erziehung seiner Stieftochter investiert hatte, ein Betrag, der weit über dem Jahreseinkommen eines Hauptmanns lag; und Lola erinnerte sich später dankbar an das Opfer, das ihre Mutter und ihr Stiefvater gebracht hatten, um ihren Intellekt zu fördern. Die Menschen, die Lola Montez kennenlernten, waren oft überrascht über das breite, wenn auch nicht immer in die Tiefe gehende Spektrum ihrer Vertrautheit mit Literatur, Kunst und Philosophie. Die Grundlage für dieses Wissen wurde wahrscheinlich am Camden Place gelegt.

In Bath wuchs Eliza zu einer jungen Frau heran, und ihr Körper nahm wunderschöne weibliche Formen an. Sie verbrachte dort beinahe fünf Jahre, die längste Zeit, die sie in ihrem Leben ohne Unterbrechung an einem Ort bleiben sollte. Doch während sie körperlich zur Frau heranreifte, erlaubte das von der Außenwelt isolierte Leben in der Aldridge Academy nur eine romantische Vorstellung von der Außenwelt und der Männer, die in ihr lebten.

Sir Jasper hatte keine gute Meinung von Eliza, und von Mrs. Craigie hielt er ebenfalls nicht sehr viel, so sehr er auch Hauptmann Craigie als Offizier schätzte. Allein der Versuch, die Mutter dazu zu bewegen, mit ihm über Elizas Erziehung zu sprechen, hatte sich als vergeblich erwiesen. »Schließlich haben wir doch von Mrs. Craigie gehört«, schrieb er am 14. Februar 1834 in sein Tagebuch, »die sich vermutlich gezwungen sah, unsere zahlreichen Briefe zu beantworten, obgleich sie sechsmal von uns hörte, bevor es dazu kam – ich war sehr überrascht – und ziemlich verärgert – und irgendwie bereute ich es, so leichtfertig eine unangenehme und offensichtlich undankbare Aufgabe übernommen zu haben. Ich verglich sie mit einer Schildkröte, die ihre Eier nur leicht im Sand vergräbt und sie der Sonne und dem Schicksal überläßt.«[10]

Schließlich wurde es Mrs. Craigie bewußt, daß Eliza bald aus der Schule genommen und auf das Eheleben vorbereitet werden mußte, der ehrbarste und wünschenswerteste – und praktisch der einzige – Lebensweg, der einer jungen Frau ihres Standes offenstand. Man konnte nicht von den Nicolls erwarten, sich auch hierum zu kümmern, und da Eliza bald sechzehn wurde, durfte man nicht länger zögern. Deshalb verließ ihre Mutter Kalkutta am 2. November 1836 an Bord des Dampfers *Orient*, um Eliza aus der Schule zu nehmen und nach Indien zurückzubringen.[11]

Einer ihrer Mitreisenden war Thomas James, ein Leutnant im Dienst der Ostindischen Kompanie, der dem Regiment der 21. Einheimischeninfanterie angehörte.[12] Er sah gut aus und war 29 Jahre alt, etwa zwei Jahre jünger als Mrs. Craigie. Er kehrte in seine Heimat Irland auf Genesungsurlaub zurück. In der liberalen Politik der Ehrenwerten Gesellschaft bedeutete dies, daß er vielleicht mehrere Jahre dort verbringen würde.

Thomas James kam aus der Grafschaft Wexford, wo seine Familie dem protestantischen Landadel angehörte, jedoch weder von hohem Rang noch besonders wohlhabend war. Mrs. Craigie erzählte ihm von ihren Plänen, ihre Tochter aus der Schule zu nehmen, und drängte ihn, nach dem Aufenthalt bei seiner Familie nach Bath zu kommen, da der Heilbrunnen vielleicht gut für seine Gesundheit wäre und er sie besuchen könne.

Niemand weiß, wie sich Mutter und Tochter an diesem Tag im Mai

Wilhelm von Kaulbach, *Lola Montez,* 1847. Münchner Stadtmuseum, Inv. Nr. Gm 89/7

1837 fühlten, als Mrs. Craigie durch die Tür der Schule trat.[13] Sie hatten sich getrennt, als Eliza fünf war, und die Erinnerungen an ihre Mutter mußten inzwischen verschwommen und unzusammenhängend geworden sein. Und auch das Kind, das Mrs. Craigie vor so vielen Jahren fortgeschickt hatte, gab es nicht mehr. Nach Lolas Bericht, der von späteren Ereignissen gefärbt sein mag, hatte die Begegnung keinen guten Start. Die Tochter, so schrieb sie, schlang die Arme um den Hals ihrer Mutter und küßte sie, und diese reagierte mit dem Aufschrei: »Ach, mein liebes Kind, wie bist du schlecht frisiert!«
Die Beziehung schien sich von da an zu verschlechtern. Es gibt nur Lolas Berichte über die Ereignisse in Bath, und sie erzählte die Geschichte jedesmal anders, doch es scheint, daß Mrs. Craigie ihre Tochter vom Camden Place in von ihr gemietete Räume brachte.[14] Eliza ging weiterhin in die Akademie, während sie und ihre Mutter zusammen wohnten und offensichtlich eine ziemlich starke gegenseitige Abneigung entwickelten.
Irgendwann tauchte der gutaussehende Reisegefährte, Leutnant James, in Bath auf und besuchte Mutter und Tochter. Für Eliza, der nur begrenzter Kontakt mit Männern erlaubt gewesen war, erschien der dreißigjährige Offizier alt. Sie beschrieb ihn als von durchschnittlicher Größe, mit blauen Augen und ziemlich attraktivem braunem Haar, blitzenden weißen Zähnen (was damals selten war), niedriger Stirn und suchenden Augen. Er schien sie damit beeindruckt zu haben, wie wenig er sagte. Lola sprach von ihm als dem »Kavalier« ihrer Mutter, und sie sagte, daß sie und ihre Lehrer von der beschützenden Art beeindruckt waren, die er Mrs. Craigie gegenüber an den Tag zu legen schien.
Irgendwann in diesem Frühling kam Frau Craigie offensichtlich mit ihrer Tochter auf das Thema Heirat zu sprechen.[15] Nach Lolas Worten sagte die Mutter, sie solle nach Indien zurückkehren, um dort einen Mann namens Lumley zu heiraten, der um die 60 Jahre alt war. In Lolas Bericht war er Richter des Obersten Gerichtshofs von Indien. Jedoch gab es damals in Indien weder einen Richter namens Lumley noch einen Obersten Gerichtshof. So scheint es, daß Frau Craigie die Möglichkeit einer Heirat Elizas mit Generalmajor Sir James Rutherford Lumley zur Sprache brachte, einem 64jährigen Witwer, der Generaladjutant von Bengalen und Hauptmann Craigies kommandierender Offizier war. Eliza mit dem Generaladjutanten zu verheiraten, mag als ein kluger, gefühlloser Schachzug der Craigies geplant worden sein, aber wir wissen nicht, ob der Tochter dieser Vorschlag

tatsächlich ernsthaft unterbreitet wurde. Der General hatte auch zwei unverheiratete Söhne in Indien; vielleicht waren diese und nicht der Vater die Partie, die sie für die Tochter vorgesehen hatten. Uns steht nur Lolas Bericht zur Verfügung, und sie ließ es niemals zu, daß Fakten mit einer Geschichte in Konflikt gerieten, die ihr Verhalten rechtfertigen sollte.

Was immer sich tatsächlich abspielte – nach Lolas Erzählungen hatte Leutnant James sie täglich auf dem Weg von ihrer Wohnung zur Akademie begleitet. Sie zog ihn ins Vertrauen und gestand ihm ihre Verzweiflung über das, was sie in Indien erwartete.[16] Als ein Mann Anfang Dreißig, der es mit einer Internatsschülerin zu tun hatte, konnte James keinerlei Schwierigkeiten gehabt haben, ihre Gefühle zu manipulieren, indem er ihr Sympathie zeigte und sie beriet, um ihr Vertrauen und schließlich ihre Zuneigung zu gewinnen. Er beschloß, daß er das Schulmädchen und nicht die Mutter wollte. Das Verlangen mochte ihn über seine tatsächlichen Wünsche im unklaren gelassen haben, aber er machte Eliza Rosana den Vorschlag, mit ihr nach Irland zu fliehen. Lola will uns glauben machen, die Sechzehnjährige sei so unschuldig gewesen, daß sie von dem Offizier erwartete, daß »er sie so liebte wie ihr Papa«; es ist unwahrscheinlich, daß einer der beiden wirklich realisierte, was sie im Begriff waren zu tun. Jedenfalls fuhr James eines Abends zu einer verabredeten Zeit mit einer Kutsche vor. Eliza schlüpfte aus der Wohnung, und die Pferde zogen die Verschwörer langsam die steile Bristol Road hinauf. Und am darauffolgenden Tag, nur dreißig Meilen von Bath entfernt, war er, schrieb Lola, »nicht mehr ›mein Papa‹«.

****

Die Freuden der Ehe

Was immer James vorhatte, so dürfte ihm ziemlich schnell klargeworden sein, daß er seine Rosana heiraten mußte. Es gab mögliche gesetzliche Konsequenzen für die Verführung einer Minderjährigen, und es wurde James vermutlich bewußt, daß es dem gesellschaftlichen und beruflichen Selbstmord gleichkäme, die Stieftochter eines angesehenen Offiziers der Ehrenwerten Gesellschaft zu verführen und dann zu verlassen. Und vielleicht hatte er ja auch das Gefühl, es sei für ihn an der Zeit, eine Ehe einzugehen. Es gibt Schlimmeres, als mit einer wunderschönen jungen Frau nach Indien zurückzukehren.
Das Paar segelte nach Irland und suchte den älteren Bruder von Thomas, Reverend John James, auf, der Vikar der Kirche von Irland in der Pfarrei Rathbeggan, einige Meilen außerhalb von Dublin, war.[1] Am 23. Juli 1837 standen Eliza Rosana Gilbert, wie sie sich jetzt nannte, und Leutnant Thomas James zusammen vor dem Altar der kleinen Steinkirche von Rathbeggan und wurden von dem Bruder des Bräutigams nach dem Ritus der anglikanischen Kirche getraut. Sonst waren nur noch die Ehefrau und der Neffe des Vikars anwesend, die sich als Trauzeugen in das Kirchenbuch eintrugen. Nach der Zeremonie fuhr das Paar nach Dublin, wo es sich im Stadtzentrum in der Westmoreland Street einmietete.
Die Nachricht von der Heirat des entflohenen Liebespaares erreichte Sir Jasper Nicolls zu Hause in England. »Ich bin kein schlechter Prophet, wenn es darum geht, sich vorzustellen, was junge Leute aus ihrem Leben machen werden«, schrieb er in sein Tagebuch[2] unter der Überschrift »Unglückselige Person Gilbert«. »Ich habe immer vorhergesagt, daß die ›Eitelkeit und Lügen‹ von EG sie in Schande bringen würden – Sie hat sehr schlecht, wenn nicht noch schlechter angefangen, denn sie heiratete, nachdem sie die Schule im Juni verlassen hat, einen Offizier der Gesellschaft ohne einen Pfennig Geld, bereits nach zwei oder drei Wochen – Ihre Mutter, fürchte ich, ist daran nicht schuldlos – die 1800 oder 2000 Pfund, die für ihre Erziehung und die Reisen ihrer Mutter aufgewendet wurden, sind verloren.«
Einige Wochen später fügte er hinzu: »Wir haben nun von EGilbert von drei Quartieren gehört – alles sehr, sehr unbefriedigend, sowohl

was sie als auch ihren Ehemann angeht – dennoch, Mrs. Craigie hat den jungen Mann eingeführt und muß die Konsequenzen, so gut sie kann, tragen – Sie bat Lady N durch Mrs. Rae um Rat, und wir haben ihr gesagt, sie sollte zwar ihrer Tochter schreiben, aber sie nicht sofort wieder selbstgewiß werden lassen – noch sie sehen – Sie sind bereits voller Reue – aber ich fürchte, daß sie dadurch nur an Craigies Gelder kommen wollen, wovor wir sie gewarnt haben.«[3] Wenige Monate später faßte er die Angelegenheit zusammen: »Mrs. Craigie beabsichtigt, da sie durch die Betrügereien ihres törichten Kindes all ihre innere Ruhe verloren hat & von Craigie ermutigt worden ist, in wenigen Tagen wieder nach Kalkutta zurückzukehren. Sie muß wegen vielem bedauert werden – ein freundlicher Stiefvater hat 1000 Pfund an die Erziehung ihres Kindes verschwendet & das niederträchtige undankbare Balg hat dies alles an den erstbesten Mann, den sie traf, weggeworfen – Der Tag ihrer Bestrafung wird sicher – aufgrund ihrer Falschheit & Betrügerei und der ihres Ehemanns – nicht auf sich warten lassen.«

Wenn wir Lola glauben wollen – und in diesem Fall können wir das wahrscheinlich –, hatte die Strafe bereits begonnen.[4] Zuerst entdeckte sie, daß James etwas weniger Edles als väterliche Zuneigung für sie empfand, und nun wurde ihr zudem bewußt, daß er nicht der romantische Ehemann ihrer Schulmädchenträume war. »Das Kind suchte einen Beschützer«, schrieb sie, »und fand abermals einen Gebieter«.

Kurz nach der Hochzeit fuhr das Paar in den Süden Irlands, um den Familiensitz Ballycrystal zu besuchen, der am Fuß des 2500 Fuß hohen Mount Leinster gelegen war und dessen dunkle Silhouette den welligen, von alten Hecken zusammengehaltenen Flickenteppich der Felder beherrschte. Ballycrystal selbst war einfach nur ein großes Haus, das aus den im Überfluß vorhandenen Steinen der Region gebaut und auf einem sanften Hügel inmitten der ländlichen Armut errichtet worden war. Elizas Schwiegervater, ein Witwer, der ebenfalls Thomas James hieß, gehörte dem niederen protestantischen Adel an, der die katholischen Bauern regierte. Er hatte in Dublin gelebt, sich aber nach Ballycrystal zurückgezogen, um dort den Gutsherrn zu spielen.

Viele Mitglieder der großen Familie des Landedelmannes kamen nach Ballycrystal, um die Braut kennenzulernen. Trotz dieser Besuche fand Eliza bald, daß sie die Monotonie des Internats gegen die Eintönigkeit des irischen Landlebens eingetauscht hatte. Der Lebensrhythmus in diesem Haushalt wurde, so beschrieb sie es, bestimmt von der Jagd, der Einnahme einer Mahlzeit, einer weiteren Jagd, gefolgt von Tee. Das zeremonielle Teetrinken brachte sie zur Raserei. »Diese endlosen Tassen Thee, welche mit methodischer Gewissenhaftigkeit im gleicher Anzahl und in gleichen Zwischenräumen getrunken wurden, diese medicinischen Douchen, welche mit einer unerschütterlichen Ruhe zu festgesetzten Stunden genommen wurden, erschlafften meine Nerven und machten mir den Genuß dieses warmen Wassers, an dem ich nie habe Geschmack finden können, in höchstem Grade zuwider.«

Lola war niemals bekannt für ihr friedfertiges, ausgeglichenes Temperament, und in einem Landhaus festzusitzen, brachte sicher nicht ihre besten Seiten zum Vorschein.[5] Ihr neuvermählter Ehemann wurde ebenfalls launisch, berichtet sie, er begann, sie zu schlagen, wenn er mißmutig war. Und der große Altersunterschied stellte sich nun als problematisch heraus. Obwohl Eliza sich mit einigen ihrer Schwägerinnen gut verstand, empfand sie das Leben in Ballycrystal als unerträglich freudlos und deprimierend: »Mein sehnlicher Wunsch war, zum zweiten Male entführt zu werden, nicht wieder von einem provisorischen Gatten, sondern von irgend Jemandem, wenn ich nur der Einförmigkeit dieses ewigen Einerlei's und diesen kalten englischen Gesichtern entrissen würde ... kein Lächeln, kein freundlicher Blick, kein liebevolles Wort.«

Ihre Rückkehr nach Dublin fand keinen Augenblick zu früh statt, und das geschäftige, rege Treiben muß belebend auf sie gewirkt haben.[6] In ihrer Wohnung in der Westmoreland Street konnte sie endlich als Herrin ihres eigenen Haushaltes auftreten und Gäste bewirten. Der Pfarrer von Rathbeggan kam des öfteren zum Abendessen, und Leutnant James und sein Frau gaben häufig Einladungen oder gingen aus.

Doch nach dem Frühjahr des Jahres 1838 wurde es Zeit für James, an seine Rückkehr nach Indien zu denken.[7] Im Herbst würden es zwei Jahre sein, seit er Indien verlassen hatte, und eine allzu lange Abwesenheit würde seine Zukunftsaussichten bei der Ehrenwerten Kompanie gefährden. Vor der Rückkehr nach Indien fuhr das Ehepaar James durch Schottland und England, so daß Eliza ihre Jugendfreunde als verheiratete Frau besuchen konnte. Sie verbrachten den Sommer mit Reisen und Vorbereitungen für die Reise nach Kalkutta. Am 18. September verließen sie Liverpool an Bord der *Bland*.

Hatte das Leben in Dublin die Unverträglichkeit des Ehepaares noch

verbergen können, so trat sie auf der Reise des Sommers und auf der viermonatigen Schiffahrt offen zutage. »Eine gemeinschaftliche lange Reise erstickt die Liebe selbst im Honigmonat. Das Fahren im Wagen ermüdet und macht schläfrig. Man entschlummert aus Langeweile und erwacht gelangweilt. Geist und Füße verlieren die Geduld. Die See«, fuhr sie fort, »macht die Frauen krank und die Männer ausnehmend häßlich. In der ehelichen Kajüte berührt und stößt man sich gegenseitig fortwährend. Man kann sich nicht umwenden, ohne einander wider Willen zu umarmen.«[8]
Wenngleich nicht so einengend wie das Leben auf Ballycrystal, so war die Freiheit an Bord des Schiffes auch begrenzt. Nach Aussage seiner Frau trank James Bier und schlief wie eine Boa constrictor. Um sich die Zeit zu vertreiben, unterhielt sie sich tagsüber mit anderen Passagieren, und abends besuchte sie die Tanzveranstaltungen im Salon.
Lange bevor Land in Sicht kam, gab es Anzeichen für das Ende der Reise. Die Mündung des Ganges erstreckte sich weit in den Ozean und füllte ihn mit braunem Schlamm und abgebrochenen Zweigen. Die Passagiere der *Bland* gingen am 25. Januar 1839 in Diamond Harbor, das unterhalb von Kalkutta lag, von Bord, und Eliza fand sich wieder im Land ihrer Kindheit.
Eliza, inzwischen eine junge Ehefrau, empfand Kalkutta ganz anders als im Alter von fünf Jahren. Sie hatte elf Jahre in Großbritannien verbracht, und die große Stadt muß auf die Frau viel exotischer als auf das Kind gewirkt haben. Sie konnte die vielfältige Pflanzenwelt und das Schauspiel des täglichen Lebens, das sich auf den Straßen und am Flußufer abspielte, mit neuen Augen sehen und genießen. Doch jetzt war sie die Ehefrau eines Offiziers, und es war undenkbar, daß sie alleine oder mit Eingeborenen im faszinierenden indischen Teil der Stadt spazierengehen konnte. Ihre Sphäre blieb auf das britische Kalkutta beschränkt, dessen Einwohner ihr Bestes gaben, das Mutterland in die Tropen zu bringen. Am Ankunftstag der *Bland*[9] hätte Familie James am Abend eine Aufführung von Haydns »Schöpfung« in der Stadthalle besuchen können, also kaum die Art von Unterhaltung, die man mit dem exotischen Orient verbindet.
Es muß bezweifelt werden, ob Lola viel Gelegenheit hatte, in den Tanzsälen Kalkuttas zu glänzen. Leutnant James hatte sich vielleicht ein paar Wochen Zeit genommen, um in der Hauptstadt alte Freunde zu besuchen und die Fahrt flußaufwärts zu organisieren. Aber das 21. Einheimischen-Infanterieregiment war nun in Karnal, nördlich von Delhi, stationiert, und das lag über 1600 Kilometer entfernt.

Die Reise begann auf Schiffen, die nur ein paar Meilen in der Stunde zurücklegten. Eliza hatte die gleiche Reise vor knapp sechzehn Jahren mit ihren Eltern gemacht. Ihre einzigen Erinnerungen an den ersten Abschnitt dieser Reise scheinen die ständigen Auseinandersetzungen mit ihrem Ehemann gewesen zu sein. Sie behauptete, er habe begonnen, ein Notizbuch zu führen, in das er ihre Verletzungen der ehelichen Pflichten eintrug, und ihr dann daraus ihre Versäumnisse vorhielt. Die Boote fuhren an Patna und dann Dinapore vorbei, wo Lolas Vater beigesetzt war. In der heiligen Stadt Benares war sie beeindruckt von den großartigen Steinterrassen, die zu dem heiligen Fluß hinunterführten, von den Menschenmassen, die diese Treppen hinauf- und hinunterströmten, und von den Gläubigen im Wasser, die beteten und ihre Waschungen vornahmen.

Hinter Benares wurde der Ganges für die Schiffahrt zu unberechenbar, und die Straßen waren für Wagen mit Rädern nicht ausgelegt. Die Reise mußte in geschlossenen Sänften fortgesetzt werden, die von Einheimischen getragen wurden. Das hatte den Vorteil, daß das streitende Paar tagsüber getrennt war. Wie Postpferde wurden die Träger in regelmäßigen Abständen ausgetauscht. Lola verglich den gleichmäßigen Takt des Marsches mit dem langsamen Trott der Pariser Droschkenpferde, und sie vergaß nie die rhythmischen, monotonen Gesänge der Träger.[10]

Der Leutnant und seine Ehefrau erreichten die Garnison wahrscheinlich im Frühling 1839. Karnal liegt am oberen Ende der nordindischen Ebene, einer Landschaft, die nur von dem verlockenden, aber fernen Anblick der Vorgebirge des Himalayas unterbrochen wurde. Der Posten war heiß und staubig und gewöhnlich, obwohl Karnal wegen der nahen Feuchtgebiete etwas grüner als der größte Teil der Umgebung war. Doch die Feuchtgebiete waren eine Brutstätte für Malariamücken, die der Garnison zusetzten. Einige Jahre später sollte die verheerende Wirkung der Mücken die Armee dazu zwingen, Karnal zu verlassen, aber jetzt war die Ansiedlung das Zuhause des Ehepaars James. Es ist sehr gut möglich, daß sich Eliza hier mit Malaria ansteckte. In späteren Jahren litt sie an starken Anfällen mit Schüttelfrost, hohem Fieber und Kopfschmerzen, die mit hohen Chinindosen erfolgreich behandelt wurden.[11] Ihre permanent angegriffene Gesundheit im späteren Leben könnte auf chronische Malaria zurückzuführen sein.

Das Leben in der geschlossenen Gesellschaft von nur wenigen Offizieren und ihren Ehefrauen muß eintönig gewesen sein. Konventio-

Lola Montez, Holzstich aus: *Illustrierte Chronik des Jahres 1848*.

nen schränkten die Freiheit der Frauen stark ein, und es wurde erwartet, daß sie sich von allen gesellschaftlichen Ereignissen fernhielten, wenn ihre Ehemänner sie nicht begleiten konnten.[12]

Eliza freundete sich mit den Frauen an und genoß einen Haushalt mit Dienern, die sich auch ein junger Offizier ohne weiteres leisten konnte. Die unaufhörlichen Bewegungen der Punkhas machten die Hitze in den Bungalows zwar erträglich, doch der langsame stetige Rhythmus muß die Monotonie noch gesteigert haben.

Mrs. Craigie und ihre Tochter hatten miteinander in Briefwechsel gestanden, und als die Mutter für die heiße Jahreszeit in den vornehmen Kurort Simla am Fuße des Himalayas fuhr, begleitete sie Eliza. Die Grande Dame der Sommergesellschaft von Simla war Emily Eden, die unverheiratete Schwester Lord Aucklands, des Generalgouverneurs von Bengalen, und in ihren Briefen, die sie nach Hause schrieb, hinterließ sie einen bemerkenswerten Bericht aus erster Hand über Eliza und ihre Mutter:

Sonntag, 8. Sept. [1839]
Ganz Simla spricht im Augenblick von der Ankunft einer Mrs. James, von deren Schönheit das ganze Jahr über die Rede war; und das beunruhigt jede andere Frau, die auf diesem Gebiet ebenfalls Ambitionen hat ... Mrs. J[ames] ist die Tochter einer Mrs. C[raigie], die selbst noch sehr hübsch ist, und deren Ehemann stellvertretender Generaladjutant ist oder irgendeinen ähnlich hohen militärischen Rang bekleidet. Sie hatte ihr einziges Kind zur Erziehung in die Heimat geschickt und ist selbst vor zwei Jahren nach Hause gefahren, um sie zu besuchen. Auf ihrem Schiff war Mr. J[ames], ein armer Fähnrich, der in den Genesungsurlaub fuhr. Mrs. C[raigie] pflegte und kümmerte sich um ihn und ließ ihn ihre Tochter besuchen, die ein fünfzehnjähriges Schulmädchen war. Er erzählte ihr, er sei verlobt und stünde kurz vor der Hochzeit, und fragte sie um Rat nach seinen Zukunftsaussichten, und heiratete in der Zwischenzeit heimlich dieses Schulkind. Dies würde reichen, um jede Mutter zu provozieren, aber da es nun einmal geschehen ist, haben wir alle versucht, sie das ganze letzte Jahr über dazu zu überreden, wieder Frieden zu schließen, da sie sich schreckliche Sorgen um ihr einziges Kind machte. Sie hat bis jetzt Widerstand geleistet, aber hat schließlich eingewilligt, sie für einen Monat einzuladen, und sie sind vor drei Tagen eingetroffen ... Mrs. J[ames] sah wunderschön aus und Mrs. C[raigie] hatte für sie eine sehr vornehme Sänfte mit Trägern in feinen orangefarbenen und braunen Livreen arrangiert, und das gleiche für sie selbst; und J[ames] ist ein elegant aussehender Mann mit hellen Westen und strahlend weißen Zähnen. Er ritt auf einem prächtigen Pferd nebenher, mit einer Haltung respektvoller Aufmerksamkeit für »ma belle mère«. Alles in allem war es ein imposanter Anblick, und ich kann keinen anderen Ausweg sehen als großherzige Bewunderung.[13]

Dienstag, 10. Sept.
Wir hatten gestern eine Einladung zum Abendessen. Mrs. J[ames] ist zweifellos sehr hübsch, und ein solch fröhliches und ungekünsteltes Mädchen. Sie ist jetzt erst siebzehn *[sic]* und sieht jünger aus, und wenn man bedenkt, daß sie mit einem kleinen Leutnant der indischen Armee verheiratet ist, der fünfzehn Jahre älter ist als sie, und daß sie nur 160 Rupien im Monat haben und ihr ganzes Leben in Indien verbringen werden, kann ich Mrs. C[raigies] Groll darüber verstehen, daß sie aus der Schule weggelaufen ist.

Nach den Monaten in der Gluthitze von Karnal muß Simla Eliza als Paradies erschienen sein. Der Erholungsort war auf einer Höhe von über 2100 Metern in den Bergen gelegen. Die Luft in den Kiefernwäldern, die sich entlang der steilen Abhänge hinzogen, war kühl und frisch. Rhododendronbüsche wuchsen auf ihren dürren Stämmen neun oder zwölf Meter hoch, und große Affen sprangen in den Bäumen und kletterten über die Dächer.

Im Norden glitzerten die schneebedeckten Gipfel des majestätischen Himalayagebirges, sie schienen die Luft noch kühler zu machen. Simla war einer der ersten einer Reihe von Erholungsorten in den Bergen, die die Briten für ihre Bequemlichkeit und ihr Vergnügen in Indien aufgebaut hatten. Obwohl der Standard immer noch relativ einfach war, sorgte eine rasche Folge von Bällen und Rennen, Wohlfahrtsveranstaltungen und Maskeraden für eine geschäftige Sommersaison.

Die Rückkehr nach Karnal muß für Eliza schmerzlich gewesen sein, und sie empfand das dortige Leben nach dem kühlen und sorglosen Monat in Simla vermutlich noch eintöniger und unerträglicher. Nach dem Ende der Saison verließen der Generalgouverneur und seine Gesellschaft, zusammen mit seiner Schwester Emily, die Berge und reisten zu ihrem Wintersitz. Am 12. November wurden sie bei ihrer Ankunft mit einer Parade der Garnison begrüßt. »Am Abend waren wir zu Hause«, schrieb Emily Eden, »und es war ein großartiges Fest, doch außer dieser hübschen Mrs. J[ames], die in Simla war und inmitten der anderen wie ein Stern leuchtete, waren die Frauen alle sehr unattraktiv.«[14] Die Besucher kampierten fünf Tage in Karnal, und es fand eine Reihe von Veranstaltungen statt, einschließlich eines Abendessens für die Herren, eines Ponyrennens und eines Balls. Am Morgen des 17. November machten sich der Gouverneur und seine Begleiter auf die Weiterreise, und Emily Eden schrieb:

Die kleine Mrs. J[ames] war so unglücklich über unsere Abreise, daß wir sie fragten, ob sie mit uns kommen und den Tag hier verbringen wollte. Sie ging von Zelt zu Zelt und schwatzte den ganzen Tag und besuchte ihre Freundin Mrs. ---, die zu den Bewohnern des Lagers gehörte. Ich gab ihr ein rosa Seidenkleid und es war offensichtlich alles in allem ein sehr glücklicher Tag für sie. Er endete mit ihrer Rückkehr nach Karnal auf meinem Elefanten mit E. N. an ihrer Seite und Mr. J[ames] auf dem Sitz hinter ihr. Sie war noch niemals zuvor auf einem Elefanten gesessen und fand es ganz herrlich. Sie ist sehr hübsch und offensichtlich ein gutes kleines Ding. Aber sie sind sehr arm, und sie ist sehr jung und lebhaft, und wenn sie in schlechte Hände geriete, würde sie sich selbst bald in furchtbare Verlegenheit bringen. Im Moment ist das Ehepaar noch sehr ineinander verliebt, aber ein Mädchen, das mit fünfzehn heiratet, weiß wohl kaum, was es will.[15]

Miß Edens Erzählung von Elizas Entzücken über ein Seidenkleid und ihren ersten Elefantenritt gibt einen frühen Einblick in ihre kindliche Lebensfreude, ein Attribut, das später viele Beobachter bei Lola Montez feststellen würden. Andererseits neigten nur wenige spätere Zeugen dazu, die Frau, hübsch wie sie war, als »ein gutes kleines Ding« zu bezeichnen. Emily Eden sollte sich als bemerkenswert voraussehend in ihrem Urteil darüber zeigen, welche Gefahren auf Elizas Weg lagen und wohin dieser Weg sie führen würde.

Im Februar 1840 wurde das 21. Eingeborenen-Infanterieregiment nach Moradabad, etwa 240 Kilometer südöstlich von Karnal, verlegt.[16] Leutnant James wurde, vielleicht durch den Einfluß von Major Craigie, zum Adjutanten des Rekrutierungsdepots in Bareilly ernannt. Das Rekrutierungsdepot, etwa sechzig Meilen weiter südöstlich gelegen, war für die Anwerbung und Ausbildung der Inder verantwortlich, die die Mannschaftsdienstgrade der Armeen der Ehrenwerten Gesellschaft bildeten, und als Adjutant würde James auch Verwaltungsoffizier wie sein Schwiegervater sein.

Die Garnison in Bareilly war wesentlich kleiner als die in Karnal, und das Klima war ebenso schlecht. Obwohl die Umgebung nicht malariaverseucht war, bot sie kaum größere Attraktionen für eine junge Offiziersfrau als das, was sie bereits kennengelernt hatte. Und für das Paar gab es vermutlich noch weniger Gelegenheit, einander zu entkommen, als in Karnal. »Die Tage werden zu Jahrhunderten«, schrieb Lola, »wenn man sie in einer unglücklichen Ehe verleben muß.«[17]

Lola behauptete später, ihr Mann sei mit der Frau eines anderen Offiziers davongelaufen, doch diese Darstellung widerspricht nicht nur den Tatsachen, sondern auch anderen Berichten von ihr selbst.[18]

Offensichtlich verließ sie ihn, möglicherweise weil er sie körperlich mißbrauchte, und fuhr zu ihrer Mutter und ihrem Stiefvater nach Kalkutta. Doch Mrs. Craigie hatte kein Mitleid mit ihrem einzigen Kind; zuerst hatte sich Eliza um ihre Chance auf eine vorteilhafte Heirat durch ihre Flucht mit James gebracht, und nun wollte sie aus eben dieser Verbindung, für die sie ihre Zukunft geopfert hatte, ausbrechen. Die Mutter wollte nicht, daß der Skandal in ihrem Haus öffentlich wurde, und sie stellte Eliza vor die Wahl, entweder zu ihrem Ehemann zurückzukehren oder nach Großbritannien zu reisen. Eliza wählte England.

Am 5. August nahm Leutnant James drei Monate Urlaub von seinem Posten in Bareilly, um nach Kalkutta zu fahren, wo er und Major Craigie Vorbereitungen für Elizas Rückkehr nach England trafen.[19] Craigie schrieb seiner Schwester, Mrs. Rae, und Freunden in London, damit dort für ihren Empfang gesorgt war, bis sie den Dampfer nach Schottland nehmen konnte. In Leith konnte sie bei seinem Bruder, Dr. Thomas Craigie, wohnen. Man gab vor, Mrs. James habe sich niemals von einer Rückenverletzung erholt, die sie sich in Meerut beim Sturz vom Pferd zugezogen hatte, und werde nun zur Genesung in ein gesünderes Klima zurückkehren. Selbst wenn noch Hoffnung auf eine Versöhnung bestanden hätte, würde es Jahre dauern, ehe sich das Paar wiedersehen würde, und so sorgte James für ein eigenes Einkommen seiner Frau in Großbritannien.

Die Überfahrt wurde auf der *Larkins* gebucht, und Leutnant James und sein Schwager, John Thornhill, ein Beamter in Kalkutta, kamen auf das Schiff, um die Kabine zu inspizieren.[20] Thornhill fand heraus, daß ein ihm bekanntes amerikanisches Ehepaar, Henry P. Sturgis und seine Frau Mary aus Boston, auf demselben Schiff reisten, und er und der Leutnant baten sie, Eliza während der Überfahrt in ihre Obhut zu nehmen.

Major Craigie und Thomas James brachten Eliza am 3. Oktober 1840 auf das Schiff.[21] Craigie nahm dort von ihr Abschied, und Lola erinnerte sich, daß ihm dicke Tränen über die Wangen liefen, als er wegging. Auch gab er ihr, wie sie behauptete, einen Bankscheck über 1000 Pfund in die Hand, eine Summe, die ihr, umsichtig ausgegeben, für den Anfang in England große Unabhängigkeit erlaubte. James segelte einen Teil des Ganges flußabwärts mit, bevor er seiner Frau Lebewohl sagte und ein Boot ihn zurück ans Ufer brachte. Er hatte Charles Ingram, den Kapitän des Schiffes, und dessen Frau Ann gebeten, alles zu tun, um Eliza die Reise zu erleichtern, und es erscheint glaubhaft, daß James für seine Frau tatsächlich Zuneigung empfand und bedauerte, wie sich die Dinge entwickelt hatten. Das würde seine Reaktion auf die Nachrichten über sie erklären, die ihn aus England erreichen sollten.

Obwohl Eliza erst neunzehn war, hatte ihr Ruf durch den Skandal, mit einem älteren Mann durchgebrannt zu sein, und nun durch die Schande einer mißlungenen Ehe Schaden genommen. Eine eheliche Verbindung mit einem anderen Mann stand außer Diskussion, solange ihr Ehemann am Leben war. Sie konnte bei den Verwandten ihres Stiefvaters wohnen und versuchen, mit dem Einkommen, das James ihr ausgesetzt hatte, zurechtzukommen, aber sie war viel zu jung und lebendig, um von nun an am Kamin zu sitzen und Pfennige zu zählen. Es gab wenig Alternativen, eine eigenständige und ehrbare Beschäftigung zu finden. Für eine Frau hatte sie eine ausnehmend gute Erziehung, und sie hätte vielleicht eine Stellung als Gouvernante finden oder, mit den richtigen Empfehlungen, Gesellschafterin einer adligen Dame werden können. Diese Zukunftsaussichten müssen ihr gering und finster erschienen sein.

Nach etwa zehn Tagen Fahrt legte das Schiff in Madras an, der Hauptstadt einer der drei Präsidentschaften der Ostindischen Kompanie.[22] Einer der Passagiere, die in Madras an Bord gingen, George Lennox, erregte schnell ihre Aufmerksamkeit, und auch sie muß ihm aufgefallen sein. Lennox, noch nicht zwanzig, war Leutnant in der 4. Kavallerie von Madras, aber er bekleidete die angesehene Position eines Flügeladjutanten des Generalgouverneurs Lord Elphinstone. Er war ein Neffe des Herzogs von Richmond, einem der reichsten und einflußreichsten Mitglieder des britischen Adels; doch die Familie Lennox war groß, und Macht und Reichtum waren bei seinem Zweig schon ziemlich reduziert. Er war über drei Jahre in Madras gewesen und kehrte nun zum ersten Mal nach Hause zurück.

Die *Larkins* verließ Madras, und schon nach wenigen Tagen fiel es Kapitän Ingram und seiner Frau auf, daß sich Mrs. James »unbedacht und leichtsinnig« in Gegenwart von Leutnant Lennox benahm, der offensichtlich nur allzu geneigt war, mit ihr zu flirten. Es dauerte nicht lang, bis alle an Bord bemerkten, daß sich Mrs. James und Lennox auf schamlose Weise benahmen. Mary Sturgis, die von Leutnant James beauftragt worden war, seine Ehefrau zu beschützen, hätte Eliza zur Vernunft bringen sollen, aber die Antwort der jungen Frau war eine deutliche Aufforderung an die Amerikanerin, sich um ihre eigenen Angelegenheiten zu kümmern.

Von den Damen an Bord wurde erwartet, daß sie die Passagierpromenade auf dem Poopdeck zu einer angemessenen Zeit verließen und sich nach unten zurückzogen, aber Mrs. James und Leutnant Lennox blieben zusammen auf dem Poopdeck, auch nachdem alle Damen fort waren. Und spät abends, als sie an der Reling saßen, wurde Lennox dabei beobachtet, wie er seinen Arm um ihre Taille legte, und sie hatte nichts dagegen.

Die entrüsteten Blicke und ihr Wunsch nach Privatsphäre führten dazu, daß sie sich gegenseitig in ihren Kabinen besuchten. Die Türen waren verschlossen, aber jeder wußte, daß das Sofa, auf dem sie zusammen saßen, am Abend zu einem Bett wurde. Als Mrs. James darauf aufmerksam gemacht wurde, daß es sich für eine Frau nicht schicke, einen Herrn allein in seiner Kabine zu besuchen, erwiderte sie, daß die Kabine von Lennox im Gegensatz zu ihrer ein Fenster besitze, und daher tagsüber viel kühler als ihre eigene sei, und sie wies jeden Einwand zurück. Die Frau des Kapitäns beobachtete dieses Fenster; und wenn die Jalousie offen war, sah sie immer wieder Eliza auf seinem Sofa, mit seinem Arm um ihre Taille, sitzen.

An den Abenden kam der Leutnant immer in die fensterlose Kabine von Mrs. James und blieb bis spät in die Nacht. Abgesehen von moralischen Bedenken fühlte Kapitän Ingram, daß es seine Pflicht war, Eliza darauf hinzuweisen, daß sie eine Feuergefahr schuf, wenn sie einen Besucher empfing und noch lange, nachdem alle Lichter gelöscht waren, eine Lampe brennen ließ. Sie erwiderte dem Kapitän kühl, daß sie nach ihrem eigenen Gutdünken handeln könne und sich bei niemandem rechtfertigen müsse.

Die *Larkins* pflügte sich durch den Indischen Ozean auf das Kap der Guten Hoffnung zu, und der Skandal an Bord wurde täglich größer. Niemals in all den Jahren im Dienst der Ostindischen Kompanie, schäumte Kapitän Ingram vor Wut, hatte er ein derart unschickliches Verhalten bei einer verheirateten Frau erlebt. Eines Sonntagmorgens, als sich Passagiere und Mannschaft auf Deck zum Gottesdienst versammelten, der von Kapitän Ingram gehalten wurde, zogen sich Mrs. James und Leutnant Lennox heimlich in ihre Kabine zurück und schlossen die Tür hinter sich, während die Gebete der anderen sich zu Gott erhoben.

In jeder Gesellschaftsordnung gibt es Mittel, den Normen des Wohlverhaltens Geltung zu verschaffen, und die härteste Sanktion an Bord der *Larkins* war der Ausschluß von der Kabine des Kapitäns. Die Ingrams kamen überein, daß sie Mrs. James nicht mehr empfangen

konnten, die daher von der Weihnachts- und Neujahrsfeier am Kapitänstisch ausgeschlossen war. Doch dieser Schritt scheint ihr Verhalten nicht im mindesten gemäßigt zu haben.
In der Tat munkelte man auf dem Schiff, daß das Verhältnis der beiden über die bloße Unschicklichkeit weit hinausging. Caroline Marden, das Dienstmädchen der Ingrams, behielt die Tür von Mrs. James im Auge, da sie wußte, daß sie durch das Rollen des Schiffes manchmal aufschlug. Ihre Geduld wurde mehrmals belohnt: Sie erhaschte einen Blick auf Lennox und Eliza beim Küssen, und ein weiteres Mal sah sie die beiden, als Mrs. James nur mit ihrem Mieder und Unterröcken bekleidet war. Mehr als einmal schnürte er ihr Mieder zu. Und nachdem die geöffnete Tür einen Blick auf Mrs. James freigab, die ihre Strümpfe vor Lennox anzog, konnte es keinen Zweifel mehr an der Art ihrer Beziehung geben.
Major Craigie hatte mit der Post, die auf dem Landweg England zwei Monate früher als die *Larkins* erreichte, geschrieben, daß man so achtsam wie möglich für die Weiterreise seiner Stieftochter nach Leith sorgen sollte.[23] »Wir sind sehr darauf bedacht, daß Mrs. James auch nicht für kurze Zeit nach London gebracht wird, sondern daß sie sofort nach Schottland weiterreisen soll«, schrieb er. Vielleicht ahnte er die Fallstricke, in denen sich seine nun ganz auf sich gestellte Stieftochter verfangen könnte. Sarah Watson, eine verwitwete Schwester von Leutnant James, lebte in Blackheath in Kent außerhalb von London, und Craigies Schwester, Catherine Rae, reiste aus Edinburgh an und blieb bei Mrs. Watson, um auf Elizas Ankunft zu warten und sie nach Schottland zu begleiten.
Am Samstag, den 20. Februar 1841, landeten die Passagiere der *Larkins* in Portsmouth, und Kapitän Ingram beobachtete mit Mißbilligung, wie Leutnant Lennox und Mrs. James Arm in Arm davongingen. Nachdem ihr Gepäck beim Zoll abgefertigt war, war es für die Weiterfahrt nach London zu spät. Deshalb gingen sie in den Gasthof Star and Garter Inn, in dem Lennox eine Suite mit zwei Schlafzimmern und einem gemeinsamen Wohnzimmer mietete. Am nächsten Abend in London schien ihnen sogar dieses Zugeständnis an die Schicklichkeit sinnlos. Als sie sich im Hotel Imperial in der Tavistock Row in Covent Garden einmieteten, waren sie sich einig, daß sie ein Wohnzimmer mit nur einem Schlafzimmer und einem breiten Bett benötigten. Sie ließen sich das Abendessen, Koteletts und Tee, nach oben bringen und zogen sich für die gemeinsame Nacht zurück.
Am nächsten Tag holte Lennox sein Gepäck, zahlte die Rechnung

und ging, um die Kutsche nach Chicester zu erreichen. Seine Eltern würden in ihrem Haus in Bognor sicher bald von seiner Ankunft auf der *Larkins* erfahren, und es würde ihm schwerfallen, ihnen zu erklären, weshalb er in London geblieben war, anstatt nach drei Jahren Abwesenheit sofort nach Hause zu kommen. Vor dem Hotel nahm Eliza eine Droschke und machte sich auf Wohnungssuche. Lennox würde zurückkommen und sie, durchaus nicht auf dem Weg nach Schottland, würde ihn erwarten.

Zwei Tage später zog Eliza in eine Suite in der ersten Etage der Great Ryder Street Nr. 7. Lennox kehrte noch vor dem Wochenende aus Bognor zurück, und er besuchte sie jeden Tag. Er kam schon früh um neun Uhr und blieb oft den ganzen Tag, nahm sie manchmal ins Theater mit, verließ sie aber vor Mitternacht. Obwohl Eliza keinerlei Anstrengungen unternommen hatte, mit den Verwandten, die sie abholen sollten, Verbindung aufzunehmen, machten diese sie ausfindig. Eines frühen Nachmittags kam sie nach Hause und fand ihre Schwägerin Sarah Watson vor, die in ihrem Salon auf sie wartete. Mrs. Watson, die wußte, was sich zwischen ihrer Schwägerin und Lennox abspielte, war keine zänkische oder prüde Frau, aber sie sah, daß Eliza die letzten Chancen für die Zukunft, die ihr noch geblieben waren, zunichte machte, wenn sie diese Verbindung aufrechterhielt.

Eliza kannte Mrs. Watson von ihrem Besuch in Ballycrystal und konnte sie gut leiden; aber je mehr Mrs. Watson auf sie einredete, desto unnachgiebiger wurde Eliza. Sie schwor sogar einen Eid darauf, niemals zu irgendeinem Freund ihres Stiefvaters oder zu seiner Schwester Catherine Rae zu gehen.

Mrs. Watson war zwar entmutigt, kam aber nach wenigen Tagen in die Great Ryder Street zurück, diesmal mit Mrs. Rae, die sich ebenfalls bemühte, Eliza zur Reise nach Schottland zu überreden. Als die junge Frau das ablehnte, bot ihr Mrs. Rae an, sie in ihrem Haus in Edinburgh aufzunehmen. Eliza mochte die ältere Frau gerne, die in Monkwearmouth ihre Ersatzmutter gewesen war, aber diese konnte sie nicht davon überzeugen, daß sie die Begeisterung, zum ersten Mal eine unabhängige Frau zu sein – jung und hübsch und verliebt in London –, würde bitter bezahlen müssen. Eliza schwankte, doch am Ende ging Mrs. Rae unverrichteter Dinge fort und kehrte nach Schottland zurück. Auch Mrs. Watson gab ihre Bemühungen auf, und so wurden Briefe mit traurigen Nachrichten über das Leben, das Mrs. James nunmehr führte, nach Indien geschickt.

Eliza gab die Zimmer in der Great Ryder Street auf und zog in die vornehmere Half Moon Street in Mayfair.[24] Die Affäre mit Lennox dauerte an, und sie wurde zu einer kleinen Persönlichkeit in der Londoner Gesellschaft. Ihre großen, tiefblauen Augen und ihr rabenschwarzes Haar beeindruckten jeden. Sie fuhr regelmäßig in einem eleganten, leichten Kutschwagen, der von einem Paar grauer Ponys gezogen wurde, auf den vornehmen Wegen im Hyde Park.

Doch Ende Juli veränderte sich ihr Leben. Eliza zog von der Half Moon Street an eine weniger vornehme Adresse und eine Woche später noch einmal um. Nach einer weiteren Woche zog sie wieder um. Schließlich mietete sie sich gegen Ende August 1841 in einem Häuschen in der Hornsey Road in dem Vorort Islington ein. Die Affäre mit Lennox schien vorüber zu sein. Vielleicht konnten Familie und Freunde ihn überzeugen, daß die Verbindung keine Zukunft hatte und er sich nur selbst schaden würde, wenn er sie fortsetzte. Vielleicht aber erlosch die Leidenschaft, die in der Enge eines Schiffs entbrannt war, durch die Ablenkungen und Versuchungen Londons. Am Ende des Sommers kam Lennox nicht mehr zu Besuch, und Mrs. James war eine Frau mit Vergangenheit. Nach dem Rausch der Verliebtheit sah sich Eliza mit einigen nüchternen Tatsachen konfrontiert. Die Mittel, die sie bei ihrer Ankunft hatte, schwanden allmählich dahin, »durch eine Art unmerklicher Transpiration, was eine sehr verbreitete Krankheit der Geldbörsen von Damen ist, denen man nie den Wert des Geldes beigebracht hatte«, wie sie später schrieb.[25] Eliza hatte nie mit Geld umgehen müssen, und es fiel ihr nicht leicht. Ihr treibender Gedanke war immer, daß Geld dazu da war, ausgegeben zu werden.

Als Eliza von Lennox durch London begleitet wurde, hatte sie sicher andere Männer kennengelernt, und es gab wahrscheinlich einige, die die Stelle des Leutnants einnehmen und eine hübsche Frau finanziell unterstützen wollten. Aber die Affäre mit Lennox war Leidenschaft und romantische Liebe gewesen; Eliza hatte eigentlich gedacht, daß sie sich von Leutnant James scheiden lassen und Mrs. Lennox werden würde. Aus diesem Märchentraum zu dem Bewußtsein zu erwachen, nur eine von Londons teuren Kurtisanen zu sein, war für die stolze, rebellische junge Frau noch schlimmer als das Eingeständnis eines Fehlers. Eliza blieb in Islington, während sie über ihre Situation nachdachte und vermutlich Briefe voller Wut, Vorwürfe und Trauer aus Indien erhielt. Im Oktober packte sie schließlich ihre Koffer und nahm die Kutsche nach Edinburgh, um bei Catherine Rae zu wohnen.

Aber es war zu spät. Leutnant James war der Ehebruch seiner Frau zu Ohren gekommen. Ob aus einem Gefühl verletzter Ehre, verwundeter Liebe oder einfach nur aus Erleichterung darüber, daß er einen Grund hatte, sich von der Verantwortung für Eliza zu befreien, James hatte sofort beschlossen, daß die Sünde seiner Frau und ihres Liebhabers nicht unbestraft bleiben sollte. Doch selbst Eilpost war mindestens zwei Monate von England nach Indien unterwegs, deshalb verstrich einige Zeit, bis er die notwendigen Unterschriften erhalten konnte, um die schwerfällige Mühle der Justiz in Gang zu setzen.

Inzwischen war Eliza James bei Catherine Rae in der Nelson Street Nr. 15 in Edinburgh eingezogen und führte während des kalten, grauen schottischen Winters ein ruhiges, ehrbares Leben. Dieses wurde an einem Freitag Mitte März jäh beendet, als ein unbekannter Herr nach Eliza Rosana James fragte. Als sie ihn empfing, überbrachte er ihr die Vorladung, vor dem Court of Arches in London, dem Diözesangericht, zu erscheinen, um sich gegen die Anklage des Ehebruchs zu verteidigen.

Thomas James hatte die Scheidung eingereicht. Er würde sie mit der öffentlichen Schande des Ehebruchs brandmarken, praktisch dem einzigen Scheidungsgrund. Sollte Eliza jemals ein konventionelles Leben erwogen haben, etwa das einer Gouvernante oder Gesellschafterin, die in stiller Zurückgezogenheit lebte, so verschwanden diese Gedanken jetzt. Sie würde nicht länger in Edinburgh bleiben. Sie würde ihren eigenen Weg gehen und nur das tun, was sie selbst wollte und sich nach niemand anderem richten.

****

Lola Montez wird geboren

Lola hat für ihre Entscheidung, zur Bühne zu gehen, nie eine wirkliche Erklärung gegeben.[1] Sie behauptete, es sei notwendig gewesen und sie habe keine andere Wahl gehabt; und nachdem ihr Mann seine finanzielle Unterstützung eingestellt hatte, entsprach das wahrscheinlich auch der Wahrheit, zumindest teilweise. Doch einer Frau mit so viel Willenskraft und Charme, deren Persönlichkeit ebenso beeindruckend wie ihre Schönheit war, muß die Bühne als das Mittel ihrer Wahl erschienen sein. Eliza Gilbert James beschloß, sich nicht damit zufriedenzugeben, den Rest ihrer Tage in respektabler Armut zu verbringen. Sie wollte leben, die Welt sehen, eine selbständige Frau sein, und sie würde die Bühne zum Sprungbrett all ihrer Wünsche machen. Der Mittelpunkt der britischen Theaterwelt war London, und Eliza kehrte Anfang 1842 dorthin zurück. Eine Bekannte schlug vor, daß sie so viele junge Männer der guten Gesellschaft wie möglich treffen sollte, um ihrer Karriere zum Start zu verhelfen.[2] Ihre Affäre mit Lennox hatte sie mit den besseren Kreisen Londons in Berührung gebracht, und einer lebhaften, schönen, intelligenten Frau wie ihr würde es nicht schwerfallen, die richtigen Männer zu treffen. Diese würden ihr wahrscheinlich nicht nur die notwendigen Empfehlungen für ihre neue Karriere verschaffen, sondern auch genügend Geld für ein elegantes Leben, bis sie ihr eigenes Einkommen hatte.

In ihren Aufzeichnungen berichtet Lola, daß sie zuerst Schauspielerin werden wollte. Sie nahm bei Fanny Kelly in der Akademie, die diese hinter ihrem Haus in der Dean Street in Soho eröffnet hatte, Unterricht. Fanny Kelly, eine berühmte Schauspielerin, die sich vor kurzem von der Bühne zurückgezogen hatte, gründete die Schule für junge Schauspielerinnen mit der erklärten Absicht, den gesellschaftlichen und künstlerischen Vorurteilen gegen Frauen auf der Bühne entgegenzuwirken. Doch die neue Schülerin wurde für ungeeignet befunden, vielleicht, weil ihr Akzent zu unkonventionell war, oder weil ihre zarte Stimme zu wenig trug in Londons großen Theatern. Wenn sie wirklich ihr Leben dem Theater widmen wollte, so wurde Mrs. James nahegelegt, dann war möglicherweise Tanz die Kunstform, die sie verfolgen sollte.

Mit einundzwanzig war Eliza viel zu alt für den klassischen Ballettunterricht, für den Training und Übungen von früher Kindheit an erforderlich waren. Ihre einzige Hoffnung war, sich auf etwas zu spezialisieren, was weniger technisches Können erforderte, wie etwa Ausdrucks- oder Nationaltänze. Spanien und die spanische Kultur waren damals sehr in Mode. Selbst die größten Ballerinen der Zeit – etwa Fanny Elssler, Maria Taglioni und Fanny Cerito – nahmen spanische Boleros, Chacuchas und Fandangos in ihr Repertoire auf, wenn auch in künstlerischen Versionen, die ihre klassische Ausbildung und den Geschmack des Publikums mit einbezogen. Lola schrieb, daß sie in London vier Monate lang einen spanischen Tanzmeister engagierte, damit er sie in den Tänzen seiner Heimat unterrichtete, und dann reiste sie nach Spanien.[3]

Obwohl ihr die Reise ermöglichte, die Tänze im Ursprungsland zu erlernen, diente sie vielleicht auch zur Flucht aus London, da der Fall *James gegen James* vor dem bischöflichen Konsistorium der anglikanischen Kirche verhandelt werden sollte, und der Fall *James gegen Lennox* wegen Schadenersatzes für Ehebruch vor das Oberhofgericht gebracht werden sollte. Und die Reise mochte auch geplant gewesen sein, um das Verschwinden von Eliza Gilbert James und das Auftauchen einer exotischen, unbekannten Schönheit herbeizuführen: Lola Montez.[4]

Wir werden nie erfahren, wann und warum sie ihre Identität aufgab und eine neue Persönlichkeit annahm, eine Frau mit anderer Vergangenheit und entschieden anderen Zukunftsplänen. Vielleicht erkannte sie, daß die Glaubwürdigkeit einer Eliza Gilbert James, einer gebürtigen Irin mit fragwürdiger Moral, als spanische Tänzerin bestenfalls begrenzt sein würde. Doch als Maria Dolores de Porris y Montez, der stolzen und schönen Tochter einer adligen spanischen Familie, die durch den grausamen Bürgerkrieg der Karlisten in Armut gebracht und verbannt worden war, würde sie eine romantische und faszinierende Figur sein.

Eliza James segelte nach Cádiz, das für seine traditionellen Tänze berühmt war, und sie könnte auch Sevilla besucht haben.[5] Später behauptete sie, sie sei die erste Solotänzerin des Teatro Real von Sevilla gewesen, aber dafür gibt es, wie für so viele ihrer Geschichten, keinen Beweis. Jedoch lernte sie etwas über den spanischen Tanz, spanische Kleidung und Gebräuche und die spanische Sprache. Und sie entwickelte auch eine Vorliebe für Tabak in Form von Zigaretten, die sie lernte, geschickt zu rollen, oder für starke kleine Zigarren.

Daheim in London wurde am kalten und nebligen Morgen des 6. Dezember 1842 die Klage von Thomas James gegen Leutnant Lennox wegen »verbrecherischen Verkehrs« mit Frau Eliza James unter dem Vorsitz von Lord Denman im Oberhofgericht verhandelt.[6] Die eröffnende Beweisführung wurde durch eine geflüsterte Konferenz unterbrochen, als die weißen Perücken der gegnerischen Rechtsberater vor der Gerichtsbank zusammenrückten und die Anwälte dem Richter dann eröffneten, daß der Angeklagte angeboten hatte, der Verurteilung zur Zahlung einer Summe von 100 Pfund zuzustimmen, was der Anwalt von Leutnant James im Auftrag seines Klienten akzeptierte. Eine öffentliche Diskussion über die Art des »Verkehrs« von Frau James und Leutnant Lennox wurde taktvoll vermieden, da Lord Denman das Urteil zugunsten des Klägers in Höhe des vereinbarten Betrags fällte.

Eine gute Woche später hatte Dr. Stephen Lushington vom Court of Arches in dem alten Gerichtssaal des Doctors' Commons, dem Sitz des Rechtsgelehrtenkollegiums in der Nähe des St. Paul's Wharf, den Vorsitz über die Anhörung des Falles *James gegen James*.[7] Der Court of Arches war kein königliches Gericht, sondern ein Kirchentribunal – ein bischöfliches Konsistorium –, denn Ehescheidung war immer noch der Rechtsprechung der anglikanischen Kirche unterworfen; das Gericht urteilte nicht im Namen der jungen Königin, sondern im Namen des Erzbischofs von Canterbury. Lushington hatte zu diesem Fall bereits mehrere Zeugenaussagen gehört. In den vorangegangenen Zeugenbefragungen war Eliza Rosana James dreimal vor Gericht geladen worden und hatte es jedesmal versäumt, der Vorladung persönlich nachzukommen oder sich durch einen Verteidiger vertreten zu lassen. Da das Gericht sich auf das Ende der Sitzungsperiode am Michaeltag vorbereitete, war die Angelegenheit reif für eine Urteilsverkündigung.

Lushington war vollkommen damit zufrieden, daß die Zeugenvernehmung den Ehebruch von Mrs. James bewies, und er ordnete den Eintrag des Standardurteils bei Scheidungsfällen an. Es verfügte »Scheidung oder Trennung von Tisch, Bett und eheähnlicher Gemeinschaft«, und es sah auch vor, daß »keiner von beiden, solange der andere lebt, auf irgendeine Weise versuchen oder sich erlauben sollte, eine neue Ehe einzugehen«. Eine Scheidung durch das bischöfliche Konsistorialgericht gab nicht das Recht zur Wiederverheiratung, obwohl König Heinrich VIII. die Kirche von England gegründet hatte, um sich von Katharina von Aragon zu befreien, damit er Ann Boleyn

Joseph Karl Stieler, *Lola Montez*, 1847.

heiraten konnte. Um eine absolute Scheidung mit dem Recht auf Wiederverheiratung zu erreichen, hätte Leutnant James einen besonderen Parlamentsbeschluß beantragen müssen, der ihn über 1000 Pfund gekostet und auch politischen Einfluß erfordert hätte. Solche Beschlüsse wurden nur ein- oder zweimal jährlich erlassen. Wiederverheiratung war in Großbritannien offensichtlich nur den Reichen und Mächtigen vorbehalten, etwas, das Lola Montez auf eigene Gefahr vergessen würde.

In diesem Moment war Lola Montez immer noch dabei, geboren zu werden. Im Frühling hatte Lola beschlossen, daß es Zeit sei, nach England zurückzukehren, um ihre Karriere zu starten. Sie schiffte sich ein und traf um den 14. April in Southampton ein.[8] Die Fahrt vom Hafen nach London scheint für sie voller Zufälle gewesen zu sein. Der Earl of Malmesbury, ein bekannter Adliger und prominenter Politiker, erinnerte sich in seinen Memoiren, daß er an eben jenem Tag mit dem Zug von Heron Court, seinem Landsitz in Hampshire, nach London zurückkehrte. Der Graf war sechsunddreißig, verheiratet, wohlhabend und einflußreich. Es gab zeitgenössische Berichte, daß er Eliza James schon gekannt hatte, bevor sie Lola Montez wurde, und ihre Expedition nach Spanien sogar arrangiert und finanziert hatte. Doch traf der Graf die Sirene mit den rabenschwarzen Haaren nach eigener Aussage zum ersten Mal, als ihn der spanische Konsul in Southampton bat, sich um die junge Spanierin zu kümmern, die gerade gelandet war.

Als sie zusammen mit dem Zug nach London fuhren, so schrieb der Graf, erzählte sie ihm über sich und ihr Leben. Sie sei die Witwe von Don Diego Leon, dessen Hinrichtung kürzlich der Öffentlichkeit in Europa sehr bekannt geworden war. Diego Leon sei in einen Putschversuch gegen Königin Isabella II. und die Regentin Christina verwickelt gewesen, und er sei der einzige Rebell gewesen, der sich geweigert hätte zu fliehen, als die Verschwörung mißlang; er sei für seine Standhaftigkeit unverzüglich erschossen worden; postum erobere er die Herzen in ganz Europa.

Nun, sagte die blauäugige Schönheit, sei sie gezwungen gewesen, aus ihrer Heimat zu fliehen, um etwas Besitz in London zu verkaufen und Gesangsstunden zu geben, da sie alles verloren habe. Aus Mitleid mit der Witwe des Helden lud der Graf sie ein, ihre Volkslieder bei einem Benefizkonzert in seinem Haus vorzutragen, wo sie seinen Gästen auch spanische Schleier und Fächer verkaufte. Und da sie den Wunsch ausdrückte, zur Bühne zu gehen, stellte er sie Benjamin

Lumley vor, dem mächtigen Impresario von Londons berühmtem Her Majesty's Theatre.

Ganz gleich, ob man der Versicherung des Grafen glaubt, er sei einer der ersten gewesen, die von der schönen und raffinierten Lola Montez getäuscht wurden, es gab gewiß Männer von Rang und Wohlstand, die still und heimlich die neugeborene Spanierin förderten. Irgend jemand mußte das Geld aufbringen für ihren Tanzunterricht, ihren Aufenthalt in Spanien, ihre Theaterkostüme und für die Kopien der Orchesterparts der Musik, zu der sie auftrat. Was ihre Wohltäter für ihre Großzügigkeit erhielten, ist ebenso schwer anzugeben wie deren Identität, aber es wäre ungewöhnlich gewesen, wenn sie nicht sexuelle Gefälligkeiten dafür eingetauscht hätten. In den meisten Theatern wurde dem Ballettkorps ein Gehalt bezahlt, das für den Lebensunterhalt nicht reichte, da man davon ausging, daß jede Tänzerin einen oder mehrere Gönner im Publikum finden würde, die für ihren Unterhalt im Tausch gegen private Vorführungen besonderer Art sorgen würden.

Lola umging in ihren Memoiren geschickt das Thema:

Durfte ich so liebenswürdige Anerbietungen zurückweisen? Wohl erkannte ich die Gefahren, die daraus für mich erwachsen konnten, das Gerede, das darüber entstehen mußte, allein wir armen Frauen sind nun einmal leider so hilflose Geschöpfe, daß uns nicht immer die Wahl der Mittel bleibt. Oft sehen wir uns gezwungen, zur Erreichung unseres Zieles das zu ergreifen, welches sich uns eben bietet, auch wenn wir selbst erkennen, daß es uns in ein nachteiliges Licht setzen kann.

Überdies hatte ich von der Kunstwelt schon genug gesehen und erfahren, um zu wissen, daß es den Künstlerinnen selbst bei dem besten Willen nicht immer möglich ist, den bösen Schein zu meiden. Sollte ich auf Kosten bedeutender Opfer, vielleicht sogar mit gänzlicher Verzichtleistung auf eine glänzende Carrière, eine Ausnahme von der allgemeinen Regel zu machen suchen? Das wäre eine lächerliche Thorheit gewesen. Die Reinheit meines Bewußtseins mußte mir genügen, und mit der mir angeborenen Sorglosigkeit beschloß ich, auf die Beachtung des äußeren Scheines keinen Werth zu legen.[9]

Wer immer auch die Rechnungen bezahlte, Lola lebte gut und wurde am Rande der feineren Gesellschaftskreise gesehen. Der Einfluß von Malmesbury auf Lumley, den er im Interesse Lolas geltend machte, war ein weiterer Wendepunkt in ihrem Leben. Der Graf war ein bedeutender Gönner des Her Majesty's Theatre, und Lumley, ein schlauer Talententdecker, spürte, daß sich in Lola Schönheit, Bühnen-

wirksamkeit und »etwas *Pikantes* und Provokatives« verband, das erfolgverprechend war;[10] also ließ sich der Impresario von der schönen Spanierin »einwickeln«.
Lumley demonstrierte sein Vertrauen in das Bühnentalent der jungen Frau, als er ihr Debüt für den 3. Juni plante, wo sie »El Oleana« zwischen den Akten der Galaaufführung von Rossinis *Barbier von Sevilla* tanzen sollte. Die Galavorstellung wurde zu Ehren des Onkels der Königin, des betagten Königs von Hannover, gegeben, der sich auf Staatsbesuch bei seiner Nichte befand und in der Loge seiner Schwägerin, der Königinwitwe Adelaide, Platz nehmen würde. Die glanzvolle Elite des Adels der Hauptstadt wurde erwartet, und jeder, der auf sich hielt, würde sich um die Karten reißen.
In seinem Büro unterhalb der Säulenhalle des Theaters, das an der Haymarket-Street gelegen war, startete der geschickte Lumley eine kleine Werbekampagne, um den sofortigen Erfolg seiner Debütantin zu sichern. Auf Malmesbury und den Freundeskreis des Opernhauses konnte man zählen, daß sie bei ihren Bekannten für Lola warben, und Lumley weihte einen seiner eigenen Freunde bei der Presse, den Kritiker der *Morning Post,* ein, um Lolas Triumph im Umfeld der Presse vorzubereiten. Er lud den Kritiker zu einer Probe Lolas ein, stellte ihn der schönen Spanierin vor und ließ die beiden allein, damit sie ihren Charme bei ihm ausspielen konnte.[11] »Ihre Figur war sogar noch reizvoller als ihr Gesicht, so schön das letztere auch war ... Ihr Fuß und ihre Fessel war fast makellos.«[12] Dem Kritiker war klar, daß die Frau keine fertig ausgebildete Tänzerin war, und doch lag etwas in ihrer Schönheit, ihrer Faszination, das ihn dazu bewog, ihr »die Unterstützung meines Einflusses und meiner Feder« zuzusagen.
Nach der Probe saßen sie zusammen und unterhielten sich, und der Kritiker entdeckte, daß Lolas Faszination nicht nur von ihren körperlichen Reizen ausging. »Nun, wirst du mich fragen«, schrieb er dann, »gibt es jemanden, der, nachdem er sich auch nur eine halbe Stunde mit Donna Lola unterhalten hat, auch nur einen Augenblick daran zweifeln kann, daß er mit einem vor Geist sprühenden Geschöpf gesprochen hat. Ich jedenfalls nicht. Sie hat höchstwahrscheinlich jene besondere Ausstrahlung, die in England übereinstimmend ›flott‹ genannt wird, aber ihr Vorzug ist ganz ohne Zweifel der ihres Talents.
Sie unterhielt sich mit mir über beinahe alles – nein, ich würde fast sagen, über viel mehr –, erzählte mir eine Anekdote nach der anderen über das spanisches Leben, viele von diesen waren in der Tat sehr

›flott‹, mit einer *Verve* und einem *Entrain*, die unwiderstehlich waren.« Der Kritiker der *Post* war bereit, alles Notwendige zu tun, um Lolas Erfolg zu sichern. Wie Lumley konnte jedoch auch er sehen, daß man ihre Darbietung für sehr unzureichend befinden würde, falls sie nach den Maßstäben der klassischen französisch-italienischen Ballettschule beurteilt würde, die den Geschmack in London beherrschte. Der Schlüssel zum Erfolg lag darin, die Zuschauer davon abzubringen, daß sie Lola mit den ihnen bekannten Ballerinen verglichen, und sie zu ermutigen, Lolas eigenen Stil zu würdigen, und ihr Feuer und ihren Schwung jeden Widerstand überwinden zu lassen.

Am 3. Juni 1843, dem Morgen der Vorstellung, bereitete ein langer Artikel den Boden für das Debüt:

Donna Lolah Montes, die heute abend auf dieser Bühne ihr Debüt gibt, wird zum ersten Mal dem englischen Publikum den Spanischen Tanz vorstellen ... Die französische Tänzerin führt ihre Schritte nur mit den Füßen, den Beinen und den Hüften aus. Die spanische Tänzerin tanzt mit dem Körper, den Lippen, den Augen, dem Kopf, dem Hals, und mit dem Herzen. Ihr Tanz ist die Geschichte einer Leidenschaft ... Lolah Montes ist eine rein spanische Tänzerin ... In ihrer Person ist sie wahrhaftig die spanische Frau – in ihrem Stil ist sie ausdrücklich die spanische Tänzerin ... El Oleano ist, wie die Cachucha – nicht die Cachucha der Duvernay, der Elßler oder der Cerito – ein durch und durch nationaler Tanz, und wird für die Allgemeinheit englischer Augen ebenso neu, wie, nach unserem Dafürhalten, schön sein. Die Spielarten der Leidenschaft, die er verkörpert – die Verträumtheit, die Hingabe, die Liebe, der Stolz, die Verachtung – einer der Tanzschritte, der *Tod der Tarantel* genannt wird und ein beliebter Tanzschritt des Landes ist, ist genau die Poesie der rächenden Verachtung – können nicht übertroffen werden. Der erhobene und nach hinten geworfene Kopf, die blitzenden Augen, der ungestüme und ausgestreckte Fuß, der das Insekt zermalmt, liefern für den Maler ein Motiv, das er nicht leicht vergessen wird.[13]

Mit diesen erweckten Erwartungen traf das Publikum im Her Majesty's Theatre an diesem kühlem Frühlingsabend ein, um beim Bühnendebüt von Lola Montez dabeizusein. Das Haus war ausverkauft, aber das Foyer war voll mit Leuten, die unbedingt sehen wollten, was es mit dieser ganzen Aufregung auf sich hatte. Auf der Bühne begann Rossinis brillante Oper[14]; da damals das Licht während der Aufführung nicht abgedunkelt war, funkelte auch das juwelenbehängte Publikum. Als der erste Akt mit seinem ausgelassenen, synkopierten Finale endete, sah Lola durch das Guckloch auf die glitzernde Menge. Im Spiegel warf sie noch einen letzten prüfenden Blick auf ihr Ko-

stüm; das enge Samtkorsett korrespondierte mit ihrem rabenschwarzen Haar und betonte die Kurven ihrer Büste und Taille, und der in dunkelrot, blau und violett gehaltene Rock würde beim Drehen den Blick auf ihre makellos geformten Fesseln freigeben.
Hinter der Bühne herrschte geschäftiges Treiben, als die Opernkulissen abgebaut wurden und der Hintergrund eines maurischen Zimmers in der Alhambra und eine spanische Wand vor den Ausgang in der Mitte der Hinterbühne aufgestellt wurden.[15] Der Inspizient rief »Auf die Plätze!« und die Ballettmädchen liefen herbei und nahmen ihre Positionen im Bühnenhintergrund ein. Als die ersten Klänge der langsamen spanischen Musik hinter dem Vorhang ertönten, hüllte sich Lola in eine lange spanische Spitzenmantille, prüfte, ob ihre Kastagnetten gut an der Hand befestigt waren, und nahm ihren Platz hinter der geschlossenen Tür ein. Der Inspizient gab das Zeichen für den Vorhang, der hochging und den Blick auf die Ballettmädchen freigab, die erwartungsvoll auf die Tür sahen.
Langsam öffnete sie sich, und die in Spitzen gehüllte Gestalt trat ohne Hast ins Rampenlicht. Sie hielt einen Augenblick inne, um ihre Wirkung auf die Neugier des Publikums zu entfalten, ließ dann plötzlich die Mantille fallen, warf ihre Arme hoch und begann sich langsam im Rhythmus ihrer Kastagnetten zu bewegen, während sie mit würdevoller Anmut über die Bühne schritt. Sie lächelte nicht, nicht ein einziges Mal, sondern zeigte den stolzen Hochmut einer Flamencotänzerin. Wie sie ihren Körper und ihre Arme schwang, verkörperte Lola alle Stimmungen ihres Tanzes: Leidenschaft, Sehnsucht, Stolz, Zorn. Ihre Bewegungen waren flüssig, kraftvoll und beherrscht, und die Kastagnetten unterstrichen jede Phase des Tanzes. Zuerst schwiegen die Zuschauer wie gebannt; sie waren vorgewarnt worden, daß es sich hier um eine ihnen unbekannte Schule des Tanzes handelte, doch war es so andersartig, daß sie einfach weiter zusahen und kein einziges der virtuosen Kunststücke sahen, die sie sonst beklatschten. Diese Frau stellte nicht einmal ihre Zehen nach außen wie alle anderen Tänzerinnen, sondern bewegte sich mit parallel gestellten und nach vorne weisenden Füßen auf der Bühne.
Doch allmählich, mit Unterstützung von Lolas Anhängern, begann das Publikum, bestimmten dramatischen Bewegungen oder einer unerwarteten Pose zu applaudieren; und als Lola das Zertreten der Tarantel mimte und der Tanz seinen Höhepunkt erreichte, wurden die Zuschauer von einer Welle der Begeisterung für die spanische Neuheit mitgerissen.

Endlich fiel der Vorhang, und Lola konnte den gedämpften Beifallssturm dahinter hören. Als der Bühneninspizient das Zeichen gab, den Vorhang für die Bravorufe hochzuziehen, schritt sie in einem Regen von Blumensträußen nach vorne ins Rampenlicht. Ihre Bewunderer waren gut vorbereitet gekommen, und Blumen bedeckten die Bühne, doch in ihrer Rolle als stolze Andalusierin – oder vielleicht, weil sie einfach von dieser Aufnahme überwältigt war – ließ Lola Montez sich nicht dazu herab, sie aufzuheben, und einer der livrierten Bühnenangestellten mußte herbeieilen und sie aufsammeln. Der Applaus und der Jubel hielten unvermindert an, und schließlich wurde der Vorhang gesenkt. Der Inspizient trieb dann alle wieder auf ihre Plätze, und mit einem Zeichen an den Dirigenten wurde die gesamte Aufführung wiederholt.
Als Lumley der Wiederholung zusah, wunderte er sich über die ungeheure Begeisterung, die Lola hervorgerufen hatte.[16] Er hatte nicht nur ihre Geschichte, ein spanischer Flüchtling zu sein, angezweifelt, sondern auch ihre tänzerischen Fähigkeiten. Zwar war sie ungewöhnlich schön, aber man konnte sie keinesfalls als »Balletteuse« bezeichnen. Sein erfahrenes Auge erkannte deutlich, daß Lola trotz ihrer elektrisierenden Ausstrahlung auf der Bühne eine absolute Anfängerin war. Doch Lumley konnte das Publikum ebensogut einschätzen wie Tänzerinnen, und er durfte aus dieser Reaktion schließen, daß Lola Montez in nächster Zeit beträchtliche Einnahmen in die Theaterkasse bringen würde.
Nach der Zugabe gab es noch mehr Blumen, und dieses Mal bückte sich Lola, um einige aufzuheben; dabei ließ jemand hinter der Bühne den Vorhang herab, und Lola fand sich zur großen Erheiterung des Publikums im Rampenlicht festgehalten. Nach einer reizenden Verlegenheit und weiteren Jubelrufen fand sie ihren Weg und schlüpfte hinter die Bühne, wo die Bühnenarbeiter die Kulissen für den zweiten Akt des *Barbier* aufbauten. Sie wußte, daß sie sehr gut beim Publikum angekommen und ihr der Erfolg sicher war, und beeilte sich, ihr Kostüm abzulegen, um mit ihren Bewunderern zu feiern. Eliza Gilbert James war nun tot und begraben. Lang lebe Lola Montez!
Als sich ihre Freunde lärmend um sie scharten und sie im Triumph aus dem Bühneneingang geleiteten, hatte die freudig erregte Lola wohl Lumley nicht bemerkt, der von einer Gruppe von Herren im Abendanzug umgeben war.[17] Sie äußerten sich ziemlich vehement, und das Gesicht des Impresarios verdüsterte sich zunehmend bei ihren Worten. Was er hörte, gefiel ihm nicht.

Die Zeitungen am Montag waren fast einmütig in ihrem Lob, selbst wenn sie einige Vorbehalte anmeldeten. Die *Morning Post* führte selbstverständlich den Chor der anerkennenden Stimmen an:

Ihre wunderbar geschmeidige Gestalt nahm Haltungen an, von denen man bislang nicht zu träumen wagte – die Ästhetik wurde dabei immer gewahrt, trotz der Kühnheit ihres Tanzes. In einem Augenblick beugte sie sich zum Boden und bewegte die Arme, als ob sie Rosen in einem Blumenbeet pflücken würde – im nächsten Moment sprang sie auf und warf ihre Arme spielerisch in die Luft, als würde sie die Blumen auf das Haupt eines Geliebten regnen lassen. In einem Augenblick stellte ihr Tanz Verführung und inständiges Bitten dar – und im nächsten stampfte sie plötzlich auf den Boden, stemmte die Hand in die Hüfte mit einem Ausdruck von Stolz und Verachtung, wie ein Fechter, der seinen Gegner herausfordert, wenn dieser es wagte und sich in sein Schicksal ergäbe.[18]

Der *Morning Herald* faßte zusammen: »Die junge Dame kam, sah und siegte.«[19] Und der Kritiker wagte es sogar, Lolas Können mit dem der klassischen Ballerinas zu vergleichen.

Sie ist offensichtlich eine großartige Pantomimin und versteht sich auf den Ausdruck, der durch Bewegung und Körpersprache herausgearbeitet werden kann. Ihr Spiel mit den Armen ist sehr schön und die Beugung ihrer Handgelenke äußerst leicht und anmutig. In ihrer Haltung ist nichts Eckiges; ihre Figur scheint einem ästhetischen Willen zu dienen, und eine Andeutung wird mit der Verkörperung der Eleganz schlechthin dargestellt. Eine Vorführung des El Oleano entwickelt natürlich nicht die Qualitäten des darstellenden Tanzes; sie ist im wesentlichen ein *pas de caractère*, und ihre Requisiten sind eher der Körper als die Füße; doch man darf vermuten, daß die Donna selbst auf diesem Gebiet Leistungen vollbringt, die sehenswert sind. Sie hat nicht ganz die Raffinesse von Fanny Elßler in ihrer Ausführung der Charakterschritte, doch besitzt sie einen ebenbürtigen Elan in ihrem Auftreten und kann Satire und heiteres Spiel ebenso trefflich ausdrücken.

Die *Times* schließlich war dankbar, »einen spanischen Tanz von einer Spanierin nach der spanischen Mode dargeboten«[20] zu sehen. Ihr Kritiker schrieb: »Ihr Tanz wird nicht durch Lebhaftigkeit, durch bemerkenswerte Anmut charakterisiert, aber man kann sagen, daß er sehr viel Intensität besitzt«, und er schloß:

Dona Montez ist wohl als Balletteuse *sui generis*, und in der gesamten Grundlage und dem Zweck ihres Tanzes so vollkommen verschieden von den anderen Künstlerinnen des Balletts, daß eine legitime Rivalität zwischen ihr und ihnen genausowenig bestehen kann wie zwischen ihr und einer der Sängerinnen. Es ist umso notwendiger, dies genau zu beachten, als Dona Montez ziemlich gewiß von vielen Kritikern des Balletts unterschätzt werden wird, die, da sie vom französischen und italienischen Standard ausgehen, sich weigern werden, jene Besonderheiten ihres Tanzes anzuerkennen, die wirklich bemerkenswert sind, und sie für die Abwesenheit jener Eigenschaften verantwortlich machen werden, die sie nicht einmal versucht hat zu erwerben.

Der Kritiker des *Evening Chronicle* analysierte den Grund für die Sensation in einigen Einzelheiten:

Donna Montez ist keine *Tänzerin* in der allgemein verstandenen Bedeutung des Wortes. Sie hat (oder zeigt zumindest) nichts von der *Technik* der Kunst – keine Pirouetten, keine Entrechats, keine wunderbaren Vorführungen von Geschmeidigkeit. Ihr Tanz ist nur etwas mehr als eine Geste und Haltung, aber jede Geste und Haltung scheint ein Impuls der Leidenschaft zu sein, die die stolze und hochmütige Denkweise einer schönen Spanierin beherrscht; denn sie ist ausnehmend schön mit ihrer Gestalt und ihren Gesichtszügen, verwirklicht die Vorstellungen, die beim Lesen einer spanischen Romanze wach werden. Ihr Tanz ist das, was wir immer unter spanischem Tanz verstanden haben – eine Art *Monodrama* – eine Darstellung von verschiedenen, sehr rasch aufeinanderfolgenden, jedoch zusammenhängenden und übereinstimmenden Gefühlen.[21]

The Era war eine Wochenzeitung, und ihr Kritiker hatte mehr Zeit für eine wohlüberlegte Beurteilung des Debüts, aber er berichtete über den Erfolg in ebenso glühenden Worten und schrieb abschließend: »Der einzige feststellbare Fehler bei dem Tanz der Donna war, daß er viel zu kurz war.«[22]

Unglücklicherweise irrte der Kritiker der *Era*, denn einige maßgebende Zuschauer hatten bei dem Tanz der Donna schwerwiegende Fehler entdeckt.[23] Die Männer, die Lumley nach Lolas Debüt umringten, waren Herren der Gesellschaft, und einige von ihnen hatten großes Wissen über Spanien und bewunderten es sehr. Andere in der Gruppe verfügten zwar über weniger Kenntnisse des Landes, aber sie waren sehr vertraut mit einer Mrs. James, die zwei Jahre zuvor in bestimmten Gesellschaftskreisen relativ bekannt geworden war, und die mit dem, was von ihrem Ruf noch übriggeblieben war, verschwunden war. Gemeinsam machten sie dem Impresario Vorwürfe, daß er eine Frau vorgestellt hatte, die nicht nur eine öffentlich abgestempelte Ehebrecherin, sondern als spanische Tänzerin auch eine Betrügerin war.

Lumley war peinlich berührt. Nur wenige seiner Künstlerinnen waren Vorbilder an Moral, aber keine von ihnen war wegen Ehebruchs geschieden worden. Weit schädigender jedoch war das Zeugnis dieser Männer, daß Lola überhaupt keine Spanierin war und durch keinerlei Bemühungen der Vorstellungskraft als Repräsentantin der authentischen Schule des spanischen Tanzes gelten konnte. Ein Impresario kann es vielleicht wagen, eine bekannte Ehebrecherin dem Publikum vorzustellen – eventuell trägt dies sogar zur Steigerung der Einnahmen bei. Aber kein Theatermann würde die öffentliche Anschuldigung überleben, er hätte die Käufer der Eintrittskarten bewußt betrogen. Da die Werbung für den neuen Star auf dem »echten spanischen Charakter« ihres Tanzes basierte, bestand keine Hoffnung auf Rettung, wenn erst einmal bekannt würde, daß Dona Lola ebenso britisch wie ihr Publikum war. Verdrießlich versicherte Lumley den protestierenden Herren, daß Lola Montez, falls sich ihre Behauptungen als wahr erwiesen, niemals wieder auf der Bühne von Her Majesty's Theatre auftreten würde.

Wir wissen aus Lumleys Memoiren, daß ihm der Earl of Malmesbury und andere versicherten, daß Lola diejenige sei, die sie zu sein vorgab. Und selbst, wenn sie es nicht sei, so wäre sie doch ein Wunder auf der Bühne. Doch Lumley, überzeugt davon, daß sie keine Spanierin war, wollte seine Glaubwürdigkeit nicht für einen kurzfristigen Profit aufs Spiel setzen.

Innerhalb einer Woche begann ein gemeinschaftlicher Angriff auf Lola Montez mit einem Artikel in der Zeitschrift *Age*.[24] Ihr Theaterkritiker begann, auf »ekelerregende Artikel« in der *Morning Post* und auf die »ständige Abweichung von der strikten Linie der Wahrhaftigkeit« dieser Zeitung zu verweisen. Als Hauptbeispiel für das »unaufrichtige und geschmacklose Verfahren« der *Morning Post* zitierte die *Age* die Berichterstattung über das Debüt von Lola Montez, in der der Kritiker die Tänzerin nicht nur *nach* ihrem Auftritt lobte, sondern bereits vorher. »Es ist wirklich unsere Pflicht, nachzuforschen, nach welchem Prinzip er eine solche Anhäufung von Unwahrheiten ins Leben gerufen und veröffentlicht hat. Die ›Senorita‹, die er der Gutgläubigkeit der Opernabonnenten aufschwatzen will, ist eine Person, die vor einiger Zeit unter dem Namen Mrs. James empfangen worden ist, und die, auch wenn sie eine bemerkenswert schöne Frau ist, über alles andere mehr weiß als über das Tanzen und die die Gegend rund um die Clarges-Street besser kennt als das Teatro Real in Sevilla.«

Die Angriffe in der *Age* konnten nicht unbeantwortet bleiben und veranlaßten Lola zu einer öffentlichen Entgegnung, ein Mittel, das sie in Zukunft häufig benützen würde: einem Brief an den Herausgeber. Natürlich würde jeder Brief an den Herausgeber der *Age* im Papierkorb landen – oder zumindest durch eine beißende Widerlegung begleitet werden – also richtete sie ihre Antwort an Medien, die sie ohne spöttischen Kommentar abdrucken würden. Ihr Brief erschien zuerst in der *Morning Post* vom 15. Juni, dem Tag nach Erscheinen der *Age*, und weitere Versionen erschienen u. a. in der *Times* und der *Era*. Er lautete, mit einigen kleinen Abweichungen, folgendermaßen:

Mein Herr,
nachdem ich die Ehre hatte, am Samstag, den 3. d. M., im Her Majesty's Theatre zu tanzen, wo ich von der englischen Öffentlichkeit auf so freundliche und schmeichelhafte Weise empfangen wurde, bin ich durch Berichte, daß ich nicht wirklich die Person sei, die ich vorgebe zu sein, sondern in London seit langer Zeit als ein unehrenhafter Charakter bekannt gewesen sei, äußerst verärgert. Ich ersuche Sie dringend, mir durch das Medium Ihrer angesehenen Zeitung zu erlauben, Ihnen und der Öffentlichkeit auf positivste und uneingeschränkteste Weise zu versichern, daß an einer derartigen Behauptung kein Wort wahr ist. Ich stamme aus Sevilla und wurde im Jahre 1833, als ich zehn Jahre alt war, zu einer katholischen Lady nach Bath geschickt, wo ich sieben Monate blieb und dann zu meinen Eltern in Spanien zurückgeschickt wurde. Seit dieser Zeit bis zum letzten 14. April, als ich in England ankam, *habe ich nie einen Fuß in dieses Land gesetzt und habe London auch nie zuvor in meinem Leben gesehen.* Das nicht perfekte Englisch lernte ich in Bath und von einem irischen Kindermädchen, das viele Jahre in meiner Familie gelebt hat. Die durch die politischen Ereignisse in meinem Land verursachten Unglücksfälle zwangen mich, andernorts ein Auskommen zu suchen, und ich hoffte, daß meine heimischen Tänze hier geschätzt würden, besonders jene, die für die Engländer neu sind ...
Ihre gehorsamste und ergebenste Dienerin
Lola Montez[25]

Natürlich war praktisch alles eine Lüge (Sir Jasper Nicolls hatte beobachtet, daß Eliza als Kind eine ziemliche Lügnerin war), aber Lola hatte mit der Wahrheit nicht viel zu gewinnen. Deshalb wiederholte sie einfach ihre Lügen mit so viel gespielter Empörung wie möglich. »All dieser ›polemische Wirbel‹ um eine Opernttänzerin!«[26] schrieb das *Court Journal* verärgert. Doch im *Spectator* war zu lesen: »Wenn wir Donna Montez als Amateurin beurteilen – was wir von ihr annehmen –, dann ist ihre Vorführung ziemlich bemerkenswert aufgrund ihrer Ungewöhnlichkeit und Originalität, um ihr noch eine Gelegenheit zu gewähren, die Öffentlichkeit günstig zu stimmen. Der englische Geist des Fairplay steht im Gegensatz zu der Verurteilung

eines Menschen wegen unzureichender Gründe, besonders wenn dieser Mensch eine Frau ist und aus der Heimat fliehen mußte; deshalb würden wir uns freuen, Donna Montez erneut auf der Bühne der Italienischen Oper zu sehen.«[27]
Das *Age* wollte die Angelegenheit jedoch nicht auf sich beruhen lassen, insbesondere nachdem Lola einen unorthodoxen Appell an den Verleger selbst versucht hatte:

Die Dame ließ sich am Dienstag für die Zeitdauer von vier Stunden in unserem Büro nieder, mit der Absicht, uns die Identität ihrer Person einzuprägen – sie zeigte sich danach auch in unserem Privathaus, und am Abend sahen wir sie in der Oper. Nachdem wir mehrmals Gelegenheit hatten, ihren Dialekt zu hören, glauben wir ganz sicherlich, daß, in Anbetracht dessen, daß sie das einzige Englisch, das sie spricht, in sieben Monaten in Bath von einem irischen Kindermädchen gelernt hat, es alles andere als »nicht perfekt« ist, und obwohl leicht von einem fremden Akzent gefärbt (der auch angenommen worden sein *kann*), ist ihre Aussprache ausgezeichnet ... Es zeugt von wenig damenhaftem Verhalten, wenn sie sich am Vormittag des Tages, an dem sie in Samt und Seide gekleidet abends in einer Opernloge saß, in unserem Büro in abgetragener Kleidung präsentiert!
Wir können der Donna versichern, daß wir in eben diesem Augenblick, trotz ihres öffentlichen Widerspruchs, einige Herren von Adel und Stand nennen könnten, die darauf bestehen *werden*, daß sie niemand anderes als Mrs. James ist; doch da mehr als eine Mrs. James auf der Bildfläche ist, ziehen sie es vor, vorsichtig zu sein im Hinblick darauf, welche Mrs. James sie ist ...
Wenn es zum gegenwärtigen Zeitpunkt der Mühe wert wäre, in dieser törichten Angelegenheit fortzufahren, könnten wir die Namen der adligen Herrschaften nennen, auf die wir uns bezogen haben – und falls uns die Senorita noch weitere Schwierigkeiten machen sollte, werden wir das auch zweifellos tun, und noch viel mehr Dinge beim Namen nennen, die keinesfalls angenehm zu schreiben oder zu lesen sind.[28]

Ob nun diese Drohung, Mitglieder des Adels in einen schlimmeren Skandal zu verwickeln, Lolas Chancen für eine Wiederanstellung schmälerten, oder ob es ihr schließlich klar wurde, daß Lumley entschlossen war, sich nicht mit einem derartigen Betrug in Verbindung bringen zu lassen, Lola gab schließlich die Hoffnung auf, weitere Erfolge in Her Majesty's Theatre zu feiern. Sie hatte ihr Debüt auf der berühmtesten Bühne Englands gefeiert, deshalb wäre ein Engagement an einem anderen Theater, wenn sie überhaupt eines erhalten hätte, ein Rückschritt in ihrem neuen Beruf gewesen; die einzige vernünftige Konsequenz war, ins Ausland zu gehen, um ihre Karriere fortzusetzen. Sie liebte den Reiz neuer Länder und Städte, und nun machten sie ihre Londoner Freunde mit ausländischen Aristokraten bekannt, die ihr großzügig Unterstützung zusagten.

Ende Juni oder Anfang Juli wurde sie einem deutschen Verwandten von Königin Viktoria vorgestellt.[29] Es war der 46jährige Herrscher des winzigen Fürstentums Reuß-Lobenstein-Ebersdorf, und er hatte den unwahrscheinlichen Namen Prinz Heinrich LXXII. Prinz Heinrich scheint Gefallen daran gefunden zu haben, mit der hüschen jungen Spanierin auf französisch zu flirten, und war so gnädig, einige ihrer drückenden Schulden zu bezahlen und sie zu einem Besuch in Ebersdorf einzuladen, um das Leben eines unverheirateten Prinzen kennenzulernen.

Etwa zur gleichen Zeit wurde Lola der Vorschlag gemacht, in St. Petersburg zu tanzen.[30] Nachdem sie den vagen Plan gefaßt hatte, durch Europa in Richtung Osten zu reisen, um für die Theatersaison im Herbst in Rußland zu sein, traf sie Vorkehrungen für ihre Abreise aus England.

Bevor sie zu ihrem nächsten Abenteuer aufbrechen konnte, erhielt Lola in ihrer Wohnung Besuch von Edward Fitzball, einem jungen Dramaturgen und Lyriker.[31] Eine Aufführung zu seinen Gunsten war für den 10. Juli im Covent Garden Theater geplant, und er hoffte, den Kartenverkauf mit Hilfe der Tänzerin anzuheizen, über die in London am meisten gesprochen wurde. Lola war damit einverstanden zu tanzen und bestand darauf, keine Gage anzunehmen; vielleicht die erste ihrer zahllosen großzügigen Handlungen gegenüber Künstlerkollegen.

Jahre später erinnerte sich Fitzball an die Nacht der Benefizveranstaltung:

Lola Montez traf an dem Abend in einer prächtigen Kutsche in Begleitung ihrer Dienerin ein und betrat ohne die geringste Affektiertheit die für ihren Empfang vorbereitete Garderobe. Als sie für den Auftritt angekleidet war, ließ sie nach mir schicken, um zu fragen, ob ich glaubte, daß das ausgewählte Kostüm von meinen Freunden gebilligt würde. Ich habe Sylphen und weibliche Gestalten von überaus berückender Schönheit in Ballett- und Märchenaufführungen gesehen, aber die berückendste und vollkommenste, die ich jemals erblickt habe, war Lola Montez an diesem Abend in ihrem herrlichen in Weiß und Gold gehaltenen, mit Diamanten besetzten Gewand. Ihre Verbeugung vor dem Publikum war das Zeichen für allgemeinen Applaus und allgemeiner Bewunderung ihrer Schönheit – und allgemeiner Bewunderung ihres Tanzes, der ganz anders war als alles, was die Zuschauer bisher gesehen hatten; so originell, so biegsam, so graziös, so unbeschreiblich. Ich brauche wohl kaum hinzuzufügen, daß das gesamte Publikum am Schluß ihrer Darbietung stürmisch und begeistert ihr Wiedererscheinen forderte; danach, als ich mit entzückten Danksagungen auf sie zukam und wieder ihre Hand hochhielt, weigerte sie sich mit anmutigem Protest, mich anzuhören, und hatte in einer halben Stunde mit derselben Kutsche das Theater verlassen. Von da an hatte ich nie mehr das Vergnügen, die *großzügige*, die schöne Madame Lola Montez zu sehen. So ungewöhnlich die unterschiedlichen Berichte über sie auch sind, die uns in verschiedenen Zeitungen erreichten, für mich zumindest war sie, wie ich es hier niedergeschrieben habe und jeder es zugestehen muß, der Inbegriff einer großzügigen, damenhaften und liebenswürdigen Erscheinung.

Bei Fitzballs Wohltätigkeitsveranstaltung tanzte Lola wieder »El Oleano« und führte zum ersten Mal »La Sevilliana« auf. Kurz danach schloß sie die Vorbereitungen für ihre Auslandsreise ab und verließ, von der Öffentlichkeit unbemerkt, London Mitte Juli auf der Suche nach neuen Abenteuern. Sie konnte wahrscheinlich nicht genau sagen, wohin sie fuhr, und noch weniger, wo sie schließlich landen würde.

****

Deutschland wird mit der Peitsche erobert

In ihren Memoiren schrieb Lola Montez, daß sie vor ihren Schwierigkeiten in England nach Hamburg flüchtete, das sie im Vergleich zu London klein, leer und leblos fand.[1] Doch hatte sie nicht die Absicht, sich länger in Hamburg aufzuhalten. Ihr unmittelbares Ziel war das winzige Reich ihres neuen Freundes Prinz Heinrich.

Heinrich gehörte zu jenen Feudalherren im Deutschland vor Bismarck, an die sich die Komponisten komischer Operetten gern erinnern, die aber kaum je in den Fußnoten der europäischen Geschichte Erwähnung finden.[2] Er war ein Mitglied der Reuß-Dynastie, die über mehrere kleine Gebiete in Thüringen im Südosten Deutschlands herrschte. Im Lauf der Jahrhunderte hatte die Familie ihren Besitz auf gänzlich verwirrende Art und Weise geteilt, zusammengelegt und wieder aufgeteilt, so daß Heinrich LXXII. nun Herr und Meister über ein Fürstentum von etwa 425 Quadratkilometern bewaldeter Hügel und bescheidenen Bauernlandes mit etwa zwanzigtausend Untertanen war.

Die Hauptstadt war Ebersdorf an der Saale, eine Stadt mit etwa zwölfhundert Einwohnern, wo er den größten Teil seiner Zeit damit zubrachte, auf die Jagd zu gehen, seine Wälder zu inspizieren und uneheliche Kinder zu zeugen. Serenissimus, wie er sich anreden ließ, besaß die Teilherrschaft über die geschäftige Stadt Gera, die über zehntausend Einwohner hatte, doch er teilte die Oberhoheit mit seinem Vetter, dem Prinzen von Reuß-Schleitz, der ebenfalls Heinrich hieß.

Tatsächlich mußte *jeder* männliche Nachkomme in allen Zweigen der Familie Reuß den Namen Heinrich erhalten, daher wurde jeder Erbe durch eine Ziffer benannt, die seine Geburtenfolge angab. Auf diese Weise war der Vater von Prinz Heinrich LXXII. nicht Heinrich LXXI. gewesen, sondern Heinrich LI.; zwanzig weitere männliche Nachkommen waren zwischen der Geburt des Vaters und der seines Sohnes auf die Welt gekommen.

Prinz Heinrich war gerade von einer Reise nach London in sein kleines Schloß zurückgekehrt, als ihm eines Tages Ende Juli die Drei-Uhr-Postkutsche einen französisch adressierten Brief überbrachte. Er stammte von Señorita Montez, die sich liebevoll an die schönen gemeinsam verbrachten Stunden in London erinnerte und ankündigte, daß sie am nächsten Tag in Leipzig sein und sich auf einen Besuch bei ihm freuen würde.

Der Prinz empfing nicht viele Besucher, die nicht Heinrich hießen, und so wurde sein Hof angehalten, sich an die Arbeit zu machen, um Ebersdorf für den Empfang der glanzvollen Spanierin vorzubereiten. Alles wurde geputzt und poliert, die Gärten wurden gejätet und umgepflanzt, um die preisgekrönten Blumen des Prinzen ins beste Licht zu rücken. Alle Angehörigen der Zivilgarde des Prinzen bügelten und bürsteten ihre Galauniformen, und aus den fürstlichen Stallungen wurden Pferde geschickt, um frische Gespanne von Leipzig nach Ebersdorf für die große sechsspännige Staatskutsche zusammenzustellen, mit der die Besucherin abgeholt werden sollte.

Die Diener, die in Leipzig eintrafen, um die Dame zu begleiten, bemerkten, daß sie etwas ungewöhnlich war. Sie unterhielt sich mit ihnen in französischen Redesalven, wobei sie zuerst darauf bestand, daß ihr großer Schrankkoffer auf der feudalen Kutsche festgeschnallt und nicht mit dem separaten Gepäckwagen befördert wurde; weiter bestand sie darauf, daß jeder, der nicht mit dem Lenken der Kutsche beschäftigt war, mit ihr in der Kutsche fahren sollte, damit sie sich mit jemandem unterhalten konnte. Als alles zur Abreise bereit war, hielt sie vor einem Bettler und warf eine Handvoll Taler in seinen Hut, stieg dann in die Kutsche, und los ging es.

Zwischen dem Rollen von Zigaretten und dem Paffen von blauen Rauchwolken versuchte Lola, die Diener in ein Gespräch zu verwickeln, aber deren Zurückhaltung und deren Französisch führten zu keinem besonders anregenden Gespräch. Dennoch schien sie sich großartig zu amüsieren. Bei einem der Pferdewechsel stieg sie auf den Kutschbock, da sie selbst kutschieren wollte. Als der Kutscher sie schließlich verstand, erwiderte er, daß die Pferde zu unerfahren seien und er dies nicht zulassen könne; mit ihrem Fächer versetzte sie ihm einen harten Schlag ins Gesicht und stieg zurück in die Kutsche, um sich noch eine Zigarette zu rollen und zu versuchen, ihre Reisegefährten mit einer ihrer Geschichten zum Lachen zu bringen.

Endlich fuhr die Kutsche auf dem Platz vor dem Schloß in Ebersdorf vor, wo der Prinz in seiner prächtigen weißen Uniform mit hellblauen Rockaufschlägen und Manschetten den Wagen anhalten ließ, während ein Trommelwirbel der Ehrengarde das Signal gab, die Gewehre zu präsentieren. Lola stieg aus der Kutsche, reichte die Hand zum Kuß und nahm den Arm des Prinzen, als er ihr die Angehörigen seines winzigen Hofstaats vorstellte. Er wollte sie gerade in seinen Palast geleiten, als sie seinen Arm losließ und hinüberging, um die Ehrengarde mit der Genauigkeit eines alten Feldwebels zu inspizieren. Sie wußte, wie man so etwas macht.

An diesem Abend beeindruckte Lola auf dem Empfang, den der Prinz für seinen Gast gab, jeden, besonders die Damen, damit, wie bescheiden und aufmerksam sie war. Als sie mit den Gästen auf Französisch plauderte, gab sie offen zu, zu wissen, daß die Einladung des Prinzen nicht ernst gemeint war, aber daß sie viel zu neugierig gewesen sei, um die Gelegenheit eines Besuchs zu versäumen. Nun, da sie hier war, bemerkte Lola, würde Heinrich einfach gute Miene zum bösen Spiel machen müssen.

Sie schrieb, daß der Ebersdorfer Hof sie anfangs angenehm überraschte und daß selbst dessen bescheidene Reize über ihre Erwartungen hinausgingen. Auch äußerte sie ihre Überraschung darüber, wie freundlich der Prinz seinen Gast willkommen geheißen hatte, der sich im Grunde genommen selbst eingeladen hatte. Doch die Gleichförmigkeit der Tage langweilte sie bald, und nach kurzer Zeit gingen sie und Prinz Heinrich sich gegenseitig auf die Nerven. Sie fand den Herrn von Reuß-Lobenstein-Ebersdorf mehr als nur ein wenig lächerlich in seinen Eitelkeiten und war enttäuscht darüber, daß niemand in dem kleinen Hofstaat ihre Witze über ihn hören konnte, ohne schockiert zu sein.

Während ihres Aufenthaltes lernte Lola mehrere Einwohner von Ebersdorf kennen, von denen alle nicht eines der besseren Londoner Theater gefüllt hätten. Ihr ganzes Leben hatte sie Hunde, besonders große, gemocht, und sie und Turk, der Bernhardiner des Prinzen, wurden bald Freunde. Gemeinsam spazierten sie durch Heinrichs Beete mit seltenen Pflanzen, und sicher und geschickt köpfte Lola die Blumen mit einer Gerte. Sie flocht die abgefallenen Blüten zu einem Kranz, den sie dem Zuchthengst des Prinzen um den Hals hängte, und den Stallburschen verbot sie, ihn zu entfernen, bevor ihr Herr Gelegenheit hatte zu sehen, wie schön sein Pferd aussah.

Heinrich war an ein solches Verhalten in der fürstlichen Residenz nicht gewöhnt; wenn er jemals vergessen hatte, weshalb er immer noch Junggeselle war, dann wurde es ihm wahrscheinlich wieder bewußt. Aber als Gastgeber konnte ihm nichts nachgesagt werden, und am vierten Tag von Lolas Aufenthalt arrangierte er einen Ausflug zu einem seiner Lieblingsplätze, seinem Jagdschlößchen Waidmannsheil, wo ein ländliches Frühstück serviert und für Unterhaltung gesorgt werden sollte. Mit dem neuen Zweispänner des Prinzen war es eine halbe Stunde Fahrt zum Schloß, wo Heinrich seinem Gast stolz jede Ecke und jeden Winkel der Anlage zeigte. Auf einer Lichtung unter den großen Eichen und Linden war für sie und zwanzig Gäste eine Tafel aufgestellt worden.

Der Prinz ließ Lola zu seiner Rechten Platz nehmen, und als das Mahl begann, stimmte die Kapelle der Wald- und Bergarbeiter von Waidmannsheil, die hinter Zweigen verborgen waren, eine Serenade an. Die Spieler *waren* tatsächlich Wald- und Bergarbeiter und ließen als Musikanten einiges zu wünschen übrig, und der Ehrengast verzog jedesmal das Gesicht, wenn ein besonders falscher Ton die Luft durchschnitt. Als Lola bemerkte, daß dies ihren Gastgeber verärgerte, neckte sie ihn dadurch, daß ihr Gesicht bei jedem unreinen Ton noch schmerzverzerrtere Züge annahm.

Der Höhepunkt trat ein, als ein Chor, der größtenteils aus Kindern bestand, die auf die Bäume geklettert waren, das »Reußsche Volkslied« zu singen begann. Lola sprang auf, hielt sich die Ohren mit beiden Händen zu und schrie: »Oh, das ist schrecklich! Werdet diesen Pöbel los!« Der Prinz, der fast seine Fassung verlor, erhob sich, wies den Chor an zu verschwinden und packte Lola am linken Handgelenk und führte sie zur Tafel zurück. Sie schien seine Absicht mißzuverstehen, und ihre rechte Hand griff zu dem Dolch, den sie in ihrem Gürtel stecken hatte; doch dann wurde ihr ihre übertriebene Reaktion bewußt, sie lächelte und setzte sich.

Wiederholt würde Lola Montez in ihrem Leben auf verletzte Autorität mit übertriebener Provokation reagieren. Dieser Tag bildete keine Ausnahme. Als sie sah, daß einer der Buben vom Baum fiel, wandte sie sich an ihren neuen Freund Turk und befahl ihm mit einer Handbewegung: »Faß ihn!« Mit zwei Sprüngen hatte der Bernhardiner den Buben umgestoßen und hielt ihn mit der Vorderpfote auf der Brust fest. Der Junge schrie vor Angst, und der Prinz sprang persönlich vom Tisch auf, ergriff Turks Halsband und zog ihn von seinem Opfer fort. Er wandte sich wütend zu Lola und brüllte: »Das wird nie wieder passieren, Madame! Ich bin hier der Herr!«

»Und ich«, erwiderte Lola sarkastisch, »bin die Mätresse!«

Das war zuviel. Heinrich entschuldigte sich und ging auf die Stallungen zu. Die Herren erhoben sich und folgten ihm, doch der Prinz hieß alle außer einem vertrauten Adjutanten zur Tafel zurückkehren und befahl, das Programm wie geplant fortzusetzen. Der Prinz und

sein Adjutant fuhren zusammen nach Ebersdorf zurück. Unter den Gästen des Prinzen herrschte große Aufregung, bis Lola, nach einer originellen und lustigen Entschuldigung für ihre Rolle bei dem Zwischenfall, die festliche Stimmung rettete. Unter dem Zauber von Lolas ungezwungenem Charme schien die verärgerte Abfahrt des Prinzen nicht mehr von besonders großer Bedeutung zu sein, und alle brachen zu dem geplanten Ausflug zu den Sehenswürdigkeiten im umliegenden Wald auf. Bei einem wunderschönen Ausblick auf das Meer von Bäumen unterhielt Lola die Gruppe, indem sie den jüngsten Offizier dazu überredete, ihr Partner bei einem spanischen Volkstanz zu sein, wobei sie die Begleitung sang. Danach kehrten alle zu einem großen Bankett in den Speisesaal des Jagdschlosses zurück.
In seinem Palast diskutierten Prinz Heinrich und sein Adjutant über einen geeigneten und eleganten Weg, den Serenissimus von dem Verdruß seines Hausgastes zu befreien. Vielleicht, schlug der Adjutant vor, könnte eine Tänzerin durch das Versprechen eines guten Engagements weggelockt werden. Er war mit Herrn Kapellmeister Reissinger am Hoftheater des Königs von Sachsen im nahe gelegenen Dresden bekannt. Mit einem Empfehlungsschreiben an den Kapellmeister in der Hand würde sie vielleicht geneigt sein, eine Kutschfahrt in die sächsische Hauptstadt auf sich zu nehmen.
Der Adjutant entwarf einen Brief an Kapellmeister Reissinger, während der Serenissimus Lola einige Zeilen schrieb, die er ostentativ an »Mrs. James« adressierte. Mit den beiden Briefen fuhr der Adjutant zum Jagdschloß zurück, wo das Bankett gerade zu Ende ging. Nachdem er den Gast des Prinzen um ein privates Gespräch gebeten hatte, gab er ihr die Briefe und teilte ihr so diplomatisch wie möglich den Wunsch des Serenissimus mit, daß sie noch an diesem Tag sein Reich verlassen möge. Daraufhin lächelte Lola spöttisch und meinte: »Das ist ja keine so lange Reise!«
Die Tänzerin verabschiedete sich freundlich von den anderen Gästen, stieg mit dem Adjutanten in die Equipage, rief dem Kutscher zu »Fahren Sie los!« und bemerkte dann zu dem Adjutanten: »Sehen Sie, ich bringe *Sie* fort!« Auf der Fahrt zurück nach Ebersdorf ergötzte sie den Offizier mit geistreichen Geschichten, und als sie ankamen, bestand sie darauf, daß er mit auf ihr Zimmer kommen sollte. Sie ging zu ihrem Schrankkoffer und zog schließlich ein Paar Kastagnetten hervor. Als sie sie dem Adjutanten überreichte, sagte sie: »Hier, ein Andenken an meinen Besuch in Ihrer abgelegenen Gegend.« Dann stieg sie in die wartende Kutsche, winkte mit dem Fächer, und mit

weit weniger Pomp und Aufwand als bei ihrer Ankunft vor vier Tagen verließ Lola Montez Ebersdorf, um nach Dresden zu fahren.
Lola kam am 7. August im Dresdner Hotel de Wien an und wollte Kapellmeister Reissinger umgehend ihren Brief zeigen. Obwohl es Sommer war, hielt sich Reissinger in der sächsischen Hauptstadt auf, und das Hoftheater war geöffnet. Er war damit einverstanden, sie zu engagieren. Eine Neuheit wie diese spanische Tänzerin konnte er mühelos an fast allen Abenden zwischen den Akten einfügen; und am Mittwoch, den 9. August, gab Donna Lola Montez von der Italienischen Oper in London ihr Debüt mit dem Tanz »El Oleano«.
Nach der stürmischen Begeisterung in London muß die Reaktion in Dresden enttäuschend gewesen sein. Hier war die Oper die beliebteste Unterhaltung. Der Dresdner Kapellmeister Karl Maria von Weber hatte mit seinen Opern und Orchesterwerken internationales Ansehen gewonnen, und nun war Reissingers Kollege Richard Wagner gerade dabei, sich einen Namen zu machen, insbesondere mit seinen neuen Opern *Rienzi* und *Der fliegende Holländer*. Für Tänzerinnen konnte sich das Dresdner Publikum nicht besonders begeistern, und Lola bildete da keine Ausnahme.
»Donna Montez hatte in dem heutigen Tanze nur Gelegenheit, ihre schöne Theater-Figur, ihr ausdrucksvolles, spanische Nationalität bekundendes Gesicht, Zierlichkeit und Rundung in den Bewegungen zu zeigen«,[3] war das höchste Lob, das die Kritiker hervorbrachten. Aber Lola hatte in London gelernt, daß sich die Bekanntschaft mit Journalisten lohnt. Obwohl sie in Dresden keine Zeit hatte, sich vor ihrem Debüt vorzustellen, arbeitete sie daran, Kontakte zu knüpfen und Bewunderer zu gewinnen.
Es dauerte nicht lange, bis der Dresdner Korrespondent der *Deutschen Allgemeinen Zeitung* folgenden Bericht einsandte: »Wir sehen in diesem Augenblick eine seltene liebliche und eigenthümliche Erscheinung auf unserer Bühne. Donna Dolores Montez, erst spanische Tänzerin von der italienischen Oper in London, gibt uns auf der Reise nach Petersburg einige Gastdarstellungen ihrer Nationaltänze … Sie hat in London, wie die namhaften dasigen Blätter bezeugen, die allergrößten Erfolge gehabt und ist nicht nur von der höchsten dasigen Gesellschaft, sondern auch von Königin Victoria selbst mit vielen Auszeichnungen bedacht worden, ja sie hat daselben ebenso ihr zweites, nicht minder bedeutendes Talent, den Vortrag spanischer Nationallieder zur Guitarre, das sie nicht öffentlich ausübt, produciren dürfen.«[4]

Lola wußte offensichtlich, daß gute Publicity sich nicht unbedingt um die Wahrheit kümmert.

An dem Abend nach ihrem ersten Auftritt stellte Lola Dresden »La Sevilliana« vor. Der Kritiker der *Abend Zeitung* war weniger freundlich, als er gekonnt hätte: »Das Tanzdivertissement angehend, fanden wir bei Donna Montez heute, wie gestern, wenig Grazie in Stellung und Bewegung, zu wenig Fertigkeit in dem, was die höhere Tanzkunst nach den Leistungen einer Taglioni, Elßler, u.s.w. fordert. Die Demonstration des Kranzzuwerfens noch vor Beginn des Tanzes von der Galerie des dritten Ranges aus (durch einen Lohndiener, wie es schien!) so wie den gemachten Hervorruf am Schlusse, der durch vielseitiges Zischen unterbrochen wurde, hätten die Tänzerin oder ihre Freunde sparen können, dergleichen schadet nur.«[5]

Am Freitag, den 13., trat Lola zum dritten und letzten Mal in Dresden auf mit der erstmaligen Aufführung von »Los Boleros de Cádiz« und einer Wiederholung von »El Oleano«.[6] »Los Boleros« war in London vorbereitet worden, aber da ihre englische Bühnenkarriere so kurz war, konnte sie den Tanz dort nicht zeigen. Obwohl sie erst eine Woche in Dresden war, hatte sie bereits einen Schwarm junger Herren bezaubert, die die Proszeniumlogen einnahmen und bei ihrem Auftritt Blumen warfen, »sich die Hände wund klatschten«, wie ein Kritiker bemerkte, und die Tänzerin am Ende ihrer Vorstellungen lauthals ins Rampenlicht riefen. Wieder herrschte im Publikum eine deutlich geteilte Meinung, und das Werfen der Blumen wurde mit Zischen und Buhrufen quittiert.

Nachdem Lola ihr ganzes Repertoire getanzt hatte, bereitete sie sich auf die Weiterreise vor.[7] Sie hatte mit genügend wichtigen Leuten in Dresden Freundschaft geschlossen, so daß sie mit eindrucksvollen Empfehlungsschreiben nach Berlin weiterreisen konnte. Lola selbst behauptete, daß die Königin von Sachsen (eine Schwester König Ludwigs von Bayern) so entzückt von ihr sei, daß sie ihr ein Empfehlungsschreiben an ihre Schwester, die Königin von Preußen, mitgab; dies scheint zwar eine von Lolas zahllosen Verbesserungen der Wahrheit zu sein, doch tatsächlich kam die Tänzerin mit einflußreichen Schreiben in die preußische Hauptstadt.

Lola zog viele vornehme männliche Bewunderer in Berlin an, und auch einige, die alles andere als vornehm waren.[8] Eines Abends versuchten zwei flegelhafte Berliner, der schönen Tänzerin ihre Gesellschaft aufzuzwingen, bis ein dreizehnjähriger Junge einschritt und die Männer dazu brachte, daß sie beschämt abzogen. Er bot Lola vor-

übergehende Zuflucht in dem Hotel an, in dem er mit seinem Vater wohnte. Lola nahm die Einladung an und lernte den Vater des Jungen kennen, den Schriftsteller und Übersetzer Eduard von Bülow, der aus Dresden zu Besuch war. Der Vater sollte einiges von Lola in Berlin sehen und seine Beobachtungen als Stoff für eine Kurzgeschichte mit dem Titel »Die neue Melusine« verwenden. Die wenigen Ereignisse der Geschichte sind zum größten Teil Fiktion, aber der Hauptteil der »neuen Melusine« ist das Porträt einer Tänzerin, Imagina, das eindeutig auf Lola zurückgeht.
Nach Bülows Bericht kam Lola jeden Morgen um zehn in den Speisesaal des Hotels, wo sie von Männern vieler Nationalitäten begrüßt wurde, die alle von ihr bezaubert waren. Lola aß wenig, während sie Hof hielt, und sprach ungezwungen in fehlerhaftem Schulfranzösisch. Ihr außerordentlich plastisches und belebtes Gesicht errötete während der Gespräche ständig oder wurde blaß, meist ohne offensichtlichen Bezug zu dem, was gesprochen wurde.
Der naive Charme und Liebreiz von Lola Montez waren von der Art, so schrieb Bülow, daß sie sogar von jenen vergöttert wurde, die ihr launisches Temperament zu spüren bekamen; wurde sie jedoch wirklich wütend, sagte sie unumwunden, was sie dachte, und machte sich dadurch Feinde. Trotz ihrer Launen wahrte Lola ein würdevolles Auftreten und einen unausgesprochenen Anspruch auf Respekt, die es ihr ermöglichten, bei ihren morgendlichen Frühstücksempfängen und den nächtlichen Rauchgesellschaften den Vorsitz zu führen, ohne daß die Konversation männlich oder roh wurde. Der Schriftsteller erzählte, daß, wann immer ein Gast etwas Taktloses oder Beleidigendes zu ihr sagte, sie angelegentlich so tun pflegte, als hätte sie nichts gehört.
Lola traf zu einem Zeitpunkt in Berlin ein, als ein großes Unglück das Theaterleben der Stadt traf. Das Königliche Opernhaus »Unter den Linden«, ein im Auftrag Friedrichs des Großen erbautes architektonisches Juwel, wurde in der Nacht des 18. August 1843 durch einen Brand zerstört. Doch die Aufführungen wurden schnell in das Schauspielhaus am Gendarmenmarkt und andere Veranstaltungsorte verlegt, und das Unterhaltungsleben in der preußischen Hauptstadt ging bemerkenswert ungestört weiter.
Lola konnte ihre Empfehlungsschreiben verwenden, um sich ein Engagement am königlichen Theater zu sichern.[9] Nach Bülow benutzte sie ein Schreiben an einen stellvertretenden Direktor des königlichen Theaters, der sie sofort für eine Reihe von Vorstellungen mit einer guten Gage engagierte. Sie hatte eindeutig andere Kontakte,

denn sie wurde nachweislich von jemandem innerhalb des königlichen Kreises gefördert, und es waren Gerüchte im Umlauf, sie hätte eine Affäre mit dem Bruder von König Wilhelm IV., Prinz Albrecht, dessen Frau sich zum Zeitpunkt von Lolas Ankunft in Berlin auf eine Italienreise begeben hatte.

Wie auch immer die Umstände waren, sie wurde als Gastsolistin engagiert, und am 26. August, dem Tag ihres Debüts, gab es einen Sturm der Erwartung dank einiger Artikel, die von befreundeten Journalisten verfaßt worden waren.[10] Das Interesse war so groß, daß die Leitung des königlichen Theaters für ihre Vorstellungen keine Freikarten anerkannte.

Ihr Debüt war wieder einmal »El Oleano«, doch die Zeitungskritik war spärlich und gemischt.[11] Sie scheint gut aufgenommen worden zu sein; eine Zeitung meldete lauten Applaus für ihre Aufführung, eine andere meinte, daß ihr Tanz, obwohl sie auf der Bühne einen guten Eindruck gemacht hatte, eine Spur zu lebhaft sei und es ihm an Feinheit mangele. Ein weiterer Kritiker war weniger beeindruckt und machte die ersten deutlichen Anspielungen auf die Sinnlichkeit von Lolas Tanz: »Das Gastspiel der Tänzerin Donna Lola Montez aus Sevilla setzte Berlin in Erstaunen, wie dieser Dame ein so bedeutender Ruf vorausgehen konnte. Ihre Schönheit, in selten üppiger Fülle, ist über jede Kritik erhaben. Das Tanzen jedoch war kein Tanzen, nur ein körperliches Herausfordern. Wenn Mundt von der Taglioni sagt: sie schreibt mit dem Fuße Weltgeschichte, so möchte man von der Donna Montez sagen: sie schreibt mit dem ganzen Körper Casanovas Memoiren.«[12]

In Bülows Kurzgeschichte dauerte »El Oleano« nur etwa zehn Minuten und wurde von einer monotonen Melodie begleitet. Er stellte die Verfolgung eines jungen Mädchens durch eine giftige Spinne dar, das sie schließlich angreift, verfolgt und tötet. Lola trug das enganliegende schwarze Samtkorsett, einen Satinrock mit blauen, roten und weißen Karos, einen schwarzen Hut auf dem Hinterkopf und im Haar rote und weiße Kamelien. Ihr Kastagnettenspiel war meisterhaft, schrieb er, und die größte Wirkung ihrer Erscheinung kam von ihrem Ausdruck totaler innerer Beteiligung und der Freude an ihrem Tanz. Sie trat zwei Nächte später erneut mit »La Sevilliana« auf und wurde wieder mit Beifall empfangen. Am zweiten September lernte das Berliner Publikum in einer Vorstellung, die im Programm als ihre vorletzte angekündigt war, mit den »Boleros de Cádiz« ihr restliches Repertoire kennen, und Bülow behauptete, daß sie bei dieser Vorstellung in ihrem Kostüm in Silber und Weiß so hinreißend war, daß er hörte, wie Zuschauer beim Verlassen des Theaters ausriefen: »Das Mädchen ist ein Wunder. Sie ist ein Wunderwerk der Natur!« Doch welche Begeisterung das Publikum auch für Lola empfunden haben mochte, sie schien schnell zu schwinden, und es gab Beschwerden, daß jeder ihrer Tänze im wesentlichen derselbe war, nur einen anderen Namen hatte.[13]

Um dem Publikum etwas Neues zu bieten, probte Lola einen Pas de deux mit dem Titel »La Gitana« mit einer Tänzerin aus der Berliner Truppe, und sie führte diesen Tanz am 5. September im Schauspielhaus als ihre »letzte Vorstellung« auf, in einem Programm mit Scribes Stück »Ein Glas Wasser«.[14] Obwohl ihre Bewunderer die Bühne mit Blumen überschütteten, war der Applaus schwach und mit Pfiffen durchsetzt.

Doch die schwindende Begeisterung bei der Presse und dem Publikum hatten keine Auswirkung auf Lolas Beliebtheit in den höfischen Kreisen. Am folgenden Abend tanzte sie »El Oleano« vor König Friedrich Wilhelm IV. im Stadttheater in Potsdam. Während er im Theater war, erhielt der König Meldung, daß sein erwarteter Gast, Zar Nikolaus I. von Rußland, endlich in Berlin eingetroffen sei, und er eilte fort, um seinen Schwager in der Hauptstadt willkommen zu heißen.

Der Besuch des Zaren war ein großes Ereignis, und die Vorbereitungen dafür liefen schon seit geraumer Zeit.[16] Das preußische Heer hatte eine Reihe von großen Manövern eingeübt, die vor seiner kaiserlichen Majestät auf dem großen Paradegelände, das die Stadt umgab, durchgeführt werden sollten. Die beiden Herrscher begannen ihr volles Programm am folgenden Tag und trafen um 11 Uhr morgens auf dem Gelände ein, um die Truppenmanöver zu beobachten. Auch wenn es ein Werktag war und stürmisches Wetter große Staubwolken aufwirbelte, kamen etwa fünfzigtausend Menschen, um der Truppenübung beizuwohnen und einen Blick auf den Zaren und ihren König zu erhaschen.

Um 14 Uhr bestiegen der Zar und sein Gastgeber einen Sonderzug für die kurze Fahrt nach Potsdam, wo im Rokokoschloß Sanssouci für den Zaren und andere vornehme Gäste ein Mittagessen vorbereitet war. Es gab eine Serenade mit Trompetenmusik an der Festtafel, die für sechzig Personen gedeckt war.

Nach dem Mahl wurde die illustre Gesellschaft – die Herren in ihren glänzenden Uniformen und ihre Begleiterinnen in ihren schönsten

Spätnachmittagkleidern – durch den Großen Park zu dem eindrucksvollen Neuen Palais Friedrichs des Großen gefahren. Die Gäste begaben sich in das Privattheater im Südflügel des Palastes, wo der Vorhang für eine private Vorstellung von Donizettis Oper *Die Regimentstochter* (sehr passend zu dem militärischen Thema des Zarenbesuches) hochging.

Nach dem Ende des ersten Akts wurde die Bühne geräumt, das Orchester kehrte zurück, und der Vorhang hob sich für Lola Montez, die vor drei Monaten noch als Betrügerin beschuldigt und nur einen Tag zuvor im Berliner Schauspielhaus ausgepfiffen¹ worden war.¹⁷ Sie tanzte nun auf besonderen Wunsch eine Aufführung von »Los Boleros de Cádiz« vor dem Kaiser von Rußland, dem König von Preußen und der Spitze des mitteleuropäischen Adels. Den adligen Damen war die vorderste Reihe zugewiesen worden, und die Herren saßen dahinter in ihren mit Gold und Silber geschmückten Regimentsuniformen. Bei der Vorstellung waren keine Kritiker anwesend, und Lola selbst hinterließ keinen Bericht, so daß wir nicht wissen, wie sie aufgenommen wurde oder wie sie sich fühlte vor den Augen des Zaren und des Königs.

Später jedoch erzählte Lola, daß sie bei einem großen Empfang für den Zaren getanzt hätte, obwohl dies wieder einmal wie eine ihrer »Nachbesserungen der Tatsachen« klingt.

Während der Abendunterhaltung wurde sie [Lola Montez] sehr durstig und bat um etwas Wasser – und begann, nachdem man ihr gesagt hatte, daß dies unmöglich sei, da es die Regel der Hofetikette war, daß Künstler in Gegenwart von königlichen Hoheiten weder essen noch trinken durften, nicht wenig zu toben. Sie erklärte rundweg, daß sie nicht weitertanzen würde, ehe sie nicht etwas Wasser getrunken hatte. Herzog Michael, der Bruder von Zar Nikolaus, ging, als er von dem Problem hörte, zum König und erzählte ihm, daß die kleine Lola behauptete, sie würde vor Durst umkommen, und darauf bestünde, etwas Wasser zu bekommen. Woraufhin der liebenswerte König nach einem Becher Wasser schickte und ihn ihr, nachdem er ihn zu seinen Lippen geführt hatte, eigenhändig reichte, womit Lolas Bitte um etwas zu trinken innerhalb der Regeln der Hofetikette erfüllt wurde.¹⁸

Der Zwischenfall fand wahrscheinlich nie statt, aber die Geschichte ist ein gutes Beispiel dafür, wie Lola sich selbst oft als ein wenig unvernünftig – vielleicht sogar ein bißchen kindisch – und unbeeindruckt von Regeln porträtierte. Dies scheint eine ziemlich genaue Selbsteinschätzung zu sein. Bülow schrieb jedoch, daß Lola bei Hofe nicht nur von den Männern, sondern auch von den Damen gern ge-

sehen war, da sie ein natürliches Gefühl für Takt und Anstand zeigte, was im Widerspruch dazu stand, daß sie so etwas Gewöhnliches wie eine Tänzerin war.[19]
Auch wenn Lolas Aufführung des Pas de deux als ihre letzte angekündigt worden war, sollte sie noch einen anderen Auftritt am Sonntag, den 10. September, im Schauspielhaus haben. Das Hauptstück des Abendprogramms war Beethovens Oper *Fidelio* gewesen, und diese Vorstellung war vom Publikum nicht besonders gut aufgenommen worden, da einige Sänger schwach waren.
Als Lola die Bühne betrat, wurde sie mit vereinzeltem Applaus und lautem Zischen begrüßt.[20] Sie führte »Los Boleros« auf, was ein Kritiker mit »in weiten Kreisen über die Bühne tanzen« beschrieb, und erhielt am Schluß weiteren, durch Zischen unterbrochenen Beifall; eine sehr laute Stimme forderte eine Zugabe. Die herausfordernde Lola tanzte noch einmal, sehr zur Verärgerung eines lautstarken Teils des Publikums, das sie mit Zischen, Pfiffen und Gestampfe begleitete. Ihre Bewunderer versuchten erfolglos mit Applaus dagegenzuhalten. Der Abend endete mit einem allgemeinen Aufruhr unter denen, die im Zuschauerraum geblieben waren, und Lolas Karriere auf der Berliner Bühne hatte ihr endgültiges Ende gefunden.
Ob sie Hoffnung auf weitere Vorstellungen hatte, Berlin (oder jemand in Berlin) ihr gefiel oder unsicher war, was der nächste Halt auf ihrem Weg nach St. Petersburg sein sollte, Lola blieb in Berlin und führte ihr Leben im Hotel »Unter den Linden«, zwischen den rußgeschwärzten Ruinen der Oper und dem eindrucksvollen Brandenburger Tor.[21]
Die Hauptattraktionen der Stadt blieben weiterhin die Militärmanöver und Paraden zu Ehren des Zaren, und jede Veranstaltung zog dreißig- bis sechzigtausend Zuschauer an.[22] Am Sonntag nach Lolas letzter Vorstellung fand der Höhepunkt der militärischen Festlichkeiten statt, ein Ereignis, das die Gelegenheit zu einer der legendären Begegnungen in Lolas Karriere zu sein scheint. Der Zar und der König sollten den Salut einer Parade von dreißigtausend Soldaten in Friedrichsfelde, am östlichen Ende Berlins, entgegennehmen, und die preußischen Truppen sollten zum ersten Mal ihre neu entworfenen Uniformen in der Öffentlichkeit tragen. Die Stadt wurde zu einer Geisterstadt, da die Menschen hinausströmten, um das Schauspiel zu genießen. Über eine Woche lang war es unmöglich gewesen, eine Kutsche für den Tag der Großen Parade zu mieten. Die ersten Zuschauer trafen bereits um 5 Uhr morgens auf dem Feld ein, als der graue Nebel noch über dem Gelände hing. Als die Sonne aufging,

wurde es bald deutlich, daß es ein heißer Tag werden würde, und selbst ohne die gewaltige Menschenmenge und die Massen von marschierenden und galoppierenden Truppen wirbelten riesige Staubwolken umher.

Die Polizei versuchte, die Menge von dem Paradegelände und dem für die königliche Gesellschaft reservierten Bereich zurückzuhalten, aber sie war zahlenmäßig unterlegen.[23] Es dauerte nicht lange, bis einzelne Reiter und Kutschen die Absperrungen durchbrachen, in die abgegrenzten Bereiche eindrangen und sogar die Truppenparade störten.

Lola hatte sehr viel Geld dafür ausgegeben, ein schönes Reitpferd für ihren Aufenthalt in Berlin zu mieten.[24] Sie war eine hervorragende Reiterin, und es gefiel ihr, sich auf feurigen Pferden im modisch geschnittenen »Amazonen«-Dress, wie Reitkleider damals genannt wurden, zu zeigen. Es scheint, daß Lola allein zu der Parade ritt; zumindest wird in keinem Bericht irgendein Begleiter erwähnt, der bei dem späteren Geschehen hätte eingreifen können. Möglicherweise war sie auch allein, weil sie eine Liebesaffäre mit jemandem bei Hofe hatte und hoffte, ihn zu treffen, und deshalb versuchte sie vielleicht in das Areal vorzustoßen, das für den Zaren, den König und den begleitenden Adel reserviert war. Nach einem Zeitungsbericht, der sehr wohl Lola selbst zugeschrieben werden kann, fand sie sich unbeabsichtigt in der königlichen Loge, nachdem ihr Pferd beim Lärm eines Artilleriesaluts scheute und in den gesperrten Bereich durchging.

Viel wahrscheinlicher ist, daß Lola, als sie sah, daß die Gendarmen nicht Herren der Lage waren, versuchte, sich einen Platz in der VIP-Abteilung zu erobern. Ein bedrängter Gendarm galoppierte herüber, ergriff den Zügel von Lolas Pferd und begann, sie aus der Sperrzone herauszuführen. (Ein anderer Bericht, möglicherweise von Lola inspiriert, sprach davon, daß der Polizist ihr Pferd mit der flachen Klinge seines Schwertes geschlagen hätte.[25]) Die wütende Spanierin schlug mit ihrer Reitgerte nach dem Polizisten. Er war erbost über den Angriff, aber er hatte alle Hände voll mit dem Unterfangen zu tun, die Menschenmenge im Zaum zu halten, so daß er Lola in dem Zuschauerbereich ließ.

Die ganze Tragweite dieses Zwischenfalls wird deutlich, wenn man sich vor Augen hält, daß damals in der westlichen Gesellschaft die Geschlechterrollen viel genauer definiert waren und sie strenger eingehalten wurden als heutzutage.[26] Von Frauen wurde erwartet, daß sie körperlich passiv, schwach waren, und zum Schutz ihrer Person und ihrer Ehre auf Männer angewiesen. Ausnahmen von dieser Norm waren selten und wurden sanktioniert. Nur wenig hatte sich in den sechzig Jahren in Europa verändert, seit Mary Wollstonecraft geschrieben hatte, daß die Gesellschaft die Frauen in die legale Prostitution zwinge, indem sie Heirat und Mutterschaft nicht nur zu dem einzig ehrenwerten, sondern auch finanziell zu dem einzig möglichen Lebensweg für Frauen erklärt hatte. Selbst im relativ liberalen England verbrachte eine Frau häufig ihr ganzes Leben ohne gesellschaftliche und gesetzliche Rechte, es sei denn, sie würde durch den Mann vertreten, der für sie verantwortlich war: zuerst der Vater, dann der Ehemann und schließlich der Sohn.

Die abhängige Rolle einer Frau wurde durch gesellschaftliche Normen untermauert, die sie davon abhielten, irgend etwas alleine zu unternehmen. Selbst bei Einkäufen wurde von einer Frau erwartet, daß sie von einer anderen Frau, einem Diener oder einem Kind begleitet wurde. In gewisser Weise war dies ein Mittel, ihren Status zu deklarieren, da die Prostitution in einigen europäischen Hauptstädten so verbreitet war, daß eine Frau, die allein auf der Straße war, für eine Hure gehalten werden konnte. Doch auf andere Weise spiegelte es die gesellschaftliche Position der Frau wider, die nur als Anhängsel an einen anderen Menschen, gewöhnlich einen Mann, existieren konnte. Allein durch ihren Status als alleinstehende Frau war Lola daher eine soziale Außenseiterin. Damen vom Theater hatten im allgemeinen einen Sonderstatus in der Gesellschaft, aber häufig war dieser zwiespältig: sie waren Personen, die es zwar nicht verdienten, von allen ehrenhaften Menschen gemieden zu werden, die jedoch gleichzeitig in ihren Häusern nicht offen empfangen werden konnten. Frauen wie Jenny Lind, die es schaffte, sowohl den Status eines künstlerischen Idols als auch den einer Ikone der bürgerlichen Moral zu erlangen, waren selten.

In der Geschichte von Lola und dem Gendarmen spielt auch der Begriff der Ehre eine Rolle. Das damalige Verständnis kann in etwa mit der orientalischen Auffassung von »Gesicht bewahren« charakterisiert werden. Seine moralischen Grundsätze wurden durch die Art der Sanktionen verstärkt, die heute in Japan und anderen Ländern, wo »der Nagel, der über die anderen herausragt, eingeschlagen wird«, Konformität fördern.

Zu den gesellschaftlichen Druckmitteln dieses Systems gehörte die Ächtung. In der westlichen Welt überlebte diese Repressalie nur noch in Einrichtungen wie Militärinternaten und separatistischen religiösen Sekten. Niemand wollte mit einem entehrten Mann oder seiner Familie bekannt sein oder Besuche zulassen. Schlimmer war, daß diese Isolierung den wirtschaftlichen Ruin bedeuten konnte: ein Rechtsanwalt würde feststellen müssen, daß er keine Klienten mehr hat, ein Journalist, daß kein Redakteur seine Arbeit annimmt, ein Kaufmann würde zusehen müssen, wie seine Verkäufe vollständig zurückgehen. Dieses Lebendig-begraben-Werden durch die Gesellschaft war extrem hart für Frauen, die keine richtige Rückzugsmöglichkeit vor ständigen Brüskierungen auf der Straße und in den Geschäften hatten.

Der Ehrenkodex bezeichnete es als eine Schande für einen Mann, öffentlich ohne sofortige Wiedergutmachung geschlagen zu werden. Wenn der Schlag von einem anderen Mann stammte, konnte er auf die gleiche Weise erwidert werden oder zu einem Duell führen. Wenn der Schlag von einem sozial tiefergestellten Menschen kam, würde die Strafe in einer gehörigen Tracht Prügel zu gegebener Zeit bestehen. Zu den Leuten aus den niedrigeren Schichten gehörten alle, die keine Herren von Stand waren – das heißt Diener, die Arbeiterklasse und Frauen. Eine Frau, die einen Mann in der Öffentlichkeit schlug, machte sich selbst in den Augen der Gesellschaft unweiblich und verlor jeden Anspruch auf deren Schutz, es sei denn, sie war das Opfer einer unziemlichen Beleidigung ihrer Würde geworden (woran sich die Frage anschloß, wie sie sich selbst in die Lage bringen konnte, beleidigt zu werden, ohne daß ein Mann ihre Ehre schützte).

Schließlich darf man nicht vergessen, daß wir heute in einem viel gewalttätigeren Zeitalter leben.[27] Zu der Zeit des Vorfalls zwischen Lola und dem Polizisten war zum Beispiel über einen Zeitraum von zwei Jahren kein einziger Mord in München gemeldet worden. Und Fälle von tätlichen Angriffen und Diebstahl wurden im Durchschnitt nur etwa einer pro Tag in der ganzen Stadt registriert, die damals über 100000 Einwohner zählte. Die Polizei, die hauptsächlich mit bedrängenden Bettlern, Vagabunden, arbeitslosem Dienstpersonal und illegalen Ausländern von der Straße zu tun hatte, löste fast 100 Prozent der gemeldeten Verbrechen.

Die erste Reaktion auf Lolas Attacke ließ nicht lange auf sich warten.[28] Nach Zeitungsberichten suchte ein Beamter des unteren Strafgerichts die Tänzerin in ihrem Hotel auf, um ihr eine Vorladung zu einer Anklage wegen tätlichen Angriffs auf einen Gendarmen zuzustellen. Von Lola heißt es, sie habe einen Tobsuchtsanfall bekommen, die Vorladung zerrissen und sei auf den Papierstücken herumgetrampelt. Als Ergebnis dieser Randale wurde Lola der Mißachtung des Gerichts angeklagt, eine weit schwerwiegendere Beschuldigung. Lola selbst behauptete später, die einzige Folge ihrer Begegnung sei eine Entschuldigung des Hauptmanns der Berliner Gendarmerie für das ungehörige Benehmen des Polizisten gewesen, den sie geschlagen hatte. Der Zeitungsbericht klingt, in Anbetracht von Lolas regelmäßig gezeigten Launen und ihrer Verachtung für die Obrigkeit, sehr viel realistischer als ihre Geschichte von der Entschuldigung. Wie die Sache allerdings tatsächlich ausging, ist unklar. Die Zeitungen berichteten, daß Lola bereits schuldig gesprochen und verurteilt worden war und nur die Gnade des Königs sie vor monate-, wenn nicht jahrelanger Gefängnisstrafe retten konnte. Tatsächlich scheint die Angelegenheit nie vor Gericht gelandet zu sein; aller Wahrscheinlichkeit nach wurde sie in aller Stille auf einen starken Hinweis von oben beigelegt. Nach all den Diskussionen in der Presse über Lolas traurige Zukunft in den Händen der preußischen Justiz und Lolas Versicherung, daß sie eine Entschuldigung erhalten hätte, räumte eine Zeitung ein, daß, obwohl Lola einer Strafverfolgung entgangen war, diese Nachsicht nur als Beweis für den Edelmut der Polizei auch Damen gegenüber gesehen werden konnte, deren unerhörtes Benehmen ihnen jegliches Recht auf den ihnen normalerweise zustehenden Respekt absprach.

Der Zwischenfall hatte letztlich keine ernsthafteren Konsequenzen, aber für Lola wurde er zu einer wahren Goldgrube an Publizität. Die Geschichte, daß sie einem preußischen Offizier einen Peitschenhieb versetzt hatte, wurde von der ausländischen Presse gierig aufgenommen und machte in den Hauptstädten Europas die Runde, wobei sie sich steigerte zu ganzen Regimentern preußischer Offiziere, die vor ihrer singenden Peitsche geflohen seien. Fast alle frühen Bilder zeigen Lola mit einer Reitgerte in der Hand, und die Episode begleitete sie den Rest ihres Lebens.

Seltsamerweise zog Lola es vor, den Zwischenfall auf dem Paradegelände zu vergessen;[29] in ihren Memoiren behauptete sie, daß ihre Unstimmigkeiten mit der Berliner Polizei daher rührten, weil sie auf der Straße rauchte, was damals sogar Männern untersagt war. Wie auch immer die Sache stand, Lola erkannte, daß die Zeit gekommen war, ihre Reise nach St. Petersburg fortzusetzen. Nach dem Fiasko der *Fidelio*-Aufführung stand ihr das Theater nicht mehr offen, und jeder potentielle adlige Beschützer zeigte sich nach dem Theater von Friedrichsfelde von seiner kühlen Seite. So schüttelte sie den Staub der sandigen Berliner Ebene von ihren Rocksäumen und machte sich nach Warschau auf.

Die Nachricht von der Verwandlung der Eliza Gilbert James in Lola Montez wird ihre Mutter und ihren Stiefvater ungefähr um diese Zeit erreicht haben. Major Craigie, nun amtierender Generaladjutant der Armee, war aus Kalkutta abberufen worden, um bei der Errichtung eines neuen Hauptquartiers in Allahabad zu helfen, das gangesaufwärts gelegen war. Er und seine Frau machten sich auf die Reise, aber die Gesundheit des Majors wurde schwächer, und schließlich ließ er sich überreden, in Dinapore haltzumachen.

Eliza Craigie muß gespürt haben, daß Dinapore für sie mit einem verhängnisvollen Fluch beladen war. Genau vor zwanzig Jahren war sie in Dinapore angekommen, um ihren ersten Ehemann sterben zu sehen und ihn hier zu begraben. Wieder würde sie ihrem Ehemann in Dinapore beim Sterben beistehen müssen.

Craigie war erst vierundvierzig, aber er wußte, daß sein Ende nahe war.[30] Er schrieb sein Testament und verfügte, daß sein ausgedehnter Besitz in Simla nicht vor dem Sommer verkauft werden dürfte, damit man einen guten Preis erzielen konnte. Er konnte seine Schulden nicht genau beziffern, aber er glaubte, daß sie nicht hoch seien. »Mein einziger Wunsch ist, daß der Besitz, den ich hinterlasse, meine Schulden deckt, und falls noch etwas übrigbleibt, hinterlasse ich es meiner geliebten Frau, Eliza Craigie.«

Er starb am 8. Oktober.[31] Diejenigen, die ihn kannten, scheinen ihn als einen guten und gewissenhaften Offizier in Erinnerung behalten zu haben. Sein einziges Vermächtnis an die britisch-indische Überlieferung war die Erfindung des Craigie-Toastes, einer pikanten Mischung aus Tomaten, Eiern, Worcestersauce und anderen Gewürzen, der im 19. Jahrhundert in Anglo-Indien berühmt wurde.

Die Beisetzungsfeierlichkeiten fanden in der Lukaskirche am Rand des großen Paradegeländes von Dinapore statt, und danach folgte die Witwe dem Sarg von Patrick Craigie bis zum gleichen Friedhof, auf dem sie vor zwanzig Jahren und zwei Wochen Edward Gilbert zu Grabe getragen hatte. Lola behauptete, daß Mrs. Craigie, als sie die Nachricht von ihrem Bühnendebüt erhielt, Todesanzeigen von ihrer Tochter verschickte und Trauerkleidung anlegte;[32] der schwarze Crêpe, den ihre Mutter trug, scheint aber eher ihrem Ehemann und nicht der Tochter gegolten zu haben. Noch nicht einmal vierzig und bereits zweimal verwitwet, hat sie vielleicht auch ihr eigenes Schicksal betrauert.

****

Der Weg nach Rußland und zurück

Nach ihrer Ankunft in Warschau logierte Lola im besten Hotel der Stadt, wie sie dies immer tat;[1] in diesem Fall im Rzymski oder Hotel de Rome. Sie hatte Empfehlungsschreiben an mehrere wichtige Persönlichkeiten, und in wenigen Tagen hatte sie einen Kreis von Warschauer Bewunderern um sich geschart, zu dem auch der Bankier und Industrielle Piotr Steinkeller sowie der Verleger und Kritiker Antoni Lesznowski gehörten.
Polen wurde zu dieser Zeit von Warschau aus von dem russischen Zaren als König des Landes regiert. In den Jahren 1830/31 wurde ein gewalttätiger Aufstand gegen die russische Herrschaft brutal niedergeschlagen, was viele junge Polen dazu veranlaßte, in den Westen zu emigrieren. Als Lola im Oktober 1843 eintraf, wurde Polen vom Vizekönig des Zaren, Prinz Iwan Feodorowitsch Paskiewitsch, regiert. Mit seinen einundsechzig Jahren war er ein hervorragender General, der die von Nikolaus I. bevorzugte rücksichtslose Vorgehensweise der Überwachung und Unterdrückung sehr gut durchzusetzen verstand.
Mit Hilfe ihrer polnischen Freunde erhielt Lola einen Vertrag für eine Reihe von Vorstellungen in dem riesigen Grand Theater,[2] das einen großen Platz im Zentrum Warschaus beherrschte. Der Direktor des Theaters war Oberst Ignacy Abramowicz, ein fünfzigjähriger früherer Adjutant des Vizekönigs, der auch der Chef der Stadtpolizei war. Trotz seines militärischen Hintergrunds besaß Abramowicz eine Vorliebe für Kultur. Der Oberst bevorzugte die Kunst des Balletts – er war ein Kenner sowohl des Tanzes als auch schöner Frauen.
Wie gewöhnlich setzte Lola uneingeschränkt ihren Charme und ihre Schönheit ein, um die Presse für sich zu gewinnen. Am Samstag, den 21. Oktober, veröffentlichten die Zeitungen vorab Lobeshymnen auf ihren neuen Liebling, der an diesem Abend zum ersten Mal auftreten würde. Wie in London tanzte Lola »El Oleano« in der Pause von Rossinis *Barbier von Sevilla*. Die Reaktion des Publikums war offensichtlich gemischt. Das Ballett des Grand Theaters war außergewöhnlich gut, und einige Beobachter sahen in Lolas Auftritt als Gastkünstlerin eine Beleidigung für die Balletttruppe; doch ihre Schönheit, ihre Bühnenpräsenz und die Begeisterung ihrer Bewun-

derer im Publikum reichten aus, um das Debüt als Erfolg enden zu lassen. Eine zweite Vorstellung von »Los Boleros de Cádiz« fand am folgenden Dienstag statt, und die Reaktion war, angeführt von Lolas loyalen Claqueuren, weitgehend günstig. Dann kam eine zweiwöchige Pause vor dem nächsten Auftritt.

Die Fakten um Lolas Warschauer Aufenthalt sind schwer zu ermitteln, da fast jeder, der über ihren Besuch schrieb, eine andere Version der Ereignisse bezeugte.[3] Nach der Meinung einiger befremdete sie Abramowicz durch ihre Weigerung aufzutreten, weil zu wenige Zuschauer gekommen waren. Andere sagen, daß sie eine Vorstellung aufhielt, weil sie eine Stunde zu spät ins Theater kam. Es wurde auch geschrieben, daß sie Abramowicz gegen sich aufbrachte, weil sie ihn im Regen aus seiner eigenen Kutsche warf, nachdem er ihr unziemliche Avancen machte. Von anderer Seite, auch von Lola, wurde behauptet, daß Paskiewitsch ihre Entfernung bei dem Direktor anordnete, nachdem sie sich über die ungeschickten Annäherungsversuche des Vizekönigs lustig gemacht hatte.

Was immer der Grund gewesen sein mag, Tatsache war, daß Abramowicz Lolas Vertrag brechen wollte, um sie loszuwerden. Vielleicht war es mehr die Rolle des Polizeichefs als die des Theaterdirektors,[4] die ihn zu der Meinung veranlaßte, sie müsse gehen, denn es wurde berichtet, daß Lola mit ihren neuen polnischen Freunden sehr viel über Politik sprach und dabei ihrem Erstaunen darüber Ausdruck verlieh, daß sie die russische Unterdrückung ertragen konnten, und sie sagte, wenn es an ihr wäre, sie würde die Tyrannen mit einem ihr bekannten geheimen Gift loswerden.

Ende Oktober schrieb Lola einen Brief an das *Journal des Débats* in Paris, um dessen angeblich falschen Bericht über den Zwischenfall mit der Polizei in Berlin zu korrigieren. Sie ergriff die Gelegenheit, um ein paar Lügen hinzuzufügen, die ihr öffentliches Image aufwerten sollten: »Ehe ich Berlin verließ, um für einige Tage nach Warschau zu reisen, ließ sich Ihre Majestät, die Königin von Preußen, der ich die Ehre hatte, ein in den freundlichsten Worten abgefaßtes Schreiben Ihrer Majestät, der Königin von Sachsen, vorzulegen, dazu herab, mir ein weiteres Schreiben für Ihre Majestät, die Zarin von Rußland, zu bewilligen ... Ich hoffe auch nach der St. Petersburger Saison auf der Pariser Bühne aufzutreten und dort den Beifall zu erlangen, den jeder Künstler so zu Recht begehrt, und es würde mich schmerzen, wenn mir bei meiner Ankunft in Frankreich ein unverdienter Ruf vorauseilte.«[5]

Am Dienstag, den 7. November, wiederholte Lola ihre Aufführung im Grand Theater mit Darbietungen von »La Sevilliana« und »Los Boleros de Cádiz«, die zusammen mit Donizettis Oper *L'Elisir d'Amore* auf dem Programm standen. Das Publikum schien unruhig geworden zu sein, vielleicht, weil es von Abramowicz dazu ermutigt worden war, aber möglicherweise auch aus dem Gefühl heraus, daß es nichts Neues zu sehen bekam. Am folgenden Samstag führte Lola dann etwas völlig Neues vor: »La Saragossa«, einen Tanz, den sie mit »El Oleano« zwischen den Akten von Aubers *Fra Diavolo* tanzte.

Abramowicz erhielt geheime Polizeiberichte über Claqueure, die von Lolas Freunden am Theater unterhalten wurden.[6] Steinkeller schickte regelmäßig etwa zwei Dutzend Arbeiter aus einer seiner Fabriken, und Lesznowski pflegte ungefähr ein halbes Dutzend Schriftsetzer aus seiner Zeitung zu schicken, alle mit der Anweisung, Begeisterung für Lolas Kunst zu zeigen.

Der Direktor beschloß, dem seine eigene Claque entgegenzustellen. Am Dienstag, den 14., als Lola »La Sevilliana« und »Los Boleros de Cádiz« tanzen sollte, plazierte Abramowicz seine einfach gekleideten Leute im ganzen Publikum. Als der Tanz begann, stieg ein Zischen auf zur Bühne und vermischte sich dann mit Pfiffen. Lolas Anhänger erwiderten mit Applaus und Hochrufen, und bald drohte die Orchestermusik in dem Lärm unterzugehen.

Lola tanzte weiter, ignorierte trotzig den wachsenden Tumult, bis der Vorhang fiel;[7] doch das Zischen und die Beifallsrufe verstummten überrascht, als der Vorhang heftig zur Seite gerissen wurde und Lola ins Rampenlicht trat. Ihr Gesicht verriet Wut und Entrüstung. In französischer Sprache dankte sie jenen, die ihrer Aufführung applaudiert und sie in Warschau willkommen geheißen hatten. Dann zeigte sie mit dem Finger auf Abramowicz, der in der Regisseursloge saß, und rief aus: »Meine Damen und Herren, ich verdanke diese unwürdige Beleidigung diesem Herrn! Dort ist der Schuft, der sich so an einer schwachen Frau zu rächen versucht, die seinen infamen Anträgen nicht nachgeben wollte!«

Die Mehrheit des Publikums, die den Wettstreit der Parteien während des Tanzes ertragen hatte, war von Lolas dramatischer Erklärung überrascht und brach begeistert in laute Rufe aus: »Bis, bis – da capo, da capo – brava, Lola, brava!« Was eine gut organisierte Demonstration gegen die Spanierin werden sollte, drohte nun in einen antirussischen oder zumindest gegen Abramowicz gerichteten Aufruhr umzukippen.

Die Nachricht über die öffentliche Verurteilung von Oberst Abramowicz durch Lola vor dem Publikum des Grand Theaters verbreitete sich in Warschau in Windeseile. Je länger die Geschichte die Runde machte, desto mehr veränderte sie sich, vielleicht mit Zutun der Günstlinge des Oberst. In einer Version hieß es, Lola hätte dem Publikum ihr Hinterteil als Antwort auf das Zischen und die Pfiffe zugewandt.[8] Abramowicz erkannte, daß er die Frau aus der Stadt entfernen mußte, ehe sie zu einem Sammelpunkt für junge nationalistische Störenfriede werden konnte – und bevor sie noch mehr unternehmen konnte, was ihn wie einen Narren aussehen ließ.

Aber Prinz Paskiewitsch befand sich auf dem vizeköniglichen Gut Skierniewice zur Herbstjagd, und Abramowicz zögerte, eine prominente Ausländerin in Abwesenheit seines Vorgesetzten auszuweisen. Eine Wache wurde vor Lolas Hotelzimmer gestellt, wo sie bis zu Paskiewitschs erwarteter Rückkehr unter Hausarrest stand. Lolas anfängliche Reaktion auf die Einschränkung ihrer Bewegungsfreiheit scheint eine Steigerung ihrer Empörung gewesen zu sein, und sie geriet mit einem der diensthabenden Polizisten vor ihrer Tür in eine Schlägerei. Nach einigen Berichten richtete die heißblütige Spanierin ihren Dolch auf den unglückseligen Wachtmeister und wurde überwältigt, aber es ist auch möglich, daß sie ihn nur ein- oder zweimal schlug. Das genügte jedoch, ihren Ruf als stolze und furchtlose Andalusierin noch weiter zu festigen.

Als der Prinz von der Jagd nach Warschau zurückkehrte, zögerte er nicht, Lola des Landes zu verweisen.[9] Er gab die Anweisung, sie durch einen Offizier der Gendarmerie zur preußischen Grenze in Posen zu eskortieren, wobei er taktvoll bemerkte, Oberst Abramowicz müsse seiner Meinung nach diese Aufgabe nicht selbst übernehmen. »Aber vergessen Sie nicht«, sagte der Vizekönig, »sie ist eine spanische Frau; die haben immer einen Dolch in ihrem Strumpfband stecken.«

Nachdem über das Schicksal der Tänzerin entschieden war, bestand das Problem darin, sie soweit zu bringen, daß sie sich dem fügte. Sie hatte beschlossen, ihren Arrest in eine Belagerung umzuwandeln, und sie weigerte sich, ihr Hotelzimmer zu verlassen. Abramowicz wollte nicht unbedingt Aufsehen erregen, indem er sie aus ihrem Hotelzimmer zerrte und sie in eine Kutsche warf, und niemand hatte die Bemerkung des Vizekönigs über den Dolch vergessen. Deshalb rief der Oberst Lolas Beschützer, Steinkeller, zu sich, um ihm mitzuteilen, daß er, falls er nicht wegen Beihilfe zur Störung der öffentlichen Ordnung im Theater ins Gefängnis wandern wollte, einen Weg finden sollte, um Lola innerhalb von vierundzwanzig Stunden in aller Stille aus ihrem Hotelzimmer und in eine Kutsche zu bringen.

Steinkeller und seine Frau beschlossen, Lola zu einem Besuch auf ihrem Landsitz einzuladen. Zu dieser Zeit ist es Lola vielleicht bewußt geworden, daß sie nichts zu gewinnen hatte, wenn sie in Warschau blieb, und daß sie ihre Reise nach St. Petersburg fortsetzen mußte. Ob Lola nun die List der Steinkellers glaubte oder nicht, sie packte jedenfalls ihre Koffer und ging ruhig hinunter zu der Kutsche, die vor dem Hotel Rzymski am 22. November auf sie wartete.

Die Nachricht von Lolas Abreise verbreitete sich schnell, und eine Anzahl junger Männer, für die sie zu einem Symbol des Aufstandes oder zumindest romantischer Kühnheit geworden war, versuchte, die Kutsche als Ehrengarde zu begleiten. Sie wurden jedoch auf Befehl Abramowicz' an den Stadtgrenzen Warschaus aufgehalten, und Lola setzte die Fahrt ohne ihre Bewunderer fort.

Oder zumindest ohne die meisten von ihnen, denn sie scheint Offizier Rospopov bezaubert zu haben, den Polizisten, der sie zur Grenze begleiten mußte. Dieser Mann schwärmte in seinen Memoiren von ihr: »Lola Montez war die Schönheit selbst, die verkörperte Vollkommenheit. Sie hatte blaue Augen, dichte schwarze Wimpern, fein geschwungene Augenbrauen, üppiges, dickes, schwarzes Haar mit bläulichen Glanzlichtern, eine geschmeidige Figur. Dazu war sie voller Charme, fröhlich, liebenswert, verführerisch und gleichzeitig naiv wie ein Kind.«[10]

In Warschau erteilte Abramowicz Lolas Anhängern, Steinkeller und Lesznowski eingeschlossen, eine Lektion, als er sie verhaften und gerade lange genug ins Gefängnis werfen ließ, um sie davon abzuhalten, ihn erneut herauszufordern.[11] Lola wurde an der kalten, trostlosen Grenze zu Preußen abgesetzt, um ihre Reise fortzusetzen, aber sie bewahrte immer eine Zuneigung zu Polen. Für den Rest ihres Lebens sollte sie sich zu den Polen, die sie auf ihren Reisen um die Welt traf, hingezogen fühlen.

Die Tänzerin fuhr von Posen nach Stettin, wo die Oder in die Ostsee fließt, und schrieb sich am 24. November in das Gästeregister des Hotels Hartwig ein. Da sie auf ihrer Siegesfahrt nach St. Petersburg aufgehalten worden war, brauchte sie Zeit, um ihren nächsten Schritt zu planen.

Nachdem sie aus Polen, dem Königreich des Zaren, ausgewiesen worden war, würde ein normaler Mensch wahrscheinlich jede Hoffnung auf eine Reise in seine kaiserliche Residenzstadt aufgegeben

haben. Aber Lola scheint darauf vertraut zu haben, daß ihre Kontakte zu hohen Stellen (selbst wenn wir es ablehnen, ihre Behauptung zu glauben, die Königin von Preußen hätte ihr ein Empfehlungsschreiben an die Zarin geschrieben) sie nach Rußland bringen würden. Da ihr nun die Route durch Polen verschlossen war, würde sie entlang der Ostseeküste durch Pommern und Ostpreußen reisen müssen.
Für den Augenblick jedoch gelang es Lola, für zwei Aufführungen in Stettin am 30. November und 1. Dezember engagiert zu werden.[12]
Vielleicht ist sie nach Berlin zurückgekehrt, das mit der Eisenbahn nur viereinhalb Stunden von Stettin entfernt war, um modische Winterkleidung einzukaufen. Die Temperaturen lagen nun ständig unter dem Gefrierpunkt, und Berlin bot bessere Einkaufsmöglichkeiten als jede andere Stadt, die sie vor ihrer Ankunft in St. Petersburg besuchen würde.
Nach etwa zwei Wochen in Stettin machte sie sich in einer ostwärts fahrenden Postkutsche auf den Weg und traf am 9. Dezember in dem geschäftigen Hafen Danzig ein.[13] Lola machte sich daran, ein Engagement am dortigen Theater zu bekommen und die Herren von der Presse für sich zu gewinnen. Sie hatte in beiden Punkten Erfolg und sorgte dafür, daß sie am Dienstag, den 13. Dezember, ihren ersten Auftritt hatte und eine schmeichelhafte Berichterstattung im Danziger *Dampfboot* erschien.
Sie trat dreimal in Danzig auf, wo Subskriptionen vorübergehend eingestellt wurden, da die Leute höhere Preise zahlten, um die berühmte Gastkünstlerin zu sehen.[14] Das Haus war jedesmal überfüllt, aber ein großer Teil des Publikums scheint enttäuscht nach Hause gegangen zu sein. »Aber wir wollen Kunst, wir wollen Charakter, wir wollen Zierlichkeit, wir wollen feinen Geschmack; dieses Atalante-Jagen, diese Antilopensätze kommen uns gar zu spanisch vor«, gab das *Dampfboot* die Meinung einiger Zuschauer wieder. »Nun, was will man mehr«, erwiderte der bezauberte Zeitungskritiker, »es soll ja auch spanisch sein!« »Darin«, fügte der Journalist hinzu, »stimmen wir alle, Enthusiasten und Gegner, überein, daß Sennora Montez eine liebreizende Erscheinung ist und höchst decent auftritt.« Die Reaktion des Publikums war jedoch im allgemeinen alles andere als überschwenglich, und bei der letzten Vorstellung war Lola nicht in bester Stimmung und nahm den Applaus nur ganz beiläufig und kurz angebunden entgegen.
Lola Montez setzte Anfang 1844 ihre Reise nach St. Petersburg fort.[15] Am 4. und 6. Januar trat sie in Königsberg, Krönungsstadt der preußi-

schen Könige, auf. Wieder war ihr Ruf ihr vorausgeeilt, und der Theaterdirektor verlangte Höchstpreise von den vielen Menschen, die sich nach Karten für ihre beiden Aufführungen drängten. Eine Besprechung ihres ersten Auftritts gibt eine Vorstellung von der Pantomime in Lolas Tanz und dem tiefen Eindruck, den sie zumindest auf einige Zuschauer machen konnte:

Im Nu ihres Erscheinens ergießt sie volles Leben über die ganze zahllose Versammlung, jedes Auge heftet sich an die reizende Gestalt, jeder Blick folgt ihren leisesten Schwingungen, staunt dem schnellen Wechsel der Bewegung, und spiegelt sich in dem leichten Spiel ihrer schwebenden Schritte. Sich niedertauchen, fast dem Boden gleich, um dem liebesglühenden Majo zu entschlüpfen, erhebt sie sich mit Blitzesschnelle, steht majestätisch da, wie eine Göttin, vor welcher der Sterbliche in den Staub sinken muß; dann zürnt sie dem Frechen, stampft mit dem Fuß; aber überwunden von dem sehnsüchtigen Blick neckt sie ihn scherzend, schwingt sich mit elastischem Körper rechts und links; ist mit der schnellsten Bewegung nicht mehr zu erfassen, bis sie selbst, scheinbar den Kampf aufgebend, doch die stets angebetete Siegerin bleibt. – Ein Beifallssturm, der sie überdeckt, bezeugt es laut, und wir wollen gern eingestehen, Donna Lola Montez hat uns besiegt. Königsberg darf sich nicht schämen, daß es der schönen Tänzerin aus dem feurigen Süden huldigt, daß nordische Augen bei ihrem Anblick heller flammten und ihr den Blumenkranz des vollen Beifalls darreichten, der einem solchen Lieblingskind der beweglichen Terpsichore gebührt.[16]

Von Königsberg reiste Lola mit der Postkutsche in diesem kalten und schneereichen Winter durch Tilsit an der Memel bis an die Grenze, die Preußen mit dem russischen Zarenreich teilte.[17] Endlich betrat sie das Land, das seit dem letzten Sommer ihr Ziel gewesen war. Sie fuhr nach Riga, dessen Kultur von lettischen, schwedischen, deutschen und russischen Einflüssen geformt war; für eine Stadt dieser Größe war das Theater bemerkenswert. Lola tanzte auch dort und begab sich dann nach St. Petersburg.
Für die Schilderung des Besuchs in St. Petersburg haben wir nur Lolas eigene unzuverlässige Berichte als Quelle.[18] In ihren autobiographischen Vorlesungen erzählte sie 1858, daß sie von der Zarin gnädig empfangen worden war und daß der Zar und seine Minister »von Anfang an bestrebt waren, ihr Geschick und ihren Scharfsinn für die Routine geheimer Diplomatie und Politik zu prüfen«, was natürlich alles Unsinn ist.
Es scheint, daß sie St. Petersburg wohl erreichte, daß aber ihre Empfehlungsschreiben, ihr Werben um die Gunst der Journalisten und

ihre hochgestellten Freunde versagten.[19] Der Zar selbst hatte von ihren Abenteuern in Warschau gehört und Prinz Paskiewitsch deswegen einen spöttischen Brief geschrieben. Nikolaus I., berüchtigt für seine repressive Verwaltung und Überwachung seines Reiches, ließ sehr wahrscheinlich bekanntmachen, daß es der schönen und faszinierenden Lola Montez, der er selbst begegnet war, nicht gestattet sein würde, den Frieden seines Reiches weiter zu stören. Nicht nur, daß kein Theater sie engagieren wollte, auch keine der stark zensierten Zeitungen erwähnte sie je. Ihre Memoiren von 1851 berufen sich nur auf eine einzige Vorstellung in der russischen Hauptstadt, die angeblich ein Erfolg war. Wegen eines Skandals war sie gezwungen, anschließend zu fliehen.

Ein Skandal und eine übereilte Abreise können sehr wohl stattgefunden haben. Das Wetter war fürchterlich – der Schneefall war so stark gewesen, daß das Wild in die Städte kam, um nach Futter zu suchen –, aber Lola machte eine Blitzreise mit Postkutschen entlang der schneebedeckten Ostseeküste und fuhr Tag und Nacht in Richtung Berlin. Als sie am Abend des 15. Februar wieder Tilsit passierte, berichtete die Lokalzeitung über das Gerücht, daß sie Rußland wegen eines unliebsamen Zwischenfalls in Riga in solcher Eile verlassen habe.[20] Doch sie war bereits vor einem Monat in Riga gewesen, deshalb ist es möglich, daß, welch unliebsamer Zwischenfall auch immer sich ereignete, dieser tatsächlich in St. Petersburg stattgefunden hatte, wie sie in ihren Memoiren behauptete.

»War mir die Reise hin nach Petersburg schon langweilig gewesen«, erinnerte sie sich, »so wurde es die von dort zurück noch ungleich mehr. Die Natur hatte ihr weißes Leichentuch über die Gegenden gebreitet, durch die ich fuhr, und ihnen den Charakter ertödtender Einförmigkeit verliehen.«[21] Lola hatte wahrscheinlich in der Kälte der rumpelnden Kutsche sehr viel Zeit, um darüber nachzudenken, woher sie kam und wohin sie fahren könnte. Seit dem Scheitern ihrer Londoner Karriere nach einer einzigen Nacht des Triumphes war St. Petersburg ihr Ziel gewesen. Nun brauchte sie eine neue Orientierung, ein neues Reiseziel.

In Warschau hatte sie vor fast vier Monaten geschrieben, daß sie sich darauf freute, in Paris aufzutreten, dem Mekka des Tanzes und Europas Kulturhauptstadt. Aber sie hatte keinerlei Kontakte dort, keine Empfehlungsschreiben an die Männer, die ihr Theaterengagements verschaffen und Journalisten dazu überreden könnten, sich von ihr bezaubern zu lassen. Aber wenn nicht Paris, wohin dann?

Nach Lolas Aussage kam die Antwort per Zufall. »Ein Zufall sollte meine Zweifel lösen, wie es denn überhaupt so oft geschah, daß plötzlich ganz unerwartete, ganz unberechenbare Ereignisse das Steuer meines Lebensschiffes drehten und mich auf eine Bahn trieben, in ein Land führten, dessen Besuch vielleicht noch eine Viertelstunde früher mir nicht im Entferntesten eingefallen wäre.«[22]

Sie sagte, daß in diesem Fall das Ereignis, das ihr Leben veränderte, eingetreten sei, als sie aus der Kutsche stieg, während die Pferde gewechselt wurden.[23] Im Posthaus griff Lola nach einer Zeitung, die auf dem Tisch lag. Sie las sehr gern, und vor allem Zeitungen verschlang sie gierig, ein weiterer Zug, den ihre Zeitgenossen als nicht sehr damenhaft betrachteten. Ein Artikel berichtete, daß Franz Liszt, das Idol des Konzertsaals, eine weitere Reihe von Vorstellungen begonnen hatte, und es wurden einige der geplanten Termine und Veranstaltungsorte genannt. An Ort und Stelle beschloß sie, daß sie Franz Liszt kennenlernen mußte.

Alles, was Lola Montez jemals sagte oder schrieb, muß sorgfältig dahingehend geprüft werden, ob es überhaupt einen wahren Kern enthält. Doch in diesem Fall ist es sehr gut möglich, daß sie ganz spontan beschloß, Liszt ausfindig zu machen, damit er ihr bei der Förderung ihrer Karriere nützen konnte.

Wenn Lola am Abend des 15. Februar durch Tilsit fuhr, konnte die Jagd zurück durch Ostpreußen und Pommern sie nicht vor dem 20. Februar nach Berlin zurückgebracht haben. Liszt unterbrach eine Reihe von drei Konzerten in Dresden und nahm den Zug nach Norden, um am Samstag, den 24. Februar, ein Konzert in Dessau zu geben und ein weiteres am Tag darauf in Köthen. Beide Städte waren nur ein paar Zugstunden von Berlin entfernt, aber Lola hätte nur einen Tag oder zwei gehabt, um sich von ihrer anstrengenden Fahrt zu erholen, bevor sie in den Zug gestiegen wäre, um Liszt in Dessau oder Köthen abzufangen. Sie hätte wohl kaum Berlin sofort wieder verlassen, ohne ein Ziel vor Augen zu haben. In diesem Fall hat Lola vielleicht tatsächlich die Wahrheit gesagt, als sie schrieb, daß ihre Begegnung mit Franz Liszt kein Zufall war.

****

Die Eroberung eines Genies

Lola Montez hatte sich ein hohes Ziel gesteckt, denn Franz Liszt war eine internationale Berühmtheit von unvergleichlichem Ruf. Der Ungar mit dem fließenden Haar und dem klassischen Profil hatte als Wunderkind am Klavier begonnen und einen Grad an Virtuosität erlangt, der ihn zu einer Legende gemacht hatte. Seine Konzerttourneen zogen hysterisch begeisterte Zuhörer an, und Europas Königshäuser wetteiferten darin, ihn zu ehren.

Nun, im Alter von zweiunddreißig Jahren, näherte sich Liszt dem Höhepunkt seiner Karriere als Pianist und hatte begonnen, seine Aufmerksamkeit vom Konzertieren auf das Komponieren und die Förderung der Musik, die er bewunderte, zu verlegen. Er war vor kurzem Hofkapellmeister des Herzogs von Weimar geworden; als Kapellmeister des Herzogs würde er in der Lage sein, diese anderen Interessen zu verfolgen, und in wenigen Jahren würde er das Konzertpodium ganz verlassen.

Liszts Privatleben jedoch befand sich in einem schwierigen Übergang. Seine seit mehr als zehn Jahren bestehende Verbindung mit Marie, Comtesse d'Agoult, ging schmerzhaft in die Brüche. Sie hatten drei Kinder zusammen gehabt, aber hatten sich nun voneinander entfernt. Marie war verärgert über die schönen Frauen, mit denen Liszts Name auf seinen Reisen in Verbindung gebracht wurde, und sie hatte angefangen, ein eigenes neues Leben zu führen, und verfaßte den ersten der Romane, die sie unter ihrem Künstlernamen Daniel Stern berühmt machen würden.

Lola schrieb, daß sie Liszts Konzert besuchte und von seiner Virtuosität überwältigt war.[1] Ihre Augen mußten sich einen elektrisierenden Moment lang begegnet sein. Danach schickte sie ihm einige Zeilen, in denen sie ihn bat, sie aufzusuchen. Liszt hatte weibliche Schönheit immer bewundert, insbesondere, wenn sie mit scharfer Intelligenz gepaart war, deshalb überrascht es nicht, daß der Virtuose von der Spanierin angezogen wurde.

Nach Lolas Aussage schlug sie Liszt beinahe sofort vor, daß sie »ihre künstlerischen Wege vereinen« und miteinander reisen sollten. Er stimmte zu, schrieb sie, und noch am selben Tag bezog sie in seinem

Hotel Zimmer, die an seine grenzten. Wie wahr dies ist, läßt sich schwer beurteilen. Klar ist jedoch, daß es Lola gelang, sich Liszt anzuschließen und daß sie mit ihm nach Dresden zurückkehrte. Zuvor hatten sie einen Zwischenaufenthalt in Leipzig im Hotel de Bavière, und am nächsten Tag meldete sie sich mit Liszt in seinem Lieblingshotel in Dresden, dem Hotel de Saxe, an.

Am Dienstag, den 27. Februar, hatte Liszt um 11 Uhr morgens eine Probe für ein Konzert, das an diesem Abend in der Oper stattfinden sollte.[2] Lola war vermutlich anwesend. Die Zeitungen bemerkten, daß die beiden sehr viel zusammen in Dresden gesehen wurden, und es ist wahrscheinlich, daß sie ihn überall begleitete, wo es möglich war.

In Dresden wollte Liszt eine Aufführung von Richard Wagners grandioser Oper *Rienzi, der letzte der Tribunen* sehen.[3] Er hatte den Komponisten einige Male getroffen, bewunderte seine Musik, und Freunde, die der Uraufführung der Oper in Dresden beigewohnt hatten, waren voll des Lobes gewesen. *Rienzi* stand während Liszts Aufenthalt nicht auf dem Spielplan der Hofoper, aber auf sein Drängen hin stellte die Opernleitung eine Besetzung auf und setzte eine Sonderaufführung für den 29. Februar an.

In der Zwischenzeit gab es tausend Einladungen für Liszt. Nicht im Mittelpunkt der Aufmerksamkeit zu stehen, war für Lola eine neue und nicht ganz angenehme Erfahrung. »Ich war zu dem bleichen, lichtlosen Trabanten eines höhern Gestirnes herabgesunken«, schrieb sie, »ich, sonst gewohnt, verwöhnt, selbst und unbestritten als erwärmende, meine ganze Umgebung belebende Sonne an dem Kunsthimmel zu strahlen.«[4]

Liszts Aufführung am Dienstag mit Beethovens Fünftem Klavierkonzert verlief gut.[5] Nach dem Konzert wurde Liszt von seinen Bewunderern beglückwünscht, und Lola hatte wahrscheinlich ihre erste Gelegenheit, Wagner zu treffen, der ungeduldig und empört über die Dilettanten und Höflinge war, die um Liszt herumschwirrten. Wagner hatte am *Tannhäuser* gearbeitet und war nicht in der Stadt gewesen, als Lola in Dresden getanzt hatte, aber die Berichte über ihre Abenteuer ließen ihn sicher zu der Überzeugung gelangen, daß die Frau nicht dieselbe Auffassung von Kunst hatte, wie er sie verstand.

Lola spielte weiterhin die Trabantenrolle, und am Donnerstagabend begleitete sie Liszt zu der Sonderaufführung von *Rienzi*. Die Musik war kraftvoll, aber Lola verstand kein Deutsch und hätte wahrscheinlich Schwierigkeiten gehabt, die komplexe Handlung über den Streit von Adligen im Rom des vierzehnten Jahrhunderts zu begreifen. Sie muß wohl voller Erleichterung in der Pause mit Liszt hinter die Bühne gegangen sein, um dem Tenor Joseph Tichatschek zu seiner hervorragenden Darbietung der Hauptrolle zu gratulieren.

In Tichatscheks Garderobe liefen sie Wagner in die Arme, und Liszt war so aufrichtig und begeistert in seiner Bewunderung für die Oper, daß Wagner gerührt und ermutigt war.[6] Aber Lolas Gegenwart trübte die Situation für Wagner. Es ist beinahe sicher, daß dieser sich in seiner Autobiographie auf sie bezog, als er schrieb: »Brachte es auch der eigenthümliche Lebenszug, in welchem sich Liszt damals befand und der ihn in steter Umgebung zerstreuender und aufregender Elemente erhielt, mit sich, daß es bei dieser Gelegenheit noch zu keiner ergiebigeren Annäherung zwischen uns kam.« Liszt scheint die Situation noch verschlimmert zu haben, als er Wagner beiseite nahm und ihm erzählte, daß Lola ihn mochte, weil er der einzige Mann sei, der ihr nicht den Hof machte. »Ich habe sie nicht einmal bemerkt«, erwiderte Wagner. Aber er hatte sie bemerkt und würde sie als »herzloses, dämonisches Wesen« abstempeln.

Lola, die im allgemeinen keine große Bewunderin der Oper war, freute sich wahrscheinlich, als nach etwa fünf Stunden das römische Kapitol in Flammen aufging und fast jeder, der irgend etwas zu singen gehabt hatte, eingeäschert wurde.

Lola hatte Eduard von Bülows Sohn, den jungen Mann aus Dresden, der ihr vor sechs Monaten in Berlin zu Hilfe gekommen war, nicht vergessen.[7] Da sie wieder in Dresden war, hatte Lola Hans eingeladen, nach der Aufführung in Zimmer 17 im Hotel de Saxe zu kommen, um den großen Franz Liszt kennenzulernen. Sie wußte, daß Musik die Leidenschaft von Hans war, und sie hatte ihn unterhalten, als sie ihm ihr Repertoire von spanischen Liedern vorgesungen hatte. Liszt empfing den Vierzehnjährigen freundlich und forderte ihn auf, sein Können auf dem Piano vorzuführen. Hans setzte sich und begann, zu Ehren seiner Gönnerin sein Arrangement der Lieder zu spielen, die er von ihr gehört hatte. Lola muß entzückt gewesen sein, und Liszt setzte sich, nachdem er aufmerksam dem Vortrag zugehört hatte, und begann über dieselben spanischen Themen zu improvisieren. Hans war erstaunt, wie die Melodien, die er gespielt hatte, durch eine Reihe unglaublicher Variationen und Ausschmückungen verändert wurden. Der junge Mann beschloß auf der Stelle, Musiker zu werden und dem seine ganze Kraft zu widmen.

Hans von Bülows Einführung bei Franz Liszt durch Lola löste eine außergewöhnliche Kette von Ereignissen aus. Hans wurde ein hervorragender Pianist und einer der größten Dirigenten des neunzehnten Jahrhunderts. Er war Liszts Schüler und Freund, und dreizehn Jahre später heiratete er Liszts Tochter Cosima. Wie Liszt wurde Bülow ein Befürworter der Musik Wagners und dirigierte die ersten Aufführungen von *Tristan und Isolde* und *Die Meistersinger von Nürnberg*. Aber Wagner würde Hans von Bülow erniedrigen, ihm Cosima entziehen und sie selbst heiraten: So setzte an dem gleichen Abend, an dem Lolas ablenkende Anwesenheit die Annäherung zwischen Liszt und Wagner verzögerte, ihre Tat, Hans von Bülow mit Liszt bekanntzumachen, ein Drama in Gang, das im Leben aller drei Musiker eine zentrale Rolle einnehmen sollte.

Liszts letztes Konzert in Dresden war eine Benefizveranstaltung für einen italienischen Tenor, Pantaleoni, der mit dem Pianisten im Salon des Hotel de Saxe auftrat.[8] (Liszt war beinahe ebenso berühmt für seine Großzügigkeit wie für seine Virtuosität, und er spielte in vielen Benefizkonzerten). Es ist ungewiß, weshalb Liszt beschloß, Pantaleoni zu helfen, aber nach Lolas Aussage war der Sänger dankbar für die Hilfe und war dem Paar ein fröhlicher Begleiter bei den Ausflügen in Dresden und Umgebung. Das Konzert verlief gut, obwohl einige beanstandeten, daß Pantaleoni eine zu schwache Stimme hätte und zuviel Falsetto gebrauchte.

Schwierigkeiten tauchten jedoch bei einem Souper auf, das zu Ehren Liszts von einer Gruppe prominenter Dresdner veranstaltet wurde. Lola ist die einzige Zeugin, die einen vollständigen Bericht hinterließ, aber wesentliche Teile ihrer Geschichte entsprechen wahrscheinlich den Tatsachen. Sie behauptet, das Essen sei eigentlich ein Frühstück in einem der feinsten Delikatessenläden der Stadt gewesen. Obwohl sie nicht eingeladen worden war, betrachtete sie sich als Begleiterin Liszts überall willkommen, und sie überredete ihn, sie mitzunehmen, obwohl keine andere Frau anwesend sein würde. Nach den damaligen Konventionen hätte keine Dame eingewilligt, der einzige weibliche Gast bei einer privaten Gesellschaft zu sein, aber Lola war bekannt dafür, Dinge zu tun, die keine Dame tun würde.

Nach Lolas Bericht entdeckte sie bei ihrer Ankunft, daß Pantaleoni nicht eingeladen worden war, und sie bestand darauf, daß nach ihrem Kumpan geschickt wurde.[9] Als der Tenor schließlich eintraf, war er so entrüstet darüber, daß seine Einladung ein nachträglicher Einfall gewesen war, daß er die ganze Gesellschaft beschimpfte und tatsächlich gegen Gottfried Semper, den Architekten, der das Opernhaus in

Lola Montez und der Abschiedsschmerz europäischer Monarchen. Karikatur

Dresden entworfen hatte, handgreiflich wurde. Lola sagt, daß sie über Pantaleonis Verhalten so empört war, daß sie ihn ausführlich und heftig ausschalt. Pantaleoni, schreibt sie, sah sie kühl an und sagte: »Madame, ich bin kein Gendarm.« Diese Bemerkung spielte so grausam auf ihre unglückseligen Begegnungen mit Männern in Uniform an, daß Lola ihm eine Ohrfeige verabreichte. Er reagierte darauf mit einer so groben Geste, daß sie, wenn wir ihrem Bericht glauben können, in Ohnmacht fiel. Die Versammlung endete in einem Tumult und löste sich auf.

Diese Version der Ereignisse kann mehr als nur ein wenig von Lolas überhöhter Wirklichkeit enthalten. Es gibt nur zwei Zeitungsberichte, mit denen man sie vergleichen kann. In einem Artikel der Zeitung im weit entfernten Königsberg heißt es: »Bei einem zu Ehren Liszts in Dresden gegebenen Abendessen kam es zu unangenehmen Thätlichkeiten in Folge derer die durch ihre Kunstleistungen in Berlin und Warschau sattsam bekannte spanische Tänzerin Lola Montez aus der Stadt verwiesen wurde.«[10] Der einzige Hinweis auf den Vorfall in den überlebenden Dresdner Zeitungen ist voll versteckter Ironie: »Mehrere Künstler und Kunstfreunde gaben Liszt ein Souper, welches durch nationellen Contrast der Debatten des agitirten Italieners (Pantaleoni), der sich gründlich vertheidigenden Spanierin (der Tänzerin Lola Montez, in deren Gesellschaft Herr Liszt sich hier viel zeigte) und des nicht immer zögernden Deutschen ein äußerst interessantes war und dem großen Künstler ein freundliches Andenken an Dresden verschaffen wird.«[11]

Eindeutig ist etwas ziemlich Unangenehmes geschehen; ob es so war, wie Lola berichtet, ist unmöglich zu sagen. Aber Liszt mußte nach Norden reisen, um seinen Konzertverpflichtungen nachzukommen, und falls er je daran gedacht hatte, Lola mitzunehmen, so kam sie nun in seinen Plänen nicht mehr vor.

Eine Geschichte, die zum ersten Mal im zwanzigsten Jahrhundert gedruckt worden zu sein scheint, beschreibt, wie Liszt, nachdem er gesehen hatte, welche Plage die Tänzerin sein konnte, leise die Tür des Hotelzimmers verschloß, in dem Lola schlief, und dem Hoteldirektor das gesamte Mobiliar des Zimmers bezahlte, unter der Bedingung, daß er die Tür zwölf Stunden lang nicht aufsperren durfte, so daß er Zeit genug hatte, um einen sicheren Abstand zwischen sich und seine schöne Freundin zu legen.[12] Dieses Gerücht mag damals vielleicht tatsächlich im Umlauf gewesen sein, weil Lola in ihren Memoiren eine Bemerkung über einen wenig schmeichelhaften Bericht über ihre Trennung von Liszt macht.

Ihre Trennung am Ende dieser Woche in Dresden fand wohl mit einiger Erleichterung, vielleicht auf beiden Seiten, statt, aber sie war nicht bitter oder schmähend.[13] Die Bemerkungen über Liszt in Lolas Memoiren sind nicht unschmeichelhaft; und einem Bericht zufolge schwärmte Liszt mehrere Jahre später Freunden von Lola vor und bezeichnete sie als »das vollendetste, bezauberndste Geschöpf, das ich je gekannt! ... O! man muß sie gesehen haben! Sie ist immer neu! immer plastisch! In jedem Momente schöpferisch! Sie ist wirklich ein Dichter! Das Genie der Anmuth und der Liebe! Alle anderen Frauen verbleichen neben ihr!«

Der beste Beweis dafür ist, daß Liszt Lola Empfehlungsschreiben für seine einflußreichen Freunde unter den Journalisten und Theaterleuten in Paris gab und versprach, für ihr Debüt an der Oper zu sorgen, wenn er im April nach Paris zurückkehrte.[14] Das war vielleicht genau das, was sich Lola erhofft hatte, als sie Berlin verließ, um sich bei Liszt vorzustellen.

****

Das Urteil von Paris

Paris war im Jahre 1844 die Kulturhauptstadt Europas. In der Stadt mit einer dreiviertel Million Einwohnern verdienten elftausend Menschen ihren Lebensunterhalt als Künstler – ungefähr 50 Prozent mehr, als es Rechtsanwälte gab.[1] Die Stadt der Bourbonenkönige und die kaiserliche Hauptstadt Napoleons dehnte sich immer noch um die Kathedrale von Notre Dame aus, aber sie wuchs und veränderte sich schnell. Fast die Hälfte der Stadtbevölkerung bestand aus neuen Zuwanderern aus den Provinzen; unter Louis Philippe, dem »Bürgerkönig«, strebte die Mittelklasse nach oben, und jeder war darauf bedacht, ein Vermögen zu machen. Honoré Daumier brauchte nicht weit zu blicken, um Stoff für seine Karikaturen im *Charivari* zu sammeln, in denen die Überheblichkeit der Neureichen aufs Korn genommen wurde, und Henri Murger zeichnete die Lebensgeschichten von Nonkonformisten auf, die sich Bohémiens nannten. Bei den Konzerten am Konservatorium erzeugte Hector Berlioz noch nie dagewesene neue Orchesterklänge, und in der Woche, in der Lola in Paris ankam, hätte sie sehen können, daß *Le Siècle* angefangen hatte, *Die drei Musketiere*, einen neuen Roman des über alle Maßen populären Alexandre Dumas, als Fortsetzungsroman abzudrucken.

Es war eine Gesellschaft in Unruhe, in der die Konventionen zusammenbrachen, und eine Gesellschaft der Maßlosigkeit. Lola paßte sich dem sofort an und machte sich sogleich daran, Journalisten und Theaterleuten Liszts Empfehlungsschreiben vorzulegen.[2] Sie stellte bald fest, daß es in dieser Stadt für eine schöne Frau mit Geist und Verstand nicht schwer war, Freunde zu gewinnen. Am 18. März wurde Lola Montez dem Pariser Publikum in der Zeitungskolumne von Jules Janin vorgestellt, dem mächtigen und gefürchteten Kritiker des *Journal des Débats* und einem guten Freund Liszts.[3]

Durch die Briefe und ihre Schönheit lernte Lola schnell einflußreiche Leute kennen, einschließlich der Mitglieder des berühmten – oder vielleicht berüchtigten – Jockey Clubs, einer exklusiven Vereinigung wohlhabender Pferde- und Frauenkenner. Neben ihren aufsehenerregenden Auftritten auf den Rennbahnen um Paris waren sie allnächtliche Besucher der Theater und Konzertsäle, und verliehen der Begeisterung für ihre Lieblingsballerinen, von denen viele ihre intimen Freundinnen waren, Ausdruck.

Lola hatte begonnen, Privatunterricht bei Hippolyte Barrez, einem Choreographen an der Oper, zu nehmen, während ihre Freunde den Direktor der Oper, Léon Pillet, bearbeiteten, daß er ein Debut gestattete.[4] Pillet zögerte. Die Oper war schließlich die angesehenste Ballettbühne der Welt, und er war überzeugt, daß Lola, trotz all ihrer Schönheit, Bühnenwirksamkeit und ihres Geistes, den Maßstäben seines Hauses nicht entsprach.

Lolas neue Freunde in der Presse begannen, Pillet zu bedrängen.[5] Am 24. März klagte *Le Corsaire*, daß Lola Montez, »obwohl sie die sinnlichsten Boleros tanzt und vielleicht die einzige Frau ist, die diesen Tanz der Zigeuner in all seiner romantischen Energie tanzen kann«, die Chance für einen Auftritt versagt wurde. Am gleichen Tag stellte das *Journal des Théâtres* fest: »Es besteht keine Hoffnung, daß wir Lola Montez in der Oper tanzen sehen werden; ist dies denn die einzige Bühne in Paris, wo Europas aufgeklärtestes Publikum einem Talent, das seines Lobes würdig wäre, applaudieren darf?«

Die Artikel zeigten Wirkung, und am Dienstag, den 27. März, wurden die Programme im Umkreis der Oper in der Rue Lepeletier mit der Ankündigung ausgehängt, daß nach der Abendvorstellung des *Freischütz* eine choreographische Nachahmung mit dem Titel »Le Bal de Don Juan« stattfinden würde, in der Mademoiselle Lola Montez ihre erste Vorstellung auf der Bühne der Königlichen Musikakademie geben würde.[6] Sie würde »L'Olia« (offensichtlich derselbe Tanz, den sie »El Olano« und »El Oleano« genannt hatte und später »El Olé« und »El Olle« nennen würde) und »Los Boleros de Cádiz« tanzen. Lola Montez, deren gesamte Karriere aus kaum zwei Dutzend Vorstellungen in den vorangegangenen neun Monaten bestand, war dabei, auf den geheiligten Brettern der Pariser Oper zu debütieren.

Das Haus war voll besetzt mit Ballettomanen, Mitgliedern des Jockey Clubs und den einfach nur Neugierigen, die von Lolas Schönheit und ihrem feurigen Temperament gehört hatten. Eine Zeitung berichtete: »Es war kein Parkettplatz, kein Stuhl, nichts zu bekommen. Glücklich konnte sich derjenige preisen, dem es gelang, sich als siebter in eine Loge für sechs Personen zu quetschen!«[7] Die Spannung wurde durch den Beifall gebrochen, mit dem Lola auf der Bühne empfangen wurde, und dann, falls wir dem Bericht glauben können, der einige Tage später im *Le Siècle* erschien, hatte Lola einen einzigartigen Auftritt in der Geschichte der Oper: »Nach dem ersten

Sprung blieb sie auf ihrer Fußspitze stehen und löste, mit einer Bewegung von wunderbarer Geschmeidigkeit, eines ihrer Strumpfbänder. Die Operngläser wurden auf das Schauspiel gerichtet. Mlle. Lola bewegte sich noch einmal auf das Rampenlicht zu, schwenkte das Band zwischen ihren Fingern, das gerade ihr Bein umschlossen hatte, und warf, sich mit ihrer rebellischsten Miene wappnend, dieses Band den Zuschauern zu. Mlle. Fanny Elssler begnügt sich damit, dem Publikum Küsse zuzuwerfen, wenn sie die Cachucha tanzt; aber Mlle. Elssler ist nur eine Spanierin aus Berlin; Mlle. Lola Montez, die spanisches Blut in ihren Adern hat, wirft ihren Bewunderern ihr Strumpfband zu, was natürlich ein völlig anderer andalusischer Stil ist.«[9]

Obwohl das Strumpfbandwerfen Aufsehen erregte, wurde das Publikum immer unruhiger, je länger »L'Olia« andauerte. Lolas Art zu tanzen war zu unkonventionell, um vor einem sehr kritischen Publikum im Tempel des konventionellen Tanzes Beifall zu finden. Sie schien entschlossen, jede Regel der französisch-italienischen Schule des Tanzens zu mißachten, und ihre Schönheit konnte nicht alles entschuldigen.

Der Applaus nach »L'Olia« war alles andere als donnernd, und das Publikum wandte sich schnell der anderen Sensation im »Bal de Don Juan« zu, der Polka, die von M. Coballi und Mlle. Maria getanzt werden sollte. Die Polka war der letzte Schrei in Paris und erst vor zwei Tagen zum ersten Mal auf der Bühne der Oper präsentiert worden. Ob dieser Tanz unanständig war oder nicht, war eine große Streitfrage, und das Sechste Zuchtpolizeigericht der Seinestadt hatte erst vor kurzem eine junge Frau zu sechs Monaten Gefängnis verurteilt, weil sie in einem öffentlichen Tanzsaal das zeigte, was der vorsitzende Richter als »diese Manifestation tiefer Korruption, die in alle Gesellschaftsklassen einzudringen droht«, bezeichnete.[9]

Die Aufführung der Polka scheint ohne Skandal abgelaufen zu sein, und nach Tänzen von MM. Petipa und Mabille und Mlle. Dumilatre kam Lola wieder auf die Bühne, um »Los Boleros de Cádiz« zu tanzen. Diesmal war die Reaktion des Publikums eindeutig negativ – tatsächlich verbreitete sich sofort das Gerücht, daß Lola nie wieder auf der Bühne der Oper zu sehen sein würde.

So wurde es zumindest am nächsten Morgen in einigen Zeitungen dargestellt, obwohl *Le Corsaire*, dessen Kritiker Pier-Angelo Fiorentino einer von Lolas guten Freunden in Paris wurde, behauptete: »Das Debüt von Mlle. Montez wurde ihrem glänzenden und vielfachen

Ruf gerecht, der dieser bemerkenswerten Tänzerin hier vorauseilte. Sie erstaunte und verzauberte das Publikum.«[10] Doch der allgemeine Tenor der Kritik kam in einer anderen Zeitung zum Ausdruck: »Die schöne, bewegliche Frau mit dem blitzenden Auge wurde herzlich willkommen geheißen, doch die Tänzerin wurde abgelehnt, und Lola Montez wird nicht mehr in der Oper auftreten.« Lola erhielt jedoch von Pillet eine Gnadenfrist und blieb Freitagabend im Programm für die Wiederholung von »Le Bal de Don Juan« nach der Weltpremiere von Halévys *Il Lazzarone,* der von bedeutenden Kritikern besucht werden würde. Lola schrieb dem Herausgeber von *La Presse,* er solle nicht vergessen, ihren geplanten Auftritt zu erwähnen.

Es scheint, daß sie bei ihrem zweiten Auftritt die Strumpfbandeinlage nicht wiederholte, aber sie hatte ebensowenig Erfolg wie zwei Abende zuvor. Das Publikum wurde sogar noch ungeduldiger, und es hieß, daß irgendein Witzbold gerufen hätte, »L'Olia« würde so schrecklich wie ein Cancan aussehen.[11] Dieses Mal war die Kritik uneingeschränkt negativ, sogar spöttisch:

Mlle. Lola Montez ist eine sehr gutaussehende Person, die mit einer hübschen Figur und den schönsten Augen der Welt ausgestattet ist. Wenn das genügen würde, wäre ihr Erfolg vollkommen gewesen. Leider ist das nur ein anfänglicher Vorteil, der durch Talent gerechtfertigt werden muß. Mlle. Lola hat keine Ahnung, wie man tanzt; sie kennt nicht die ersten Grundlagen der Choreographie. Ihre Figur und ihre Augen, die sie vor dem Publikum mit kämpferischer Gewißheit vorführte, entwaffneten die Zuschauer nicht, die sie bei ihrem ersten Tanz mit Nachsicht willkommen hießen, sie aber beim zweiten mit solcher Heftigkeit auszischten, daß dies die Entfernung ihres Namens von den Programmen beschloß. Mlle. Lola Montez hat als Trost immer noch ihre Schönheit. Sie kann sie mit fleißigem Lernen verbinden, und dann würden wir hoffen, da wir nicht voreilig über die Zukunft urteilen wollen, daß wir später einmal den Erfolg, der heute ausgeblieben ist, bestätigen können.[12]

Das *Journal des Théâtres,* das eine Woche vorher Pillets anfängliche Weigerung, sie auftreten zu lassen, beklagt hatte, schrieb nun: »Es ist vollkommen verzeihlich, daß die junge spanische Tänzerin gewagt hat, auf die Bühne des führendsten französischen Theaters zu steigen, aber viel weniger zu verzeihen ist, daß die Theaterleitung sich selbst davon überzeugt haben konnte, daß sie dorthin gehörte.«[13]

Der größte Tanzkritiker der Pariser Presse war Théophile Gautier, der nicht nur ein Tanzexperte, sondern auch ein großer Kenner Spaniens war. Er schrieb in *La Presse*: »Mlle. Lola Montez hat nichts Andalusisches an sich bis auf ihre wunderschönen schwarzen Augen. Sie *hablas* sehr mittelmäßig Spanisch, spricht kaum Französisch und Englisch einigermaßen passabel. – Aus welchem Land stammt sie wirklich? Das ist die Frage. – Wir können sagen, daß Mlle. Lola kleine Füße und schöne Beine hat. – Aber wie sie sie nutzt, ist eine andere Angelegenheit. Es muß zugegeben werden, daß die Neugierde, die durch ihre diversen Auseinandersetzungen mit der Polizei im Norden, ihre Pferdepeitschen-Unterhaltungen mit preußischen Gendarmen erregt wurde, nicht befriedigt worden ist ... Nachdem wir von ihren Heldentaten zu Pferde gehört haben, vermuten wir, daß Mlle. Lola auf dem Rücken eines Pferdes eher zuhause ist als auf der Bühne.«[14]

Nach zwei Vorstellungen war Lolas Scheitern eindeutig. Als Liszt am 5. April in Paris eintraf, konnte er nicht viel tun, um den Schaden wiedergutzumachen. Aber vielleicht hatte er ohnehin beschlossen, Lola zu meiden, denn seine Liaison mit ihr hatte in seiner Beziehung zu der Comtesse d'Agoult zu einem zerstörerischen Wutausbruch geführt. Bestimmt hatte Marie, die in Paris lebte, gehört, daß diese Frau von zweifelhaftem Ruf mit Empfehlungsschreiben Liszts in die Stadt gekommen war, nachdem sie in Deutschland mit ihm gereist war. Die Komtesse und Liszt hatten einen letzten, heftigen Streit, wobei sie weinend ausrief, daß sie nichts dagegen hätte, seine Mätresse zu sein, aber sehr wohl etwas dagegen hätte, *eine* seiner Mätressen zu sein.[15]

Lola hatte in Paris, wo die Wahrheit über ihre Herkunft und Identität weniger wichtig war als anderswo, schnell Freundschaften geschlossen. In dieser mobilen Gesellschaft wurde sie aufgrund ihrer Schönheit, ihres Geistes und Charmes akzeptiert.

Sie gewann besonders unter Journalisten Freunde. Einer von ihnen, Fiorentino vom *Corsaire-Satan,* arbeitete manchmal in der berühmten »Romanfabrik« von Alexandre Dumas und schrieb Teile des umfangreichen Werkes, das unter dem Namen Dumas erschien. Lola machte auch die Bekanntschaft von Dumas, dem Dramatiker, Feinschmecker und Gesellschaftslöwen, der die vornehmen Salons beherrschte. Seine Energie, sein Talent, seine Eitelkeit und seine Begabung zur Selbstdarstellung – Eigenschaften, die ebenso eindrucksvoll wie sein voluminöses Äußeres waren – verliehen ihm einen einzigartigen Status unter den Prominenten, gesellschaftlichen Aufsteigern, Adligen und ehrgeizigen Provinzlern, aus denen die High Society bestand.

Wie Lola in Paris lebte, ist unsicher. Es ist unwahrscheinlich, daß sie von ihren Tanzgagen viel gespart hatte; ihr ganzes Leben lang hat sie sich großzügige Ausgaben geleistet, auch gab sie generös jedem, der in Not war. Lola war wahrscheinlich die Mätresse einer Reihe von Männern, aber es gibt wenig Anhaltspunkte dafür, daß sie jemals sexuelle Gefälligkeiten für Geld eintauschte.

Die meiste Zeit ihres Lebens waren Männer Lolas beste Freunde, und einige dieser Freunde wurden sicher auch ihre Liebhaber. Es erschien ihr angemessen und normal, daß Männer ihr Geld gaben für die Dinge, die sie benötigte, genauso wie sie ihnen Geld gegeben hätte, wenn diese es gebraucht hätten. Gewöhnlich war sie jedoch diejenige, die in Nöten war.

Obwohl ihr Debüt an der Oper ein Fiasko gewesen war, gab Lola den Gedanken nicht auf, wieder in Paris zu tanzen. Sie nahm weiterhin Unterricht und wartete, bis Gras über die Sache gewachsen war. Sie scheint fest entschlossen gewesen zu sein, sich zu amüsieren, und diese ersten Monate in Paris müssen zu ihren glücklichsten gezählt haben. Sie ging zu den Pferderennen, in die Oper, zu den von Hector Berlioz organisierten Musikfestspielen.[16] Im Juli 1844 war sie wieder in den Zeitungen, dieses Mal wegen ihres geschickten Umgangs mit Pistolen: »Mlle. Montez ... hat in Lepages Schießstand ... durch das Abfeuern von schnellen Doppelcoups eine vollkommen von Pistolenkugeln durchlöcherte Karte zurückgelassen. Die bekanntesten Pariser Schützen geben zu, von dem Können der schönen Andalusierin bezwungen zu sein.«[17]

Im Spätsommer begannen Gerüchte die Runde zu machen, daß Lola wieder in der Oper auftreten oder daß das Theater an der Porte St. Martin ein Stück für sie auf die Bühne bringen würde.[18] Im September hatte sie tatsächlich begonnen, für ein Debüt im Theater an der Porte St. Martin zu üben, aber ihre Anstrengungen führten zu keinem unmittelbaren Ergebnis.

Bis zum Herbst 1844 verkehrte Lola mit den Größen der Pariser Gesellschaft, als sie Alexandre Henri Dujarier, den jungen Mitbesitzer und Kulturredakteur der Zeitung *La Presse,* kennenlernte.[19] Dujarier war der Inbegriff des »neuen Mannes« in Paris. Am 20. Juni 1815, nur zwei Tage nach dem endgültigen Zerfall von Napoleons Imperium in der Schlacht von Waterloo, geboren, war er ein Kind des bescheidenen Provinzbürgertums, das die Gesellschaft in den 40er Jahren des Jahrhunderts veränderte. Er war schon in jungen Jahren in das Geschäftsleben eingestiegen und ließ sich offenbar als Privatbankier nieder, und durch seine Cleverneß war er außerordentlich wohlhabend geworden, bevor er das fünfundzwanzigste Lebensjahr vollendete.

1839 wurde Dujarier Partner von Emile de Girardin, einer der großen Persönlichkeiten des französischen Journalismus des neunzehnten Jahrhunderts, indem er mit dem Einsatz des größten Teils seines Vermögens Girardin dabei half, seine eigene bankrotte Zeitung *La Presse* aufzukaufen. Mit Girardin als Verantwortlichem für Nachrichten und Politik und Dujarier als Geschäftsführer und Redakteur des Kulturteils der Zeitung revolutionierte *La Presse* den Journalismus. Dujarier war der erste, dem klarwurde, daß bei höherer Auflage die Anzeigenkunden bereit sein würden, höhere Preise zu zahlen, und die Zeitung ein größeres Nettoeinkommen erzielen würde, selbst wenn der Abonnementpreis gesenkt wurde. Im November 1844 führte er eine Reihe dramatischer Veränderungen bei der Zeitung *La Presse* ein, als er den Preis für ein Jahresabonnement um die Hälfte reduzierte, sich für ein größeres Format entschied und ankündigte, daß die bekanntesten Autoren der Zeit, zu denen auch Dumas gehörte, unter Exklusivvertrag genommen wurden, um ihre neuen Werke regelmäßig zu veröffentlichen.

Es hieß, daß Dujarier von Lola schon bei der ersten Begegnung hingerissen war.[20] Lola muß den großen, schlanken jungen Mann mit den Geheimratsecken im schwarzen Haar und dem buschigen Backenbart ebenfalls attraktiv gefunden haben, denn bald wurde sie seine Geliebte und zog neben seine Wohnung in der Rue Lafitte Nr. 39, in der eleganten Nachbarschaft der Cafés, die von der vornehmen Elite frequentiert wurden. Sie agierte zu Hause als seine Gastgeberin, und wenn er ausging, als seine Gefährtin, und in der Zwischenzeit arbeitete sie an der Wiederaufnahme ihrer Tanzkarriere, möglicherweise mit Unterstützung Dujariers. Ihr für den 6. März angesetztes Debüt am Theater an der Porte St. Martin sollte eine Aufführung von »La Dansomanie« sein; sie probte auch eine Rolle in einem großen Märchenschauspiel mit dem Titel »La Biche aux Bois«. Seit ihren unglückseligen Darbietungen in der Oper – ihren letzten öffentlichen Auftritten – war schon fast ein Jahr vergangen, und sie muß nervös gewesen sein, dem Pariser Publikum wieder gegenüberzutreten. Die Umstände waren jetzt jedoch andere; sie hatte nicht nur viele Kritiker bezaubert, sondern besaß viel mehr vornehme Freunde, einschließlich Dujariers, der seinen Einfluß ausspielen konnte, um ihren Erfolg zu sichern. Am Tag vor ihrem Debüt verkündeten die Zeitungen, daß »das ganze vornehme Paris sich dort verabredet hat, um den Erfolg dieser schönen Künstlerin noch glänzender und vollständiger zu machen«.[21]

Das Theater an der Porte St. Martin war nicht besonders in Mode, aber an dem kalten Donnerstagabend bei Lolas erster Vorstellung quoll es über von Pariser Dandys, den Ballettmädchen der Oper mit ihren Liebhabern vom Jockey Club, von der eleganten Klientel des Café de Paris und den führenden Kritikern.[22] Sie waren gut vorbereitet gekommen, und als Lola in einem spanischen Kostüm aus schwarzer Seide, mit einer schwarzen Spitzenmantille, die von einem hohen Steckkamm in ihrem schwarzen Haar herunterfloß, erschien, warf das Publikum begeistert Blumen auf die Bühne. Ein Kritiker schrieb, daß die Blumen die Ernte von fünfzig Gewächshäusern seien, und ein anderer schwor, daß ein ganzer Baum auf den Brettern gelandet sei. Die Bühne war völlig mit Blumen übersät, so daß Lola kaum Platz zum Tanzen hatte.

Lola führte noch zwei andere Kostüme für ihre Polka und Mazurka vor;[23] sie bestanden aus Spitzen und Pailletten, und man war einhellig der Meinung, daß sie elegant und auffallend und überaus geschmackvoll waren. Leider fanden die Kritiker an ihren Tänzen keinen so großen Gefallen. Sie waren nachsichtiger als vor einem Jahr, und viele versuchten offenbar, die Wahrheit zu schreiben und doch keine Kritik zu üben. Ihr Freund Pier-Angelo Fiorentino umging das Problem in seiner positiven Rezension im *Corsaire-Satan* dadurch, daß er über die Zuschauermenge, die Blumen und Lolas Kostüme schrieb; er machte keine einzige Bemerkung über ihren Tanz. Die Besprechung von Dujariers engem Freund Charles de Boigne im *Le Constitutionel* versuchte, die Vorstellung in ein hoffnungsvolles Licht zu stellen: »Mit ein paar mehr gutplazierten *Battements* wird Lola Montez' Talent ebenso bewundert werden wie ihre schönen Augen.« Die Kritik des *Rabelais* war zwar positiv, aber kaum schmeichelhaft: »In ihren Posen ist etwas lasziv Anziehendes, etwas aufreizend Verlockendes; und dann ist sie eine schöne, sehr schöne, ausnehmend schöne Person, und sie wirft einem Küsse so vollendet zu, daß man sofort applaudiert, nur um sich später zu fragen, ob es richtig oder falsch war zu applaudieren ... Sehen Sie es sich an: es ist einmalig, es ist lustig, es ist unterhaltsam.«[24]

Der Kritiker des vielgelesenen *Le Siècle* bedauert ironisch, daß Lola den blumenübersäten Triumph ihres Auftritts dadurch verdorben hatte, daß sie zu tanzen versuchte.[25] Dujariers eigener Kritiker in *La Presse*, Théophile Gautier, der vor einem Jahr ihre Herkunft angezweifelt und vorgeschlagen hatte, sie sollte lieber beim Reiten bleiben, war jetzt nicht nur bereit, Lolas Behauptung, Spanierin zu sein,

für bare Münze zu nehmen, sondern schrieb auch begeistert über ihre feurigen Cachuchas: »Sie tanzt sie mit einer ungezügelten Kühnheit, einer wilden Leidenschaft und einer ungestümen Ausdruckskraft, welche die klassischen Liebhaber von Pirouetten und Ronds de Jambes schockieren muß; aber ist denn der Tanz eine so ernste Kunst, daß er keine Phantasie, keine Kaprice erlaubt? Muß er denn durch gleichbleibende Akkuratesse eingeengt werden, und reicht es nicht, wenn eine Frau schön, jung, geschmeidig und anmutig ist? ... Die strengen Kritiker werden sagen, daß es ihr an Ausbildung fehlt, daß sie sich Dinge erlaubt, die gegen die Regeln verstoßen. – Was soll's!«[26]
Es war kein ungetrübter Triumph, aber sicherlich ein Erfolg, und ihre Rolle in »La Biche au Bois« versprach eine lange Spielzeit, die ihr Bühnenerfahrung und Publizität verschaffen würde. Zum ersten Mal seit ihrem Londoner Debüt muß Lola das Gefühl gehabt haben, daß sie auf dem Weg war, sich beruflich zu etablieren. Vielleicht wäre es auch soweit gekommen, wenn nicht eine plötzliche Tragödie ihr Leben verändert hätte.

✳✳✳✳

Eine Verabredung im Bois

Lola hatte bemerkt, daß Henri Dujarier in den letzten Monaten zunehmend mit weniger angesehenen Mitgliedern der Theater- und Kunstwelt – mit Varietétänzerinnen und Dandys von nicht sehr hohem Niveau – verkehrte, und sie war besorgt, daß daraus Unannehmlichkeiten entstehen könnten.[1] Am Freitag, den 7. März, am Abend nach Lolas Debüt am Theater an der Porte St. Martin, wurde Dujarier zu einem Fest in dem Restaurant Les Trois Frères Provençaux im Palais Royal eingeladen. Er zögerte, dorthin zu gehen, aber als seine Freunde nicht lockerließen, sagte er zu. Lola wollte mit ihm gehen, aber er meinte, es sei nicht die richtige Gesellschaft für sie. Sie bat ihn, keine Lokale mehr aufzusuchen, in die er sie nicht mitnehmen wollte, und er versprach, daß es das letzte Mal sein würde. Zum Trost gab er ihr eine Karte für das Vaudevilletheater und sagte ihr, er werde um Mitternacht wieder zurück sein.

Nach dem Essen im Trois Frères begaben sich die Gäste an den Spieltisch, um Landsknecht, ein altes deutsches Kartenspiel, zu spielen, das in Paris wieder in Mode gekommen war. Einer der anderen Gäste auf dem Fest war ein hochgewachsener 24jähriger mit langem kastanienbraunem Haar und Backenbart und dem klingenden Namen Jean-Baptiste Rosemond de Beaupin de Beauvallon. Er stammte von der karibischen Insel Guadeloupe und war Kritiker der rivalisierenden Zeitung *Le Globe*, deren Herausgeber sein Schwager war. Dujarier hatte viel verloren, aber er spielte weiter bis in die frühen Morgenstunden, um seinen Verlust wieder wettzumachen. Als er im Morgengrauen zu seiner Kutsche hinausstolperte, war jede Genugtuung, die er möglicherweise darüber verspürte, einen Teil seines Geldes zurückgewonnen zu haben, durch seine Ahnung gedämpft, daß ein ärgerlicher Wortwechsel, den er mit Beauvallon gehabt hatte, ihm weitere Schwierigkeiten bringen würde.

An diesem Nachmittag, als er aufwachte und sich an seinen Schreibtisch in der Redaktion der *Presse* schleppte, erfuhr Dujarier, wie zutreffend seine Vorahnungen gewesen waren. Zwei Herren besuchten ihn im Auftrag Beauvallons und erklärten, daß ihr Freund der Meinung sei, Dujarier habe sich am Abend zuvor unhöflich benommen.

Sie wollten wissen, ob das seine Absicht gewesen sei. Dujarier war kurz angebunden. Er wollte Beauvallon keine Entschuldigung oder Erklärung abgeben und sagte den Herren, daß zwei seiner eigenen Freunde sich am nächsten Tag mit ihnen in Verbindung setzen würden. Dujarier erkannte, daß er in ein Duell hineingezogen wurde, und obwohl ihn diese Aussicht verärgerte, kam sie nicht überraschend für ihn. Überraschend war vielmehr, daß es nicht schon vorher dazu gekommen war. Der Pariser Journalismus war ein Schlachtfeld der Politik und Polemik, und Ehrenhändel waren die üblichen Ventile für die ständige Verstimmung, die von den frei agierenden Mitgliedern des vierten Standes erzeugt wurde. Dujarier war besonders leicht angreifbar. Er war als überaus wohlhabender Selfmademan nicht nur ein Objekt des Neides, sondern *La Presse* gehörte ihm zusammen mit einem Mann, der sich selbst außerhalb des Ehrenkodex gestellt hatte, wodurch Dujarier noch verletzbarer wurde. Emile de Girardin war in mehrere Duelle verwickelt gewesen, bis er einen prominenten Gegner tötete. Der Kampf erregte großes öffentliches Mitgefühl, und ein müde gewordener Girardin verkündete, daß er alles getan habe, was ein Mann von Ehre tun mußte, und nie mehr kämpfen würde.

Dujarier hatte gewußt, daß ein Duell unvermeidbar war, aber er hatte sich nie im Fechten und Schießen geübt. Lola, eine hervorragende Schützin, hatte ihn aufgefordert, mit ihr zu den Schießständen zu gehen, aber er hatte gemeint: »Wozu soll eine Frau mit Pistolen schießen? Ich kann nicht schießen und hoffe, daß ich niemals eine Pistole brauchen werde.« Und doch muß er gewußt haben, daß er eines Tages zu einem Duell herausgefordert werden würde. Und als die Herausforderung da war, glaubte er, daß er es so schnell wie möglich hinter sich bringen würde, sich ehrenhaft schlagen und vielleicht zukünftige Herausforderungen unterbinden könnte. Selbst wenn er einen Weg fände, sich mit Beauvallon zu versöhnen, glaubte er, würden schon zwanzig andere darauf warten, ihn herauszufordern. Besser war es, die Sache hinter sich zu bringen.

Dujarier versuchte vor Lola zu verheimlichen, daß er ein Duell austragen würde, aber sie erriet, was im Gange war, und wollte Näheres wissen. Er weigerte sich, ihr etwas zu sagen, versicherte ihr jedoch, daß alles gut werden würde.

Lola hatte eine weitere Vorstellung von »La Dansomanie« am Montag, den 10. März, aber Dujarier entschuldigte sich, sie nicht begleiten zu können, da er wichtige Schreibarbeiten zu erledigen hätte. Allein in seinem Arbeitszimmer, nahm Dujarier sein Testament hervor. Er las es noch einmal durch und fügte noch einige Legate hinzu, einschließlich einem, in dem er Lola Montez siebzehn Anteile am Théâtre du Palais Royal vermachte. Er bat, neben seiner Schwester beigesetzt zu werden. Im Laufe des Abends erschien ihm sein Schicksal immer unausweichlicher. Er schrieb einen Abschiedsbrief an seine Mutter, in dem er ihr mitteilte, daß er mehr als alles andere den Schmerz bedauerte, den ihr sein Tod zufügen würde, und daß er hoffte, sie würde lieber für einen Ehrenmann als für einen Feigling ihre Tränen vergießen.

Als Lola von dem Beifall, den Blumen und Pfiffen im Theater an der Porte St. Martin zurückkehrte, drängte sie Dujarier erneut, ihr etwas über das Duell zu erzählen. Er wurde ärgerlich, sagte ihr, er sei beschäftigt und müßte allein sein, und sie fingen an zu streiten. Schließlich gab sich die Tänzerin mit seinem Versprechen zufrieden, sie am Morgen um neun Uhr zu besuchen, und sie verließ ihn und ging in ihre Wohnung, um zu schlafen.

Es war eine unruhige Nacht für Lola. Sie wußte, daß etwas nicht stimmte. Um sieben Uhr schickte sie ihre Zofe zu Dujarier mit dem Auftrag, ihn zu ihr herüberzubitten. Die Dienerin fand Dujarier bereits angezogen vor. Er aß Suppe. Er sagte ihr, daß er in Kürze ihre Herrin aufsuchen würde. Dann nahm er einen Federkiel und schrieb folgende Abschiedszeilen:

Meine liebe Lola,
ich werde jetzt mit Pistolen kämpfen. Deshalb wollte ich auch diese Nacht allein sein und deshalb bin ich heute morgen nicht zu Dir gekommen. Ich brauche meine ganze Ruhe und muß die Gefühlsbewegungen vermeiden, die mir Dein Anblick heute morgen verursacht hätte. Um zehn Uhr wird alles vorbei sein, und ich werde zu Dir eilen, um Dich zu umarmen, es sei denn ...
Tausend zärtliche Liebkosungen, meine liebe Lola, meine gute kleine Frau, die ich liebe, und die in meinen Gedanken sein wird.
D   Dienstagmorgen[2]

Dujarier goß sich ein Glas Madeira ein. Er war schwarz gekleidet, wie es die Duellvorschrift erforderte, und er hatte warme Flanellunterwäsche angezogen, so daß er in der Kälte nicht zittern würde. In der Nacht hatte es geschneit, und es fielen immer noch einige Flocken. Er zog seinen schwarzen Mantel über, steckte die Flasche Madeira in die Tasche und ging nach unten, wo sein Kutscher und sein Diener bereits auf dem Kutschbock saßen. Charles de Boigne, einer seiner Sekundanten, fuhr mit ihm. Arthur Bertrand, der zweite Sekundant, kam mit einem Arzt. Kurz bevor sie zum Bois de Boulogne, dem üblichen Austragungsort für Pariser Duelle, aufbrachen, gab Dujarier seinem Diener Gabriel den Brief, damit er ihn Lola überbrachte, und sie fuhren ab.

Früh an diesem Morgen hatten die Sekundanten die Einzelheiten für das Duell vorbereitet. Es sollte um zehn Uhr auf einer Lichtung in dem als *Chemin de la Favorite* bekannten Waldstück stattfinden. In seiner Unwissenheit und Unerfahrenheit hatte Dujarier Pistolen gewählt, die tödlichste Duellwaffe, mit der er überdies überhaupt nicht umzugehen verstand. Die Gegner würden sich in einem Abstand von dreißig Schritten gegenüberstehen, und nach dem Signal von dreimaligem Händeklatschen konnte jeder fünf Schritte nach vorne gehen und schießen. Nachdem eine Partei geschossen hatte, mußte der andere stehenbleiben und sofort zurückfeuern.

Die Nerven des Journalisten zeigten die Erschöpfung nach der langen Nacht, und als die beiden Kutschen auf der kalten, kahlen Lichtung eintrafen, bot Dujarier de Boigne einen Schluck Madeira an und trank selbst schnell einen. Die Kirchturmuhr von Neuilly schlug zehn, aber von Beauvallon und seinen Leuten war nichts zu sehen. Die Männer gingen auf und ab und versuchten, sich in der bitteren Kälte warm zu halten. Es wurde halb elf, dann elf Uhr. Sie schickten die Diener, um in der Umgebung Ausschau zu halten, ob sie sich etwa in der Stelle geirrt hätten, aber niemand war zu sehen. Seine Sekundanten informierten ihn, daß er, da die Gegenpartei nicht erschienen war, ehrenvoll in die Stadt zurückkehren konnte, aber Dujarier sagte, daß er nur noch einen weiteren Vormittag hier draußen vergeuden müßte; er würde bis zum Mittag warten. Er ging mit dem Arzt auf und ab und murmelte: »Wie seltsam es ist, zu kämpfen und nicht zu wissen, weshalb.«

Es war halb zwölf, als Beauvallon und seine Leute endlich eintrafen. Zwar bedauerten sie ihr Zuspätkommen sehr und gaben eine ganze Reihe von Entschuldigungsgründen an, aber dennoch wiesen er und seine Sekundanten de Boignes letzte Bemühung um eine Versöhnung zurück. Ein Notizbuch und ein Handschuh markierten die Stellen, wo die Männer ihre Position einnehmen sollten. Die Spannung wurde für Dujarier zu groß, der kaum zu verstehen schien, wie de Boigne ihm die Pistole in die Hand drückte und ihm zeigte, wie er sie zu halten hatte. Dujarier ergriff sie und zog aus Versehen den Abzugshahn, aber die Ladung ging nicht los, was de Boigne das Leben rettete, der sich am Ende der Mündung befand. De Boigne spannte den Hahn wieder und sagte Dujarier, daß er sofort feuern sollte, wenn das Signal gegeben wurde, um so Beauvallon zu zwingen, das Feuer zu erwidern, ohne näherzukommen oder sorgfältig zu zielen. Dann trat er zurück, sorgte dafür, daß beide Männer an ihrem Platz waren, und machte sich daran, das Signal zu geben.

De Boigne klatschte dreimal in abgemessenem Abstand in die Hände, und es hallte durch die gefrorene Luft zwischen den Bäumen. Dujarier erinnerte sich an das, was ihm gesagt worden war, und schoß sofort. Die Kugel ging etwa sechs Meter rechts über Beauvallon vorbei. An dieser Stelle hätte sich ein erfahrener Duellist zur Seite gedreht, um das kleinstmögliche Ziel zu bieten, und hätte seine leere Pistole vor das Gesicht gehalten, um sich ein wenig zu schützen. Dujarier jedoch blieb mit der Pistole an der Seite wie angewurzelt stehen und wartete auf den Schuß seines Gegners. Die Sekundanten des Journalisten schworen, daß Beauvallon nicht sofort das Feuer erwiderte, wie es die Regeln verlangten, sondern etwa vierzig oder fünfzig Sekunden lang sorgfältig zielte. Es mag ihnen so lange vorgekommen sein, da sie gespannt über das Schicksal ihres Freundes wachten, aber Leute, die die Schüsse gehört hatten, sagten, daß drei oder vier Sekunden dazwischen lagen. Dujarier muß es wie eine Ewigkeit vorgekommen sein, als er auf die gegen ihn gerichtete Pistole starrte.

Am Ende seines ausgestreckten Arms konnte Beauvallon die bleichen, von dem schwarzen Backenbart eingerahmten Gesichtszüge seines Gegners sehen – ein perfektes Ziel. Schließlich rief de Boigne: »Nun, schießen Sie doch! Schießen Sie!«, und Beauvallons Schuß ging los. Dujarier rührte sich überhaupt nicht. Einen Augenblick lang sah es so aus, als hätte ihn die Kugel verfehlt. Ein verwirrter Ausdruck trat auf sein Gesicht, dann gaben die Beine unter ihm nach und er brach zusammen und fiel nach hinten wie ein Sack. Der Arzt und de Boigne liefen zu ihm, hoben ihn hoch und öffneten ihm die Krawatte und den Mantel. Er war bei Bewußtsein, aber die Zwölf-Millimeter-Bleikugel hatte ein blutiges rundes Loch im unteren rechten Nasenwinkel hinterlassen. Der Doktor sah sofort, daß die Wunde tödlich war, aber er sagte zu Dujarier: »Nur Mut jetzt, Sie werden in kürzester Zeit wieder auf den Beinen sein«, und ein friedlicher Ausdruck überzog die entstellten Züge des Mannes.

De Boigne fragte ihn, ob er sehr große Schmerzen habe, und Dujarier schaffte es, leicht mit dem Kopf zu nicken. Sein Mund füllte sich

mit Blut, und der Arzt sagte ihm, er solle versuchen zu husten, aber der gelähmte Mann konnte nicht atmen, geschweige denn husten. Das Ende kam gnädigerweise sehr schnell; das verletzte Gesicht verkrampfte sich zu einem plötzlichen Todeskampf, die Augen wurden trüb, und Dujarier drückte die Hand des Arztes und starb.
Beauvallon und seine Leute hatten schon pflichtschuldig ihre Dienste angeboten, die Pistolen eingepackt und waren in ihrer Kutsche weggefahren. De Boigne glaubte, daß er Dujariers lange, dünne Gestalt allein tragen könnte, aber der schlaffe Körper war schwer zu handhaben, deshalb trugen er und der Arzt gemeinsam den zusammengesunkenen, blutigen Leichnam zu der Kutsche, die mit voller Geschwindigkeit davonpreschte, um den Wächtern des Bois zu entgehen, die die Schüsse gehört haben würden und sie wegen der Beihilfe zu einem Duell festnehmen konnten.
Als Lola Montez die Zeilen ihres Geliebten erhielt, machte sie sich sofort auf herauszufinden, wo das Duell stattfinden sollte. Sie suchte zuerst de Boigne oder Bertrand, aber beide waren fort. Dann kam ihr in den Sinn, daß Alexandre Dumas, der enge Freund ihres Geliebten, bestimmt wußte, was vorging, und sie eilte zu seinem Haus in der Chaussée d'Antin. Als Dumas ihr mitteilte, daß Rosemond de Beauvallon Henris Gegner sei, war sie entsetzt. »Er ist verloren!« rief sie, denn sie wußte, wie hilflos ihr Geliebter mit einer Pistole war, und Dumas bestätigte, was sie über Beauvallons geschickten Umgang mit Waffen gehört hatte. Trotz ihres Flehens und Tobens konnte oder wollte Dumas ihr nicht sagen, wo das Duell stattfinden sollte. Es blieb ihr nichts anderes übrig, als zu Dujariers Wohnung zurückzukehren und zu warten, genauso wie dieser wartete und auf einer Lichtung im Bois de Boulogne auf und ab ging.
Es war schon nach Mittag, als sie seine Kutsche zurückkehren sah. Als das Gefährt anhielt, stürzte sie darauf zu und öffnete selbst die Tür. Dujariers blutüberströmter Körper fiel ihr in die Arme. Der Arzt und die Sekundanten sprangen aus dem Wagen, um der entsetzten Frau den Leichnam abzunehmen und nach oben in das Bett zu tragen, das Dujarier bereits vorher von seinem Diener hatte herrichten lassen. Lola mußte sich in ihr eigenes Bett legen, und es wurde ein Arzt gerufen, um nach ihr zu sehen. Kurz nach 2 Uhr nachmittags klingelte es an der Rue Laffitte Nr. 39, und die Polizeibeamten des Königs wurden hereingelassen, um ihre Untersuchungen im Mordfall von Alexandre-Honoré, bekannt als Alexandre-Henri Dujarier, zu beginnen.

Die Beisetzung fand am Donnerstagnachmittag, den 13. März, in der Kirche von Notre Dame de la Lorette statt. Honoré de Balzac und Alexandre Dumas gehörten zu den Sargträgern. Nach dem Gottesdienst folgte eine Trauergemeinde aus Familienangehörigen und Freunden den vier weißen Pferden, die den Leichenwagen zum Friedhof von Montmartre zogen, wo Emile de Girardin die Grabrede hielt. So sicher wie Beauvallons Kugel Dujarier getötet hatte, hatte sie auch Lolas Chance, sich eine Karriere auf der Pariser Bühne aufzubauen, zunichte gemacht. Unmittelbar nach dem Mord an ihrem Geliebten und Beschützer war sie weder in der Lage, ihren Vertrag für »La Dansomanie« zu erfüllen, noch war sie fähig, an den Proben zu »La Biche aux Bois« teilzunehmen. Und vielleicht hatte das Theater an der Porte St. Martin ohne Dujariers Einfluß und finanzielle Unterstützung nicht mehr so viel Interesse an ihren Diensten. Was immer auch der Grund gewesen sein mochte, Dujarier war kaum zehn Tage unter der Erde, als der *Corsaire-Satan* bekanntgab, daß Lola Montez nicht mehr dem Ensemble des Theaters an der Porte St. Martin angehörte.[3]

✳✳✳✳

Auf der Suche nach Zerstreuung – zu Hause und im Ausland

Inmitten ihrer Trauer war Geld Lolas drängendstes Problem.[1] Dujarier war eine stets verfügbare und fast unerschöpfliche Geldquelle gewesen, aber nun mußte Lola ihre eigene Miete bezahlen und ihre Gläubiger zufriedenstellen. Dujarier hatte den größten Teil seines Vermögens, seinen Anteil an der Zeitung *La Presse,* seiner Mutter und seinem kleinen Neffen und seinen persönlichen Besitz einschließlich seiner Pferde und der luxuriösen Wohnungseinrichtung seinem Freund Alexandre Dumas hinterlassen. Lola hatte er nur die siebzehn Anteile am Théâtre Royal vererbt, die weniger als 1000 Francs wert waren. Dennoch war das besser als gar nichts, und Anfang April ging sie vor Gericht, um Dujariers Testamentsvollstrecker dazu zu zwingen, ihr das Erbe auszuhändigen; doch das Gericht entschied, daß nach dem Gesetz Monsieur François, dem Schwager und Testamentsvollstrecker Dujariers, mehr Zeit zustand, um den Nachlaß zu verteilen. Lola zog wieder in ein Hotel ganz in der Nähe des Boulevard des Italiens und war, so scheint es, wieder zu dem Leben zurückgekehrt, das sie geführt hatte, bevor sie Dujarier traf; das heißt, sie lebte von Geschenken und Darlehen von Freunden und Liebhabern und trieb sich in der Halbwelt herum. Obwohl sie beteuerte, den Journalisten sehr geliebt zu haben und sie heiraten wollten, mußte das Leben ja weitergehen, und wohlhabende Bewunderer lenkten sie von düsteren Gedanken ab.

Damals wie heute flüchteten die meisten Pariser, die es sich leisten konnten, im August von der Stadt in die Ferienorte, und Lola war fest entschlossen, der eleganten Welt zu folgen.[2] Ihr Plan war, eine Reise nach Spa, dem belgischen Kurort, anzutreten, dessen Name zum Oberbegriff für Europas mondäne Bäder mit Heilquellen, Spielbanken und Intrigen wurde. Bevor Lola abfuhr, bat sie ihren Freund Fiorentino, in seiner Zeitung eine Nachricht über ihre Abreise zu veröffentlichen; bei dieser Gelegenheit erfuhr sie wahrscheinlich von seinen eigenen Plänen für August, zu denen ein Besuch eines musikalischen Festaktes in Bonn gehörte.

Lola fand einen großen Teil der eleganten Welt in Spa versammelt, wo die Konversation sich häufig um das kommende Fest in Bonn drehte.[3] Mit ihrer auffallenden Schönheit, ihrem Geist und ihrem Charme machte Lola Eindruck, und sie begegnete immer wieder Leuten, die sie kannte, wie etwa Jules Janin, dem mächtigen Kritiker und Freund Liszts, der sie in seiner Kolumne dem Pariser Publikum vorgestellt hatte. Janin betrachtete Lola nun mit verwirrter Verachtung; auch er würde in Bonn bei dem Festival sein. Am Ende der Woche in Spa und insbesondere, nachdem sie bei einem eleganten Ball abgewiesen wurde, da sie keine Einladung vorweisen konnte, beschloß Lola, ebenfalls nach Bonn zu fahren.

Bonn, damals nur ein verschlafenes Universitätsstädtchen am Rhein, war von dem Zustrom vornehmer und weniger vornehmer Besucher aus ganz Europa überwältigt. Franz Liszt hatte einen Fonds zur Errichtung eines Beethoven-Denkmals anläßlich des fünfundsiebzigsten Geburtstags des Komponisten gegründet – Bonn war Beethovens Geburtsort – und zur Enthüllung ein großes Musikfestival vorgeschlagen. Trotz großer anfänglicher Begeisterung und vieler Hilfsversprechungen war die finanzielle und künstlerische Verantwortung für das Projekt weitgehend Liszt zugefallen. Alle Schwierigkeiten wurden jedoch überwunden, und das Musikfest und die Denkmalsenthüllung im Beisein von König Friedrich Wilhelm von Preußen und seiner Kusine Königin Viktoria wurden für Mitte August angesetzt.

Das inoffizielle Hauptquartier des Festivals war das Hotel »Zum goldenen Stern«, dessen einfallsreicher Besitzer, Joseph Schmitz, provisorische Unterkünfte neben seinem Hotel aufgestellt und einige Zimmer in Schlafsäle umgewandelt hatte. Die Stadt war so sehr mit Besuchern überlaufen, daß viele, darunter auch Liszt, im nahen Köln logierten. Lola traf im »Stern« ein und bestand darauf, dort untergebracht zu werden, da sie ein persönlicher Gast von Liszt sei.[4] Vielleicht hätte sie damit Erfolg gehabt, hätte nicht einer der Solisten des Festes, ein Tenor aus Berlin, sie erkannt und den Hoteldirektor informiert, daß Liszt ihr wohl kaum eine persönliche Einladung geschickt hatte.

Lola fand schließlich Unterkunft in einem der vielen Privathäuser, die während des Festspiels Gäste aufnahmen.[5] Am Abend ihrer Ankunft besuchte sie ihr erstes Konzert und mischte sich sicherlich unter die Menge, die sich auf dem Marktplatz vor dem Rathaus für die offizielle Enthüllung von Beethovens Denkmal vor den versammelten Hoheiten und Würdenträgern eingefunden hatte. Lola wurde auch »in

Begleitung von Damen und Herren im Gefolge von« Liszt bei dem großen anschließenden Bankett in dem riesigen Festzelt gesehen, das beim ›Stern‹ aufgestellt worden war, um 450 Gäste gleichzeitig bewirten zu können.

Am Mittwoch, den 13. August, dem letzten Tag des Festspiels, dirigierte Liszt eine Kantate, die er für diesen Anlaß komponiert hatte, und spielte anschließend Beethovens Konzert in E-Dur, das Lola schon in Dresden vor eineinhalb Jahren von ihm gehört hatte.[6] Danach begaben sich alle in den großen provisorischen Speisesaal zu einem abschließenden Galabankett. Eingelassen wurde nur, wer eine Eintrittskarte besaß, doch Hunderte, die keine Karten hatten, belagerten die Zelteingänge und versuchten hineinzukommen. Die Karteninhaber mußten sich durch den Mob zu den Eingängen durchkämpfen, und viele mußten feststellen, daß ihre Plätze an den Tischen bereits von Eindringlingen besetzt waren.

Unter der Menge der sich um den rückwärtigen Eingang drängenden Besucher ohne Karte befand sich auch Lola Montez, die versuchte, sich mit Charme oder flehentlichen Bitten Einlaß zu verschaffen. Sie hatte schon eine Weile an verschiedene Leute appelliert, ehe ein gutherziger Bonner Mitleid mit ihr bekam und sie in den Bankettsaal als seine Begleiterin mitnahm. Frauen bildeten eine kleine Minderheit unter den Besuchern des Festes und wurden beim Bankett natürlich nahe zusammen gesetzt. Die Schicklichkeit gebot es, daß eine Dame nicht allein unter Herren sitzen durfte. Deshalb waren die guten Bonner Bürger erstaunt und leicht schockiert, als sie sahen, daß ihr Mitbürger nicht nur mit Lola Montez an seinem Arm hereinkam, sondern sie auch noch an seinen Tisch nahe der Saalmitte führte, wo sie die einzige Frau in einem Meer von Männern war. Nach dem Bankett holten die Herren ihre Zigarren hervor, und die Damen zogen sich aus dem Saal zurück – mit Ausnahme von Lola, die sich vielleicht selbst eine angesteckt hatte. Nun begann eine Reihe anscheinend endloser Toasts auf den König von Preußen, auf Königin Viktoria, auf Beethoven, auf den Bildhauer, auf die Organisatoren des Festes. Als die meisten Gäste in Champagner schwammen, stellte Professor Wolff von der Universität Jena die treibende Kraft hinter dem Fest, Franz Liszt, vor, damit er einige Worte sagte. Liszt sprach deutsch, eine Sprache, die er nie vollkommen beherrschte,[7] und schloß nach einigen unbeholfenen Sätzen mit einem weiteren Toast: »Alle Nationen sind hier versammelt, um den Meister zu ehren. Mögen sie leben und gedeihen, die Engländer, die Holländer und die

Österreicher, die hierher gepilgert sind!« Bei diesen Worten erhob sich ein Franzose und schrie auf Französisch: »Sie haben die Franzosen vergessen!«, und unter den Bankettteilnehmern brach ein Aufruhr los. Ein anderer Franzose erhob sich und protestierte dagegen, daß zwar Toasts auf den König von Preußen und die Königin von England ausgebracht worden waren, aber daß der König von Frankreich mit keinem Toast geehrt worden sei. Ein Engländer entgegnete ihm lauthals: »Warum nicht der Kaiser von China und der Schah von Persien! Sie sind auch nicht zu dem Fest gekommen und haben gewiß ebensoviel Anrecht darauf, vergessen zu werden, wie euer ›Bürgerkönig‹!«

Liszt versuchte verzweifelt, sich Gehör zu verschaffen, um zu erklären, daß er fünfzehn Jahre unter Franzosen gelebt hatte und niemals beabsichtigt haben konnte, sie zu kränken – aber die Emotionen und der allgemeine Tumult waren zu groß. Professor Wolff versuchte, die Gäste zu beruhigen, und stieg schließlich auf einen Tisch, um Aufmerksamkeit zu erlangen, aber er wurde niedergeschrien. Dann ergriff schließlich Lola die Initiative, sprang zwischen den Gläsern auf ihren Tisch und rief auf Französisch: »Parlez donc, Monsieur Wolff, parlez donc, je vous en prie (Sprechen Sie doch, Professor Wolff, sprechen Sie, ich bitte Sie inständig)!« Die Situation drohte unangenehm zu werden, und Schmitz, der Wirt, befahl der Blaskapelle, so laut zu spielen, wie sie nur konnte, um die verärgerten Stimmen zum Schweigen zu bringen. Dadurch gelang es, viele Kämpfer nach draußen zu vertreiben, wo ein plötzliches Gewitter endlich die streitsüchtigen, in einem Dutzend Sprachen schimpfenden Schwätzer zerstreute.

Nachdem das Fest vorüber war, verfiel Bonn schnell wieder in sommerliche Schläfrigkeit, deshalb reiste Lola rheinaufwärts in das elegante Baden-Baden, einen weitaus aufregenderen Schauplatz.[8] Baden-Baden war einer der mondänsten Kurorte in Europa, und sein auserlesenes Publikum, dem auch königliche Feriengäste aus jedem Herrscherhaus des Kontinents angehörten, wurde ebensosehr von seinen berühmten Spieltischen wie von den heilenden Kräften seiner Brunnen angezogen. Lola schrieb, daß sie, obwohl Spielen niemals eine ihrer Leidenschaften war, Spaß daran fand, ihr Glück zu versuchen. Die Kasinos waren wahrscheinlich auch ein guter Ort, um vermögenden Männern zu begegnen.

Doch welches Glück Lola auch an den Spieltischen gehabt haben mochte, ihr exzentrisches Verhalten zog die Mißbilligung der offiziellen Wächter der öffentlichen Moral von Baden-Baden auf sich.[9] Stimmen der Empörung wurden laut, nachdem die Tänzerin eines Abends eine öffentliche Demonstration ihrer Beweglichkeit gab, indem sie einem Herrn, der neben ihr stand, ein Bein auf die Schulter schlug. Als sie jedoch im großen Saal des Bades einen neben ihr sitzenden Bewunderer damit verwirrte, daß sie ihren Rock bis zum Oberschenkel hochzog, führte der folgende Sturm der Entrüstung dazu, daß die Polizei der schamlosen Schönheit befahl, die Stadt zu verlassen. Baden-Baden gesellte sich zu Ebersdorf, Berlin und Warschau auf der Liste der Städte, die Lola Montez ausgewiesen hatten. Lola kehrte nach Paris und zu dem Leben zurück, das ihr gefiel.

Irgendwann während ihres Aufenthalts in der französischen Hauptstadt entwickelte Lola ein fixe Idee, die ihre Gedanken und Handlungen für immer beeinflussen würde: Sie glaubte, die Jesuiten seien ihre eingeschworenen Feinde und würden alles in ihrer Macht Stehende tun, um sie zu verleumden und zu zerstören. Sie war zu einem Zeitpunkt nach Paris gekommen, als die Aufwiegelung gegen die Gesellschaft Jesu besonders leidenschaftlich im Gange war. Der Historiker Jules Michelet denunzierte die Jesuiten in seinen Vorlesungen am Collège de France, und in Eugène Sues überaus populärem, neuem Roman *Der Ewige Jude* waren die beiden Hauptschurken Jesuiten. Europäische Zeitungen dieser Zeit waren voll mit langen Artikeln über angebliche Bemühungen der Jesuiten, Regierungen zu untergraben, Könige und Gesetzgeber zu beeinflussen und jeglichen Widerstand gegen ihre Macht zu zerstören.

Es ist schwer, sich das Image wieder zu vergegenwärtigen, das den Jesuiten im neunzehnten Jahrhundert häufig anhaftete.[10] Religion war eine politische Angelegenheit, insbesondere in den Staaten, in denen die Bevölkerung in Katholiken und Protestanten geteilt war, und besaß eine Bedeutung, die dem, was wir heute mit der Reformation verbinden, weit näher kam als unserer Vorstellung vom neunzehnten Jahrhundert. Politische Rechte und Macht waren oft mit Religion verknüpft, sowohl auf informeller Ebene als auch per Gesetz. Selbst im relativ liberalen Großbritannien hatten die Katholiken bis zur Verabschiedung des Katholischen Befreiungsakts im Jahr 1829 keine wirklichen politischen Rechte. Die Frage des Ultramontanismus – ob die Katholiken zuerst ihrem nationalen Herrscher oder dem Papst »jenseits der Berge« zur Loyalität verpflichtet waren – war ein brennendes Problem in Frankreich, Spanien und vielen deutschen Staaten. Kein Wunder, daß die Jesuiten häufig als »fünfte Säule« der Macht

Roms gegen die Kräfte des Nationalismus und Liberalismus angesehen wurden. In vielen Ländern, auch in nominell katholischen, wurde die Gesellschaft Jesu verboten.

Obwohl Lola als Protestantin erzogen worden war, mußte sie sich wegen ihrer Maskerade als spanische Adlige als gläubige Katholikin ausgeben. Nach einer zeitgenössischen Geschichte, die wohl von Lola selbst stammte, begann ihr Krieg mit den Jesuiten in Paris, als sie heimlich von Angehörigen der Gesellschaft angesprochen wurde, die ihre Hilfe bei der Bekehrung eines russischen Adligen, einem ihrer engen Freunde, wünschten.[11] Ihrer Erzählung nach hatte Lola es nicht nur abgelehnt, an dem Komplott teilzunehmen, sondern auch Guizot, den französischen Außenminister, darüber informiert. Die Jesuiten wurden für kurze Zeit wegen ihres Versuchs, sich in französisch-russische Angelegenheiten einzumischen, des Landes verwiesen, und die Societas Jesu schwor Lola ewige Rache. Sie erwiderte diese Feindseligkeit aus tiefstem Herzen. Zwar läßt sich nicht beweisen, daß diese Erzählung völlig falsch ist, aber die Behauptung, daß Guizot die Jesuiten wegen Einmischung in die Angelegenheiten mit Rußland des Landes verwiesen hätte, ist erwiesenermaßen falsch, und wahrscheinlich der Rest ebenfalls.

Was immer der tatsächliche Grund gewesen sein mag, Lola kam immer mehr zu der Überzeugung, daß die Jesuiten ihre Feinde waren, und zog daraus häufig den Umkehrschluß, daß jeder, der ihr Feind war, auch ein Jesuit war. Diese Überzeugungen schwächten sich zwar mit zunehmendem Alter etwas ab, verschwanden aber nie völlig, selbst nicht lange Zeit, nachdem sie es aufgegeben hatte, sich als Katholikin auszugeben.

In Paris wurde Lola mehr von Gläubigern, die um ihr Geld bangten, belästigt, als von irgend jemandem mit dunklen politischen Motiven, aber es gelang ihr dennoch, eine Reihe eleganter Wohnungen zu mieten und ein Leben zu führen, das mit Festen, Theaterbesuchen und reichen, adligen Freunden ausgefüllt war.[12] Im Februar 1846 tanzte Lola noch einmal, diesmal eine Cachucha bei einer Benefizvorstellung am Théâtre Gaité. Ende März hatte sie einen ihrer berühmtesten öffentlichen Auftritte, aber nicht auf der Bühne, sondern in einem Gerichtssaal. Das Verfahren gegen Beauvallon wegen Mordes an Dujarier sollte in Rouen beginnen. Dujariers Tod hatte vor einem Jahr eine Sensation ausgelöst, und nun erregte der Prozeß noch größeres Interesse. Jeder wollte die berühmten Zeugen sehen, zu denen Lola, Alexandre Dumas und die Varietéstars gehörten, die an dem Abendessen im Trois Frères Provençaux teilgenommen hatten. Das öffentliche Interesse wurde überdies noch durch Gerüchte angefacht, daß Beauvallon das Duell manipuliert habe, so daß der unglückselige und unerfahrene Dujarier durch eine mörderische Intrige bereits von Anfang an verloren war.

Bei ihrer Ankunft am Justizpalast am Morgen des 26. März stand Lola im Mittelpunkt der Aufmerksamkeit, obwohl es Alexandre Dumas, der wie ein Potentat im offenen Wagen vorfuhr, gelang, einiges Aufsehen zu erregen.[13] Der Gerichtssaal war ein mittelalterlicher Saal des Parlaments der Normandie, ein imposanter, von Statuen gesäumter Raum mit vergoldeter Decke, aber er war viel zu klein, um die Menge der einheimischen Bürger und der Pariser zu fassen, die sich das gerichtliche Schauspiel nicht entgehen lassen wollten. Selbst die Tische der Anwälte waren von Zuschauern besetzt worden, und die Rechtsbeistände waren gezwungen, sich auf die provisorischen Bänke zu setzen, die für die Richter aufgestellt worden waren. Die Leute waren so eng zusammengepfercht, daß es fast unmöglich war, hinein- oder herauszukommen, und obwohl es noch nicht einmal April war, wurde die Hitze in dem Raum so drückend, daß die Fenster geöffnet werden mußten.

Die Pariser Zeitungen hatten private Stenographen angestellt, um die Zeugenaussagen aufzunehmen, damit sie schnell zum Zug gebracht und in erweiterten Extraausgaben während des Prozeßverlaufs gedruckt werden konnten. Als die Richter zum ersten Mal in ihren roten Samtroben hereinkamen, konnte die in dem Raum eingepferchte Menge sich nur mit Mühe erheben. Der Gerichtspräsident ordnete daraufhin sofort an, daß auf diese Respektsbezeugung in Zukunft verzichtet werden könne.

Das Verfahren begann mit der Verlesung der Anklageschrift, in der die Geschichte von Dujariers Ehrenhandel, der zu seinem Tod geführt hatte, im einzelnen aufgeführt wurde. Nach der Verlesung gab der Generalstaatsanwalt, der als öffentlicher Ankläger den Fall verfolgte, eine Eröffnungserklärung ab; doch ein großer Teil der Aufgaben der Anklage in dem Verfahren würde von Léon Duval übernommen werden, der Dujariers Mutter und Schwager in ihrer Schadensersatzklage gegen Beauvallon vertrat, die gleichzeitig mit dem Strafverfahren verhandelt wurde. Beauvallon wurde von Pierre Antoine Berryer verteidigt, einem brillanten, scharfzüngigen Juristen, der bereits eine Legende war und einer der berühmtesten französischen Rechtsanwälte des Jahrhunderts werden sollte.

Der Gerichtspräsident verhörte Beauvallon, der bei der Befragung gut abschnitt und einen vorteilhaften Eindruck auf die Zuschauermenge machte. Dann kam als erster von mehreren Dutzend Zeugen der Arzt, der die Autopsie an Dujariers Leiche durchgeführt hatte. Seine Aussage muß für Lola besonders schmerzhaft gewesen sein, insbesondere als er ein Paket öffnete, das er mitgebracht hatte, und die blutbefleckten Kleidungsstücke ihres Geliebten, die im Duell benutzten Pistolen und die Bleikugel herauszog, die Dujarier getötet hatte und die dadurch, daß sie durch sein Gesicht hindurch gegen das Schädelinnere geprallt war, ganz flachgedrückt war.

Der Aufmarsch der Zeugen deckte jedes Detail der Ereignisse ab, die zu dem Duell im Bois de Boulogne geführt hatten. Die Sitzung dieses Tages wurde um 6 Uhr abends beendet, fast acht Stunden nachdem sich die Menschenmenge in den Gerichtssaal gewälzt hatte.

Am nächsten Morgen begann die Sitzung pünktlich um 10 Uhr, und einer der ersten Zeugen, die aufgerufen wurden, war Alexandre Dumas. In die Zuschauermenge kam Bewegung, als der extravagante Autor und Dramatiker nach vorne schritt, um vereidigt zu werden. Der Präsident fragte ihn nach seinem Namen, dann nach seinem Alter und schließlich nach seinem Beruf. Auf die letzte Frage antwortete Dumas schwungvoll mit uncharakteristischer und berechneter Bescheidenheit: »Ich würde ›Dramatiker‹ sagen, wäre ich nicht am Geburtsort Corneilles.« »Es gibt Abstufungen, den Jahrhunderten entsprechend«, entgegnete der Richter trocken.

Nachdem Dumas wieder zu seinem Platz zurückgekehrt war, machte sein Sohn, der ebenfalls Alexandre hieß, eine kurze Aussage, und dann rief das Gericht Dolores Montez in den Zeugenstand. Die Reporter bemerkten einen Aufruhr von Neugierde im Publikum, als sie in einem eleganten schwarzen Seidenkleid, einem schwarzen Schleier und von Kopf bis Fuß in einen eleganten Kaschmirschal gehüllt, nach vorne trat. Lola lüftete ihren Schleier und zog den Handschuh von ihrer rechten Hand, um den Eid abzulegen. Sie gab ihr Alter mit einundzwanzig, fünf Jahren weniger, und ihren Beruf mit »Tanzkünstlerin« an. Ihr Gesicht zeigte die Trauer, die durch die Zeugenaussage wieder geweckt worden war, und die Gefühlsregung in ihrer Stimme machte es noch schwieriger, ihr mit starkem Akzent gesprochenes Französisch zu verstehen, wofür sie sich mehr als einmal entschuldigte.

Wenn sie gewußt hätte, daß das Duell mit Beauvallon stattfinden würde, sagte sie aus, dann würde sie es verhindert haben.[14] Der Prä-

Karikatur auf die Flucht der Lola Montez mit ihrem neuen Ehemann George Trafford Heald, um einer Verurteilung wegen Bigamie zu entgehen. Aus: »Ein vormärzliches Tanzidyll« von Eduard Fuchs

sident fragte sie, wie sie das hätte bewerkstelligen wollen. »Ich hätte es der Polizei gemeldet, oder hätte mich, wenn nötig, selbst hinbegeben.« Diese Bemerkung löste Aufsehen, auch einiges Gelächter beim Publikum aus, worauf Lola nachdrücklich hinzufügte: »Ich hätte mich lieber selbst geopfert.« Ein Reporter schrieb, daß man ihrem Tonfall, ihrer Haltung und ihren energisch verschränkten Armen unter dem Schultertuch entnehmen konnte, daß sie auch meinte, was sie sagte. Als sie schließlich die am Morgen des Duells an sie gerichteten Zeilen Dujariers beschreiben sollte, griff sie in ihr Mieder, holte diesen Brief hervor und reichte ihn dem Gerichtspräsidenten, der ihn zu Protokoll gab. Während Lola den an sie gerichteten Abschiedsworten ihres Geliebten zuhörte, strömten Tränen über ihr Gesicht. Léon Duval wollte der Zeugin einige Fragen stellen, und seine erste Frage an Lola lautete, weshalb sie bestimmte Dinge nicht schon vor einem Jahr bei ihrer ersten eidlichen Aussage erwähnt hatte.
»Ich weiß gar nichts darüber«, schluchzte sie.[15] »Ich konnte nichts dazu sagen. Es sind immer die gleichen Fragen. Ich werde immer das Gleiche wiederholen. Ich war krank ... im Bett ... umringt von Ärzten und dem Gesetz. Eine Frau müßte schon fast herzlos sein ... Ich war es, die seinen leblosen Körper entgegengenommen habe ... Ich öffnete die Tür des Wagens ... Ich hatte schon zwei Monate lang eine Vorahnung gehabt, daß es zu einem Duell kommen würde, seit er angefangen hatte, mit Leuten zu verkehren, die nicht zu ihm paßten.«
»Sie wissen weiter nichts?« erlaubte sich Léon Duval zu fragen.
»Mein Gott! Monsieur, ich öffnete die Kutsche, er fiel ganz steif in meine Arme ... Er war tot.«
Lola durfte ihren Schleier herunterlassen und zu ihrem Platz zurückkehren.
Das Defilee der Zeugen ging noch zwei Tage weiter. Wenn die Angelegenheit einfach nur nach den Buchstaben des Gesetzes entschieden werden sollte, hatte Beauvallon keine Hoffnung, einer Verurteilung wegen Mordes zu entgehen. Aber jeder im Saal wußte, daß französische Geschworene niemals das Gesetz für Mord auf ein Duell anwenden würden, es sei denn, der Kampf hätte auf irgendeine Weise nicht dem traditionellen Kodex für ein Duell entsprochen oder eine Partei hätte sich irgendeinen unfairen Vorteil verschafft.
Deshalb bestanden, obwohl Beauvallon eindeutig entschlossen gewesen war, Dujarier zum Kampf zu provozieren, und obwohl er auf einen entwaffneten Gegner gezielt und ihm mitten ins Gesicht geschossen hatte, wenig Zweifel daran, daß es zu einem Freispruch

kommen würde. Léon Duval gab sich schon soweit geschlagen, daß er sein Plädoyer an die Geschworenen mit der Bemerkung schloß, daß selbst die besten und heiligsten Sachen oft verloren hätten, aber daß sie aus den Niederlagen gestärkt hervorgingen, weil sie ihre Gegner beschämen. »Falls Monsieur de Beauvallon diesen Gerichtssaal mit einem Freispruch verläßt«, erklärte er, »wird das blutige Prinzip des Zweikampfes nicht gewonnen haben: das betrügerische Duell, das grundlose Duell mag vielleicht das Spiel gewonnen haben, aber die Sache des Zweikampfes an sich wird dadurch entehrt werden.«
Die Schlußverhandlung fand am Sonntagabend statt, und Tausende drängten sich um den Justizpalast, von Militär- und Polizeitruppen in Schach gehalten. Der Gerichtspräsident forderte wiederholt Verstärkung, um den Mob vor den Türen zurückzutreiben, so daß die Plädoyers im Gerichtssaal gehört werden konnten. Berryer, der für seine Eloquenz berühmt war, hielt nicht gerade sein bestes Plädoyer für Beauvallon, aber das war nicht wirklich von Bedeutung. Es ging schon auf Mitternacht zu, als der Fall endlich den Geschworenen übergeben wurde. Sie brauchten nur zehn Minuten, um Beauvallon freizusprechen.
Lola muß gefühlt haben, daß Beauvallon ihren Geliebten ungestraft ermordet hatte, und diese Bitterkeit mag vielleicht zu ihrem Entschluß beigetragen haben, Frankreich zu verlassen.[16] Dujariers Testamentsvollstrecker fand weiterhin Gründe, ihr die Aktien nicht zu übereignen, die sie geerbt hatte, aber ihr Wert betrug ohnehin nur 775 Francs. Ihre Gläubiger wurden allmählich zu einem quälenden Problem. Wenn sich ein Thema durch Lolas ganzes Leben zieht, dann ist es eine Sehnsucht nach neuen Abenteuern, neuen Herausforderungen, neuen Gesichtern und neuen Horizonten; und im Frühling 1846 beschloß sie, ihr Leben in Paris hinter sich zu lassen. Vielleicht war sie dazu von ihrem neuen Liebhaber, Francis Leigh, einem jungen, blonden Engländer, ermutigt worden, der für kurze Zeit als Offizier beim Zehnten Husarenregiment der Königin gedient hatte, ehe er aus dem Offiziersdienst ausschied, um sich in Paris zu amüsieren. Leigh kaufte ihr die Kleider, die sie für die Sommersaison benötigte, da sie vorhatten, zusammen eine Rundreise zu den eleganten Bädern und Kurorten zu unternehmen. Zu ihren eleganten Toiletten packte Lola ihre Kostüme und ihre Noten und machte keine Rückkehrpläne.
Im Juni wurde die Eisenbahnstrecke von Paris nach Brüssel eröffnet, und es ist sehr gut möglich, daß Lola und ihr Geliebter, die als Mr.

und Mrs. Leigh reisten, mit zu den ersten Fahrgästen gehörten.[17] Sie fuhren nach Ostende, wo der Sommer heiß und das Meer an den ausgedehnten sandigen Nordseestränden ruhig war. Lola reiste stilvoll mit zahlreichen Schrankkoffern. Einer davon war mit ihrem Kapital, ihren Juwelen, gefüllt, die sie sich von ihren Bewunderern hatte schenken lassen. Auch eine Zofe und Lolas Hund waren mit von der Partie. Ihr Leben lang liebte Lola Tiere, vor allem Hunde und Vögel, und sie nahm häufig Hunde mit auf Reisen.

Im August verließen sie Belgien und fuhren zu den mondänen Kurorten in Deutschland. Lola und Leigh scheinen sich dort getrennt zu haben. Einige Tage lang wurde sie in Heidelberg in Begleitung eines russischen Adligen aus Litauen gesehen, wahrscheinlich Baron Georges Meller-Zakomelsky, der sie mit einem neuen und einflußreichen Bewunderer, Robert Peel, bekanntmachte.[18] Robert Peel war der vierundzwanzig Jahre alte Sekretär des britischen Botschafters in der Schweiz und der älteste Sohn von Sir Robert Peel, der sich erst vor drei Monaten von seinem Amt als britischer Premierminister zur Ruhe gesetzt hatte.

Der intelligente junge Diplomat war klein, dunkelhaarig, gutaussehend und lebhaft, aber ihm fehlte die Ernsthaftigkeit, Redlichkeit und Entschlossenheit seines Vaters.[20] Peel war nach zwei Jahren in Madrid gerade nach Bern versetzt worden und langweilte sich bereits. Nach seiner Erfahrung in Spanien müßte er eigentlich bemerkt haben, daß Lolas angebliche Abstammung etwas fragwürdig war, aber er hatte nicht die Absicht, sich über die Herkunft einer schönen Frau Gedanken zu machen. Lola scheint ihren russischen Freund und Peel zurückgelassen zu haben, als sie nach Heidelberg zurückkehrte, um Leigh abzufangen.

Lola fand ihn dort und mietete sich in seinem Hotel ein. Falls sie versuchte, sich wieder mit ihm zu versöhnen, dann ist ihr dies nicht gelungen, denn nach ein paar Tagen soll sich Leigh geweigert haben, sie in seinem Zimmer zu empfangen. Einem Bericht zufolge kam es zum endgültigen Bruch ihrer Beziehung, als sie auf ihn schoß. Aber in Anbetracht ihrer bewiesenen Treffsicherheit muß der Vorfall einfach nur ein Ausdruck ihrer Gefühle für ihn gewesen sein, kein ernsthafter Angriff.

Mitte August befand sich Lola in Homburg, einem beliebten Bad nördlich von Frankfurt, wo sie die Blicke aller Männer auf sich gezogen haben soll.[21] Bad Homburg hatte, wie die meisten Kurorte, ein Programm sommerlicher Unterhaltungen aufgestellt, und es wurde angekündigt, daß Lola Montez bei der Veranstaltung am 29. August, der letzten der Sommersaison, tanzen würde. Doch zu jedermanns Überraschung packte sie und reiste kurz vor der Vorstellung ab. Nur ein paar enge Freunde wußten, daß Peel sie eingeladen hatte, mit ihm nach Stuttgart zu einem Ereignis zu fahren, das ein wunderbares monatelanges Fest zu werden versprach. Eine riesige Feier wurde gerade vom König von Württemberg in seiner Hauptstadt ausgerichtet, um Kronprinz Karl willkommen zu heißen, der aus Rußland mit seiner neuen Braut, der Großherzogin Olga, zurückkehrte.

Lola verbrachte den September feiernd in Stuttgart, aber der erste kühle Anflug des Herbstes lag in der Luft und hat sich vielleicht in einer Veränderung ihrer Beziehung zu Peel widergespiegelt.[22] Der junge Aristokrat soll sich darüber beklagt haben, daß Lolas Extravaganzen ihn viel zuviel kosten würden. Nachdem der Sommer vorüber war, pflegten die meisten größeren Theater nach Attraktionen für die Herbstsaison Ausschau zu halten; Lola würde wieder aufbrechen, wie schon vor drei Jahren, und ein Engagement an Europas Bühnen suchen. Einer Geschichte zufolge beschloß sie, ihr Glück in Wien zu versuchen. Der Weg von Stuttgart in die österreichische Hauptstadt würde sie durch das Königreich Bayern führen. Vielleicht könnte sie in der bayerischen Hauptstadt ein Gastengagement am Hoftheater bekommen. Nun, da die Festlichkeiten in Stuttgart zu Ende gingen, würde Münchens Oktoberfest für sie eine Fortsetzung der Vergnügungen sein.

✳✳✳✳

Ein König im Herbst

Es war noch nicht einmal 5 Uhr an einem Oktobermorgen im Jahr 1846, aber König Ludwig I. von Bayern saß bereits in seinem königlichen Palast an der Arbeit.[1] Seine Gemächer blickten auf das Denkmal, das er für seinen Vater, König Max Joseph, im Zentrum Münchens errichtet hatte. Der König behauptete mit Stolz, daß seine Lampe die erste sei, die jeden Morgen in München angezündet wurde, und obwohl er jetzt schon sechzig war, hatte sich seine frühmorgendliche Routine wenig verändert, seit er vor einundzwanzig Jahren König geworden war. Er stand vor fünf – manchmal schon vor vier Uhr – auf, verrichtete seine Morgengebete, zog den einfachen grünen Hausmantel über, den er die letzten vierzig Jahre jeden Morgen getragen hatte, und stürzte sich auf die Unmenge von Staatspapieren und Memoranda, die auf ihn warteten. Seine graublauen Augen studierten jedes Dokument sorgfältig; dann pflegte er einen der weißen Federkiele, die für ihn vorbereitet worden waren, in die Hand zu nehmen und in seiner charakteristischen schwarzen kühnen Handschrift im Telegrammstil auf die breiten Ränder der Staatsdokumente seine Kommentare, Forderungen, Anfragen, Ermunterung und Empörung zu kritzeln.

Wenn das Dokument oder Schriftstück auf einer Seite unbeschrieben war und nicht zurückgegeben oder zu den Akten gelegt werden mußte, pflegte Ludwig es beiseite zu legen, um es als Konzeptpapier zu benutzen. Er sah nicht ein, dafür gutes Papier oder etwas anderes zu verschwenden. In seiner Regierungszeit hatte er Bayern aus der totalen Verschuldung, die sein Vater hinterlassen hatte, geführt und in eines der wirtschaftlich stabilsten Königreiche Europas verwandelt, hauptsächlich dadurch, daß er sich unbarmherzig um jeden einzelnen Gulden kümmerte, der aus der Staatskasse floß.

Mit vielen dieser sorgfältig gehorteten Gulden hatte er Deutschlands beste Architekten, Bildhauer und Maler beauftragt, München aufzubauen und zu schmücken und die Stadt mit einhunderttausend Einwohnern in ein Zentrum europäischer Kunst und Gestaltung zu verwandeln. Seine Erweiterung der königlichen Residenz im Stil der Neorenaissance beherrschte den Max-Joseph-Platz, und auf der anderen Seite der Residenz erstreckte sich die kilometerlange Ludwigstraße, eine der großartigsten städtebaulichen Schöpfungen des Jahrhunderts. Der breite Prachtboulevard wurde von einem architektonisch harmonischen Ensemble von Gebäuden gesäumt und bot einen imposanten Ausblick von dem italienisch beeinflußten Säulenvorbau der Feldherrnhalle, die der Ehre großer Generäle gewidmet war, auf das klassische Siegestor, den Triumphbogen, der sich genau hinter der Universität erhebt.

Entlang der Straße fanden sich weitere Bauten, die von Ludwigs Vision und Großzügigkeit zeugen: die Geschäftsarkaden des Kaufhauses, die massive Ziegelfassade der königlichen Bibliothek, die grauen Zwillingstürme der Ludwigskirche und schließlich der große Hof der Universität. König Ludwig verlegte die Universität von Landshut nach München; die Hochschule war zu einem der herausragenden Ausbildungszentren in Mitteleuropa geworden.

Draußen vor dem Fenster des Königs erwachte die Stadt geräuschvoll zum Leben, doch der König konnte es nicht hören. Wie seine Mutter und seine älteste Schwester war er von Geburt an schwerhörig, und seine Taubheit nahm mit dem Alter zu. Seine Sprache war laut, ohne Modulierung und manchmal schwer zu verstehen, und begleitet von fahrigen, heftigen Handbewegungen, die neue Bekanntschaften erschrecken konnten. Sein ganzes Leben lang hatte er versucht, seine Schwerhörigkeit zu kompensieren – Lippen zu lesen, unverständliche Worte zu erraten –, aber er konnte einer Unterhaltung in einer Gruppe nie mühelos folgen, und wenn er beim Staatsrat den Vorsitz führen mußte, studierte er die Tagesordnung immer schon zuvor sorgfältig, um den Verlauf der Diskussion vorauszuahnen. Seine Taubheit trennte ihn von anderen Menschen ebensosehr wie sein Königtum und verstärkte sein angeborenes Mißtrauen gegenüber seiner Umgebung. Die Menschen um ihn herum bekamen dieses Mißtrauen – und seinen Zorn bei den nicht seltenen Gelegenheiten zu spüren, wenn er illoyales Verhalten, Unfähigkeit oder Verrat bemerkte. König Ludwig konnte unhöflich, schroff und gedankenlos sein, aber ebenso war er zu großer Freundlichkeit, wohlwollender guter Laune und Sensibilität fähig, was bei einem Herrscher ohne diese Behinderung schon bemerkenswert gewesen wäre. Er war außergewöhnlich um das Wohlergehen seiner Diener und Untertanen besorgt, immer darauf bedacht, daß seine Hofbediensteten ihre Gesundheit nicht durch Überarbeitung gefährdeten. Zwar mochte er ihnen ihre Hungerlöhne nur widerwillig auszahlen, aber er war schnell bei der Hand, wenn es darum ging, sie zu ermahnen, auf ihre Gesundheit zu achten.

Sein schlechtes Gehör bedeutete auch, daß er Fremdsprachen (er beherrschte mehrere) niemals idiomatisch sprechen konnte. Sein Deutsch wich häufig stark von den geltenden grammatikalischen und syntaktischen Regeln ab, wobei seine charakteristischste Eigenart in einer leicht persiflierten Tendenz bestand, Subjekte auszulassen und Partizipien im Übermaß zu verwenden.

Trotz oder vielleicht zum Teil gerade wegen seiner Sprachschwierigkeiten, war Ludwig ein begeisterter Dichter, der eine Flut von Sonetten, Oden und poetischen Meditationen verfaßte. Seine Dichtung spiegelte seine tiefsten Interessen wider, zu denen das klassische Griechenland und Rom, das deutsche Wesen und die Schönheit von Natur und Kunst gehörten; doch Ludwig schrieb auch über seine eigene Person, seine Kämpfe und Sorgen. Das Bemerkenswerteste daran ist, daß er seine Gedichte veröffentlichte und somit jedem, der sie lesen wollte, Einblick in die Seele des Königs verschaffte. Seine Poeme galten nicht als große Dichtung, aber sie waren nicht übel, und alle waren insofern interessant, als sie die Gedanken und Gefühle eines außergewöhnlichen Menschen enthielten.

Ludwig sah sich vielleicht mehr als Dichter denn als König, weil er schon Dichter war, lange bevor er König wurde. Mit seinem poetischen Wesen rechtfertigte er auch einen Teil seines Lebens, der nicht mit seinem strengen katholischen Glauben harmonisierte, nämlich seinem Verlangen nach anderen Frauen außer seiner ihm treu ergebenen Königin Therese. Sie war ihm eine gute Frau, ihren acht Kindern eine wunderbare Mutter und lebte nur dafür, ihren Ehemann glücklich zu machen. Sie hatte jedoch nur eine begrenzte Schulausbildung im heimischen Sachsen-Hildburghausen erhalten und konnte Ludwigs Bedürfnis nach einer Muse, nach einer intelligenten und geistreichen weiblichen Gefährtin, deren Geist das gleiche Feuer und die gleiche Unruhe wie sein eigener besaß, nicht befriedigen. Auch konnte sie nicht viel tun, um Ludwigs romantischen und erotischen Bedürfnissen zu entsprechen. Ludwig hatte ihr bereits vor der Heirat gesagt, daß er persönliche Freiheit bräuchte, und Therese hatte ihm diese Freiheit, wenn auch widerstrebend, zugestanden und war ihm eine liebevolle Ehefrau. Diese Woche wurden es 36 Jahre, daß sie geheiratet hatten; es war unmöglich für Ludwig, diesen Hochzeitstag zu vergessen, denn es war Brauch geworden, jeden Oktober die Hochzeitsfeierlichkeiten auf Münchens Theresienwiese zu wiederholen.

Das Oktoberfest, wie die Feier nun genannt wurde, war nicht länger eine Erinnerung an die Hochzeit, sondern eine einwöchige Feier bayerischer nationaler Selbständigkeit.

Ludwig versäumte es selten, auf dem Oktoberfest zu erscheinen, um sich unter seine Untertanen zu mischen. An diesem Nachmittag standen Pferderennen auf dem Programm, und er beabsichtigte dabeizusein. Vielleicht würde er einige hübsche Gesichter in der Menge entdecken, vielleicht eines, das hübsch genug war, um einen der wenigen noch leeren Plätze in der Schönheitsgalerie einzunehmen. Einige Witzbolde bezeichneten die Galerie als einen »Harem«, aber für Ludwig war die Sammlung der fast drei Dutzend in Auftrag gegebenen Porträts der schönsten Frauen, die er je gesehen hatte, ein Denkmal seiner Vorliebe für Kunst und weibliche Schönheit, und ein Kreis, zu dem seine eigene Tochter und Schwiegertochter gehörten, konnte wohl kaum eine Trophäengalerie seiner Eroberungen sein. Er hatte tatsächlich nur mit wenigen der abgebildeten Frauen ein intimes Verhältnis gehabt. Der Hofporträtist Joseph Karl Stieler, einer der besten seiner Zeit, hatte jede der vom König Auserwählten auf die Leinwand gebannt, und der neue Nordflügel des Palastes am Hofgarten enthielt einen für die Schönheitsgalerie entworfenen Raum, zu dem die Öffentlichkeit regelmäßig Zutritt hatte. Die vom König Auserwählten wiesen keinerlei Bevorzugung hinsichtlich Nationalität oder Rang auf; neben Mitgliedern seiner eigenen Familie hingen eine Engländerin, eine Griechin, eine Bankierstochter und sogar eine einfache Müllerstochter. Es war schon lange her, seit er Stieler beauftragt hatte, der Galerie ein weiteres Bild hinzuzufügen. Und es war auch schon lange her, seit er verliebt gewesen war.

Der König sehnte sich nach dem Reiz der Verliebtheit, nach der bewundernden Hingabe einer schönen Frau, nach der Erregung der Werbung und dem Prickeln der Eroberung. Doch sein letzter Geburtstag, sein sechzigster, war ihm wie ein trauriger Wendepunkt erschienen, das deprimierende Grenzland zwischen den besten Mannesjahren und dem unvermeidlichen Verfall; jetzt versuchte er sich damit abzufinden, niemals mehr das Gesicht einer Frau vor Glück und Erregung aufleuchten zu sehen, niemals mehr zu fühlen, wie ihr Herz raste, während er sie in den Armen hielt. Königin Therese hatte ihm erst kürzlich ihren Wunsch, allein zu schlafen, mitgeteilt, aber sein Leben würde nicht ohne körperliche Liebe verlaufen; er hatte immer noch mehrere Freundinnen unter den Schauspielerinnen des Hoftheaters, und der König würde immer willkommen sein bei seinen diskreten Besuchen in Münchens elegantesten Etablissements für die Unterhaltung der Herren. Aber Ludwig wollte wieder verliebt sein und als Mann, nicht als König, geliebt werden.[2]

Er wußte, daß er nicht gut aussah; er war immer das häßliche Entlein der Dynastie der Wittelsbacher gewesen mit seiner langen, spitzen Nase in einem pockennarbigen Gesicht und einer zystenartigen Schwellung, die seit kurzem auf seiner Stirne aufgetaucht war. Aber er wußte, daß er um seiner selbst willen geliebt werden, daß er das Herz einer schönen Frau gewinnen konnte, und er fühlte, wie etwas in ihm starb, als ihm bewußt wurde, daß er das nie mehr erleben würde.

König Ludwig war eine seltene königliche Erscheinung, ein Autokrat, der seine Verpflichtungen überaus ernst nahm. Es gab keinen Aspekt in der Führung des Staates, keine Verwaltungsangelegenheit im Königreich, die zu gering gewesen wäre, als daß er sich nicht darum gekümmert hätte. Die Kenntnis der Dokumente, die er jeden Morgen durchsah, war eines seiner wichtigsten Mittel, die bayerische Bürokratie fest im Griff zu halten und dafür zu sorgen, daß seine führende Hand in jede Ebene seiner Regierung reichte.

Bayern besaß sogar eine geschriebene Verfassung, eine der ersten Europas, und für Ludwig war sein Versprechen, sie zu befolgen, wie jedes andere Versprechen eines Königs heilig und durfte nicht gebrochen werden. Doch die Verfassung ließ, obwohl sie ein Parlament, den Landtag, vorsah, der Autorität des Königs in den meisten Angelegenheiten weitgehend ungehinderten Lauf. Innerhalb der Normen der Verfassung war Ludwig einer der letzten wirklichen Autokraten Westeuropas, der sich seiner königlichen Rechte und Privilegien absolut bewußt und entschlossen war, sie alle auszuschöpfen, um sein Königreich nach seinen Vorstellungen zu regieren. Selbst seine Minister waren nichts anderes als Laufburschen, wenn es ihm gefiel, sie so zu behandeln. Sie besaßen nur die Autorität, die der König ihnen gab, und er konnte sie jederzeit entlassen.

Trotz seiner Taubheit konnte der König draußen die Kirchenglocken hören, die zur Morgenmesse riefen. München war eine katholische Stadt; ein halbes Jahrhundert früher wäre es keinem Protestanten erlaubt gewesen, hier zu wohnen.[3] Aber nach den Veränderungen an seinen Grenzen während und nach den Napoleonischen Kriegen war Bayern zu einem Drittel protestantisch geworden; sogar die Königin blieb ihrer protestantischen Erziehung trotz Ludwigs Hoffnungen und wiederholtem Drängen, sie möge konvertieren, treu. Der König selbst war fromm, aber er widersetzte sich energisch jedem Versuch der bayerischen katholischen Hierarchie, die kirchliche Autorität auf Kosten des Königs zu erweitern. Einige der Bischöfe, darunter auch Karl August Graf von Reisach, Erzbischof von München und Freising, hielt er für intrigante Verbündete der machthungrigen Jesuiten und Ultramontanen.

Und doch hatte Bayern in Westeuropa den Ruf eines konservativen und fanatisch katholischen Königreichs erworben, größtenteils durch den Einfluß von Ludwigs erstem Minister, Karl von Abel.[4] Etwa zehn Jahre lang war Abel, der in seiner Jugend ein Liberaler gewesen, dann aber ein Anhänger der konservativen katholischen Sache geworden war, von Ludwig mit der Führung seiner Regierung beauftragt worden. Abel war ein brillanter Politiker und die Nemesis der Liberalen und Protestanten im Königreich; aber er wußte, daß die Erfüllung seines politischen Programms von seiner Fähigkeit abhing, den König davon zu überzeugen, daß seine Ziele des Königs eigene Ziele waren. Das war ihm meisterhaft dadurch gelungen, daß er Ludwigs eigene konservative Instinkte sorgfältig kultivierte und Bayern auf einen Kurs steuerte, der ausgeprägt konservativ und katholisch war. Der katholische Charakter Bayerns wurde bei jeder Gelegenheit gefördert, ja, dies ging sogar so weit, daß der katholischen Kirche eine quasi-institutionelle Kontrolle über bestimmte Aspekte der örtlichen Verwaltung eingeräumt wurde. Wenn es auch keine aktive Unterdrückung der Protestanten gab, so waren die Rechte der bestehenden Gemeinden doch stark eingeschränkt, und die Gründung neuer Gemeinden war fast unmöglich.

Abels einzige große Niederlage war seine Unfähigkeit gewesen, den König dazu zu überreden, die Jesuiten, die vor vielen Jahren aus dem Land ausgewiesen worden waren, wieder in Bayern zuzulassen. In diesem Punkt blieb Ludwig eisern, sehr zur Erleichterung Königin Thereses, die eine tiefe Furcht vor der Gesellschaft Jesu hatte. Obwohl der König Abel weiterhin für den besten Staatsmann in Bayern hielt, wandten sich seine eigenen Gefühle tatsächlich immer mehr gegen die überaus konservativen katholischen Elemente, was ihn dazu bewog, weniger Vertrauen in Abel zu setzen, wenn es um religiöse Dinge ging. Ludwigs Maßnahmen gegen die religiöse Macht hatten vor fünf Jahren bei der Beisetzung seiner Stiefmutter begonnen, die Protestantin war. Als der staatliche Trauerzug sich der Münchner Theatinerkirche näherte, wo die Königinmutter neben König Max Joseph und anderen Angehörigen der königlichen Familie der Wittelsbacher beigesetzt werden sollte, sah Ludwig zu seiner Bestürzung, daß kein einziges Mitglied des katholischen Klerus, der vor der Kirche stand, ein festliches Ornat trug; sein Schock verwandelte sich in Wut, als er erfuhr, daß sich die Priester weigerten, irgendeine Art von Gedenkgottesdienst für eine tote Protestantin abzuhalten, und es nur widerwillig zulassen wollten, daß sie in der Kirche begraben wurde. Obwohl ihr Verhalten mit der kirchlichen Doktrin übereingestimmt haben mochte, faßte es der König als persönliche Beleidigung der Menschen auf, die ihm so viel verdankten, und es war ihm äußerst peinlich, daß sich dies in Gegenwart seines Schwagers, König Friedrich Wilhelms IV. von Preußen, dem obersten königlichen Schutzpatron der deutschen Protestanten, abspielte. Seit dieser Zeit war Ludwig mißtrauischer und skeptischer gegenüber der katholischen Kirche in Bayern geworden und hatte begriffen, daß Abel nicht mehr der Mann war, der ihn in religiösen Angelegenheiten vertreten konnte.

Bedächtig, aber mit einer aus langjähriger Erfahrung resultierenden Effizienz, arbeitete sich der König durch die Petitionen, Berichte und Memoranda des Tages. Unter diesen Schriftstücken befand sich ein Memorandum von Oberst Baron von Frays, dem Direktor des königlichen Hoftheaters. Ludwig liebte das Theater, insbesondere Schiller, und besuchte das große Theater mit dem Säulenvorbau am Max-Joseph-Platz ziemlich häufig. Er maß seine Popularität an der Begeisterung der öffentlichen Kundgebungen, die dort sein Erscheinen begrüßten. Gewöhnlich versuchte er, den Text der Stücke oder die Libretti der Opern vorher zu studieren, so daß er der Vorstellung folgen konnte.

Doch das Hoftheater war ebenfalls Ludwigs Sparsamkeit zum Opfer gefallen. Er hatte das italienische Opernensemble, das sein Vater unterhalten hatte, abgeschafft, und er beschränkte Bemühungen, hochbezahlte Gaststars zu engagieren, die gewöhnlich die Kassen nicht füllten. »Die vielbekannte spanische Tänzerin Lola Montez ist hier angekommen«, schrieb Frays, »und hat die Bitte gestellt, in Zwischenakten auf hiesigen Hofbühnen tanzen zu dürfen.«

Spanien und die spanische Sprache gehörten zu König Ludwigs Leidenschaften.[5] Mit der ihm eigenen Energie hatte er sich selbst Spanisch beigebracht, obwohl es niemanden in München gab, dessen Muttersprache Spanisch war.[6] Er beherrschte die italienische Sprache gut und liebte die Sprache und das Land, das er sehr gut kannte, da er fast jedes Jahr zu seiner Villa Malta nach Rom reiste. Aber Spanien

blieb für ihn ein romantischer Traum, ein Land voller Poesie, Gitarrenserenaden und heißblütiger Frauen. Als Kronprinz während der Napoleonischen Kriege hatte er sogar schon daran gedacht, freiwillig in Spanien zu kämpfen, um bei der Vertreibung von Napoleons Besatzungsarmee zu helfen, aber seine langersehnte Reise fand nie statt, und der König mußte sich damit begnügen, Cervantes und Calderón zu lesen und Abbildungen der Alhambra zu betrachten.
Eine spanische Tänzerin. »Sie beansprucht pro Abend entweder die Hälfte des Einkommens oder 50 Louisdor als Honorar«, fuhr Frays fort. »Da sich bei einem derartigen Gastspiel einerseits kein Vorteil für die Kasse absehen läßt, andererseits aber besagte Tänzerin an mehreren Orten schon, wo sie gastierte, wegen ihres Betragens derart öffentlichen Anstoß erregte, daß polizeiliche Einschreitung notwendig wurde, so bittet der treugehorsamste und ergebene Diener Euer Königlichen Majestät um eine allergnädigste Entscheidung ...«
Eine stolze spanische Tänzerin, wie es schien. Ludwig ergriff seinen Federkiel und schrieb auf den breiten Rand: »Wodurch gab befragliche Tänzerin öffentlichen Anstoß?« und legte das Memorandum auf den Dokumentenstoß, der eine Beantwortung erforderte. Eine echte spanische Tänzerin.

****

Der verwunschene Prinz

Lola war am 5. Oktober 1846 mit ihrem Schoßhund Zampa in München angekommen und hatte sich in einem der besten und angesehensten Gasthöfe, dem Bayerischen Hof am Promenadeplatz, einlogiert.[1] Besucher des Oktoberfestes bevölkerten die Straßen und Gasthäuser. Das Herbstwetter war ideal für einen Stadtbummel, aber Lola legte großen Wert darauf, am Hoftheater vorbeizuschauen und sich um Gastengagements zu bemühen. Baron Frays wußte, daß Entscheidungen über Gastkünstler, vor allem über jemanden, der die Hälfte der Nettoeinnahmen oder fünfzig Louisdor forderte, vom König getroffen werden mußten, deshalb erhielt Lola keine sofortige Antwort. Aber wahrscheinlich erfuhr sie, daß Frays Gastkünstlern gegenüber nicht besonders aufgeschlossen war, und hatte wohl überlegt, wie sie sich über ihn hinwegsetzen konnte.

Als sie wieder im Hotel war, traf sie auf einen der wenigen Bayern, die sie kannte, Heinrich von Maltzahn, einen fünfunddreißigjährigen berühmten Playboy mit Wohnsitzen in Baden-Baden und an der Rue de Madeleine in Paris, wo Lola ihn kennengelernt hatte.[2] Maltzahn hielt sich nicht viel in Bayern auf; er hatte sich schon dreimal gut verheiratet und schaffte es jedesmal, Witwer zu werden, wodurch er genügend Geld erbte, um seiner Vorliebe für ein Umfeld mit weniger strengen Maßstäben als denen seines Heimatlandes zu frönen. Durch einen für Lola glücklichen Zufall stattete Maltzahn München gerade einen seiner seltenen Besuche ab, um seinen älteren Sohn an der Universität einzuschreiben, und war ebenfalls im Bayerischen Hof abgestiegen. Ludwig mochte Maltzahn und hatte ihn vor langer Zeit in das Ehrenamt eines Kammerherrn eingesetzt, obwohl sie sich in den letzten Jahren kaum gesehen hatten, da der Baron überwiegend im Ausland lebte. Lola muß Maltzahn als eine Möglichkeit gesehen haben, Frays zu umgehen, und mit an Sicherheit grenzender Wahrscheinlichkeit schrieb er einen Empfehlungsbrief an Ludwig, so daß sie eine Privataudienz beim König erlangen konnte.

Einen Tag nach Lolas Ankunft in München traf auch Robert Peel im Bayerischen Hof ein.[3] Vielleicht war er ihr von Stuttgart aus gefolgt, entweder weil sie es vorher so vereinbart hatten oder weil er sich bemühte, einen Streit, der sie zur Abreise veranlaßt hatte, beizulegen. Oder vielleicht hatte er nur geschäftlich in München zu tun oder wollte das Oktoberfest besuchen. Was auch immer der Grund für sein Eintreffen gewesen sein mochte – falls er gehofft hatte, sich mit Lola zu vergnügen, so mußte er bald feststellen, daß sie neue Interessen entwickelte.

König Ludwig gewährte Audienzen gewöhnlich am späten Vormittag.[4] Am Donnerstagmorgen, den 8. Oktober 1846, zog Lola ein schwarzes Samtkleid an, das die Schönheit ihres Haares, die vollkommenen Kurven ihrer Figur noch unterstrich und ihre Haut, der Mode entsprechend, noch blasser erscheinen ließ. Sie hätte die wenigen Häuserreihen vom Hotel zum Palast zu Fuß gehen können, aber da man sich nicht zu Fuß zu einem Besuch beim König begab, nahm sie ziemlich sicher eine Mietdroschke vom Promenadeplatz bis zu den massiven Türen, die auf den Max-Joseph-Platz gingen. Von der Zufahrt führte eine große Treppe hinauf zu den königlichen Gemächern und dem Audienzsaal des Königs. Der diensthabende Militäradjutant war an diesem Tag Ludwig Graf Lerchenfeld, und wahrscheinlich nahm er Maltzahns Empfehlungsschreiben von Lola entgegen und legte es dem König vor. Vielleicht war ein Schreiben auch nicht erforderlich in Anbetracht von Ludwigs Interesse für schöne Frauen und alles, was spanisch war; Lola wurde vorgelassen, und im Vorraum vor der Tür konnte Lerchenfeld hören, wie der König sie laut auf Spanisch begrüßte. Die Unterhaltung dauerte noch einige Zeit an, länger als eine normale Audienz, und das laute Spanisch des Königs hallte im Vorzimmer wider.

Nicht lange danach machte ein Gerücht über diese Audienz in München die Runde.[5] Nach dem, was erzählt wurde, deutete Ludwig fragend auf Lolas wohlgeformten Busen und sagte: »Natur oder Kunst?« Lola soll geantwortet haben, indem sie zum Schreibtisch des Königs trat, eine Schere nahm und ihr Kleid vorne aufschnitt, um die Gaben der Natur zu zeigen. Diese Geschichte versäumt aber zu erklären, wie Lola mit am Busen aufgeschnittenem Oberteil den Audienzsaal verließ und ins Hotel zurückkehrte, und alles weist darauf hin, daß sie vollkommen falsch ist. Berichtet das Gerücht nichts darüber, was sich tatsächlich während der Unterredung abspielte, so sagt es sehr viel darüber aus, wie sich die Öffentlichkeit die Beziehung zwischen dem König und der Tänzerin vorstellte.

Tatsächlich scheint es, daß der König bei dieser ersten Begegnung nicht von ihr hingerissen war. Er hielt es nicht einmal für nötig, Baron

Frays eine besondere Anweisung, Lola zu engagieren, zu schicken, sondern schrieb nur, zusammen mit anderen Angelegenheiten, auf ein Dokument, das er dem Theaterintendanten zurückschickte: »Lola Montez sagte ich auf Spanisch mit dem Hoftheater-Intendanten zu reden. Entschließung behalte ich mir vor.«[6] Dieses Papier schien sich mit Frays' Antwort auf die Frage des Königs gekreuzt zu haben, auf welche Weise Lola andernorts mit der Polizei in Konflikt geraten war.

Frays sagte, sie habe den Zeitungsberichten zufolge einem Offizier, der sie in einem Restaurant in Berlin mit unwillkommenen Aufmerksamkeiten belästigt hatte, ein Champagnerglas an den Kopf geworfen, vierzehn Tage im Gefängnis verbracht, weil sie einen Polizisten bei einer Parade mit ihrer Reitpeitsche geschlagen hatte, und in Warschau auf die wenig begeisterte Reaktion des Publikums auf ihre Kunst mit gewissen unschicklichen Gesten und damit geantwortet, dem Publikum den rückwärtigen Teil ihres Körpers zuzuwenden.[7] Doch, fügte Frays hinzu, vielleicht weil er spürte, in welche Richtung das königliche Interesse ging, wenn es der Tänzerin erlaubt würde, auf der Bühne des Hoftheaters aufzutreten, daß »der Kasse ein Nachteil nicht zugehen wird, da sie ihres erworbenen Rufes wegen viele Neugierigen ins Theater locken dürfte«. Das schien dem König genügt zu haben, der Frays befahl, noch am selben Tag mit Lola Montez zu sprechen – ihre Wünsche, ihre Gage und die Anzahl der Auftritte zu erörtern – und kurz andeutete, daß er wünschte, sie solle nur in den Zwischenakten und in spanischer Tracht tanzen.

Die Boten eilten mit der Korrespondenz zwischen dem König und seinem Theaterintendanten über den Platz.[8] Frays schlug vor, die Tänzerin nur für eine einzige Vorstellung zu engagieren mit der Option auf weitere, falls sie dem König zusagte. Da er das Bestreben des Königs kannte, wann immer möglich einen Kreuzer zu sparen, schlug Frays auch vor, daß sie dazu überredet werden könnte, sich nur mit einem Drittel anstatt der Hälfte der Nettoeinnahmen zu begnügen. Ihre Tänze würden sich am besten in den Zwischenakt des Schwanks *Der verwunschene Prinz* von Johann von Plötz einfügen, der für die Vorstellung am Mittwoch, den 14. Oktober, vorgesehen war. Doch in einem Akt von Großzügigkeit gegenüber Lola, dem noch viele weitere folgen sollten, schrieb Ludwig an den Rand: »Genehmige, daß Lola Montez nächsten Samstag im Zwischenakt tanzt gegen die Hälfte der Netto-Einnahme.« Dann fügte er als nachträglichen Einfall noch hinzu: »Das weitere will ich dann beschließen.« Und noch ein

weiterer Gedanke kam ihm: »Noch heute ist die Antwort zu eröffnen mit der Bemerkung, daß ich mich freue sie tanzen zu sehen.«
In der Mitteilung an Lola, daß sie ihr Debüt in zwei Tagen machen würde, stand nichts von dem besonderen Interesse des Königs;[9] vielleicht war Frays für diesen Zusatz des Königs zu beschäftigt und verärgert, weil er damit zu kämpfen hatte, das Ensemble für den *Verwunschenen Prinzen* zusammenzustellen; ursprünglich hatte nämlich eine Komödie von Nestroy auf dem Spielplan gestanden. Ludwig widmete sich weiterhin seinen offiziellen Aufgaben und Besuchen auf dem Oktoberfest, aber die Spanierin ging ihm nicht aus dem Kopf. Stieler sollte sie seiner Schönheitsgalerie hinzufügen, dachte er.
Angesichts der späteren Ereignisse hätte der theatralische Rahmen von Lolas Debüt in München kaum ironischer sein können;[10] nicht nur hieß das Stück *Der verwunschene Prinz*, sondern Lola konnte, als sie hinter der Bühne auf das Ende des ersten Aktes wartete, hören (aber nicht verstehen), wie die Schauspielerin in der Rolle des Evchen erzählte, wie sie bei einer Maskerade ein Zimmer voller Adliger davon überzeugt hatte, daß sie eine Gräfin sei. Der Vorhang fiel, und die Bühnenarbeiter eilten geschäftig hin und her, entfernten den Szenenaufbau einer Schusterwerkstatt und bereiteten die Bühne für Lolas ersten Tanz vor. Nachdem die Kulisse fertig war und das Orchester gestimmt hatte, streifte Lola ihre Kastagnetten über. Der König saß erwartungsvoll in der zweiten Logenreihe, dem von Hof und Adel beanspruchten Rang. Die königliche Loge beherrschte den Zuschauerraum im Zentrum der hufeisenförmig angeordneten Logen, aber Ludwig zog es gewöhnlich vor, diese Loge leer zu lassen, um mit Familie und Freunden in einer der Seitenlogen zu sitzen.
Das Orchester stimmte die langsame Einführung zu »Los Boleros de Cádix« an, und der Vorhang hob sich vor Lola, die allein auf der Bühne stand. In dem hellerleuchteten Theater konnte sie den König in seiner Loge deutlich sehen, und sie verneigte sich graziös vor ihm. Dann begann sie langsam ihren Tanz, wiegte sich zu dem Staccato ihrer Kastagnetten. Allmählich wurde das Tempo schneller, und sie bewegte sich über die ganze Bühne, vollführte dabei Sprünge und verschlang die Arme über dem Kopf.[11] Die Augen des Königs verfolgten jede ihrer Bewegungen und beobachteten, wie ihr Kostüm die Geschmeidigkeit ihrer Figur und die Zierlichkeit ihrer Füße enthüllte. Er hatte nie zuvor eine echte Spanierin tanzen gesehen, und durch die exotische Schönheit dieser Frau und ihre Bewegungen wurde er ebenso tief verzaubert wie der Prinz in dem Theaterstück.

Der Tanz wurde schneller und endete schließlich mit einem schwungvollen Höhepunkt. Applaus brach los. Diejenigen im Publikum, die von Tanz etwas verstanden, waren skeptisch gegenüber Lolas Fähigkeiten als Tänzerin und der Echtheit ihrer Tänze. Die Skepsis wurde im zweiten Zwischenakt noch größer, als sie die »Cachucha« und den »Oleano« unter einem anderen Namen tanzte. Hier beeindruckte ihre Pantomime bei der Spinne einige Kritiker, die meinten, sie könnte vielleicht die Rolle der Fenella in Aubers Oper *Die Stumme von Portici* gut spielen. Der Applaus war warm, aber nicht überwältigend, und Lola wurde zweimal vor den Vorhang gerufen, um die Huldigung des Publikums entgegenzunehmen.

Einer der Kritiker bemerkte, daß die Meinungen über ihr tänzerisches Können auseinandergingen, aber daß »das feurige Auge, die schöngeformte Nase, das Profil und die zwischen Stirn und Auge schön geschwungene Augenbraue« jeden entzückten.[12] Ludwig kümmerte sich nicht um Fragen der tänzerischen Verfeinerung, Authentizität oder des guten Geschmacks. Er war vollkommen hingerissen von Lolas Feuer, Geist, schönem Gesicht und herrlichem Körper. Er mußte sie für seine Schönheitsgalerie haben. Am nächsten Tag schrieb er ungeduldig an Stieler: »Wie steht's? Wird das Bild gemalt? Im Fall es geschieht, Tag und Stunde der ersten Sitzung mir angeben. Sobald als tunlich.« Wenn Stieler ihr Porträt malen würde, wäre das eine gute Gelegenheit für die beiden, miteinander zu sprechen, ungestört von den Offizieren und jungen Herrn, die angefangen hatten, sich um sie zu scharen. Schon vertrieb sie alle anderen Gedanken in Ludwigs Kopf.

Der König fing an, Lola im Bayerischen Hof zu besuchen, manchmal nachmittags, manchmal abends, oft zweimal am Tag. Die jungen Männer, die angefangen hatten, ihr Gesellschaft zu leisten, vermieden die Besuche des Königs, zum einen, weil er nicht gerne mit Leuten Umgang pflegte, die ihm nicht formell vorgestellt worden waren, zum andern, weil er es wegen seiner Schwerhörigkeit vorzog, sich im ganz kleinen Kreis zu unterhalten. Maltzahn jedoch war willkommen, und sie konnten alle französisch miteinander sprechen; wenn der König und Lola sich vertraulich unterhalten wollten, sprachen sie spanisch.

Ludwig war begierig darauf, Lola wieder tanzen zu sehen, und sie trat ein zweites Mal am Mittwoch, den 14. Oktober, nach dem Einakter *Der Weiberfeind* und zwischen den beiden Akten von *Müller und Miller* auf. Lola wiederholte ihre Cachucha und tanzte im zweiten Zwischenakt mit einem Mitglied des Ballettkorps des Hoftheaters einen

Fandango. Die Kritiker waren genauso skeptisch bezüglich ihrer Tanzkunst und genauso beeindruckt von ihrer Schönheit wie zuvor, aber nun war die Reaktion des Publikums sowohl heftiger als auch unterschiedlicher. Wie beim ersten Mal bekam Lola zwei Vorhänge, und dieses Mal wurden ihr zwei Girlanden und andere Blumen zugeworfen.

Aber ein unbeeindruckter Teil des Publikums brachte seine Gefühle durch so lautes Zischen zum Ausdruck, daß einige Beobachter sagten, dieses sei lauter als der Applaus gewesen.[13] Der König war über diese Unhöflichkeit gegenüber seinem schönen Gast verärgert und veranlaßte eine Untersuchung, um festzustellen, wer die Anführer der zischenden Zuschauer waren. Ein Gendarm, den man als einen der Schuldigen benannt hatte, wurde umgehend nach Regensburg versetzt.

Nun gab es keine Frage mehr in Ludwigs Herz;[14] er liebte wieder, und das in seinem Alter! In dem Notizbuch, das er mit sich trug, begann er seine ersten Gedichte in spanischer Sprache aufzuschreiben: »Yo te quiero con mi vida ... Ich liebe dich mit meinem Leben, meinen Augen, meiner Seele, meinem Körper, meinem Herzen, meinem ganzen Ich. Schwarzes Haar, blaue Augen, anmutige Gestalt ...« Die Porträtsitzungen in Stielers Atelier in der Barerstraße hatten angefangen, und während der Maler arbeitete, saßen der König und die Tänzerin miteinander auf dem roten Sofa des Malers und unterhielten sich auf Spanisch. Sie spielte manchmal auf der Gitarre und sang spanische Lieder.

Ludwig konnte nicht genug Zeit mit Lola verbringen, aber die Tänzerin, gewöhnt an Adlige, die ihre romantischen Gefühle nur in hohlen Phrasen äußerten, hatte noch nicht begriffen, in welchem Ausmaß sie das Herz des Königs erobert hatte.[15] Sie machte weiterhin ihre Pläne für eine Tournee, arrangierte beinahe einen Gastauftritt am Augsburger Theater vor dem Nachmittag des 22. Oktober in Stielers Atelier, als Ludwig sie nach ihren Plänen fragte. Wollte sie wirklich fort? Lola bemerkte, wieviel ihm daran lag, daß sie bei ihm blieb, und ob sie nun aufrichtig gerührt oder nur eine geschickte Schauspielerin war, jedenfalls traten Tränen in ihre Augen, als sie ihm zuflüsterte: »No puedo dejar Munich, ich kann München nicht verlassen.« Eine Zuneigung hielte sie hier, sagte sie, und sah dem König wissend in die Augen. Niemals, gestand sie, habe sie gefühlt, was sie für ihn empfinde.

Ludwigs Herz hüpfte vor Freude bei dem Gedanken, daß Lola nicht nur bleiben würde, sondern daß sie vielleicht auch etwas von der Leidenschaft, die er empfand, fühlte.[16] Er mußte ihr ein Geschenk machen, etwas von ihm selbst, und er schenkte ihr eine prächtig gebundene Ausgabe seiner drei Gedichtbände, die er veröffentlicht hatte. Sie konnte sie nicht lesen, aber er würde einige der Gedichte für sie ins Französische übersetzen, und wenn sie in München bliebe, würde sie gewiß Deutsch lernen.

Lola fing an, sich nicht als umherziehende Tänzerin, sondern als die offizielle Mätresse des Königs von Bayern zu sehen. Nicht daß irgend etwas Körperliches an ihrer Beziehung gewesen wäre. Aber wenn sie nicht seine Mätresse war, was war sie dann? Lolas eigene Gefühle für Ludwig scheinen in diesem Punkt nicht eindeutig gewesen zu sein; ihre Bewunderung – vielleicht ähnlich der Zuneigung einer Tochter – war von einer Bereitschaft, sogar einem Bedürfnis, beherrscht, ihn für ihre eigenen Zwecke zu manipulieren.

Den Münchnern blieb des Königs neue Leidenschaft und ihr Gegenstand nicht mehr verborgen.[17] Eines Nachts unterhielt sich Ludwig im Bayerischen Hof so lange mit ihr, daß die Haustür bereits für die Nacht abgesperrt war, als er herunterkam, und es kam zu einem etwas verlegenen Durcheinander, als das Personal den König aus dem Gasthof ließ. Am 19. Oktober schenkte Lola dem König während der Sitzung in Stielers Atelier eine Rose; daheim im Palast bemerkte Ludwig, daß er die Blume vergessen hatte, und bat Stieler, ihm die Rose in einer versiegelten Tasche mit einem Boten zu schicken, doch die Tasche half nicht viel, um das Gerede in der Stadt zu verhindern. Die Nachricht verbreitete sich, daß Lola den König dazu ermuntere, Freimaurer zu werden (Lola hatte eine große Bewunderung für die Freimaurer entwickelt), und das Gerücht machte die Runde, daß die Spanierin eine Geheimagentin des britischen Außenministers Lord Palmerston sei, die geschickt worden war, um den König in das Lager der Liberalen zu locken.[18] Obgleich sein Vater sowohl Katholik als auch Freimaurer gewesen war, hatte der König keinerlei Absicht, der Gesellschaft beizutreten, und er schenkte Lolas politischen Ansichten nur dann Beachtung, wenn sie mit seinen eigenen übereinstimmten. Doch in einigen Kreisen gab es ernsthafte Befürchtungen, daß diese Fremde den König für ihre eigenen oder anderer Leute politische Zwecke benutzte.

Innerhalb weniger Wochen wurden die öffentlichen Zweifel über die neue Favoritin des Königs durch ihre zunehmende Herrschsucht verschärft.[19] Lola begann aus Selbstgefälligkeit über die Macht, die sie über den König spürte, Arroganz an den Tag zu legen. Die erste Auseinandersetzung, ein Streit mit dem Direktor des Bayerischen Hofs, hatte zur Folge, daß Lola mit Zampa ein neues Quartier bezog, eine Suite im Anbau des Goldenen Hirschen, einem weiteren angesehenen Münchner Gasthof. Das Hotel lag noch näher beim Palast, und Ludwig machte auch weiterhin keinen Versuch, seine Besuche bei Lola zu verheimlichen. Ihre Position wurde immer gefestigter. Im Hoftheater wurde ihr für jede Vorstellung ein Platz in den unteren Logen zugestanden. Eine Reihe von außerplanmäßigen Gastauftritten der berühmten Jenny Lind Ende Oktober ermöglichte es Lola, sich vor den neugierigen Augen von Münchens Elite zur Schau zu stellen. Doch es störte sie, daß der Hof und der Adel im Theater buchstäblich auf sie herabsahen, und sie überredete Ludwig bald dazu, ihr in der ersten Loge ganz auf der rechten Seite des privilegierten zweiten Ranges einen ständigen Sitz zu gewähren, den sie prompt mit rotem Samt neu aufpolstern ließ.

Ludwig bemerkte den Widerstand, auf den Lola in München allmählich stieß, aber er tat ihn mit Eifersucht, Fremdenhaß und Lolas etwas abrupter Art ab. Er war zu sehr in ihren Bann gezogen, um zu sehen, was geschah. Einem seiner engsten und ältesten Freunde, Heinrich von Tann, schrieb er, um ihm über die Verwandlung zu berichten:

»Vor mehr als zwölf Jahren äußerten sie mir, es wäre etwas erfreuliches mit achtundvierzig Jahren (mein damaliges Alter) ein Herz erobert zu haben. Was aber sagt mein lieber Tann erst dazu, wenn ich sage, daß der sechzig Jahre alte, einer zweiundzwanzigjährigen, schönen, Kenntnisse besitzenden, geistreichen, Herzensgüte habenden, von Geburt an adelichen Südländerin Leidenschaft eingeflößt hat, ihre erste! Kurzen Aufenthalt nur hier machen wollend, weinte sie an die Abreise denkend. Sie ergriffs, sie könne nicht scheiden. Sie brach alle Verhältnisse ab, gab alles auf, ließ sich in München nieder. Bewunderung (nicht bescheiden, es zu wiederholen, aber sie sagte es) wegen allem, was ich vollbracht, erfüllte sie anfangs für mich, Liebe kam dann dazu. Und ich kann mich mit dem Vesuv vergleichen, der für erloschen galt, bis er plötzlich wieder ausbrach … Ich glaubte, ich könne nicht mehr der Liebe Leidenschaft fühlen, hielt mein Herz für ausgebrannt, hielt mich nicht mehr für den Alten, das war mir ein betrübendes Gefühl. Aber nicht wie ein Mann von vierzig Jahren, wie ein Jüngling von zwanzig, ja *comme un amoureux de quinze ans* erfaßte mich Leidenschaft wie nie zuvor. Eßlust und Schlaf verlor ich zum Teil, fieberisch heiß wallte mein Blut, in des Himmels [Höhen] hob es mich, meine Gedanken wurden reiner, ich wurde besser; ich war glücklich, ›ich bin glücklich‹. Einen neuen Schwung hat mein Leben bekommen, jung bin ich wieder geworden, freudig sieht mich die Welt an.«[20]

✳✳✳✳

Die Mätresse des Königs

Lola Montez begann einen meist aus Münchens Bürgertum ausgewählten Hofstaat zusammenzustellen, der einer Mätresse des Königs angemessen war.[1] Crescentia Ganser, eine Sprachlehrerin und die Ehefrau eines Bildhauers, der bei Ludwigs Bauten beschäftigt war, wurde als ihre Gesellschafterin und Dolmetscherin eingestellt. Häufige Begleiterinnen Lolas waren Berta Thierry, ein Mitglied des Ballettkorps am Hoftheater, und ihre Schwester Mathilde, eine Schauspielerin. Die Schwestern lebten bei ihrem Vater, brauchten dringend Geld und erkannten mit als erste, in welche Richtung die königliche Freigebigkeit floß. Am 21. Oktober hatte Lola Ludwig dazu überredet, den Thierrys 200 Gulden zu bewilligen. Baron Maltzahn, der noch bis November in München blieb und bereits als »der Mann, der die Spanierin nach München brachte« bekannt war, wurde oft in ihrer Gesellschaft gesehen.

Ganz zu Anfang von Lolas Münchner Aufenthalt kam ihr eines Tages, als sie von einigen Münchnern beleidigt wurde, Friedrich Nußbammer, ein sechsundzwanzigjähriger Artillerieleutnant, zu Hilfe;[2] er wurde dafür mit einer Einladung, sie zu besuchen, belohnt. Bald schon avancierte er zu ihrem bevorzugten Begleiter bei ihren täglichen Ausflügen in die Umgebung der Stadt. Das Gerücht kam auf, Ludwig beabsichtige, Lola mit Nußbammer zu verheiraten, um ihren Status in Bayern gesetzlich zu regeln.

Lolas treuester Begleiter jedoch war ein großer schwarzer Hund, der einer Kreuzung zwischen einem Boxer und einer Bulldogge glich.[3] Sie nannte ihn Turk, vielleicht in Erinnerung an den Hund Heinrichs LXXII.; und der Anblick Lolas, die mit Turk die Straßen durchstreifte, wurde für die Bewohner der Hauptstadt zum vertrauten Bild.

Wenn Lola sich in München niederlassen sollte, benötigte sie ein eigenes Haus. Sie entschied sich für ein kleines, aber elegantes Stadtpalais in der Barerstraße 7, in der Nähe von Stielers Atelier. Es war ein unmittelbar an der Straße gelegenes, einstöckiges Gebäude mit einer fast quadratischen Fassade, die zwei Reihen mit fünf hohen Fenstern aufwies. Dazu gehörte noch ein großes Stück Land, das sich zu beiden Seiten und weit hinter dem Haus ausdehnte.

Karikatur auf den Auftritt von Lola Montez

Der König hatte schnell entdeckt, daß Lola mit Geld nicht anders umzugehen verstand, als es ebenso schnell wieder auszugeben, wie es in ihre Hände kam. Lola gestand selbst ein, daß sie ihr Geld nicht einteilen konnte, deshalb sollte jemand ihre Finanzen verwalten. Ludwig fand eine, wie er meinte, perfekte Lösung. Carl Wilhelm Baron von Heideck war General a. D., Witwer, fast im gleichen Alter wie Ludwig und einer seiner alten Freunde.[4] Sie hatten sich eine Zeitlang entfremdet, jetzt aber wieder zu ihrer alten Freundschaft zurückgefunden. Auf Wunsch des Königs lud Lola Heideck dazu ein, mit ihnen in ihren Räumen im Goldenen Hirschen Tee zu trinken. Obwohl der General sich für die Gesellschaft junger Damen ein wenig alt fühlte, bestand der König darauf, und die drei saßen zusammen beim Tee und unterhielten sich auf Französisch, da Heideck, obwohl er in seiner Jugend einige Zeit in Spanien verbracht hatte, sein Spanisch ganz und gar vergessen hatte.

Im Verlauf der Unterhaltung kam man auf Lolas Unfähigkeit zu sprechen, mit Gulden und Kreuzern umzugehen: »Ja«, sagte der König, »die gute Lola weiß mit Geld nicht umzugehen und ich fürchte, daß sie bei ihrer vorhabenden Haus-Einrichtung tüchtig betrogen wird.

Sie sollten wohl die Gefälligkeit haben, die Rechnungen für ihre Einrichtungen durchzusehen, damit sie nicht zu arg übers Ohr gehauen wird.« »Gerne«, sagte Heideck, der nur zu bereit war, eine kleine Aufgabe zu übernehmen, die ihm dazu verhelfen könnte, in der Gunst des Königs zu bleiben. Und so wurde Heideck zu Lolas Finanzverwalter.

Am 1. November, weniger als einen Monat, nachdem Lola sich im Bayerischen Hof eingemietet hatte, begann der König ihr heimlich ein Gehalt von 10000 Gulden im Jahr zukommen zu lassen, das in monatlichen Raten ausbezahlt wurde.[5] Ein bayerischer Kabinettsminister erhielt ein Grundgehalt von nur 6000 Gulden im Jahr, die höchstbezahlten Professoren an der Münchner Universität verdienten nicht mehr als 2000 Gulden pro Jahr, und eine Tänzerin am Hoftheater bekam vielleicht 200 Gulden im Jahr. Ein Engländer, der München zu jener Zeit besuchte, erklärte, daß ein Mann dort mit 50 Pfund oder etwa 500 Gulden leben konnte und daß mit 100 Pfund ein Gentleman wirklich ein schönes Leben führen konnte. Zusätzlich zu dem monatlichen Gehalt versprach Ludwig Lola eine eigene Equipage und das Haus in der Barerstraße, und er sah etwa 20000 Gulden für dessen Renovierung im Haushaltsplan vor.

Lola wurde bald zu einem vertrauten Anblick in Münchens besten Modesalons und Juweliergeschäften. Sehr zu seinem Leidwesen stellte Heideck fest, daß Lola jedem sagte, er solle seine Rechnungen an ihn schicken, obwohl doch Lola das Geld hatte. Heideck sah, daß Lola mehr und mehr von seiner ruhigen Pensionszeit für sich beanspruchte. Wenn es keine Rechnungen waren, die auf seinem Schreibtisch landeten, dann war es eine Bitte, er möge entscheiden, wieviel sie ihren neuen Dienern zahlen sollte, Mitteilungen über die Verhandlungen wegen des Hauses, oder eine Bitte des Königs, Heideck möge eine kleine Teepartie in seiner Wohnung in der Briennerstraße abhalten, damit Ludwig und Lola zusammenkommen konnten, ohne den Tratsch anzuregen, den seine Besuche in ihrem Gasthof verursachten.

Andere alte Freunde des Königs baten den General um Rat, wie man Ludwig aus den Klauen der Spanierin befreien konnte, deren Arroganz unerträglich wurde und deren Einfluß unberechenbar war. Heideck warnte aufgrund seiner jahrzehntelangen Freundschaft mit Ludwig davor, sich dem Verhältnis entgegenzustellen. Opposition würde den Widerstand des Königs nur verstärken; Ludwig rühmte sich sogar seiner unnachgiebigen Starrköpfigkeit, wann immer er

herausgefordert wurde. Wenn man ihn in Ruhe ließ, würde der König von dieser blinden Leidenschaft schon wieder genesen, meinte Heideck. Wenn man sich ihm jedoch entgegenstellte, würde er Lola nur um so heftiger verteidigen, gab der General zu bedenken.
Obwohl Heideck und andere versuchten, Lola in den Verhaltensregeln der guten Gesellschaft zu unterweisen, dauerte es nur etwas mehr als einen Monat, ehe sie den ersten von vielen Zwischenfällen heraufbeschwor, die sie in München zu einer Ausgestoßenen machen sollten.[6] Leutnant Nußbammer, von dem es bereits hieß, er sei ihr Liebhaber, erhielt von seinen Offizierskameraden den Rat, eine Frau von Lolas Ruf zu meiden. Nußbammer scheint geneigt gewesen zu sein, sich seinen Kameraden zu widersetzen, doch Lola zweifelte offensichtlich an seiner Loyalität. Am Abend des 15. November versetzte sie irgend etwas, vielleicht weil er auf eine Einladung nicht bei ihr im Gasthof erschienen war, in Wut. Sie machte sich kurz vor Mitternacht auf den Weg, um ihn zu suchen, und ging mit ihrer Zofe auf Münchens kaum beleuchteten Straßen vorbei an den dunklen und verschlossenen Häusern zu seiner Wohnung in der Frühlingsstraße.
Als sie die Hausnummer 9 fand, war sie nicht in Stimmung, die Namensschilder mühsam zu entziffern, also schellte sie einfach an allen Hausglocken und holte im Nu die Hausleute aus dem Schlaf. Nußbammer sei nicht zu Hause, teilte die Vermieterin Lola auf Französisch mit. Lola entgegnete, er müsse daheim sein und wollte noch einmal läuten. In diesem Moment fiel Lola ganz gegen ihre Art in Ohnmacht, und ihrer Zofe gelang es nicht, sie allein zum Goldenen Hirschen zurückzubringen. Ein Glasermeister, der auf der anderen Straßenseite in der Nummer 19 wohnte, lud die Frauen freundlicherweise in sein Haus ein, wo Lola mit Kölnisch Wasser und einem Schluck Wein versorgt wurde. Der Glaser konnte nicht geahnt haben, wie viele zerbrochene Fensterscheiben er im Laufe der kommenden eineinhalb Jahre dank dieser Frau, die in seiner guten Stube lag, ersetzen würde. Schließlich erholte sie sich soweit, daß sie zu Fuß in den Gasthof zurückkehren konnte, und Frieden kehrte wieder in der Frühlingsstraße ein.
Am nächsten Tag hatte sich der Skandal über Lolas nächtlichen Ausflug schon in ganz München verbreitet, als sie wieder zu dem Schauplatz der letzten Nacht zurückkehrte und nochmals an den Klingeln zog. Wieder öffnete die Hauswirtin, und Lola fragte sie, ob sie die Frau sei, die sich zuvor geweigert hatte, die Tür zu öffnen. Als sie das bejahte, fing Lola an, sie laut zu beschimpfen, woraufhin die Haus-

wirtin auf französisch erwiderte: »Schreien Sie nicht, Mademoiselle, ich bin nicht taub!« Lola schrie zurück: »Ich bin keine Mademoiselle, ich bin Madame; ich bin die Mätresse des Königs!«

Mitten in der Nacht auf der Suche nach einem Mann ein ganzes Wohnhaus aus dem Schlaf zu reißen, wäre mehr als ausreichend gewesen, um in München den Ruf einer Frau zu zerstören. Aber auch noch dorthin zurückzukehren und zu schreien, daß sie die Mätresse des Königs sei – das war mehr als dreist und unverschämt, und die Frau schien entweder vollkommen verrückt zu sein oder sich überhaupt nicht um die normalen menschlichen Verhaltensregeln zu kümmern.

Aber die Geschichte ging noch weiter.[7] Lola war immer noch wütend auf Nußbammer, und als der König sie an diesem Tag besuchte, bezichtigte sie den Leutnant, sich ihr gegenüber ungehörig benommen zu haben. Sie erhielt von Ludwig das Versprechen, daß der Soldat sofort aus München versetzt werden würde. Zurück an seinem Schreibtisch in der Residenz, nahm sich der König einen Augenblick Zeit, ehe er sich für das Abendkonzert im Odeon umkleidete, um einen Befehl an das Kriegsministerium zu schreiben. Nußbammer sollte am nächsten Morgen um 7 Uhr darüber informiert werden, daß er nach Würzburg versetzt worden war und daß er am darauffolgenden Tag um 7 Uhr abends München verlassen haben mußte. Er durfte nicht in die nähere Umgebung Münchens ohne ausdrückliche Erlaubnis des Königs zurückkehren. Ludwig, ein eifersüchtiger Mann, muß darüber erleichtert gewesen sein, daß der Leutnant die Stadt verließ.

Das Konzert an diesem Abend wurde von einer Sängergruppe veranstaltet, und der König und die Königin wohnten ihm mit einigen ihrer erwachsenen Kinder und mit königlichen Besuchern aus Holland und Schweden bei.[8] Lola, in einem mit schwarzer Spitze applizierten grünen Satinkleid, war in dem nur halb gefüllten Zuschauerraum leicht zu entdecken. Es war bekannt geworden, daß sie anwesend sein würde, und die meisten Plätze in ihrer Nähe, in dem Abschnitt hinter dem für den Hof und den Adel reservierten Teil, blieben unbesetzt. Während des Zwischenaktes verließ der König die Königin, seine Kinder und ihre Gäste, um mit Lola zu sprechen. Aller Blicke im Saal waren auf Ludwig und Lola gerichtet, als er sie in seinem italienisch gefärbten Spanisch ansprach, und jedermann war empört zu sehen, daß die Spanierin sitzen blieb, als der König mit ihr sprach. Schließlich gab er ihr durch Gesten zu verstehen, daß man aufzustehen hatte, wenn man mit dem König sprach, und sie erhob sich, um sich von ihm berichten zu lassen, daß Nußbammer sich bald auf dem Weg nach Würzburg befinden und sie nicht mehr belästigen würde. Danach kehrte er zu seiner Familie zurück, wo Therese nicht verbergen konnte, wie peinlich berührt sie war, vor der Öffentlichkeit und den königlichen Besuchern wegen Lola allein gelassen worden zu sein.

Nußbammer muß über den Befehl seiner Versetzung völlig überrascht gewesen sein.[9] Falls er irgendeinen Zweifel daran hatte, was die Ursache seiner Schwierigkeiten war, so hatte er keinerlei Zweifel, worin die Lösung bestand, und er wandte sich an Lola. Offensichtlich war alles nur ein Mißverständnis, zumindest gelang es ihm, Lola davon zu überzeugen, und während er seine Sachen packte, um nach Würzburg umzuziehen, beschloß sie, den König dazu zu bringen, daß er die Versetzung, um die sie ihn am Tag zuvor noch so dringend gebeten hatte, wieder rückgängig machte. Der König gab dem Kriegsministerium Anweisung, seine vorherigen Befehle aufzuheben, die Angelegenheit so zu behandeln, als sei sie nie geschehen, und mit dem nächsten Zug einen Boten zu schicken, der versuchen sollte, den Leutnant abzufangen, ehe er sich bei dem Artillerieregiment in Würzburg melden konnte.

Ludwig wollte diesen Vorfall nicht als Beispiel für Lolas Launenhaftigkeit, sondern für ihre Gutmütigkeit sehen, denn nachdem ihr klarwurde, daß ihre Anschuldigungen falsch waren, hatte sie sofort alles nur in ihrer Macht Stehende getan, um das Unrecht wiedergutzumachen.[10] Dennoch blieb dem König der Skandal, der dadurch ausgelöst wurde, nicht verborgen, und es war ihm auch durchaus bewußt, daß Nußbammer jung und gutaussehend war. Er bat Lola, ihm zu versprechen, den Leutnant ohne sein Wissen nicht wiederzusehen.

Lola hatte dem König noch eine andere Angelegenheit vorzubringen.[11] Ein Polizeibeamter, der der Störung in der Frühlingsstraße nachging, hatte sie aufgesucht und einen ihrer Diener verhört. Lola war außer sich über die Geschichten, die über sie in München verbreitet wurden. Jemand hatte sich Sonntagnacht in der Frühlingsstraße als Lola ausgegeben, um ihren Ruf zu schädigen, behauptete sie. Sie wollte, daß die Polizei sie nicht mehr belästigte und sich statt dessen darum kümmern sollte, die Leute, die sie verleumdeten, zum Stillschweigen zu bringen.

Der König schrieb einige Zeilen für sie, die dem neuen amtierenden Polizeidirektor Freiherr von Pechmann überbracht werden sollten, in denen er seiner Empörung über die schamlose Verleumdung und Belästigung Ausdruck verlieh, der Senora Lola Montez ausgesetzt war,[12] und ihn anwies, dem ein Ende zu machen. Ludwig forderte sie auf, Freiherrn von Pechmann morgen zu besuchen, nachdem der Polizeidirektor dem König seinen regelmäßigen Bericht am Freitagmorgen überreicht hatte. Und, fügte er hinzu, er freue sich schon darauf, sie heute abend im Theater zu sehen.

Johann Nepomuk Freiherr von Pechmann kam pünktlich am nächsten Morgen, um dem Souverän seinen wöchentlichen Bericht über die Sicherheit in der Hauptstadt zu geben. Er war ein siebenunddreißigjähriger, bestens qualifizierter Jurist aus einem alten katholischen Adelsgeschlecht, der eine steile Karriere gemacht hatte; und obwohl er erst seit dem ersten Oktober amtierender Polizeidirektor war, wurde der Freiherr als aufrechter und unparteiischer Mann angesehen. Die Spanierin hatte ihm von Anfang an zu schaffen gemacht. Erst nach wiederholten Aufforderungen war sie in das Polizeipräsidium in der Weinstraße gekommen, um den obligatorischen Anmeldungszettel für Ausländer auszufüllen, und selbst dann brachte sie es fertig, nichts anzugeben, was ihre Identität oder ihren Status nachwies. Sie hatte die Angelegenheit nicht einmal ernstgenommen und füllte die Spalte mit »Begleitperson« mit den Worten *un chien*, ein Hund, aus.[15]

Die Untersuchungsbeamten des Freiherrn hatten schnell die Geschichten ihrer Vertreibung aus Berlin, Warschau und Baden-Baden herausgefunden. Sie kannten den Bericht, der enthüllte, daß sie ein intimes Verhältnis mit Dujarier hatte, bevor er ermordet wurde. Pechmanns Spione hatten sogar das Gerede gehört, daß sie nach ihrer Ankunft im Bayerischen Hof offen gehurt und jedem, der zwei Gulden besaß, ihre Dienste angeboten hätte. So unwahrscheinlich diese Geschichte auch geklungen haben mochte, der Polizeidirektor war bereit, von dieser Frau, die dem König so vollkommen den Kopf verdreht hatte, das Schlimmste anzunehmen. Er war sicher, daß sie für den Aufruhr in der Frühlingsstraße verantwortlich war, aber niemand wollte zugeben, daß er die Frau genau gesehen hätte, außer dem Glasermeister, und dieser sagte jetzt, daß er Lola Montez nicht als die Frau identifizieren konnte, der er geholfen hatte. Pechmann hatte einen Bericht, daß Lola das Schweigen des Mannes mit 40 Gulden und einem Brief erkauft hatte, in dem versprochen wurde, daß ihre Freunde noch weiterhin belohnt würden, doch er konnte es nicht beweisen. Wie sollte er das alles Seiner Majestät erklären?

Joseph Stieler, *Ludwig I., König von Bayern*, 1826

Der Polizeidirektor stellte fest, daß er dem König den Zwischenfall nicht erklären mußte.[14] Ludwig wußte bereits alles und hatte seine eigene feste Meinung: »So wahr ich da stehe, war sie es nicht, die jenen Auftritt in der Frühlingsstraße verursachte! Aber so sind sie, meine Münchner, ich kenne sie! Und die Vornehmsten sind die Ärgsten!« Der König hielt Pechmann einen Vortrag darüber, wie Lügen und Verleumdungen über ihn selbst und die königliche Familie regelmäßig in München die Runde machten. Nun gab es Leute, die versuchten, den Ruf seiner ausländischen Freundin zu zerstören. »Ich kenne meine Leute! Man soll aber ja nicht meinen, daß ich mir etwas abtrotzen oder abzwingen lasse. Da kommen sie gerade recht an mich, ich habe ein Herz und einen Kopf – ich habe es damit ausgesprochen – wie die Felsen am Königssee!«

Der Freiherr konnte sehen, daß sein Bericht über den Vorfall nichts ändern würde, deshalb fragte er den König nur, ob seine Nachforschungen weitergeführt werden sollten. »Sie bekommen heute einen schönen Besuch«, erzählte ihm Ludwig. »Ich habe sie an Sie geschickt, und sie kann dann mit Ihnen selbst sprechen. Ich habe ihr ein Billett mitgegeben, aus dem sehen Sie das Weitere.«

An diesem Mittag, als der Polizeidirektor in seinem Haus in der Sommerstraße war, kam die Spanierin mit Ambros Havard, dem Besitzer des Goldenen Hirschen, der ihr Dolmetscher sein würde. Sie forderte verärgert, daß der Untersuchungsbeamte, der ihre Zofe verhört hatte, aus München versetzt werden sollte; der Glaser könne bestätigen, daß sie nichts mit der Angelegenheit in der Frühlingsstraße zu tun habe, und es sei eine persönliche Beleidigung des Königs, mit der Untersuchung bei seiner guten Freundin fortzufahren, nachdem klar war, daß sie nicht in die Sache verwickelt sei. Der Freiherr wandte sein ganzes diplomatisches Geschick auf, ihr zu erklären, daß der Polizeibeamte nur seine Pflicht getan hatte, doch er fügte hinzu, daß er sein Bestes tun würde, um den königlichen Befehl zu befolgen, jegliche Verleumdung ihrer Person zu unterdrücken. Pechmann war erstaunt, wie schnell sich ihr Gesicht von einer Maske wütender Leidenschaft in eine Maske verführerischen Charmes verwandeln konnte. Sie reichte ihm ihre Hand zum Kuß, sagte ihm, daß es eine Ehre für sie sein würde, wenn er sie besuchte, und ließ ihn mit der Überlegung allein, welchen Kurs er guten Gewissens einschlagen konnte.

An demselben Tag hatte der König beschlossen, sein Testament zu ändern. »Ich müßte kein Mann von Ehre sein, kein Gefühl haben, wenn ich nicht sorgte für sie, die alles wegen mir aufgab, die keine Eltern mehr, keine Geschwister, die auf der weiten Erde niemand hat als mich; dennoch ging sie mich im geringsten nicht an, in meiner letztwilligen Verfügung ihrer zu gedenken, aus eigenem Antrieb geschieht dies. Ihre Bekanntschaft hat mich reiner gemacht, besser. Therese, mein liebes, gutes, edles Weib, beurteile mich nicht ungerecht.«[15] Ludwig wies seinen Testamentsvollstrecker und Erben an, Lola das letzte, vor seinem Tod gemalte Ölporträt von ihm und 100 000 Gulden zu geben, vorausgesetzt, daß sie niemals geheiratet hatte, und ihr auf Lebenszeit oder bis zu ihrer Heirat ein jährliches Einkommen von 2400 Gulden zur Verfügung zu stellen.

»Arg ist Lolitta (so nenne ich sie) verleumdet, wurde es und wird es noch«,[16] schrieb der König an seinen Freund Tann. »Eine Fremde, die in München bleiben will, die schön ist, die vom König geliebt wird, die geistreich, was bedarf es noch mehr, um Feindschaft, Lüge, Verfolgung zu erregen. Auch dieses wird sich legen, auch darüber wird Beharrlichkeit siegen. Sie ist nicht nur eine mich Liebende, sondern gleichfalls Freundin. Wahrheit, erklärte sie mir, würde sie immer mir sagen, und schon manchmals, was mir unangenehm klang, sagte sie mir ... So geliebt bin ich von ihr. Ich erhalte sie, nicht aber unterhalte ich sie.«

Genau wie Heideck befürchtet hatte, traten nun die ersten Anzeichen der Starrköpfigkeit des Königs angesichts des Widerstands langsam in Erscheinung. Der König konnte nicht verstehen, warum die Leute ihn und Lolitta nicht in Ruhe ließen. Als Herrscher widmete er den größten Teil seiner Zeit, seiner Gedanken und seiner Energien seinem Land, um es gut zu regieren; und es verwirrte ihn, daß niemand bereit zu sein schien, ihm Frieden in einer unschuldigen, privaten Beziehung zu gönnen, die, wie er es sah, ihn zu einem glücklicheren Menschen und einem besseren Regenten machte, und an die, wenn er Ludwig von Wittelsbach, privater Bürger, wäre, niemand auch nur einen Gedanken verschwenden würde.

Die Verhandlungen wegen des Kaufs des Hauses in der Barerstraße 7 waren fast abgeschlossen, und die Papiere würden am 1. Dezember unterzeichnet werden.[17] Das Haus sollte auf Lolas Namen gekauft werden, nicht nur, um zu vertuschen, wieviel der König für sie ausgab, sondern auch, weil sie als Hausbesitzerin für die bayerische Staatsbürgerschaft in Frage kam. Für Ludwig war es wichtig, daß ihr Status legalisiert wurde, und Lola bestand darauf, daß er sie, sobald sie eine Bayerin war, zu einem Mitglied des Adelsstandes machte, weil sie in eine adlige spanische Familie hineingeboren worden war. Ludwig konnte nicht ernsthaft die Auswirkungen seines Versprechens, sie zu einer bayerischen Gräfin zu machen, überlegt haben. Der König betrachtete sein Wort als heilige Verpflichtung, und dieses eine Versprechen würde Lola ihn niemals vergessen lassen.

General Heideck bemerkte gegenüber König Ludwig, daß viele Leute von nicht besonders strengen moralischen Maßstäben der Ansicht waren, es sei für einen König skandalös, mit einer Dame Umgang zu pflegen, die während des Dujarier-Prozesses als unzüchtig gebrandmarkt worden war. »Ich weiß Alles; sie hat mir Alles gesagt; sie gibt sich für keinen Engel aus. Daß sie, sehr jung, schön und hilflos in die Welt geschleudert, verführt wurde, ist kein so großes Wunder als das, daß sie nicht tiefer sank. Welcher jetzt so stolzen Frau wäre es wohl unter ähnlichen Fällen besser ergangen als der armen Lola? ... Ich kenne sie alle und halte bei den unversuchten ihre gepriesene Tugend nicht eben hoch.«[18] In Angelegenheiten, die nicht so gut dokumentiert waren wie der Dujarier-Prozeß, fand Lola, daß die ständigen Beteuerungen ihrer Liebe zu Ludwig und seine Leidenschaft für sie bedeuteten, daß der König immer ihrer Version der Ereignisse Glauben schenken und dem Bericht eines anderen mit Skepsis begegnen würde. Lolas Schwur, ihm immer die Wahrheit zu sagen, wie schmerzlich sie auch sein mochte, räumte sein angeborenes Mißtrauen aus, und seine Zuneigung zu Lola machte jedem, der gegen sie sprach, die Beweisführung äußerst schwer.

Lolas neue Freunde konnten den Haß und die Wut fühlen, die in allen Gesellschaftsschichten brodelten und kochten, und rieten ihr, ihren Einfluß auf Ludwig zu nutzen, um eine populäre öffentliche Sache zu unterstützen. Die Schullehrer, so sagten sie ihr, hätten beim König zum wiederholten Mal um eine Gehaltserhöhung ersucht, und ihre mißliche wirtschaftliche Lage werde allmählich zu einer Angelegenheit von öffentlichem Interesse. Wenn sie Ludwig dazu überreden könnte, den Lehrern mehr Geld zu bewilligen, würde sie im ganzen Land in den Ruf einer Wohltäterin kommen.

Lola hatte sich tatsächlich beim König für die Lehrer verwandt, und er stimmte zu, 120 000 Gulden sofort bereitzustellen, um ihre Gehälter zu erhöhen.[19] Doch jede öffentliche Reaktion zu Lolas Gunsten wurde durch die Bestätigung der Befürchtung wieder zunichte gemacht, sie sei in der Lage, in politische Angelegenheiten einzugreifen, und würde dies auch tun; und sie unterminierte die königliche Autorität noch mehr, als sie verkündete, sie habe den König dazu überredet, die Gehälter zu erhöhen, und dies eine ganze Woche, bevor Ludwig die Anordnung erließ. Das erhöhte die Überzeugung unter den Bayern, daß die Spanierin ein nicht kalkulierbares Risiko für die etablierte Ordnung darstellte, und diejenigen, die jetzt etwas zu verlieren hatten, machten nun mit vereinten Kräften gemeinsame Sache gegen Lola mit jenen, die sie wegen ihres arroganten, aggressiven und exzentrischen Verhaltens bekämpften.

Bei Freiherr von Pechmanns wöchentlicher Audienz am 27. November erkundigte sich der König bei dem Polizeidirektor, was es mit der Geschichte einer Beleidigung des Königs bei dem Zwischenfall in der Frühlingsstraße auf sich hätte.[20] Pechmann erklärte, daß die Beleidigung in der Behauptung der Frau bestünde, sie sei die Mätresse des Königs. »Das hat die Lola *nicht* gesagt«, erwiderte der König. »Da ist sie zu gescheit dazu, die hat Verstand und hohe Bildung. Ich bin ihr gewogen, sehr gewogen, aber in Ehren. Ja, ich liebe sie, leugne es auch gar nicht, aber eine Maitresse haben, das ist ein Unterschied. Das eine hebt einen, das andere zieht herab. Aber das ganze ist eine abscheuliche Intrige; schön ist sie, jung ist sie und nicht von hier, da treibt der Verdruß und die Eifersucht das Spiel mit ihr.«

Ludwig teilte Pechmann mit, daß er persönlich den Glasermeister befragt habe, der Lolas verneinende Aussagen bestätigt hatte. »Die Vornehmen verfolgen sie am meisten«, rief der König aus. »Ich weiß gar nicht, was sie mit ihr haben. *Mich* wollen sie davon abbringen, aber das ist gerade der rechte Weg, nur recht verleumden, da zwingt man mich – ha! Ich hab' einen Kopf, den bricht man nicht so leicht, der ist wie Eisen, nein wie Stahl. Das hab' ich oft gezeigt.« Der König wies Pechmann an, weitere Untersuchungen des Aufruhrs in der Frühlingsstraße einzustellen, und sagte, daß Lola die Frau, die sie imitiert hatte, nicht öffentlich bloßstellen wollte.

Pechmann verließ die Residenz zutiefst beunruhigt. Er hatte das Gefühl, daß niemand dem König die Wahrheit über Lola sagte. Die Polizei hatte in Lolas Haushalt einen Spitzel, Frau Ganser, eingeschleust. Vielleicht konnte Frau Gansers Bericht dem König die Augen über Lolas wahre Natur öffnen. Doch zuerst würde er die Angelegenheit mit seinem Vorgesetzten, dem Minister Abel, besprechen.

Der Winter setzte langsam ein, und das naßkalte Wetter sowie die unterkühlte Überheblichkeit der Münchner machten die Hauptstadt für Lola zu einem unangenehmen Aufenthaltsort. Am 25. November, bei einem der täglichen Besuche des Königs, drängte sie ihn abzudanken, um mit ihr fortzugehen und friedlich unter dem sonnigen Himmel

Spaniens zu leben.[21] Der König zog dies zwar nicht ernsthaft in Betracht, aber es schmeichelte ihm, daß diese schöne junge Frau mit ihm davonlaufen wollte. Sie inspirierte ihn zu weiteren Gedichten:

> Laß auf's Neu den Dichter schwärmen,
> Ohne Lieb' erstarrt das Blut,
> Laß ihn wieder sich erwärmen,
> An der Liebe ew'gen Gluth!
>
> In des Aethers lichte Höhe
> Sich verklärt die Seele schwingt,
> Wenn ich weil' in Deiner Nähe,
> Wo mich Seligkeit umschlingt.[22]

✳︎✳︎✳︎✳︎

Eine gewonnene Schlacht

Minister Karl von Abel war beunruhigt.[1] Bis jetzt hatte er sich aus der Affäre Lola herausgehalten. Er hatte seinem König beinahe zehn Jahre lang als Erster Minister gedient und schon viele Favoritinnen kommen und gehen gesehen, aber er spürte die Gefahr, die von Lola Montez ausging, nicht nur wegen ihrer außerordentlichen Kühnheit und Unberechenbarkeit, sondern vielmehr wegen der Intensität der Leidenschaft, die der König für sie empfand. König Ludwig bemerkte, daß Abel der einzige in seiner Umgebung war, der nicht gegen Lola sprach; das gefiel ihm, doch Abel schwieg nicht aus Überzeugung, sondern aus Vorsicht. Nun stand Freiherr von Pechmann vor dem Minister und fragte, ob es seine Pflicht sei, sich weiterhin darum zu bemühen, dem König den wahren Charakter von Lola Montez aufzuzeigen, oder ob er, um Seine Majestät nicht weiter zu erzürnen, die Angelegenheit auf sich beruhen lassen könne.

Abels Rat war vielleicht nicht ganz ohne Eigennutz.[2] »Sprechen Sie mit dem König«, sagte er Pechmann, »erzählen Sie ihm alles, was Sie über die Spanierin herausgefunden haben.« »Er wird in die Höhe springen darüber«, sagte der Minister dem Polizeidirektor, »hinterher aber wird er ruhiger werden und Ihnen Ihren Freimut danken. Soweit kenne ich den König. Wenn er sieht, daß Ihr Freimut aus einem treuen Herzen kommt, nimmt er's Ihnen sicher nicht übel.«

Bei seiner wöchentlichen Audienz sagte Freiherr von Pechmann dem König, er habe das Gefühl, er müsse von seiner Verpflichtung Gebrauch machen, von allen Angelegenheiten, die den König betrafen, mit großer Offenheit zu sprechen.[3] Der allgemeine Unmut über Lola Montez, sagte er, nehme mit beunruhigender Geschwindigkeit in allen Gesellschaftsschichten zu, und zu denen, die sich gegen die Spanierin zusammenschlossen, gehörten nicht nur ihm schlecht gesonnene Leute, sondern auch die loyalsten und ergebensten Anhänger des Königs.

»Hören Sie«, sagte der König, »da mach' ich mir gar nichts daraus. Das vergeht wieder. Ich kenne das, da steckt lauter Ungunst dahinter.«

»Ich halte es für meine Pflicht, diese Mißstimmung hier nicht zu verhehlen«, fuhr Pechmann fort, »weil einige ihrer Motive den König

unmittelbar berühren. Alle Welt glaubt es nämlich, daß Lola Montez mit Hinwegsetzung über alle weibliche Dezenz über die Gunstbezeugungen Eurer Majestät sich unverhohlen äußere.«
»Ach nein – leeres Gerede. Was will sie denn von mir sagen. Ich stehe ja nicht einmal auf einem solchen Fuß mit ihr. Das ist der Neid und die Eifersucht«, meinte Ludwig.
»Man legt ihr ferner ungeteilt zur Last«, fuhr der Polizeidirektor fort, »daß sie mit einem gewissen Einfluß auf die Regierungsgeschäfte prahlt und bereits habe verlauten lassen, sie wolle eine Regierung in Bayern einführen à la Maintenon.«
»Da hat es gute Wege bei mir. Ich weiß schon, wer zu regieren hat in Bayern. Da laß' ich mir nichts einreden.«
»Diese Meinung unterstützt man damit, daß schon acht Tage früher als Eure Königliche Majestät die allergnädigste Gehaltszulage für das Lehrerpersonal decretierten und das betreffende Signat an das Ministerium gelangen ließen, im Publikum aus dem Munde der Lola Montez bekannt geworden war, sie habe diese allergnädigste Maßregel bei Eurer Majestät durchgesetzt.«
»Hören Sie, *das* ist wahr, sonst aber nichts. Das ist wahr, das leugne ich nicht. Aber wenn sie oder jemand anderer mir eine Sache empfiehlt und ich gebe meine Genehmigung, ist daran etwas Unrechtes – kann man das einem zum Verbrechen anrechnen? Ach nein, gewiß nicht. Das ist wahr. Sie hat mir zuerst davon gesprochen. Aber das Maul hätte sie halten können, hätte es nicht zu sagen gebraucht. Das war unklug. Aber *das* haben wir schon, etwas groß tun. Glaub' es, daß sie meine Gunst gern bemerkbar macht, sich darauf zugute tut, ein wenig hoch hinaus will und dabei den Mund etwas zu voll nimmt. Aber sie hat ihre guten Eigenschaften, davon ist keine Rede.«
Der Freiherr merkte, daß er nun zu Ende sprechen mußte, da er schon einmal angefangen hatte. »Wenn Eure Majestät nicht zur Ungnade nehmen, daß ich von der mir zugestandenen Ermächtigung vollen Freimuts weiteren Gebrauch mache, so kann ich nicht umhin, weiter zu bemerken, daß die ganze Stadt« – und hier, um so vertraulich zu sein, wie es das schlechte Gehör des Königs erlaubte, preßte der Polizeidirektor seinen Mund fast an das königliche Ohr – »des Geredes voll ist, Lola Montez gestatte fortwährend verschiedenen Herren nächtliche Besuche und namentlich werde sie von Leutnant Nußbammer noch immer frequentiert.«
»Sehen Sie – mein Gott – das ist nichts, ich weiß das. Wie der Nußbammer die Unverschämtheit hatte und wollte Gewalt gegen sie

brauchen, bin ich nachher zu ihr gekommen und habe sie in Tränen angetroffen. Nehmen Sie diesen Zustand, nein, nein, da ist nichts. Eine solche Person ist die Lola nicht. Aber ich kenne meine Münchner.«

Pechmann gab zu, daß er Lolas unmoralisches Verhalten nicht beweisen konnte, aber er beschwor den König, ältere und weisere Diener über den Wahrheitsgehalt seines Berichts zu befragen und seine Loyalität oder seine Beweggründe, diese Angelegenheit vor den König zu bringen, nicht zu bezweifeln.

»Nein, mein Lieber, ich nehm's ihnen nicht übel, daß Sie mir das gesagt haben. Es ist recht von Ihnen, ich will die Wahrheit hören, habe sie nicht allerzeit erfahren – aber an dieser Sache ist nichts – *so* ist sie nicht, die Lola. Aber recht so, daß Sie mit mir darüber sprechen. Es ist ehrenhaft, ich danke es Ihnen.« Der König stand schweigend vor Pechmann, in tiefen und sorgenvollen Gedanken verloren. Dann, ohne ein Wort der Verabschiedung, drehte er sich um und ging aus dem Audienzsaal.

An diesem Abend ließ sich Pechmann die täglichen Überwachungsberichte von Frau Ganser bringen, mit allen Einzelheiten über das Kommen und Gehen in Lolas Wohnung und über ihre Indiskretionen bei den Gesprächen.[4] Inzwischen konfrontierte der König Lola mit allem, was Pechmann gesagt hatte, und die Tänzerin ließ Ludwig die volle Heftigkeit ihrer beleidigten Ehre, ihrer Verzweiflung darüber, von ihrem einzigen Freund auf der Welt verlassen worden zu sein, spüren; Lola und Ludwig besaßen beide ein romantisches, zur Übertreibung neigendes Wesen, und sie wußte instinktiv, wie sie an das Herz des Königs rühren konnte. Ludwig war zu Tränen bewegt, aber die Versöhnung, die folgte, konnte den Verdacht, der ihm eingepflanzt worden war, nicht wirklich zerstreuen. Der König kehrte noch immer tief beunruhigt in die Residenz zurück.

Lola hingegen scheint sich sicher gefühlt zu haben, daß sie die Schlacht, wenn nicht den Krieg, um des Königs Meinung gewonnen hatte; und am nächsten Morgen setzte sie sich hin, an ihren Freund, den Journalisten Pier-Angelo Fiorentino, zu schreiben, ihren ersten Brief, seit sie Frankreich verlassen hatte.

Nun, lieber Fiorentino, ich verließ Anfang Juni Paris als eine umherziehende und in der ganzen Welt gejagte Frau, und *heute* bin ich dabei, den Titel einer *Gräfin* zu erhalten! Ich besitze ein wunderschönes Haus, Pferde, Diener, kurzum, alles, womit die offizielle Mätresse des Königs von Bayern umgeben sein könnte.

Hier bin ich, umringt von der Huldigung hochgestellter Damen, ich gehe überall hin, ganz München liegt mir zu Füßen, Staatsminister, Generäle, hochgestellte Damen, und ich erkenne mich nicht mehr wieder als Lola Montez. Der König liebt mich leidenschaftlich; er hat mir auf Lebenszeit ein Einkommen von 50000 Francs bewilligt und bereits über 300000 Francs für mein Haus etc., etc. ausgegeben.
Ich tue hier alles. Der König zeigt öffentlich seine große Liebe zu mir. Er geht mit mir spazieren, geht mit mir aus. Jede Woche gebe ich eine große Einladung für Minister etc., etc., bei der er anwesend ist und wo er mir nicht genug Ehrerbietung erweisen kann.
Ich weiß, mein lieber Fiorentino, daß Sie es immer gut mit mir gemeint haben und daß Sie diese Neuigkeiten erfreuen werden. Deshalb schreibe ich, weil ich, obwohl umringt von all den Ehrungen und Huldigungen meiner ehrgeizigsten Hoffnungen, ach, manchmal von Paris träume, an Paris denke!
Geliebtes Paris!
In Wahrheit gibt es in diesem Leben voller Glanz und Pracht kein wahres Glück. Es gibt dort so viel Neid, so viele Intrigen. Man muß immer die vornehme Dame spielen und seine Worte zu jedem Menschen abwägen. Ach! mein fröhliches Leben in Paris!
Aber ich bin entschlossen. Ich werde diese Welt, zu der ich mich wie durch ein Wunder emporgehoben fand, nicht verlassen. Der König empfindet für mich eine leidenschaftliche, wahre Liebe. Er hat niemals zuvor eine Mätresse gehabt. Aber mein Wesen gefiel ihm. Er ist ein Mann von bemerkenswerter Begabung. Ein wahres Genie und einer der kultiviertesten Dichter, die es gegenwärtig in Europa gibt. Die kleinste Laune von mir ist ihm Befehl, und ganz München ist verblüfft. Sie wissen nicht mehr, was sie sagen sollen. Er liebt mich so sehr, daß jeder, den ich mag, sofort in seiner Gunst steht ...
Grüßen Sie mir alle meine Bekannten. Oh! Paris! Dort habe ich gelitten, aber dort war ich auch so glücklich.
Leben Sie wohl, mein lieber Freund. Ich schicke Ihnen einen Kuß. Gottseidank sind Sie nicht hier, denn ich kann weder einen Freund noch ... [Auslassung im Original] haben. Vornehmheit ist so schwierig!
Ihre Ihnen immer gewogene
Lola[5]

Aber Lolas Entschluß, in dieser neuen Welt zu bleiben, wurde noch am selben Morgen unterminiert.[6] Frau Ganser hatte Freiherrn von Pechmann aufgesucht. Sie könnte es nicht länger ertragen, sagte sie ihm. Die stark gefühlsbeladene Szene zwischen dem König und ihrer Herrin letzte Nacht hatte sie schwer erschüttert, und sie wollte nicht länger an den Intrigen teilhaben. Was sollte sie tun? Der Polizeidirektor riet ihr, direkt zum König zu gehen und ihm alles zu erzählen, was sie über Lolas Betragen wußte. Als zusätzlichen Beweis, den sie dem

König vorlegen konnte, gab er Frau Ganser Abschriften ihrer täglichen Spitzelberichte mit.
Der König befand sich in seinem privaten Arbeitszimmer, als Lolas Gesellschafterin in dringender Angelegenheit gemeldet wurde.
»Was bringen Sie, meine liebe Ganser?« fragte der König.
»Eure Majestät sind betrogen!« rief die Frau dramatisch und warf sich vor dem König auf die Knie.
»Und von wem? Doch nicht von meiner Lola?« fragte Ludwig, während er die Berichte entgegennahm, die Frau Ganser ihm reichte. Nach der turbulenten Szene der letzten Nacht waren seine Gefühle immer noch angespannt, und dieser dramatische Auftritt von Lolas Gesellschafterin und ihre Erklärung zerrten an ihm bis an die Grenzen seiner Belastbarkeit. Er durchblätterte die geheimen Berichte und fiel neben der Frau auf die Knie. Dabei strömten Tränen ihm aus den Augen. Frau Ganser sagte ihm, daß er Lola nie wieder sehen dürfe, aber Ludwig konnte diese Aussicht nicht ertragen. Deshalb ging er an seinen Schreibtisch und schrieb einen aufgewühlten Brief an General Heideck:

Seligkeit ist nicht für diese Erde; ich war hier selig, aus meinem Himmel bin ich gestürzt. Das Unglaubliche ist geschehen. Die Jahre, die ich noch zu leben habe, wähnte ich in erhebender Liebe zuzubringen. Es war ein Traum, ein wonnenschöner Traum. Er ist dahin. Aber keine Übereilung. Überbringerin dieser Zeilen, die Frau des Bildhauers Ganser, wird Ihnen die Beweise zeigen. Sie sind ruhig, ich bin es nicht. Zeit zur Überlegung lassend, gedenke ich um halb zwei Uhr heute zu Ihnen nach Hause zu kommen. Keine schriftliche Antwort, mündlich wenn ich komme. Ob es nicht am besten sein möchte, wenn ich Lolitta bei Ihnen sehe. Soll ich für immer von ihr scheiden (fürchte nicht anders möglich), so will ich sie noch einmal sehen. Heftigkeit ist von mir keine zu befürchten. Es schämt sich der König, der 60jährige Mann nicht, daß Tränen ihm aus den Augen drängen, während er dies schreibt.
Der noch vor einer Stunde glücklich gewesen
Ludwig[7]

Der König befahl Frau Ganser, den Brief und ihre Berichte zu General Heidecks Haus in der Briennerstraße zu bringen.[8] Der General war noch beim Frühstück, als sie ihm die verzweifelten Zeilen des Königs und ihr Spionagedossier überreichte. Heideck befragte Frau Ganser kurz, entließ sie dann und fing an, ihre Aufzeichnungen durchzublättern. Es gab Anmerkungen über die Besuche von Leutnant Nußbammer und anderen zu Uhrzeiten, zu denen keine respektable Dame männliche Besucher allein empfangen hätte; die Ganser wußte nicht, was vorgefallen war, aber die bloße Tatsache, daß die Tänzerin sich zum wiederholten Mal erlaubt hatte, sich in der Nacht mit Männern allein in ihren Räumlichkeiten aufzuhalten, genügte unter den herrschenden Regeln, sie als unmoralisch abzustempeln.

Die Ganser war auch sehr eifrig gewesen, alle Bemerkungen, die Lola bei ihren Einladungen über prominente Leute gemacht hatte, zu notieren:[9] »Der König versprach mir bei seiner Ehre als Edelmann und als König, daß Hörmann [der Präsident der Provinzialregierung von Oberbayern] niemals Staatsminister sein wird.« Frau Gansers Aufzeichnungen zitierten Lola: »Präsident Hörmann ist nicht beliebt, niemand mag ihn, niemand kann ihn leiden; ich weiß alles, was sie über ihn sagen. Er wird gehen müssen, weil er sich in meine Angelegenheiten gemischt hat.«

»Der König wünscht, daß ich seinem Freund von der Tann schreibe«, hatte Lola nach Frau Gansers Worten erklärt. »Das kann ich tun; weit entfernte Feunde sind kein Problem, aber der König soll keine Freunde in seiner Nähe haben.«

Und als jemand Lola gegenüber bemerkte, daß die Freundin und frühere Mätresse des Königs, die Schauspielerin Constanze Dahn, eine Frau von Geist sei, erinnerte sich die Spionin, daß Lolas Antwort gelautet habe: »Wenn sie das wäre, würde sie nicht immer noch auf der Bühne stehen.«

Ein solcher Kommentar war zwar ein wenig unverschämt für eine Tänzerin, deren zufälliges Ausscheiden aus dem Berufsleben noch so kurz zurücklag, aber er war nicht unbedingt ein Beweis für Hochverrat. Dennoch zeigten die Berichte, daß Lola sich über die herrschenden Ansichten über das, was passend, weiblich und moralisch war, hinwegsetzte, und daß sie arrogant, kleinlich und erpicht darauf war, ihren Einfluß auf den König zu nutzen.

Heideck durchblätterte immer noch den Bericht, als er durch das Eintreffen von Ludwig überrascht wurde, der nicht länger warten konnte, um seinem alten Freund sein Herz auszuschütten. Ludwig fiel dem General um den Hals und weinte bitterlich: »So ist denn keine Freude mehr für mich. Ich hatte gehofft, für den Rest meiner Tage eine Freundin gefunden zu haben, wo ich in vertraulichem, geisterheiterndem Umgang meine leeren Stunden zubringen und alle Regierungsunannehmlichkeiten vergessen könnte. Ich ehre und liebe die vortreffliche Königin, aber zu solchem Zwecke genügt meinem Geist ihre Konversation nicht und mein Herz bedarf eines weiblichen

Umgangs – Ich bin daran gewöhnt – Ich hoffte in Lola solch ein Wesen zu finden und sie betrügt mich.«

Heideck war tief erschüttert über die Verfassung des Königs – über sein fahles Gesicht und die vom Weinen rotgeränderten Augen –, und er bat den König, sich zu fassen, an seine Gesundheit und seine Verpflichtungen als König zu denken, und seinen Schmerz zu mäßigen. Der General beschwor Ludwig, sich nicht mehr einer solchen Gefühlserschütterung auszusetzen, die der Anblick Lolas wieder bei ihm hervorrufen würde, daß sie nur seine Verachtung verdiente und daß er sich weigern sollte, sie jemals wiederzusehen.

»Nein Heideck, das kann ich nicht tun«, antwortete der König, »ungehört verdammen! Nein. Das würde ich mir zeitlebens zum Vorwurf machen. Aber früher will ich sie nicht sehen, bis Sie mit ihr gesprochen haben. Seien Sie ruhig, ich weiß mich zu fassen.«

Heideck wußte, daß des Königs unerschütterlicher Gerechtigkeitssinn es nie zugelassen hätte, Lola das Recht zu verweigern, auf die ihr zur Last gelegten Vorwürfe zu antworten. Und in der Tat hoffte der König, daß Lola die Beschuldigungen widerlegen konnte.

»Sie kann auch unschuldig, wenigstens nicht so schuldig sein, als diese Frau spricht. Ich habe ähnliches erlebt – Bedenken Sie, wie sie verfolgt wird – Wie sie und ich schon verleumdet wurden – Nein, ungehört verdamm' ich nicht. Ich trage genug Schmerz, den mir ihre Untreu in tiefster Seele verursacht, ich will ihn nicht durch Selbstvorwürfe vergrößern und erschweren.«

Der König und sein Freund kamen überein, daß Heideck Lola mit den Berichten der Ganser konfrontieren sollte. Danach würde Ludwig kommen, um sie zu sehen, gegen 2 Uhr nachmittags. Der General fürchtete diese Unterredung. Er wußte bereits, wie schnell Lolas Stimmung umschlagen konnte, und er hatte keine Ahnung, wie sie auf diese Spitzelberichte reagieren würde. Es hieß, sie trage immer einen Dolch und eine kleine Pistole bei sich, und Heideck ermahnte sich, immer ihre Hände im Auge zu behalten, so daß sie ihn nicht überraschen konnte.

Es ging schon auf zwei Uhr zu, als Lola und ihre Zofe im Haus des Generals eintrafen. Der General sagte ihr, er habe etwas Vertrauliches mit ihr zu bereden, und bat sie, die Zofe fortzuschicken. Lola setzte sich an das eine Ende des Sofas, der General nahm ihr gegenüber Platz und fing an zu sprechen. Heideck teilte ihr den Zweck ihres Treffens mit, umriß den Inhalt von Frau Gansers Berichten und warf ihr erbittert ihr Betragen vor.

Lola wurde von blinder Wut ergriffen. Sie schwor beim Grabe ihres Vaters, bei allem, was ihr heilig war, daß sie unschuldig und daß alles nur ein Netz von Lügen und Verzerrungen sei und schimpfte über die Schwäche des Königs, der solchen falschen Anschuldigungen Glauben schenken wollte. Sie sprang vom Kanapee auf und warf ihren Schal, dann ihren Hut von sich und verfluchte den Tag, an dem sie dem König begegnet war. Sie schwor, daß sie sofort nach Paris zurückkehren und diese Schurkengrube für immer verlassen würde. Heideck, fassungslos über ihr Wüten, sah, wie ihre Augen fast schwarz zu werden schienen und die Augäpfel hervortraten. Schaum trat auf ihre Lippen, während sie herumschrie. Mit dem Zorn eines alttestamentarischen Propheten begann Lola an ihren Kleidern zu zerren, und Heideck fürchtete, sie würde ihr Kleid aufreißen. Er versuchte sie zu beruhigen und beschwor sie, nach Hause zu gehen, als König Ludwig eintrat, immer noch so blaß und kummervoll wie bei seinem Besuch zuvor. Lola ging sofort auf den König los, überhäufte ihn mit Vorwürfen, daß er sie bespitzeln ließe, daß er ihr so wenig Glauben schenkte, daß er ihr Vertrauen und ihre Zuneigung so mißbraucht hätte; sie würde München und alles, was sie hier besaß, verlassen und niemals wiederkehren. Heideck warf ihr einen eklatanten Mangel an Respekt gegenüber Seiner Majestät vor, sagte ihr, sie sollte sich ihm lieber zu Füßen werfen und um Vergebung bitten. Lola fauchte zurück, eine unschuldige Frau brauche nicht um Vergebung bitten, und während sie wie besessen in Heidecks Salon tobte, stieß sie gegen die Etagere und warf die Teetassen des Generals zu Boden.

Ludwigs Herz war durch die Bitterkeit von Lolas Worten zerrissen, aber er versuchte, sie zu beruhigen, so gut er konnte, während sein alter Freund im stillen hoffte, daß der Anblick dieser wütenden Inkarnation seiner *querida* dem König Lolas wahres Wesen zeigen würde. Lola bat Heideck, sie alleine zu lassen, und der König befahl ihm hinauszugehen; da der General spürte, daß dem König keine körperliche Gefahr von seiten der Frau drohte, zog er sich in den Nebenraum zurück. Nun sprachen sie in dem seltsamen, verstümmelten Spanisch, welches ihre private Sprache war. Lolas Zorn löste sich in Tränen auf, und Ludwig setzte sich neben sie, tröstete sie und beteuerte ihr seine Liebe. Nach etwa einer Viertelstunde steckte Heideck seinen Kopf durch die Tür, deutete auf seine Taschenuhr, um den König zu erinnern, daß es fast drei Uhr war, die Zeit, um die Ludwig gewöhnlich seine Hauptmahlzeit des Tages in der Residenz zu sich nahm. Der König winkte ihn wortlos fort.

Walther Firle, *Ludwig I.*, um 1840

Schließlich versöhnten sie sich wieder. Der König war wieder einmal davon überzeugt, daß Lolas Liebe echt war, und sie willigte ein, München nicht zu verlassen. »Würden auch alle Beschuldigungen begründet gewesen sein, und wären reumütig sie von ihr mir gestanden worden, alle hätte ich verziehen, so sehr leidenschaftliche Liebe erfüllte mich.«[10]

Lola rauschte an dem General vorbei hinaus, gefolgt vom König. Heideck half Ludwig in den Paletot mit der Bemerkung: »Nun haben Eure Majestät die Furie gesehen, ich gestehe, daß sie bei mir Alles verschüttet hat, eine solche Megäre ist mir noch nicht vorgekommen. Jetzt werden Eure Majestät sie nicht mehr sehen.« »Doch, doch«, entgegnete der König, als er zur Tür ging, »ich hab' ihr versprochen, heut' Abend noch einmal hinzugehen.« »Aber Eure Majestät«, stieß der General hervor, während er nochmals zu erklären versuchte, weshalb der König die Spanierin aufgeben sollte. Ludwig schnitt ihm barsch das Wort ab: »Ich hab' es versprochen und lasse mich nicht hofmeistern.« Als der König ging, fühlte er sich viel besser, Heideck dagegen viel schlechter.

Zurück in der Residenz, unternahm einer von Ludwigs alten Freunden den unklugen Versuch, den König dazu zu überreden, mit Lola zu brechen, indem er Frau Gansers Bericht, den Dujarier-Prozeß und alle anderen Beweise, die er zusammenbringen konnte, anführte.[11] Seine Absicht war offensichtlich, die dramatische Darstellung von Frau Ganser zu untermauern, doch er erreichte damit genau das Gegenteil. Der König betrachtete nun die Argumente als vollkommen beantwortet, und dieser zweite Angriff von Lolas Feinden so kurz nach Frau Gansers Enthüllungen ließ beim König den Verdacht aufkommen, es handele sich um eine Verschwörung gegen Lola, und daß mit vereinten Kräften versucht wurde, ihn zu manipulieren. Ludwig neigte natürlich dazu, überall Komplotte gegen den Thron zu vermuten, was nicht immer unberechtigt war; und in diesem Fall waren seine Vermutungen wahrscheinlich durchaus begründet. Abel wußte bestimmt von den Bemühungen, den König und die Tänzerin auseinanderzubringen, doch er beschränkte seine Beteiligung auf heimliche Unterstützung und Ratschläge. Wie Heideck schon prophezeit hatte, bewirkte die Kampagne, Ludwig gegen Lola aufzubringen, daß der König nur noch unerschütterlicher zu ihr stand.

Als er sie an diesem Abend besuchte, überzeugte Lola den König davon, daß Frau Gansers Berichte eine einzige Lüge waren.[12] Ludwig erinnerte sich selbst daran, daß Frau Ganser ihm einmal berichtet hatte, der Kronprinz habe eine Affäre mit einer Gräfin, eine Geschichte, die sich als völlig falsch herausgestellt hatte. Er bat sogar Heideck, ihm den tiefbewegten Brief zurückzugeben, den er ihm an jenem Morgen nach Erhalt von Frau Gansers Bericht geschrieben hatte, so daß er Lola zeigen konnte, wie tief seine Gefühle für sie waren. Mehr denn je betrachtete der König Lolas Feinde als seine Feinde und ihre Freunde als seine Freunde. Es wurde für ihn zu einer Ehrensache zu zeigen, daß die ganze Welt sie nicht trennen konnte.

Am nächsten Tag schrieb Ludwig an den Freiherrn von Maltzahn in Paris und bat ihn, baldmöglichst nach München zurückzukehren, denn es stand fest, daß Lola einen loyalen und verständnisvollen Freund benötigte, insbesondere einen, der in Münchens besseren Gesellschaftskreisen Einfluß hatte und respektiert wurde.[13] Maltzahn erwiderte, daß er gerne zu einem der Flügeladjutanten des Königs ernannt werden und die Erlaubnis erhalten würde, seine Sommermonate auf seinem Landsitz in Baden-Baden zu verbringen. Der König war sofort damit einverstanden. »Liebe, Ehre und Pflicht binden mich an Lola«, schrieb er Maltzahn. »Eine Verschwörung wurde hier gebildet, um mich von ihr zu trennen, aber dies hat mich nur noch stärker mit ihr verbunden.«

Obwohl die Bande zwischen dem König und seiner Favoritin durch den Anschlag gestärkt wurden, war Ludwig oftmals alles andere als glücklich über Lolas Verhalten.[14] Kurz nach der Affäre Ganser schrieb der König in sein Tagebuch: »In personale Regierungssachen mischt sie sich ... ihr Zugeständnisse gemacht, will sie weiteres ... Wo soll das hinaus?« Er war sich auch des Unbehagens bewußt, das Lola unter den Adligen durch ihren ungenierten und vorzeitigen Gebrauch des Emblems der neunzackigen Krone, des Symbols einer Gräfin, hervorrief. Es erschien auf den Uniformknöpfen ihrer Lakaien und befand sich im Dekor des teuren Silbers, das sie bestellt hatte. In über zwei Jahrzehnten auf dem Thron hatte Ludwig nur relativ wenig Bürgerliche in den Adelsstand erhoben, kaum jemanden in den Rang einer Gräfin, und der Adel war über den Gedanken empört, daß eine ehemalige Tänzerin von zweifelhaftem Talent und noch zweifelhafterem Ruf in ihre Kreise aufgenommen werden sollte. Tatsächlich hatte der König versprochen, sie zur Gräfin zu machen, aber nun versuchte er ihr nahezubringen, daß der Rang einer Baronin vielleicht besser sei. Dieser Titel, sagte Lola dreist, sei inakzeptabel; entweder sie würde zur Gräfin, oder sie würde einfach Lola Montez bleiben.

Doch nur wenige Tage nach dem Ganser-Zwischenfall provozierte die Gräfin in spe eine größere polizeiliche Untersuchung.[15] Sie drang nämlich in den Sicherheitsbereich des Zentralpostamtes ein, als sie versuchte, ein an Nußbammer geschicktes Päckchen wiederzubekommen. Dabei griff sie zumindest einen der Postangestellten tätlich an. Die verärgerte Antwort des Königs, als er den detaillierten Polizeibericht über den Vorfall erhielt, mag ebensoviel Frustration über Lolas fortdauernde unbeherrschte Handlungen wie über die offensichtliche Schadenfreude der Berichterstatter enthalten haben. »Wenn ich nicht selbst frage«, schrieb er Freiherrn von Pechmann, »von der mir teuren Lola Montez keine Erwähnung gemacht werden soll von meiner Polizeidirektion.« Der Freiherr, der sowohl Gehorsam als auch Pflicht sehr ernst nahm, fühlte, daß der Befehl des Königs ihn laut Verfassung nicht davon abhalten würde und konnte, seine Untersuchung des Sturms auf das Postamt fortzusetzen, und am folgenden Morgen verhörte einer seiner Beamten Lolas Zofe Jeanette und Berta Thierry, die als Lolas Komplizinnen bei dem Zwischenfall verdächtigt wurden.

Zur gleichen Stunde hatte Freiherr von Pechmann von Lola einen Brief erhalten, in dem sie ihn aufforderte, sie in Ruhe zu lassen, sonst würde sie sich beim König beschweren.[16] Pechmann erwiderte mit einer Vorladung, in der es hieß, daß Lola innerhalb einer Woche sich zu ihrem »exzessiven Benehmen im Postgebäude« äußern müßte. Es war ein Machtkampf, den er, wie Pechmann wahrscheinlich wußte, nicht gewinnen konnte.

Am nächsten Morgen brachte einer von Lolas livrierten Lakaien dem Polizeichef die Vorladung zurück mit den Empfehlungen seiner Herrin und ihrer Antwort, daß sie, da sie Deutsch nicht lesen könne, nicht wisse, was das Schriftstück bedeute;[17] sie sei der Ansicht, es sei das beste, die Sache fallenzulassen. Pechmann erwiderte, Staatsdiener in Bayern würden Dokumente nur in deutscher Sprache abfassen, und sie solle sich die Vorladung von jemandem übersetzen lassen; auf jeden Fall könne er die Untersuchung nicht ohne Genehmigung abbrechen.

Der Diener kehrte zu Lola zurück, die wegen starker Menstruationsbeschwerden, die sie fast die ganze Nacht wach gehalten hatten, zu Bett lag. In fünfzehn Minuten war der Diener wieder bei Pechmann, um ihm die in Stücke gerissene Vorladung auszuhändigen. Der Direktor schrieb diese Tatsache gelassen in die Untersuchungsakte und ließ den Diener die Eintragung mit seiner Unterschrift bezeugen. Ulrich Thierry, der Vater von Lolas Gefährtinnen, erschien unmittelbar danach, um sich für das schreckliche Mißverständnis zu entschuldigen. Er sagte, er habe Mlle. Montez gerade erklärt, daß das Zerreißen der Vorladung eine Mißachtung des Gerichtes bedeute, und Mlle. Montez bäte den Freiherrn darum, den Vorfall zu vergessen. Der Freiherr lehnte dies ab.

Nun spielte Lola ihren König aus.[18] Um 1.30 Uhr traf ein Bote mit einer Nachricht an Pechmann ein: »An den Verweser der Polizeidirektion Freiherrn von Pechmann. *Sehr ernstlich* lasse ich demselben wissen, die mir teure Lola Montez in Ruhe zu lassen. Es ist bei ihr, welcher die hiesigen Einrichtungen fremd sind, nicht so genau zu nehmen. Freiherr von Pechmann, vergessen Sie nicht, daß er nur Verweser ist und daß, wenn er sogar definitiv Polizeipräsident wäre, die Belassung auf seiner Stelle vom König abhinge. *Ich bin der Machinationen müde ... Keine Erwiderung, aber Gehorsam.*«

Pechmann war nicht bereit, klein beizugeben. Er ging zu Abel und legte dar, daß er, da die Vernichtung der Vorladung unter das Kriminalgesetz fiel, weitere Untersuchungen anstellen müsse, und daß der König nach der Verfassung kein Recht hatte, eine Kriminaluntersuchung zu unterbinden. Abel zeigte zwar dem eifrigen Polizeidirektor gegenüber Verständnis, doch muß es ihm klar gewesen sein, daß sich nicht nur Pechmann gefühlsmäßig in die Sache hatte hineinziehen lassen, sondern, was viel wichtiger war, daß der König selbst emotional beteiligt war. So sehr sich auch der Minister über die Ausweisung der Spanierin aus München gefreut hätte, so konnte er doch ziemlich deutlich sehen, daß Pechmann das Schiff seines Amtes direkt auf den unbeweglichen Felsen des granitenen königlichen Willens zusteuerte, und Abel hatte keinerlei Interesse daran, für diese Fahrt anzuheuern.

Obwohl er von seinem Vorgesetzten nur schwache moralische Unterstützung bekam, behielt der Polizeidirektor seinen Kurs bei und ordnete die Verhörung aller an, die von der Vernichtung der Vorladung wußten.[19] Der König erwiderte mit einem prompten Befehl an Abel, Freiherrn von Pechmann sofort in eine kleine Provinzstadt zu versetzen. Die Sache mit der zerrissenen Vorladung wurde fallengelassen, nachdem ein Arzt attestierte, daß sich Mlle. Montez zu der Zeit des Zwischenfalls in einer »vorübergehenden interessanten Verfassung« befunden habe und für ihre Handlungen nicht verantwortlich sei. Ein neuer Witz machte in München die Runde: Was ist der Unterschied zwischen Preußen und Bayern? In Preußen warf die Polizei Lola Montez hinaus, in Bayern warf Lola Montez die Polizei hinaus.

Ludwig wurde zunehmend verärgert durch den Widerstand, auf den er bei allem, was seine liebe Lolitta anging, traf;[20] Pechmann war zwar der schlimmste Gegner, aber bei weitem nicht der einzige. Die Stadtverwaltung stritt über die Genehmigung für die Arbeiten, die an Lolas neuem Haus in der Barerstraße durchgeführt wurden. Der Kunstverein, der mit dreitausend Mitgliedern kaum ein exklusiver Verband war, stimmte gegen Lolas Mitgliedschaft, obwohl der König der oberste Schirmherr der Vereinigung war und trotz der Tatsache, daß Stielers Porträt von ihr viele Menschen in ihren Ausstellungssaal unter den Arkaden am Hofgarten zog. Der Museumsverein, der führende Gesellschaftsklub in München, von dessen Mitgliedern jeder einzelne dem König etwas schuldete, hatte einstimmig ihren Aufnahmeantrag abgelehnt. Die Stadt München hatte ihren Antrag auf Staatsbürgerschaft abgelehnt. Die wenigen Münchner, die sich in ihrer Begleitung sehen ließen, sahen sich gesellschaftlich und wirtschaftlich von fast allen ihren Mitbürgern geächtet.

Weit ärgerlicher als die kleinlichen Brüskierungen und der passive Widerstand der Bürger waren für König Ludwig die Bemühungen der Mitglieder seiner eigenen Familie, sich in seine Angelegenheiten zu mischen.[21] Seine Schwester Charlotte Auguste, die Witwe des österreichischen Kaisers Franz, hatte ihm gerade in einem Brief vorgeworfen, was er für ein Beispiel geben würde. Die Welt würde eine solche Sache wohl einem jungen Mann vergeben, aber nicht einem alten Mann. Er möge doch an seine Untertanen denken. Sie flehte ihren Bruder an, mit seiner Seele, seinem Land und mit ihr, die ihm diese Zeilen schrieb, Erbarmen zu haben. Sie wolle stolz auf ihn sein können, redete sie ihm ins Gewissen, deshalb solle er Lolas Hand loslassen, sie mit Geld füllen, wenn nötig, mit viel Geld, damit sie von ihm abließe. Sie forderte ihn auf, er möge seinen Verstand, seinen Willen gebrauchen. Sie würde zu Gott flehen, ihm zu helfen, und unterschrieb mit: Deine *wahre* Freundin, Deine Dich zärtlich liebende Schwester. Ludwigs Antwort war so kurz, wie eine Antwort nur sein kann: »Jeder kümmere sich um das, was ihn angeht, und man sollte mich zu sehr kennen, um überzeugt zu sein, daß ich die Einmischung in meine Angelegenheiten nicht dulde.«

Inmitten dieses emotionalen Aufruhrs ging der Herrscher wie gewöhnlich seinen königlichen Pflichten nach, stand lange vor Morgengrauen auf, studierte aufmerksam die Berge von Staatspapieren, verlieh Auszeichnungen und überwachte streng die Arbeit seiner Minister. Am 15. Dezember verkündete er, daß eine wichtige administrative Veränderung am 1. Januar in Kraft treten würde; die Abteilungen Schulwesen und Kirche würden aus dem Innenministerium herausgelöst werden, wo Abel für sie verantwortlich gewesen war, und würden dem weniger konservativen Justizminister unterstellt werden. Ludwig schrieb seinem alten Freund Tann, er habe einen solchen Schritt schon seit fast einem Jahr geplant, aber erst abgewartet, bis die liberale Reformbewegung sich gelegt hatte, so daß der Wechsel eindeutig als ein Akt königlichen Willens und nicht als zwangsweise Kapitulation gesehen würde. Der König schrieb, er habe den Minister schon vor langer Zeit wissen lassen, daß er in religiösen Angelegenheiten zu sehr dem extrem konservativen Flügel der Katholischen Partei verbunden sei; dennoch sagte er zu Tann: »Abel ist ein Staatsmann, wie Bayern keinen anderen besitzt, und *der sehr viel bei mir gilt.*«

Die Herauslösung von Kirche und Schulwesen aus Abels Innenministerium mochte zwar noch keine unmittelbare Wirkung haben, aber sie würde die Protestanten und die Liberalen ermutigen und den Ultramontanen signalisieren, daß sie nicht dafür verantwortlich seien. »Mich soll's nicht wundern, wenn die Leute es der armen Lolitta in die Schuhe schöben«, schrieb der König, und in gewissem Maße fand genau dies statt. Obwohl die inneren Kreise der Regierung wußten, daß diese Veränderung kommen würde, sah es in den Augen der Öffentlichkeit so aus, als würde Lola, die gegen die Jesuiten gewettert und dem König das Freimaurertum ans Herz gelegt hatte, den Kurs des Staatsschiffes beeinflussen. Jeder, der mit der bisherigen Richtung zufrieden gewesen war, hatte neuen Grund, die Spanierin zu fürchten und zu hassen.

Kurz vor Weihnachten kehrte Leutnant Nußbammer aus Ansbach zurück, wohin man ihn beurlaubt hatte – teils, um ihn von seinen Offizierskameraden zu entfernen, die das Gefühl hatten, seine Freundschaft zu Lola brächte Schande über das Regiment, und teils, weil Ludwig gespürt haben mußte, daß Lolas Interesse an dem jungen Mann mehr als flüchtig war.[23]

Das noch vorhandene unmittelbare Beweismaterial sagt uns wenig über Lola und Nußbammer (obwohl sie in ihrem Brief an Fiorentino klagte, daß es für sie unmöglich sei, Liebhaber zu haben); doch wenn wir ihr Verhalten in der Frühlingsstraße, im Postamt und danach betrachten, scheint es, als sei sie während ihrer ersten Monate in München gefühlsmäßig stärker mit dem Leutnant als mit Ludwig verbunden gewesen. Der König mochte sich vielleicht die sexuelle

Eifersucht, die hinter seiner Haltung gegenüber dem Leutnant steckte, nicht eingestehen, aber Lola war sich dessen sehr wohl bewußt; und als Nußbammer sie bei seiner Rückkehr nach München besuchte, beschloß sie trotz ihres Versprechens, dem König nichts zu erzählen.

Das Jahr neigte sich dem Ende zu, und Ludwig schrieb Tann einen Lagebericht. »Im achtundvierzigsten Jahre in München, hatte ich es doch so nicht gekannt, und wahrlich, es macht mir keinen vorteilhaften Eindruck ... Meine hiesige Familie benimmt sich sehr gut, ganz vorzüglich trefflich die Königin, ich weiß es zu schätzen, ich liebe sie. Aber die Jesuitenpartei, wenigstens ein Teil derselben, ... sind erbost auf Lolitta, die Katholikin, aber eine *abgesagte Jesuitenfeindin* ist; das ist freilich ein unverzeihliches Crimen. Wer weiß, wenn sie das Gegenteil, Einführung der Jesuiten-Collegien in Bayern, bewirkte, wir bekämen vielleicht zum heiligen Ignatius von Loyola eine halbe heilige Lola ... Das Gegenteil von dem, was man zu erreichen gewollt, hat man durch die Umtriebe bewirkt, darin werden Sie meinen Charakter erkennen.«[24]

Am letzten Tag des Jahres 1846 verfaßten zwei Briefschreiber Zeilen, die nur für Ludwigs Augen bestimmt waren. In seinem Zimmer im Hotel Maulik schrieb Baron Maltzahn, der gerade aus Paris angekommen war, eine aufgeregte Botschaft, in der er den König bat, ihn nicht zu seinem Flügeladjutanten zu ernennen. *Sein Leben* stünde Seiner Königlichen Majestät zur Verfügung, erklärte er, *aber nicht seine Ehre*.[25] In der kurzen Zeit seit seiner Ankunft hatte Maltzahn ein rauhes Erwachen erlebt. Die Situation hier sei völlig anders als er dachte, schrieb er; unglücklicherweise habe Lola während seiner Abwesenheit alle Gesellschaftsklassen beleidigt, jeden gekränkt, und die Stadt und die Nation seien so aufgebracht, daß es beim besten Willen *zu spät, ja unmöglich* sei, ihre Position zu verbessern, zumindest sei er zu schwach dazu ... Er bat den König, ihm eine Stunde zu gewähren, in der er mit ihm ohne Unterbrechung sprechen könne, um zu überlegen, was noch getan werden könne.

In ihren Räumen im Goldenen Hirschen hatte Lola einen ihrer deutschen Freunde gebeten, ihr mit dem Bleistift einen Neujahrsglückwunsch an ihren königlichen Freund und Beschützer leicht vorzuskizzieren, und sie zog die Umrisse der fremden Buchstaben mühsam nach, so daß sie ihm sagen konnte, sie habe es eigenhändig geschrieben. In diesen Zeilen wünschte sie, daß das neue Jahr dem Mann, für den sie ihr Leben opfern würde, viel Freude bringen möge. Ihrer beider Herzen, so schrieb sie, mögen immer neugeboren im heiligen Glück der reinsten Liebe sein. Es sei ihr Wunsch für das neue Jahr, sich mit Ludwig mit »starken, zarten Banden in süßer Unschuld« zu verbinden.[26]

****

Mätresse gegen Minister und Mob

Als Ludwig Maltzahn an diesem hellen, kalten Neujahrsmorgen die geforderte Audienz gewährte, zeichnete der Baron, einer der wenigen Männer, die nach Meinung des Königs zu Lolas treuen Anhängern gezählt werden konnten, ein verheerendes Bild von der Empörung, dem Zorn und sogar Haß, die sie in ganz Bayern hervorgerufen hatte.[1] Als König, sagte Maltzahn, könnte Ludwig diesen öffentlichen Widerstand durchstehen, doch er, eine Privatperson, die dreißig Jahre lang nicht in München gelebt hatte, würde durch die täglichen Verleumdungen, Brüskierungen und Feindseligkeiten zermürbt werden. Er gab auch zu verstehen, daß, obgleich er sich als Lolas Freund betrachte, ihr Ruf in Paris und anderswo derart war, daß sie vielleicht als die Favoritin des Königs nicht ganz die richtige Wahl sei. Ludwig war bestürzt; er hatte gehofft, Maltzahn würde in der Lage sein, die öffentliche Meinung über Lola zu wenden. »Aber wie soll ich mir selbst helfen?« rief der König aus, »Ich bin an sie gebunden.«

Später an diesem Tag suchte Maltzahn Lola auf, und Ludwigs Verwunderung nach seiner Unterredung mit Maltzahn verwandelte sich in Zorn, als Lola ihm erzählte, was der Baron ihr gesagt hatte.[2] Sie berichtete, er habe ihr zuerst wegen ihres Benehmens Vorwürfe gemacht und ihr dann eine Pension auf Lebenszeit von 50 000 Francs pro Jahr angeboten, falls sie Bayern sofort verlassen und nie mehr zurückkehren würde. Der König konnte nicht glauben, daß Maltzahn gewillt oder in der Lage sei, eine solche Summe aus eigener Initiative und aus eigenen Mitteln aufzubringen. Als er erfuhr, daß Maltzahn eine lange Unterredung mit Erzbischof Reisach geführt hatte, mutmaßte Ludwig die wirkliche Quelle dieser Bestechung. Nachdem Maltzahn versucht hatte, den König von der Lauterkeit seiner Beweggründe zu überzeugen, beschloß er, daß Familienangelegenheiten seine Anwesenheit woanders erforderten, und er verließ schnell die Stadt. Es scheint zumindest ein Quentchen Wahrheit an Lolas Bericht über die angebotene Bestechung gewesen zu sein, und Ludwig glaubte ihm voll und ganz. Von diesem Tag an war er sich sicher, daß Lola ihn nicht wegen seines Reichtums liebte, da sie so viel abgelehnt hatte, um an seiner Seite zu bleiben.

Lola war zu einer Berühmtheit und für die Straßenkinder zu einer Zielscheibe des Spottes geworden.³ Wenn sie ausging, folgten sie ihr stets scharenweise, und die Buben pfiffen, johlten und warfen manchmal Pferdeäpfel, die sie von der Straße aufklaubten, nach ihr. Es wurde so schlimm, daß Ludwig schließlich Gendarmen damit beauftragte, sie rund um die Uhr zu bewachen, und sie ging jetzt nur noch selten spazieren. Mit dem braunen Brougham, der für sie in Paris gekauft worden war, und den beiden prächtigen Rappen aus den königlichen Stallungen bildeten sie und ihre berittenen Gendarmen eine eindrucksvolle Parade.

Ludwig hatte noch einen weiteren seiner hervorragenden Hofmaler, Wilhelm von Kaulbach, beauftragt, ein Bild von Lola zu malen.⁴ Kurz nachdem Lola in München eingetroffen war, hatte Kaulbach eine Bleistiftzeichnung von ihr angefertigt, die ihre frische, exotische Schönheit einfing. Doch der Künstler verachtete inzwischen die Spanierin ebensosehr wie jeder andere in München, und als ihn der König bat, eine vorläufige Skizze für ein Porträt Lolas im Renaissance-Kostüm anzufertigen – sie sollte der schottischen Königin Maria Stuart ähneln, zum einen vermutlich wegen der Begeisterung des Königs für Schillers Drama über die unglückselige Königin und zum anderen, um Lola in der Rolle einer verfolgten Katholikin zu porträtieren –, fertigte der Maler eine Kohlezeichnung einer düster blickenden Lola an, mit Friedhofsblumen im Haar, einem Gürtel aus Schlangen, dem Richtblock und Fallbeil eines Scharfrichters im Hintergrund und einem Zeitungsbericht über den Dujarier-Prozeß, der auf dem Tisch neben ihr aufgeschlagen lag. Ludwig rieb die Dujarier-Überschrift auf der Zeitung aus, zeigte dem Künstler seinen geschwärzten Finger und sagte: »Das ist schwarze Phantasie.« Aber er bestand darauf, daß Kaulbach das Bild malte.

Das Porträt sollte in Lebensgröße im Stil und Kostüm der Spätrenaissance gehalten sein, aber ohne direkte Anspielungen auf Maria Stuart.⁵ Die Sitzungen begannen in Kaulbachs ungeheiztem Atelier, das zwischen dem großzügig angelegten Englischen Garten und der Isar lag. Ludwig kam jedesmal und unterhielt sich dabei mit dem unwilligen Kaulbach und mit Lola, schimpfte über den Adel und die Ultramontanen und hielt die Kälte von Lola mit einer mit Kohlen beheizten Wärmepfanne fern. Auf einer der Sitzungen entwischte Zampa, Lolas Schoßhund, in den angrenzenden Garten, in dem Kaulbach eine große Anzahl von Tieren als Haustiere und Modelle hielt, und begann, mit lautem Gebell die sechs weißen Pfauen des Malers zu jagen. Lola eilte hinaus, um ihren Hund zu retten, gefolgt von Kaulbach, der seine Vögel schützen wollte, und dem König, der nicht allein zurückgelassen werden mochte. Jeder, der an diesem Wintermorgen zufällig vorbeispaziert wäre, hätte zu seiner Verwunderung eine sich dahinschlängelnde Prozession von sechs weißen Pfauen, einem japsenden Hund, der berüchtigten Lola Montez in einem Renaissance-Kostüm, dem berühmten Maler Kaulbach und dem König von Bayern höchstselbt gesehen.

Ludwig war mit Kaulbachs Darstellung seiner lieben Freundin nicht einverstanden, und er ließ es den Künstler wissen.[6] Kaulbach bestand darauf, Lola mit einem düsteren, sogar drohendem Gesichtsausdruck darzustellen, wenn er auch die eher sensationslüsternen Attribute seiner ursprünglichen Skizze wegließ. Der König respektierte die Unabhängigkeit des Künstlers und befahl ihm nicht, das Gemälde zu verändern. Aber er weigerte sich, es zu kaufen, und so blieb es jahrzehntelang unvollendet im Atelier des Künstlers.

Die Polizei riß nun häufig Schmähschriften mit einem anonymen und oft wiederholten groben Spottvers von den Wänden, der mit »Montez, du grosse Hur / Bald schlagen wird dein Uhr« begann und damit endete: »Pfui Teufel Königshaus / Mit unserer Treu ist ist's aus / Bringt uns nur Schand und Spott / Helf uns der liebe Gott.«[7] Der König sah krank und abgehärmt aus, und es hieß, er sei im Januar 1847 mehrmals ohnmächtig geworden.[8] Priester begannen ihre Gemeinden aufzufordern, »für die Befreiung des großen, alten Mannes zu beten«, und es waren Geschichten im Umlauf, daß Priester in den Beichtstühlen zur Buße Gebete dafür aufgaben, daß der König die Spanierin verlassen möge.

Der König war vermutlich weniger über die öffentliche Kritik seiner Beziehung zu Lola verärgert, als über seine Unfähigkeit, ihre Beziehung mit Leutnant Nußbammer zu kontrollieren, der fast überall als ihr Liebhaber galt. Ludwig hatte versucht, von Lola das Versprechen zu erhalten, den Offizier nicht ohne königliche Einwilligung zu sehen, und er hatte es Nußbammer deutlich zu verstehen gegeben, daß er sich nicht ohne Wissen des Königs in Lolas Nähe aufhalten dürfe. Doch beide schienen bereit, die königlichen Wünsche zu ignorieren, und am 17. Januar wurde das spannungsreiche Dreiecksverhältnis durch eine Wiederholung der Komödie vom November gewaltsam aufgelöst. Nußbammer wurde erneut auf des Königs persönlichen Befehl aus München versetzt und dann noch am selben Tag wieder zurückbeordert.

Zwei Tage später machte der König eine Szene, als er in Lolas Räumen zum Tee erschien und den Leutnant dort vorfand.[9] Der König war wütend auf Nußbammer, und er war ärgerlich und enttäuscht, daß Lola seinen Befehl, den jungen Mann nicht ohne seine Erlaubnis zu sehen, nicht beachtet hatte. Doch Lola überzeugte ihn, daß sie Nußbammer nur aus Herzensgüte hatte herkommen lassen, da der arme Mensch hoffnungslos in sie verliebt sei und es grausam gewesen wäre, es ihm zu verweigern, sie wenigstens zu sehen, nachdem er um ihretwillen so viel gelitten hätte.

Ludwig konnte nicht lange böse auf Lola sein;[10] und selbst in den Zeiten, in denen seine Liebesglut ein wenig abkühlte, fühlte er sich durch seine Ehre und sein Wort dieser Frau verpflichtet, die ihm erzählt hatte, sie habe niemanden sonst auf dieser Welt, habe alles für ihn aufgegeben und liebe ihn mit einer Leidenschaft – einer Ehrfurcht, sagte sie – die sie nie zuvor für einen Mann empfunden habe. Neben seiner moralischen Verpflichtung war auch noch seine Autorität als König in Frage gestellt, falls er von seiner Haltung in der Öffentlichkeit, die er zu ihrer Verteidigung eingenommen hatte, abrücken würde.

Trotz seiner Zweifel fand der König die Spanierin immer noch faszinierend;[11] sosehr sie ihn auch mit ihren Launen und Unverschämtheiten quälte, verstand sie es auch, sein Interesse wachzuhalten. Am 26. Januar überraschte Lola ihn mit einem Alabastermodell ihres Fußes auf einem gelben Marmorkissen, modelliert von Johannes Leeb, einem Bildhauer aus Ludwigs Künstlerriege, der inzwischen zu ihrem Kreis gehörte. »Herz von meinem Herz, meine Lolitta«, schrieb ihr der König. »Du hast mir große Freude bereitet mit der wunderschönen Überraschung, mir Deinen Fuß in Marmor zu schicken – Dein Fuß ist unvergleichlich – er scheint ein antikes Ideal zu sein – als Leeb gegangen war, bedeckte ich ihn mit glühenden Küssen.« Er pflegte ihn in seinen Privaträumen als Briefbeschwerer zu benutzen, küßte ihn oft, und schließlich wurde er zum Symbol für die beunruhigende Tiefe seiner Besessenheit. Zum Dank für ihr Geschenk erhielt Leeb von Ludwig den Auftrag, ein Marmorabbild seiner Hand zu schaffen, die einen Federkiel hielt und Gedichte schrieb.

Ludwig erhielt weiterhin Ermahnungen wegen seiner Beziehung zu der Tänzerin. Die meisten ignorierte er, doch die Intervention des Fürsterzbischofs von Breslau, Kardinal Melchior Freiherr von Diepenbrock, rief bei ihm eine beispiellose Reaktion hervor. Der König achtete Kardinal von Diepenbrock und hielt ihn nicht für einen

Extremisten wie Erzbischof von Reisach. Diepenbrock schrieb dem König, er habe den Geist des seligen Bischofs Johann von Sailer beschworen, der Ludwigs religiöser Mentor gewesen war, um ihm bei dem beizustehen, was er dem König glaubte sagen zu müssen. Der Geist des verstorbenen Bischofs habe zu ihm gesprochen, schrieb der Kardinal: »Sag dem König folgendes – König Ludwig, so wächst ein Giftbaum über Dir auf, dessen tödliche Düfte Dich betäuben, Deine Augen verblenden, Deine Sinne berauschen und Dich ganz betören, daß Du nicht siehst den Abgrund, an dem Du wandelst, den offenen Abgrund, der Deiner Ehre, Deinem Rufe, das Glück Deiner Familie, Deines Landes, Deines Lebens und das Heil Deiner Seele zu verschlingen droht ... König Ludwig, erwache aus Deinem Traum ... Besudle Deinen bis jetzt herrlichen Namen nicht zu dem des französischen Ludwig, dessen ärgernisvolles Leben selbst den Abgrund der Revolution gegraben hat.«[12]

Schon nach über einer Woche bereitete der König eine Antwort auf den Brief des Fürstbischofs vor. Er nahm sich die Zeit, das, was er sagen wollte, zuerst aufzusetzen, und schrieb dann:

Herr Fürstbischof, auf Schreiben des Gegenstandes von welchem das Ihrige vom 29. Januar handelt, pflege ich nicht zu antworten, mache jedoch hinsichtlich *Diepenbrocks*, an dessen guter Meinung mir gelegen, eine Ausnahme. Der Schein trügt. Mätressenwirtschaft mochte ich nie und mag sie nicht, Bekanntschaften hatte ich aber fast immer, welche meine Phantasie angeregt, und gerade sie waren mein bester Schutz gegen Sinnlichkeit. Ich besitze ein poetisches Gemüt, was nicht mit dem gewöhnlichen Maßstab gemessen werden darf. Wie der Schein trügt, will ich Ihnen sagen, indem ich hiermit mein *Ehrenwort* gebe, daß ich nun im vierten Monate weder meiner Frau noch einer anderen beigewohnt, und vorher es beinahe fünfe waren, in welchen ich mich dessen enthalten. Selbstherrscher innerhalb der Schranken der Verfassung bin ich, das ist bekannt, und der werde ich bleiben. Was Hilfsbedürftige betrifft, so bekommen sie nicht nur alles, was die sehr beträchtlichen Ansätze für sie im Budget meiner Kabinettskasse betragen, sondern noch mehr und wesentlich mehr. Scheinbar nur ist Skandal, das in Wirklichkeit keiner, ein füglich ausführbareres Mittel, dieses der Welt begreiflich zu machen, wünsche ich mir sehnlich zu kennen. Brechen kann ich nicht, vermöchte nicht mehr mich selbst zu achten, man begehre von mir nicht das Unmögliche.«[13]

Eine Abschrift seiner Antwort gab der König dem Dekan der Münchner Kathedrale und forderte ihn auf, sie an alle Bischöfe des Königsreichs zu verschicken.[14] Vielleicht würde ein Rundschreiben mit der beeideten Aussage des Königs über sein Sexualleben außergewöhn-

lich genug sein, um dem Gerede Einhalt zu gebieten.
Am Mittwoch, den 3. Februar, fand im Staatsrat eine vorbereitende Erörterung zu dem Vorhaben des Königs statt, Lola Montez die bayerische Staatsbürgerschaft zu gewähren.[15] Die Ratsmitglieder erklärten, sie seien, da sie keinerlei Unterlagen hätten, die Lolas Alter, Religion, frühere Staatsangehörigkeit, Schulunterricht bestätigten, dazu nicht in der Lage.
Spät in der Nacht kehrten Lola und eine Gruppe von Freunden in ihre Zimmer im Goldenen Hirschen zurück.[16] Im Korridor des Gasthofs blieben sie stehen, um durch die Fenster in den Festsaal zu schauen, wo Ambros Harvard, der Eigentümer des Hotels, ein Faschingsfest für seine Lieferanten und einige Freunde veranstaltete. Er hatte Lola Montez eine Einladung zu dem Ball geschickt, die sie zwar zuerst angenommen, sich dann aber anders entschieden hatte. Die meisten von Lolas Begleitern beschlossen, an dem Fest teilzunehmen, doch Lola selbst blieb im Korridor und beobachtete die Feiernden. Einer von Lolas Freunden, ein ehemaliger Croupier im Spielkasino von Baden-Baden, begann die anderen Gäste zu belästigen, die sich daraufhin beim Gastgeber beschwerten. Dieser bedeutete dem Störenfried, wenn er sich nicht zu benehmen wüßte, müsse er verschwinden.
In diesem Moment kam Lola vom Korridor herein und begann, mit Ambros Havard zu streiten. Sie drohte offensichtlich damit, aus seinem Hotel auszuziehen, wenn er ihre Freunde weiterhin auf diese Weise behandeln würde, woraufhin er entgegnete: »Je eher, desto besser«, oder etwas Ähnliches. Darauf antworte Lola ihm mit einem festen Schlag ins Gesicht.
Einer von Havards Gästen, der Schneidermeister Ignaz Riehle, eilte seinem Gastgeber zu Hilfe und sagte Lola, sie hätte auf dem Fest nichts zu suchen, und ein heftiger Hieb von Lola zerbrach die Brille des Schneiders. Riehle war außer sich vor Zorn, und er und Lola begannen, sich gegenseitig hin- und herzuschubsen, als er versuchte, sie hinauszuwerfen. Havards Sohn Philip kam herbeigelaufen, um seinen Vater zu verteidigen, und es wäre zu einer allgemeinen Schlägerei gekommen, wenn nicht Leute aus Lolas Gruppe sie aus dem Kampfgetümmel gezogen hätten und mit ihr verschwunden wären. Lolas Leibwächter kamen während des wütenden Aufruhrs herein und begannen die Menge zu beruhigen und zu untersuchen, was zu dieser Störung von Ordnung und Ruhe geführt hatte. Lolas erster Gedanke war, ihren Beschützer herbeizubitten, und sie ließ eine Botschaft in

die Residenz bringen, um den König darüber zu informieren, daß sich etwas Unangenehmes ereignet habe, und ihn zu bitten, so schnell wie möglich zu kommen.[17]
Ludwig wurde die Nachricht übergeben, als er kurz nach fünf aufwachte, und in der Kälte und Dunkelheit eilte er zum Goldenen Hirschen hinüber. Die Gendarmen waren immer noch dabei, Zeugen zu vernehmen, und Lola erzählte dem König ihre Version des brutalen Angriffs Havards und seiner Gäste auf sie. Der König war zu Tränen bewegt – ob aus Mitleid, Wut, Scham oder Frustration, wußte keiner zu sagen –, aber er lehnte es ab, sich in die polizeiliche Untersuchung einzumischen, und traf Maßnahmen, dafür zu sorgen, daß alle Tatsachen gesammelt und unparteiisch geprüft wurden.[18] Im Laufe des Tages stattete er Lola noch zwei weitere Besuche ab, um zu sehen, wie sie sich von den Ereignissen der Nacht erholte.
Das unmittelbare Ergebnis des Streits war, daß Havard sich weigerte, Lola noch irgend etwas aus der Hotelküche bringen zu lassen – nicht einmal ein Glas Wasser –, so wurde es unabdingbar, daß sie eine andere Unterkunft fand, bis sie in ihr Haus in der Barerstraße einziehen konnte.[19] Sie fand eine Wohnung in der dritten Etage der Theresienstraße 8a, gleich bei der Ludwigstraße in der Nähe der königlichen Bibliothek.
Der Kampf von Mittwochnacht war am Samstagnachmittag immer noch Gesprächsstoff in den Münchner Wirtshäusern und Salons, als Lola sich auf einem Einkaufsbummel in der Nähe der Frauenkirche befand.[20] Sie wurde von einem jungen englischen Seemann, Mathilde Thierry und ihrem Hund Turk begleitet. Auf dem Frauenplatz war ein Lieferant gerade dabei, seinen Wagen zu beladen, und aus unbekannten Gründen stürzte sich Turk auf ihn und biß ihn in den Fuß. Der Lieferant war eher verblüfft und verärgert als verletzt, und er griff nach einem Stock, um das Tier zu schlagen, als Lola einschritt, um ihren Hund zu schützen, und den Mann vier- oder fünfmal ins Gesicht schlug. Der Mann war nun noch verblüffter, doch er fand es wahrscheinlich unter seiner Würde, sich mit einer Frau zu schlagen, deshalb bedrohte er den Seemann mit seinem Stock.
Lola und ihre Freunde eilten die Straße hinunter, doch mehrere Leute hatten den Zwischenfall gesehen, und die Nachricht von einem neuerlichen empörenden Angriff der Spanierin auf einen braven Münchner Bürger verbreite sich in Windeseile. Eine aufgebrachte Menge rottete sich zusammen, und als Lola und ihre Begleiter wieder über den Frauenplatz zurückkehrten, wurde die Menge zum Mob. Sie flo-

hen in das Ladengeschäft des Silberschmieds Bartholomä Meyerhofer, wo sie von einer Menschenmenge belagert wurden, die schnell auf mehrere hundert Personen anwuchs. Die Gendarmen von Lolas Leibwache riefen nach Verstärkung von dem nahegelegenen Polizeihauptquartier in der Weinstraße, aber die Stimmung des Pöbels wurde immer bedrohlicher, und er machte keine Anstalten, sich aufzulösen, ohne Lolas habhaft zu werden. Nach dem Zwischenfall im Goldenen Hirschen ging das Gerücht um, die Spanierin habe gesagt, sie würde eher in München sterben, als sich vertreiben zu lassen, und die Menge schien bereit, ihr diesen Gefallen zu tun.[21] Zum Glück war der Silberladen solide gebaut, und ein direkter Angriff durch den Mob schien unwahrscheinlich.

Gegen fünf Uhr wurde es dunkel im frühwinterlichen München, und die Leiter, die im Hintergrund des Ladens auftauchte, blieb daher unbemerkt. Während etwa vierhundert Menschen vorn nach ihr schrien, entkam Lola Montez in den Hof hinter dem Geschäft und benutzte die Leiter, um über eine Mauer und in das Fenster an der Rückseite des Gasthauses Weißes Lamm zu klettern. Von dort floh sie unbemerkt die Weinstraße hinunter.

Als sie sicher zu Hause angekommen war, verkündeten die Gendarmen der Menge, daß Lola fort sei, aber sie weigerten sich, es zu glauben und hielten ihre Belagerung aufrecht. Hin und wieder verfielen sie in lautes Gejohle und schrille Pfeifkonzerte. Schließlich wurden gegen 8 Uhr abends, über vier Stunden nach dem Zwischenfall, berittene Gendarmen eingesetzt, und der Mob wurde mit nur wenigen Festnahmen aufgelöst. Turk, der nicht so gut im Leitersteigen war wie Lolas andere Begleiter, mußte im Laden zurückgelassen und später gerettet werden.

Lola beschwerte sich lautstark bei Ludwig und forderte eine Untersuchung.[22] Er erwähnte Freunden gegenüber, daß er die Zwischenfälle amüsant fände, aber die Mißstimmung gegen seine Favoritin war inzwischen nicht nur fast einstimmig, sie nahm allmählich bösartige Formen an. Wie immer trat Lola Widerstand mutig, ja anmaßend, entgegen, und einen Tag, nachdem sie in dem Silbergeschäft festgesessen war, machte sie mit ihrem britischen Freund demonstrativ einen Sonntagsspaziergang durch die überfüllten Straßen. An diesem Abend legte sie ihr Eintreffen in der Oper zeitlich so, daß sie genau in dem Augenblick den Zuschauerraum betrat, als sich das Publikum erhob, um König Ludwig bei seinem Eintritt zu begrüßen. Während der Vorstellung von Meyerbeers *Robert le Diable* musterte sie die

Logen mit, wie einige Zuschauer meinten, dreister Unverschämtheit. Am folgenden Tag sollte der Staatsrat wieder über die Frage des Bürgerrechts von Lola Montez beraten, diesmal unter dem Vorsitz des Königs selbst. Neue Entwicklungen ließen Ludwig insgeheim auf schnelles Handeln bei der Einbürgerung Lolas drängen. Die polizeiliche Untersuchung des Vorfalls im Goldenen Hirschen war fast beendet und würde bald, vielleicht schon innerhalb von achtundvierzig Stunden, dem Gericht vorgelegt werden. Es bestand die Möglichkeit, daß Lola des Angriffs auf Havard und Riehle beschuldigt werden würde und vor Gericht erscheinen müßte. Als Ausländerin lief sie Gefahr, daß der Richter es ablehnen würde, ihr die Freilassung gegen Kaution zu bewilligen, und sie sofort ins Gefängnis bringen würde; wäre sie jedoch eine bayerische Bürgerin, dann käme Gefängnis nur als entfernte Möglichkeit in Frage. Ludwig wäre in jedem Fall bestürzt gewesen, seine Liebste eingesperrt zu sehen, aber gerade zu diesem Zeitpunkt würde es einen Triumph für ihre Gegner und einen direkten Affront gegen die Autorität des Königs bedeuten. Es war wichtig, daß sie so schnell wie möglich eine Bayerin wurde.

Die Versammlung war für den König enttäuschend.[23] Nicht ein einziges Ratsmitglied war bereit, die Einbürgerung von Lola Montez zu unterstützen. Wieder benützten sie fehlende Unterlagen über ihren Zivilstand als Ausrede, um sich nicht festlegen zu müssen. Der König befahl dem Staatsrat, am nächsten Tag erneut zusammenzukommen und sein Votum abzugeben, wobei er ihnen sagte, er würde die Weigerung, eine Meinung zu äußern, als offenen Ungehorsam auffassen. Nach der Verfassung war es nicht erforderlich, daß der König die Zustimmung des Rates einholte, bevor er die Staatsbürgerschaft verlieh, er wollte lediglich dessen Meinung und war entschlossen, sie zu bekommen.

Der König hatte ein Mitglied des Staatsrats ins Vertrauen gezogen, von dem er sicher zu sein glaubte, daß er nicht »der Partei«, wie er die Ultramontanen nannte, angehörte. Es handelte sich um Georg von Maurer, das einzige protestantische Mitglied des Rates und einen hervorragenden Rechtshistoriker und Juristen. Ludwig hatte Maurer von seiner Befürchtung erzählt, daß Lola vielleicht festgenommen werden könnte, sobald das Gericht den Zwischenfall im Goldenen Hirschen genau untersucht hatte, und er wollte Maurers Rat, wie das Schlimmste zu vermeiden sei. Das Ratsmitglied übernahm die Verantwortung für die taktische Planung und für diskrete Anfragen bei Gericht.

Ferne der Erde
Schon ein Gefährte
Seliger Geister beseligt zu seyn;
Glühend zu fühlen,
Nie zu erkühlen,
Leben und lieben in ewigem Verein.

Stürmen die Wogen,
Wölbet ein Bogen
Sich von der Erde zum Himel hinauf;
Dieser ist offen
Unserm Hoffen
Nimmt die Liebenden liebevoll auf

»An die Liebende«, Gedicht von König Ludwig I., vertont von C. Gollmick

In dieser Nacht wurde ein Fackelzug organisiert, um unter den Fenstern von Erzbischof von Reisach, dem Münchner Sammelpunkt der ultramontanen und Anti-Lola-Fraktionen, zu jubeln.[24] Die Marschroute war so gelegt worden, daß sie vom direkten Kurs abwich, so daß die Prozession in emphatischem Schweigen unter den Fenstern des Königs in der königlichen Residenz vorbeiziehen konnte. Ludwig zeigte sich amüsiert und erklärte jedem, mit dem er sich unterhielt, daß er sich nichts Passenderes als einen Fackelzug zu der erzbischöflichen Residenz vorstellen könne. »Wo es finster ist, da muß man Licht hinbringen!«

Die für Dienstag einberufene Staatsratssitzung verlief wie erwartet.[25] Maurer, der ein wenig ein doppeltes Spiel spielte, sagte, der König wäre schlecht beraten, wenn er Lola zur bayerischen Staatsbürgerin machen würde, das sei der Stand der öffentlichen Meinung, »es wäre die größte Kalamität, die Bayern treffen könnte«; doch seiner Meinung nach habe der König das verfassungsmäßige Recht, sie trotz fehlender Unterlagen einzubürgern, und er stimmte mit Ja. Alle anderen Ratsmitglieder stimmten mit Nein, sowohl aufgrund der fehlenden Dokumente als auch, wie sie es diplomatisch ausdrückten, »aus sonst sich darbietenden wichtigen Gründen«.

Am nächsten Morgen, als das offizielle Protokoll der Staatsratssitzung auf seinen Schreibtisch kam, schrieb der König an Maurer und fragte ihn, welchen Kurs er einschlagen solle, um Lola nach der Gerichtsverhandlung vor dem Gefängnis zu bewahren.[26] Maurer riet, die fragliche Dame solle eine kleine Reise (noch diesen Morgen) unternehmen oder sich verstecken. »Erkennt um 12 Uhr das Standesgericht auf keinen Arrest, nun so kann sie sodann wieder erscheinen. Wird aber, was leicht möglich ist, auf Arrest erkannt, so ist sie sodann nicht zu finden.« Maurer riet dem König weiterhin, Lolas Einbürgerung gleich zu dekretieren und das Dokument sofort von einem Minister gegenzeichnen zu lassen, damit es rechtsgültig sei. Wenn dann das Gericht auf Arrest erkannte, würde das Dokument ausreichen, um die Verfügung niederzuschlagen.

Auf den Rand des Protokolls der Staatsratssitzung schrieb Ludwig folgendes: »Den Staatsrat vernommen habend, erteile ich der Senora Lola Montez (Maria de los Dolores Porris y Montez) das bayerische Indigenat hiemit, und das tax- und siegelfrei und mit Beibehaltung ihres dermaligen Indigenats. München, 10. Februar 1847, um Viertel nach elf Uhr Morgens.«[27] Der Minister für den königlichen Haushalt, der normalerweise das Einbürgerungsdekret unterzeichnet haben würde, gab es König Ludwig ohne Unterschrift zurück und bemerkte dabei respektvoll, daß er eher sein Amt aufgeben als seine Unterschrift unter dieses Dokument setzen würde.

Das neue Problem, einen Kabinettsminister zu finden, der bereit war, das Dekret gegenzuzeichnen, verlor seine größte Dringlichkeit durch das Eintreffen einer zweiten Botschaft von Maurer.[28] Nach Aussage eines der Gerichtsbeamten, die den Fall Goldener Hirsch anhörten, würde die Angelegenheit bis zum nächsten Tag aufgeschoben werden; und selbst dann schien es beinahe sicher, daß das Gericht die Freilassung von Lola Montez gegen Kaution bewilligen würde.

Minister Abel, der seit Monaten einer direkten Konfrontation über »die unnennbare Weibsperson«, wie er sie bezeichnete, aus dem Weg gegangen war, sah sich jetzt mit dem Unvermeidbaren konfrontiert. Er verkündete seinen Ministerkollegen, daß er im Hinblick auf die Entscheidung des Königs in der Bürgerrechtsfrage seine Entlassung einreichen würde. Seine Kollegen sagten ihm, ohne ihn würden sie nicht im Kabinett verbleiben, und Abel begann ein Memorandum an den König aufzusetzen, um ihm den geschlossenen Rücktritt seiner Regierung mitzuteilen. Wenngleich Abel vermutlich hauptsächlich aus Prinzip handelte und seine politische Karriere unbefleckt von Lolas Skandal beenden wollte, schien er doch Hoffnung gehegt zu haben, daß dieser kollektive Rücktritt den König dazu veranlassen könnte, sich die Sache noch einmal zu überlegen.[29]

In seinem Memorandum ließ Abel den König wissen, daß alle seine Minister die von Maurer im Staatsrat zum Ausdruck gebrachte Meinung teilten, die Indigenatsverleihung an Lola Montez sei die größte Katastrophe, die über Bayern kommen könne.[30]

Seit dem Monat October des vorigen Jahres sind die Augen des ganzen Landes auf München gerichtet, und es haben sich in allen Teilen Bayerns über das, was hier vorgeht und was beinahe der ausschließliche Gegenstand der Gespräche im Innern der Familien wie an allen öffentlichen Orten bildet, Urtheile festgesetzt, und es ist aus diesen Urtheilen eine Stimmung entwachsen, die zu den bedenklichsten gehört.

Die Ehrfurcht vor dem Monarchen wird mehr und mehr in den Gemüthern ausgetilgt, weil nur noch Äußerungen des bittersten Tadels und der lautesten Mißbilligungen vernommen werden.

Dabei ist das Nationalgefühl auf das Tiefste verletzt, weil Bayern sich von einer Fremden, deren Ruf in der öffentlichen Meinung gebrandmarkt ist, regiert glaubt und so manchen Tatsachen gegenüber nicht diesen Glauben zu entwurzeln vermag.

Abel fuhr fort, von den bitteren Tränen des Fürstbischofs von Breslau zu sprechen, schilderte, wie man sich in ganz Deutschland und selbst im außereuropäischen Europa, »in der Hütte der Armen, wie im Palaste der Reichen«, über Bayern mokierte. Langsam, aber sicher würden alle Stützen des Königsreiches durch das Gift, das in der Nation arbeite, geschwächt werden, und bald würde selbst die Loyalität der Armee in Frage stehen. Man wüßte nie, schrieb er, was von der nächsten Landtagssitzung zu erwarten sei, wenn die Dinge so weiterliefen. Abel holte die Unterschriften seiner Kabinettskollegen ein und schickte die Rücktrittserklärung am 11. Februar an König Ludwig. Der König war überrascht und gab Abel bis zum Mittag des 13. Februar Bedenkzeit, aber der Minister blieb bei seiner Entscheidung und die Regierung wurde aufgelöst. Ludwig schrieb am 13. Februar an seinen Freund Tann: »Abel beharrt dabei. Er bekommt seine Entlassung, die Jesuitenherrschaft ist gebrochen ... Mit der Ruhe und Heiterkeit, welche ich gestern und heute habe, bin ich zufrieden. Bis zu diesem Augenblick weiß Lolitta noch nichts ... Ich freue mich, daß Abel [um Entlassung] einkam und man es weiß; lieb, daß er abtritt, erkenne die großen Verdienste, die er sich erworben, halte ihn für rechtschaffen ... Er ist hier weit gekommen; die Frage, ob der König oder die Jesuitenpartei herrschen werde: *Ich habe sie gelöst.*«[31]
Lola hatte Ludwig erzählt, sie würde am 14. Februar ihren zweiundzwanzigsten Geburtstag feiern, und sie wünschte sich, daß er der letzte Mensch wäre, den sie in ihrem zweiundzwanzigsten und der erste, den sie in ihrem dreiundzwanzigsten Lebensjahr sehen würde.[32] (Tatsächlich wurde Lola 1847 sechsundzwanzig Jahre alt.) Er kam am Abend des 13. in ihre Wohnung in der Theresienstraße, und es muß ein ganz besonderes Geburtstagsgeschenk gewesen sein, als er ihr sagte, er habe den Rücktritt des gesamten Kabinetts akzeptiert. Er war der letzte Mensch, den sie sah, als sie sich für die Nacht zurückzog, und damit er sie an ihrem Geburtstagsmorgen früh wecken konnte, gab sie ihm den Schlüssel, so daß er sich selbst aufsperren konnte.
Sobald Lola hörte, daß ihr Erzfeind zurückgetreten war, machte sie Anstalten, das Ruder zu übernehmen.[33] Sie legte dem König ihre eigene Liste mit Kandidaten für Ministerposten vor und sagte ihm, sie wolle mit den neuen Ministern persönlich konferieren oder bei ihren Audienzen mit dem König anwesend sein. Ludwig hatte nicht die Absicht, seine Rolle als Autokrat aufzugeben, egal wie sehr er von dieser Frau eingenommen war, und er ignorierte Lolas Bemühungen, politischen Einfluß zu gewinnen. Gerüchte machten die Runde, der

König sei, nachdem er für Lola eine Regierung gestürzt habe, der Spanierin überdrüssig.

Die Bildung einer neuen Regierung stellte sich als komplizierter heraus, als der König erwartet hatte.[34] Obwohl er den Fall Abels als das Ende der ultramontanen Herrschaft in Bayern und als seinen eigenen Sieg über die Jesuiten ansah, erwog Ludwig anfangs, ein Kabinett aus Männern zu bilden, die politisch auf einer Linie mit Abel lagen. Nur als diese Politiker es ablehnten, Ministerposten zu übernehmen – entweder, weil sie einen Konflikt mit dem König als unvermeidlich voraussahen, oder weil es, wie Ludwig vermutete, eine Verschwörung gab, um ihn dadurch bloßzustellen, daß er keine neuen Minister finden konnte – wandte sich König Ludwig Leuten zu, die der Mitte des politischen Spektrums näherstanden. Er wählte Maurer als seinen Justiz- und Außenminister. Das Finanz- und Kulturressort ging an Baron Friedrich Zu Rhein, einen alten Widersacher Abels und Feind der katholischen Kirche. Johann Zenetti, ein Karrierebürokrat und frommer Katholik, wurde neuer Innenminister. Alle drei wurden zu amtierenden Ministern ernannt.

Obwohl der König selbst das neue System in Bayern laut als einen größeren Richtungswechsel deklarierte und Maurer ermächtigte, ein Rundschreiben mit dieser Mitteilung an alle ausländischen Regierungen zu schicken, bestand die einzig wirkliche Veränderung in einer veränderten Haltung Ludwigs, denn er selbst war es und nicht seine Minister, der die Politik und die Richtung bestimmte. Wie zuvor hatten die Minister des Königs kaum mehr als ihre Position, die gerade dazu ausreichte, um zu versuchen, den König zu überzeugen, ihrem Rat zu folgen; selbst nach dem »Systemwechsel« hielt Ludwig die politischen Zügel selbst straff in der Hand.

Bei der Bildung eines neuen Kabinetts wurde der König durch andere Ereignisse beunruhigt.[35] Er war außer sich, als er entdeckte, daß man das Rücktrittsgesuch seines Kabinetts nach außen hatte durchsickern lassen und Kopien in Umlauf gebracht worden waren, insbesondere von der Katholischen Partei, und daß der komplette Inhalt in ausländischen Zeitungen erschienen war. Die undichte Stelle scheint eher ein Mißgeschick als ein politisches Kalkül Abels gewesen zu sein, aber der König war empört, daß nun die an ihn gerichteten Beschwerden der Minister über seine Zuneigung zu Lolitta in jeder Schankstube in Europa gelesen und diskutiert würden.

Falls die ultramontane Partei gehofft hatte, durch die Verbreitung des Memorandums öffentliche Unterstützung zu gewinnen, wurde sie bitter enttäuscht.³⁶ Die öffentliche Meinung schien sich im allgemeinen eher gegen die Minister als gegen Ludwig gewendet zu haben. Wenn die Minister glaubten, die Lola-Affäre sei eine solche Katastrophe, fragten sich die Leute, warum hatten sie dann gewartet, bis ihr Rücktritt vorbereitet war, bevor sie dem Monarchen etwas sagten? Das Bild eines bitterlich weinenden Bischofs war nach Ansicht der meisten Bürger nicht geeignet, einer ministeriellen Petition Würde zu verleihen, und das Militär fühlte sich durch die vom Kriegsminister unterzeichnete Folgerung, auf die Truppen würde kein Verlaß mehr sein, in seiner Ehre verletzt.

Zu der allgemeinen Ansicht, das Memorandum sei ein klägliches, ja beschämendes Dokument, kam noch, daß die Öffentlichkeit einen Umschwung von oben willkommen hieß. Das katholische Regime war, nachdem es fast ein Jahrzehnt an der Macht gewesen war, nicht mehr in der Weise auf die Realität in Bayern eingestellt, wie es hätte sein sollen. Die Presse begann von dem neuen Kabinett hoffnungsvoll als dem »Ministerium der Morgenröte« zu sprechen, und die Bayern waren bereit, der Regierung Maurer – Zu Rhein eine Chance zu geben.

Zur gleichen Zeit begann in München ein weiteres überraschendes Dokument zu kursieren, angeblich ein Brief des Papstes an König Ludwig, in dem er ihn inständig bat, seinen sündhaften Lebenswandel aufzugeben und auf den Pfad der Tugend zurückzukehren.³⁷ Die wenigen Personen in München, die mit päpstlicher Korrespondenz vertraut waren, erkannten sofort, daß es sich bei dem Brief um eine Fälschung handelte, doch für die meisten Leser mußte er als weiterer Beweis gedient haben, daß Lola des Königs Untergang sein würde.

An der Universität hatten sich Professoren und Studentenschaft während Abels Amtszeit zunehmend mit dem politischen Katholizismus konservativer Färbung identifiziert.³⁸ Die Sitzung des akademischen Senats vom 18. Februar ging gerade zu Ende, als Ernst von Lasaulx, Professor für Philosophie und Ästhetik, sich erhob, um einen Antrag zu stellen. Lasaulx, Schwiegersohn von Joseph Görres, der ebenfalls Mitglied des Lehrkörpers war und als »der große alte Mann« des konservativen Katholizismus galt, schlug vor, der Senat, als höchste moralische Instanz der Stadt, solle Herrn Abel einen Besuch abstatten, um ihm seine Bewunderung für das auszusprechen, was er in der vergangenen Woche für die Bewahrung der Würde der Krone getan hatte.

Im Senat herrschte Schweigen. Der Rektor sprach sich schließlich dagegen aus, mit der Begründung, so etwas hätte es noch nie gegeben. Nach erhitzter Debatte billigten die Senatsmitglieder einen Antrag, statt dessen eine Delegation zu Abel zu schicken, um ihm für das, was er während seiner Amtszeit für die Universität geleistet hatte, zu danken.

All das bestätigte Ludwig nur darin, daß die Ultramontanen nur so lange loyal zu ihm gestanden waren, wie sie glaubten, ihn kontrollieren zu können, und daß sie vor nichts haltmachen würden, um wieder Macht zu gewinnen. Jetzt würde er ihnen zeigen, wer wirklich in Bayern regierte. Als erstes entließ er Lasaulx, und in den folgenden Monaten sollte seine gegen den Lehrkörper der Universität gerichtete Säuberungsaktion fast alle konservativen katholischen Professoren erfassen.

Die Studenten der Münchner Universität, insbesondere die des Lehrstuhls für Philosophie, nahmen im allgemeinen eine konservative Haltung ein, und Lasaulx war bei vielen sehr beliebt.[39] Als am frühen Morgen des 1. März am Schwarzen Brett der Universität ein Schreiben des Professors aushing, in dem er seine Entlassung mitteilte und seinen Studenten Lebewohl sagte, beschlossen einige Studenten, zu seinem Haus zu marschieren und ihn mit dem traditionellen *Vivat* hochleben zu lassen, um ihm ihre Unterstützung zu zeigen. Etwa um 10 Uhr vormittags standen mehrere hundert Studenten vor dem Haus des Professors in der Oberen Gartenstaße, jubelten ihm zu und sangen ihm zu Ehren Studentenlieder.

Die Gruppe löste sich auf, doch etwa um die Mittagszeit wurden an den Straßenecken Zettel mit der Ankündigung ausgehängt, daß um 4 Uhr nachmittags ein Marsch zu Lolas Wohnung in der Theresienstraße stattfinden würde, um ein *Pereat*, den traditionellen studentischen Ausdruck der Antipathie, auf sie auszubringen. Die Nachricht von der geplanten Demonstration erreichte den König, der an Xaver Mark, den neu ernannten Polizeidirektor, eine Botschaft schickte, in der er bat, persönlich Lolas Sicherheit zu gewährleisten.[40] Der König hatte allen Grund, besorgt zu sein. Der Bericht eines Landrichters, der Ludwig an diesem Morgen von Minister Zu Rhein vorgelegt worden war, ließ darauf schließen, daß die Stimmung auf dem Land immer aufgebrachter wurde und sich zunehmend auf Lola konzentrierte. Es hatte auch wiederholte Drohungen gegeben, sie zu entführen oder umzubringen.

Lola wartete mit vier Freunden an ihrem Fenster, um zu sehen, was geschehen würde, und eine Polizeipatrouille bewachte die Straße.

Kurz nach 4 Uhr war ein dumpfes Grölen zu hören, und dann füllte sich das zur Ludwigstraße gelegene Straßenstück mit einer riesigen Menschenmenge – nach einer Schätzung etwa 6000 (in der Universität waren etwas mehr als 1500 Studenten eingeschrieben) –, die unter Lolas Fenstern aufmarschierte und johlte und pfiff.[41] Eine Frau, die in einem gegenüberliegendem Haus die Szene beobachtete, sah, was Lola tat:

Sie hatte einen Teller in der Hand gehabt und ein Messer; als der Lärm überhand nahm, nahm sie das Messer und zückte es unaufhörlich gegen das Volk hinunter, mit den wüthendsten Geberden; dann ballte sie die Fäuste und der Zorn verzerrte ihr Gesicht. Von einer Furie gehört habe ich oft, aber gesehen habe ich gestern zum ersten Male eine. Schön war sie aber trotz ihrer Wuth; ich vergesse den Anblick nicht. Dann ließ sie sich ein Glas Champagner bringen und trank höhnisch dem Volke zu. Plötzlich flog ein Stein in die Höhe, worauf ein donnerndes Bravo erschallte. Zwei Herren, der eine der allzeit getreue Leutnant Nußbammer, wollten sie vom Fenster wegziehen, weil sie natürlich von dem empörten Volke das Schlimmste befürchteten; sie schlug aber wie eine Rasende um sich und traf den Genannten so, daß er zurücktaumelte. Nun kamen einige Züge Infanterie, welche vergebliche Versuche machten, die Menschen zurückzudrängen. Die Studenten waren, nachdem sie das Pereat gebracht hatten, wieder abgezogen; die übrige Menschenmasse blieb, durch fortwährenden Zuzug verstärkt.[42]

Der König hatte sein Nachmittagsmahl beendet und bereitete sich auf seinen üblichen Besuch bei Lola vor, als er von seinen Fenstern aus sah, daß die Straßen ungewöhnlich voll waren. Zenetti, der neue Innenminister, kam, um den König zu warnen, daß in der Theresienstraße ein Volksauflauf sei und er Lola Montez keinen Besuch abstatten solle. Das bestärkte den König natürlich in seinem Beschluß zu gehen. Er nahm seinen Hut, seinen Überrock und seinen Stock und machte sich mit Zenetti in seinem Gefolge auf den Weg, wobei er von der Ludwigstraße bis zur Amalienstraße ging, um dem größten Andrang auszuweichen.

Das Militär, das versuchte, die Straße vor Lolas Haus zu räumen, war verzweifelt; wenn die Frau doch nur das Fenster schließen und im Hause bleiben würde, bestünde vielleicht eine Chance, daß sich der Mob zerstreute. Doch die spöttische, anmaßende Haltung, die sie zur Schau stellte, verärgerte die Menge, bestärkte sie in ihrem Entschluß zu bleiben und zog noch mehr Störenfriede an. Gerade als es den Truppen endlich gelungen war, an den Straßenzugängen Vorposten aufzustellen, sahen sie und alle anderen zu ihrer großen Verwunderung, wie der König und der Innenminister in der frühwinterlichen Dämmerung in die überfüllte Theresienstraße einbogen. Zenetti wollte nicht seinen gesellschaftlichen Ruin riskieren, daß er seinen Fuß über die Schwelle der Spanierin setzte, deshalb schritt der König erhobenen Hauptes allein durch die Menge und hielt sich dabei so aufrecht wie möglich. Die verdutzten Menschen traten stumm zur Seite, bis Ludwig »Hut ab vor dem König!« befahl, und die meisten nahmen ihre Mützen und Hüte ab; es ertönten einige »Vivat Ludwig«-Rufe, gemischt mit Pfiffen und Gelächter.

Im Haus wurde Ludwig von seiner Liebsten begrüßt, die jemanden nach unten schickte, um einige der Steine heraufzubringen, die der Mob geworfen hatte. Der König konnte nicht erfreut darüber gewesen sein, wieder einmal Nußbammer in ihrer Gesellschaft vorzufinden. Draußen gelang es Soldaten mit gesenkten Bajonetten zwar, die Straße vor dem Haus zu räumen, aber der Mob drückte erneut johlend und pfeifend gegen die von den Soldaten gebildete Linie. Als die Massen zurückgedrängt worden waren, hörte Lolas Nachbarin von gegenüber ihr »schallendes Hohngelächter, was mir durch Mark und Bein ging. Das war ein wahrhaftes Hohngelächter der Hölle.«[43]

Gegen sechs Uhr räumten berittene Truppen die Straße vollständig, und der Mob schien langsam auseinanderzugehen;[44] doch er zog, wie dem König schnell berichtet wurde, nur weiter. Um sechs Uhr gingen viele Männer von der Arbeit nach Hause, und die Neuankömmlinge schlossen sich der Menge an, die sich die Ludwigstraße hinauf zur königlichen Residenz bewegte. Dort wälzte sich der Mob auf den Max-Joseph-Platz, und einige begannen die Fenster der Residenz mit Steinen einzuwerfen. Königin Therese, die zu Besuch bei Freunden auf der gegenüberliegenden Straßenseite war, wollte in den mehr Sicherheit bietenden Palast zurückkehren, fürchtete aber, daß man ihre Equipage angreifen würde. Deshalb schickte sie den Wagen leer zurück und ließ sich von ihrem Diener einen großen Hut und einen Umhang bringen, um sich für den kurzen Weg in den sicheren Schutz der Residenz zu verkleiden.

Als der König erfuhr, daß der Mob die Residenz angriff, brach er sofort auf, um die Situation in den Griff zu bekommen. Diesmal hatte die Menge fast jeden Respekt vor der Person des Königs verloren, als er die Straße hinunterschritt. Einige Männer zogen ihren Hut vor dem König, aber sie wurden von den Aufrührern mit Steinwürfen bedroht, wenn sie sie nicht sofort wieder aufsetzten. König Ludwig

wurde auf der Prachtstraße seiner Hauptstadt von einem pfeifenden, johlenden Mob verfolgt, der seine Zuneigung zu Lola verspottete und ostentativ Königin Therese hochleben ließ.
Polizeidirektor Mark eilte dem König zur Seite, um ihm seinen Arm anzubieten, aber den höhnischen Bemerkungen und dem Spott der verfolgenden Menge konnte er nicht Einhalt gebieten. Der König setzte wütend und schweigend seinen Weg zur Residenz fort. Inzwischen war die gesamte Militärgarnison der Hauptstadt auf den Straßen und die Bürgerwehr war ebenfalls alarmiert worden, obwohl nur relativ wenige Wachtposten erschienen, um die Spanierin zu verteidigen. Diejenigen, die doch kamen, weigerten sich entweder in der Theresienstraße Dienst zu tun oder ihr neues Haus in der Barerstraße zu bewachen. Der Mob löste sich auf, strömte die Seitenstraßen hinunter und warf dabei wahllos Straßenlaternen und die Fenster nichtsahnender Bürger ein. Um 10 Uhr war alles ruhig; der König beendete den Abend mit dem üblichen Kartenspiel mit der Königin und fragte sie sogar, weshalb sie so besorgt dreinschaue. Aber Ludwig gab sich nur äußerlich so gleichgültig; in seinem Inneren war er zornig, rachedurstig und aufgewühlt: »Mein Adel, die jesuitische Partei, die Priester hetzen die Demagogen auf, um mich zu beschimpfen, mich zu treffen, aber ich will es ihnen zeigen.«[45]
Am nächsten Tag schien alles wieder normal, wenn auch Geschichten über die Ereignisse vom Montag in der Stadt die Runde machten. Von Lola hieß es, sie habe versucht, auf den Mob mit einer Pistole zu schießen, sei aber in letzter Sekunde von Nußbammer davon abgehalten worden. Nach einer anderen Erzählung hatte sie die Steine, die zu ihr hinaufgeworfen worden waren, aufgefangen und sie dann wieder zurückgeworfen.
Der turbulente Verlauf der Ereignisse hatte seinen Tribut von Ludwig gefordert. Niemals zuvor in den beinahe fünfzig Jahren in München, davon fast die Hälfte als König, war er solchem Spott seines Volkes ausgesetzt gewesen. Er war wütend, erschüttert und verwirrt. Und obwohl er von dem großen körperlichen Mut, den Lola gezeigt hatte, beeindruckt war, sah er zum ersten Mal etwas von der wilden, dämonischen Seite ihres Wesens; er fing an zu glauben, daß vielleicht nicht alles, was er bisher über sie gehört hatte, Lüge war.
Unmittelbar nach dem Aufruhr traf ein weiterer Brief von Ludwigs Schwester Charlotte Auguste, der verwitweten Kaiserin von Österreich, ein. Ihr letzter Brief, voller tränenreicher Sorge über seine Beziehung zu Lola, hatte ihr die schroffe Antwort, sie möge sich um ihre

eigenen Angelegenheiten kümmern, eingebracht. Dieses Mal versuchte sie an seinen Stolz zu appellieren, indem sie ihn als den sonst so unabhängigen stolzen Ludwig, der von einem charmanten Mädchen regiert würde,[46] bezeichnete. Doch sie konnte den spöttischen Ton nicht beibehalten, und ihre Worte sagten ihm, wie sehr sie unter allem, was sie gehört hatte, litt. Sie wolle ihm dies in vollem Ernst, ohne Hoffnung auf Erfolg, sagen, so daß er zumindest verstehe, was sie fühle, sie, die ihn liebe und seine ihm ewig treue Schwester sei. Im Nachsatz schrieb sie noch, der Gedanke, daß er diesen Brief vielleicht nicht einmal lesen werde, schnitte ihr ins Herz.

Dieses Mal erhielt Charlotte Auguste keine schroffe Abfuhr von ihrem älteren Bruder, sondern eine Beichte. Seine Liebe zu Lola sei vorbei, schrieb er seiner Schwester, aber er sei durch seine Ehre an sie gebunden. »Der Seelenrausch ist vorüber, das Einlenken wird stattfinden; es ist aber schwer!«[47]

✳✳✳✳

Die Gräfin und ihr Hofstaat

König Ludwig hatte geglaubt, Lolas Zauber über ihn sei gebrochen, doch das Schicksal verschwor sich, um ihn tiefer in seine zwanghafte Leidenschaft zu verstricken.[1] Obwohl er sich seiner außerordentlich guten Gesundheit rühmte, hatte der König krank ausgesehen; und am 9. März zeigte sich die Belastung schließlich, wie schon zuvor in Zeiten großer Beanspruchung, in Form eines Ausschlags mit entstellenden roten Flecken in seinem Gesicht. Ludwig zog sich in seine privaten Gemächer zurück und weigerte sich, jemanden zu empfangen, ehe der Ausschlag verschwunden war. Das bedeutete natürlich, daß er Lola nicht mehr besuchen konnte. Sie bestand aber darauf, ihn mindestens einmal täglich zu sehen, weshalb ihr der König erlaubte, in die Residenz und über eine Geheimtreppe in sein Krankenzimmer zu kommen.

Ludwig war verwundert, daß sie sich, anders als die Königin, nicht von seiner Krankheit abgestoßen fühlte, und war über ihre Besuche gerührt.[2] Zum erstenmal trafen sie sich regelmäßig, und das gefiel dem König sehr. Gelegentlich konnten Passanten am Max-Joseph-Platz sehen, wie sie zusammen am Fenster saßen und sich gegenseitig aus Don Quijote vorlasen. Im Lauf der Wochen wuchs allmählich ihre Vertrautheit, und Freude und Dankbarkeit des Königs über Lolas Mitgefühl, zusammen mit einem zunehmend eindeutigen erotischen Unterton in ihrer Beziehung, ließen Ludwig vergessen, daß er beschlossen hatte, sie aus seinem Herzen zu verbannen. Es war nicht so, daß Ludwig über Lola keine unerfreulichen Geschichten mehr hörte. Von der Tann hielt ihn über die Gerüchte auf dem laufenden, die Geschichte, der König habe die Füße der Spanierin geküßt, mit eingeschlossen.

Der Umbau des Hauses in der Barerstraße kam voran, doch General Heideck war beinahe mit seinem Latein am Ende, die Kontrolle über Lolas Ausgaben zu behalten.[3] Im Dezember hatte er sorgfältig einen Haushaltsplan für die 833 Gulden und 40 Kreuzer aufgestellt, die Lola jeden Monat aus Ludwigs Privatschatulle erhielt, aber sie hatte den Plan von Anfang an unterlaufen, indem sie Heideck einfach die Rechnungen für alles zusandte, was sie sich von ihrer Unterhaltszahlung nicht leisten konnte. Der General behielt zwar die Aufsicht über das Budget für das neue Haus, doch ein Armband mit Rubinen und Perlen für fast 500 Gulden war typisch für die Art, mit der Lola versuchte, ihn auch für Dinge zahlen zu lassen, die nicht in der Zuwendung für die Haushaltsausstattung enthalten waren. Und wenn sie etwas für das Haus kaufte, folgte sie nie seiner Empfehlung, sondern wählte immer etwas, das um ein Vielfaches teurer war, einschließlich eines Porzellanservices aus Paris, eines silbernen Teeservices für zwölf Personen, eines Punschgedecks mit Gläsern für achtzehn und eines Tischservices für sieben Personen.

Heideck mußte handeln.[4] Als die 20 000 Gulden, die der König für die Ausstattung des Hauses bereitgestellt hatte, ausgegeben waren, setzte der General ihn in Kenntnis, daß er allen Geschäftsleuten, bei denen Lola verkehrte, erklären werde, er komme nicht länger für ihre Schulden auf. Die erste Auswirkung dieser Politik bekam sie zu spüren, als sie in Meyerhofers Geschäft versuchte, noch mehr Silber zu bestellen. Als ihr Herr Meyerhofer erklärte, daß man die Zahlungsmodalitäten vielleicht ändern müsse, geriet Lola in Wut und sie schlug mit der Faust durch die Glastür einer nebenstehenden Vitrine, wobei sie sich an der Hand schnitt. Der überraschte Silberschmied mußte die Blutung mit einem Taschentuch stillen, bis ein Arzt den Schnitt versorgen konnte. Als Heideck dem König zu erklären versuchte, diese Art von hysterischem, unzivilisiertem Benehmen mache Lola zu einem gesellschaftlichen Paria, antwortete Ludwig nur: »Dieses Mal hat sie sich selbst bestraft, und es ist ihr Recht geschehen.«

Dabei versuchte Lola, ihr Bild in der Öffentlichkeit zu verbessern.[5] Der österreichische Chargé d'affaires in München schrieb nach Wien, daß sie in der Tat immer populärer werde. Seit den Aufständen am 1. März hatte sie sich zurückgehalten, und nun versuchte sie, so etwas wie eine Werbekampagne einzuleiten. Sie war immer eine begierige Zeitungsleserin gewesen und hatte in der französischen und britischen Presse Berichte über ihre Abenteuer gelesen. (Den bayerischen Zeitungen war seit Dezember verboten, Lolas Namen zu erwähnen, und außerdem konnte sie sowieso kein Deutsch lesen.) Mit Ludwigs Billigung sandte sie Briefe an die Londoner *Times* und den Pariser *Le National,* in denen sie sich wegen der Berichterstattung beschwerte und erklärte, sie sei das Opfer einer hinterhältigen jesuitischen Verschwörung. Sie stritt jede persönliche Beteiligung an dem Regierungswechsel ebenso ab, wie sie das Verhalten des Königs guthieß und schloß ihren Brief an *Le National* mit der Behauptung, wenn sie ihre Bemühungen zugunsten der Jesuiten vollbracht hätte, deren Motto ›Der Zweck heiligt die Mittel‹ laute, so hätten diese inzwischen nicht nur den heiligen Ignatius von Loyola, sondern auch die heilige Lola. Dieses kleine Bonmot, das der König selbst Monate zuvor Tann anvertraut hatte, schockierte viele Katholiken als blasphemische Unverschämtheit.

Weitere unerfreuliche Presseberichte veranlaßten sie, eine Generaloffensive der Öffentlichkeitsarbeit zu starten. Am 20 März veröffentlichte die Londoner *Pictorial Times* einen Artikel über Lola, der weitgehend korrekt war und der verriet, daß sie sechsundzwanzig oder siebenundzwanzig Jahre alt sei, mit einem Leutnant James aus der Armee der Ostindischen Kompagnie verheiratet gewesen sei, einige Zeit in Indien verbracht habe und für ihr Temperament bekannt sei.[6] Dem Artikel war auch ein Druck beigefügt, der sie mit einer Reitpeitsche zeigte.

Lolas Beziehung zum König hätte es sicher nicht überstanden, wenn sie demaskiert worden wäre, und so dementierte sie die Geschichte umgehend und präsentierte eine eigene Version ihrer Biographie. Am 31. März schickte sie fast gleichlautende Briefe an alle führenden Zeitungen in London, Paris und in Teilen Deutschlands. Lolas dreiste Lüge liest sich folgendermaßen:

Sir,
infolge der zahlreichen, mich und meine Familie betreffenden Berichte in verschiedenen Zeitungen, die jeglicher Grundlage oder Wahrheit entbehren, bitte ich Sie, mittels ihres weit verbreiteten Journals folgendes bekanntzumachen.
Ich wurde 1823 in Sevilla geboren. Mein Vater war ein spanischer Offizier in den Diensten von Don Carlos, meine Mutter eine Dame irischer Herkunft, geboren in Havanna und in zweiter Ehe mit einem irischen Gentleman verheiratet, was, wie ich vermute, der Grund ist, daß man mich als die Irin und gelegentlich als die Engländerin »Betsy Watson, Mrs. James« und so weiter bezeichnet.
Gestatten Sie mir den Hinweis, daß mein Name Maria Dolores Porris Montez ist, welchen ich auch niemals geändert habe.
Was meine Befähigungen für das Theater angeht, so habe ich niemals unterstellt, darüber zu verfügen; die Umstände zwangen mich jedoch, mir die Bühne zum Beruf zu wählen – auf welchselbigen ich nun für alle Zeit verzichtet habe – nachdem ich eine naturalisierte Bürgerin Bayerns geworden bin und mich künftig in München niederlassen werde.[7]

Ludwig verwendete seine Genesungszeit, um weiter Lyrik zu verfassen und den vierten Band seiner veröffentlichten Gedichte vorzubereiten. Eines der Sonette, die er für die Publikation ausgewählt hatte und das in der bekanntesten Zeitung Bayerns abgedruckt wurde, war ein unverhüllter Angriff auf die Partei der Ultramontanen:

> Ihr habt mich aus dem Paradies getrieben,
> Für immer habet ihr es mir umgittert,
> Die ihr des Lebens Tage mir verbittert,
> Doch macht ihr mich nicht hassen statt zu lieben.
>
> Die Festigkeit, sie ist noch nicht zersplittert,
> Ob mir der Jugend Jahre gleich zerstieben,
> Ist ungeschwächt der Jugend Kraft geblieben,
> Ihr, die ihr knechten mich gewollt, erzittert.
>
> Mit dem wie ihr gen mich seyd, gibt's kein Gleichniß.
> Die eignen Thaten haben euch gerichtet.
> Des Undanks, der Verleumdungen Verzeichnis.
>
> Die Wolken fliehen, der Himmel ist gelichtet,
> Ich preis' es das entscheidende Ereigniß,
> Das eure Macht auf ewig hat zernichtet.[8]

Lolas Haus in der Barerstraße war endlich für ihren Einzug bereit, und es war wirklich ein kleiner Palast geworden.[9] Die Kosten für Kauf und Umgestaltung beliefen sich auf fast 40 000 Gulden, was die ursprüngliche Zuwendung des Königs um zwanzig Prozent überstieg. Es war das erste Haus Münchens mit großen Fensterscheiben, die durch bewegliche Eisenläden geschützt wurden. Es verfügte über einen Brunnen mit vier in Stein gemeißelten Delphinen, vergoldeten Türgriffen für alle Räume und an der Haustür ein Türgriff-Ensemble aus türkisblauem Kristall. Einige der Räume waren im pompejanischen Stil gestaltet, und das ganze Haus war höchst elegant eingerichtet. Die Kamineinfassungen waren aus Marmor, es gab ein mit Schnitzereien und Einlegearbeiten aus Messing verziertes Klavier, einen Salon, ein Eßzimmer, ein Damenzimmer, ein »Don Quijote-Zimmer«, einen gelben und einen grünen Raum. Das eindrucksvollste war ein gläsernes Treppenhaus, das zum Boudoir, dem Ankleidezimmer und dem Schlafzimmer im oberen Stock führte. Ludwig verehrte Lola zur Dekoration des Hauses eine etruskische Vase aus der Hofsammlung, dazu noch eine hervorragende alte Kopie einer Madonna von Raffael und eine Auswahl von Büchern aus der Königlichen Bibliothek.

Am 26. April ging es König Ludwig schließlich so gut, daß er seine Gemächer verlassen konnte.[10] Sein Wiedererscheinen im Theater wurde von den Zuschauern mit einer begeisterten Demonstration gefeiert, mit Ausnahme Lolas, die sitzenblieb. Möglicherweise war dies nur als Zeichen ihrer Vertrautheit mit dem Monarchen gedacht, doch ihre Unverschämtheit erregte erneut das Publikum. Auf Vorschlag Tanns schrieb Lola wieder einen Brief an eine Zeitung, und zwar an die *Allgemeine Zeitung* in Augsburg. Sie appellierte an den Gerechtigkeitssinn des Publikums und sein Gefühl für Fairneß und brandmarkte jeden als ehrlosen Schurken, der Geschichten über sie in Umlauf brachte, ohne sie beweisen zu können.

Trotz der anhaltenden Zwietracht, die Lola säte, war dies eine der glücklichsten Zeiten für den König und seine Favoritin.[11] Nach einem kalten Winter war es endlich Frühling geworden, und die beiden verbrachten manchen Nachmittag mit Spaziergängen in den großartigen Gartenanlagen von Schloß Nymphenburg am Stadtrand von München. Lolas neues Haus gestattete ihnen eine größere Zurückgezogenheit, als ihnen sowohl in ihren angemieteten Zimmern als auch in den Räumen der königlichen Residenz gewährt worden war, und so konnten sie ihre Abende zu zweit und zurückgezogen verbringen.

Das neue Ministerium bemühte sich um die Formulierung neuer politischer Initiativen, insbesondere auf dem Gebiet der Gesetzesreform, doch seine allgemein als skandalös angesehene Herkunft hing ihm hartnäckig an. Maurer hatte schließlich das Versprechen des Königs erhalten, daß kein Minister die Spanierin aufsuchen mußte. Es verärgerte Lola, daß die neuen Minister sorgfältig jeden Kontakt mit ihr vermieden, insbesondere, weil sie dafür gesorgt hatte, daß sie ins Amt gekommen waren, und ihre Feindschaft gegenüber Maurer und seinen Kollegen wuchs.

Ludwig hielt sich über alle Staatsgeschäfte auf dem Laufenden, doch seine freie Zeit widmete er in wachsendem Maße Lola. Er hatte Stieler angewiesen, für seine Galerie der Schönheiten ein neues Porträt Lolas zu malen, und wie zuvor war der König bei allen Sitzungen im Atelier des Künstlers anwesend. Dieses Mal wurde die frühere Tänzerin in einem schwarzen Samtkleid porträtiert, so, wie sie der König zum ersten Mal gesehen hatte, mit einem weißen Spitzenkragen und einem schwarzem Spitzentuch auf dem Haar. Stielers Porträts waren ausgezeichnete Abbildungen, doch ihre Posen waren oft von einer klassischen Ausgewogenheit, die gelegentlich an Leblosigkeit grenzte;

dieses Gemälde allerdings brachte die Energie von Lola Montez durch eine kleine Drehung ihrer Schultern und des linken Arms, die der Figur eine federnde Spannung gab, meisterhaft zur Geltung. Fast sah es so aus, als wolle sie sich gleich auf etwas stürzen, das sich links außerhalb des Rahmens befand. Stieler war ein guter Kolorist, und hier versah er ein Bild, das fast wie eine Studie in Schwarzweiß erschien, durch das Rot des Sofas (dessen Form die Verschiebung der Gestalt nach rechts betonte) und der Blumen über Lolas Ohr und durch das Rot ihrer Lippen mit gekonnten Farbabstufungen. Das Porträt gilt zu Recht als eines seiner berühmtesten.
Gewöhnlich verließ die königliche Familie München während des Sommers und kehrte zum Oktoberfest zurück. In diesem Jahr hatte die Königin angekündigt, sie werde nach Franzensbad zur Kur gehen, und der König hatte vor, zunächst nach Bad Brückenau und dann nach Aschaffenburg zu reisen, zwei seiner Lieblingsorte. Und er wollte den Sommer mit Lola verbringen, fern von Tratschereien und Spitzeln. Seine Ratgeber hatten ihn überredet, bis zur Überwindung des gesellschaftlichen Widerstands gegen Lola, bis zum Herbst in München zu warten, doch man konnte ihn nicht überzeugen, den Sommer nicht mit ihr zu verbringen. Friedrich Nußbammer war bei einem Reitunfall Anfang Mai ernstlich verletzt worden, und die Abwesenheit des jungen Leutnants aus Lolas Kreis erleichterte möglicherweise die wachsende Vertrautheit zwischen dem König und Lola.[12] Zwischen ihnen war nicht mehr von der »reinsten Liebe« und der »süßen Unschuld« die Rede wie noch an Neujahr.
Auch wenn sie noch genug empörende Zwischenfälle hervorrief, die den Klatsch in Gang und sie selbst im Abseits hielten, war Lola nicht mehr Gegenstand der öffentlichen Wut und Erbitterung wie noch im Februar und März. Sicher war ihr Verhalten weniger provozierend als früher, aber es erscheint auch wahrscheinlich, daß die Hetze der konservativen Kräfte gegen sie nachgelassen hatte. Sie schienen gewillt, ihre Zeit abzuwarten, bis Lola und das neue Ministerium die schweren Fehler begehen würden, die nach ihrer Meinung sicher auftreten würden.
Das Nachlassen der Stimmungsmache gegen die Spanierin veranlaßte neue Verfolger, die die Gunst des Königs erlangen wollten, um die Flamme Lola herumzuschwirren. Unter ihnen befand sich ein kleiner Beamter des Kriegsministeriums, Johann von Mussinan, mit seinem Sohn Oskar, der beim Vermessungsamt angestellt war. Der Sohn lag Lola zu Füßen und himmelte sie an, und der Vater war ein

Klatschmaul und Intrigant von beschränkter Intelligenz und Vorstellungskraft. Franz von Berks, der 54jährige Direktor der Regierung von Niederbayern, war dagegen eine bedeutsamere Verstärkung in Sachen Lola.[13] Zehn Jahre zuvor war er ein geschätzter Ratgeber des Fürsten Ludwig von Öttingen-Wallerstein gewesen, dem Vorgänger Abels im Ministeramt. Nach dem Sturz von Wallersteins Regierung im Jahr 1837 und der Einsetzung des konservativen katholischen Regimes war Berks zur Provinzregierung von Niederbayern abgeschoben worden. Innenminister Zenetti war dort einer seiner Kollegen gewesen und hielt ihn für einen oberflächlichen Windbeutel, einen ehrgeizigen Scharlatan und einen zwielichtigen Intriganten. Nun beschloß Berks, seine Hoffnungen an Lolas aufsteigendem Stern festzumachen. Wenn auch der gesellschaftliche Boykott Lolas noch weit davon entfernt war, ein Ende zu nehmen, so schien sie doch allmählich beinahe beliebt zu werden.

König Ludwig selbst ritt auf einer Woge der Popularität.[14] Einige der Maßnahmen des neuen Kabinetts, wie die Trennung der Gerichte vom Verwaltungsapparat und die Reform einiger Vorschriften der Universität, waren auf breite öffentliche Zustimmung gestoßen; weil die Leute wußten, daß der König bei jeder Veränderung das letzte Wort hatte, waren sie ihm ebenso dankbar wie dem »Ministerium der Morgenröte.«

Die teilweise Auflösung der feindseligen Atmosphäre in ihrer Umgebung muß zur wachsenden Harmonie zwischen Lola und Ludwig beigetragen haben, die ihrerseits den König ermutigt zu haben schien, mit seinem mittlerweile offenen sexuellen Interesse an seiner Geliebten voranzukommen. Am 15. Juni verabschiedete sich Ludwig von Königin Therese, als sie über Eger nach Franzensbad reiste. Sie würden sich erst in ungefähr zehn Wochen wiedersehen. Zwei Tage später verbrachte Ludwig die Nacht mit Lola.[15] Es war das einzige Mal, daß es ihnen gelang, eine ganze Nacht zusammen zu verbringen; wegen Lolas ständiger Klagen über ihre schlechte Gesundheit und der Gefahr einer Schwangerschaft war es auch eines der wenigen Male, daß sie miteinander schliefen. Was Ludwig mit Sicherheit für seine platonische Vereinigung mit einer neuen Muse gehalten hatte, war zu dem entartet, was fast alle schon immer geglaubt hatten: die übliche Verranntheit eines alternden Mannes, sowohl die Zuneigung als auch den Körper einer schönen jungen Frau zu besitzen.

Mehr denn je muß der König den Wunsch gehabt haben zu glauben, daß ihm Lola allein gehöre; doch sie machte keine Anstalten, die ansehnlichen jungen Männer in ihrer Umgebung zu verheimlichen, und der König war eifersüchtig. Um den Skandal möglichst klein zu halten, reisten Lola und Ludwig getrennt nach Bad Brückenau; Lola bestand aber darauf, ihre Abreise für einen Besuch bei Leutnant Nußbammer zu verschieben, der sich gerade einer Operation am Unterleib unterzogen hatte, was zu jener Zeit – vor der Entdeckung der Anästhesie, Wundsterilität und der Antibiotika – nicht nur äußerst schmerzhaft war, sondern oft auch tödlich ausging. Sie überredete Ludwig sogar, sie ans Krankenbett des jungen Mannes zu begleiten und dort eineinhalb Stunden zuzubringen, was der König nur mit einem gewissen Widerstreben getan haben dürfte.[16]

Am 18. Juni, nachdem der König die Nacht mit ihr verbracht hatte, empfing Lola einige Besucher aus der Universität.[17] Mitglieder einer Burschenschaft, der Palatia, statteten der Barerstraße an jenem Abend einen Besuch ab und waren entzückt von Lolas Schönheit, Geist und Charme. Einer von ihnen, der älteste, hatte den höchsten Rang in der Palatia; es war der einundzwanzigjährige Jurastudent Elias Peißner – »Fritz« für seine Freunde. Obwohl seine spontanen Regungen wahrscheinlich liberaler waren als die der Mehrheit der Studenten an der Münchner Universität, sieht es so aus, als wären Peißners anfängliche Gefühle für die Spanierin nichts weiter gewesen als der Respekt eines naiven jungen Mannes für eine schöne, kultivierte Frau und hätten weniger in irgendeinem Interesse an dem möglichen liberalen Einfluß bestanden, den sie auf die bayerische Politik nehmen konnte.

Das Treffen sollte für Peißner und seine Gefährten sofortige und ernsthafte Folgen haben, da einige Studenten, die an Lolas Haus vorbeikamen, als sie ihre Gäste unterhielt, durch die hohen Fenster des Salons nicht nur bemerkten, daß der Älteste der Palatia und seine Freunde die Schwelle Lolas überschritten hatten, sondern auch, daß sie in einer spielerischen Geste eines der Käppis der Palatia auf Lolas dichtes, schwarzes Haar gedrückt hatten.

Die Nachricht wurde den anderen Mitgliedern der Palatia hinterbracht, und Peißner und seine Gefährten wurden vor einer Corps-Versammlung nicht nur des Umgangs mit der Spanierin angeklagt, sondern auch deshalb, weil sie ihr gestattet hatten, die Kappe der Palatia zu entehren. Die Angeklagten wurden – je nachdem wessen Darstellung man liest – entweder ausgeschlossen oder traten voller Empörung aus. Der ältere Mussinan empfahl ihnen, eine eigene Burschenschaft zu gründen, die Lola Montez als Ehrengarde dienen und unter ihrer Schutzherrschaft stehen sollte. Dies war die Geburtstunde der Alemannia, einer Burschenschaft, die bei allen anderen Studenten geächtet war, aber in der Geschichte Bayerns eine größere Rolle spielen sollte als jede andere Studentenverbindung.

Die Gründung der neuen Burschenschaft wurde durch die Abreise ihrer Schutzherrin nach Bad Brückenau hinausgeschoben. Am Morgen des 22. Juni nahm sie den Zug nach Nürnberg, wo sie von Vertretern der Stadt freundlich empfangen und ihr die Sehenswürdigkeiten der alten Stadt gezeigt wurden. Einem Bericht zufolge waren die Stadtväter eifrig bemüht, ihr zu gefallen, weil sie hofften, sie könne den König zugunsten des Baus einer direkten Eisenbahnverbindung zwischen ihrer Stadt und Würzburg beeinflussen.[18]

In ihrem Reiseplan war vorgesehen, daß sie nach Bamberg weiterreisen und dort die Nacht verbringen sollte;[19] in Bamberg traf sie jedoch später als geplant ein, und die Begrüßung durch die Vertreter der Stadt schien weit weniger eindrucksvoll gewesen zu sein als in Nürnberg. Es war ein langer Tag gewesen (die Bahnfahrt von München nach Nürnberg dauerte siebeneinhalb Stunden und weitere zwei Stunden bis Bamberg), und es wird berichtet, daß Lola einige heftige Äußerungen über Bamberg und seine Gastfreundschaft machte. Ob sie die Dinge damit beschleunigte oder nicht, jedenfalls wurde die Menge am Bahnhof feindselig, und die Luft war voller Pfiffe, Beleidigungen, fliegender Steine und Pferdeäpfel.

Lola fragte einen ihrer Gastgeber, ob es in Bamberg Klöster gebe. Nachdem man ihr erklärt hatte, daß es zwei gebe, soll sie geäußert haben, sie hätte es wissen müssen, denn es sei klar, daß die Jesuiten dahintersteckten. Diese Bemerkung stachelte die Menge weiter an, die ihr zum Bamberger Hof folgte, wo sie die Nacht verbringen sollte. Der Mob wurde so ungezügelt, daß man sich im Bamberger Hof gezwungen sah, das Haus zu schließen und die Türen zu befestigen. Als deutlich wurde, daß sich die Unruhe nicht legen würde, beschloß Lola, gar nicht erst hier zu übernachten. Man stellte eine Kutsche bereit, mit der sie nach Würzburg und weiter durch die Nacht nach Bad Brückenau fahren sollte, und, begleitet von Pfiffen, Buhrufen und Hohngelächter fuhr sie ab.

Als Ludwig Lolas Darstellung hörte, wie man sie in Bamberg beleidigt hatte, war er so verärgert, daß er den Stadtvätern befahl, ihr eine Abordnung zu schicken, die sie wegen der Behandlung, die sie zuteil geworden war, um Verzeihung bitten sollte.[20] Der König freute sich auf eine Sommeridylle mit seiner Geliebten, doch zahlreiche Umstände, Lolas Stimmung inbegriffen, trugen dazu bei, seine Erwartungen zu enttäuschen. Während der ersten Tage von König Ludwigs Aufenthalt hielten sich auch Kronprinz Maximilian und seine Gemahlin in Bad Brückenau auf, doch der Kronprinz weigerte sich, Lola zu treffen, weshalb der König seine Zeit zwischen ihnen aufteilen mußte. Auch Ludwigs alter Freund Heinrich von der Tann war anwesend, und der König ließ ihn Lola begleiten und sie den anderen Besuchern am Ort vorstellen, während er sich mit Maximilian beschäftigte. Als Ausgleich dafür, daß sie nicht viel Zeit in intimer Zweisamkeit miteinander verbringen konnten, sandte Lola Ludwig Flannellstückchen, die sie unter ihrer Kleidung am Körper getragen hatte.

Wenn der König aber Zeit für Lola hatte, dann war sie überheblich, fordernd und gereizt.[21] Es genügte ihr nicht, daß er ihren Freund Berks soeben in den Staatsrat berufen hatte. Sie ärgerte sich über den anhaltenden gesellschaftlichen Boykott, und bestand darauf, der König solle sein Versprechen einhalten und sie zur Gräfin machen. Der Adel müsse begreifen, daß sie dazugehöre; ihr edler, spanischer Stolz verlange das. Die Ratgeber des Königs hatten ihn eindringlich gebeten, mit dem Versuch der gesellschaftlichen Einführung Lolas bis zum Herbst zu warten, wenn sich vielleicht alles beruhigt hätte, und Ludwig hatte Maurer wissen lassen, er habe nicht die Absicht, Lola in nächster Zeit zur Gräfin zu machen; doch nun setzte sie ihn unter Druck, und sein Widerstreben erregte ihren Unwillen. Sie behandelte ihn mit immer weniger Zuneigung und Respekt und kommandierte ihn vor dem entsetzten Tann herum.

Am Abend des 20. Juli wurde ihr Benehmen selbst dem mit Liebe geschlagenen König zuviel.[22] In einem Wutanfall schrie er sie an, dann wandte er sich ab und verließ ihre Wohnräume. Tann, der Zeuge dieser Szene geworden war, machte Lola sofort Vorwürfe, weil sie den König herausgefordert habe, doch sie bekam einen Schreianfall, der in der ganzen Nachbarschaft zu hören war. Der König, der seine Wut schon wieder bedauerte, schickte einen Diener, der sich erkundigen sollte, ob Lola an einem Nervenfieber leide, und dann schrieb er Tann eine Nachricht in Französisch, offenbar, damit er sie Lola zeigen konnte.

Mein lieber Tann,
der schroffe Ton, den ich meiner geliebten Lola gegenüber an den Tag legte, war, ich gebe es zu, wirklich hart, sagen Sie ihr das. Mit dem Ton, den sie gestern, und nicht nur gestern, gebrauchte, hat sie meine Gefühle verletzt; es war alles andere als der Ton eines liebenden Menschen. Doch das ist eine Er-

klärung, keine Rechtfertigung. Ich hoffe, daß sie mir vergibt, aber auch, daß sie mich anders behandelt, nicht wie einen ihrer Diener, sondern wie einen, der sie innig liebt und ihr ein wahrer Freund ist. Sollte ich ihr willkommen sein, so möge sie es mich wissen lassen.[23]

Lola gab keine Antwort, was Ludwig eine angstvolle Nacht bescherte.[24] Am nächsten Tag ließ sie eine Kutsche mit ihrem (einem Bericht zufolge leeren) Gepäck beladen, bestellte Postpferde und ließ verlauten, sie verlasse Bad Brückenau und auch Bayern. Als Ludwig die Nachricht erhielt, geriet er in Panik und eilte zunächst zu Tann, der merkte, daß der König wahrscheinlich imstande war, Lola bis ans Ende der Welt zu folgen. Dann begab sich der König eilends zu Lola und bat sie, ihn nicht zu verlassen. Doch Lola erklärte, zwischen Spitzeln und Feinden könne sie nicht bleiben, und wenn sie bleiben solle, müsse Tann gehen. Es fiel ihr nicht schwer, Ludwig davon zu überzeugen, daß ihre Versöhnung durch Tanns Vorhaltungen verhindert worden war, was dem König genügte, seinem alten Freund die Abreise zu gebieten.

Sobald Lola ihren Willen durchgesetzt hatte, änderte sich ihre Stimmung schlagartig, und sie verhielt sich Ludwig gegenüber wärmer und liebevoller als in der Zeit davor.[25] Am nächsten Morgen reiste von der Tann nach Aschaffenburg ab, und Lola erschien im Triumph an Ludwigs Mittagstafel. An diesem Nachmittag nahm der König selbst die Zügel einer seiner Equipagen in die Hand und fuhr mit Lola aufs Land. Ihre Versöhnung war vollzogen.

Es kam zu vielen geraubten Küssen – auf ihren Mund, ihre Hände, und auf ihre Füße.[26] Der König hatte eine erotische Faszination für die Füße der Tänzerin entwickelt, was ihm Rätsel aufgab, weil ihn die Füße einer Frau noch nie zuvor erregt hatten. Vielleicht lag es daran, daß ihm Lola mit Warnungen wegen ihrer Anfälligkeit und der Gefahr einer Schwangerschaft gewöhnlich ihren Körper verweigerte, daß sich die erotischen Impulse König Ludwigs auf ihre Füße richteten; es erregte ihn, sie zu küssen und sie in den Mund zu nehmen. Jetzt war seine Lolitta wieder ganz die Seine, und er würde sein Versprechen, sie zur Gräfin zu machen, einhalten.

In München bewunderte das Publikum Stielers neues Porträt von Lola, das im Kunstverein ausgestellt war. Man war allgemein der Überzeugung, er habe sich selbst übertroffen, auch wenn das Werk nicht dazu beitrug, die öffentliche Meinung über das Modell zu ändern. Josephine von Kaulbach, die Frau des Malers Wilhelm Kaulbach, schrieb ihrem Gatten in Berlin, daß Stielers Porträt von Lola der Vergangenheit angehöre, während seine eigene unbarmherzige Darstellung die Zukunft sei. Die Betrachtung des Porträts, das ihr Mann von Lola gemalt hatte, veranlaßte Josephine, die in Öl gemalte Porträtskizze des Königs, die er vier Jahre zuvor erstellt hatte und die wie Lolas Porträt im Atelier des Künstlers geblieben war, erneut zu würdigen:

Wie du weißt, war ich mit Deinem Porträt des Königs niemals glücklich, mir erschien es niemals würdig genug; ... aber ich sage Dir, mit Deinen scharfen Augen siehst Du in die Seele der Menschen; besser und wahrheitsgetreuer hätte dieser Mensch nicht festgehalten werden können ... Ich muß gestehen, ich bin sehr beeindruckt von der geistigen Ähnlichkeit; seine ganze Bewegung drückt ein Wanken, eine Unsicherheit aus, die ungeheure Flatterhaftigkeit seines Wesens; ... Hat er nicht jetzt bewiesen, wie wechselhaft, unstet, unsicher und schwankend seine Anlagen sind ... Dieses überzeugende Porträt wird von großer Bedeutung für die Nachwelt sein, in diesem Bild ist die ganze Biographie dieses seltsamen Mannes enthalten. Lache nicht über mich. Und das Porträt der Spanierin, nach häufigem und langem Betrachten, sagt viel aus; es ist unmöglich, vor diesem Bild zu stehen und über diese Person zu scherzen, es ist wirklich nicht zum Lachen; es läßt dich ernst und traurig werden, und diese Stimmung, dieser Ernst, durchdringt das ganze Bild; auch dies ein Schicksal, doch ein unglaublich ernstes, tragisches Schicksal; ... Du ergründest das tiefste Innere eines Menschen, und das macht Deine Porträts zu Klassikern.[27]

In München sprach man auch über das Erscheinen des vierten Gedichtbandes des Königs. Er enthielt nicht nur das offensichtlich gegen die katholischen Konservativen gerichtete Sonett, sondern auch eine unverhüllte Hymne auf seine Treue zu Lola Montez, die alles andere als schwankend und unstetig zu sein schien:

> An L***
> Ich glaube dir, und wenn der Schein auch trüget,
> Du bist getreu und du bist immer wahr,
> Die Stimme in dem Innern mir nicht lüget,
> Sie sagt: dein liebendes Gefühl ist klar.
>
> Erhärt' vom Hammerschlage wird das Eisen,
> Es bildet selbst das härteste: den Stahl.
> Wenn zusetzt mir wird sie zu entreißen,
> Nur fester kettet's mich an meine Wahl.[28]

Die Bad Brückenauer Idylle erlitt noch eine weitere Unterbrechung, als Lola dieses Mal ernsthaft an einer fiebrigen Erkältung erkrankte. Die Erkrankung war möglicherweise ein erneutes Auftreten der Malaria, die sie sich in Indien zugezogen hatte, und Ludwigs Leibarzt behandelte sie erfolgreich mit hohen Dosen Chinin.[29] Es war geplant, daß Lola zunächst nach Würzburg und dann nach München zurückfahren sollte, während der König nach Aschaffenburg weiterreiste, wo sich ihm im Herbst die Königin zugesellen würde.

Am 4. August verließen der König und Lola Bad Brückenau auf getrennten Wegen, und nach seiner Ankunft in Aschaffenburg schrieb der König an Maurer: »Die Señora Lola Montez wird zur Gräfin erhoben. Ich wünsche keine Einwände irgendwelcher Art zu hören, da ich ein königliches Versprechen zu erfüllen habe.«[30] An Lola schrieb er: »Heute Morgen schrieb ich Maurer die Anweisung, Deine Ernennung zur Gräfin vorzubereiten, so daß sie an meinem Geburtstag (dem 25. dieses Monats) abgeschlossen sein kann. Bis zum Tage der Bekanntgabe, dem 25., muß es geheim bleiben, ... Ich kann ohne die Sonne über mir sein, nicht aber ohne Lolitta, die in meiner Seele scheint.«

Der Minister war fassungslos, als die königliche Botschaft in seinem Büro eintraf. Er kämpfte noch immer darum, mit seiner Regierung eine neue Richtung durchzusetzen und seine Glaubwürdigkeit in der Öffentlichkeit und bei anderen Regierungen auszubauen. Ende Februar hatte er widerstrebend die Einbürgerung der Frau unterzeichnet, doch das war nie an die Öffentlichkeit gedrungen, obwohl es Gerüchte gab, er habe getan, wozu kein Minister der vorangegangenen Regierung bereit gewesen war. Wenn er jetzt die Ernennungsurkunde Lolas unterzeichnete, wäre er öffentlich gebrandmarkt und politisch nicht mehr handlungsfähig.

Maurer antwortete dem König, er werde keine Einwände vorbringen;[31] das Wort eines Mannes, und besonders das Wort eines Königs, sei heilig. Doch er teilte Ludwig mit, er sei fassungslos, weil ihm der König nur wenige Monate zuvor versichert hätte, er ziehe nicht in Betracht, Mlle. Montez zur Gräfin zu machen. Maurer hatte gehört, daß Lola behauptete, der König werde sie entweder in Bad Brückenau oder in Aschaffenburg zur Gräfin machen; angeblich sollten die Minister gezwungen werden, ihr einen Besuch abzustatten und außerdem werde sie Bayern regieren. Er habe das nicht geglaubt, doch nun, da der erste Teil eingetroffen sei, befürchte er, die anderen Behauptungen würden folgen.

Der Minister erinnerte den König daran, daß jedes Mitglied des Kabinetts, das Lola besuchte, von den Mitgliedern des Landtags geschnitten würde, was es ihm unmöglich machen würde, seine ministeriellen Aufgaben wahrzunehmen. Er unterstellte, der König wolle ihn auspressen wie eine Zitrone und dann wegwerfen. Möglicherweise sei es die beste Lösung, eine vollkommen neue Regierung zu bilden. Er werde die Urkunde für Mlle. Lola ausstellen, ließ Maurer den König wissen, und sie zurückhalten, bis der König einen Minister ernannt habe, der sie gegenzeichnen wolle. Obwohl er Ludwig im Februar vor einem Abgrund gerettet habe, warnte Maurer den König, sei der König für einige Zeit drauf und dran gewesen, auf einen zweiten, tieferen Abgrund zuzusteuern. Der Minister hatte es für das Beste, wenn sich Ludwig langsam nach jemandem umsehe, der ihn ersetzen könne.

Der König erwiderte zurückhaltend, daß sein Verhalten völlig verfassungskonform sei und daß er von einem untertänigen Diener wie Maurer erwarte, daß er ihm zuarbeite und ihn nicht zwinge, einen neuen Minister zu suchen.[32] Vor allem, schrieb Ludwig, müsse ein König sein Wort halten; alles andere sei demgegenüber zweitrangig. »Ich beabsichtige nicht, irgendeinen meiner amtierenden Minister zum Besuch bei L.M. zu zwingen. Baron von der Tann ist hier bei mir, und L.M., die wiederholt den dringenden Wunsch geäußert hatte, mit mir Aschaffenburg zu besuchen, ist nicht hier, ein Beweis, daß sie nicht regiert. Der König herrscht und regiert, und ich hoffe, Maurer wird mich nicht für so niederträchtig halten, ihn wie eine Zitrone behandeln zu wollen (was ich nie getan habe); ich glaube nicht, daß er mir nicht gehorchen wird.«

Maurer begriff, daß der König entschlossen war, Lola zur Gräfin zu machen und daß seine Unterschrift unter die Urkunde seine politische Laufbahn wirksam beenden konnte.[33] Doch wenn er schon aus dem öffentlichen Dienst entfernt werden sollte, wollte er wenigstens etwas mitnehmen. Der Minister schrieb dem König, er werde die Ernennung, wenn auch widerstrebend, vorbereiten, warnte aber, sie würde vom Adel als Beleidigung empfunden und sollte besser auf einen Zeitpunkt nach der nächsten Sitzung des Landtags verschoben werden. Damit würde der König noch immer sein Wort halten. Mit der Unterschriftsleistung, brachte Maurer vor, seien erhebliche persönliche Konsequenzen verbunden. Die Ultramontanen hätten schon bisher jede Gelegenheit genutzt, ihn zu verfolgen, und nun sehe er seiner Zukunft mit den größten Befürchtungen entgegen. Nach

Maurers zahlreichen Opfern für den König wäre es nur ein Akt der Gerechtigkeit, wenn er vom König in den Stand eines erblichen Reichsrats erhoben werde und ein diesem Rang angemessenes Gut erhalte. Die Gewährung dieser Ehre wäre lediglich eine Gegenleistung für treue Dienste und die Verluste, die der Minister habe hinnehmen müssen. Maurer schrieb, der König werde sich damit selbst ein Denkmal setzen. Des Weiteren regte der Minister an, angesichts des großen Opfers, das seine Unterschrift unter die Ernennung bedeute, sei es angemessen, wenn der König Maurers Sohn, einen bekannten Rechtsgelehrten, zum außerordentlichen Universitätsprofessor mit einem Gehalt von 800 oder 1000 Gulden jährlich ernennen würde.

Der König war nicht nur wegen des kaum verhüllten Erpressungsversuchs erzürnt, sondern auch wegen der Hinhaltetaktik Maurers. Ludwig war entschlossen, Lola an seinem Geburtstag zur Gräfin zu erheben. »Ich erwarte Gehorsam«, schrieb er, »besonders von meinen Ministern«.[34] Er wünsche die Urkunde mit Maurers Unterschrift. »Wenn Sie sie verweigern, wird es dennoch geschehen, was Ihnen nicht klar zu sein scheint, selbst wenn es zu meinem Schaden gereicht. *Ich werde nicht weichen.* Sollten Sie trotzdem die Unterschrift verweigern, *befehle ich,* daß mir die Ernennung mit allem, was dazu gehört, unverzüglich zugesandt werde.« Maurer unterzeichnete die Urkunde und ließ sie nach Aschaffenburg transportieren. Der König benannte den Sohn des Ministers schließlich für eine Professorenstelle, wenn auch nicht zum erhöhten Gehalt, das sein Vater vorgeschlagen hatte, doch auf die übrigen erpresserischen Forderungen ging er nicht ein.

In der Zwischenzeit hatte Lola in ein neues Hornissennest gestochen.[35] In Würzburg war sie einigermaßen gesittet empfangen worden. Zwar folgten ihr neugierige Menschenmengen, aber sie waren nicht offen feindselig; einige Bürger besuchten sie, und im Haus des Barons Ziegler, eines örtlichen Würdenträgers, hatte man ihr zu Ehren ein Abendessen geplant. Mussinan hatte sie seit Bad Brückenau begleitet, Berks war von München gekommen, um ihr als Begleiter zu dienen, und ein ortsansässiger Staatsanwalt, Karl von Günther, und seine Frau hatten versucht, sich bei Lola einzuschmeicheln. Am Nachmittag des 6. August begaben sich Lola, Berks, Günther und einige andere, gefolgt von etwa zweihundert neugierigen Würzburgern, auf einen Spaziergang in den Hofgarten. Am Tor zum Garten war ein Soldat als Wache postiert, und als Lola und ihre Begleitung ankamen, bemerkte der Posten, daß Lolas Schoßhund Zampa dabei war. Der Posten hielt die Gruppe am Tor an und wies auf ein Schild, welches das Rauchen, das Betreten des Rasens und Hunde im Garten verbot. Einer der Männer hob den Hund auf, um ihn zu tragen, wie er es schon bei einem früheren Besuch des Gartens getan hatte, doch damit war der Posten nicht zufrieden; keine Hunde bedeute keine Hunde, ob getragen oder zu Fuß. Lola widersprach, und der erregte Soldat, der Lolas Französisch wahrscheinlich nicht verstand, griff nach dem Hund oder nach ihr – oder nach beiden, je nach den Zeugen, die die Geschichte erzählt haben. Lola trat einen Schritt zurück und verpaßte dem Posten einen kräftigen Schlag auf die Wange, was ihn zunächst überraschte und dann zornig werden ließ. Als er sich anschickte, darauf zu reagieren, packte ihn Günther von hinten und hielt seine Arme fest, und die Gruppe schob sich an ihm vorbei in den Garten. Ein Teil der neugierigen Menge begann zu johlen und zu pfeifen, als die nervös gewordene kleine Gruppe versuchte, beiläufig durch den Garten zu promenieren, während die Wache Verstärkung holte. Lola und ihre Gesellschaft beschlossen bald, ins Hotel zurückzukehren, und sie verließen den Hofgarten durch ein anderes Tor.

Lolas Angriff auf den Posten sprach sich in Windeseile in ganz Würzburg herum, und jetzt gerieten die Menschenmengen, die ihr folgten, in eine feindselige Stimmung. Als sie an diesem Abend von ihrem Hotel zu Baron von Zieglers Haus am Domplatz fuhr, wo das Essen ihr zu Ehren stattfinden sollte, wurde ihre Equipage von einem pfeifenden, schreienden Pöbel verfolgt. Das Geschrei hielt während des ganzen Essens an, und schließlich schickte man Lolas Kutsche in einem erfolgreichen Versuch, die Menge vom Haus wegzulocken, leer zu ihrem Hotel zurück. Doch die Radaubrüder zogen bis in den Abend hinein durch die Straßen, und Polizei und Gendarmen patrouillierten und bemühten sich, die Ordnung wieder herzustellen. Lola stahl sich schließlich in ihr Hotel zurück und schrieb dem König einen Brief, in dem sie ihm mitteilte, daß fünftausend Menschen auf der Straße gewesen seien und gepfiffen und geschrien hätten, und daß »mich dies nicht im Geringsten überrascht, wenn man die Zahl der Jesuiten hier kennt, und der Erzbischof [*sic*] ist ihr Anführer. Jeder hat mich gebeten«, fuhr sie fort, »Dir nichts davon zu erzählen, doch es ist meine Pflicht, Dich wissen zu lassen, was alle anderen wissen, damit der König nicht weniger als sonst jemand von dem weiß, was in seinem eigenen Land vorgeht. Lebewohl, mein viel und ewig geliebter

Ludwig. Liebe mich immer so, wie ich Dich liebe, die ich von ganzem Herzen lebenslang deine treue Lolitta sein werde.«[36] Am nächsten Tag fuhr sie nach München zurück.

Ludwig antwortete: »Was in Würzburg geschehen ist, tut mir leid – Du tatest gut daran, es mir zu erzählen ... ich las Deinen Brief noch einmal, und bei den letzten Worten, ›Ludwig ... immer so, wie ich Dich liebe‹, küßte ich ihn wieder und wieder – *Die Welt hat nicht die Macht, mich von Dir zu trennen.*«[37] Und er erinnerte sie daran, den Flanell wie erbeten an den beiden Stellen an ihrem Körper zu tragen und ihn ihm dann zu schicken.

Obwohl ihr Fieber wieder auflebte, empfing Lola in der Barerstraße den Besuch von Elias Peißner, der nun der Älteste der Alemannia war, der Burschenschaft, die sie unterstützen wollte.[38] Sie hatte ihre Farben gewählt: Rot, Gold und Blau; und Lola versprach, nicht nur dafür zu sorgen, daß sie den besonderen Schutz des Königs erhielten, sondern auch dafür, daß jeder von ihnen eine Kappe und die Insignien der Burschenschaft von feinstem Schnitt erhalten sollte. Peißner stand voller Ehrfurcht vor dieser schönen Frau, und als sie zwischen ihm und Mussinan auf dem Sofa ihres Salons saß, achtete er sorgfältig darauf, ihre Röcke nicht mit seinem Knie zu streifen. Am Ende des kurzen Besuchs reichte sie ihm die Hand und sagte, »Vergesssen Sie mich nicht ganz«, weil er in den Ferien nach Hause fuhr. Er sollte sie nicht vergessen, und auch sie sollte ihn nicht vergessen.

Der König schrieb jeden Tag, den sie voneinander getrennt waren, etwas für Lola. Er schrieb auf feinem Papier mit Goldrand, das er so faltete, daß vier Seiten daraus wurden. Jeden Tag wurde es etwas mehr, und wenn die vier Seiten voll waren, gab er den Brief auf und begann den nächsten. Er wünschte von Lola, sie möge ihm jeden Tag ein wenig schreiben, doch sie tat es nie. Er wollte, daß sie, so wie er, ihre Briefe fortlaufend numerierte und ihm jedesmal, wenn sie schrieb, mitteilte, welchen seiner Brief sie erhalten hatte, doch sie tat es nie. Er wollte, daß sie jede seiner Fragen beantwortete, die er häufig numerierte, doch sie tat es nie. Ludwig kämpfte ständig darum, etwas von seiner eigenen Besessenheit für Ordnung, Systematik und Einteilung in Lolas Leben zu bringen, doch es gelang ihm nie.

Ludwig war großzügig zu seiner Favoritin, doch die Gerüchte über seine Ausgaben übertrafen die Wirklichkeit bei weitem und trugen zu dem Eindruck bei, der König leere die königlichen Schatullen für Lola.[39] Schon ein paar Wochen nach der Ankunft der Tänzerin in München behauptete der Klatsch, Ludwig habe ihr 180 000 Gulden

Lola Montez' Ernennung zur Gräfin von Landsfeld
Geheimes Hausarchiv. Urkunde 4/4/32,1

gegeben, was mehr war, als er in den kommenden beiden Jahren für sie ausgeben sollte. Im Februar machte hinter vorgehaltener Hand das Gerücht die Runde, der König habe Lola 40 000 Gulden als Trost dafür gegeben, daß sich die Regierung ihrer Einbürgerung widersetzt hatte; als sie jetzt aus Bad Brückenau zurückkam, lief in München die Geschichte um, sie sei mit Schmuck von ihrem königlichen Freund im Wert von 70 000 Gulden zurückgekehrt.

König Ludwigs Geburtstag rückte näher, und Lola würde endlich in den bayerischen Adelsstand erhoben werden.[40] Die Urkunde, ein mehrseitiges Meisterstück kalligraphischer Kunst, war bereits in einen blauen Samteinband mit einer weißblauen Kordel eingefaßt worden, an der die runde Metallhülse mit dem großen wächsernen Siegel von König Ludwig I. befestigt war. Gegenüber der Seite mit der Unterschrift des Königs befand sich eine handgemalte Darstellung von Lolas Wappen als Gräfin von Landsfeld. Die vier Segmente des Schilds zeigten ein Schwert auf rotem Grund, einen auf den Hinterbeinen stehenden, gekrönten Löwen auf blauem Grund, einen silbernen Delphin auf blauem Grund und eine blaßrote Rose auf weißem Grund. Über dem Schild befand sich die neunzackige Krone einer Gräfin. Ludwig übergab sie einem Kurier, der sie am Morgen des 25. August mit einem Brief an sie aushändigen sollte: »Gräfin Landsfeld, für mich wirst Du immer meine Lolitta sein. An meinem Geburtstag mache ich mir selbst das Geschenk, Dir die Gräfinnen-Würde zu verleihen. Ich wünsche, daß das eine gute Wirkung auf Deine soziale Stellung hat, auch wenn das keine Änderung in der Regierung bewirkt. Lolitta kann keinen König lieben und nicht einmal schätzen, wenn er sich nicht selbst regiert, und Dein Ludwig will von seiner Lolitta geliebt werden. Die Feinde und insbesondere die Feindinnen werden wütend sein, wenn sie Dich als Gräfin sehen. Das ist *noch mehr ein Grund*, vorsichtig zu sein und zu vermeiden, da aufzutreten, wo Aufruhr entstehen kann und wo viele Leute sind. Es ist möglich, daß die Feinde die Gelegenheit suchen, Aufruhr zu provozieren und gegen Dein Leben zu trachten. Vorsicht!«

Der Geburtstag des Königs, der bayerische Nationalfeiertag, war ein Tag des Triumphs für die frischgebackene Gräfin von Landsfeld.[41] Am Morgen fuhr sie zur Kirche, um für ihre Erhebung zu danken, und am selben Abend gab sie ein Essen für ein Dutzend Gäste, wobei die Ernennungsurkunde auf einer Anrichte ausgestellt war. Danach versammelte sich die Gesellschaft im Garten um eine Büste von König Ludwig; dazu spielte eine Kapelle, und ein Feuerwerk erhellte die Szene.

Es gab Gerüchte, der König habe nicht nur Königin Thereses Erlaubnis erhalten, Lola zur Gräfin zu machen, sondern die Königin wolle der Gräfin sogar selbst den Theresienorden verleihen, die höchste bayerische Auszeichnung für Frauen des Adels.[42] Erstaunlicherweise wurde die Geschichte in München allgemein geglaubt, von den Botschaftern an ihre jeweiligen Hauptstädte berichtet und in der Auslandspresse wiederholt. Erst als das Gerücht bis zur Königin in ihrer Sommerresidenz durchgedrungen war, wurde es dementiert, doch das Dementi kam nicht immer so weit wie das Gerücht.

Ludwig schrieb der neuen Gräfin, als letzte Handlung des einundsechzigsten und als erste des zweiundsechzigsten Lebensjahres habe er ihr Bild geküßt.[43] »Außer im Schlaf ist Denken an Dich und Atmen für mich dasselbe«, ließ er sie wissen. »Es ist wahr: Die Abwesenheit zerstört die Leidenschaft, wenn sie klein ist. Sie macht sie größer, wenn sie stark ist. *Die ganze Welt hat nicht die Fähigkeit, Ludwig von seiner Lolitta zu trennen.*«

Ludwigs Ergebenheit bot jedoch keinen Schutz gegen den Zorn seiner Favoritin. Eine Woche nach dem Geburtstag des Königs machte jemand aus Lolas Kreis sie darauf aufmerksam, daß die Erhebung in den Adelsstand wie alle königlichen Dekrete keine Gesetzeskraft erlangten, solange sie nicht im offiziellen Staatsanzeiger veröffentlicht waren. Als Lola hörte, daß sie gar keine Gräfin war, wurde sie fuchsteufelswild, und der Brief, den sie auf »Luis« abfeuerte, knisterte vor Wut:

Du solltest mich gut genug kennen, um zu wissen, daß ich vor allem sehr stolz bin und nicht wie die Leute ohne Herz. Du hast mir einen Titel von Deinem Land gegeben, was wirklich sehr gut und freundlich ist. Aber wenn dieser Titel nicht in den Amtsblättern *öffentlich verkündigt* wird in Übereinstimmung und entsprechend den Regeln Deiner anderen Erlasse, dann kannst Du nicht überrascht sein, wenn ich diesen *Titel*, den Du mir gegeben hast, nicht akzeptiere. Du hast Dich wegen Deiner eigenen Handlung geniert, und Deine Minister haben Angst gehabt, diesen Titel amtlich zu verkündigen, so wie ihr es immer in den Fällen macht, wo Du in Deiner Gnade so etwas erteilst.
Du hast mich damit gedemütigt wie kaum ein anderer ... Du hast mir großen Kummer bereitet, und es ist ohne Zweifel ein großer Triumph für alle meine Feinde.
Ich hoffe, daß Du diesen Irrtum berichtigst, wenn Du mich liebst, so wie ich Dich liebe.
Deine treue Lolitta Montez[44]

Prompt sandte der König eine Order an Berks, der sich sowohl für Lola wie für den König schnell unentbehrlich machte, damit die Adelserhebung im offiziellen Anzeiger verkündet wurde.
Lola hatte weitere Fieberattacken, doch wenn sie in der Lage war zu schreiben, dann bombardierte sie Ludwig mit Ratschlägen zu Staatsangelegenheiten oder mit Klagen über die Verschwörungen, die man gegen sie ausgeheckt hatte. Sie und Berks sorgten dafür, daß ihren Gefolgsleuten königliche Gunstbeweise zukamen, und beide setzten sich bei Ludwig für königliche Ernennungen in Armee und Büro-

kratie ein. Keine dieser Angelegenheiten war wirklich wichtig, und der König achtete auch viel zu eifersüchtig auf seine eigenen Vorrechte, als daß er Lola erlaubt hätte, ihn in wichtigen Entscheidungen zu beeinflussen, aber insgesamt erweckten sie den Anschein, als manipuliere die Gräfin von Landsfeld den König. Außerdem, und das war vielleicht noch schlimmer, förderten sie sowohl bei den Beamten in Uniform als auch bei den Verwaltungsbeamten Ressentiments und untergruben die Moral, da Beförderungen und Gehaltsaufbesserungen unter König Ludwig wegen seiner unermüdlichen Budgetkürzungen bekanntermaßen nur schwer zu erlangen waren.

So, wie sie ihre Freunde nach Kräften belohnte, bemühte sich Lola auch, ihre Feinde zu bestrafen.[45] Wiederholt warnte sie den König, Innenminister Zenetti sei mit den Jesuiten verbündet. Einem Bericht zufolge setzte die Gräfin Zenetti davon in Kenntnis, daß seine Tage als Minister gezählt seien, nachdem er wegen ihrer ständigen Besuche in seinem Amt und ihrer außergewöhnlichen Forderungen die Geduld verloren und ihr erklärt hatte, er habe keine Zeit für ihre Privatangelegenheiten. Mehr als einmal gab sie Ludwig zu verstehen, sie halte Maurer für inkompetent; sein höchstes politisches Opfer, das er mit der Unterzeichnung ihrer Einbürgerung und der Ernennung erbracht hatte, glich in ihren Augen nicht aus, daß er weiterhin darauf bestand, kein Kabinettsmitglied müsse die neue Gräfin besuchen.

Dem ehrgeizigen Fürsten Wallerstein war im Sommer Urlaub von seinem Posten als Botschafter in Paris gewährt worden. Er würde in München bleiben, weil der König gezwungen gewesen war, im September eine Sondersitzung des Landtags einzuberufen und der Fürst ein Mitglied des Reichrates war. Wallerstein spürte, daß schließlich doch noch seine Chance für eine Rückkehr an die Macht gekommen sein könnte und bewegte sich mit Umsicht und Geschick. Er wußte, daß jeder offene Kontakt mit der Gräfin von Landsfeld auf politische und gesellschaftliche Ausgrenzung hinauslief, doch er mußte auch erkannt haben, daß ein Minister, der nicht zumindest ihre stillschweigende Billigung hatte, seine königliche Unterstützung unterminiert sähe, wie es Maurer erfahren mußte. Während der Amtszeit des Fürsten als Ministerpräsident vor zehn Jahren war Berks für Wallerstein ein wertvoller Helfer gewesen, und möglicherweise benutzte Wallerstein seinen früheren Protégé, um die Gräfin seiner wohlwollenden Haltung gegenüber ihren Bestrebungen zu versichern. Es gab sogar Gerüchte, der Fürst besuche heimlich das Haus in der Barerstraße.[46] Lola kannte Wallerstein offenbar, zumindest aber seinen Ruf, und sie mochte ihn ebensowenig wie sie ihm traute.[47] Aber sie mußte erkennen, daß keine Aussicht bestand, ihre Macht oder ihre Anerkennung in München auszuweiten, solange das Kabinett Maurer an der Macht war. Die Regierung Maurer wurde außer von den glühendsten Liberalen allgemein schon als gescheitert betrachtet. Die Unterschrift des Ministers unter die Urkunde der Gräfin hatte die letzten Hoffnungen für das Ministerium der Morgenröte begraben, und Zenetti und Zu Rhein machten den Versuch, zurückzutreten. Der König lehnte ihre Rücktrittsgesuche ab, da vor der Sondersitzung des Landtags keine Zeit mehr für eine Regierungsumbildung blieb, doch es wurde offenbar, daß die Regierung das Ende der Legislaturperiode nicht lange überleben würde.

Ludwig selbst versuchte, die Erörterung von Staatsgeschäften mit Lola zu vermeiden.[48] Seine Briefe an sie erwähnten die kleinen Vorfälle seines Alltagslebens, wie er es zum Beispiel vermied, eine seiner Schwägerinnen zum Abschied auf den Mund zu küssen, damit seine Lippen den ihren treu blieben, auch seine Spaziergänge, das Wetter, wie oft er an sie dachte, die seltenen Gelegenheiten, bei denen er von ihr träumte oder wie er die Flanellstücke, die sie ihm sandte, unter seinen Kleidern trug und sie umdrehte, damit er auch sicher sein konnte, daß er die Seite, die ihren Körper berührt hatte, auf der Haut trug. Wiederholt erkundigte er sich, ob sie den Flanell »an beiden Stellen« getragen habe.

Lolas Briefe dagegen wurden zunehmend politischer, voll des Lobes für Berks und andere Schützlinge und voller Kritik an dem Direktor des königlichen Theaters, an Maurer, Zenetti, Wallerstein und sogar Prinz Karl, dem Bruder des Königs. Sie verfolgte Berichte über Intrigen und Verrat und leitete sie weiter. Berks und Mussinan schrieben dem König fleißig Briefe voller Klatsch aus München, Berichte über Komplotte gegen ihn und Lola und über engstirnige Beleidigungen und vorsätzliche Brüskierungen.

Als die Rückkehr des Königs nach München näherrückte, schien er zwischen widerstreitenden Gefühlen hin- und hergerissen gewesen zu sein. Seine Gesundheit verschlechterte sich, seine chronischen Migräneanfälle kehrten wieder, und er blieb im Bett. Er erhielt obszöne anonyme Briefe über sein Verhältnis mit der Gräfin von Landsfeld, die ihn beunruhigten. Er wußte, daß er in München während der Sitzungsperiode des Landtags wieder in einen Hexenkessel geraten konnte, und er muß bedauert haben, daß die letzten idyllischen Tage in Aschaffenburg vorüber waren. Gleichzeitig sehnte er sich nach

Lola; er plante bereits ihr Wiedersehen. Am 7. Oktober wollte er sich mit der Königin treffen und mit ihr zusammen in die Hauptstadt zurückkehren, und am folgenden Tag jährte sich der Morgen, an dem er Lola zum ersten Mal empfangen hatte. Er wollte früh am Morgen zu ihr in die Barerstraße kommen und sie wieder ganz allein treffen, »ohne einen anwesenden Menschen oder Hund«, wie er schrieb. Er bat sie, ihm einfach mitzuteilen, wann sie schlafen ging und wann sie erwachte. Sie könnten mit der gemeinsamen Lektüre von *Don Quijote* fortfahren. Während der zwei Monate ihrer Trennung hatte er ihr zwanzig Briefe geschrieben, die Einträge für jeden einzelnen Tag enthielten.

So sehr er Lola auch liebte, so wußte Ludwig doch, daß das Leben mit ihr nicht immer leicht war. In seinem letzten Brief aus Aschaffenburg versuchte er, Schwierigkeiten zuvorzukommen, indem er ihr erklärte, was er sich *nicht* von ihr wünschte.[49] Zunächst verfaßte er einen Entwurf, um es so freundlich zu vermitteln, wie es ihm möglich war: »Meine über alles geliebte Lolitta, Du kannst mich glücklich oder unglücklich machen. Unglücklich, wenn Du Dich anmaßt zu regieren und ich alles nach Deinem Willen machen soll. Ich will Dir zuhören, und ich kann auch die Ideen anderer mit dem gleichen Eifer ausführen, als ob sie meine wären, wenn sie gut sind. Du machst mich jeden Tag unglücklich, wenn Du mir von den Geschäften erzählst, anstatt mich nach soviel Arbeit ausruhen zu lassen. Und das geht mit den Leuten um Dich so weiter, die Dir einen Wunsch nach dem anderen präsentieren. Ich spreche nicht vom schlimmsten, von der Untreue, wozu der edle Charakter von Lolitta nicht fähig ist. Mache den glücklich, der Dich glücklich sehen will.«

Am ersten Okober, dem Beginn seines Etatjahres, machte der König eine Aufstellung seiner privaten Konten.[50] In diesem Jahr zeigten ihm seine Berechnungen, daß er für seine geliebte blauäugige Spanierin genau 100 992 Gulden und 53 Kreuzer ausgegeben hatte. Das kam ihm offenbar nicht übertrieben vor, und er gab seinem Privatsekretär Order, das jährliche Gehalt der Gräfin von Landsfeld mit Wirkung vom 1. Oktober auf 20 000 Gulden zu verdoppeln. Da sie nun eine Gräfin war, mußte sie auch ein dementsprechendes Haus führen. Und möglicherweise hoffte der König auch, daß Lola mit doppeltem Einkommen in der Lage sein würde, mit ihrem Budget auszukommen.

Am Abend der Rückkehr des Königs nach München kam Lola dem geplanten Jubiläumswiedersehen am frühen Morgen zuvor, indem sie sich heimlich in die königlichen Gemächer begab, um Ludwig zu überraschen.⁵¹ Er war gerührt und überglücklich. Doch bald erkannte der König, daß seine frischgebackene Gräfin Landsfeld nicht nur weit fordernder und herrischer war, als Lola Montez gewesen war, sondern auch selten Zeit für ihn hatte, wenn sie nicht etwas von ihm wollte. Er wollte es sich nicht eingestehen, doch sein Liebestraum fing allmählich an, sich zu einem fast halluzinatorischen Alptraum zu entwickeln.

Wenn Ludwig je ernsthaft die Hoffnung gehegt haben sollte, mit Geduld und Ausdauer seine Königin auf seine Seite zu bringen und Lola damit zu ihrem gewünschten Ziel – der Einführung bei Hofe und der gesellschaftlichen Anerkennung – zu verhelfen, so wurden seine Illusionen mit einem Brief zunichte, den er eine Woche nach der Rückkehr nach München von Therese erhielt. Obwohl sie sich täglich sahen, beschloß die Königin, diese Angelegenheit schriftlich niederzulegen, vielleicht, weil sie wollte, daß ihre Gedanken völlig unmißverständlich waren, vielleicht auch, weil sie es nicht über sich brachte, die folgenden Worte auszusprechen:

Welch liebe Pflicht es mir ist, Dir Dein häusliches Glück unter allen Lebensumständen *ungetrübt* zu erhalten, mußte die letztere Woche unseres Aufenthaltes in Aschaffenburg Dir bewiesen haben, *da ich um jene Zeit* im Regierungsblatt ein Ereignis verkündet fand, welches ich bei der Kenntnis Deines Charakters für unmöglich gehalten hatte und mich daher schmerzlich dadurch berührt fühlte. Ferne sei es von mir, dir über dieses Geschehen einen Vorwurf hier vernehmen zu lassen. Der Zweck dieser Zeilen ist dennoch nur der, durch ein im gegenwärtigen Augenblick mit Offenheit ausgesprochenes Wort, einer ferner möglichen Vergünstigung vorzubeugen, durch welche der Friede unseres Familienbandes für immer gestört sein würde. Ich bin es meiner Frauenehre schuldig – die mir teurer als das Leben – diejenige, welcher Du eine Standeserhöhung verliehst, nie – und unter keinen Bedingungen von Angesicht zu Angesicht zu sehen; – sollte sie das einstige Erschienen am Hof durch ein Versprechen von Dir zu erlangen suchen, kannst Du mit Wahrheit ihr entgegnen, Du weißt es bestimmt – ja, aus meinem Mund: daß die Königin, die Mutter Deiner Kinder, sie nimmer mehr bei sich empfangen würde.

In dieser Verwicklung, um jedem Kampfe für die Zukunft vorzubeugen, hielt ich es für meine Pflicht, jetzt schon meinen durch nichts zu erschütternden Vorsatz Dir offen auszusprechen. Und nun auch kein Wort mehr, weder schriftlich noch mündlich, über diese schwierige Angelegenheit. Du wirst vor wie nach mich heiter finden, dankbar schon für jede mir von dir bereitete Freude, und sorgsam stets bemüht, den Frieden des Hauses ungetrübt, Dir meinem Ludwig, zu erhalten.

Deine Therese⁵²

Nun befand sich der König in einer unerfreulichen Lage: er wußte, daß er Lolas größten Ehrgeiz auf absehbare Zeit unmöglich erfüllen konnte und ihr das gegebenenfalls auch sagen mußte.

Ludwigs Hoffnungen auf Zärtlichkeit und ruhige Stunden mit der Lektüre von Cervantes wurden durch die Erkenntnis verscheucht, daß seine Geliebte eine sehr beschäftigte Frau war.[53] Die Alemannia, die Burschenschaft, die Mussinan ins Leben gerufen hatte, hatte an der Universität etwa fünfzehn Studenten rekrutiert, und sie war zu einer Art uniformierter Leibgarde für die Gräfin geworden (zusätzlich zu den neun Gendarmen, die nun dazu abgestellt waren, sie und ihr Haus zu bewachen). Leutnant Nußbammer war schließlich abgereist, man hatte ihn nach Bamberg versetzt; Lola war dabei gesehen worden, wie sie ihn öffentlich beschimpfte, und es wurde getratscht, seine Verletzungen machten es ihm physisch unmöglich, die Spanierin zu befriedigen.

Der zutiefst eifersüchtige Ludwig war wahrscheinlich erleichtert über die Abreise seines Rivalen Nußbammer, doch die Alemannen nahmen mehr als nur den Platz des Leutnants ein. Überall zeigten sie sich mit Lola, verbrachten Abende in ihrem Salon oder ihrem Stammlokal, dem Rottmann'schen Kaffeehaus unter den Arkaden am Hofgarten und machten mit ihr Tagesausflüge aufs Land. Man sah die Gräfin nur selten mit weniger als zumindest zwei gutaussehenden jungen Männern an ihrer Seite. Im örtlichen Sprachgebrauch nannte man sie »Lolas Harem« oder die »Lolianer«; und nach den Anstandsregeln jener Tage war jede junge Frau, ob Gräfin oder nicht, die ihre Zeit ständig in Begleitung lediger junger Männer verbrachte, die nicht ihre Blutsverwandten waren, kaum mehr als eine Hure.

In München wie andernorts setzte sich Lola über die Maßstäbe moralischer Lebenführung hinweg, während sie sich gleichzeitig über den Mangel an Respekt erregte, der ihr erwiesen wurde. Möglicherweise könnte ihr Kampf gegen gesellschaftliche Zwänge als Revolte gegen die Ungerechtigkeit und Heuchelei einer Gesellschaftsordnung angesehen werden, in der Frauen relativ wenig Recht zur Selbstbestimmung besaßen und der Anschein moralischen Verhaltens weit wichtiger war als die tatsächliche Praxis. Doch Lolas Zeitgenossen erkannten in ihr weniger die idealistische Rebellin, die auf eine Gesellschaftsreform aus war, sondern eine willensstarke und unkonventionelle Egoistin, die das Idol genau jener Gesellschaft sein wollte, über die sie sich lustig machte und entrüstete. Der österreichische Botschafter in Paris hatte Fürst Metternich in Wien vertraulich eine stark einseitige, aber hellsichtige Einschätzung geschickt: »Lola Montez ist eine Person ohne Bildung, ohne Benehmen, ohne Halt an ihren Ideen, deren launenhaftes Spiel nicht von Dauer sein kann. Sie ist eher zügellos und sensationssüchtig als lasterhaft und ehrgeizig.«[54] Doch inzwischen hatte sie ihren Ehrgeiz entdeckt.

Lolas Selbstbewußtsein steigerte sich, als Anfang Oktober George Henry Francis, ein Londoner Journalist und Bekannter, eintraf und sehen wollte, ob ihre Vorhaben in München einen guten Bericht ergeben könnten.[55] Als Ergebnis seines Besuchs erschien in *Fraser's Magazine* in London ein langer Artikel, »Der König von Bayern in München und Lola Montez«, der trotz der von Francis ausdrücklich erwähnten Vorbehalte über die Richtigkeit ihrer Beziehung zum König dazu beitrug, die Legende von Lola Montez als freiheitlicher Denkerin zu begründen, die im finsteren Bayern, wo, wie Francis festhielt, »die Sitten und Gebräuche des Volkes sehr viel primitiver sind als bei uns«, ein aufgeklärtes Regime eingeführt hatte. Auch wenn der Artikel viele grobe Ungenauigkeiten enthält, klingt seine Darstellung Lolas im Oktober 1847 in vieler Hinsicht wahr:

Wie es gewöhnlich bei Frauen mit wachem Intellekt der Fall ist, ist sie eine begnadete Rednerin; doch obwohl sie egoistisch und mit ihrem Teil weiblicher Eitelkeit versehen ist, versteht sie sich ausreichend auf die Kunst der Konversation, um nie ermüdend zu wirken. Sie kann in der Tat, auch wenn sie zu wilder, aber flüchtiger Leidenschaft, – zu tiefen, doch nicht rachsüchtigen Animositäten und gelegentlich auch zu manchen Trivialitäten und Schwächen, die oft bei Menschen zu finden sind, die plötzlich zu großer Macht gelangten – fähig ist, eine äußerst charmante Person sein und ist es auch fast immer, und dazu eine wunderbare Gefährtin. Ihre Manieren sind ausgezeichnet, sie ist eine anmutige und freundliche Gastgeberin, und die Kunst, sich elegant zu kleiden, beherrscht sie mit Vollkommenheit.

Die reizende Despotin ist allen Huldigungen leidenschaftlich zugetan. In ihren männermordenden Neigungen ist sie gnadenlos ... Andererseits hat Lola Montez viele Fehler, wie sie die Geschichte auch von anderen in ähnlichen Situationen überliefert. Sie liebt die Macht um ihrer selbst willen; sie ist zu vorschnell und zu unerschütterlich in ihren Abneigungen; sie hat es nicht hinreichend gelernt, ihre Leidenschaft, die ihrem spanischen Blut zu entsprechen scheint, zu zügeln; sie ist launisch und, wenn ihr Temperament entflammt ist, durchaus imstande grob und unhöflich zu sein, was sie jedoch auch als erste wieder bedauert und sich dafür entschuldigt ... Jeder, den sie nicht mag, wird durch ihr Vorurteil gleich zum Jesuiten ... doch diese nicht enden wollenden Verdächtigungen sind eine Schwäche, die so in gar keiner Weise zu der Willenskraft, der Charakterstärke und der Entschlossenheit paßt, die sie in anderen Zusammenhängen aufweist.[56]

Maurers Ministerium der Morgenröte lavierte sich mühsam durch die Sitzung des Landtags, doch sein Schicksal war wegen der Verzweiflung seiner Minister, der Unzufriedenheit des Königs und Lolas beständiger Schüsse aus dem Hinterhalt bereits besiegelt. Am 15. Oktober überzeugte Lola Ludwig, daß die Zeit zum Handeln gekommen war, nachdem er sich entschlossen hatte, Maurer zu entlassen. Am nächsten Tag trafen sich Fürst Wallerstein und Berks (der nun fraglos Lolas politischer Chefberater und Abgesandter geworden war) privat und unterhielten sich über die Bildung einer neuen Regierung, während das Parlament tagte.[57]

Ende Oktober verbreitete sich die Nachricht von der Ankunft eines vornehmen Besuchs für die Gräfin von Landsfeld im Gasthof Goldener Hahn.[58] Es war der Baron de los Valles, bekannt als Waffengefährte von Don Carlos, dem Anwärter auf den spanischen Thron. Der Baron war französischer Royalist, der sich der Sache des Thronanwärters angeschlossen hatte und als Belohnung einen ziemlich wertlosen Titel erhalten hatte. Trotz der Baronie hatte Los Valles schlechte Zeiten erlebt und schlug sich nun als reisender Weinhändler durch. Seine Ankunft in München war von der Hoffnung getragen gewesen, Lola könne ihm helfen, eine Bestellung des Königs und anderer nobler Kunden in der bayerischen Hauptstadt zu erhalten.

Die Anwesenheit des Barons bei Lolas Essenseinladungen und Soiréen verlieh ihrem Salon eine vornehme Atmosphäre, zumindest bis die Nachricht sich verbreitet hatte, daß Los Valles inzwischen Händler war. Dann störte sich der Baron selbst an Lolas Verhalten. Er war entsetzt, als er sah, wie Lola heftig mit einem jungen Polen ihrer Umgebung, Eustache Karwowski, zu flirten begann, indem sie ihn zunächst mit Zeichen der Zuneigung ermutigte, ihn dann mied und sogar vor ihren anderen Bewunderern erniedrigte. Dies wurde noch schlimmer, als dringende Bitten Lolas und Mussinans den Senior der Alemannen, Fritz Peißner, von einem längeren Heimataufenthalt nach München zurückholten. Die Gräfin plazierte Peißner bei jeder Gelegenheit ausdrücklich zu ihrer Rechten und machte ihn zu ihrem offensichtlichen Favoriten, sehr zum Ärger des Barons, der einerseits gekränkt war, weil ihm der Ehrenplatz verweigert wurde, und andererseits betroffen war, weil sie so offensichtlich die eifersüchtige Wut Karwowskis herausforderte. Lola machte die konservative Haltung des Barons zu einem Gegenstand humoriger Bemerkungen, doch Los Valles war alles andere als erfreut, vor allem, wenn es Peißner für angebracht hielt, sich dem Spaß anzuschließen.

Trotz seiner ein wenig lächerlichen Blasiertheit und seinem allzu offensichtlichen Eigeninteresse war der Baron doch auch ernsthaft besorgt um Lola. Er war entsetzt, daß sie ihren Einfluß auf die Polizei dazu benutzte, Erzbischof von Reisach unter Beobachtung stellen zu lassen, und er versuchte sie zu warnen, sie könne ihre Münchner Feinde niemals mit Verachtung, Spott und Intrigen besiegen. Sie sei nicht nur dabei, ihre eigene Stellung zu untergraben, sondern auch ihre Gesundheit, erklärte er ihr; ihr chronisches Brustleiden würde sich durch das Leben, das sie führte, noch verschlimmern. Und es schicke sich einfach nicht für eine Dame, von einer Bande von Studenten eskortiert zu werden. Lola beschimpfte den Baron; sie hätte ihn ermutigt, nach München zu kommen, damit ihr Salon Glanz bekomme, und nicht, um sich Predigten von ihm anzuhören, sie werde das nicht dulden.

Der Baron merkte, daß er zu weit gegangen war, und es war ihm noch immer nicht gelungen, wegen einer Weinbestellung mit dem König zu sprechen. In Wahrheit war Ludwig über Lolas Besucher verärgert und konnte ihn nicht schnell genug loswerden. Für den Baron schien die Reise völlig umsonst gewesen zu sein; zum Teil wegen seines eigenen Scheiterns, zum Teil aber auch wegen der Dinge, die er in der Barerstraße gesehen hatte, verließ er München voller Unruhe. In einem langen Brief bemühte er sich ein letztes Mal, Lola zur Vernunft zu bringen; er tadle sie nicht wegen ihres frivolen, ausgelassenen Benehmens, schrieb er, das sei der Fehler ihrer Eltern, die sie vernachlässigt hätten, und der ständigen Schmeicheleien, die sie seit ihrer frühen Kindheit erhalten hätte. Doch, warnte er, »nimm den Abgrund zur Kenntnis, den Du Dir unter den Füßen schaufelst, einen Abgrund, der Dich mitsamt der Monarchie verschlingen wird, wenn Du darauf bestehst, in der eingeschlagenen Richtung weiterzugehen und Dich hartnäckig weigerst, Dich den Gesetzen und Sitten des Landes anzupassen, das du gewählt hast.«[59] Lola gab keine Antwort.

Herzog von Leuchtenberg, ein Neffe des Königs und Schwiegersohn des Zaren, besuchte München Anfang November und versuchte, Ludwig und Lola auseinanderzubringen.[60] Bei einem Abschiedsessen für den Herzog bedeutete die Königin allen Höflingen, die Mitglieder der königlichen Familie allein zu lassen, und der Herzog bat Ludwig, er möge ihm erlauben, dem Zaren die freudige Nachricht zu überbringen, daß die Gräfin von Landsfeld nicht mehr in München sei. Die anderen Familienmitglieder schlossen sich mit ihren Bitten und Tränen an, doch ohne Erfolg; Ludwig war von dem Vorstoß erschüttert, blieb aber fest und konnte nur erwidern: »Ihr kennt sie nicht; sie ist so liebenswürdig.«

Genau zu dieser Zeit brachte das Objekt der königlichen Hingabe gegenüber Fritz Peißner dieselben Gefühle für den König zum Ausdruck.[61] »Ich liebe Seine Majestät aufrichtig«, erklärte sie dem Studenten, »weil er so edel ist, mein guter alter Mann.« Sie hatte Peißner in ihrem Haus dem König vorgestellt, und der junge Mann war bei Audienzen im Schloß huldvoll empfangen worden. Während Lola Peißner wiederholt versicherte, der König sei lediglich ihr lieber Freund – und wie ein Vater zu ihr – gab sie Fritz bald zu verstehen, daß ihr Interesse an ihm von ganz anderer Art war. »Dir gehört mein Herz«, sagte sie ihm, »doch meinen Körper darfst du erst fordern, wenn wir verheiratet sind«. Peißner war verblüfft, sich als Geliebter einer schönen Gräfin zu finden und redete sich ein, die wiederholten Vertrauensbekundungen des Königs ihm gegenüber würden bedeuten, daß die Heiratspläne vom ihm gebilligt seien.

In München wurde bereits über die Feste mit den Alemannen in Lolas Haus geklatscht, bei denen Bier getrunken und geraucht wurde (sie wurden allgemein als Orgien bezeichnet), und bei denen manchmal der König anwesend war, der Älteste aber immer noch blieb, nachdem der Letzte gegangen war.

Fritz und Lola zogen sich dann in ihr Boudoir zurück und umarmten, herzten und küßten sich, bis sie ihn heimschickte.[62] Eines Nachts aber, als sie zusammen im Schlafzimmer lagen, beschloß die Gräfin, er solle nun nicht mehr länger warten müssen. »Qu'avez vous?« fragte sie ihn mit gespielter Überraschung. »Que voulez-vous? Vous êtes si rouge.« Dann glitt ihre Hand nach unten, schob hinderliche Kleidung zur Seite und bahnte ihm den Weg zum lustvollen Verlust seiner Unschuld.

Peißner war überwältigt, bis über die Ohren verliebt und bereit, sein Leben für diese Frau zu geben. Anschließend ließ ihn Lola mit ihr gemeinsam niederknien, und sie schworen beim heiligen Kruzifix, einander nie untreu zu werden. Es war ein eindrucksvoller und feierlicher Augenblick für ihn. Von nun an wurde alles andere im Leben für ihn zweitrangig, und er liebte sie, wann immer sie es zuließ. Am Ende des Monats hatte ihm Lola, ohne dem König etwas davon zu erzählen, sein eigenes Zimmer in einem der Nebengebäude gegeben, die von ihren Dienern benutzt wurden.

Die Sitzungen des Landtags gingen schließlich zu Ende und der

König und Wallerstein bereiteten die Ankündigung der neuen Regierung vor. Dem Fürsten war klar, daß er seine politische Karriere auf die unwahrscheinliche Chance gründete, entweder Ludwig von Lola zu trennen oder die anschwellende Flut der Empörung und Ablehnung, die sie hervorrief, bändigen zu können. Doch wenn Wallerstein etwas besaß, dann war es Selbstvertrauen. Ein Jahrzehnt war er nicht an der Macht gewesen, und die Erregung, wieder die Hebel der Regierung in seinen Händen zu spüren, könnte ihn blind gemacht haben für die ungeheuren Schwierigkeiten dieser Aufgabe.

Selbstvertrauen schloß jedoch Vorsicht nicht aus, und alle neuen Minister mit Ausnahme von Berks forderten nicht nur, lediglich als geschäftsführende Minister ernannt zu werden, sondern auch, daß man ihnen ihre gegenwärtigen Posten offenhielt, damit sie jederzeit die Regierung verlassen konnten. Das Kabinett war ohne Glanz. Wallerstein war die einzige Person von internationalem Rang. Er erhielt das Außenministerium und das Ministerium für Erziehung und religiöse Angelegenheiten. Lolas Vertrauter, Franz von Berks, besetzte den wichtigen Posten des Innenministers. Wallerstein hatte sich Berks Ernennung widersetzt, doch der König erklärte ihm, er habe der Gräfin Landsfeld versprochen, Berks in die neue Regierung aufzunehmen, weshalb der Fürst diesen Ausgestoßenen als Kollegen akzeptieren oder der Regierung fernbleiben mußte.

Insgeheim verbreitete Wallerstein die Nachricht, mit der offensichtlichen Ausnahme von Berks habe sein Kabinett die Zusage des Königs, daß von keinem seiner Mitglieder verlangt werden würde, das Haus in der Barerstraße zu besuchen.[63] Doch über einen Monat lang war hartnäckig das Gerücht umgegangen, Wallerstein verhandle insgeheim mit der Gräfin in ihrem Haus, und Maurer erzählte Freunden, Wallerstein habe nicht nur selbst gelobt, die Gräfin zu besuchen, sondern auch versprochen, andere Gäste von Rang dorthin zu locken.

In seiner Depesche an Lord Palmerston gab der britische Botschafter die einhellige Meinung des diplomatischen Corps und der informierten Kreise Münchens wieder:

Es ist unmöglich, Mylord, vor der Tatsache die Augen zu verschließen, daß das Gefühl der Unzufriedenheit in diesem Land tiefe Wurzeln schlägt, und falls nicht schnellstens eine Systemveränderung in Gang gesetzt wird, welche dieses Gefühl abbaut, ist zu befürchten, daß sich schließlich sehr unerfreuliche Konsequenzen daraus ergeben könnten. – Die Demokratische Partei, die durch diese Umstände begünstigt wird, gewinnt zweifellos an Boden, und ich sehe tatsächlich nichts, worauf sich der Souverän stützen könnte. Wenn ich sage, der König sei bei der Masse der Bevölkerung höchst unbeliebt, so ist das milde ausgedrückt; – der Adel ist angesichts der Vorgänge über die maßen unzufrieden, und nach den Reden der Kammer zu urteilen und nach den Berichten, die aus den Bezirken in die Hauptstadt gelangen, so macht der Klerus, der katholische wie der protestantische gleichermaßen, Gebrauch von seiner Macht, um die öffentliche Meinung gegen ihn zu vereinen. Dieser Stand der Dinge könnte in einem anderen Land nicht lange Bestand haben, ohne in eine Krise zu führen, doch die Geduld dieses Volkes scheint keine den normalen Regeln entsprechende Einschätzung zu erlauben.[64]

****

Der Weg zur Revolution

Noch ehe das Kabinett Wallerstein sein Amt angetreten hatte, bereiteten Lola und ihre Freunde schon seine erste Krise vor.[1] Der Zwischenfall, der sich am Sonntagabend, den 28. November, ereignete, sollte zu einer kleineren diplomatischen Verwicklung und zu einer größeren Auseinandersetzung zwischen dem König und Lola führen. Während der Vorstellungen im Hoftheater pflegten sich die Alemannen und Lolas übrige Bewunderer unter das Publikum zu mischen, um Gespräche zu belauschen und Informationen aufzuschnappen, die der Sache der Gräfin dienlich sein konnten oder um die neuesten Verleumdungen mitzuhören, die über Lola oder sie verbreitet wurden. An jenem Abend hörten ein paar der Alemannen, wie Graf Edouard de Richemont, ein junger französischer Aristokrat mit guten Verbindungen, der in München lebte, zu den beiden Nichten des Königs etwas über Karwowski sagte, der in der Loge gegenüber saß. Fünfzehn Minuten später erschien Karwowski mit drei Begleitern an der Logentür und verlangte, daß Richemont zu seinen beleidigenden Äußerung Stellung nehme. Richemont erwiderte, die Lauscher müßten ihn wohl falsch verstanden haben, denn er habe über niemanden etwas Beleidigendes gesagt. Karwowski zog sich zurück, aber es fielen weitere Bemerkungen zwischen den beiden Parteien, und bald wurde klar, daß es zu einem Duell kommen konnte.

Richemont schien in der jüngeren Münchner Gesellschaft allgemein beliebt zu sein, wogegen Karwowski als Mitglied des Kreises um Lola allseits verachtet wurde. Um den Franzosen zu schützen, hielten daher etwa dreißig der prominentesten jungen Männer der Hauptstadt mitten in der Nacht eine Zusammenkunft ab, in der sie erklärten, daß jeder, der über die Schwelle der Gräfin von Landsfeld trete, unehrenhaft sei und somit keine Satisfaktion geben könne, also jemand, dem ein Mann von Ehre nicht im Duell gegenübertreten könne. Diese Entscheidung wurde sowohl Richemont als auch Karwowski übermittelt.

Am nächsten Morgen um sechs Uhr früh sprach der französische Botschafter bei Wallerstein, dem künftigen Außenminister, vor und fragte ihn, was er tun könne, um Schwierigkeiten zu vermeiden, denn wenn Richemont etwas zustoßen sollte, würde das unweigerlich die Beziehungen zwischen den beiden Ländern beeinträchtigen. Wallerstein zeigte Verständnis, vor allem, weil Karwowski in der Öffentlichkeit gesagt hatte, die Lauscher hätten Richemont in Lolas Salon im Beisein von Berks und Wallerstein als Lügner bezeichnet. Wenn die Leute erst einmal glaubten, daß er tatsächlich Lolas Haus betreten hatte, würden sie dem neuen Ersten Minister wahrscheinlich aus dem Weg gehen und sein Ministerium wäre zum Scheitern verurteilt, ehe es überhaupt begonnen hatte. Wallerstein veranlaßte, daß Richemont Polizeischutz bekam, und er beschwichtigte den König, der über die öffentliche Ächtung verärgert war, die die nächtliche Versammlung über Lolas Kreis ausgesprochen hatte, indem er ihm erzählte, Karwowski habe Spielschulden angehäuft und den Namen des Königs recht beiläufig benutzt, um sich als Vertrauten Seiner Majestät auszugeben.

Ludwig, der Lola selten etwas verheimlichte, erzählte ihr, der russische Botschafter habe am ersten Tag der neuen Regierung bei Wallerstein vorgesprochen und ihm ein Affidavit von Fürst Paskiewitsch, dem polnischen Vizekönig, vorgelegt, in dem stand, Karwowski sei ein gefährliches Subjekt, weshalb er sofort nach Polen zurückbeordert werde. Vielleicht merkte sie, daß er geneigt, wenn nicht gar bestrebt war, den schönen jungen Polen loszuwerden. Vielleicht war es auch ein Versuch, ihn sich zu Willen zu machen, als Lola an diesem Nachmittag des 1. Dezember zum ersten Mal seit der Begegnung im Juni dem Drängen des Königs nachgab und mit ihm schlief.[2] Es sollte das letzte Mal sein.

Obwohl Lola seinem Verlangen nachgab, erteilte Ludwig Wallerstein insgeheim die Erlaubnis, ihren polnischen Galan zu deportieren. Eifersucht hat bei dieser Entscheidung ganz sicher eine Rolle gespielt. Der König sah die Alemannen und all die anderen jungen Männer, die Lola um sich scharte, nicht gern, genauso wie er über die Aufmerksamkeit, die sie Nußbammer entgegengebracht hatte, verstimmt und verärgert gewesen war. Er wollte sie für sich haben und es frustrierte und verletzte ihn, daß sie zunehmend die Gesellschaft junger, gutaussehender Männer bevorzugte.

Wallerstein wäre genauso erfreut wie der König gewesen, die Alemannen und die übrigen verrufenen Subjekte, mit denen sich die Gräfin umgab, gegen wenigstens halbwegs standesgemäße Begleiter auszutauschen.[3] Die Alemannen stellten eine große Gefahr für die Gräfin dar, warnte er den König, da sie jederzeit nicht wiedergutzumachende Skandale und Krawalle heraufbeschwören konnten. Wenn es der Gräfin von Landsfeld gelänge, vier oder fünf Monate lang ein zurückgezogenes Leben zu führen, würde das die Lage der Dinge sehr positiv beeinflussen, sagte der Fürst dem König.

Ob sie besorgt war, daß die diplomatischen Bemühungen der Russen erfolgreich sein könnten oder ob sie sich angesichts ihres scheinbaren Triumphes sicher fühlte, ist unklar, jedenfalls blickte die Gräfin von Landsfeld den russischen Botschafter Graf Severine am Freitag, den 3. Dezember, im Hoftheater bedeutsam durch ihre Lorgnette an und machte ihm drohende Zeichen aus ihrer Loge.[4] Aber wenn Lola auf die Unterstützung des Königs vertraute, so sollte sie sich diesmal irren, denn am nächsten Morgen um vier Uhr weckte die Polizei Eustache Karwowski und teilte ihm mit, er solle sich ankleiden und seine Sachen packen, da er des Landes verwiesen werde. Wallerstein ließ Milde walten, indem er Anweisung gab, den jungen Mann nicht nach Österreich auszuweisen, da er dort wahrscheinlich den Russen übergeben worden wäre, sondern ihm gestattete, nach Paris zu reisen, wo zahlreiche Polen im Exil lebten.

Für das Volk sah es so aus, als hätte der König die Spanierin doch noch in ihre Schranken verwiesen, ihren Launen Grenzen gesetzt und als würde er beginnen, endlich etwas mehr Rückgrat zu zeigen. Vielleicht bemerkten einige der aufmerksameren Beobachter aber auch, daß die Maßnahme des Königs kein Zeichen dafür war, daß er sich aus Lolas Bann befreite, sondern er sich im Gegenteil nur eines Rivalen entledigte.

Mussinan wurde beauftragt, Lola die Nachricht von Karwowskis Deportation zu überbringen, da er der einzige Beamte in ihrem Gefolge war, dessen Befugnisse nicht ausreichten, um diese undankbare Aufgabe auf jemand anderen abzuwälzen.[5] Sie hatte einen Zornesausbruch und es dauerte eine ganze Weile, bis Mussinan dem König berichten konnte, daß sie sich wieder etwas beruhigt hätte.

Doch Lolas Wutanfälle waren wie Vulkanausbrüche, sie schienen sich zu legen, konnten aber ohne Vorwarnung jeden Moment wieder explodieren. Sie zog sich an, fuhr ins Innenministerium, und stürmte in das Büro ihres Gefolgsmannes Berks.[6] Dort tobte sie eineinhalb Stunden lang, ehe es ihm gelang, sie zu besänftigen. Er teilte dem König mit, sie sei befriedigt wieder nach Hause gefahren.

Aber auch Berks irrte. Der König hatte Maria Denker, eine Schauspielerin, die sich Lolas Kreisen angeschlossen hatte, gebeten, mit der Gräfin ein Gespräch von Frau zu Frau zu führen und ihr zu verstehen zu geben, wie unangemessen es für sie sei, sich mit jungen Männern zu umgeben, und ihr nahezulegen, sich von den Alemannen zu distanzieren.[7] Als Maria Denker eintraf, besprach Lola gerade mit Ernestine Opitz, der Inhaberin des feinsten Juweliergeschäfts Münchens, Neuanschaffungen, die sie zu tätigen wünschte. Die Schauspielerin war in diesem Moment genau die falsche Person, denn sie hatte die Gräfin erst vor kurzem ermahnt, sich nicht so offen mit Karwowski zu zeigen und hatte Lola sogar um das Versprechen gebeten, daß sie ihn nicht mehr sehen würde. Als sie Maria Denker sah, steigerte Lola sich sofort wieder in Rage, beschimpfte sie wüst und beschuldigte sie, die Deportation mit angezettelt zu haben. Die Schauspielerin war vor den Kopf gestoßen und es war ihr höchst peinlich, daß Frau Opitz Zeugin einer so entwürdigenden Szene wurde. So etwas war Maria Denker, die im Laufe ihrer Karriere einige vehemente Wutausbrüche auf der Bühne erlebt haben mußte, noch nie vorgekommen. Die Gräfin schrie, für diesen Verrat müsse das gerade erst eine Woche amtierende Kabinett gehen; sie habe alle zu dem gemacht, was sie waren, und sie werde sie auch vernichten. Maria Denker versuchte vergeblich, sie zu beruhigen, denn die derben Kraftausdrücke, mit denen die Gräfin sie auf Französisch bombardierte, trieben ihr die Schamröte ins Gesicht. Schließlich zog sie sich völlig konsterniert zurück und schrieb dem König eine beunruhigte Botschaft, in der sie über den völligen Fehlschlag ihrer Mission berichtete.

Nach den Berichten von Mussinan, Berks und Maria Denker dürfte der König auf das, was ihn bei seinem Besuch in der Barerstraße am selben Abend erwartete, einigermaßen vorbereitet gewesen sein, aber die Vehemenz von Lolas Attacke dürfte sogar ihn noch überrascht haben.[8] Ihre Auseinandersetzung über die Deportation war so lautstark, daß die Nachbarn der Gräfin davon geweckt wurden. Normalerweise hätte jemand einen Gendarmen geholt, aber es hielten bereits zwei vor der Haustür der Gräfin Wache und taten angestrengt so, als hörten sie nichts. Als Ludwig endlich vor Lolas Ärger floh, rannte sie ihm nach, und das schreiende Finale der Diskussion fand auf der Straße statt.

Doch der König wußte, daß Lolas Stimmungen ebenso wechselhaft wie extrem waren. Am nächsten Morgen schickte er Mussinan zu ihr, um sich einen Lagebericht geben zu lassen und um die Gräfin gegebenenfalls zu beruhigen.[9] Als Mussinan um elf Uhr ankam, hielt die Gräfin einen Morgenempfang und war noch beim Ankleiden, wobei sie sich von sechs Bittstellern und Verehrern bedienen ließ. Erst nach zwei Stunden, als die Gäste allmählich gingen, hielt Mussinan es für angebracht, das Thema des abgereisten Polen anzusprechen. Zu seiner Überraschung und Erleichterung entschuldigte Lola sich vielmals für ihr Auftreten am Vortag und erzählte dem Höfling, sie habe seit seiner überstürzten Abreise so schreckliche Dinge über Karwowski gehört, daß sie den König darum *bitten* würde, ihn zu deportieren, falls er wieder zurückkäme.

Über die Affäre Karwowski wuchs Gras, aber es gab mehr als genug andere Probleme. Die Königin hielt eisern an ihrem Entschluß fest, niemals mit der Gräfin von Landsfeld zusammenzutreffen und lehnte es auch ab, Leute zu empfangen, die das Haus in der Barerstraße besuchten. Gleichzeitig wurde das Auftreten der Gräfin von Landsfeld immer aufdringlicher und anmaßender, vielleicht aus Ärger über die ihr und ihren Anhängern entgegengebrachte gesellschaftliche Ächtung, oder aber aus angeborener Kampfeslust. Den Münchnern war es verboten, den Namen Lola im Gespräch zu erwähnen, und die Gendarmen hatten Order, die Bürger darauf hinzuweisen, daß sie von Marie, Gräfin von Landsfeld, wie sie sich jetzt nannte, zu sprechen hätten.[10] Die Gräfin zeigte sich in diesen Tagen auf den Straßen Münchens stets in Begleitung zweier livrierter Lakaien, was bis dahin der Königin und der Kronprinzessin vorbehalten gewesen war, und dabei kam es immer wieder vor, daß sie die feinsten Damen Münchens lautstark als Canaille beschimpfte, wenn diese sie nicht grüßten. Während sich dies alles auf den Straßen der Hauptstadt abspielte, ließ der König durch Berks Wallerstein eine seiner Sonderaufgaben mitteilen.[11] Berks berichtete Ludwig, der Fürst sei überrascht gewesen und habe nach einstündiger Diskussion mitgenommen und müde gewirkt. »Er meinte, er sollte besser nach Paris zurückgehen, solange das noch möglich sei«, überbrachte Berks dem König. Dem entmutigten Fürsten war offenbar die Aufgabe zuteil geworden, den Widerstand des Adels gegen Lola zu brechen und sie in die beste Münchner Gesellschaft aufnehmen zu lassen, damit die Königin einer Vorstellung der Gräfin bei Hofe geneigter wäre. Nur zwei Tage zuvor, am 10. Dezember, hatte Wallerstein der Idee zugestimmt, daß Lola einen literarischen Salon veranstalten sollte, wobei er Ludwig ausdrücklich gewarnt hatte, den Adel und die königliche Familie nicht hinzuzuziehen. Er hatte vorgeschlagen, der König solle dem Salon nicht als Privatperson, sondern als Monarch beiwohnen, um zu zeigen, daß die Veranstaltung offizielle Anerkennung fand.

Wallerstein schickte dem König ein Memorandum, in dem er die Hindernisse auf dem Weg zur gesellschaftlichen Anerkennung der Gräfin von Landsfeld darlegte.[12] Eines der größten Probleme seien die Alemannen, schrieb er. Solange diese ungehobelten, arroganten und provokativen jungen Männer als Lolas Begleiter nicht von der Bildfläche verschwänden, gebe es kaum Hoffnung, daß sich der soziale Status der Gräfin ändere. Und jede Veränderung würde langsam, aber stetig vonstatten gehen. Wenn die Lage sich bis Mitte nächsten Jahres nicht gebessert hätte, werde es zu einem entsetzlichen Eklat kommen, schrieb der Fürst.

Darüber hinaus verfaßte Wallerstein, was er für einen diplomatischen, aber lehrreichen Essay über die Art und Weise hielt, wie sich die frischgebackene Gräfin am besten verhalten sollte, und ließ ihn Lola über einen ihrer Günstlinge zukommen.[13] Lolas Reaktion war ein wüster Zornesausbruch darüber, daß dieser Mann, den sie zum Minister gemacht hatte, und der es immer noch ablehnte, sie zu besuchen, sich anmaßte, ihr zu sagen, wie sie ihr Leben zu führen und sich zu benehmen hätte. Sie schwor, daß sie Wallerstein noch vor dem ersten März um sein Amt bringen würde.

Mitte Dezember führte die neue Regierung ihre erste liberale Reform ein. Es wurde ein gelockertes Zensurgesetz für die Inlandsberichterstattung verabschiedet, in dem die unter der Regierung Abel eingeführten Beschränkungen aufgehoben und die unter der vorhergehenden Regierung Wallerstein geltenden Freiheiten wieder eingeführt wurden. Durch die Art und Weise, in der das neue Gesetz ausgelegt und angewendet wurde, änderte sich jedoch de facto wenig.[14] Eine echte Neuerung gab es allerdings: es wurde eine Ausnahmeregelung eingeführt, wodurch die Vorzensur »persönlicher Angriffe« gestattet wurde. Diese Politik erkannten die Verleger sehr schnell als den Versuch, die Veröffentlichung jeglicher negativer Berichte über die Gräfin von Landsfeld zu unterbinden. Die Beiträge über sie in ausländischen Zeitungen, die nach Bayern kamen, wurden bereits mit Druckerschwärze unleserlich gemacht. Trotz dieser Ausnahme war Lola wütend auf Ludwig, weil er dem Gesetz zugestimmt hatte, ohne ihren Rat einzuholen.[15] Das Gesetz gewähre zuviel Freiheit, beschwerte sich die Gräfin, und die Ultramontanen würden das ausnutzen. Sie sagte ihm, anstatt die Zensur zu lockern, hätte er besser eine große und wirkungsvolle Geheimpolizei einrichten sollen, um seine Untertanen zu bespitzeln.

Karikatur auf die Abdankung Ludwigs I. Aus: »Ein vormärzliches Tanzidyll« von Eduard Fuchs

In der Woche vor Silvester nahmen die Pläne Gestalt an, einen literarischen Salon für Lola ins Leben zu rufen. Das Kabinettsmitglied, das Innenminister Berks am ehesten über die Schwelle des Hauses in der Barerstraße 7 folgen würde, war der eitle und ehrgeizige neue Kriegsminister, Baron von Hohenhausen. Die mit der Planung von Lolas gesellschaftlicher Metamorphose befaßte Gruppe rechnete damit, daß er der Einladung Folge leisten würde, wenn man an ihn in der richtigen Form herantrat.

Die vereinten Bemühungen, einen neuen, respektierlichen und sich stets erweiternden gesellschaftlichen Kreis um die Gräfin zu schaffen, sollten beginnen, aber die Art und Weise, wie das neue Jahr 1848 in der Barerstraße eingeläutet wurde, war schon ein Rückschlag für diese Unternehmung.[16] Lola hatte eine Feier für ihre Alemannen veranstaltet, und es wurde viel getrunken, obwohl man Lola selbst selten größere Mengen Alkohol zu sich nehmen sah. Einigen Quellen zufolge hatten sich die betrunkenen Alemannen ihrer Hosen entledigt und zechten in ihren langen Hemden, als es zu dem Unfall kam. Die Studenten hatten ihre Gönnerin auf die Schultern gehoben und trugen sie im Triumphzug durch den Salon, dessen kristallener Kronleuchter ziemlich tief hing. Die Gräfin von Landsfeld wurde geradewegs in ihren Kronleuchter hineingetragen und fiel blutüberströmt und ohnmächtig zu Boden. Zwei Gendarmen rannten los, um den nächsten erreichbaren Arzt zu rufen, der Lolas Platzwunde verband, und bald traf auch Lolas Hausarzt ein. Die Ärzte stellten fest, daß sie keine ernsthaften Verletzungen davongetragen hatte, aber ihr ohnehin schon angeschlagener Ruf war weiter beschädigt worden. Selbst einer so verrufenen Frau wie der Gräfin von Landsfeld konnte der Klatsch darüber noch etwas anhaben, daß sie während einer Trinkorgie von einem Kronleuchter bewußtlos geschlagen wurde, als sie von halbnackten jungen Männern auf den Schultern getragen wurde. Es war kein sehr verheißungsvoller Start ins neue Jahr.

Der König erfuhr, daß die Gräfin von Landsfeld in der Nacht einen Unfall erlitten hatte, und schickte sofort, um sich nach ihrem Befinden zu erkundigen.[17] Man versicherte ihm, daß es nichts Ernstes sei, aber als Ludwig hörte, daß die Alemannen auf der Feier halbnackt gewesen waren, ordnete er geheime Nachforschungen an. Wenn diese Geschichte stimmte, würde ihm das Gelegenheit geben, die Studenten aus Lolas Umfeld zu verbannen. Die Untersuchung ergab, daß keiner der Ärzte die Studenten halbnackt gesehen hatte, als sie am Ort des Geschehens eintrafen. Andere Beweise gab es nicht.

Das Thema wurde für den König jedoch zweitrangig, als er am frühen Morgen des 3. Januar Peißner auf der Straße traf und im Verlauf des Gesprächs zu seiner großen Überraschung erfuhr, daß der Student offenbar zu jeder Tages- und Nachtzeit Zutritt zur Gräfin von Landsfeld hatte.[18] Er schrieb Berks einige verärgerte und beunruhigte Zeilen und bat ihn, herauszufinden, was da vor sich ging. Und noch am selben Abend verlor er bei der Gräfin die Beherrschung wegen ihrer Beziehung zu dem jungen Mann. Kaum war er wieder in der Residenz angekommen, bat er sie in einem Brief um Vergebung, und die Gräfin verzieh ihm bereitwillig. Aber er war noch immer höchst unglücklich und sein eigenes Verhältnis zu Lola und ihre Beziehung zu den Alemannen verursachte ihm großes Kopfzerbrechen.

Der König wurde in seinem schlimmsten Verdacht bestärkt, als jemand ihm anvertraute, daß Lola mit Peißner schlief.[19] Ludwig wollte diese Geschichte nicht glauben, und Lola wies die Verdächtigung entrüstet von sich, als er sie damit konfrontierte. Es wäre dem König kaum ein Trost gewesen, wenn er gewußt hätte, daß Peißner ebenfalls bald mißtrauisch und eifersüchtig werden sollte, weil er befürchtete, daß Lola trotz ihrer Schwüre ewiger Treue auch mit Ludwig Leibinger, einem anderen Studenten aus der Alemannia, ein intimes Verhältnis hatte. Der Klatsch in München bestärkte Peißner in dem Glauben, daß der König vorhatte, ihn mit der Gräfin zu verheiraten.[20] Das Gerücht löste unter den Leuten sogar eine gewisse Erleichterung aus, da es bedeutete, daß der König dieser Frau nicht in krankhafter Leidenschaft verfallen war. Es hieß, der König hege ausschließlich platonische Gefühle für die Gräfin und bewundere ihren Charakter, er sei auf die Alemannen in keiner Weise eifersüchtig und habe einige von ihnen sogar vor ihr gewarnt.

Leider war so ziemlich das Gegenteil der Fall. Ludwig suchte einen Weg, seinen verletzten Stolz als Mann und als König in Worten auszudrücken, und verfaßte auf spanisch eine Erklärung mit dem Titel »Meine Situation« für sie:

Ich komme nach allen anderen, in allen Situationen. Wenn es niemand anderen gibt, mit dem man sich unterhalten kann und es nichts anderes zu tun gibt, dann kann ich bleiben, ansonsten werde ich vertrieben. Jeder andere hat mehr Einfluß als ich; wenn Turk, der Hund, sprechen könnte, würde ihm mit größerem Interesse zugehört. Fürs Zahlen und Gehorchen bin ich gut, für das Erfüllen von Wünschen. Wenn ich nicht alles tue, was man mir aufgetragen hat, so werde ich beschuldigt, nichts getan zu haben. Wenn ich Wünsche erfülle, höre ich kaum jemals ein Wort des Dankes und schon gar nicht des Glücks, es ist, als hätte ich nur meine Pflicht getan. Das Gespräch besteht darin, daß ich ... Bitten und wieder Bitten mir anhöre, die aber nicht mit süßer Stimme vorgetragen werden, sondern in befehlendem Ton. Die Herrin des Hauses gibt ihrem Diener Anweisungen. Nie zuvor hat eine *Querida* mehr Unabhängigkeit und nie ein *Querido* weniger Rechte besessen. Sie möchte auf ihre Weise leben, mit Studenten und ohne die geringste Rücksicht auf mein Herz und meinen Ruf, und sie erniedrigt mich in der Meinung der Öffentlichkeit. *Sie will nicht als Querida leben, aber sie will die Macht einer Querida.*[21]

König Ludwig hat Lola seine Beschwerde offenbar nie zu lesen gegeben. Trotz des Schmerzes und der Demütigungen, die sie ihm zufügte, fühlte er sich ihr durch seine Ehre mehr verbunden als er ihrer erotischen Ausstrahlung verfallen war. Also gingen die Bemühungen, sie aus ihrer gesellschaftlichen Quarantäne zu befreien, weiter. Berks und Wallerstein verfaßten ein gemeinsames Memorandum, wie Baron Hohenhausen in die Barerstraße eingeladen werden sollte.[22] Zuerst sollte dem Minister mit der persönlichen Verleihung des Ritterkreuzes des Zivilverdienstordens durch den König geschmeichelt werden. Zwei Tage später, bei einem Essen in der Residenz, versuchte der König, ihn beiläufig für den Nachmittag zum Tee bei der Gräfin von Landsfeld zu bitten. Hohenhausen war überrascht und schien nicht zu wissen, was er sagen sollte; er faßte die Einladung als militärischen Befehl auf und erschien zum Tee, gab aber tags darauf bekannt, daß er als Minister zurücktreten wolle.

Der König war verärgert über diese neuerliche Komplikation, aber Wallerstein war sofort zur Stelle, um die Wogen mit seiner erprobten Diplomatie zu glätten. Hohenhausen wurde überredet, einen Brief an den König zu verfassen, in dem er seinen Standpunkt darlegte. Dann ließ Wallerstein den Inhalt des Briefs an die Öffentlichkeit durchsickern, um dadurch den General davon zu überzeugen, daß er nichts mehr zu verlieren hatte, wenn er im Amt blieb. Er wußte, daß der General hoch verschuldet war und das Ministereinkommen brauchte. Aber Wallerstein hatte sich verrechnet. Die gesellschaftliche Schande, die der Umgang mit Lola mit sich brachte, war größer als die finanziellen Sorgen des Barons, und Hohenhausen erklärte offiziell und unwiderruflich seinen Rücktritt als Kriegsminister. Diese Entwicklung war für den König und die Regierung außerordentlich peinlich, da sie zeigte, in welch umfassendem Maße Lola zur Staatsaffäre geworden war.

Die Unterstützung der Armee, die im Falle einer Krise von entscheidender Bedeutung sein würde, wurde tagtäglich durch eigene Indiskretionen des Königs untergraben.[23] Anfang Januar bemerkte er einem örtlichen Kommandanten gegenüber, es sei eine Schande, daß seine Offiziere die Gräfin von Landsfeld nicht grüßten, wenn sie ihr auf der Straße begegneten. Der Oberst erwiderte, nur mit einem schriftlichen Befehl Seiner Majestät in Händen würde er versuchen, seine Offiziere dazu zu bewegen, die Gräfin von Landsfeld zu grüßen. Ludwig war fassungslos und wütend.

Ein paar Tage später hielt der König auf der Straße einen jungen Offizier an, der sich, wie er gehört hatte, besonders lauthals über die Gräfin von Landsfeld beklagte.[24] Ludwig demütigte ihn vor allen neugierigen Umstehenden, indem er ihm auf offener Straße eine Standpauke hielt. Ein bayerischer General hatte dem preußischen Botschafter bereits in einem privaten Gespräch anvertraut, daß der Gehorsam der Offiziere und Soldaten alles andere als sicher sei, wenn sie zum Schutz der Gräfin von Landsfeld aufgerufen würden, und die Moral der Truppe war jetzt von Ludwig selbst in einem Maße untergraben worden, daß es ungewiß war, ob die Armee dem königlichen Befehl überhaupt gehorchen würde. Es kursierte sogar das Gerücht, eine Delegation von Offizieren werde im nächsten Landtag darum ersuchen, daß die Armee ihren Eid nicht auf den König, sondern auf die Verfassung ablegen müsse, ein Vorschlag, den bisher nur radikale Liberale vorgebracht hatten.

Berks hatte mindestens ebensoviele Schwierigkeiten wie Fürst Wallerstein.[25] Er wurde von der Münchner Gesellschaft nahezu völlig geächtet, und jegliche offizielle Würde, die er angestrebt haben mochte, wurde durch Lolas regelmäßige Besuche in seinen Amtsräumen zerstört, wo sie in Begleitung eines Lakaien erschien, der eine große Mappe mit all den Angelegenheiten trug, die der Minister für sie erledigen sollte. Es hieß, Fritz Peißner betreibe in der Barerstraße eine Art Vermittlungsagentur und handle mit den Antragstellern Staatsämter und Gehälter aus, je nachdem, wie treu sie zu Lola standen und was sie für sie tun könnten.

Der Fürst und Berks berieten am Nachmittag des 12. Januar gerade darüber, wie sie genügend Stipendiengelder für die Alemannen abzweigen konnten, damit diese endlich unabhängig wurden, etwas, worauf die Gräfin bestanden hatte, ehe sie zustimmen würde, die Gesellschaft ihrer berüchtigten Bewunderer aufzugeben, als eine Delegation der treuen Gefolgsmänner mit den roten Kappen auftauchte und den Fürsten zu sprechen wünschte. Er war völlig entsetzt, als er hörte, daß sie ihn zu ihrem offiziellen Commers, einem formellen Bankett, einladen wollten, das dank eines großzügigen Geldgeschenks der Gräfin von Landsfeld am Samstagabend im großen Saal des Bayerischen Hofs abgehalten werden sollte. Wallerstein, ganz der Diplomat, erklärte mit Nachdruck, daß es verfassungsgemäß für Minister nicht angezeigt sei, Beziehungen zu Studentenverbindungen zu unterhalten, und die Alemannen zogen offensichtlich befriedigt ab, um ihrer Schirmherrin Bericht zu erstatten.

Dem Fürsten wurde klar, daß seine wiederholten Ermahnungen an diese Frau, Taktgefühl zu beweisen, besonnen zu handeln und an die Konsequenzen zu denken, in den Wind gesprochen waren. Er hatte ihr geschrieben, »Wenn Sie Gräfin und Freundin eines Monarchen von Gottes Gnaden sein möchten, sollten Sie die Konventionen achten und kompromittierende Situationen vermeiden,[26] aber jetzt lag klar auf der Hand, daß sie überhaupt nicht verstand, was er ihr sagen wollte.

Falls er noch Zweifel gehabt haben sollte, wurden diese restlos ausgeräumt, als die wutschnaubende Lola, ihren Günstling Mussinan im Schlepptau, höchstpersönlich in seinen Amtsräumen erschien. Sie wußte ganz genau, daß Minister Zu Rhein im vergangenen Frühjahr beim ersten Commers des Corps Isaria die Festrede gehalten hatte, und sagte Wallerstein, daß sie sich durch sein Geschwätz von der Verfassung nicht täuschen lassen würde. Sie erklärte ihm, die Fehde, die er begonnen habe, sei auf Leben und Tod, und sie werde den König hinter sich haben. Die Gräfin überschüttete ihn mit einem Wortschwall in ihrem nicht besonders korrekten Französisch und ließ Wallerstein wissen, daß das, was sie für richtig hielt, geschehen werde, selbst wenn es auf eine Revolution hinausliefe, die sowohl sie selbst als auch den König stürzen würde. Jetzt werden Sie sehen, was eine kühne Frau erreichen kann, wenn sie alle Hebel der Intrige in Bewegung setzt, posaunte sie und rauschte mit Mussinan im Gefolge aus seinem Büro.

Wallerstein blieb mit seinen düsteren Gedanken zurück und schrieb ein Memorandum an den König.[27] Die Gräfin kenne Bayern nicht, schrieb er. Das Commers der Alemannen sei eine dumme Idee und werde nur dazu führen, die restlichen fünfzehnhundert Studenten der Universität in Rage zu bringen. Der König und sein erster Minister begäben sich auf ein Minenfeld, warnte er. Savoir-faire, Wallersteins Taktik für jede schwierige Situation, könne sich hier als nutzlos erweisen. Dies habe die Sache um einige Schritte zurückgeworfen, schloß er.

Minister Berks sah keinerlei Hindernisse, ob in der Verfassung oder anderweitig begründet, mit den Alemannen Umgang zu pflegen, und war der Hauptredner bei dem Bankett. Der Saal war mit einem großen Porträt Seiner Majestät und, auf der gegenüberliegenden Seite, mit dem Wappen und dem Motto der Verbindung geschmückt: *Virtus omnium vincat quodque malum!* (Durch männliche Tatkraft vor allem muß jedes Übel fallen!)[28] Angeblich konnte die Gräfin, deren Gegenwart bei dieser traditionellen Herrenveranstaltung absolut fehl am Platz war, nicht widerstehen und zeigte sich kurz auf der Empore des Saales, um ihre treuen Begleiter am Abend ihres Festes zu begrüßen. Verwaltungsbeamte und Professoren der Universität waren eingeladen, doch waren fast alle offenbar durch dringende Verpflichtungen verhindert. Die Gesellschaft im Saal bestand aus Berks, Mussinan, dem Polizeidirektor und über fünfzig anderen Herren aus der Gruppe um Lola sowie den achtzehn Alemannen. Die Rede des Innenministers hätte nicht besser kalkuliert sein können, um den Rest der Studentenschaft gegen die Alemannen aufzubringen. Sie wären, erklärte er den Getreuen Lolas, Vorbilder männlicher Tugend, ein Beispiel, das die degenerierte Jugend der Zeit dringend bräuchte, und er beschwor sie, die Freiheit von allen Lastern, die sie sich ins Wappen geschrieben hatten, weiterhin vorzuleben. Peißner antwortete für die Alemannen, ein Trinkspruch gab den anderen, und das allgemeine Gelage endete gegen vier Uhr morgens.

Fürst Wallersteins Prophezeiungen sollten sich bewahrheiten. Der Rest der Studenten war erbost über das *Commers* der Alemannen, insbesondere über die Andeutung in Berks Rede, daß diese allgemein Gemiedenen, die sich einer fremden Hure verkauft hatten, Vorbilder seien, an denen sie sich ein Beispiel nehmen sollten. Wenn jetzt ein Alemanne mit seinem typischen roten Käppi in der Universität oder auf der Straße auftauchte, wurde er mit einem Pfeifkonzert und mit Buhrufen begrüßt.

Die Lage spitzte sich zu, als Rektor Friedrich von Thiersch ausgerechnet diesen Zeitpunkt wählte, alle Studenten an ihre Pflicht zu erinnern, an den Vorlesungen teilzunehmen, woraufhin die Alemannen, die es mit der Anwesenheit bisher nicht sehr genau genommen hatten, plötzlich regelmäßig zu den Vorlesungen erschienen.[29] Wenn aber ein Alemanne einen Hörsaal betrat, standen alle anderen Studenten auf und verließen demonstrativ den Saal. Die Professoren weigerten sich in der Regel, ihre Vorlesung zu halten, wenn die Mehrzahl des Kurses nicht anwesend war. Auch Lola ließen die Studenten ihre Verachtung deutlich spüren, und sie ging dazu über, allen, die es hören konnten, zu verkünden, sie werde, wenn es so weitergehe, veranlassen, daß der König die Universität schließe. Am 27. Januar hatten der ständige Lärm und die Schikanen so überhandgenommen, daß Peißner eine Petition verfaßte, in der er den König ersuchte, einzugreifen. Lola überbrachte ihm das Papier.

Als Antwort auf die Petition wurden strenge Strafen über Studenten verhängt, die andere Studenten schikanierten oder sich an Unruhen beteiligten. Die neuen Regeln schienen ihre Wirkung zu tun, und die Verfolgung der Alemannen ebbte allmählich ab, bis das Schicksal eingriff, um den Unmut der Studenten gegen Lola und ihre Anhänger neu zu entfachen. Joseph von Görres, der wahrscheinlich angesehenste Professor der Universität und Vordenker des konservativen Katholizismus, der in Abels Politik Ausdruck gefunden hatte, starb am 29. Januar. Selbst jene Bayern, die Görres' Ideen nicht in jeder Hinsicht befürworteten, achteten ihn als einen Mann von höchster Integrität und Anführer des Widerstands gegen die Unterdrückung durch Napoleon. Die Universität trauerte, und die Alemannen waren vorübergehend vergessen.

Die Beisetzung fand am 31. Januar statt, und als der lange Zug der Trauernden dem Sarg das letzte Geleit die Ludwigstraße hinunter zum Friedhof gab, war man schockiert, der Gräfin von Landsfeld zu begegnen, die offenbar ihren täglichen Mittagsspaziergang entlang Münchens elegantester Verkehrsader machte.[30] Für die Anhänger von Görres war Lola fast so etwas wie der weibliche Antichrist, und ein paar der Studenten im Trauerzug begannen, sie auszupfeifen und Drohungen zu murmeln. Lola begegnete dieser Feindseligkeit dreist und furchtlos und herrschte die Trauernden an, sie sollten für sie Platz auf dem Gehweg machen. Die Situation drohte, außer Kontrolle zu geraten, vor allem, nachdem die Gräfin erklärte, sie werde die Universität schließen lassen, wenn die Studenten ihr nicht mit angemessenem Respekt begegneten. Schließlich griffen die Gendarmen ein, um die Parteien zu trennen und die Gräfin in Sicherheit zu bringen, aber die Studenten sollten die Beleidigung des Andenkens von Görres durch die Schutzherrin der Alemannen nicht vergessen.

Die Pöbeleien und Schikanen gegen die Alemannen wurden danach noch heftiger. Thiersch hielt eine Ansprache vor den Studenten, in der er sie zur Erhaltung von Ruhe und Ordnung ermahnte, aber die

Verfolgung der »Lolianer« mit ihren roten Käppis hielt an. Anfang Februar kam es zu den ersten ernsthafteren Zwischenfällen, vor allem gegen die *Obskuranten*, also Studenten, die keiner der offiziellen Verbindungen angehörten, und gegen die Alemannen.

Hohenhausens Nachfolger im Kriegsministerium, General Heinrich von der Mark, trat sein Amt an und erschien umgehend auch bei Lola zum Tee.[31] Er soll allerdings kein sehr charmanter Gast gewesen sein, da er seinen Besuch offenbar als Ausführung eines militärischen Befehls betrachtete. Als sie einander vorgestellt wurden und Lola ihn für einen Offizier, den sie kannte, um eine Gefälligkeit bat, soll der General erwidert haben, der Offizier verdiene einen solchen Gefallen nicht und sie solle sich nicht in militärische Angelegenheiten einmischen. Niemand erwartete, daß von der Mark lange im Kabinett bleiben würde.

Am Abend des 6. Februar, einem Sonntag, ging ein Raunen durch die Zuschauerreihen im Hoftheater, als die Gräfin von Landsfeld in ihrer Loge im zweiten Rang ganz rechts erschien.[32] Sie trug ein Ensemble aus Diadem, Collier und Armband von atemberaubender Schönheit und Eleganz, dessen Diamanten weithin sichtbar strahlten. Mit auffälligen Gesten quer durch das Theater wies Lola den König auf die Reaktion hin, die ihre Juwelen beim Publikum erzeugten, so daß niemand mehr den geringsten Zweifel an der Herkunft dieser Pracht haben konnte. Man flüsterte sich zu, der Schmuck sei sagenhaft teuer und 60 000 Gulden oder mehr wert. Tatsächlich hatte Ludwig ihn für nur 13 000 Gulden erworben, aber diese Summe war dennoch mehr als das Doppelte dessen, was ein Kabinettsmitglied im Jahr verdiente. In seinem Schmerz und seiner Betrübnis versuchte der König noch immer, Lolas Aufmerksamkeit und Zuneigung auf jede nur erdenkliche Weise zu gewinnen, aber seine Bemühungen verstärkten den öffentlichen Groll über ihre Arroganz und seine Nachsicht ihr gegenüber. Als weiteres Beispiel ihrer unverschämten Selbstherrlichkeit verspottete Lola den glücklosen Baron Hohenhausen vor versammeltem Publikum mit einer kindischen und triumphierenden Geste, indem sie mit dem Zeigefinger der einen Hand über den ausgestreckten Zeigefinger der anderen Hand strich.

Als Rektor Thiersch am Montagmorgen, den 7. Februar, gegen elf zu seiner Vorlesung an die Universität kam, konnte er schon von weitem hören, daß der Tumult um die Alemannen wieder ernsthaft begonnen hatte.[33] Die Pfiffe und Buhrufe verstummten, sobald Thiersch in die Nähe kam, begannen jedoch sofort wieder, kaum daß er ein Stück weitergegangen war. Der Gendarmerieposten am nahe gelegenen Siegestor war verstärkt worden, aber der Rektor wollte nicht, daß die Polizei eingriff. Erleichtert sah er die Equipage des Fürsten Wallerstein, der als Kultusminister letztlich die Verantwortung für die Universität hatte, in den großen Hof einfahren.

Der Fürst genoß den Respekt der Studenten, und er war gekommen, um persönlich zu versuchen, sie zu beruhigen. Er wußte, wie ärgerlich der König allmählich wurde, und hoffte, ein Aufeinanderprallen gegensätzlicher Meinungen verhindern zu können. Wallerstein begann seine Ansprache an die vor dem Haupteingang zur Universität versammelten Studenten und sagte ihnen, daß ihm nicht daran gelegen sei, ihre Freiheit einzuschränken oder sie in ihren Meinungen zu bevormunden, daß aber Ordnung und Respekt als in der Tradition deutscher Universitäten verankerte Werte unbedingt aufrecht erhalten werden müßten. Bisher seien nur disziplinarische Maßnahmen seitens der Universität ergriffen worden, um den Unruhen entgegenzuwirken, aber eine fortgesetzte Mißachtung der Wünsche des Königs, der immer ein Vater und Schutzpatron der Universität gewesen sei, werde wahrscheinlich zu einem Eingreifen von seiten des Staates führen. Abschließend stimmte er ein dreifaches Vivat auf König Ludwig an, in das die Studenten einfielen.

Nach Wallersteins Rede fragte der Rektor die Studenten, ob sie gelobten, den Frieden der Universität nicht zu stören, worauf ihm die versammelten Studenten mit einem einstimmigen »Ja!« antworteten. Der Ruf war jedoch kaum verhallt, da wurde das Versprechen schon gebrochen. Zwei Alemannen, die der Rede etwas abseits stehend zugehört hatten, wurden erkannt, als sie sich eilends von der sich auflösenden Menge entfernten, und ein Konzert aus Pfiffen und Beschimpfungen ertönte hinter ihnen, als sie bis in die Ludwigstraße verfolgt wurden. Die beiden Alemannen wurden von einer krakeelenden Meute aus etwa vierhundert Kommilitonen die ganze Ludwigstraße hinunter gehetzt – bis zum Rottmann'schen Kaffeehaus am nördlichen Ende der Arkaden am Hofgarten, wo sie Unterschlupf fanden. Die Menge zerstreute sich zwar allmählich, aber die Gemüter blieben den ganzen Nachmittag über erhitzt. Als sich die Studenten später am Hofgarten einfanden, um der Wachablösung beizuwohnen, gab einer der Alemannen, Graf Eduard von Hirschberg, einem anderen Studenten eine Ohrfeige – vielleicht als Antwort auf eine Beleidigung oder aber um eine feindliche Reaktion zu provozieren. Der Student schlug nicht zurück, und die anderen Studenten gingen aus-

einander, um einen Konflikt zu vermeiden; aber in der Konfrontation der Alemannen mit dem Rest der Studentenschaft war der erste Schlag gefallen, und die Angelegenheit hatte eine ernste Wendung genommen.
Am selben Abend trafen sich alle Burschenschaften mit Ausnahme der Alemannia, um ein gemeinsames Gesuch an den Fürsten von Wallerstein und an den Akademischen Senat zu verfassen, in dem sie sich darüber beschwerten, daß die Alemannen sich beleidigenden und provokativen Benehmens schuldig gemacht hätten, aber von den Gendarmen beschützt würden. Sie ersuchten um die Auflösung des Corps Alemannia. Untereinander kamen sie überein, sich aufzulösen und ihre Farben nicht mehr zu tragen »bis die Zeiten besser wurden«, falls ihr Gesuch – wie erwartet – abgelehnt würde. Sollte der Streit mit den Alemannen offizielle Sanktionen nach sich ziehen, würden die Studentenverbindungen besser gestellt sein, wenn ihnen keine kollektive Schuld zugewiesen werden konnte. Auch die Regierung traf ihre Vorkehrungen. Infanterie- und Kavalleriepatrouillen machten in den Straßen Münchens regelmäßige Runden, den Soldaten wurde der Urlaub gestrichen, und die Truppenstärke wurde erhöht.
Am Dienstag, den 8. Februar, war es etwas ruhiger, wenngleich wieder eine Vorlesung abgesagt wurde, weil drei Alemannen allein im Hörsaal saßen. Berks schickte dem König den Entwurf einer Proklamation zur Schließung der Universität bis zum Wintersemester, die umgesetzt werden sollte, falls es zu weiteren Unruhen kam.[34] Ludwig hatte jedoch bereits lange genug zugesehen und schien sich entschieden zu haben, daß die Schließung der Universität die einzige Lösung war. Thiersch, der Fürst Wallerstein an diesem Dienstagnachmittag vor der Sitzung des Akademischen Senats aufsuchte, wurde im Vertrauen mitgeteilt, daß sich nicht mehr länger die Frage stelle, ob die Universität geschlossen werde, sondern nur noch wann.
Ludwig hatte zweifellos einen guten Beweggrund, die Universität zu schließen: er wollte unterbinden, was er als unverbesserliche Respektlosigkeit und ungebührliches Benehmen der Studenten empfand. Er war ein Monarch, der bei solchem Verhalten hart durchgriff. Vor achtzehn Jahren hatte eine ähnliche Schließung der Universität rasch den gewünschten Erfolg gebracht. Doch es ist möglich, sogar wahrscheinlich, daß im Grunde seines Herzens diesmal auch ein anderes Motiv eine Rolle spielte. Seit Monaten hatten seine Minister sich vergebens bemüht, die Gräfin von Landsfeld von ihren anrüchigen Begleitern, den Alemannen, zu trennen. Ludwig selbst wurde von

Eifersucht und Zweifeln verzehrt, vor allem in bezug auf Peißner, den Führer der Verbindung, bei dem der König befürchtete, daß er tatsächlich der Liebhaber der Gräfin sein könnte. Durch die Schließung der Universität konnte der König die Alemannen, ohne daß eine Absicht seinerseits dahinter zu stecken schien, auflösen und Peißner verbannen. Lolitta könnte ihm nichts vorwerfen, weil er zum Schutze der Alemannen handeln würde. Sie würde vielleicht endlich wieder etwas mehr Zeit für ihn haben. Und wenn die Studenten erst aus dem Weg waren, bestand wieder mehr Hoffnung, sie gesellschaftsfähig zu machen.

Mittwoch, der 9. Februar, war ein strahlender Wintertag in München, und das schöne Wetter lockte die Menschen auf die Straße. In der Universität war die Lage am Morgen ruhig gewesen, und Thiersch hatte seine Elf-Uhr-Vorlesung gerade begonnen, als er durch Pfiffe und Geschrei auf der Ludwigstraße gestört wurde. Die am Fenster sitzenden Studenten sagten dem Rektor, sie sähen drei Alemannen auf die Universität zukommen, und Thiersch unterbrach seine Vorlesung, um hinunterzugehen und sie zu empfangen. Peißner und seine beiden Begleiter sagten dem Rektor, sie wollten sich offiziell wegen der Angriffe und Beleidigungen beschweren, denen die Alemannen ausgesetzt seien und sie hätten bereits dem König von ihrer Beschwerde Mitteilung gemacht. Die Alemannen gingen mit Thiersch in sein Arbeitszimmer, wo ein Protokoll verfaßt wurde, das sie unterzeichneten. Dann begleitete Thiersch sie bis an das Hauptportal der Universität. Auf der Schwelle verabschiedete er sie mit den Worten, »Hier endet meine Autorität«, und übergab sie der Obhut der wartenden Gendarmen. Die von Hohnrufen und lautem Geschrei begleitete Prozession die Ludwigstraße hinunter, die schon am Montag stattgefunden hatte, wiederholte sich, nur daß sich den Studenten diesmal viele Passanten anschlossen, die das schöne Wetter genossen.

Die Alemannen suchten erneut Zuflucht im Rottmann'schen Kaffeehaus, das jetzt von tobenden Studenten und Bürgern belagert wurde. Der streitlustige junge Graf Hirschberg kam die Hofgartenarkaden entlang, als er sich plötzlich von einer pfeifenden und pöbelnden Menge umgeben fand. Er faßte in die Jacke, zog einen langen Dolch und stach auf einen seiner Peiniger ein. Zwar schlitzte er nur den Ärmel des jungen Mannes auf, doch die Überraschung und Empörung der Menge übertraf bei weitem die Verletzung. Der junge Graf stach nochmal zu, wiederum ohne ernsthafte Auswirkung, ehe ein Gendarm seinen Arm packte und ihm den Dolch entriß; Graf

Hirschberg riß sich los und flüchtete sich zu seinen Kumpanen ins Rottmann'sche Kaffeehaus.
Die Menge rief nach den Gendarmen, damit sie Hirschberg festnähmen, aber der anwesende Polizeikommissar wollte den Studenten nicht aus dem Kaffeehaus holen und ihn durch den aufgebrachte Mob wegbringen, und sagte, das Tragen eines Dolches sei nur ein minderes Vergehen. Diese offensichtliche Weigerung, einen Alemannen für sein Tun verantwortlich zu machen, brachte den Mob nur noch mehr auf. Die Menschenmenge stand lärmend, feindselig und drohend hinter der Linie, die die Gendarmen gebildet hatten und die jetzt durch berittene Polizei verstärkt wurde.
All dies geschah fast unter den Fenstern der Residenz, wo zur selben Zeit ein Mittagsbuffet mit Tanz stattfand. Als König Ludwig mitgeteilt wurde, daß die Alemannen im Rottmann'schen Kaffeehaus belagert wurden, war seine erste Sorge, daß Lola auf der Bildfläche erscheinen und vom Mob angegriffen werden könnte.[35] Ohne sich die Zeit zu nehmen, sich umzuziehen – er warf nur schnell eine grüne Lodenjacke über seinen schwarzen Gesellschaftsanzug – eilte er aus der Residenz in Richtung Barerstraße. Er machte sich keine Illusionen über seine momentane Beliebtheit beim Volk, und als er auf die Straße trat, wo der aufgebrachte Mob tobte, kam ihm kurz der Gedanke, daß er vielleicht nie zurückkehren könnte. Doch andere Illusionen waren ihm noch geblieben: »Was macht's, ob ich zurückkomme? Ich gehe zu Lolitta!«
Er traf Lola, die von ihrem Palais kam, auf der Straße, und geleitete sie zurück in die Barerstraße. Er nahm ihr das Versprechen ab, das Haus nicht zu verlassen. Ihre Anwesenheit auf der Straße würde sie nicht nur in Gefahr bringen, sondern die Gemüter noch mehr erhitzen, sagte er ihr. Sie mußte es ihm versprechen. Lola versprach es ihm. Zu gern wäre Ludwig bei ihr geblieben, aber seine Gäste erwarteten ihn bei dem Empfang, und er mußte zurück in die Residenz. Er ging in höchstem Maße besorgt, da er aus Erfahrung wußte, wie wenig er ihren Versprechungen vertrauen konnte, und weil er nicht wußte, wozu der Mob fähig sein würde. Als König Ludwig in die Residenz zurückeilte, stand ihm die innere Unruhe ins Gesicht geschrieben: seine leichenblassen Gesichtszüge waren verzerrt, er hatte Schaum auf den Lippen und seine Augen irrten wild umher.[36]
Versprechen hin, Versprechen her, Lola hatte nicht vor, ihre Alemannen in der Gefahr alleinzulassen. Sie setzte eine einfache dunkelblaue Haube auf, hüllte sich in einen ihrer eleganten Kaschmirschals und

ließ sich zu Polizeidirektor Mark fahren. Aber der Polizeidirektor war nicht da. Daraufhin beschloß Lola, ihre Kutsche zu verlassen und die 500 Meter die Theatinerstraße entlang zum Rottmann'schen Kaffeehaus, wo die Alemannen von der Menge und den Gendarmen belagert wurden, zu Fuß zurückzulegen. Es war etwa viertel vor eins und die Menge hatte sich wieder ein wenig beruhigt. Die Lage wirkte so ruhig, daß ein paar Mitglieder der besseren Gesellschaft es sich nicht nehmen ließen, ihren gewohnten Mittagsspaziergang auf der Ludwigstraße zu machen.

Zu der pöbelnden Menge, die Lolas Kutsche bis zur Polizeiwache gefolgt war, hatten sich noch zahlreiche Schaulustige gesellt, so daß Lola mit einer Menschenmenge auf den Fersen hocherhobenen Hauptes auf den Brennpunkt des Geschehens zuschritt. Oskar Mussinan, der junge Sohn ihres treuen Anhängers, konnte kaum mit ihr Schritt halten, als er sie anflehte, nicht auf den Odeonsplatz zu gehen, wo sich vor der Feldherrnhalle mittlerweile etwa 3000 Menschen eingefunden hatten. Die Gräfin schenkte ihm keine Beachtung. Als sie, vorbei an der gelben Barockfassade der Theatinerkirche, auf dem Platz eintraf, erscholl ein verärgerter Aufschrei derjenigen in ihrer Nähe, die sie erkannten, und die Menge stürzte sich, Beleidigungen und Drohungen ausstoßend, schreiend auf sie. Lola erwiderte Beleidigung mit Beleidigung und Drohung mit Drohung, bis Pferdeäpfel in ihre Richtung zu fliegen begannen und einige der Männer in der Menge sie umringten und anrempelten. Sie versuchte, in der nahegelegenen österreichischen Botschaft und im Palais der Familie Arco Zuflucht zu finden, aber in beiden Fällen wurde ihr die Tür vor der Nase zugeschlagen.

Über das, was dann geschah, gibt es verschiedene Versionen. Einmal heißt es, sie sei in einen Haufen Pferdedung gestoßen worden, dann wieder, ein Mann habe sie am Hals gepackt und gegen einen Eisenzaun gedrängt, und dann wieder heißt es, sie habe wie wild um sich geschlagen und getreten. Angeblich soll sie sogar eine ihrer kleinen Pistolen gezogen haben, um den Mob abzuwehren, und als Oskar Mussinan versuchte, ihr die Waffe abzunehmen, sei er auf ihren Rocksaum getreten, so daß sie hinfiel. Vielleicht sind alle diese Geschichten wahr. Jedenfalls lief sie ernsthaft Gefahr, in Stücke gerissen zu werden, und ihre Lage muß so verzeifelt gewesen sein, daß zwei junge Lehrlinge aus der Menge Mitleid mit ihr bekamen und sich den auf sie losstürmenden Männern in den Weg stellten, so daß sie in die Theatinerkirche entkommen konnte.

Aber auch in der Kirche war sie nicht in Sicherheit, weil die Menschenmenge hinter ihr herdrängte. Die Patres eilten herbei und beschworen alle, die Heiligkeit des Gotteshauses zu respektieren, wodurch sie Lola vor unmittelbaren Angriffen schützten, aber die Menge behielt sie genau im Auge, damit sie nicht entkommen konnte. Sie warf sich auf die Knie und rief laut: »Gott schütze meinen besten, meinen einzigen Freund!«. Die Priester drängten alle, insbesondere die Gräfin von Landsfeld, die Kirche zu verlassen, und der Mob um sie herum begann, zurückzuweichen. Die Meute wartete, bis Lola durch die großen Türen ins Freie getreten war, um den Angriff wieder aufzunehmen. Aber den berittenen Gendarmen, die das Kaffee Rottmann bewacht hatten, war die Unruhe auf der gegenüberliegenden Seite des Platzes nicht entgangen. Sie lenkten ihre Pferde jetzt vor die Kirche und drängten die Menschen von den Portalen ab. Als Lola heraustrat, wurde sie sofort von acht oder zehn Gendarmen in die Mitte genommen, die sie die Residenzstraße entlang durch die brodelnde, laute Beschimpfungen ausstoßende Menge eskortierten. Manche Beobachter fanden ihre exotische Schönheit noch beeindruckender als sonst, als sie so erschüttert und zornig durch das Meer drohender Gesichter schritt.[37] Am Max-Joseph-Platz passierte sie die Wachen und fand in Ludwigs Residenz Zuflucht, und der Mob war seiner Beute beraubt. Alle Eingänge der Residenz wurden verriegelt und der Palast von Truppen umstellt.

Der König war bestürzt und wütend. Er gab den Studenten die Schuld an Lolas nahezu tödlicher Konfrontation, und nahm den Befehlsentwurf zur Schließung der Universität, verlängerte die Schließung vom Winter- bis zum Sommersemester, schickte ihn mit der Anweisung an Fürst Wallerstein, die Anordnung gegenzuzeichnen und sie sofort ohne Einwand oder Protest zu veröffentlichen.[38] Nach den Bestimmungen des Dekrets mußten alle Studenten, die nicht ihren ständigen Wohnsitz in München hatten, die Stadt bis Freitagmittag, also in weniger als achtundvierzig Stunden, verlassen. Auf der Straße zerstreute sich die Menge unterdessen allmählich. Bei Einbruch der Dunkelheit verließ eine Kutsche, in der die Gräfin von Landsfeld nach Hause gebracht wurde, im Eiltempo die Residenz. Ein anderer Wagen fuhr Graf Hirschberg vom Kaffee Rottmann ins Polizeipräsidium, wo er, weil er ein Messer bei sich geführt hatte, verwarnt und wieder auf freien Fuß gesetzt wurde.

Militär patrouillierte in den Straßen und bewachte die Residenz und Lolas Palais. Jede Gefahr weiterer Straßenunruhen war gebannt, als gegen neun Uhr abends ein schwerer, kalter Regen einsetzte. Ludwig stattete dem Haus in der Barerstraße wie jeden Abend einen Besuch ab und traf Lola und die Alemannen beim Feiern an. Nachdem er gegangen war, setzten die Gräfin und die Alemannen das Fest fort. Etwa um elf Uhr trat sie zu den durchnäßten Soldaten hinaus, die die Straße abgeriegelt hatten und Wache hielten, und bot ihnen Wein, Bier und Essen an, aber man erwiderte ihr, daß man von ihr nichts annehmen wolle.[39] Graf Bassenheim, dessen Haus südlich von Lolas Palais lag, bot ebenfalls Essen und Trinken an, was die Soldaten dankbar annahmen.

Am nächsten Morgen hatte der Regen aufgehört und die entmutigten Studenten versammelten sich schon früh in der Universität. Sie hatten für Rektor Thiersch ein Pferd mitgebracht und überredeten ihn, an der Spitze der langen, feierlichen Prozession der Studentenschaft der Universität die Ludwigstraße hinunter, dann die Briennerstraße entlang bis zu Thierschs Haus an der Ecke Karl- und Arcisstraße, nur zwei Straßen vom Palais der verhaßten Gräfin entfernt, zu reiten. Der Rektor legte seinen akademischen Talar und seine Insignien an und hielt vom Balkon seines Hauses eine Ansprache an die Studenten, die sich zu Hunderten unten auf der Straße versammelt hatten.

Thiersch versuchte mit seiner eloquenten und gefühlsbetonten Rede die Studenten mit der strengen Maßnahme, die der König verhängt hatte, auszusöhnen. Er versprach, daß er und der Senat der Universität alles tun würden, um eine Milderung des Dekrets zu erreichen und um finanzielle Unterstützung für die Studenten zu erwirken, die kein Geld hatten, um so kurzfristig nach Hause zurückzukehren. Die Studenten ließen ein »Vivat« auf den Rektor ertönen und sangen »Gaudeamus igitur« und andere Studentenlieder, ehe sie in ordentlichen Reihen über den Dultplatz (den heutigen Maximiliansplatz) und durch das Karlstor zurückmarschierten, um Fürst Wallerstein im Kultusministerium neben der Michaelskirche ihre Aufwartung zu machen. Als sie am Ende der Barerstraße vorbeikamen, riefen sie ihr »Pereat!« in Richtung des Wohnhauses der Gräfin, gingen aber nicht gegen die dort postierten Soldaten vor. Der König, der an diesem Morgen bei der Gräfin zu Besuch war, dürfte sie gehört haben, als sie vorbeimarschierten.

Als sie vor dem Ministerium ankamen, sahen die Studenten zu ihrer Überraschung etwa zwei Dutzend Gendarmen unter dem Befehl von Hauptmann Baur von Breitenfeld, einem von Lolas Günstlingen, aus der Weiten Gasse (der heutigen Ettstraße) hinter der Kirche auftauchen. Zu den über fünfhundert Studenten gesellten sich nun immer mehr Schaulustige, und die Straße war ziemlich voll. Nachdem die Studenten ein Vivat auf den Fürsten angestimmt hatten, gab Baur von Breitenfeld vier berittenen Gendarmen den Befehl, die Menge abzudrängen und auseinanderzutreiben. Ein paar Studenten flüchteten sich hinter das schmiedeeiserne Tor des Ministeriums und beschimpften und verspotteten von dort aus die Gendarmen. Die Gendarmen stürmten das Tor, um die Studenten zu vertreiben, aber diese schlossen es schnell, so daß zwei der herbeistürmenden Polizisten zu Boden geworfen wurden.

Die Gendarmen öffneten das Tor mit Gewalt und hieben mit ihren Gewehrkolben auf die Studenten ein. Hauptmann Baur soll einen jungen Mann, einen Pharmaziestudenten aus Lübeck, auf den Hinterkopf geschlagen haben, so daß er bewußtlos zu Boden stürzte. Der Zwischenfall war schnell vorüber, aber die Nachricht, daß friedliche Studenten aus dem Hinterhalt von Gendarmen mit aufgepflanzten Bajonetten angegriffen worden waren und Hauptmann Baur von hinten auf einen Studenten eingeschlagen und ihn getötet hätte, verbreitete sich wie ein Lauffeuer. Tatsächlich war der Student nicht einmal ernsthaft verletzt worden, aber die Geschichte über seinen Tod wurde von vielen weitererzählt und auch geglaubt, und somit bekam die Sache einen Märtyrer und einen weiteren Bösewicht.

Am frühen Nachmittag versammelten sich die höchsten Würdenträger und der Magistrat der Stadt zu einer vertraulichen Zusammenkunft im Rathaus, um die Anordnung des Königs, die Universität zu schließen, zu besprechen. Gleichzeitig drängten sich im mittelalterlichen Versammlungssaal des Rathauses die angesehensten Münchner Bürger, um gegen die königliche Anordnung zu protestieren. Die Universität hatte große wirtschaftliche Bedeutung für die Stadt, da durch sie jährlich über eine halbe Million Gulden nach München floß. Zwar hätte ihre Schließung für viele Münchner erhebliche finanzielle Einbußen bedeutet, aber die Bürger waren auch deshalb einhellig über das Dekret des Königs entrüstet, weil es den Studenten Unrecht tat, für die Stadt beschämend war und weil sie es als himmelschreiende Ungerechtigkeit empfanden. Alle hatten erlebt, wie Lola Montez sich in ihrer selbstherrlichen Art mit den Alemannen zur Schau stellte und niemand hatte die geringsten Zweifel, wo diese Anordnung tatsächlich herkam. Die Bürger bestanden darauf, daß die Universität geöffnet blieb, und man war sich an jenem Nachmittag im

Rathaus weitestgehend darin einig, daß Lolas Einfluß auf den König eine Abscheulichkeit war und sie München verlassen mußte.

Der zweite Bürgermeister, Kaspar von Steinsdorf, sagte der Menge, ihre Versammlung sei nicht offiziell genehmigt und damit wahrscheinlich ungesetzlich, aber an die tausend Stimmen wehrten sich lautstark gegen den Vorschlag, sich zu zerstreuen, und man begann, die Lage zu besprechen. Es wurde beschlossen, daß eine Deputation den König darum ersuchen sollte, seine Anordnung zurückzunehmen. Aber die im großen Rathaussaal dicht gedrängten Bürger bestanden darauf, der Deputation zur Residenz zu folgen und auf dem Max-Joseph-Platz in geordneten Reihen auf die Entscheidung des Königs zu warten. Steinsdorf und die übrigen Mitglieder des Magistrats versuchten, die Bürger von einer solchen Demonstration abzubringen, weil der König auch den geordneten Aufmarsch einer großen Menschenmenge vor der Residenz sicher als Erpressungsversuch werten würde. Aber die Bürger bestanden auf ihrem Recht, ihrem König friedlich und respektvoll ein Gesuch zu überbringen. Es wurde eilends eine Delegation mit der Bitte entsandt, dem Bürgermeister und den Abgeordneten eine Audienz zu gewähren und dem König mitzuteilen, daß die im Rathaus versammelten Bürger sich in respektvollem Schweigen vor der Residenz einfinden würden, um das Ergebnis der Audienz abzuwarten.

Der Abordnung wurde mitgeteilt, daß der König erst nachmittags um halb vier in der Residenz zurückerwartet wurde. In Wirklichkeit hielt er sich wahrscheinlich mit Lola, die ihn an jenem Nachmittag heimlich besuchte, in seinen Privatgemächern auf. Lola hatte mit ihrem Besuch keinen Erfolg, denn der König war nicht bereit, die Alemannen von dem Dekret auszunehmen. Das mißfiel der Gräfin und sie ließ Ludwig wissen, daß sie am Abend ein Abschiedsfest für die Alemannen geben werde, da es ihr letzter Tag in der Stadt sei, und er von seinem üblichen Abendbesuch absehen könne.[40]

Gegen halb vier trafen Bürgermeister von Steinsdorf und der Rest der Abordnung in einem Wagen auf dem Max-Joseph-Platz ein, und die über tausend Bürger, die sich im Rathaus eingefunden hatten, marschierten schweigend in Vierergruppen vom Rathaus zum Platz vor der Residenz, wo sie sich in Reihen formierten.[41] Die Tore der Residenz wurden geschlossen, und unbewaffnete Soldaten der Kavallerie und Infanterie nahmen zwischen dem Palast und den schweigenden Bürgern Aufstellung. Die Menge auf dem Franz-Joseph-Platz schwoll an, als Schaulustige hinzukamen, und schon bald standen über

zweitausend Menschen bis auf den Stufen des Hoftheaters und unter den Arkaden des Postgebäudes.
Als die Delegation dem König schließlich gemeldet wurde, ließ er ausrichten, daß er sie nicht empfangen werde. Als der Bürgermeister seine Bitte um Audienz in aller Bescheidenheit wiederholte, ließ der König ausrichten, er werde keine Abordnung empfangen, solange zweitausend Menschen vor seiner Residenz aufgereiht stünden. Von Steinsdorf bat den Adjutanten des Königs, diesem zu erklären, daß er und die übrigen Mitglieder der Delegation vergeblich versucht hätten, die Bürger davon abzubringen, ebenfalls zu erscheinen, und daß das respektvolle Schweigen seiner treuen Untertanen, die geduldig auf seine Antwort auf ihr Gesuch warteten, keinerlei Bedrohung für den König darstelle. Daraufhin hieß es, der König habe seine Antwort auf ihr Gesuch schriftlich formuliert und es werde ihnen über die üblichen ministeriellen Wege zugehen. Der König sei jetzt gerade zu Tisch und dürfe nicht gestört werden.
Von Steinsdorf bat darum, mit Prinz Luitpold zu sprechen, der nicht beim Essen war und die Abordnung sofort empfing. Er hörte ihren Erklärungen verständnisvoll zu und versprach, sich bei seinem Vater für sie zu verwenden. Seine Frau Augusta, Prinzessin Luitpold genannt, kam dazu, und die beiden führten die Abordnung durch die Empfangsräume der Residenz bis in das Vorzimmer des Thronsaals. Der Prinz und die Prinzessin ließen die Delegation warten und betraten das Amtszimmer des Königs, um ihre Fürbitte vorzubringen. Durch die Tür vernahmen die wartenden Delegierten die laute und eindeutig verärgerte Stimme des Königs, gefolgt von der Stimme Prinzessin Luitpolds, in der Tränen mitschwangen. Der Wortwechsel setzte sich noch eine Weile fort und wurde immer wieder durch ein lautes Geräusch unterbrochen, wenn der König wütend die Säbelscheide auf den Boden stieß.
Schließlich ging die Tür auf, und Prinz und Prinzessin Luitpold kamen beide in Tränen heraus. »Der König wird Sie anhören«, sagte die Prinzessin, »aber erwarten Sie keinen freundlichen Empfang«. Der Hofmarschall führte den Bürgermeister und seine Begleiter, die etwas befangen waren, da sie keine Zeit gehabt hatten, ihre offiziellen Roben und Insignien anzulegen, durch die Korridore in das Audienzzimmer Seiner Majestät, aus dessen Fenstern man den Franz-Joseph-Platz überblicken konnte.
Sie wurden zum König vorgelassen, und der König, der in seiner Generalsuniform aufgebracht im Zimmer auf- und abschritt, ging sofort

zum Angriff über: »Kommt eine Deputation bittlich zu dem König mit 2000 Mann im Rücken? Meine Verfügung auf Ihre schriftliche Bitte ist erlassen und wird Ihnen durch meinen Minister mitgeteilt werden. Ich habe die Bitte abgewiesen, es bleibt bei meinem Entschlusse. Ich habe die Verfügung, die Universität zu schließen, wohl überlegt und lasse sie mir nicht abtrotzen.«
Jedesmal, wenn der König in seiner Tirade auf die Gier und Undankbarkeit der Münchner eine Atempause machte, ließ er die Säbelscheide auf den Boden donnern, um seinen Worten Nachdruck zu verleihen. Die Deputierten versuchten, ihn über ihre Beweggründe zu beruhigen und ihm ihre Anerkennung seiner Wohltätigkeit zu versichern, aber Ludwig blieb unerbittlich: »Ich bleibe bei meiner Entscheidung. Ich lasse mir nichts abtrotzen. Das Leben können Sie mir nehmen, aber nicht meinen Willen.« Als die Deputation hinausgeleitet wurde, nahm er das Gesuch und schrieb darauf: »Es tut mir leid für die Bürger, daß die Tumulte mich zu dieser Maßnahme gezwungen haben. Jetzt nachzugeben hieße Schwäche zeigen. Wenn die Bürger sich nicht friedlich verhalten, sehe ich mich gezwungen, meine Residenz an einen anderen Ort zu verlegen. Das sollen sie wissen. München, den 10. Februar, 1848, im Angesicht der Tausenden auf dem Max-Joseph-Platz.«
Die Abordnung fuhr ins Rathaus zurück, und die Bürger, die in der Februarkälte zwei Stunden lang schweigend ausgeharrt hatten, gingen ebenfalls wieder ins Rathaus, um das Ergebnis der Audienz zu hören. Als von Steinsdorf bekanntgab, daß die Antwort durch das Ministerium bekanntgegeben würde und dies noch bis zum Morgen dauern könne, erklärten die Versammelten, sie würden bis dahin das Rathaus nicht verlassen.
Die Dämmerung brach herein, und in der Barerstraße wurde die Stimmung immer aggressiver. Ein Mob aus fünfzig oder mehr Menschen hatte sich am Karolinenplatz vor den Truppen versammelt, die die Barerstraße gesperrt hielten. Die Gräfin von Landsfeld stand auf ihrem Balkon und plauderte mit den Soldaten, die unter ihr auf der Straße Wache hielten. Zunächst begnügte sich die Menge damit, ihr Beschimpfungen zuzurufen und sie auszupfeifen, aber ein paar der Randalierer merkten bald, daß Graf Bassenheim (Lolas Nachbar, aber keinesfalls ihr Freund) sein Gartentor offengelassen hatte, so daß sie hinter die Straßensperre der Soldaten gelangen konnten. Die Soldaten sahen, was an ihrer Flanke vor sich ging, schritten aber nicht ein. Einer der Gendarmen bat den befehlsführenden Offizier der Solda-

ten, den Strom der Randalierer zu stoppen, aber der Offizier erwiderte, er habe Befehl, die Straße abzuriegeln und mehr gedenke er nicht zu tun, es sei denn, der Gendarm könne ihm den schriftlichen Befehl eines ranghöheren Beamten vorlegen. Später eintreffenden Randalierern, die den Schleichweg noch nicht gesehen hatten, zeigten die Soldaten sogar, wie sie ihre Barrikade umgehen konnten.

Die Randalierer, die sich mit Zaunpfählen bewaffnet hatten, gingen jetzt auf die Gendarmen los, die einen Ring um Lolas Palais gebildet hatten.[42] Die Gendarmen schlugen die Eindringlinge mit gezücktem Bajonett in die Flucht, und Lola klatschte auf ihrem Balkon Beifall und rief, »Très bien, très bien!« Als die Angreifer auf den Karolinenplatz zurückgedrängt wurden, traf eine Schwadron Kürassiere ein und trieb die Menge auseinander. Dabei kam es zu einigen ernsthaften Verletzungen auf beiden Seiten. Lola ging ins Haus zurück und stellte den Champagner für die Alemannen kalt.

Vor dem Polizeipräsidium in der Weinstraße schrie eine aufgebrachte Menge nach Hauptmann Baur. Als Zugeständnis an die öffentliche Entrüstung über das Gerücht, Baur habe einen Studenten getötet, hatte Berks bereits veranlaßt, daß er von seinem Posten entfernt wurde. Aber der Mob wollte seinem Ärger Luft machen, und die Randalierer warfen Brauereiwagen um, um die Straße zu blockieren, damit sie ungestört die Pflastersteine herausreißen und jedes einzelne Fenster des Polizeipräsidiums einwerfen konnten. Es entstand erheblicher Schaden, sogar die Kachelöfen wurden zertrümmert, und es mußten acht Glaser bestellt werden, um neue Fensterscheiben einzusetzen.

Im Rathaus erschien unterdessen Minister Berks, der in seinem blauen Anzug unpassend wirkte (für alle offiziellen Anlässe wurde schwarz erwartet), mit einer Botschaft des Königs. Die Beleidigungen, die ihm von den dort Versammelten zugerufen wurden, zeigten dem Minister nur allzu deutlich, wie unbeliebt er war, und wenn er nicht als Bote des Königs aufgetreten wäre, hätte man ihn womöglich gar nicht zu Wort kommen lassen. Der nicht für abendliche Versammlungen vorgesehene Gewölbesaal war düster und nur vom Schein weniger Kerzen erleuchtet, und es wurden Laternen neben dem Minister aufgestellt, damit er das königliche Dekret verlesen konnte. Im flackernden Licht der Kerzen lauschten die Anwesenden angestrengt den Worten des Ministers und erfuhren, daß König Ludwig vorhatte, die Universität zum Sommersemester wieder zu öffnen, weil die Bürger sich friedlich vom Max-Joseph-Platz zurückgezogen

hatten, vorausgesetzt, die Münchner würden sich bis dahin benehmen: »Das Wohl der Bürger liegt mir am Herzen, das bewies ich seit mehr denn dreiundzwanzig Jahren.«
Ein Chor wütender Stimmen protestierte, daß es damit nicht getan sei. »Wir wollen Lola Montez aus München weghaben!«. »Und Hauptmann Baur auch!« Berks, dessen Gesicht mittlerweile bleich und schweißbedeckt war, zog sich in das kleine Ratszimmer zurück, wo er den Magistrat informierte, daß er Baurs Versetzung bereits veranlaßt habe und daß das königliche Dekret, wonach alle nicht in München ansässigen Studenten die Stadt zu verlassen hätten, auch für die Alemannen gelte. Steinsdorf ging hinaus, um dies der schreienden Menge zu verkünden. Er wurde wiederholt von Einwürfen wie »Wir werden nicht eher ruhen, bis Lola Montez die Stadt verlassen hat!« oder »Bewaffnen wir uns und brennen das Palais in der Barerstraße nieder!« unterbrochen. Von Steinsdorf gelang es schließlich, dahingehend Übereinkunft zu erzielen, daß man am nächsten Morgen um acht Uhr wieder zusammenkommen werde, um das Problem noch einmal zu erörtern, und der Sitzungssaal leerte sich allmählich.
In dem Bestreben, so zu tun, als ginge in München alles seinen gewohnten Gang, besuchte der König am Abend das Theater, das so gut wie leer war, sah sich nur den ersten Akt von Aubers *La Sirène* an und kehrte dann in die Residenz zurück, wo er eine Botschaft von Lola vorfand: »Ich habe von dem schändlichen Betragen Deines Sohnes und Deiner Tochter Luitpold gehört – aber bleibe Du stets so *edel und großmütig* wie Du bist, es ist Deine Pflicht, das jetzt zu demonstrieren. Deine bis in den Tod Dir treue Lolitta«[43]
Kurz vor halb zehn traf ein Brief von Berks ein, der die Ereignisse der letzten Stunden zusammenfaßte und seine Prognose dessen gab, was der Morgen bringen mochte. Ludwig nahm einen seiner weißen Federkiele und schrieb an Lola:

Ich habe gerade einen Brief von Berks erhalten, der mir von einer enormen Unruhe in der Stadt berichtet. Ohne die Ankunft einer Schwadron Kürassiere und ohne eine starke Polizei könnte es zu einem Anschlag auf Dein Haus kommen. »Morgen wird es schlimm zugehen«, schreibt er mir, und daß es für Deine Gesundheit schlecht wäre, dazubleiben. *Ich bitte Dich inständig*: Wenn Du mich je geliebt hast und mich jetzt noch liebst, dann fahre *für einen Tag* fort. Am besten wäre es, *ohne ein Wort zu sagen*, früh morgens zum Starnberger See zu fahren – ohne etwas zu sagen, um es nochmals zu wiederholen. Wenn es Dir paßt, dann kannst Du mir vorher eine Zeit sagen, zu der ich kommen und Dich in Deinem Haus sehen kann. Du kannst am nächsten Tag zurückkommen. Besser, Du fährst noch heute nacht weg. Du hast keine Furcht, Du hast es mir bewiesen, auch gestern. Ich habe nicht um mich, sondern um Dich Angst. Wenn wegen Dir Blut vergossen wird, wird sich der Haß enorm steigern, und Deine Situation wird noch viel schlechter. *Das muß vermieden werden. Du weißt, daß die Welt mich nicht von Dir trennen kann.* Ich bitte Dich noch einmal, diesen Vorschlag anzunehmen. Lolitta wird ihn immer lieben, ihren treuen Luis[44]

Der Bote kam mit Lolas Antwort aus der Barerstraße zurück. Sie würde die Stadt nicht verlassen.
In dieser Nacht wurde in München wenig geschlafen. Die Reichsräte berieten sich und beriefen für den kommenden Morgen um neun Uhr eine Versammlung aller Mitglieder im Festsaal des Bayerischen Hofs ein. Sie hatten vor, ein Gesuch aufzusetzen, in dem sie sich der Bitte der Bürger anschließen würden, daß die Studenten in München bleiben durften. Die Studenten selbst debattierten bis in die Nacht, ob sie der Anordnung des Königs Folge leisten sollten. Der Generalstab der Landwehr beriet, was getan werden sollte, wenn die Landwehr einberufen würde, um auf den Straßen die Ordnung wiederherzustellen; es war gut möglich, daß niemand dem Aufruf nachkommen würde, die Gräfin von Landsfeld zu verteidigen, und selbst diejenigen, die dem Ruf folgten, könnten den Befehl verweigern und zu einem bewaffneten Mob werden.
Die Gräfin selbst ließ Ludwig mitten in der Nacht eine Botschaft zukommen, in der sie ihn beschwor, mit der Eisenbahn sofort die leichten Reiter aus Augsburg nach München kommen zu lassen. Die Kürassiere hier sind nichts wert, sagte sie ihm. Der König beorderte die Truppen tatsächlich von Augsburg nach München, aber sie trafen nicht mehr rechtzeitig in der Hauptstadt ein. Die örtliche Garnison konnte nicht mehr als zweitausend Soldaten aufbieten, und sie würden vielleicht zehntausend erzürnten Bürgern auf der Straße gegenüberstehen.
Ludwig begann, einen Appell an die Münchner Bürger aufzusetzen.[45]
»Seht, was München war, was es ist, es sagt genug, daß auch die Universität hier ist« schrieb er und erinnerte sie daran, was er für ihre Stadt getan hatte. Wie konnten sie sich nach alledem gegen ihn erheben? Wollten sie ihn dazu zwingen, seine Residenz in eine andere Stadt zu verlegen? »Münchner, wollt ihr das Herz Eures Vaters brechen?« fragte er, aber er vollendete den Entwurf nie.
Freitag, der 11. Februar, versprach ein strahlender Wintertag zu wer-

den. In Turin, wo er als Botschafter für das Königreich Sardinien im politischen Exil war, dachte Karl von Abel vielleicht daran, daß er auf den Tag genau vor einem Jahr sein mittlerweile berühmt gewordenes Rücktrittsmemorandum an König Ludwig eingereicht hatte. In München konnten jedoch nur sehr wenige Menschen Zeit gehabt haben, an Vergangenes zu denken, die Stadt blickte voller Anspannung dem gerade anbrechenden Tag entgegen. Bereits vor sieben Uhr morgens hatten sich zahlreiche Bürger im Rathaus eingefunden, sie waren fest entschlossen und nicht bereit, Kompromisse einzugehen. Wenn sie vom König nicht die Entscheidung erhielten, die sie haben wollten, würden sie in die Barerstraße gehen und die Sache selbst in die Hand nehmen. Bürgermeister von Steinsdorf erinnerte die Bürger daran, daß sich am Vorabend alle darauf geeinigt hatten, um acht Uhr zusammenzukommen, und überredete sie, ihm wenigstens bis neun Uhr Zeit zu geben, ehe sie selbst zur Tat schritten. Dann eilte er fort, um jemanden zu finden, der das offenbar unmittelbar bevorstehende Brennen und Morden verhindern konnte.

In Berks Amtslokal traf er auf Joseph von Maffei, einen der führenden Industriellen Münchens und Oberst der Landwehr. Maffei setzte Berks auseinander, daß die Einberufung der Landwehr katastrophale Folgen haben könne, da nicht einmal er abschätzen könne, was die bürgerlichen Freiwilligen tun würden, wenn sie erst mobilisiert worden wären. Steinsdorf berichtete Berks und Maffei, daß es zum Sturm auf die Barerstraße kommen würde, wenn die Bürger nicht bis neun Uhr Nachricht hätten, daß die Studenten bleiben konnten und Lola verschwinden mußte. Und wenn das Blutvergießen erst begonnen habe, ließe sich schwer sagen, wohin das Ganze noch führen könne.

Berks eilte in die Residenz, und von Steinsdorf kehrte zurück ins Rathaus, um die zu Hunderten in den Sitzungssaal strömenden Bürger noch ein wenig länger zu beschwichtigen. Die Stimmung war deutlich aggressiver und ungeduldiger als am Tag zuvor. Die Antwort des Königs werde noch vor zehn Uhr eintreffen, sagte er ihnen, der Innenminister sei im Moment in der Residenz, um darum zu ersuchen, daß die Studenten blieben und die Gräfin gehe. Jemand fragte, ob sie nur die Stadt oder auch Bayern verlassen würde, und die Männer begannen in Sprechchören zu rufen »Raus aus Bayern! Raus aus Bayern!« Kurz vor neun traf eine Botschaft von Berks ein, der schrieb, daß der Ministerrat um zehn Uhr darüber beraten werde, ob die Studenten bleiben könnten, und daß der König sich, die Gräfin von Landsfeld betreffend, entschieden habe, geeignete Maßnahmen zu treffen. Die Menge wollte wissen, welcher Art diese geeigneten Maßnahmen seien, aber sie waren bereit, bis zum Abschluß der Ministerratssitzung zu warten, ehe sie selbst tätig wurden.

In der Residenz war die Gräfin von Leuchtenberg, die älteste Schwester des Königs, um halb sieben Uhr morgens eingetroffen, um ihn zu bitten, den Forderungen des Volkes nachzugeben, aber er war nicht bereit, von seinem Standpunkt abzuweichen. Die Berichte, die er erhielt, waren in höchstem Maße besorgniserregend. Die im Rathaus versammelten Bürger drohten Gewalt gegen Lola anzuwenden, im Bayerischen Hof verschwor sich der Reichsrat gegen ihn und plante, den Kronprinzen auf den Thron zu heben, die Landwehr widersetzte sich dem Einberufungsbefehl, und der Stadtkommandant sagte, er könne sich nicht darauf verlassen, daß seine Soldaten gegen bewaffnete Bürger durchgreifen würden. Am dramatischsten fiel jedoch die Unterredung des Königs mit seinem neuen Kriegsminister aus.[46] Von der Mark verkündete, falls König Ludwig beabsichtige, ihm den Befehl zu erteilen, die Armee einzusetzen, um Lola Montez gegen die Bürger von München zu verteidigen, dann würde er seine Pistole nehmen, die er mitgebracht hatte, ins Vorzimmer treten und sich einen Kopfschuß setzen.

Der König entsandte Mussinan, um Lola dazu zu bewegen, sofort die Stadt zu verlassen, und bereitete sich vor, den Vorsitz der Ministerratssitzung zu übernehmen. Mussinan sandte eine Botschaft, daß Lola sich weigere, ihn überhaupt zu empfangen, daß sie noch im Bett liege und nicht mit ihm sprechen wolle.[47] Die Unruhe in den Straßen, schrieb er dem König, ist furchterregend. Der einzige Weg, eine Katastrophe abzuwenden, sei wohl, die Studenten bleiben zu lassen. Die Landwehr verweigere den Gehorsam. Das Militär versage den Dienst. Der Verrat sei vollkommen.

In der Sitzung des Ministerrats bestätigte Berks Mussinans Beobachtungen über den prekären Zustand der öffentlichen Ordnung und sagte dem König, wenn der Mob das Haus in der Barerstraße angreife, könne die Gräfin binnen einer Stunde nicht mehr unter den Lebenden weilen. Er betonte jedoch, daß die Schließung der Universität eine Maßnahme zur Bestrafung der Studenten gewesen sei, und der König das in der Verfassung verankerte Recht habe, zu vergeben und Gnade walten zu lassen. Da die Studenten und die Bürger ihre Petition auf loyale und friedliche Art vorgebracht hätten, sei es für den König in dieser Situation angemessen, Gnade walten zu lassen. Ludwig wußte nur zu gut, daß er hier nicht aus freien Stücken sein Kronrecht zur Begnadigung ausübte, sondern ein Zugeständnis machte, das durch die Bedrohung von Lolittas Leben und seiner eigenen Krone von ihm erzwungen wurde, aber er nahm die Gelegenheit wahr, seine vollkommene und bittere Niederlage zu vertuschen. Er stimmte der sofortigen Wiedereröffnung der Universität zu.

Der König lehnte es ab, die Gräfin von Landsfeld aus München auszuweisen, sagte jedoch zu, daß er alles tun werde, damit sie die Stadt zu ihrer eigenen Sicherheit verlasse. Er werde selbst in die Barerstraße gehen, um sie zu überzeugen, daß sie München verlassen sollte. Sobald die Ministerratssitzung beendet war, zog Ludwig einen Mantel über, ignorierte alle, die ihn von seinem Vorhaben abbringen wollten, und machte sich zu Fuß auf den Weg zu Lolas Palais.

Der Stadtkommandant General von Kunft war etwa um halb zehn im Rathaus erschienen und hatte verkündet, daß die Gräfin von Landsfeld binnen einer Stunde die Stadt verlassen mußte, und daß Polizeidirektor von der Mark auf dem Wege zu ihr sei, um ihr mitzuteilen, daß er ermächtigt war, den Befehl auszuführen. Die Mitteilung des Generals wurde mit allgemeinem Jubel aufgenommen, und einige aus der Menge warteten das Ergebnis der Ministerratssitzung gar nicht mehr ab, sondern brachen sofort in die Barerstraße auf, um die Abreise der Spanierin nicht zu verpassen. Kunfts Ankündigung war falsch, da Ludwig darauf bestanden hatte, daß er nach der Verfassung kein Recht habe, sie aus München auszuweisen.[48] Warum der General dies bekanntgab und auf wessen Veranlassung, ist bis heute ungeklärt, aber es trug dazu bei, die extreme Anspannung im Rathaus und in der gesamten Stadt etwas zu lösen.

Die Nachricht von der unmittelbar bevorstehenden Abreise der Gräfin verbreitete sich schnell, und Münchner aller sozialen Schichten und jeden Alters liefen lachend in die Barerstraße, wo die Soldaten und Gendarmen den Ereignissen passiv zusahen. Lola zeigte sich auf dem Balkon und wurde mit einem Tumult aus schadenfrohem Gelächter, Zurufen und Pfeifen begrüßt. Sie ging ins Haus zurück und befahl ihren Dienern, die schweren Eisenläden vor den Fenstern im Erdgeschoß zu schließen, die zur Straße hinausgingen.

Ein paar treue Freunde und einige der Alemannen hatten sich bis in ihr belagertes Haus durchgekämpft und baten sie, sofort die Stadt zu verlassen. Sie weigerte sich lautstark, sie drohte, sie stellte Forderungen, aber ihr letzter Entschluß war, »zu bleiben und zu sterben!« Einige ihrer Freunde versuchten weiter, sie zu überzeugen, während andere nach einem Fluchtweg Ausschau hielten. Die randalierende

Menge füllte die gesamte Barerstraße. Sich auf dieser Seite aus dem Haus zu wagen, sah also gefährlich aus. Eine Leiter wurde vom Garten aus an die Rückseite des Hauses gelehnt, aber die Nachbarn, die in den Hof von Lolas Anwesen sehen konnten, warnten die Menge, und die Randalierer schwärmten aus, um auch den Hintereingang zu blockieren.

Die Menge bestand aus einer erstaunlichen Mischung aller Schichten der Münchner Gesellschaft, es waren auch einige der distinguiertesten Damen und Herren des Adels darunter, und das Ganze wirkte fast wie ein großes Faschingsfest. Die Mauer und die Fensterläden zur Barerstraße machten diese Seite des Hauses einigermaßen sicher, aber der Mob begann, über den rückwärtigen Zaun und über die Gartenmauer zu klettern, und schon trafen faustgroße Steine klirrend in die hofseitigen Fenster des Palais.

Zum Erstaunen aller stürmte Lola plötzlich mit einer Pistole in der Hand aus dem Haus, stellte sich auf einer kleinen Erhebung im Garten auf und rief der über die Gartenmauer eindringenden Menge in gebrochenem Deutsch zu, »Hier bin ich! Tötet mich, wenn ihr es wagt!«[49] Verdutzt über ihre tollkühne Herausforderung hielt der Mob einen Augenblick inne und sah zu, wie Lola gegen ihn wetterte, dann hagelte es Steine auf die Gräfin. »Daneben!«, schrie sie, »Wenn ihr mich töten wollt, müßt ihr hierher zielen!«, und deutete auf ihr Herz. Das war ihren Freunden und Dienern denn doch zu viel, sie stürzten ins Freie und zerrten die schreiende und um sich tretende Gräfin zurück ins Haus. Leutnant Theodor Weber, ein Offizier, dessen Versetzung von Würzburg nach München Lola im vergangenen Sommer erreicht hatte, half Georg Humpelmeyer, Lolas Kutscher, beim Anspannen ihrer beiden pechschwarzen Pferde. Georg stieg auf den Kutschbock und peitschte die Tiere fast bis zur Raserei, während Freunde und Bedienstete die immer noch schreiende und tobende Gräfin in die Kutsche schoben. Weber sprang neben ihr hinein, das Tor wurde aufgerissen, und Georg raste mitten in die überraschte Menge in der Barerstraße hinaus, bog links ab und fuhr weiter in Richtung Norden. Der Mob hielt einen Moment verdutzt inne, dann brach allgemeiner Jubel los. Lola war weg!

Im Rathaus ertönte inzwischen der Ruf, »Die Minister kommen!«, als Wallerstein, Berks und die übrigen Kabinettsmitglieder von der Ministerratssitzung ins Rathaus kamen. Als Wallerstein den großen Sitzungssaal betrat, schwenkte er ein Dokument über dem Kopf, auf dem schon von weitem König Ludwigs Handschrift zu erkennen war. »Meine Herren!« sagte er. »Der König, umgeben von seinem Ministerrat, hat den Befehl erteilt, daß die Vorlesungen an der Universität fortgesetzt werden. Dieser Allerhöchste Entschluß ist erfolgt, nachdem der königliche Ministerverweser des Innern in seiner Eigenschaft als Polizeiminister aufs Entschiedenste bekräftigt hat, daß die Demonstration der Bürgerschaft nicht den Charakter der Auflehnung oder eines Zwanges, sondern lediglich jenen einer Appellation an das Herz und an die Gnade des Königs an sich trage.«

Dann kam er auf die zweite Entscheidung zu sprechen, die mit Spannung erwartet wurde: »Noch ein weiterer Beweis landesväterlichen Wohlwollens ist aus dem freien Entschlusse des Monarchen hervorgegangen: ich brauche denselben nicht näher zu bezeichnen. Jedermann fühlt, wovon die Rede. Nichts befindet sich mehr zwischen dem König und seinem Volk!«

Fragen wurden laut, »Ist sie wirklich weg?«. Der Minister bejahte. »Verläßt sie nur die Stadt oder auch das Land?« »Zweifelsohne das Land«, erwiderte Wallerstein und forderte die Versammlung auf, wie am Vortag auf den Max-Joseph-Platz zu marschieren, diesmal aber, um dem König die Dankbarkeit der Bürgerschaft zu zeigen.

Aber der König war nicht zu Hause. Er versuchte gerade, zu Lola zu gelangen, die er noch immer in ihrem Palais in der Barerstraße vermutete.[50] Das Gedränge auf den Straßen war jedoch so dicht, daß selbst für einen König kein Durchkommen war. Es blieb ihm nichts anderes übrig, als einen Bogen zu schlagen und über den rückwärtigen Gartenzaun zu steigen. Es herrschte eine wahre Orgie der Zerstörung. Als Lola weg war, drang der Mob in den Hof ein und begann, das Haus zu demolieren. Die Fenster auf der Hofseite waren eingeschlagen worden, auch die im Wintergarten neben dem Salon. Da die Diener das Haus größtenteils recht gut gesichert hatten, machten sich die Randalierer in der Küche im Nebengebäude über die Reste des Abschiedsbuffets für die Alemannen her. Ein Plünderer schwang eine Kalbskeule wie ein Schwert, während andere die Champagnerflaschen leerten.

Als der König allein über den Hof ging, traf ihn ein großer Stein, der auf das Haus geworfen wurde, hart am Arm. Ein paar der Soldaten, die dem Plündern zugesehen hatten, erkannten den Monarchen und sprangen mit gezogenem Säbel herbei, um ihn vor weiteren Verletzungen zu schützen. Es wurden Rufe laut »Der König, der König!«, und der Mob hielt vor König Ludwig inne. Er stellte sich auf die Treppe vor dem Haus und als er sprach, zitterte seine laute, flexionslose Stimme vor Bewegung. »Ohne eine Deputation zu empfangen und ohne Tumult vor meiner Residenz habe ich heute die Wiedereröffnung der Universität angeordnet«, erklärte er. Die Menge jubelte und rief »Vivat!«. »Ich erwarte«, fuhr er fort, »daß dieses unser Haus erhalten bleibt, und daß diejenigen, die mich lieben, in ihre Häuser zurückkehren.« Die Menge ließ weitere Vivats auf ihn erschallen und stimmte schließlich die Nationalhymne an, »Heil unserm König! Heil!«

Als die Randalierer sich zurückzogen, ging Ludwig auf die Barerstraße hinaus, um Soldaten zur Bewachung des Hauses abzukommandieren. Niemand schien den Befehl über die Truppen zu haben und die Soldaten hatten sich unter die Menge gemischt. Der König rief die Soldaten zur Ordnung und erteilte den Befehl, das Haus zu bewachen, um weitere Beschädigungen zu vermeiden. Das Kommandieren der Soldaten lenkte ihn vom Sturm seiner Gefühle ab. Einer von Lolas Dienern berichtete ihm, wie die Flucht vonstatten gegangen war, aber niemand wußte, wohin sie geflohen war. Da sie immer darauf bestanden hatte, daß sie München nicht verlassen würde, waren nie Pläne für einen Zufluchtsort gemacht worden.

Als die Wache ihren Posten bezogen hatte und die Menge sich zu zerstreuen begann, machte der König sich allein auf den Weg zurück in die Residenz. Denen, die ihn sahen, erschien er gebeugt und gebrochen. Ein großer Teil der Menge folgte ihm. Als er am Karolinenplatz ankam, sah er eine wütend schreiende Gruppe, die jemanden umringte, der am Boden lag. Als Ludwig nähertrat, wurde ihm Platz gemacht, und er sah einen von Lolas Freunden, den Schokoladenfabrikanten Mayrhofer, völlig verängstigt in der Gosse liegen; er war voller Pferdemist und blutete, weil man ihn bei dem Versuch, aus Lolas Haus zu fliehen, verprügelt hatte. Ludwig stellte den Mann unter seinen königlichen Schutz, und Mayrhofer stolperte in Todesangst hinter dem König her, den Mob auf den Fersen, der den Geprügelten weiter mit Beschimpfungen und Drohungen überschüttete. Der grimmig dreinblickende König begleitete Mayrhofer sicher nach Hause und ging dann zu Fuß in die Residenz zurück.

Auf dem Platz vor der Residenz wartete die Menge aus dem Rathaus auf die Rückkehr des Königs. Einmal sahen die Bürger Königin Therese am Fenster ihrer Gemächer, auf Zurufe der Bürger zeigte sie sich und wurde mit stürmischem Jubel und Vivats begrüßt. Die Bürger warteten weiter geduldig auf die Ankunft des Königs, bis diejenigen, die an der Ostseite der Residenz vorbeisehen konnten, bemerkten, wie ein nur allzu bekannter brauner Brougham mit glänzenden schwarzen Pferden aus dem Englischen Garten kommend an der Rückseite der Residenz entlangraste. Die Kutsche hielt vor dem Palasttor gegenüber der Reitschule und versuchte offenbar, Einlaß zu erhalten. Aber das Tor war wie alle Zugäge zur Residenz seit dem letzten Nachmittag verriegelt. Auf dem Platz erschollen aufgeregte Rufe »Das ist Lola! Sie ist hier! Sie versucht, in die Residenz zu kommen!« Georg gab den Pferden wieder die Peitsche, lenkte sie in Richtung Altstadt und raste durch das Gewirr der engen, verwinkelten Gassen davon.

Schließlich öffneten sich kurz nach Mittag die Fenster der Gemächer des Königs und ein völlig erschütterter Ludwig erschien. Unten auf dem Platz stimmten Bürgermeister von Steinsdorf und die Menge drei Vivats auf den König an, und Ludwig zog sich vom Fenster zurück. Eine Abordnung des Reichsrats erwartete ihn, um ihm zu danken, aber der König ließ durch einen Diener bestellen, daß ihm die Verletzung durch den Stein große Schmerzen bereite und er jetzt niemanden zu sehen wünsche.[51] Stattdessen empfing er Minister Berks, weil er mit ihm über Lola sprechen konnte. Ludwig erzählte dem Minister, wie er sich dem wütenden Mob entgegengestellt habe, dabei von einem Stein getroffen worden sei, daß er Lolas Haus vor der Zerstörung bewahrt habe und keine Ahnung hätte, wo sie jetzt sei. Und während er sprach, weinte der König.

****

Auf der Flucht

Nach dem vergeblichen Versuch, in der Residenz Zuflucht zu finden, hatte sich Lolas Kutscher kreuz und quer durch die Gassen der Münchner Innenstadt geschlängelt und war schließlich durch das Sendlinger Tor in Richtung Süden davongeprescht. In Großhesselohe, das etwa acht Kilometer vor den Toren Münchens an der Isar gelegen war, machten sie am kleinen Biergarten und Gasthof nahe der Dreifaltigkeitskapelle Halt. Der Biergarten erfreute sich in den Frühlings- und Sommermonaten großer Beliebtheit als Wallfahrts- und Ausflugsziel, Mitte Februar war es aber ein ruhiger und abgeschiedener Ort. Der Besitzer Pfaner und seine Familie teilten den allgemeinen Haß der Bürger gegen die Gräfin von Landsfeld nicht und nahmen sie, Leutnant Weber und Georg auf. Eine berittene Truppe war der Kutsche gefolgt, um sich zu vergewissern, daß Lola Montez nicht in die Stadt zurückkehrte, hatte ihre Spur aber verloren.

Lola beabsichtigte tatsächlich, nach München zurückzukehren, doch zunächst wollte sie sich mit dem König in Verbindung setzen. In ein paar schnell hingeworfenen Zeilen teilte sie ihm mit, daß sie mit Weber in Großhesselohe in Sicherheit war und beschwor ihn, seinem Vorsatz treu zu bleiben.[1] Sie schrieb ihm, sie wolle dort auf ihn warten, bis sich die Lage wieder beruhigt habe. Georg tauschte seine Livrée gegen bäuerliche Kleidung ein und machte sich mit Lolas Botschaft auf den Weg.

In München hatte sich am Nachmittag allgemeine Volksfeststimmung breitgemacht. Selbst Leute, die einander nicht kannten, begrüßten sich auf der Straße mit einem Lächeln und tauschten Geschichten über die Ereignisse des Vormittags aus. Nachdem sie im Rathaus vorgesprochen hatten, um sich bei den Bürgern für ihre Unterstützung zu bedanken, zogen die Studenten in den Hof der Universität, wo zur Feier des Tages ein Faß Bier angezapft wurde. Die Gendarmen, die sich bei Lolas Verteidigung allzu sehr hervorgetan hatten, wurden zum Ziel öffentlichen Spotts und teilweise sogar tätlicher Übergriffe und ließen sich bald kaum noch auf den Straßen blicken. Patrouillen der Landwehr und private Bürger wurden postiert, um für Ruhe und Ordnung zu sorgen, und bei Einbruch der Dämmerung hatten sich

die einberufenen Militäreinheiten wieder in ihre Kasernen zurückgezogen. Nach einer Woche voller Unruhe kehrte das Leben in der Stadt wieder in geordnete Bahnen zurück.
Lolas Kutscher fuhr auf Umwegen zurück nach München. Irgendwie gelang es ihm, Lolas Botschaft jemandem anzuvertrauen, der sie dem König überbringen konnte. Da er sich in seiner Verkleidung schon recht sicher fühlte, gesellte er sich in einem Wirtshaus in der Barerstraße zu den Feiernden. Er wurde erkannt, und als die Stammgäste des Lokals ihn verprügeln wollten, nahm eine Patrouille ihn schließlich in Schutzhaft.
In Großhesselohe wurde Lola unterdessen ungeduldig.[2] Leutnant Weber versuchte, sie davon zu überzeugen, daß eine Rückkehr nach München im Moment undenkbar war, aber unter diesen Umständen die Hände in den Schoß zu legen, war für sie ein Ding der Unmöglichkeit. Sie bat Frau Pfaner, ihr eine Verkleidung zu besorgen, und gemeinsam fanden sie ein bäuerliches Gewand und puderten ihr anschließend die Haare weiß. Der Gastwirt spannte seine Pferde vor den Wagen und fuhr zusammen mit seiner siebzehnjährigen Tochter Caroline, die neben der verkleideten Gräfin von Landsfeld saß, nach München.
Sowie sie wieder in der Stadt war, soll Lola versucht haben, in der Residenz Einlaß zu erhalten, doch gelang es ihr nicht, an der Wache vorbeizukommen.[3] Sie besuchte ihre Freunde, die Gunthers, von denen sie erfuhr, daß die Mehrzahl der Alemannen sich in die Blutenburg, ein altes befestigtes Jagdschlößchen wenige Kilometer westlich von München, geflüchtet hatten. Die Studenten kannten den Wirt, der das Schloß von der Krone als Ausflugslokal gepachtet hatte. Als sie spätabends in bitterer Kälte in der Blutenburg eintraf, muß Lola das Feuer in der Gaststube fast genauso willkommen vorgekommen sein wie der Anblick ihrer erstaunten Alemannen. Etwa zehn von ihnen hatten sich dort versammelt, sie stürzte auf Fritz Peißner zu, und bat ihn, mit ihr nach München zurückzukehren, um ihre Macht wiederherzustellen. Doch Peißner war nicht bereit, sein Schicksal wieder mit dem ihren zu verbinden. Nicht nur hielt er eine Rückkehr nach München für verrückt, sein Vertrauen in die Gräfin war schwer erschüttert. Obgleich sie ihm heiligste Treue geschworen hatte, war es Peißner nicht entgangen, daß sie ihre Gunst und Zuneigung immer mehr seinem Korpsbruder Ludwig Leibinger zuwandte, und nun hegte er den Verdacht, daß sie mit ihm ebenfalls schlief. Er weigerte sich, mit ihr zurückzukehren. Lola beschwor ihn, doch als er

sich weiter sträubte, ohrfeigte sie ihn und schrie ihn an, ob das der Dank für all das sei, was sie für ihn getan habe. Hatte sie seinem Vater nicht eine gutbezahlte Stelle als Bote des Ministeriums verschafft? Hatte sie ihm nicht die 1500 Gulden teure Uhr geschenkt, die er trug?
Nach der Anspannung und den Schrecken des Tages stürmte Peißner, der wirklich glaubte, die Gräfin zu lieben, in die Dunkelheit des Schloßhofes hinaus und drohte, sich das Leben zu nehmen. Lola stürzte hinter ihm her und bat ihn, nachzugeben und wieder ihr zu gehören. Es gelang ihr schließlich, ihn wieder für sich zu gewinnen, und sie kehrten in die Wirtsstube zurück, um ihre Rückkehr nach München vorzubereiten. Der beleibte Wirt Joseph Schäfer war jedoch strikt gegen jegliche weitere Unternehmungen zu so später Stunde. Ohne seine Hilfe konnten sie nicht in die Stadt zurückfahren, darum versuchten alle, in den wenigen Stunden bis Tagesanbruch noch etwas zu schlafen. Um diese Jahreszeit gab es keine Betten in der Blutenburg, darum lagerten die meisten der Alemannen auf Strohballen um die Feuerstelle im Gastraum, während Peißner und Lola sich allein in eines der ungeheizten Gemächer im Obergeschoß zurückzogen, wo sie gegen die Kälte in Mäntel eingehüllt auf einem Sofa schlief und Peißner sich auf ein paar Stühlen ausstreckte.
Zwischenzeitlich begab sich Ludwig, der Lolas Nachricht erhalten hatte, zusammen mit Berks am frühen Morgen in der Erwartung nach Großhesselohe, Lola dort vorzufinden.[4] Der König war zu dem Schluß gekommen, daß es für sie zu gefährlich wäre, in Bayern zu bleiben. Gemeinsam mit Berks entschied er, daß sie zunächst nach Lindau am Bodensee reisen und von dort aus in die Schweiz übersetzen sollte, wo er sie in zwei Monaten in Lausanne treffen und endlich mindestens einige Wochen allein mit ihr verbringen würde. Doch Lola war nicht mehr in Großhesselohe, und der König konnte nur erfahren, daß sie in Verkleidung nach München zurückgefahren war. Niedergeschlagen kehrte Ludwig in die Residenz zurück.
Doch Nachrichten über Lolas Verbleib ließen nicht lange auf sich warten.[5] Joseph Schäfer hatte sich aus dem Haus gestohlen, um über seine unerwarteten Gäste an höherer Stelle zu berichten, während sie schliefen. Er ging zuerst zu Berks, der ihm sagte, die Gräfin von Landsfeld erwarte lediglich ihr Gepäck für die Weiterreise, und ihre Anwesenheit in Schloß Blutenburg solle ihn nicht beunruhigen. Da Schäfer fand, Berks nehme die Angelegenheit auf die leichte Schulter, wandte er sich an den Fürsten Wallerstein, der ihm empfahl, die

Polizei zu benachrichtigen. Doch der Wirt war es anscheinend leid, in München von einem zum anderen zu geschickt zu werden, und machte sich auf den Heimweg nach Blutenburg, hielt jedoch unterwegs im Schloß Nymphenburg an, wo er den Kommandant der Kürassiere dazu überreden konnte, ihm eine Schwadron Reiter mitzugeben.

Doch Berks – dem mittlerweile klar geworden war, daß Lola eine Gefahr für den Staat darstellte, auch wenn sie ihm zu seinem Posten verholfen hatte – nahm ihre Anwesenheit in der Blutenburg durchaus ernst und ergriff seine eigenen Maßnahmen, um sicherzustellen, daß sie unschädlich gemacht wurde. Als Schäfer und die Kürassiere gegen acht Uhr in der Blutenburg eintrafen, tauchten dort auch zwei Polizisten auf. Sie hatten Befehl von Minister Berks, die Gräfin von Landsfeld sicher auf das Dampfschiff in Lindau zu geleiten. Die beiden Polizisten betraten die Gaststube, wo Lola mit ein paar der Alemannen auf einer Bank saß. Sie hatte gerade einen Brief an den König verfaßt, in dem sie ihn drängte, die königliche Residenz als wohlverdiente Strafe für das Benehmen der Münchner nach Nürnberg zu verlegen. Schäfers Frau hatte mitgehört, wie Lola morgens beim Anziehen mehrfach zu sich selbst gesagt hatte, »Ich will die Krone jetzt!« Als die Polizisten den Grund ihres Besuchs vortrugen und ihre Order vorlegten, sprang Lola wütend auf und schrie »Raus, raus!«, und die Polizisten zogen sich in den Schloßhof zurück.

Schließlich kamen ein paar Alemannen heraus, um den Befehl zu lesen, und gingen wieder ins Haus, um der Gräfin gut zuzureden. Nach etwa einer halben Stunde trat Lola mit Peißner, Leibinger und Jacob Härtreiß heraus, die sie als ihre Alemannen-Eskorte ausgewählt hatte, aber sie hatte nicht vor, ohne weiteres das Feld zu räumen. Sie drohte den Polizisten mit ihrer winzigen Pistole, und als sie ihr wiederum den Befehl vorlegten, sie nach Lindau zu geleiten, zerriß sie das Dokument in kleine Stücke und warf sie auf den Boden. Peißner, der ein wenig mehr Sinn für Konventionen hatte, hob sie sorgfältig wieder auf. Nachdem sie sich damit gebrüstet hatte, daß sie am Vorabend in einem Café in München gewesen sei, aber keiner von all den Dummköpfen sie erkannt habe, und sie den befehlshabenden Offizier des Kavalerie-Detachements gewarnt hatte, daß der König seine Residenz nach Nürnberg verlegen würde, gab Lola schließlich auf, und sie, die drei Alemannen und die beiden Polizisten stiegen in eine wartende Kutsche, um nach Pasing, dem nächsten Bahnhof in Richtung Augsburg, zu fahren. Die Kürassiere gaben dem Wagen das Geleit, um sicher zu gehen, daß keine Umwege versucht wurden. Auf der Reise nach Lindau mußte die Gruppe umsteigen und mit einer Kutsche weiterfahren, so daß es bereits zehn Uhr morgens war, als sie schließlich in der malerischen Stadt am Bodensee eintrafen. Auf dem Weg hatte Lola einen Brief an Ludwig geschrieben:

Mi muy siempre querido Louis, mein für immer geliebter Louis,
diese Zeilen sind aus der Eisenbahn von Augsburg – Ich bin sehr, sehr unglücklich – Mein Herz ist gebrochen – Ich habe nichts zum Anziehen mit mir, nichts, nichts – Ich bin gezwungen, einen Nachtrock zu tragen. Die Demokratie hat einen großen Sieg errungen, aber hoffentlich nicht für immer ... Ich werde nicht aufhören, Dich zu lieben, mein geliebter, geliebter Ludwig ... Ich bitte Dich, nicht viel Zeit zu verlieren, bis Du kommst – Ich bin so unglücklich – Aber ich habe keine Angst – ich habe eine kleine Pistole und einen Dolch bei mir – Und eine Warnung: sei vor Berks auf der Hut – ich habe einen Grund dafür. Deine immer bis in den Tod treue Lolitta

Der arme Baur – Er hat seine Pflicht getan – Und mein lieber Ludwig, laß Dich nicht beeinflussen – Das Ganze ist ein Plan, Dich von mir zu trennen, damit Du bereitwilliger auf Deine Feinde hörst, die entschlossen sind, alles zu erreichen, aber, lieber Ludwig,
FESTIGKEIT![6]

Ein Dampfschiff, das die Gräfin über den See in die Schweiz bringen sollte, wartete bereits, doch Lola weigerte sich, ohne ihre Kleider und persönliche Habe auszureisen, also mieteten sie und die Studenten sich im besten Hotel am Platz, dem Hotel de la Couronne, ein. Die Polizisten übergaben ihren Befehl dem Magistrat der Stadt, der von Berks geheimen Befehl erhielt, die Gräfin von Landsfeld in Gewahrsam zu nehmen, falls sie versuchen sollte, nach München zurückzukehren.

In München war das Volk in Hochstimmung, aber der König litt unter dem Verlust und wurde von Ärger und Rachegefühlen geplagt.[7] Ludwig verschloß sich vor den Menschen in seiner Umgebung. Prinz Wallerstein, der das uneingeschränkte Vertrauen des Königs genossen hatte, sah seine Stellung durch den Standpunkt, den er während der Krise vertreten hatte, insbesondere durch seine Bemerkung, »niemand ist mehr zwischen dem König und seinem Volk«, ernstlich gefährdet. Dem König mißfiel die Unterstellung, Lola habe ihn seinen Untertanen entfremdet. Nun verschlimmerte der Minister seine Lage noch, indem er dem König unaufgefordert ein Memorandum schrieb, worin er das arrogante und ungebührliche Benehmen der Gräfin von Landsfeld bemängelte und den König daran erinnerte, daß er ihm wiederholt gesagt habe, Lola müsse ihre Umgangsformen ändern und ein wenig mehr Savoir-faire an den Tag legen. »Sie selbst ist ihr größter Feind«, schrieb Wallerstein, »und sie sagte mir, daß sie mich bis zum ersten März des Amtes enthoben haben würde, daß sie den König bereits überzeugt habe. Doch ich grolle ihr nicht«, schloß er, »da ich sie für ihre Handlungen in keiner Weise für zurechnungsfähig halte.«

Wallerstein hatte sein Schicksal besiegelt.[8] Der König faßte insgeheim den Entschluß, ihn zu entlassen, sobald die Studenten Semesterferien hatten und die Stadt verließen. Berks war jetzt der einzige Minister, dem der König noch vertraute, obwohl Lola den König gewarnt hatte, ihm nicht zu trauen, offenbar aufgrund der Rolle, die er bei ihrer Verbannung ins Exil gespielt hatte. Zugleich konzentrierte sich der Unmut der Öffentlichkeit mehr und mehr auf Berks. In München kursierten Proskriptionslisten mit den Namen derer, die mit Lola in Verbindung standen, und Berks stand auf all diesen Listen ganz oben. Aber der König war entschlossen, der Welt zu zeigen, daß seine Loyalität und Zuneigung zu Lola unverändert anhielten, obwohl sie von einer undankbaren und aufrührerischen Bürgerschaft zur Flucht gezwungen worden war. Noch am selben Tag, an dem Lola München verließ, sagte Ludwig Königin Therese offen, die Katastrophe habe ihn fester denn je mit der Gräfin von Landsfeld verbunden. Da die Gendarmen geschmäht und angegriffen wurden, weil sie Lola geschützt hatten, befahl Ludwig, ihnen für diese Verteidigung eine Zulage zu zahlen. Und Berks, der meistgehaßte Mann in München, wurde nun sein engster Berater.

In ganz Europa verschlangen Konservative wie Radikale die telegraphisch übermittelten Berichte über die Aufstände in München und ein kluger Beobachter in Berlin bemerkte dazu: »Ob sich aus diesem auffallenden Vorgang jemand eine Lehre nimmt? Sieht man denn nicht, daß das Volk alles erzwingen kann, wenn es will? Daß die Fürstengewalt schwindet, der entschlossenen Volksmacht gegenüber?«[9] Die Münchner hatten durch Lolas Abreise und die Wiedereröffnung der Universität sicherlich neues Selbstvertrauen gewonnen, und in privaten Kreisen wurden Petitionen mit weiteren Forderungen für bürgerliche Rechte und Freiheiten in Umlauf gebracht.

In Lindau war Lola unterdessen verständlicherweise unglücklich, und sie schrieb Ludwig einen langen Brief, der wahrscheinlich widerspiegelt, auf welche Art und Weise sie mit dem König sprach:

Ich komme mir vor wie ein Verbrecher, den man verjagt. Noch dazu, wenn man bedenkt, daß Du unvorsichtig warst und die Polizei in diesem Skandal hast mitmischen lassen (auf Rat von Berks). Du wirst in den Zeitungen lesen, daß ich *von Dir selbst* gezwungen wurde, abzureisen und daß die Polizei mich begleitet hat. Ich hatte so etwas von Dir, mein lieber Ludwig, nicht erwartet. Ich bin aber *sicher*, daß diese *grausame* Idee nicht von Dir stammt – aber ich bin jetzt in *allem* resigniert ... Ich bin in einer bemitleidenswerten Lage – körperlich und noch mehr seelisch. Jetzt haben sie schon die Trennung von Dir geschafft. Jetzt werden die Feinde und die falschen Freunde Lügen über mich verbreiten – Ich weiß jetzt schon, wieso diese mir unbekannte Person diese Infamie über den Studenten Peißner verbreitet hat, und Du mein armer, geliebter Ludwig hast es geglaubt! ... Aber ich bitte, nicht zu vergessen, wieviel ich für Dich gelitten habe, mein Ludwig, weshalb ich Dich nicht habe täuschen können, wie die anderen, weshalb ich Dir immer die Wahrheit gesagt habe, auch gegen mein eigenes Interesse – so sehr, daß Du sicher sein kannst, daß ich Dich unendlich liebe. Aber ich bin zur Zeit so unglücklich. Auch wenn alle Leute zu mir gut sein mögen, so scheint mir, daß ich nur im Grab meine Ruhe finden werde ... Du sollst niemandem trauen, weder Mann noch Frau. *Niemand ist ganz ehrlich* [diese Stelle ist im Brief doppelt unterstrichen] – Um die Zeit meines Exils verstreichen zu lassen, will ich Deutsch lernen, und ich hoffe, daß ich in kurzer Zeit in der Lage bin, Dir in Deiner eigenen Sprache zu schreiben. Aber, mein lieber Ludwig, ich kann nicht die ganze Zeit in der Schweiz warten. Wirklich, es ist *nicht möglich* in diesem Land, das im Winter traurig ist – und kalt ... Ich denke mit Angst und *Furcht* an ein Leben in der Schweiz – es ist eine furchtbare Strafe – Schicke mir einen anderen Paß mit einem englischen Namen, und damit werde ich sofort nach Palermo abreisen – Ich habe gestern meine Periode bekommen und fühle mich gar nicht wohl. In der Zeit, die ich hier verbingen muß, habe ich die Absicht, nicht wegzugehen und der Neugierde der Leute aus dem Weg zu gehen – Auf Wiedersehen, Ludwig, bis ich Deinen Brief, meine *Hunde*, meine Diener und meine Sachen erhalte. Ich warte hier und gebe Dir aus meinem ganzen Herzen tausend Küsse. Deine treue Lolitta
Vergiß mich nicht und sei mir nicht untreu.[10]

In diesem, für seine Regierung so entscheidenden Augenblick, als Ludwig geneigt war, sich verletzt und verärgert in sich selbst zurückzuziehen, obwohl er guten politischen Rat dringend nötig hatte, beschwor Lola ihn, niemandem zu trauen. Die öffentliche Euphorie, die sich nach Lolas Flucht und der Wiedereröffnung der Universität breitgemacht hatte, versiegte schon bald wieder, als die Menschen merkten, daß Ludwig über das Geschehene zutiefst verärgert war und nur darauf wartete, seinen Willen durchzusetzen und Lola wieder zurückzuholen. Ludwig benahm sich wie ein gereizter Löwe, und alle in seiner Nähe wurden vorsichtig und schweigsam.

Zwar war der ganzen Nation bewußt, welch öffentliche Demütigung der König erlitten hatte, doch kaum jemand merkte, daß Lolas vermeintlicher Verrat ihm das Herz brach. Seit Wochen schon hatte Ludwig vermutet, daß sie eine Affäre mit Fritz Peißner hatte. Nun war in einer Illustrierten ein ganzseitiger Artikel mit dem Titel »Das Nachtlager in Blutenburg« erschienen, der den Aufenthalt Lolas und der Alemannen im Schloß Blutenburg detailliert schilderte und auch erwähnte, daß sie und Peißner sich für die Nacht oder die wenigen verbleibenden Stunden bis zur Morgendämmerung in ein privates Gemach zurückgezogen hatten.

Obgleich Ludwig nicht mehr öffentlich bestritt, daß seine Gefühle für Lola durchaus auch sexueller Natur waren, spielte er den platonischen Verehrer weiterhin so perfekt, daß selbst Peißner, der den König und Lola oft zusammen sah, glauben konnte, der König habe vor, ihn mit der Gräfin zu verheiraten. Tatsächlich marterte Ludwig die Angst, daß Lolas Herz nicht ihm allein gehören könnte, und die Entdeckung, daß Peißner und Lola in Blutenburg die Nacht miteinander verbracht hatten, war für ihn als Mann ebenso vernichtend wie es die erzwungene Wiedereröffnung der Universität für ihn als Monarchen war. Daß sie sich vor dem Wirt, dessen Familie und den Alemannen ungeniert mit Peißner für die Nacht zurückgezogen hatte, schien ihm der Beweis dafür zu sein, daß ihre Beziehung zu dem Studenten genau so war, wie man es ihm zugetragen hatte.

Als Mussinan Lola in Lindau die Briefe des Königs überbringen sollte, gab der König ihm Anweisung, auf die Gräfin einzuwirken, damit sie die Studenten wegschickte und ihr zu sagen, daß unter keinen Umständen einer der Studenten die Erlaubnis erhalten würde, sie in die Schweiz zu begleiten.[11] Mussinan hatte auch Order, zu überprüfen, ob die Alemannen in ihren eigenen Betten schliefen, und überbrachte den dreien Ludwigs Botschaft, daß jeder, der das deutsche Staatsgebiet verließ, um der Gräfin zu folgen, jegliche Hoffnung auf die Unterstützung des Königs aufgeben könne.

Hin- und hergerissen zwischen seinen Gefühlen für sie – einerseits vermißte er sie entsetzlich, andererseits verachtete er sie für ihr Tun – ließ der König seinem Schmerz in einem Brief an Lola freien Lauf: »In der Verzweiflung wurde ich fast verrückt, jetzt von Dir getrennt, wenn du mir wenigstens eine treue Geliebte wärest. Und obwohl ich schon in der Zeit Deiner Anwesenheit hier die Überzeugung des Gegenteils hatte, hat mich die Trennung von dir so unglücklich gemacht! Ludwig ist nicht so spitzfindig wie Lolitta oder der Fürst von Waller-

Die Flucht der Gräfin von Landsfeld aus ihrem Haus in der Barerstraße in München. Holzstich aus Illustrierte Chronik des Jahres 1848

stein, aber er ist nicht dumm. Ich spreche nicht von den Jesuiten und von den Adeligen, sie hatten andere Motive. Aber das Volk, vor dem du meine Liebe betrogen hast, hast Du zu Deinem Feind gemacht. Deine Untreue hat mein Herz tief verletzt, aber ich verzeihe Dir das Vergangene, und ich wiederhole: keine Macht der Welt kann mich von Dir trennen, Du alleine vermagst es. Willst Du es, Lolitta? Oh, wenn es nur möglich wäre, daß Du in allem mir treu bist, oder wenigstens ehrlich, grenzenlos ehrlich!«[12]

Doch diesen Brief schickte er nie ab. Der Vorwurf, den Lola stattdessen erhielt, war beinahe gleichgültig: »Du bist meine treue Freundin«, schrieb er ihr, »aber eine treulose Geliebte ... Du kannst dir nicht vorstellen, was für eine Wirkung es auf die Öffentlichkeit gehabt hat, daß Peißner mitten in der Katastrophennacht vor allen Leuten mit Dir in Blutenburg ins Bett gegangen ist ... Immer beschäftigt mit seiner *treuen Freundin* Lolitta, ist dein treuer Luis.«[13]

Lolas Antwort behandelte die Sache mit Peißner als nebensächlich. Zuerst schrieb sie Luis, daß die Ultramontanen ihre Ziele erreicht hätten, indem sie an den richtigen Stellen freigebig Gelder verteilt hätten. Sie habe Ludwig immer gesagt, er solle nicht so geizig sein, insbesondere gegenüber den Offizieren der Armee, »doch Du hast nichts getan, und jetzt siehst Du die Folgen daraus.« »Was Peißner, den Studenten, betrifft«, schrieb sie:

Denkst Du wohl, daß ich sehr arm im Geist bin und daß ich mich mit einem Geliebten beschäftige – während in Wirklichkeit alle meine Gedanken zuerst mit Dir und dann mit meinen Freunden und zuletzt mit mir beschäftigt sind – Nein, mein lieber Ludwig, ich habe *anderes* zu tun als die Bestialität, mit diesen Studenten zu schlafen – Glaubst Du nicht, daß ich in dieser Zeit nichts Besseres zu tun gehabt habe? Glaubst Du wirklich, daß dieser Peißner oder ein anderer Student mein Liebhaber ist? Sie *alle sich in mich verlieben* zu lassen? Oh ja, das soll meine Absicht sein. Ein Mensch kann aus Liebe vieles tun ... Diese Sachen, die man Dir von den Studenten erzählt, bringen mich zum Lachen – so überlegen fühle ich mich gegenüber diesen ordinären Lügnern – Später wirst Du erfahren, warum ich mit ihnen Freundschaft geschlossen habe – Aber eines kann ich Dir schwören, *keiner, kein einziger war mein Liebhaber oder wird es je sein* ... Wenn Du mein Herz lesen kannst, wirst Du sehen, daß Liebe ohne Dich keine Liebe ist – es ist tierische Bestialität. Alle Leute denken, ich wäre eine ziemlich *kalte* Frau, weil die Mehrheit nicht die *ideale* Liebe, die ich nur für Dich empfinde, verstehen kann – lieber Louis – Vor aller Welt kann ich frohgemut handeln, so daß sie nicht die Genugtuung haben werden, mich traurig zu sehen – dazu bin ich zu stolz. Aber wie oft in der Nacht, wenn ich alleine bin, wenn niemand mich sieht, habe ich *geweint*, weit weg von Dir, der Du der einzige Beschützer bist und so viel aus Liebe für mich getan hast – und jetzt weine ich und kann das Papier wegen der Tränen nicht mehr sehen – Es scheint mir, als ob die Welt mein Herz nach und nach brechen will – Es wäre besser, sie würden mich auf einmal töten, das wäre weniger grausam als der ständige Schmerz in meinem Herzen.[14]

Als der König über Lolas Tränen las, konnte er die feinen Spuren auf dem Blatt in seiner Hand erkennen. Er war nicht restlos überzeugt, obwohl er ihr verzweifelt glauben wollte. Die Studenten mußten abreisen. An dem Tag, an dem Lolita ihm ihren tränengetränkten Brief geschrieben hatte, hatte er einen an sie verfaßt:

Meine über alles geliebte Lolitta, Du weißt es, die ganze Welt hat nicht die Macht, mich von Dir zu trennen, nur Du allein kannst es. *Der entscheidende Augenblick ist gekommen.* Wenn ein Student mit Dir reist oder er sich mit Dir trifft, *wirst du mich nie mehr sehen, Du brichst mit mir.* Lolitta, Du hast in mir Liebesgefühle erweckt, wie ich sie nie in meinem Leben gespürt habe. Ich habe nie für eine andre getan, was ich für Dich getan habe. Wegen Dir macht es mir nichts aus, mit allen zu brechen. Meine Liebe, denk an die letzten 16 Monate, denke, wie während der Zeit unserer Bekanntschaft Dein Ludwig sich verhalten hat. Du wirst nie ein Herz wie meines finden. Lolitta entscheide.[15]

Doch auch diesen Brief schickte er nie ab. Stattdessen beauftragte er Mussinan vor seiner nächsten Reise nach Lindau, diesmal um Lola in die Schweiz zu begleiten, gegenüber der Gräfin die Angelegenheit der Abreise der Studenten zu bekräftigen, sobald ihre Pässe einträfen.[16] Genau das tat Mussinan, und Lola brach in Schreien und Schluchzen aus. Sie echauffierte sich noch mehr, als der Gesandte sie daran erinnerte, daß dies der Wille des Königs sei, und sie selbst Mussinan versichert habe, sie werde die Studenten in wenigen Tagen wegschicken. Das habe ich Ihnen nur gesagt, erwiderte sie, damit Sie Ruhe geben, ich hatte nie wirklich vor, sie wegzuschicken. Mussinan wurde zur persona non grata im Hotel de la Couronne, und Lola schrieb Ludwig, »um dich glücklich zu machen, trenne ich mich von allen meinen Freunden. Ich bin bereit, allein zu reisen. Wegen der seltsamen Ideen, die du über diese Studenten gehabt hast, ließ ich sie gehen, um Dir Genüge zu tun.«

Als Augusta Masson, Lolas Zofe, in Lindau eintraf, beschuldigte Lola sie, ein wertvolles Gebetbuch, das ein Geschenk Ludwigs gewesen war, und mehrere teure Kaschmirschals gestohlen zu haben.[17] In einer furiosen Szene entließ sie Augusta, dann schrieb sie Ludwig einen vier Seiten langen Brief, in dem sie sich in wüsten hysterischen Beschimpfungen der Dienerin erging und sie beschuldigte, eine Diebin und ein Flittchen zu sein. Sie bestand darauf, daß Augustas gesamter Besitz und auch das Haus ihrer Mutter eingehend durchsucht würde, und verlangte, daß alles getan würde, um die Gegenstände zu finden und die Dienerin ihrer gerechten Strafe zuzuführen.

Dann schlug Lola vor, die Schauspielerin Maria Denker könne ihr auf ihrer Reise in die Schweiz weibliche Gesellschaft leisten.[18] Ludwig ließ für beide unter falschen Namen Pässe nach Palermo ausstellen, doch als Lola merkte, daß eine solche Reise auch eine zweiwöchige winterliche Schiffsreise auf dem Meer einschloß, wovor ihr graute, und daß Ludwig entschlossen war, sie am 11. April in Lausanne zu treffen, fand sie sich damit ab, in der Schweiz zu bleiben.

Während ihrer Wartezeit in Lindau las Lola weiter eifrig die ausländische Presse und ließ sich die deutschen Zeitungen übersetzen. »Lies die freien Zeitungen deines Landes«, schrieb sie Ludwig, »und du wirst sehen, welch Unheil *Wallerstein* mit dieser *Pressefreiheit* heraufbeschworen hat – und erinnere dich an meine Worte – hättest du eine *Geheimpolizei* gegründet, dann wäre diese schreckliche Sache nie geschehen.«[19]

Als Maria Denker schließlich eintraf, braute sich im Hotel de la Couronne neuer Ärger zusammen.[20] Lola hatte Peißner erneut die Gunst entzogen und sich Ludwig Leibinger zugewandt. Mussinan berichtete Ludwig, der dritte Student, Härtreiß, habe ihm erzählt, daß er miterlebt habe, wie die Gräfin sich vor den letzten Tagen in München Leibinger schon einmal auf dieselbe Weise geneigt gezeigt habe. Die Gräfin behandelte Peißner mit offensichtlicher Gleichgültigkeit, sogar Unmut, und zeigte sich immer vertrauter mit Leibinger. Peißner nahm sich das sehr zu Herzen und war überzeugt, daß sie, wenn sie nicht schon vor der Abreise aus München sexuelle Beziehungen mit seinem Rivalen gepflegt hatte, es jetzt ganz sicher tat, da Leibinger abends als einziger mit ihr in ihrem Hotelzimmer blieb, lange nachdem alle anderen sich zurückgezogen hatten. Peißner beschwor schließlich eine groteske Szene mit Lola herauf, in der sie sich ihm zu Füßen warf und schluchzte: »Vergib mir, deiner schlechten Frau!« Sie schluchzte, daß sie Leibinger nicht wirklich begehrt habe, daß sie ihn nicht liebte, daß es nur eine dumme Eskapade gewesen sei, und sie versöhnten sich wieder einigermaßen. Frau Denker war über diese Vorfälle entsetzt und machte Lola Vorhaltungen, sie solle doch solche offensichtlichen Skandale vermeiden. Als Antwort schlug die Gräfin der Schauspielerin ins Gesicht und schob sie unsanft zur Tür ihres Hotelzimmers hinaus, woraufhin Maria Denker wütend nach München zurückfuhr und es Mussinan allein überließ, Lola ins Exil zu begleiten.

Am 24. Februar um neun Uhr morgens, wenige Tage, nachdem die drei Studenten abgereist waren, um sich den übrigen Alemannen im sächsischen Plauen anzuschließen, schritten die Gräfin und Mussinan zum Anlegesteg in Lindau hinunter, wo etwa hundert Schaulustige darauf warteten, ihrer Abreise beizuwohnen.[21] Es fielen keine höhnischen Bemerkungen, und die Herren zogen respektvoll den Hut, als Lola an Bord des Dampfschiffs *Ludwig* ging, das sie quer über den Bodensee nach Romanshorn in der Schweiz bringen sollte. Auf der Schweizer Seite angekommen, nahm sie eine Kutsche nach Zürich und mietete sich am selben Abend im Hotel Baur ein. Dort fand sie einen Brief an »Meine geschätzte Lola« von ihrem alten Freund Robert Peel, dem britischen Chargé d'Affaires in Bern, vor. Es wäre ihm eine Ehre, sie wiederzusehen, schrieb er. Der Diplomat bot ihr jegliche Hilfe an, mit der er ihr in ihrem neuen Zuhause in der Schweiz zur Verfügung stehen könne.

✳✳✳✳

Kühnheit und Verrat

Lola folgte Peels Einladung und reiste mit Mussinan nach Bern, wo sie ihren alten Freund traf, der sie in die dortigen diplomatischen Kreise einführte. Politik war das Thema des Tages, doch ehe Lola überdrüssig werden konnte, ihre Abenteuer in München wieder und wieder zu erzählen, trafen Nachrichten ein, die alle schockierten und zum Mittelpunkt aller Gespräche wurden: In Paris war eine Revolution ausgebrochen, König Louis Philippe und seine Familie waren mit kaum mehr als den Kleidern auf dem Leib über den Kanal geflohen, und die Zweite Republik war ausgerufen worden. Die Ereignisse des Jahres 1848, dem Jahr der Revolutionen in Europa, waren ins Rollen gekommen und beschworen für den einen schreckliche, für den anderen ruhmvolle Erinnerungen an die erste französische Revolution herauf. Lola, die nun zu sehr viel detaillierteren politischen Gerüchten und diplomatischem Klatsch Zugang hatte als in München, war in ihren Überzeugungen wankelmütiger denn je. Am 27. Februar schrieb sie Ludwig: »Die Dinge in Frankreich stehen schlecht – ich mache mir um München Sorgen ... vor allem, halte an Wallerstein fest ... Wenn du mich liebst, dann beweise es, und behandle Wallerstein mit politischem Feingefühl – Auch wenn er ein schlechter Mensch ist, so ist er der einzige, um alles zusammenzuhalten – Gib ihm vor allem *öffentliche Aufmerksamkeit*. Wenn er geht, wird deine Lolitta nie wieder nach München zurückkehren.«[1]
Tags darauf schrieb sie dem König: »Dieser Mann [Wallerstein] ist für Dich der gefährlichste Mensch auf der Welt ... Überlasse Wallerstein *keinerlei Macht* oder Einfluß auf dich – er ist Dein Verderben.«[2]
Der König hatte Lolitas politischen Rat wohl nie sonderlich ernst genommen, obwohl er ihn sich anhörte und ihn sogar erbat, doch nun mußte er erkannt haben, daß sie als unabhängige Stimme, die ihn leiten konnte, nutzlos war. Unglücklicherweise schien der einzige Mann, von dem er sich etwas sagen ließ, ausgerechnet Lolas Speichellecker Berks zu sein.
Ludwig unterminierte seine Position weiter, indem er kein Hehl aus seinem schwelendem Zorn über das Exil der Gräfin machte, und niemand, von Wallerstein bis zum kleinsten Lehrling auf Münchens

Straßen, traute ihm in diesen Tagen zu, vernünftig zu handeln. Die Folge war, daß der natürliche Wunsch, König Ludwig weitere Konzessionen abzutrotzen, stärker wurde.

Die allgemeine Unzufriedenheit in München war so augenfällig, daß Berks am 3. März schließlich sein Rücktrittsgesuch einreichte, doch der König überredete ihn, sich lediglich beurlauben zu lassen. Wie sich herausstellen sollte, keinen Augenblick zu früh, denn am selben Abend fiel eine aufgebrachte Menschenmenge über seine Wohnung in der Ludwigstraße her, so daß Berks gezwungen war, mit seiner Familie bei Nacht und Nebel aus München zu fliehen. Der Mob stürmte von Berks' Haus durch die nächtlichen Straßen Münchens und richtete an einigen öffentlichen Gebäuden, darunter dem Innenministerium und wieder einmal dem Polizeipräsidium, schweren Schaden an.

Vor dem Aufstand hatten Gruppen von Bürgern in München und anderen bayerischen Städten begonnen, Petitionen zu verfassen, in denen sie den König um die Gewährung umfassender Freiheiten ersuchten, unter anderem die Verantwortlichkeit der Minister gegenüber dem Landtag, die Aufhebung der Pressezensur, die Einführung öffentlicher Gerichtsverhandlungen unter Berufung von Zeugen, die Vertretung deutscher Bürger, zusätzlich zur Regierungsvertretung, bei der Nationalversammlung in Frankfurt, ein neues Wahlrecht, ein neues Polizeigesetz sowie die Vereidigung der Armee auf die Verfassung und nicht mehr auf die Person des Königs.

Nach dieser Nacht der Krawalle zirkulierte in der Hauptstadt eine Petition an den König, von der es schon bald hieß, sie sei von zehntausend Bürgern – also zehn Prozent der Bevölkerung – unterzeichnet worden. Als ihm diese Petition vorgelegt wurde, versuchte Ludwig, der alle Liberalisierungsvorschläge als persönliche Beleidigung empfand, zunächst einmal Zeit zu gewinnen, indem er den Landtag auflöste und Neuwahlen ausschrieb. Doch die Unruhe in der Bevölkerung und das Mißtrauen gegen die Beweggründe des Königs wuchsen. Am 6. März wurde das Zeughaus der Stadt gestürmt und es drohte eine größere Revolution auszubrechen. Ludwig wurde mitgeteilt, wenn er nicht nachgebe, würde das Volk die Residenz in Brand stecken.[3] Er kapitulierte und unterzeichnete das als Märzproklamation bekannt gewordene Dokument, in dem er der Petition in nahezu allen Punkten zustimmte.

Der König war über die ihm abverlangten Zugeständnisse und sein Gefühl der Niederlage verärgert, deprimiert und verbittert, aber er gab die Hoffnung nicht auf, Lola im April in der Schweiz zu treffen. Er befürchtete, das Land während der Sitzungsperiode des Landtags nicht verlassen zu können, man versicherte ihm jedoch, daß nach der Eröffnungssitzung nur die wesentlichen Ausschüsse beider Häuser ihre Tagungen fortsetzen würden,[4] so daß er frei wäre, wie er Lola schrieb, »in Deine Arme zu fallen.«

Fürs erste war Ludwig also wieder Landesvater. Am Abend des 6. März wurde die Stadt zu Ehren des Königs, der wieder einmal von heftigen Migränekopfschmerzen geplagt wurde, beleuchtet. Nun war er der Held der Nation, aber er war unzufrieden mit sich selbst, weil er zugelassen hatte, daß sein königlicher Wille gebrochen wurde. Jubelnde Bürger drängten sich auf dem Max-Joseph-Platz, und schließlich zeigte sich der grimmig dreinblickende Monarch zusammen mit Königin Therese der jubelnden Menge. Als das Volk ihm zu Tausenden lautstark seine Treue und Ergebenheit beteuerte, stieß Ludwig nur das einzige Wort »erniedrigend!« hervor, und wandte sich ab.[5]

Trotz seines Gefühls der Selbstverachtung schien Ludwig dank der Verfassungsänderungen, die er gezwungenermaßen vorgenommen hatte, jetzt sicherer auf dem Thron zu sitzen als an dem Tag, an dem Lola Montez erstmals nach München gekommen war. Wenn keine neuerlichen Stürme Unruhe nach Bayern brachten, hatte er vielleicht sogar bessere Chancen, die politischen Klippen dieses Revolutionsjahres geschickter zu umschiffen als die meisten anderen deutschen Fürsten. Er konnte sogar eine entscheidende Rolle dabei spielen, die deutsche Nation durch eine schwierige Phase ihrer Geschichte zu leiten. Doch neue Schwierigkeiten waren bereits auf dem Weg nach München – in einer Kutsche aus der Schweiz.

Die Gräfin von Landsfeld war im Exil unglücklich. Zugegebenermaßen war sie in Bern durchaus angenehm empfangen worden – so angenehm, daß sie gar nicht mehr daran dachte, wie ursprünglich geplant nach Lausanne weiterzureisen. In Bern stattete Robert Peel ihr Besuche ab, führte sie in Diplomatenkreise ein und unternahm mit ihr Spaziergänge durch die Stadt, wobei ihnen die Schaulustigen in Scharen folgten. Lola hatte auch die Bekanntschaft mit einem Adligen aus Litauen wiederaufleben lassen, dem Baron Georges Meller-Zakomelsky;[6] er dürfte der russische Adlige gewesen sein, mit dem sie im Sommer 1846 Deutschland bereist hatte.

Doch was sie hörte und was sie nicht hörte, bereitete ihr Sorge. Die Nachrichten von der Revolution in Paris und der Flucht König Louis Philippes hatten sie aufgewühlt, und sie schrieb Ludwig einen aufgeregten Brief, in dem sie aus den Sprüchen Salomons zitierte: »Rühme dich nicht des morgigen Tages, denn du weißt nicht, was der Tag gebiert«[7] und ihn ermahnte, sein gesamtes Geld und Vermögen außer Landes an einen Ort zu bringen, wo er vor politischen Unruhen sicher wäre. »Komm zu mir«, schrieb sie dem geplagten König, »komm und lebe mit mir in Ruhe und Frieden. Ich werde Dir mein ganzen Leben widmen, Du wirst sehen, wie sehr ich mich verändert habe. Inmitten der politischen Panik in Europa erleide ich das schwerste Schicksal von allen. Nicht einmal in den ersten Tagen, nachdem ich aus München vertrieben wurde, war es so schlimm wie jetzt, und ich fühle mich mit jedem Tag unglücklicher. Jetzt, wo ich nicht mehr da bin, werden meine Feinde Lügen über mich verbreiten und Deinen Geist gegen mich vergiften, doch was immer auch geschieht, querido Louis, du wirst immer für mich sein, was du bist.«

Am meisten Sorge bereitete Lola, daß sie seit ihrer Abreise aus Lindau nichts von Ludwig gehört hatte. Sie befürchtete, dem König könnten mehr Geschichten über ihr Benehmen in München zu Ohren gekommen sein, und sie war überzeugt, daß ihre Freunde sich von ihr abgewandt hatten. Sie schrieb Fritz Peißner nach Plauen, wo er und die übrigen Alemannen fürs erste Unterschlupf gefunden hatten, und sagte ihm, sie müsse ihn unbedingt sehen.[8] Und wenn er nicht einwillige, sie heimlich in Frankfurt am Main zu treffen, so würde sie selbst nach Plauen kommen (das war die Art Drohung, mit der sie ihren Willen meistens durchsetzte). Peißner war noch immer verbittert über ihre Affäre mit Leibinger, aber er merkte, daß in Plauen keine Briefe von ihr für Leibinger eintrafen und entschloß sich, nach Frankfurt zu reisen.

Mittlerweile hatte die Nachricht von den wiederauflebenden Tumulten in München auch Bern erreicht. Ihre Freunde in Bern hatten Lola beunruhigende Fragen darüber gestellt, welche Art von Garantie sie für ihr jährliches Einkommen von 20 000 Gulden habe, das König Ludwig ihr zahlte, und sie hatte gemerkt, daß ihr finanzieller Wohlstand von der fortdauernden Gunst eines einundsechzigjährigen Monarchen abhing, dessen Regentschaft zu bröckeln begann. Hatte er sie verlassen? Konnte sie ihn zurückgewinnen?

Da weiter nur schlechte Nachrichten eintrafen, aber kein Wort von Ludwig, entschloß sich Lola zu einem Schritt der Verzweiflung, der nicht nur sie selbst in Lebensgefahr brachte, sondern auch dramatische Auswirkungen auf das Leben König Ludwigs und das Schicksal des bayerischen Königshauses haben sollte.[9] Sie beschloß, sich als

Mann zu verkleiden und in Begleitung von Baron Meller heimlich nach München zurückzukehren, um zu versuchen, mit Ludwig zu sprechen und ihn zurückzugewinnen.

Die Gräfin von Landsfeld und Baron Meller verließen Bern in einer Kutsche und reisten in nördlicher Richtung über Baden und Württemberg nach Bayern ein. Bei schwerem Schneetreiben trafen sie am 8. März spätabends im Bayerischen Hof ein. Sie eilten in die Wurzerstraße 12, wo Caroline Wegner im oberen Stockwerk wohnte. Carolines Vater hatte in Lolas Palais in der Barerstraße Polsterarbeiten vorgenommen, die Gräfin hatte sich mit seiner Tochter angefreundet und deren Mann einen Posten als Bote der Regierung verschafft. Jetzt standen Lola und Meller in der Dunkelheit vor der Wohnung der Wegners und zogen eindringlich an der Glocke.

Der Lärm machte einen Offizier aufmerksam, der im Erdgeschoß wohnte, und als er die Tür öffnete, sah er, wie zwei in Mäntel gehüllte Personen eingelassen und nach oben gebeten wurden. Ihm fiel auf, daß der kleinere der beiden Männer einen falschen Bart trug und aufgeregt französisch sprach. Er wurde sofort mißtrauisch, weil es Gerüchte gegeben hatte, wonach Agitateure das königliche Heudepot in Brand setzen wollten, das ebenfalls in der Wurzerstraße lag. Der Offizier zog einen Mantel über und lief schnell zum Polizeipräsidium. Er kehrte mit zwei Gendarmen zurück, die darauf bestanden, die Wohnung der Wegners zu durchsuchen. Die Mieter sagten, die beiden Fremden seien bereits wieder gegangen, doch dann wurde der mit dem falschen Bart unter einem Sofa entdeckt und in das Polizeipräsidium in der Weinstraße abgeführt.

Dort fanden die beiden erstaunten Gesetzeshüter heraus, daß der junge Mann, den sie in Gewahrsam genommen hatten, die verhaßte Gräfin von Landsfeld war. Ein Bote wurde entsandt, um Polizeidirektor von der Mark zu wecken, der etwa um ein Uhr morgens in der Residenz eintraf. Der Polizeidirektor war beunruhigt. Wenn bekannt wurde, daß Lola Montez wieder in München war, waren die Folgen nicht abzusehen. Aber er wußte, daß der König es ihm nie verzeihen würde, wenn er die Frau auswies, ohne ihn zuvor zu benachrichtigen. Aus dem Schlaf gerissen konnte Ludwig kaum glauben, was Mark ihm da erzählte. Der Polizeidirektor beschwor den König, die Gräfin nicht zu empfangen, sondern ihm Order für ihre sofortige Deportation zu geben, aber davon wollte Ludwig nichts hören. Er kleidete sich schnell an und eilte mit Mark zum Polizeipräsidium, wo man ihn in den Raum vorließ, in dem die Gräfin festgehalten wurde.

Es war ein bewegtes Wiedersehen. Lola sagte ihm, sie sei außer sich gewesen vor Verzweiflung und habe riskiert, von einer aufgebrachten Menge in Stücke gerissen zu werden, weil sie seit ihrer Abreise aus Bayern nichts von ihm gehört habe. Der König versicherte ihr, daß er ihr jeden Tag ein paar Zeilen geschrieben, seine Briefe jedoch bis zum 7. März stets nach Lausanne geschickt habe. Sie sprachen drei Stunden lang allein miteinander, und Lola warf ihm seine Untreue vor, sie sagte, er habe sie vergessen und seine Gunst einer anderen zugewandt, wahrscheinlich Maria Denker, die eine Intrigantin sei. Ludwig versicherte ihr, daß sie stets in seinen Gedanken sei und daß er ihr so treu sei, wie noch keiner anderen Frau zuvor. Ihre Eifersucht störte ihn, sie schien so irrational, und doch war sie schmeichelhaft. Sie gab ihm das Gefühl, daß sie ihn als Mann liebte, nicht nur als mächtigen und reichen König.

Wir müssen zusammensein, beharrte Lola, ich kann diese Trennung nicht ertragen. Der König erklärte ihr wehmütig, daß sie niemals wieder in München würde leben können. Dann komm du mit mir, sagte sie. Verlaß Bayern. Deine Untertanen lieben dich nicht mehr, sie wissen nicht zu schätzen, was du alles für sie getan hast. Laß sie zurück und lebe mit mir. Leg die undankbare Bürde deiner Krone ab, wenn wir erst in Ruhe und Liebe vereint sind, werden sie schon merken, was sie verloren haben. Für Ludwig klangen Lolas Worte verlockend, aber was sie forderte, war zu viel. Den Thron, seine Ehefrau, seine Familie und sein Volk aufzugeben war mehr, als er zu tun bereit war – nicht einmal für seine fanatische Liebe zu ihr.

Aber Lola hatte auch praktische Dinge zu besprechen. Ludwig mußte ihr Einkommen irgendwie sichern. Da niemand vorhersagen konnte, welches Chaos noch bevorstand, hielt Peel es für das beste, wenn sie ihr Geld sicher in Belgien verwahrte. Ludwig beruhigte sie, ihr lebenslanger Unterhalt beschäftige ihn ständig und er werde dafür sorgen, daß es ihr an Geld niemals fehlen werde, wenngleich er die Einzelheiten mit Bedacht regeln müsse.

Darüber hinaus, sagte sie ihm, wolle sie ihr Haus verkaufen und alle ihre hübschen Dinge zugeschickt haben. Das müsse baldmöglichst geschehen. Und er solle Wallerstein entlassen. Der Minister intrigiere gegen ihn und wolle den Kronprinzen, den er kontrollieren könne, auf den Thron bringen. Er habe den Mob organisiert, der sie aus München vertrieben habe.

Ludwig war von dem Gedanken überwältigt, daß diese Frau ihr Leben dafür riskiert hatte, zu ihm zu kommen, aber zu ihrer eigenen

Wilhelm von Kaulbach, *Ludwig I.*, 1845

Sicherheit mußte sie wieder abreisen. Lola und der König verabschiedeten sich im Polizeipräsidium. Er ging davon aus, sie in wenigen Wochen in der Schweiz wiederzusehen. Gendarmen geleiteten sie und Baron Meller zurück zum Promenadeplatz und setzten sie in eine Postkutsche nach Westen, die bei Tagesanbruch abfuhr.

Als sie dort in ihrer Männerkleidung stand und zum sternengeschmückten Spätwinterhimmel aufblickte, wußte Lola, daß sie die dunklen Schatten der Kuppeln und Türme Münchens nie wiedersehen würde.[10] Sie dachte an die sechzehn Monate ihres erstaunlichen Ruhms in der Stadt zurück, an den stolzen Ehrgeiz, der sie ergriffen hatte, und an ihren plötzlichen gewaltsamen Sturz: Dann stieg sie in die Kutsche und fuhr neuen Abenteuern entgegen.

Die Nachricht von Lolas Rückkehr verbreitete sich in München wie ein Lauffeuer. Dank der neuen Pressefreiheit wurde darüber in den Zeitungen sogar in vollem Umfang berichtet, wenn auch die Unterredung mit dem König taktvollerweise verschwiegen wurde.[11] Aber jeder hörte, daß sie drei Stunden mit Ludwig allein gewesen war, was nicht nur in München, sondern in ganz Bayern Anlaß zu neuen Gerüchten und Vermutungen hinsichtlich der wahren Motive und Absichten des Königs gab.

Die Situation wurde durch den Umstand verschlimmert, daß der Gräfin von Landsfeld keine offizielle Eskorte mitgegeben worden war, um sie außer Landes zu begleiten, und selbst die Polizei nicht in der Lage war, ihren Verbleib über Landsberg hinaus nachzuvollziehen, wo sie am Tag ihrer Ausweisung zu Mittag gegessen hatte. Die Bayern bezweifelten allmählich, daß die Spanierin das Land tatsächlich verlassen hatte.

Ludwig tat unterdessen sein Bestes, um sich damit abzufinden, sich als Vater der Freiheiten der Nation feiern zu lassen, die er als öffentliche Erniedrigung empfand. Seiner Ansicht nach hatten die Revolutionäre ihn besiegt und besaßen nun auch noch die unerhörte Anmaßung, von ihm zu erwarten, daß er dazu lächelte und sich mit ihnen freute.[12] Der König fand Genugtuung darin, am 11. März, genau einen Monat nach der Vertreibung seiner geliebten Lolita, plötzlich Fürst Wallerstein zu entlassen, den er für die meisten der unangenehmen Ereignisse der letzten vier Wochen verantwortlich machte. Ludwig freute sich an der Überraschung und Bestürzung des Fürsten. Wallersteins letzte Sünde in den Augen des Königs war sein Versäumnis, Ludwigs offizielle Erlaubnis einzuholen, ehe er Gottlieb von Thon-Dittmer, einen liberalen protestantischen Politiker, informierte, daß er den Posten als Innenminister von Berks übernehmen sollte. Der König erkannte Thon-Dittmer als Minister an, aber entließ Wallerstein, den er dem neuen Minister gegenüber als den »Lügenfürsten« betitelte.

Am 13. März feierte die Stadt die Proklamation des Königs vom 6. März mit einem offiziellen Feiertag.[13] Ludwig konnte seinen Ärger kaum verbergen, als er im Triumphzug durch die Stadt geleitet wurde. Die Studenten versuchten, die Pferde der königlichen Karosse abzuspannen und den Wagen selbst zu ziehen, doch er befahl ihnen, davon abzulassen. Als er mit Königin Therese an den fahnengeschmückten Häusern und der jubelnden Menge vorbei die Ludwigstraße hinunterfuhr, bemerkte er verbittert, daß Jesus Christus innerhalb von wenigen Tagen das Hosanna der jubelnden Massen vernommen habe und dann von denselben Menschen gekreuzigt worden sei.

Ungeachtet des anhaltenden Enthusiasmus für den König hatte Lolas Besuch die Gedanken der Bevölkerung vergiftet und Ludwigs Autorität untergraben.[14] Es ging das Gerücht um, daß Lola Montez sich irgendwo in Bayern versteckt halte und nur auf den passenden Moment warte, um wieder hervorzukommen und den König zu reaktionären Repressalien zu verleiten. Vor ihren mutmaßlichen Verstecken versammelten sich aufgebrachte Menschenmengen, die verlangten, das Haus nach der flüchtigen Gräfin zu durchsuchen. Der König erhielt Briefe von den wenigen Freunden, die Lola verblieben waren, die ihm schrieben, falls er ihren Aufenthaltsort in Bayern kenne, solle er ihr sagen, sie möge zu ihrer eigenen Sicherheit fliehen. Ludwig war verblüfft, denn er dachte, sie sei in die Schweiz zurückgekehrt, aber niemand glaubte ihm so recht, wenn er sagte, er wisse nichts von ihrem Verbleib.

Am 15. März versuchte eine randalierende Menge das königliche Schloß in Fürstenried zu stürmen, weil es hieß, Lola halte sich dort versteckt. Wieder andere glaubten, sie halte sich in der Residenz in München auf. Die Unruhen wurden so groß, daß der Innenminister sich genötigt sah, den König zu fragen, was ihm über Lolas Aufenthaltsort bekannt sei, und wieder versicherte Ludwig, nichts darüber zu wissen.

Ludwig selbst beschwor, vielleicht ohne es zu beabsichtigen, den schwerwiegendsten Vorfall herauf, als er Caroline Wegner, bei der Lola am 8. März von der Polizei aufgegriffen worden war, am Morgen des 16. März einen Besuch abstattete. Er dankte Caroline für ihre

Treue zur Gräfin und wollte die junge Frau fragen, ob sie wisse, wo Lola sich aufhalte. Doch der König wurde gesehen, als er das Gebäude betrat und wieder verließ, und es entstand das Gerücht, Lola Montez verstecke sich wieder in der Wurzerstraße. Eine Menschenmenge umstellte das Haus, um jegliche Flucht zu verhindern, bis eine Truppe Gendarmen eintraf, um das ganze Gebäude eingehend zu durchsuchen. Sie machten sogar Feuer, um sicher zu gehen, daß sich die Gräfin nicht im Kamin versteckte. Der Mob war verärgert, daß die Spanierin entkommen war und wurde mißtrauisch, als die Gendarmen, die während ihres Münchner Aufenthaltes ihre Leibwache waren, sie nicht finden konnten.

Am selben Abend, als der König einer Aufführung von Mozarts *Entführung aus dem Serail* beiwohnte, versammelte sich wieder eine randalierende Menge vor dem Polizeipräsidium, weil es hieß, Lola verstecke sich dort. Wieder hagelte es Pflastersteine und jedes neue Fenster des Gebäudes wurde eingeschlagen. Doch diesmal versuchten die Randalierer tatsächlich, das Gebäude zu demolieren. Die Fensterrahmen wurden durch Steinwürfe beschädigt, die Dachrinnen wurden heruntergerissen, Fensterläden abgebrochen und sogar die Wände beschädigt. Schließlich wurde das Haupttor eingeschlagen und die Randalierer stürmten das Gebäude. Sie verprügelten die Gendarmen auf den Korridoren und warfen Akten aus den Fenstern auf die Straße. Innenminister Thon-Dittmer, der sich großer Beliebtheit erfreute, eilte zum Ort des Geschehens und versuchte, die Menge zu beruhigen. Er wurde von einem Stein getroffen und das Blut lief ihm übers Gesicht und auf den Anzug. König Ludwig wurde aus seiner Loge gerufen und Trommelwirbel kündigten die Mobilisierung sämtlicher Truppen und der Landwehr an. Die randalierende Menge stürmte durch die Stadt, versuchte, ins Zeughaus einzubrechen und pöbelte die vor wichtigen öffentlichen Gebäuden stationierten Soldaten an. Das Ministerium gab eine Erklärung ab, wonach ein Landtagsabgeordneter soeben von einer Reise nach Karlsruhe zurückgekehrt sei, wo er die Gräfin von Landsfeld am 14. gesehen habe, wie sie den Zug nach Heidelberg nahm. Es war eine lange, ruhelose Nacht in München, aber die Geduld und Disziplin der schlecht bezahlten Truppen verhinderte Blutvergießen.

Am nächsten Morgen hatte sich wieder eine verärgerte Menge vor dem Rathaus versammelt. Diesmal forderten die Leute, Polizeidirektor von der Mark wegen der Art und Weise, wie er die Rückkehr der Gräfin von Landsfeld nach München gehandhabt habe, unverzüglich

abzusetzen und statt dessen Lolas erstes Opfer, Freiherrn von Pechmann, wieder ins Amt zu rufen. Darüber hinaus verlangten sie in ihrer Petition, daß der König die Gräfin des Landes verweise und ihre Verhaftung anordne, falls sie in Bayern gefunden werde.
Eine Abordnung überbrachte die Petition Thon-Dittmer, der sich mittlerweile von seiner Verletzung vom Vorabend erholt hatte. Er und andere Minister begaben sich daraufhin zur Residenz, um den König zu bitten, den Gesuchen stattzugeben. Unruhen in Wien hatten Fürst Metternich, den hartgesottensten aller Staatsmänner, gerade gezwungen, seinen Rücktritt einzureichen, und das Schreckgespenst einer den gesamten europäischen Kontinent erfassenden Revolution lauerte überall. Die Minister rieten dem König, zu allem seine Einwilligung zu geben.
Ludwig war angesichts dieser demütigenden Forderungen fassungslos. Die Verfassung gestatte ihm nicht, einen bayerischen Staatsbürger des Landes zu verweisen, erwiderte er ihnen. Vor einem Monat habe er die Gräfin von Landsfeld lediglich gebeten, München zu ihrer eigenen Sicherheit zu verlassen, er habe nicht das Recht, ihr zu befehlen, das Land zu verlassen, selbst wenn er das wollte. Die Minister sagten dem König, die Forderungen der Petition müßten auf irgendeine Weise erfüllt werden, vielleicht indem er der Gräfin die Staatsbürgerschaft entziehe, andernfalls könnten sie für die Reaktion der Bürger nicht garantieren. Ludwig bekräftigte, daß er kein Recht habe, ihr die Staatsbürgerschaft zu entziehen, aber die Minister bestanden darauf, daß ein Weg gefunden werden müsse. Schließlich entschloß sich der König, Lolas Staatsbürgerschaft indirekt zurückzunehmen, indem er ein Dekret herausgab, in dem nur stand, daß sie »das bayerische Indigenat zu besitzen aufgehört hatte«.
Für ihn war dies nicht nur ein Verrat an seiner Würde als König, sondern auch ein Verrat an seiner Treue zu Lolitta. Er schrieb ihr einen traurigen, konfusen Brief:

Mi muy querida Lolitta,
Die Liebe Deines Herzens für Deinen Ludwig wird sicher das Opfer möglich machen, daß Du auf Deine bayerische Staatsbürgerschaft verzichtest. In Wien ist Revolution und in München wird heute nachmittag etwas Fürchterliches passieren, wenn nicht schon vorher. Deine Staatsbürgerschaft ist zuende, *in Konsequenz und in Überzeugung Deiner Liebe zu mir.* Ich habe öffentlich gesagt, daß Du sie nicht mehr hast, auf Druck der Leiter der Ministerien, die zu mir gekommen sind. Ich habe es in der sicheren Voraussicht gemacht, daß Du aus Deiner Liebe heraus dieses Opfer für mich bringen wirst. Aber die Wahrheit

ist, daß meine geliebte Lolitta recht gehabt hat, daß Ludwig nicht mehr geliebt wird, daß nur noch Dein Herz bleibt, um mich zu lieben. Du selbst hast mir gesagt, daß Du das Gefühl hast, nicht mehr nach München zurück zu können. Du würdest umgebracht werden, wenn Du kämst. Aber auch ohne Staatsbürgerschaft bleibst Du Gräfin von Landsfeld, ohne irgendeine Veränderung ... Es ist möglich, aber ich kann es jetzt noch nicht sicher sagen, daß ich auf die Krone verzichten werde. Aber in dieser kritischen Situation kommt es mir wie ein Mangel an Mut vor, dies zu tun. Meine so geliebte Lolitta, lieb immer Deinen treuen Luis[45]

Ludwig begann, sich mit dem Gedanken auseinanderzusetzen, daß er abdanken sollte. Bei all seinen Schwächen hatte er sehr wohl den Charakter eines Monarchen, eines Mannes, der anderen seinen Willen aufzwang und der die Zugeständnisse, die ihm abverlangt wurden, höchst widerstrebend gab, und das bedeutete auch, daß er kaum glücklich sein konnte, wenn er nicht König war. Nun aber war er in seinen eigenen Augen so gedemütigt worden, war zu so vielen verwerflichen Zugeständnissen gezwungen worden, daß er sich zu fragen begann, ob es noch Sinn hatte, die Regierung fortzusetzen. Nur Lolitta liebte ihn wirklich, und solange er der König war, ließ sich nicht absehen, wann er mit ihr zusammen sein konnte. Wenn er ein Privatmann wäre, könnte niemand etwas dagegen haben, wenn er sie sah, so oft es ihm beliebte.

Während König Ludwig mit diesem Dilemma kämpfte, war Lola mit Fritz Peißner in Frankfurt.[16] Sie war am 14. März auf dem Weg zu einem Rendezvous mit ihrem Geliebten tatsächlich durch Karlsruhe gekommen. Beim Umsteigen in Heidelberg war sie erkannt worden, und in Solidarität mit ihren Kommilitonen in München hatten die Studenten sie während der zwei Stunden, die sie dort warten mußte, verhöhnt und ihr Beleidigungen zugerufen. Der angebliche Anlaß ihrer Reise war eine geschäftliche Unterredung mit einem Freund in Mannheim, aber ihr wahres Ziel war ein Treffen mit Peißner.

Als Lola nach ihrer geheimen Reise nach München wieder in Bern eingetroffen war, hatte sie Ludwig frei nach dem Motto ›Angriff ist die beste Verteidigung‹ einen Brief geschrieben, in dem sie ihn hysterisch beschuldigte, Maria Denker zu seiner neuen Geliebten gemacht zu haben.[17] Sie erzählte Ludwig, die Denker habe mit einem der Studenten geschlafen, sie sei außerdem die Geliebte von Minister Berks und habe Peißners Ausschluß aus der Alemannia inszeniert – was den armen Mann nach Lolas Wissen dazu getrieben habe, in Besançon Ruhe zu suchen. »Die Denker hat Dir bestimmt erzählt, daß Peißner mein Liebhaber ist«, schrieb sie, »aber das ist eine Lüge. Ich wiederhole Dir nochmals, daß er nie etwas anderes als ein *Bruder* für mich gewesen ist. Du weißt sehr gut, daß ich eine Waise bin, ohne Vater, Mutter, Bruder oder Schwester. Das ist nicht natürlich, und in meiner einsamen Lage habe ich nach Leuten ... Ausschau gehalten, die mich mehr als andere trösten können? ... Und glaube mir, Ludwig, Deine Lolitta sah in Peißner nie jemand andren als einen, der reine Liebe zu ihr hatte, wie die Liebe, die man zur Jungfrau Maria hat ... Aber auf der Welt ist alles schlecht und unrein. Oh, wenn ich daran denke, will ich den Tod – Aber Dein edles Bild ist immer noch da, um in mir Zuversicht zu erwecken, und es gibt auch noch ein paar gute Menschen ... Ich kann mit François I. sagen, daß alles, bis auf die Ehre verloren ist.«

Lola riet Ludwig auch, sich mit den Konservativen in Österreich zu verbünden und die »republikanischen Kanaillen« aus Bayern hinauszufegen, indem er die russischen Truppen einberief, die mit ihrer berüchtigten Brutalität innerhalb kürzester Zeit die Ordnung wiederherstellen würden.[18] Vertraue niemandem, warnte sie ihn, denn du bist nur von Verrätern umgeben. Und um alles so verwirrend wie möglich zu machen, bat sie den König nun, nur wenige Tage nachdem sie ihn in München beschworen hatte, genau das Gegenteil zu tun, an Wallerstein festzuhalten, auch wenn der Prinz ihr nicht wohl gesonnen sei. »Deine Geliebte Denker wird sehr böse auf Dich sein,« schrieb Lola, »aber um Deinetwillen, um meinetwillen und um Deiner Familie willen, versöhne Dich mit Wallerstein«. Sie konnte nicht wissen, daß der König den Fürsten am Tag zuvor entlassen hatte.

In Frankfurt nahm Peißner sich ein Zimmer im Hotel de Paris und Lola im Hotel Landsberg.[19] Obwohl keiner der beiden es ahnte, sollte es ihr letztes sorgenfreies Treffen werden. Wieder sprach sie von Heirat und gelobte ihm, seine Frau zu werden, aber Peißner empfahl ihr, mit ihren Gelübden etwas sparsamer umzugehen. Beide fühlten sich verraten und verlassen. Peißners Kameraden hatten ihn aus der Alemannia ausgeschlossen. Seine Chancen, das letzte Semester Jura zu beenden, waren gering, und seine Aussichten gaben wenig Anlaß zur Hoffnung. Lola beklagte sich bei ihm, daß alle sie verlassen hätten und weinte an ihren gemeinsamen Abenden heiße Tränen.

Aus ihrem Hotel in Frankfurt schrieb sie an Ludwig und beschuldigte ihn wieder, offenkundig eine Affäre mit der Denker zu haben, »einer Frau ohne Schönheit und Geist, die nicht mehr als eine ordinäre Schauspielerin ist«.[20]

Nach dem, was ich erlitten habe, aus München wegen meiner Ergebenheit für Dich vertrieben und im Moment mit nichts anderem als dem, was ich bei mir habe. Dein Verhalten erscheint mir sehr eigenartig und *herzlos* ... *Mein Gewissen ist klar und rein*, möge das der anderen genauso sein – Ich bin vor allem über Dein Verhalten betrübt – Die Enttäuschung, allen mir gewohnten Luxus verloren zu haben, war weniger als zu sehen, was in den ausländischen Zeitungen über Dein Verhalten steht – Oh Ludwig, Ludwig, wie hast Du mich betrogen! Du bist *wirklich sehr schwach*, jetzt ist es klar. Adios, später wirst Du Deinen Irrtum erkennen. Du hast mich für immer unglücklich gemacht. Welch ein Unterschied zwischen Deinem und meinem Verhalten. Aber ich bin immer und sogar in totaler Verlassenheit,
Deine treue und einst geliebte Lolitta.

Möglicherweise war Lola – obwohl sie dafür keinerlei Beweise hatte – davon überzeugt, daß Ludwig eine Affäre mit Maria Denker hatte, doch selbst dann war dieser Brief an ihn, den sie schrieb, während sie ihre Nächte in Frankfurt mit Peißner verbrachte, unglaublich falsch, heuchlerisch und strotzte von selbstgerechter Verlogenheit. Vielleicht hatte die Anspannung der letzten Monate bei ihr eine vorübergehende Psychose ausgelöst, die sie von der moralischen Verantwortung für das, was sie jetzt tat und schrieb, entband, in jedem Fall aber war sie zu jener Zeit an einem absoluten Tiefpunkt angelangt und erging sich in hoffnungsloser Selbstsucht und Selbsttäuschung.
Wahrscheinlich war es ganz gut, daß Lolas anklagende Briefe König Ludwig noch nicht erreicht hatten, als er mit der schwierigsten Entscheidung seines Lebens kämpfte. Am 16. hatte er zu Königin Therese gesagt, jetzt die Krone niederzulegen wäre Mangel an Mut, und tags darauf schrieb er dasselbe an Lola, doch in den darauffolgenden Tagen beschäftigte ihn der Gedanke an einen Rücktritt immer mehr.[21] Er begann, den Gedanken mit Kronprinz Maximilian und einem Führer der liberalen protestantischen Opposition, Baron Hermann von Rotenhan, zu besprechen. Am 17. erwähnte der König seinen Ministern gegenüber einen möglichen späteren Rücktritt, aber sie wollten von einer Abdankung nichts hören, weder jetzt noch später.
Rotenhan schlug König Ludwig vor, die einzige Möglichkeit, weitere demütigende Zugeständnisse zu vermeiden und die Dynastie zu retten, sei vielleicht, ein Kabinett von Ministern einzuberufen, das dem Landtag verantwortlich sei, und nach englischem Vorbild als konstitutioneller Monarch mit beschränkten Befugnissen zu regieren.[22] Wenn der König sich auf ein solches System nicht einlassen

könne, wäre es ein ehrenvoller und großzügiger Schritt, den Thron freizugeben und seinem Sohn zu gestatten, eine neue Ära einzuleiten. Diese Formulierung seines Dilemmas gefiel Ludwig.

Am 18. wurde im Rahmen einer Versammlung im Rathaus der Vorschlag gemacht, den König zu bitten, den Kronprinzen als Mitregenten einzusetzen. Dieser Vorschlag fand wenig Unterstützung, doch am selben Tag sagte der König zu Baron Rotenhan: »Ich habe 23 Jahre als wahrer König geherrscht und soll jetzt noch ein bloßer Unterschreibkönig sein, gebunden und gefesselt an beiden Hände, nein, das kann ich nicht. Wer neu beginnt, der kann sich vielleicht darein finden, aber nach 23 Jahren, das geht nicht.«[23]

Am Nachmittag des 19. März, einem Sonntag, saß Ludwig in seinen Privatgemächern, so voller Emotionen, daß er ganz gegen seine Art sogar vergaß, den Brief zu numerieren, und schrieb wieder an Lola: »Muy querida Lolitta, ich, der ich Dir so stark verbunden bin, *in dieser Stunde habe ich abgedankt*, freiwillig, ohne daß es jemand vorgeschlagen hätte. Mein Plan ist, im April in Vevey anzukommen, um dort in Deine Arme zu fallen und dort einige Zeit mit Dir zu leben. Danach werde ich mit meiner Familie in Aschaffenburg zusammenkommen. Ohne Kenntnis des Ministerrats habe ich die Abdankung in Gegenwart der Prinzen meines Hauses gemacht. Mein Sohn Maximilian ist auf die Knie gefallen und hat um meinen Segen gebeten, wir fünf haben alle zusammen geweint ... Heute geht es mir gut. Seitdem ich meine Abdankungserklärung abgegeben habe, fühle ich mich wieder fröhlich ... Wenn er mit seiner Lolitta ist, wird glücklich sein Dein treuer Louis.«[24]

Die komplexen Beweggründe für den Rücktritt König Ludwigs waren nicht einmal ihm selbst völlig klar, aber einer der stärksten Faktoren, die ihn dazu bewogen hatten, den Thron aufzugeben, klang in einem zweiten Brief an seine Lolitta an, den er am selben Nachmittag schrieb:

»Gott weiß, wann ich mit meiner Lolitta ohne diesen Schritt hätte zusammensein können.«[25] Und drei Tage später schrieb er ihr: »Ich habe auf die Krone verzichten können, aber nicht auf meine geliebte Lolitta. Das letzte Gespräch, das ich mit Dir hatte, hat mich bei meiner Entscheidung, abzudanken, sehr beeinflußt.«

Was immer seine Motive waren, Ludwig hatte seine unwiderrufliche Entscheidung getroffen und verfaßte nun seine Abschiedsbotschaft an die Untertanen: »Bayern! Eine neue Richtung hat begonnen, eine andere als die in der Verfassungsurkunde enthaltene, in welcher Ich nun im 23. Jahre geherrscht. Ich lege die Krone nieder zugunsten Meines geliebten Sohnes, des Kronprinzen Maximilian. Treu der Verfassung regierte Ich; dem Wohle Meines Volkes war Mein Leben geweiht; als wenn Ich eines Freistaates Beamter gewesen, so gewissenhaft ging ich mit dem Staatsgute, mit den Staatsgeldern um. Ich kann jedem offen in die Augen sehen. Und Meinen tiefgefühlten Dank allen, die Mir anhingen. Auch vom Throne herabgestiegen schlägt glühend mein Herz für Bayern, für Deutschland!«[26]

✳✳✳✳

Eine Gräfin im Exil

Als König Ludwigs Abschiedsbotschaft in den Straßen Münchens erschien, waren die Bürger bestürzt.[1] Es wurde nicht gefeiert, man sah keine glücklichen Gesichter, manche Leute weinten. Der britische Botschafter bemerkte: »Es mutet ein wenig seltsam an, daß Seine Majestät ausgerechnet den Moment gewählt hat, in dem in gemäßigteren Kreisen des Bürgertums Anzeichen einer Reaktion zu seinen Gunsten zu erkennen waren.« Wie bei allen Aspekten seiner Regierung, zeigte auch die Abdankung König Ludwigs seine Liebe fürs Detail. Ein von ihm selbst und dem neuen König Maximilian II. unterzeichnetes Dekret bestimmte, daß Ludwig das Eigentumsrecht an den Hauptbesitztümern im Königreich beibehalten und ein Jahreseinkommen von 500 000 Gulden beziehen würde, ferner das Recht hatte, seinen Wohnsitz frei zu wählen, nach seinem Belieben zu reisen und sich als »Seine Majestät, König Ludwig von Bayern« ansprechen zu lassen.

In Frankfurt hatte man Lola in der Öffentlichkeit sagen hören, daß Ludwig abdanken und zu ihr in die Schweiz kommen würde, aber niemand hatte ihr geglaubt.[2] Die Zeitungen berichteten, daß sie nach Frankfurt gekommen war, um einen Bankscheck über 500 000 Gulden einzulösen, den Ludwig ihr bei ihrem Blitzbesuch in München ausgestellt hatte. Wie gewöhnlich überstiegen die Gerüchte über Ludwigs Großzügigkeit bei weitem die beträchtlichen Summen, die er Lola tatsächlich zur Verfügung stellte.

Unterdessen bombardierte Lola den König weiterhin mit Briefen, in denen sie ihm bittere Vorwürfe wegen seiner Untreue machte und sich als allein, einsam und verlassen darstellte, da er sich nun Maria Denker zugewandt habe. »Welche Undankbarkeit für Dir geopfertes Leben!« schrieb sie ihm.[3] Ludwig litt unter Lolas grundlosen Anschuldigungen, aber er fühlte sich durch die Wirkung, die seine angebliche Untreue auf sie zu haben schien, auch geschmeichelt. Er schrieb ihr und beteuerte ihr eindringlich seine unerschütterliche Treue.

Wieder zurück in Bern, hörte Lola den neuesten Klatsch und die Gerüchte, die in den diplomatischen Kreisen kursierten und nahm

die Nachricht von Ludwigs Abdankung dann zwar erstaunt, aber zufrieden auf. »Ich habe gerade gehört, daß Du Deiner Krone entsagt hast – Ich hoffe von ganzem Herzen, daß das wahr ist, weil Du dann Deine Würde behalten und Dich aus dem öffentlichen Leben mit Ehre und Weisheit zurückgezogen hast.«[4]
Dann beschwor sie Ludwig, dem neuen König einen Brief von ihr zu übergeben, in dem sie ihn aufs eindringlichste warnte, daß die Radikalen in Frankfurt am 30. März eine Republik aller deutschsprachigen Nationen ausrufen würden, daß ihr Sieg sicher und jeglicher Widerstand zwecklos sei und daß er sofort das gesamte Geld und Vermögen der Familie an einen sicheren Ort außerhalb Deutschlands bringen und seine Flucht vorbereiten solle. »Noch einmal«, endete ihr Brief an König Max, »täuschen Sie sich nicht über die sichere, allzu sichere Nachricht. Die Macht gegen Sie ist zu stark. Man muß aufgeben. *Verlieren Sie keine einzige Stunde.*«[5] Ludwig sagte ihr zwar, er habe ihre Warnung weitergeleitet, die Tatsachen sprechen jedoch dafür, daß er klug genug war, sie für sich zu behalten.
Lola schrieb ihm auch, sie sei der Ansicht, er habe die Angelegenheit um den Entzug ihrer Staatsbürgerschaft sehr gut geregelt, und schickte ihm ihre Indigenats-Urkunde, die Quelle so vielen Übels für Bayern, um sie König Max zusammen mit einem anderen Schreiben vorzulegen, in dem sie ihm mitteilte, daß sie nicht beabsichtigte, jemals in sein Königreich zurückzukehren.[6] Dann wandte sich die Gräfin einem Thema zu, daß fortan zum Leitmotiv ihres Briefwechsels mit Ludwig werden sollte: Geld. »Alle sind der Meinung,« schrieb sie, »daß Du Dein Geld bei der Bank von England unterbringen solltest. Du bekommst dort keine Zinsen und mußt eine Gebühr bezahlen, aber es ist sicher.« Was ihre eigene finanzielle Versorgung anging, »machen viele meiner Freunde sich Sorgen, nicht daß Du mich vergißt, denn jedermann weiß, daß Du ein edles Herz hast, sondern daß, wenn Dir ein Unfall passiert (Gott behüte!), ich verloren bin – dann muß ich in den Straßen betteln – was für eine Lage und welch ein Triumph für alle meine Feinde – Für meinen Teil denke ich eher an eine ›allerletzte Lösung‹, als ohne Geld zu sein.«
Die allerletzte Lösung war wahrscheinlich Selbstmord, der, wie sie Ludwig gegenüber wiederholt andeutete, ihr als letzter Ausweg bliebe, wenn er ihr das Geld, das sie brauchte, nicht geben konnte. Doch vor allem, schrieb sie ihm, freue sie sich auf das Wiedersehen mit ihm, und würde diesmal alles tun, um ihm zu gefallen. »Ich bin froh, daß all dies geschehen ist, mi querido Louis, weil ich jetzt noch sicherer

Student Peißner, Senior der Alemannia in München.

Porträt des 22jährigen Studenten Elias Peißner, den Lola kurz nach ihrer Erhebung in den Adelsstand verführte.

als je zuvor bin, Dich zu haben ... Wie wunderbar wird es sein, Dich bei mir zu haben. Alles hat Dir nur bewiesen, daß ich Dich immer lieben und nie verlassen werde. Meine größte Freude wird sein, mehr noch als früher Deine Wünsche zu erfüllen. Du wirst glücklich sein, und ich bin überzeugt, daß Du in Frieden leben kannst und länger und gesünder leben wirst ... Ich kann Dich nicht genug lieben für das, was Du für mich getan hast. Später wirst Du sehen, daß Du sehr weise gehandelt hast, vom Thron herunterzutreten.«
Dann schrieb sie Peißner, und forderte ihn auf, zu ihr in die Schweiz zu kommen.[7]
Ludwig war, was Lola anbetraf, nie geizig gewesen, aber angesichts seines reduzierten Einkommens war deutlich mehr Zurückhaltung geboten. Gemäß den Bedingungen seiner Abdankung beliefen sich seine Jahresbezüge nur noch auf etwa 20 Prozent seines Einkommens als König. »Ich rate Dir, Ordnung in Deinen Angelegenheiten zu halten ... bezahle jeden Monat, um keine überflüssigen Ausgaben und keine Schulden zu machen. *Mit meinen Einnahmen bin ich nicht länger in der Lage, alles zu zahlen.*«[8] Er würde ihr weiterhin 20 000 Gulden im Jahr bezahlen, aber er könne nicht mehr für ihre »Nebenkosten« aufkommen. Was die Absicherung ihrer Bezüge durch die Einlage eines Betrags bei einer ausländischen Bank anbetraf, gedachte er noch zu warten, bis sich die politische Lage etwas stabilisiert habe. Das Geld in Bayern zu halten, erschien ihm genauso sicher wie an jedem anderen Ort. Der König wies sie sanft darauf hin, daß es nicht so aussehe, als würde die deutsche Republik, vor deren Ausruf am 30. März sie ihn gewarnt hatte, in näherer Zukunft durchgesetzt werden.
Ludwig war viel mehr mit seiner Vorfreude auf das Wiedersehen mit ihr beschäftigt, das nun nur noch wenige Wochen auf sich warten lassen würde. Er werde sie spätestens am 16. April in Vevey treffen, schrieb er ihr.[9] Aber Lola änderte die Pläne noch ein wenig. Sie hatte Bern verlassen, um eine Bleibe für sich und Ludwig in Vevey zu suchen, aber Vevey sei viel zu klein und melancholisch, ließ sie ihn wissen. Lausanne war auch nichts für sie. Genf dagegen sei eine wunderbare Stadt, und Peel und Meller halfen ihr bei der Suche nach einem angemessenen Haus. Das einzige Problem war, daß alles so teuer war. In der Zwischenzeit logierte sie in einer luxuriösen Suite im Hotel de Bergues mit herrlichem Blick auf den See und das Montblanc-Massiv.[10] Eigentümer des Hotels war der 55jährige Alexandre Emmanuel Rufenacht, ein sehr beflissener, aber wohlgesonnener ehemaliger Offizier eines der Schweizer Regimenter Napoleons. Er war

geschmeichelt, daß die Gräfin von Landsfeld sein Hotel gewählt hatte, und stellte ihr stolz seine Frau und seine Kinder vor. Am 5. April hatte Lola im nahegelegenen Pregny etwas gefunden, das ihr komfortabel genug erschien, das Château de l'Impératrice, ehemaliger Wohnsitz der Kaiserin Josephine. Die Villa bot einen grandiosen Blick auf die Alpen und kostete 140 000 Schweizer Franken (ein Schweizer Franken war damals etwa halb so viel wie ein bayerischer Gulden, der Preis entsprach also dem Dreieinhalbfachen ihres jährlichen Unterhalts vom König, wahrscheinlich weit über 1,7 Millionen DM nach heutigem Wert). Peel empfahl ihr, die Villa zunächst zu mieten, damit der König sie sich ansehen und dem Kauf zustimmen könne, also mietete sie das Château für sechs Monate unmöbliert zum Preis von monatlich 500 Schweizer Franken. Da die Villa nicht möbliert war, konnte sie natürlich nicht einziehen, ehe nicht alle ihre Möbel aus München eingetroffen waren. Außerdem brauchte sie neue Teppiche und Gardinen. Und es mußte eine Reihe größerer Reparaturen durchgeführt werden.

Unterdessen kehrte sie nach Bern zurück, um dort Peißner zu treffen, der am 8. April ankam.[11] Peißner fand Chaos vor. Peel und Meller hatten erwartet, daß Lola ihnen ihre Auslagen dafür erstatten würde, daß sie sie nach Genf begleitet und sie bei der Suche nach einem Haus unterstützt hatten, aber das lehnte die Gräfin ab. Die Herren bestanden ferner darauf, daß die Gräfin von Landsfeld ihnen die 2500 Franken zahlte, die sie beim Kartenspielen gegen sie verloren hatte. Sie war außer sich vor Wut und begann, Peel als Schurken und Dieb zu beschimpfen. Sie schloß Baron Meller in ihrem Hotelzimmer ein und verlangte dann von Peißner, er solle ihn erstechen, was der junge Mann ablehnte.

Angesichts solcher Ereignisse in Bern war es wahrscheinlich nur gut, daß sich in München Komplikationen um Ludwigs geplanten Besuch ergaben.[12] In den Zeitungen hieß es, Lola habe gesagt, der König werde zu ihr in die Schweiz kommen, und die Öffentlichkeit war empört. Wieder versammelten sich die Bürger vor dem Rathaus. Es wurden Forderungen laut, wenn König Ludwig Bayern verlasse, um diese Frau zu treffen, dann solle er nie mehr zurückkommen dürfen und man solle ihm seine Jahresbezüge von 500 000 Gulden streichen. Johann Mussinan, der Lola einst so treu ergeben war, warnte den König, es könne zu einer Revolution kommen, wenn er die Gräfin besuche. Einer von Ludwigs Adjutanten erklärte, die Reise würde ein öffentliches Ärgernis von solchem Ausmaß erregen, daß der Thron selbst in Gefahr sei und teilte dem König mit, daß er sich weigere, ihn in die Schweiz zu begleiten. Ludwig entließ ihn.

Schließlich sprach König Max selbst mit seinem Vater und bat ihn, jede Reise außer Landes zu verschieben.[13] Es gibt keinen Abend, sagte er dem alten Mann, an dem ich mich nicht mit dem Gedanken schlafen lege, ob ich wohl am nächsten Tag noch König sein werde. Ludwig war verletzt, verstört und schrecklich enttäuscht, aber er willigte ein, das Land nicht zu verlassen. Die königliche Familie war erleichtert, obgleich die Abreise des alten Königs die schwierige Situation aus der Welt geschafft hätte, zwei Könige in einer Hauptstadt zu haben.

Ludwig fragte sich, warum es irgendjemanden etwas angehen sollte, was er tat. Er hatte keine Macht. Es war ungerecht, ihn so zum Gefangenen zu machen. Er schrieb einen traurigen Brief an Lola, in dem er ihr schwor, daß er seine Reise nur aufschob, das habe er König Max und Therese gesagt.[14] Um Lola seiner ungebrochenen Zuneigung und Sorge zu versichern, sagte er ihr, er habe sein Testament dahingehend geändert, daß ihr Erbteil 400 000 Gulden betragen sollte, also ein Betrag, der, wenn er bei einer bayerischen Bank mit 5 Prozent angelegt wäre, ihren Unterhalt von 20 000 Gulden im Jahr auf Lebenszeit sicherstellen würde. Er wiederholte: »Ich werde Dein sein bis in den Tod, keine Verleumdung wird erreichen, mit dir zu brechen.«

Verleumdungen zogen jedoch bereits herauf. Lola hatte sich mit einem ihrer Günstlinge überworfen, der daraufhin an Ludwig schrieb, daß sich die Gräfin auf höchst ungebührliche Weise betragen habe und nun mit Peißner auf dem Weg nach Genf sei.[15] Die Nachricht, daß sich der junge Mann bei Lola in der Schweiz aufhielt, muß dem von Zweifeln geplagten König das Herz zerrissen haben, doch er schrieb ihr nur: »Habe für mich *dieselbe* Treue, die ich für Dich habe.« Lola wußte nicht, daß der König erfahren hatte, daß Peißner bei ihr war, und belog den König wieder, indem sie ihm schrieb, »Ich habe von Peißner einen Brief erhalten, worin er sagt, daß er nach Schleswig-Holstein gehen will und Säbel und Helm braucht. Ich habe ihm 100 Franken geschickt und hoffe, daß dies das letzte von ihm und seinen Briefen gewesen ist – Ich glaube, er ist verrückt – Aber ich, Ludwig, liebe Dich immer noch. Dich zu sehen würde mir ein so großes Vergnügen sein, und Dir einige Jahre meines Lebens geben, da ein Leben ohne Dich nichts ist … Ich bin immer unglücklich. Manchmal bin ich so deprimiert, daß ich meine, sterben zu müssen.«

Lolas Habe kam aus München an – in sechsundfünfzig Kisten, die zusammen mehr als acht Tonnen wogen – und sie bat Ludwig, die Frachtrechnung zu bezahlen.[16] Sonst, sagte sie, könne sie ihre Möbel nicht auslösen, die Zeitungen würden die Geschichte veröffentlichen, und es käme zu einem Skandal. Frau Opitz, die Juwelierin in München, habe ihr bereits Papiere zugesandt, die eine Hypothek auf ihr Haus in der Barerstraße für unbezahlte Rechnungen in Höhe von über 5000 Gulden auswiesen. Ihre Hotelrechnung in Bern sei noch offen, weil sie gerade noch genug Geld gehabt habe, um ihre Reise nach Genf zu bezahlen. Ihre Suite und die Mahlzeiten im Hotel de Bergues in Genf seien schrecklich teuer, aber sie könne nicht in ihre Villa umziehen, wo sie wesentlich billiger leben könnte, solange sie ihre Möbel nicht habe, und dafür brauche sie Geld. Ludwig schenkte ihr 1000 Gulden, damit sie ihre Habseligkeiten auslösen konnte, ermahnte sie aber noch einmal zur Sparsamkeit.

Die Affäre mit Peißner hatte sich merklich abgekühlt.[17] Dem jungen Mann wurde allmählich klar, daß in ihrem künftigen Leben kein Platz für ihn sein würde, und er war verblüfft, mit welcher Unbekümmertheit die Gräfin Geld ausgab. Sie hatte mittlerweile acht oder neun Bedienstete, einen Wagen, Pferde, eine Hotelsuite, eine luxuriöse Mietvilla und kaufte Unmengen von Schmuck, Blumen und alles mögliche, was auf Kredit zu haben war. Lola war wenig erfreut darüber, daß Peißner sich mit einer der Töchter von Rufenacht abgab. Ende April floh Peißner aus der Schweiz nach Gießen, wo er hoffte, sich an der Universität einschreiben zu können.

Lola bat Ludwig ständig um mehr Geld, aber er tat sein Bestes, um sie dazu zu zwingen, mit dem Unterhalt auszukommen, den er ihr zahlte. Geld wurde immer mehr zum Hauptthema ihrer Briefe. Lola wollte nicht nur ihren Unterhalt gesichert wissen, sie wollte vor allem an das Kapital herankommen, das diesen Unterhalt abwarf. Sie drängte den König immer wieder, die Summe, die er ihr versprochen hatte, auf ein Konto einzuzahlen, über das sie nach Bedarf verfügen konnte. »Querido Louis, noch einmal bitte ich Dich um eine zustimmende Antwort auf meinen Wunsch, mir etwas *gegen meine Unterschrift* zu geben. Ich bin in einer so unerträglichen Lage. Ich habe keinen Kreuzer. Wenn es Dir wirklich ernst mit mir ist, kannst Du es beweisen, indem Du mir das versprochene Geld zu meinem *sofortigen* Gebrauch gibst – Ansonsten bin ich verloren – und kann mich nur noch selbst zerstören – Ich kann keinen anderen Lebensstil mehr führen als den, den ich gewohnt bin.«[18]

Nach eineinhalb Jahren wußte Ludwig nur zu gut, daß Lolas Extravaganz jeden ihr zur Verfügung stehenden Betrag übersteigen würde, und er weigerte sich, ihr pro Jahr mehr als 20 000 Gulden gegen ihre Unterschrift zur Verfügung zu stellen. Er sagte ihr unverblümt: »Wenn es um Geld geht, bist Du fürchterlich.«[19]

Der König setzte ihr klar auseinander, wie er ihren Unterhalt sichern wollte:

Schreib mir, ob ich Dir das völlig legale Geschenk an Zinsen und Dividenden machen soll, die eine Summe von 400 000 Gulden auf einer hiesigen Bank bringt. Das wären ungefähr 20 000 Gulden im Jahr. Ein solches Geschenk wäre unabhängig von politischen Ereignissen, sogar unabhängig davon, daß ich eventuell meine Staats-Apanage verliere. Wenn ich das Geld auf eine andere Bank gebe, würden weniger als 20 000 herauskommen, weil die Zinsen unter 5 % liegen. Eine andere Bank würde auch keine Dividenden zahlen, da ich als Aktionär ein Gründungsmitglied der Bank bin ... Schreib mir, ob 400 000 Gulden in Genf 3 1/2 Prozent bringen. Das wären 14 000 Gulden anstatt 20 000 hier. Wenn Du lieber die 14 000 Gulden haben willst, werde ich sie in Genf anlegen ... Wenn Du Dein Geld nur ein- oder zweimal im Jahr bekommen kannst, wirst Du bald sehen, daß es fort ist. Die Erfahrung hat gezeigt, daß Du Dein Geld mit einem Male ausgibst.

Wäre Lola die kühl kalkulierende Abenteurerin gewesen, als die sie so oft dargestellt wurde, hätte sie Ludwigs Angebot, ihr die Zinserträge auf den Betrag von 400 000 Gulden unwiderruflich zu überschreiben, unverzüglich angenommen. Doch ungeachtet der wiederholten Bitten des Königs, sich dazu zu äußern, war sie, wie es für sie typisch war, wieder einmal nicht in der Lage, ihm eine eindeutige Antwort zu geben. Statt dessen erhielt der König vorwurfsvolle, verzweifelte Bitten, ihr umgehend mehr Geld zu schicken: »Es hat den Anschein, als ob es schon bald keine Lolitta mehr auf dieser Welt geben wird – Ich kann weder schlafen noch essen – Ich weiß nicht, was ich getan habe, daß Du mich so schrecklich bestrafst, indem Du mir ein paar tausend Franken verweigerst – Ich habe es geschworen und versprochen, nie mehr nach etwas zu fragen – Wenn Du wissen würdest, wie hart es ist, kein Geld zu haben – Wenn du mir nicht hilfst, werde ich mich umbringen oder verrückt werden ... Das habe ich von meinen Opfern in München. Ich hoffe, daß dieser Brief Dein Herz erreicht.«[20]

Nachdem sie eine Finanzspritze erhalten hatte und die Schuldeneintreiber ihr nicht mehr vor der Tür auflauerten, wurde das Thema der Sicherung ihres Unterhalts normalerweise fallengelassen, bis wieder einmal Not am Mann war. Herr Rufenacht begann, König Ludwig privat zum Thema der geschäftlichen und persönlichen Angelegenheiten der Gräfin zu schreiben, und obgleich Ludwig sich normalerweise nicht gern mit Fremden austauschte, behielt er die geheime Korrespondenz mit dem Hotelbesitzer in der Hoffnung bei, Ordnung in Lolas finanzielle Angelegenheiten bringen zu können und gleichzeitig Informationen über ihr Privatleben zu erhalten.

In London erschien die berüchtigte Gräfin von Landsfeld unterdessen erstmals auf der Bühne – aber nicht als Darstellerin, sondern als Figur.[21] J. Sterling Coyne, einer der produktivsten Bühnenautoren des Londoner Theaters, hatte eine Farce in einem Akt mit dem Titel *Lola Montes, or A Countess for an Hour*[21a] geschrieben, die am 26. April mit großem Erfolg im Theatre Royal am Haymarket uraufgeführt wurde, ganz in der Nähe von Her Majesty's Theatre, wo die Gräfin vor fünf Jahren ihr Debüt als Tänzerin gegeben hatte. Um das Verbot der Darstellung lebender Mitglieder eines Königshauses zu umgehen, war Lolas königlicher Gönner nicht König Ludwig, sondern Prince Greenasgras. Die Farce war die Hauptattraktion der Saison und es sah aus, als würde sie lange laufen, doch dann wurde sie schon in der ersten Woche von Lord Chamberlain verboten. Gerüchten zufolge hatten entweder der bayerische Botschafter oder Sir Robert Peel auf Drängen seines Sohnes die Zensur beantragt.

Aber Coyne war nicht bereit, ein erfolgreiches Stück in der Schublade verschwinden zu lassen, und am 22. Mai erschien es als *Pas de Fascination, or Catching a Governor*[21b] wieder auf dem Spielplan. Aus Lola Montes wurde Zephirine Joliejambe und Prince Greenasgras war Count Muffenuff, der russische Gouverneur von Neveraskwehr. So abgeändert durfte das Stück in London weiter aufgeführt werden und reiste als eines der meistgespielten Werke Coynes bald um die gesamte englischsprachige Welt. Ihr ganzes Leben lang sollte Lola *Pas de Fascination* (oft auch mit dem Titel *Lola Montes*) auf den Theaterspielplänen der Städte finden, die sie besuchte, und das Stück war auch nach ihrem Tod noch einige Zeit auf den Bühnen der Welt vertreten.

In Genf war Lola mittlerweile endlich in das herrliche Château de l'Impératrice eingezogen. Es war noch nicht alles ganz fertig – viele ihrer Möbel waren auf der Reise beschädigt worden und mußten repariert werden, und ein Architekt nahm noch ein paar bauliche Veränderungen für sie vor – aber als sie am 24. Mai einziehen konnte, erfüllte sich für Lola ein Traum. Rufenacht, den sie dem König ständig empfahl, weil er ein Freimaurer war, fand zwei Gesellschafterinnen,

um der Entourage, die die Gräfin mit Ludwigs Geld zusammengestellt hatte, einen etwas respektierlicheren Anstrich zu verleihen.
Nicht einmal drei Wochen später lag Lola jedoch bereits wieder mit Malariafieber, das sie schon in Bad Brückenau heimgesucht hatte, krank im Bett. »Es ist dasselbe für mich, Leben oder Tod – Ich fürchte, daß Du Dich über mich ärgern wirst, wenn Du das bekommst, aber ich muß es Dir sagen – Du weißt, daß alles auf dem Weg von München kapputtgegangen ist. Ich habe wirklich Teppiche und Vorhänge, Kerzenhalter, Kristallglas und Porzellan gebraucht. Das meiste war vollkommen kapputt. – Und die Stallungen ... Ich sehe mit Tränen in den Augen und dem Tod im Herzen Dein zorniges Gesicht vor mir, aber das waren *unentbehrliche* Sachen ... Aber ich kann nicht alles selbst bezahlen – mein monatliches Geld deckt nur Haus, Stall und Diener ab – Ich habe meine Harfen-Stunden beenden müssen, und Harfe und Piano, die ich gemietet hatte, zurückgeben müssen ... Gestern haben sie einen Schuldeneintreiber geschickt ... Und noch dazu intrigieren die Jesuiten gegen mich ... Und, wie ein amerikanischer Gentleman gesagt hat, könnte ich eine Menge mit Tanzen verdienen, da mein Name dort sehr bekannt ist. Querido Louis, Dich zu verlassen wäre mein Tod, aber was kann ich tun?«[22]
Und wieder einmal zahlte Ludwig. Aus ihren Briefen voller finanzieller Klagen pickte er sich die liebenden Worte und Sätze heraus, die in der Fülle der Geldangelegenheiten oft nahezu untergingen, und küßte diese Stellen immer wieder, wenn er ihre Briefe im Englischen Garten oder im Park des Nymphenburger Schlosses las. Der König brauchte ihre Liebe noch immer verzweifelt, und er hoffte auf mehr als das. Seit der einzigen Nacht, die sie je miteinander verbracht hatten, war fast ein Jahr vergangen, und seitdem hatte Lola nur einmal Zärtlichkeiten mit ihm ausgetauscht. Trotz des verhinderten Rendezvous im April hatte er vor, sie im Sommer zu besuchen und sie zu fragen, welche Art des Empfangs er erwarten durfte.
Da König Ludwig wußte, daß seine Briefe an Lola in falsche Hände gelangen konnten, schrieb er seine intimsten Gedanken auf kleine rosarote Zettelchen, die er seinen Briefen beilegte und auf die er schrieb: »Verbrenn dies, sobald Du es gelesen hast« oder »Schreib Deine Antwort auf die Rückseite und schick mir dies mit Deinem nächsten Brief zurück«. Ende Mai schrieb er Lola einen kleinen rosa Zettel, auf dem er sie fragte, ob sie bei ihrem Wiedersehen auch mit ihm schlafen wolle (er schrieb *besar*, das spanische Wort für das französische *baiser* in seiner vulgären Bedeutung).

Lola, die gerade die Zusage des Königs erhalten hatte, ihre Hotelrechnung bei Rufenacht zu übernehmen, war in ihrer Antwort unmißverständlich: »Wie kannst Du mich fragen, ob ich mit Dir *besar* will? Du weißt, daß ich Dir ganz ergeben bin, daß ich Dich mehr und mehr für alles liebe, was Du für mich geopfert hast. – Natürlich will ich, und es gefällt mir, wenn ich daran denke, daß mein geliebter Ludwig mit seiner Lolitta schlafen will. – Ich liebe Dich mehr denn je, und ich bin jetzt auch wieder vollkommen gesund, viel mehr als in München ... Mi querido Louis, ich bitte Dich, mir treu zu sein, bis Du kommst, und dann kannst Du mit mir mit großem Gusto und Vergnügen *besar*. Mein Herz gehört Dir, auch mein *cuño*, alles.«[23]
Ihre Worte waren mehr, als Ludwig zu hoffen gewagt hatte, und er schrieb ihr, daß er jedesmal eine Erektion bekomme, wenn er ihren Brief lese.[24]
Lola ermunterte den König weiter, sie im Sommer zu besuchen, wenn das Wetter noch warm war, aber mittlerweile hatte sie auch ein paar neue Gespielen gefunden.[25] Mit ihrer Schönheit, ihrer Lebenslust und ihrem Witz hatte die Gräfin wieder einen Kreis junger Männer angezogen. Sie kamen aus allen Schichten der Genfer Gesellschaft, als Gruppe waren sie jedoch am Rande gesellschaftlichen Ansehens angesiedelt. Die Männer begannen, das Château de l'Impératrice regelmäßig zu frequentieren, so wie die Alemannen die Barerstraße 7 zu ihrem Hauptquartier erkoren hatten, und die zahlreichen Räume der Villa boten ausreichend Platz, wenn sie dort übernachten wollten. Die Gräfin setzte sich wieder einmal über die Regeln des Anstands hinweg, indem sie Männern gestattete, in ihrem Haus zu übernachten. Die Villa hatte einen eigenen Anlegesteg am Genfer See, und Lola entschloß sich, ein relativ großes Schiff und mehrere kleinere Boote zu kaufen, in dem ihre Bewunderer mit ihr Ruder- und Segelausflüge unternehmen konnten. Sie nannten sich die Korsaren. Echte Piraten auf dem Genfer See hätten bei den Nachbarn der Gräfin kaum größeres Mißfallen erregen können als diese Korsaren.
Etwa zur selben Zeit fand ein Mann Zugang zu Lolas Zirkel, der von den vielen außergewöhnlichen Menschen, denen die Gräfin begegnen sollte, wohl einer der bemerkenswertesten war. Auguste Papon, der etwa in Lolas Alter war, nannte sich »Marquis de Sard«, und erzählte allen, sein Vater sei stellvertretender Schatzmeister Frankreichs gewesen und seine Mutter stamme aus einer der ältesten Adelsfamilien der Provence. Tatsächlich war Monsieur Papon ein Hochstapler,

wenn auch ein merkwürdiger. Seine Betrügereien schienen zumindest in gleichem Maße darauf abzuzielen, seine Überlegenheit über seine aristokratischen Opfer zu beweisen wie sie um ihr Geld zu bringen.

Papons Großvater war Kellner in einem Genfer Kaffeehaus gewesen, sein Vater ein Betrüger, der aus Genf nach Südfrankreich hatte fliehen müssen.[26] Auguste war in Toulouse aufgewachsen, hatte dort mit Auszeichnung am Katholischen Priesterseminar studiert, und soll ein Schützling des Erzbischofs gewesen sein. Er entschied sich gegen das Priesteramt und wurde Rechtsanwalt in Marseille, wo er sich vor allem durch ungedeckte Schulden und schlechtes Benehmen einen Namen machte, was schließlich zu seinem Ausschluß aus der Anwaltskammer führte. Er floh in die Schweiz zu seinen Eltern, die sich in Nyon am Nordufer des Genfer Sees niedergelassen hatten, und seine kleine Gestalt – mit dem dunklen, südländischen Teint und den lebhaften, unheilvollen Augen – war in den Kreisen, die in Genf als feine Gesellschaft galten, bald bestens bekannt. Papon war stets überaus charmant, aber die Menschen in seiner Umgebung spürten, daß hinter dieser Wärme Kalkulation steckte. Und er machte keinen Hehl daraus, daß er den Zielen der Jesuiten verbunden war.

Der falsche Marquis und die falsche Spanierin lernten sich kennen, als die Gräfin von Landsfeld im Hotel Bergues eintraf, wo Papon mehrere Monate lang gewohnt hatte. Nachdem Lola in die Villa umgezogen war, lud Papon sie ein, ihn und seine Familie in der Villa Mon Répos in Nyon zu besuchen. Die Korsaren ruderten sie dorthin, wo sie von den Papons und dem Dorfpfarrer von Nyon empfangen wurde. Im Juli merkte Ludwig, daß Lolas Briefe seltener wurden. Gegen Ende des Monats zog Papon schließlich zu ihr in die Villa.

Wenn Lola schrieb, drängte sie Ludwig meist, eine Möglichkeit zu finden, ihr ihren Schmuck zu schicken. Sie vermißte es, ihren Schmuck tragen zu können, aber es war schwierig, einen sicheren Versandweg zu finden.

Der König beschloß, ihr den Schmuck mitzubringen, wenn er Lola endlich zu ihrem geheimen Rendezvous treffen würde, und er beschäftigte sich damit, dafür Pläne zu machen und sicherzustellen, daß Lola bereit und willens war, für dieses Rendezvous an einen Ort zu reisen, an dem sie beide unerkannt bleiben konnten. Unter anderem wollte er von ihr genau wissen, wann sie ihre nächste Periode erwartete und wie lange diese anhalten würde.[27]

Als Ort für das Treffen wählte Ludwig Malans aus, ein im Osten der Schweiz gelegenes Städtchen, südlich von Liechtenstein und etwa auf der Hälfte der Strecke zwischen Genf und Innsbruck, wo Ludwig seine Reise antreten würde. Er verbrachte den Sommer in Berchtesgaden und würde nach Innsbruck reisen, um dort königliche Verwandte zu besuchen. Von dort aus konnte er inkognito einen schnellen Kurzbesuch in Malans machen und dort ein paar Tage mit seiner Geliebten verbringen. Lola bat ihn inständig, sie in ihrem Château zu besuchen, aber die Reise hätte einfach zu viel Zeit in Anspruch genommen, deshalb bestand Ludwig darauf, sie in Malans zu treffen.
Ihr Wiedersehen war für Anfang August geplant, mußte dann aber auf Mitte August und schließlich auf Anfang September verschoben werden. Während dieser Zeit übernahm Auguste Papon im Château de l'Impératriz eine immer größere Rolle.[28] Die beiden Gesellschafterinnen Lolas fühlten sich nicht wohl bei den Vorgängen, die sie mit ansehen mußten, und ergriffen schließlich die Flucht, nachdem Lola sie beschimpft hatte, weil sie sich weigerten, mit ihr und den Korsaren die Nacht auf dem Boot zu verbringen. Papon bezog daraufhin das Zimmer der Gesellschafterinnen, das näher am Schlafgemach der Hausherrin lag. Die Korsaren wurden von dem Marquis immer mehr an den Rand gedrängt, übernahmen immer seltener die Rolle von fröhlichen Kumpanen und verkamen immer mehr zu Dienern, und Rufenacht war im Château nicht mehr willkommen.
In ihren immer unregelmäßiger eintreffenden Briefen schrieb Lola Ludwig, daß das Warten ihre Liebe zu ihm nur noch stärker mache, daß sie die Einladungen, bei Freunden in Paris und London zu wohnen, ausschlug, weil sie es nicht ertragen könne, noch weiter von ihrem Louis entfernt zu sein. In seinen Briefen an sie schien er sich an die Vergangenheit zu klammern, und er äußerte immer öfter den Wunsch, ihre Füße in den Mund zu nehmen.[29] »Ich nehme Deine Füße in den Mund – ich habe noch nie die Füße von jemandem in den Mund genommen, und es wäre mir schrecklich, aber bei Dir ist es genau das Gegenteil.« Er wollte ihre ungewaschenen Füße in den Mund nehmen, sobald sie in Malans eintraf, schrieb er, um ihr seine Gefühle zeigen zu können.
Für König Ludwig war der 25. August ein schwieriger Tag. Es war der erste Geburtstag, den er in fast einem Vierteljahrhundert feierte, der nicht auch ein Staatsfeiertag war. Und wichtiger noch: Es war der erste Jahrestag der Ernennung Lolas zur Gräfin von Landsfeld. Geburtstage und Jahrestage hatten für Ludwig große Bedeutung und er

muß auf zärtliche Geburtstagsgrüße von Lola und vielleicht eine Dankesbotschaft nicht nur für ihre Erhebung in den Adelsstand, sondern auch für all die Opfer gehofft haben, die er für sie gebracht hatte. Statt dessen erwähnte sie in dem Brief, der an diesem Tag von ihr eintraf, seinen Geburtstag und ihre Ernennung zur Gräfin mit keinem Wort, sondern teilte ihm lediglich mit, daß sie keinen Kreuzer mehr besaß und 1000 Franken brauchte, um ihn in Malans treffen zu können.[30]

Ludwig war frustriert und verzweifelt. Damit Lola ihn am 2. September treffen konnte, mußte sie spätestens am 29. August aufbrechen. Mit etwas Überlegung hätte sie wissen müssen, daß sie nicht am 17. August um Geld bitten und erwarten konnte, es vor dem 29. zu erhalten, da die Briefe von Genf nach Berchtesgaden sieben oder acht Tage unterwegs waren. Der König war außer sich, weil er nun vor seiner Abreise nicht mehr erfahren konnte, ob sie tatsächlich nach Malans kommen würde. Er schrieb ihr einen aufgewühlten Brief, in dem er ihr mitteilte, daß er die Reise trotz dieser Ungewißheit antreten werde, weil es für ihn zu schmerzlich wäre, eine Gelegenheit, sie zu sehen, zu versäumen.[31]

Doch zwei Dinge in Lolas Brief trösteten ihn. Sie sagte ihm, er sei der einzige auf der ganzen Welt, für den sie Zuneigung empfände, daß sie ihn nicht nur liebe, sondern auch schätze und achte. Das zweite war ein Kreis, den sie neben ihrer Unterschrift auf den Rand des Briefes gezeichnet hatte. »Ich schicke Dir einen Kuß meines Mundes,« schrieb sie. »Ich bitte, diesen zu küssen. Er ist der Kuß eines Herzens, das Dir sehr verbunden ist.« Das war genau das Gefühl, das Ludwig in ihren Briefen so oft zu finden hoffte und so selten fand. Aber es reichte nicht aus, um seine Zweifel zu zerstreuen.[32] Er schrieb Rufenacht und bat ihn, ihm sofort Antwort auf eine Reihe von Fragen über Papon zukommen zu lassen. Am nächsten Tag schrieb er ihm wieder, um die Antwort zu beschleunigen. Ludwig erwähnte, er befürchte, daß seine Briefe gestohlen würden – vielleicht ahnte er bereits, was für eine Sorte Mensch Papon war.

Lola lieh sich das Geld für die Reise von Rufenacht, der sie dafür einen Schuldschein unterschreiben ließ, und brach am 25. August um sieben Uhr morgens in Begleitung ihrer Zofe, zweier Korsaren und eines kleinen Jungen auf, an dem sie Gefallen gefunden hatte.[33] Die Reise war lang und beschwerlich, und Lola war zutiefst enttäuscht, als sie in Malans nicht Ludwig, sondern seinen Kammerdiener antraf, der ihr 2000 Franken, ein paar Gedichte und einen Brief Seiner Majestät übergab: »Tränen kommen mir in die Augen. Anstatt Dich an mein Herz zu halten, anstatt mit Dir über meine Gefühle zu sprechen, muß ich Dir schreiben ... Seit meinem letzten Brief habe ich die Ursachen der Unruhen in München erfahren ... Die Revolutionäre haben das Gerücht ausgegeben, daß ich Dich mit Schmuck beschenkt hätte, der dem Staat gehört. (Dein Luis ein Dieb!) Das Gerücht begann damit, daß ihnen nicht erlaubt wurde, den Schatz zu sehen ... Neue, blutige Kämpfe werden erwartet und die schlimmsten Folgen, wenn ich nach Tirol gehe. Leute, die mir sehr ergeben und keine Feinde von Dir sind, haben mir das berichtet. *Es ist eine schreckliche Situation ... Aber liebe mich nicht weniger*, es ist nicht meine Schuld ... Ich wiederhole, die ganze Welt hat nicht die Macht, uns zu trennen.«

Dem Geld lag ein Zettel bei: »Die Zeichnung in Deinem Brief, die Deinen Mund darstellen soll (jedesmal gebe ich ihr einen Kuß), habe ich auf den ersten Blick für Dein *cuño* gehalten, und mein *jarajo* begann zu erigieren. So viel Vergnügen mir Dein Mund gegeben hat, so würde mir auch Dein *cuño* sehr gefallen. Ich küsse das eine wie das andere.«[34]

Lolas Antwort war nicht sehr mitfühlend: »Was für einen großen Schmerz hat mir Dein Brief bereitet. Ich, die ich so lange darauf gewartet habe, Dich zu sehen – Aber anscheinend hast Du Leute um Dich, die alles mögliche tun, um zu verhindern, mich zu treffen. Diese Revolutionsgeschichte ist ziemlich übertrieben, wahrscheinlich, um Dir Angst zu machen. Aber habe keine Angst. Ich weiß, daß Deine Familie *alles mögliche* tut, um Dich von mir fernzuhalten, mit Geschichten, die Dir Angst machen sollen.«[35]

Ebenso beunruhigend war es für sie, daß Ludwig dem Diener ihren Schmuck nicht mitgegeben hatte. Nach ihrer Rückkehr nach Genf, schrieb sie ihm, werde sie aus der Villa ausziehen und in einem kleineren Haus wohnen, das näher an der Stadt lag und nur 110 Franken Miete im Monat koste. Aber er möge ihr bitte ihren Schmuck schicken.

Die Berichte über Krawalle in München entsprachen der Wahrheit und die Demonstranten waren gewalttätig geworden. Die Zeitungen berichteten, der König sei in die Schweiz gereist und legten wieder nahe, ihm bei seiner Rückkehr die Einreise nach Bayern zu untersagen und sein Einkommen einzustellen. Da Lola in ihren Briefen Papon erwähnt hatte, stellte Ludwig ihr acht Fragen zu seiner Person. Lola antwortete: »Du weißt, man kann nicht über jeden sicher sein, aber er scheint mir ein Gentleman und sehr distinguiert zu sein.«[36] Er sei weder jung noch gutaussehend, sagte sie ihm, aber sehr ernsthaft, ein Autor. Er sei ein Ultramontaner, ließ sie beiläufig einfließen. »Aber ich liebe ihn nicht, Louis,« schrieb sie. »Ich liebe nur Dich, und niemand könnte mich so wie Du lieben.« Sie erwähnte noch, daß sie daran dachte, die Schweiz zu verlassen und nach Rom zu reisen, um dort in seiner Villa Malta zu leben.

Ludwig war nicht erfreut. Diese Frau, die sich in einem Maße von den Jesuiten verfolgt gefühlt hatte, daß sogar Ludwig skeptisch geworden war, hatte jetzt einen anerkannten Ultramontanen in ihrem Haus aufgenommen und nannte ihn einen distinguierten Gentleman. Was bewegt Dich zu dieser Beziehung, fragte er sie.[37] Was Lolas Idee anbetraf, in der Villa Malta zu wohnen, belehrte der König sie schnell eines Besseren. Er sagte ihr, er könne ihr nicht gestatten, in der Villa Malta zu wohnen, weil das einen zu großen Skandal heraufbeschwören würde, und daß er ihr kein Geld geben könne, um nach Rom zu reisen.

Inzwischen trafen fast täglich beunruhigende Nachrichten aus Genf ein, und die Stimmung des Königs verschlechterte sich. Rufenacht schrieb dem König, daß Peißner wieder in der Stadt sei, offenbar hatte die Gräfin ihn als Gegengewicht zu Papon eingeladen, den sie fürchtete, obwohl sie ihm die Herrschaft über das gesamte Haus gegeben hatte.[38] Rufenacht schrieb, Lola erzähle überall, daß der König ihr eine Million Franken in bar und Schmuck im Wert einer weiteren Million Franken geben würde, und daß sie Papon und seine Familie mit nach Rom nehmen würde, wo sie alle in der Villa des Königs wohnen würden. Lola selbst schrieb Ludwig, um ihn noch einmal zu warnen, daß ein revolutionärer Sturm ausbrechen würde und er sein Vermögen so bald wie möglich aus Bayern abziehen sollte.

Der König schickte Lola schließlich ihren Schmuck über seinen Bankier, doch in dem gleichen Brief, in dem er ihr sagte, er küsse ihre zärtlichen Worte, schrieb er auch: »Anscheinend willst Du Ludwig für Liebe, Papon für Konversation und Peißner für *besar*, sonst hättest Du ihn nicht von so weit weg geholt, was nur neue Kosten verursacht.«[39] Trübsal breitete sich in Ludwigs Privatleben aus. Er spürte nun jeden Tag die Bitterkeit, ein König ohne Krone zu sein, und er bereute seinen Thronverzicht. »Jetzt bin ich wieder zurück im Gefängnis«, schrieb er Lola nach seiner Rückkehr nach München am 3. Oktober. »Es ist unmöglich, daß Du seit einem halben Monat nicht geschrieben hast.« Sein einziger Trost war ein Schreiben von Rufenacht, dem ein Entschuldigungsbrief beigefügt war, den der Hotelbesitzer von Fritz Peißner erhalten hatte.[40] Der Student war durch Rufenacht gewarnt worden, der Einladung ins Château de l'Impératriz nicht Folge zu leisten, weil »die Gräfin wieder Lola spielt«, aber Peißner hatte gehofft, sie dazu zu bringen, seine Schulden zu bezahlen, und hatte sich Geld geliehen, um die Reise machen zu können. Bei seiner Ankunft fand er die Gräfin nicht nur unter dem Einfluß Papons und im Kreise der Korsaren und umgeben von überflüssiger Extravaganz, sondern selbst am Rande des Bankrotts. Er wohnte eine Woche lang in einem Hinterzimmer ihrer Villa, und es wurde ihm schmerzlich bewußt, wie wenig von der ewigen Liebe, die sie ihm noch vor einem Jahr geschworen hatte, übriggeblieben war. Dann kehrte er nach Giessen zurück, ohne sich von ihr zu verabschieden. Er schrieb Rufenacht, nur um sich dafür zu entschuldigen, daß er sich zu sehr geschämt habe, um ihn aufzusuchen.

Am zweiten Tag nach seiner Rückkehr aus Berchtesgaden war der König sehr überrascht, als sein Diener ihm eine Botschaft des Marquis de Sard überbrachte, die dieser am selben Morgen in München verfaßt hatte. Papon schrieb, daß er gekommen sei, um ihm die beigefügten Briefe der Gräfin von Landsfeld zu überbringen: »Ich weiß, Du wirst mich vor einer Unehre retten, die schlimmer als der Tod ist – Mein Gott, wo ist meine Selbstachtung – Die Gräfin von Landsfeld ist in einer so traurigen Lage, ohne Sicherheit, ohne alles, und das in einem *infernalischen, infamen* Land – Bitte empfange diesen Herren, der mitten in meinem Elend gekommen ist, um mir seine Dienste anzubieten. – Er ist ein Mann mit Herz – Er ist ein Freimaurer – Das sagt alles.«[41]

Lola schien vergessen zu haben, daß auch Rufenacht ein Freimaurer war. Es waren zwei weitere kurze Botschaften beigefügt, in denen sie sich ebenso pathetisch wiederholte; in einer teilte sie mit, sie liege im Bett und huste Blut. Es tat gut, nach so langer Zeit einen Brief von ihr zu erhalten, aber der König war nicht erfreut. So oft wie Lola sich schon in den Menschen geirrt hatte, konnte er auf ihre Empfehlung dieses Marquis de Sard wenig geben. War der Mann ihr Liebhaber? Rufenacht war jetzt in Lolas Augen ein Schurke, obwohl sein geheimer Briefwechsel mit König Ludwig eher den Eindruck vermittelte, daß er einer der wenigen ehrenvollen und zuverlässigen Menschen war, denen sie je begegnet war. Und ohne noch ein Wort von Papon gehört zu haben, wußte Ludwig bereits, worum es ging: Geld. Würde das denn nie aufhören?

Ludwig empfing den Marquis de Sard.[42] Der König war deprimiert gewesen und jetzt war er verärgert, aber der erfahrene Schwindler Papon wußte, wie er das Vertrauen seiner Opfer gewinnen konnte. Er hörte ihnen zu, fand ihre Schwächen und ihre Sehnsüchte heraus und nutzte sie zu seinem Vorteil. Er zerstreute die Zweifel und den Ärger des Königs mit einer eleganten Unterwürfigkeit, die einem Monarchen im Ruhestand schmeicheln mußte. Er legte ihm die jüngste Finanzkrise der Gräfin von Landsfeld dar. Sämtliche Wertgegenstände, die sie besaß, seien verpfändet, sagte er, und ihre Gläubiger seien kurz davor, die verbleibenden Einrichtungsgegenstände in ihrer Villa zu versteigern, wo Lola selbst todkrank darnieder liege.

Es widerstrebte Ludwig, Lola noch mehr Geld zu geben, auch nachdem Papon ihm erzählt hatte, welche Leidenschaft sie für ihren König empfand. Der Marquis fuhr mit einem Brief des Königs an Lola in die Schweiz zurück, in dem er ihr das Darlehen nur unter der Bedingung zusagte, daß sie ihm ein Pfandrecht auf ihr Haus in der Barerstraße einräumte, obwohl er wußte, daß die bereits bestehenden Belastungen des Anwesens dessen Wert bei weitem überstiegen. Nach Papons Abreise erhielt Ludwig einen Brief von Lola, in dem sie ihm auf seinen Vorwurf antwortete, daß sie »Ludwig für Liebe, Papon für Konversation und Peißner für *besar*« wolle. »Eines Tages werden alle Geheimnisse dieser Welt vor Gott offen liegen, und dann, mi querido Louis, wirst Du von der Treue und tiefen Liebe Deiner verleumdeten Lolitta überzeugt sein. Lieber Ludwig, ich habe den Tod in meiner Seele – Ohne Dich bin ich für immer in dieser Welt entehrt, ohne Freunde in einem Land, das so schrecklich für Fremde ist wie Genf ... Wenn Du mir nicht zu Hilfe kommst, bin ich das Lächerlichste auf der Welt – Meine Ehre wird vollkommen verloren sein. Was soll ich tun, es ist so schrecklich, und meine Gesundheit ist immer so schwächlich – Aber Gott ist gut, und Du, mi querido Louis, bist mir zu sehr zugetan, um mich zu verlassen.«[43]

Lola hatte recht, und Ludwig schickte ihr 20 000 Franken ohne abzuwarten, bis sie ihm die Verpfändungserklärung unterschrieben hatte.[44] Das persönliche Haushaltsjahr des Königs endete am 30. September, und er schrieb Lola, daß er in den ersten beiden Jahren, die er sie kannte, 158 084 Gulden und 16 1/4 Kreutzer für sie ausgegeben habe, nicht eingerechnet die Zuwendungen an ihre Freunde und Verbündeten, die ihn nach ihrem Fall um Hilfe gebeten hatten.

Tiefgreifende Veränderungen in Wirtschaft und Lebensstil lassen keine genaue Umrechnung des bayerischen Gulden von 1848 in die deutsche Währung des ausgehenden zwanzigsten Jahrhunderts zu, aber ein Gulden entspricht heute etwa 37 DM. Das bedeutet, daß Ludwig in zwei Jahren ungefähr fünf Millionen Mark für Lola ausgegeben hatte und seine Unterhaltszahlungen von 20000 Gulden etwa 680000 Mark im Jahr entsprachen.

Ende Oktober verließ Lola das Château und zog in ein Haus, das näher an der Stadt lag, und das sie mit der Familie Papon teilte. Auguste Papons Einfluß auf sie erreichte in dieser Zeit seinen Höhepunkt, und in einem Brief an den König, der jeden, der sie in München gekannt hatte, aufs höchste erstaunt hätte, hielt sie in diesem Revolutionsjahr Lobreden auf die Tugenden der Jesuiten und Ultramontanen: »Es ist die Pflicht, jedes Römisch-Katholischen, alles *Persönliche* zu vergessen und von ganzem Herzen, aus Gottesliebe und Hoffnung auf Seine Gnade nach dem Tod unsere glorreiche Kirche in der Gefahr zu unterstützen – Besser noch die Jesuiten als diese schrecklichen Leute, die alles umwälzen – Könige, Religion, alles, was für die Nationen das beste ist ... [Die Ultramontanen] sind millionenmal besser als diese niedrigen und unwürdigen Leute, die jeden Tag soviel Schlimmes und so viele Morde tun ... Um wieviel besser sind die Jesuiten, die immer die Religion gestärkt haben – die Macht der Könige – öffentliche Ordnung.«[45]

Papons Einfluß war auch zu spüren, als sie den König wieder ausschalt, weil er keinen unabhängigen Fonds zur Sicherung ihres Einkommens gegründet hatte: »Wie schrecklich, wenn Dir etwas passieren sollte, mi querido Louis, und ich allein auf der Welt ohne einen Kreuzer sein sollte – Du weißt, mir gehört absolut nichts ... Wie schrecklich – Heute im Überfluß, morgen im Armenhaus – *Zögerlichkeit* ist unser größter Feind – Diese unsichere Lage ist wie ein schleichendes Gift ... Eine kleine Anstrengung von Dir könnte alles in Ordnung bringen – Ich glaube, wenn Du jemanden liebst, willst Du diese Person nicht in Todesangst halten, die nichts auf dieser Welt beruhigen kann – Jede Stunde des Tages habe ich den schrecklichen Gedanken, daß das nicht Liebe sein kann – Ich schwöre Dir, daß ich Dich niemals im *Leben* in der gleichen Furcht lassen würde, die ich erleide.«[46]

Sie schrieb ihm sogar, sie habe erst kürzlich den Heiratsantrag eines reichen Londoner Anwalts zurückgewiesen, weil sie ihren geliebten Louis niemals verlassen könnte. Aber ihr geliebter Louis müsse ihr Einkommen sichern. Obgleich er sie nur Monate zuvor vergeblich gefragt hatte, wo er die 400000 Gulden für ihren Lebensunterhalt deponieren sollte, schrieb Ludwig nun zurück, es sei unklug, unmittelbar vor der Landtagssitzung einen Betrag dieser Größenordnung zu transferieren.[47] Wie er Papon schon in München gesagt habe, müsse sein Jahreseinkommen, obgleich es in seinem Abdankungsdekret festgelegt sei, noch immer im Landtag genehmigt werden. Er wolle den Gesetzgebern keinen Anlaß geben, diese Genehmigung zurückzuhalten. Lola werde sich gedulden müssen, bis die Haushaltssitzung abgeschlossen sei.

Geduld war nicht Lolas Stärke. Die Erfahrung, daß beinahe alles, was sie besaß, verpfändet und verkauft worden war, schien sie nachhaltig beeindruckt zu haben, und sie machte sich Sorgen um ihre finanzielle Situation. Darüber hinaus langweilte sie sich. Das kühle Herbstwetter, der Mangel an Geld und Papons Vorherrschaft im Haus hatten der Sommeridylle mit den Korsaren ein jähes Ende gesetzt. Peißner, der ihr ein wenig Zerstreuung hätte bringen können, war so schnell wieder abgereist wie er gekommen war. In ihrem kleineren Haus mit der Familie Papon war Lola zumindest näher an Genf und konnte genießen, was die Stadt an gesellschaftlicher Zerstreuung zu bieten hatte.

Im Theater fiel ihr der gutaussehende Julius, Graf von Schwandt, auf, der gerade erst zwanzig geworden und ein Cousin des Grafen von Schließen war.[48] Seine Eltern waren vor ein paar Jahren gestorben und es hieß, er würde ein umfangreiches Vermögen erben, wenn er volljährig war. Baron Meller, der ebenfalls zugegen war, erklärte sich bereit, die Gräfin dem jungen Mann vorzustellen, und Julius war von Lola hingerissen.

Zwischen dem Grafen und der (sieben Jahre älteren) Gräfin begann sich ein ernsthafter Flirt zu entwickeln, und gleichzeitig verschlechterte sich Lolas Beziehung zu Papon. Der Marquis schien sich Hoffnungen gemacht zu haben, von dem Vermögen zu leben, das Lola dem stets abwesenden und verheirateten König Ludwig abtrotzen würde, aber er sah seine Pfründe dahinschwinden, wenn die Gräfin sich nun mit einem heiratsfähigen Aristokraten einließ. Offenbar war Papon mit aller Vehemenz gegen Lolas Beziehung zu Graf Julius, doch Lola reagierte so, wie sie es immer zu tun pflegte, wenn ihr jemand Widerstand entgegensetzte: sie verhielt sich so konträr wie möglich. Als die Papons es ihr unmöglich machten, ihren neuen Freund in ihrem gemieteten Haus zu empfangen, traf sie ihn stattdessen in Baron Mellers Räumen im Hotel de Bergues.

Nur einen Monat zuvor hatte Lola König Ludwig gedrängt, Papon

als ehrenwerten und zuverlässigen Freund ins Vertrauen zu ziehen. Nun versuchte sie, den Rest an Glaubwürdigkeit, der ihr beim König noch blieb, zu retten, indem sie ihm behutsam beibrachte, daß Papon neuerdings den Status eines gerissenen und betrügerischen Feindes hatte: »Ich habe kein uneingeschränktes Vertrauen in ihn, auch wenn (wie ich glaube) er ein wertvoller Mensch ist. Du weißt, wie selten es ist, einen wahrhaften Freund zu finden, ohne jedes Eigeninteresse – Viele Leute haben mir gesagt, nicht mein ganzes Vertrauen in ihn zu setzen, weil er ein Mann mit großem Machtstreben und Überheblichkeit ist – zwei Sachen, die den meisten Männern angeboren sind – Es scheint mir, daß er keine Ausnahme ist – Anscheinend spekuliert er darauf, daß ich eines Tages nach München zurückkehren kann und Du ihn für alle geleisteten Dienste entschädigst. Und weil er für die Jesuiten ist, scheint er mir im Moment ein zwar notwendiger, aber auch gefährlicher Mann zu sein ... Meine Diener haben erzählt, daß er an mich addressierte Briefe an sich genommen hat – Eines ist sicher: er ist nicht sehr aufrichtig.«[49]
Papon hatte einen Briefwechsel mit Ludwig begonnen, und der König scheint Lolas Andeutung, daß dem Mann nicht zu trauen sei, nicht sehr ernst genommen zu haben. Als der Marquis ihm schrieb, daß die Gräfin entsetzlich deprimiert und verzeifelt darüber sei, daß der König ihr Einkommen nicht sicherte, aber erklärt habe, daß ihre Armut der beste Beweis ihrer Uneigennützigkeit sei, schrieb Ludwig umgehend eine mitfühlende Antwort an Papon. Was bevorzuge die Gräfin?[50] Wie er ihr schon oft erklärt habe, würde sie mehr Zinsen bekommen, wenn das Kapital in Bayern angelegt bleibe, doch wenn Sie bereit wäre, die geringeren Zinserträge einer Anlage im Ausland zu akzeptieren, würde er ungefähr eine Million Franken (ungefähr der Gegenwert der 400 000 Gulden, die Ludwig immer als Kapital vorgeschlagen hatte, um Lolas Einkommen auf Lebenszeit zu sichern) zusammenkratzen und sie dort deponieren, wo sie es wünsche. Da er in Bayern jedoch bereits heftig für das angegriffen worden sei, was er bisher für sie getan habe, wäre es sehr viel besser, die Sache ruhen zu lassen, bis die Haushaltsdebatte im Landtag abgeschlossen sei. Wir wollen keine schlafenden Hunde wecken, schrieb er Papon.
Doch als Ludwig diese Zeilen schrieb, war es bereits zum endgültigen Bruch zwischen Lola und Papon gekommen, und der Marquis und seine Familie wurden aus dem Haus der Gräfin hinausgeworfen. Graf Julius soll Lola einen Heiratsantrag gemacht haben, dann aber auf das Drängen seiner Freunde vor ihr nach Chambéry in Frankreich

geflohen sein. Ehe sie die Verfolgung ihrer entkommenen Beute aufnahm, schrieb sie dem König über den Bruch mit Papon, der ihren Worten zufolge überall herumerzählt habe, daß er sie heiraten werde:

Er hat Rache geschworen, und das sind seine Worte zu den Dienern: *Meine Rache wird sie überallhin verfolgen, und ich werde sie auf Stroh sterben lassen* – Was denkst Du über diese Worte eines Gentleman? Graf von Schliessen (Mecklenburg) ist für sechs Wochen da gewesen, ein sehr umgänglicher junger Mann mit großem Vermögen – Als er mich sah, wurde er mir vorgestellt und entwickelte Leidenschaft für mich – Vor drei Tagen kam er in mein Haus, erklärte seine Liebe und bat um meine Hand – Der arme Junge, es verursachte mir große Schmerzen, ihm ohne Zögern sagen zu müssen, daß ich Dich für immer liebe – Meine *Pflicht*, meine Ehre würden es mir nicht erlauben, jemanden zu lieben oder zu heiraten, ehrenhaft oder unehrenhaft. Wenn ich die Liebe von irgendjemandem akzeptieren würde, würde mein Name für immer in der Geschichte beschmutzt sein – Das war die einzige wirkliche *Versuchung*, die ich gefühlt habe, fern von Dir, mi querido Louis, und die Erinnerung an Dich machte mich stark ... Es ist besser, eine kleine Reise zu unternehmen, um diese Besuche abzubrechen und an Dich zu denken.[51]

Nur eine Woche zuvor hatte der König einen leidenschaftlichen Brief begonnen: »Ich will Deine Füße in meinen Mund nehmen, sofort, ohne Dir Zeit zu geben, sie zu waschen, nachdem Du von einer Reise zurück bist«, doch dies sollte das letzte Aufflackern seiner fanatischen Liebe für Lolitta sein.[52] Nun nahmen seine Briefe den Tonfall trauriger Resignation an, als erwache er aus einem langen wunderbaren Traum. Seine Reaktion auf Lolas Erklärung ihrer Standhaftigkeit angesichts der Versuchung zeigte, daß seine Stimmung allmählich umschlug: »Wie Du mich liebst! Von *Lolitta* geliebt. Was für einen Beweis hast Du mir gegeben!! Das ist wahre Liebe. Aber ich darf meine Interessen nicht über Dich stellen, ich darf nicht egoistisch sein. Wenn Du der *Überzeugung bist, daß Du mit Graf Schließen glücklich verheiratet* sein könntest, aber nicht ohne die besten Erkundigungen eingezogen zu haben, dann will ich Deinem Glück nicht im Weg stehen. Ich will nicht, daß Du mir vorwirfst, Dein wahres Glück verloren zu haben. Aber zu wissen, daß Du eine Mätresse bist, wäre für mich unerträglich. *Auch wenn Du verheiratet sein solltest, werde ich nie für eine andere mehr Leidenschaft empfinden.«*

Mit Graf Julius im Schlepptau kehrte Lola triumphierend aus Chambéry zurück, doch auf Ersuchen des örtlichen Vertreters des Vormunds des Grafen griff die Polizei ein, um festzustellen, ob diese neue Freundin den jungen Mann nicht auf unzulässige Weise beeinflußte.[53]

Obgleich keinerlei Klagen gegen sie erhoben wurden, entschloß sich die Gräfin von Landsfeld plötzlich zu einer Reise nach London, wozu möglicherweise die Schweizer Behörden den Anstoß gegeben hatten. Als Nicht-Schweizerin konnte sie innerhalb von 24 Stunden des Landes verwiesen werden. Ludwig hatte sie auf Rufenachts Anraten schon vor Monaten gedrängt, die Schweizer Staatsbürgerschaft anzunehmen, um ihr Aufenthaltsrecht im Land zu sichern, aber Lola hatte ihm entgegengehalten, daß sie damit das Recht verlieren würde, sich Gräfin von Landsfeld zu nennen.

Um sicherzugehen, daß der König dem, was Papon ihm über sie schreiben mochte, keinerlei Glauben schenkte, erzählte Lola dem König, daß der falsche Marquis in einem öffentlichen Park in kompromittierender Situation mit einem jungen Mann erwischt worden sei und dergleichen wahrscheinlich auch schon unter ihrem Dach stattgefunden habe. Papon hatte tatsächlich keine Zeit verloren, dem König seine Empörung und seinen verletzten Stolz zum Ausdruck zu bringen und hatte auch mit Einzelheiten der Verfolgung des jungen Grafen Julius durch die Gräfin nicht gespart.

Lola und ihre Zofe brachen in Begleitung von Baron Meller und seinem Diener am Morgen des 27. November in Genf auf und ließen das Chaos, das die Gräfin in den neun Monaten ihres Aufenthalts in der Schweiz angerichtet hatte, hinter sich zurück, um sich in London neuen Abenteuern zuzuwenden.[54]

****

»Das ändert die Lage«

Ludwig war sprachlos. Lola, die ihm nur wenige Tage zuvor erzählt hatte, wie gut sie inzwischen wirtschaften und mit ihrem Budget auskommen konnte, unternahm, ohne nennenswerte Vorbereitungen getroffen zu haben, zu Winterbeginn eine kostspielige Reise in die teuerste Hauptstadt Europas – angeblich, um sich den Aufmerksamkeiten des Grafen Julius zu entziehen, etwas gute Musik zu hören und ihre Gesundheit zu schonen, die, wie sie ihm oft genug erzählt hatte, entsetzlich unter dem Nebel litt.

Auf dem Weg nach London begann Lola wieder einmal, den König mit vorwurfsvollen und drängenden Briefen voller Selbstmitleid zu bombardieren, in denen sie ihn bat, ihr Einkommen zu sichern, indem er in England Geld für sie anlegte. In sechs Monaten wird die Revolution über Deutschland hereinbrechen, sagte sie ihm, und auch die Guillotine wird im Einsatz sein. Bring Dein und mein Geld außer Landes, beschwor sie ihn. Aus ihrem Hotel am Leicester Square stimmte sie in ihren altbekannten Refrain ein:

Es gefällt mir, daß Du meinst, ich soll heiraten, aber vergiß nicht, daß ich keine Frau in ihrer ersten Jugend bin und mit all den Zeitungsgeschichten, die in München über mich verbreitet wurden, und vor allem ohne Geld – im 19. Jahrhundert wäre es ein Wunder, einen *respektablen* Ehemann zu finden ... Und das Unmöglichste vom Unmöglichen ist, *daß man nicht zu den anderen hintersteigen kann, wenn man die Geliebte eines Königs gewesen ist* – und am grausamsten ist, daß Du mir keine unabhängige und ehrenvolle Existenz unter meinem eigenen Namen geben willst ... Querido Louis, wenn Du mich noch liebst, *was ich nicht glaube*, dann tu das für mich und dann kann ich wieder atmen!!! Es scheint mir wie eine Strafe Gottes, was in München passiert ist, wenn ich jetzt die unglückliche Lage empfinde, in der ich zurückgeblieben bin. Wenn ich ein paar Jahre jünger wäre, könnte ich tanzen, aber ich habe nicht mehr die Kraft. Meiner Gesundheit geht es schlecht und schlechter. Alles Dein Fehler. Jedesmal schaue ich auf Dein Bild und es verletzt mich tief, in welch schlimmer Situation Du mich gelassen hast. Adios, Du bist meine einzige Illusion gewesen.[1]

Ludwigs Antwort ließ erkennen, daß Lolas Zauber über ihn verblaßte: »Ohne zu lügen, kann ich nicht sagen, daß ich den Inhalt Deines

Briefes genossen habe. Ich muß wiederholen, daß es unmöglich ist, Dein Einkommen nach Deinem Wunsch vor dem Abschluß der Budget-Sitzungen des Landtags festzusetzen, die noch nicht begonnen haben.«[2]

Als der 1. Dezember nahte, stellte Ludwig fest, daß er ein ganzes Jahr mit keiner Frau geschlafen hatte, was für ihn sehr ungewöhnlich war.[3] Er fragte Lola, wie sie reagieren würde, wenn er ihr untreu würde und bat sie, ihm aufrichtig zu sagen, ob auch sie enthaltsam gewesen sei, wobei er ihr zusicherte, daß er ihr keine Vorwürfe machen würde, wenn sie das Gegenteil zugeben würde. Seine Fragen blieben unbeantwortet.

Noch mehr vergiftet wurde das, was von der Liebe des Königs für seine Lolitta übriggeblieben war, durch einen langen Brief von Auguste Papon, der auf 1. Dezember datiert war. Der ehemalige Marquis (er hatte seinen Titel inzwischen abgelegt) beschwerte sich darüber, daß seine Briefe an den König nicht mehr beantwortet wurden: »Die Situation, in die mich die Gräfin von Landsfeld gebracht hat, ist im übrigen eine solche, *daß ich sie nicht akzeptieren kann, will oder muß, selbst für ein paar Tage.*

Eine schreckliche Rache ist leicht für mich.

Ich will lieber eine Entschädigung. Es ist überhaupt nicht die Gräfin, von der ich sie fordere, unfähig, wie sie ist, mir eine meiner würdig zu geben.«[4]

Triefend vor schmieriger Selbstgerechtigkeit verkündete Papon dem König, daß er sich für die Undankbarkeit der Gräfin nicht durch die Veröffentlichung eines Exposés über ihr Leben zusammen mit den Briefen des Königs rächen, sondern als Ehrenmann davon absehen werde und bereit sei, alle in seinen Händen befindlichen Dokumente zurückzugeben und nichts zu veröffentlichen, wenn König Ludwig ihm den Ehrentitel eines Kammerherrn verleihen und ihm 10 000 Franken zahlen würde.

Die atemberaubende Arroganz und Scheinheiligkeit von Papons Erpressungsschreiben dürfte König Ludwig weniger beeindruckt haben als die Andeutung, daß Lola Papon seine Briefe gegeben hatte. Er konnte nicht glauben, daß das wahr sein sollte, und war nicht bereit, sich erpressen zu lassen. Ludwig antwortete nicht auf Papons Brief und erwähnte Lola gegenüber zunächst einmal nichts.

Sie verkündete ihm nach einer Woche in London: »Querido Louis, Genf macht mich so krank, seitdem ich London gesehen habe. Ich möchte dort nicht mehr leben und mich in London niederlassen ...

Es kostet dasselbe wie in Frankreich oder Deutschland ... Mit Schrecken denke ich daran, zurückzugehen – Es ist so traurig, und die Leute sind so schlecht ... Ich habe ein sehr kleines Haus gemietet, für vier Guineas die Woche, was wenig ist ... Ich werde möglicherweise für ein paar Tage nach Paris fahren, und in vier Tagen bin ich Genf, um alles in Ordnung zu bringen, um mich hier für ein paar Monate niederlassen zu können – mein Husten ist schon fast vorbei – jetzt bin ich auch viel gesünder und *stark* – ich liebe das englische Essen mit Beefsteak und gutem Porter – es tut mir gut ... Es ist so lebendig hier – da kann man nicht traurig sein – Und Traurigkeit hat mir in Genf so weh getan.«[5]

Innerhalb von etwa zehn Tagen, einer Geschwindigkeit, die den König überraschte, verließ sie London, packte in Genf alles zusammen, schickte ihren Kutscher mit dem Wagen voraus, sammelte Zampa und Turk ein, und reiste wieder nach London ab.

In den ersten Tagen des Jahres 1849 wurden Ludwig endlich die Augen geöffnet, wie umfassend seine Geliebte ihn betrogen hatte.[6] Fritz Peißner hatte sich an den König gewandt und ihn um finanzielle Unterstützung gebeten, um sein Studium außerhalb Bayerns beenden zu können. Nach wiederholtem und beharrlichem Insistieren des Königs gestand der junge Mann schließlich in Einzelheiten, wie Lola ihn verführt, wie sie ihm ewige Treue geschworen, ihn um Vergebung gebeten hatte, als sie ihn mit Leibinger betrog, und wie sie beide sich heimlich in Frankfurt getroffen hatten, während Ludwig sich mit der Entscheidung quälte, ob er abdanken sollte.

Der König war niedergeschmettert. Seit langem schon hatte er den Verdacht gehegt, daß Lola ihm nicht treu war, und war bereit gewesen, ihr zu vergeben, aber sie hatte immer ihre Unschuld beteuert, ihre Unfähigkeit, einen anderen außer ihn zu lieben; und er hatte es so verzweifelt glauben wollen, daß diese schöne, junge, lebenslustige Frau ihn tatsächlich als den liebte, der er war. Er schrieb: »Ich hatte schon meine Vermutungen, daß Du im letzten Winter mir untreu gewesen bist, jetzt habe ich die *Sicherheit*. Peißner hat oft mit dir geschlafen.«[7] Doch dann entschloß er sich, ihr nichts zu sagen. Statt dessen drückte er seine Gefühle wie so oft in einem Gedicht aus, das nur für ihn selbst bestimmt war:

> Hätt' ich doch nie und nimmer Dich gesehen!
> Für die gegeben ich mein letztes Blut.
> Durchdrangest mich mit namenlosen Wehen,
> Du meines Lebens glühendste Liebesglut!

Ich stellte trotzdem allen mich entgegen,
Vertrauend Deinem liebenden Gefühl,
Ließ, unerschüttert, mich durch nichts bewegen,
Im restlos auf mich stürmenden Gewühl.

Was immerhin ich mich gesträubt zu glauben –
Daß Du mich hintergingst, ist dennoch wahr;
Die Zuversicht auf Dich konnt nichts mir rauben.
Doch endlich sehe Deine Schuld ich klar.

Mit einem Königreiche wollt'st Du schalten,
Und brüstest Dich, die Herrscherin wärst Du,
Erhaben über alles wollt'st Du walten,
Dem Niedrigen gekehret immer zu.

Mit Untreu hast Du meine Treu vergolten,
Du wollt'st mein Geld. Du wolltest meine Macht;
Die Du bewirkt, daß mir alle grollten,
Verwandeltest das Dasein mir in Nacht.

Es war bereits mein Innerstes gebrochen,
Gekränkt, verletzt, mich ekelte die Welt,
Als sich Empörung, ruchlos ausgesprochen,
als Treubruch zu dem Undank sich gesellt.

Der Jahre langer Traum ist nun verschwunden,
In einer Öde bin ich jetzt erwacht,
Vorüber ist, was ich gefühlt, empfunden,
Doch um die Krone bleibe ich gebracht.[8]

In seinen Briefen erging er sich nun in langweiligen Berichten über Nachrichten und das Wetter, und Lola bemerkte die Veränderung. »Ich habe den Eindruck, daß Du mich nicht mehr so liebst wie früher«,[9] beklagte sie sich. Doch Ludwigs Aufmerksamkeit wurde teilweise von seiner Trauer um verlorene Illusionen durch die Erkenntnis abgelenkt, daß Papon es mit der angedrohten Veröffentlichung ernst meinte. Kurz nach Neujahr erschien in der Schweiz eine Vorankündigung für ein Buch, das intime Briefe zwischen Ludwig und Lola enthalten sollte, einige von ihnen als Faksimile. In diesem Prospekt kündigte Papon an, es handle sich bei dem Buch weder um eine Polemik noch um eine Satire, sondern um einen schlichten Bericht, der ohne Haß oder Leidenschaft verfaßt war.
Aber es konnte keinen Zweifel daran geben, daß das Buch für König Ludwig höchst unschmeichelhaft ausfallen würde.

Ludwig von Bayern, vernarrt in eine fahrende Tänzerin, deren Flucht aus München angesichts des ehrenvollen Widerstands eines stolzen Ministeriums und der allgemeinen Empörung zur Rächung der öffentlichen Moral, die zu lange schon herausgefordert worden war, ist erbärmlich ... Nur ein Gedanke beseelt mich: der Ergebenheit gegenüber der Gesellschaft als ganzem, vielleicht Seiner Majestät selbst.
Indiskretion wird zur Pflicht, wenn der Autor vorschlägt, wie ich es hiermit tue, furchtlos und ohne Eigeninteresse dem Volke eine Lehre in Geschichte und den Königen eine Lehre im Regieren zu erteilen.
Die Weisen eines ungebildeten Volks des Altertums befahlen, an bestimmten Tagen einen betrunkenen Sklaven vorzuführen, um ihre Söhne die Furcht vor der Trunkenheit zu lehren.
Später war dieser Mann ein Knecht.
Heute ist er ein König.
Wer sollte sich darüber beschweren?[10]

Papon erwartete ganz offensichtlich, daß der König selbst sich beschweren würde, dem zweifellos daran gelegen war, die Veröffentlichung des Buchs zu unterbinden.
Lola las diesen Prospekt, den Rufenacht ihr geschickt hatte, und schrieb ihm aus London zurück, daß sie dort Freunde »mit langem Arm habe, die es nicht zulassen werden, daß ein alter Mann, der sich nicht selbst verteidigen könne, auf diese Weise beleidigt wird.«[11] In dem Bestreben, dem König zu zeigen, wie eifrig er sich um die Angelegenheit kümmerte, gab Rufenacht Lolas Brief an ihn weiter, was nur ein weiterer Stachel in Ludwigs wundem Herzen sein konnte. Nur zwei Tage nach ihrem Brief an Rufenacht schrieb Lola an Ludwig, diesen wehrlosen alten Mann, daß sie wahrscheinlich verrückt werden würde, wenn sie wirklich glaubte, daß er nicht die Absicht habe, ihr Einkommen zu garantieren. »Aber wenn Du mein offenes Herz lesen könntest, würdest Du sehen, wieviel Liebe und Zuneigung ich für Dich habe – wenn Du nicht mehr sein wirst, hoffe ich zu sterben – es gibt sonst nichts für mich in dieser bösartigen, infamen Welt.«
Ludwig machte sich Sorgen wegen Papons angekündigter Veröffentlichung und bat Lola wiederholt, ihm zu sagen, ob irgendwelche Briefe von ihm fehlten, ob Papon sie abgeschrieben haben könne und ob er im Besitz von Gedichten sein könne, die er für sie geschrieben habe. Lola versicherte ihm, daß sie alle seine Briefe bei sich habe und daß Papon sie nie gesehen habe. »Es ist mir höchst unangenehm«, schrieb er ihr, »daß jeder das lesen kann, was ich einem Mann geschrieben habe, von dem Du gesagt hast, er hätte Dein Vertrauen.«[12]

Ludwig bot schließlich an, Papon zu bezahlen, wenn er die Dokumente zurückgeben und versprechen würde, das Buch nicht zu veröffentlichen, aber dieser war inzwischen ungeduldig geworden und der erste Teil war bereits in Druck gegangen. Der Band erschien ohne große Ankündigung am 1. Februar.
Papon hatte sich in groben Zügen an die angekündigte Inhaltsangabe des ersten Teils gehalten, in denen er Lolas Herkunft und ihre ersten Lebensjahre vor dem Hintergrund der vielfältigen und einander widersprechenden Geschichten beleuchtete, die sie selbst darüber erzählt hatte. Er fügte ein paar eigene Beobachtungen hinzu und bemerkte, daß sie Spanisch sprechen und schreiben konnte und ihr Englisch sogar noch besser war, daß ihr Französisch jedoch mit englischen und spanischen Ausdrücken gespickt war, und daß sie manchmal ein klein wenig Deutsch verstand. Am beleidigendsten für König Ludwig muß die sarkastische und teilweise erfundene Wiedergabe von Papons Audienz beim König in München gewesen sein. Papon gab vor, Lolas Porträt in der Schönheitengalerie neben dem von Prinzessin Alexandra, der Tochter des Königs, gesehen zu haben (nach dieser Beschreibung liegt der Schluß nahe, daß er die Galerie wahrscheinlich nie gesehen hat), und schloß den ersten Teil mit einem Ausbruch moralischer Entrüstung: »Nachdem er so lange das eheliche Bett und den Thron beschmutzt hatte, wagte er es, mit so unreiner Nähe die makellose Schönheit eines jungen Mädchens zu beflecken, das an der Brust seiner Mutter die ewigen Ungebührlichkeiten seines Vaters beweint! Ist diesem Mann denn nichts heilig?«[13]
Als ein Mann, für den Jahrestage große Bedeutung hatten, kämpfte König Ludwig sich durch den Februar 1849. Vor einem Jahr war er wegen der Art, wie Lola ihn behandelte, unglücklich gewesen und dann hatte ihn ihre Vertreibung aus München in Verzweiflung gestürzt. Diese Erinnerungen, die nun durch die Gewißheit ihrer Untreue noch mehr verdunkelt wurden, schmerzten ihn in kaum erträglicher Weise. Am 11., dem Jahrestag ihrer Abreise aus München, ging Ludwig in ihr Haus in der Barerstraße – zur gleichen Uhrzeit wie im Jahr zuvor – und erinnerte sich daran, wie stolz er darauf gewesen war, daß er von einem Stein der Randalierer getroffen worden war, daß er sich für sie in Gefahr begeben und körperlichen Schmerz gelitten hatte.[14] Am 17. Februar schrieb er endlich in seinem Brief an Lola unter dem Eintrag für diesen Tag:
»Ich hatte schon meine Vermutungen, daß Du im letzten Winter mir untreu gewesen bist, jetzt habe ich die *Sicherheit*. Du hast Peißner

geliebt und oft mit ihm geschlafen, nicht nur mit ihm, sondern auch mit L. Leibinger.«
Am nächsten Tag setzte er seinen Brief fort, als hätte er nichts Außergewöhnliches geschrieben, dankte ihr für ihren Brief vom 11. und antwortete auf den Klatsch, den sie ihm erzählt hatte. Nur seine plötzlich weit ausholende Schrift verriet seine Gefühle, als er schrieb: »Bitte sag mir ehrlich, ob Du Liebesgeschichten hast und ob sie vom Herzen oder nur vom Körper kommen. Lolitta kann nicht lange ohne das eine oder das andere sein.«[15]
In den folgenden Tagen berichtete er ihr Neuigkeiten aus München bis die Seite beinahe voll war, dann schrieb er, »Weil Du mir untreu gewesen bist, werde ich selbst nicht mehr mit ›Dein treuer Luis‹ unterschreiben, was aber nicht heißt, daß ich es nicht mehr bin. Luis.«[16]
Lola, die Ludwigs Briefe selten sofort beantwortete, verlor keine Zeit, um auf seine Anschuldigung zu reagieren: »Niemand hat in München mit mir geschlafen außer Dir ... Du kannst mich beschuldigen, aber das ist die Wahrheit – Jeder kann das Gegenteil behaupten, *aber es stimmt nicht, bei Gott im Himmel* – mein Gewissen ist rein – Wenn ich heute sterben müßte, dann wären meine letzten Worte, daß Du (seit dem Tod von Dujarier) der einzige Mann gewesen bist, den ich wirklich geliebt und umsorgt habe. Heute würde ich wie schon immer mein Leben und meine Seele für Dich hergeben, mein edler Ludwig ... Höre, das sind Worte *vom reinsten Blut aus dem Grunde meiner Seele*. Jeder hat einige heilige Gefühle – alle, die ich habe, sind für Dich – Möge die heilige Jungfrau Maria Dein Herz dazu bringen, mir zu glauben – Ich brauche sie und ihren göttlichen Beistand gegen die Fallen und Intrigen so vieler Feinde – Ich glaube nicht, daß die Jesuiten mich vergessen haben – Wenn sie einmal gegen dich sind, dann für das ganze Leben, überall, immer.«[17]
Ludwig war nicht überzeugt, aber sein Herz gehörte noch immer ihr.[18] Er saß weiterhin in Gedanken versunken vor ihrem Porträt und ihrer Büste, er ging weiter dort spazieren, wo sie gemeinsam gegangen waren, und nachts träumte er von ihr. Aber er traute ihr nicht mehr. Er unterschrieb seine Briefe jetzt mit »Dein zugeneigter Louis«, und immer mehr schwand sein quälendes Verlangen, von dieser Frau geliebt zu werden.
Lola war kaum einen Monat in London, als sie merkte, daß die Stadt ganz und gar nicht das war, was sie sich darunter vorgestellt hatte. Wie Ludwig sie gewarnt hatte, reichte ihr Geld nicht so weit, wie sie erwartet hatte: »London ist sehr teuer, auch wenn man äußerst beschei-

den lebt.«[19] Den lebhaften Straßen, die sie bei ihrer Ankunft so begeistert hatten, konnte sie nun nichts mehr abgewinnen: »London ist wie ein großes Gefängnis, überall sieht man nur Mauern.« Und das Wetter, das so viel besser für sie sein sollte als das Klima in Genf, zerrüttete nun ihre Gesundheit: »Das Klima hier ist sehr schlecht, ich sehe nie die Sonne, nie ... Mein Husten ist immer noch sehr schlimm, und ich sehe, daß das Klima in London ihn nicht besser machen wird. Ich verliere jegliche Kraft, und das ist sehr schlecht für mich.« Sie schickte König Ludwig sogar das Attest eines Arztes, der ihr »eine beträchtliche Schwäche, ohne ausgeprägte Erkrankung, in der linken Lunge« bescheinigte, und ihren Entschluß, zur Erholung nach Südspanien zu reisen, unterstützte.

Ludwig hatte nichts gegen diese Reise einzuwenden, obgleich er sie wiederholt und vergeblich gefragt hatte, warum sie überhaupt so überstürzt nach London umgezogen war. Aber der König warnte sie, daß er es sich nicht leisten konnte, ihr mehr als die 20 000 Gulden im Jahr zu geben (was etwa 2000 Pfund Sterling entsprach und damit selbst für Londoner Verhältnisse eine beträchtliche Summe war).

Um das Geld für ihre Reise zusammenzubekommen und sich der Tonnen von Habseligkeiten zu entledigen, die sie von München nach Genf und von Genf nach London gekarrt hatte, verpfändete sie fast alles, was sie besaß an Phillips Auction Rooms in der New Bond Street, wo am 22. März alles versteigert wurde.[20] Lola hatte Ludwig gesagt, es wäre ihr daran gelegen, wenn er die Gemälde bekäme, die er ihr geschenkt hatte – darunter eine sehr schöne Kopie von Raffaels »Madonna mit dem Schleier« und Stielers erstes Portrait von ihr – ob er sie ihr abkaufen wolle, aber er ließ sie versteigern. Der Verkauf des Hauses in der Barerstraße, der etwa zur selben Zeit erfolgte, brachte Lola wahrscheinlich gar kein Bargeld ein, aber der Erlös dürfte endlich ein paar ihrer Gläubiger zufriedengestellt haben.

Lola hatte das Datum ihrer Abreise von Southampton nach Cádiz für den 7. April angesetzt, hatte aber Schwierigkeiten, einen Paß zu bekommen. Ihre Maskerade als Spanierin war jetzt ein ernsthaftes Problem, da sie in der spanischen Botschaft niemanden davon hatte überzeugen können, daß sie tatsächlich Spanierin war. Der bayerische Paß auf den Namen Mrs. Bolton, den Ludwig ihr bei ihrer Flucht aus München ausgestellt hatte, war nach einem Jahr abgelaufen. Und sie war nicht bereit, einzugestehen, daß sie Eliza Gilbert James war, um einen britischen Paß zu bekommen.

Sie hatte dem König gegenüber wiederholt darauf bestanden, daß er

König Maximilian II. einfach bitten könne, ihr einen neuen Paß auszustellen.[21] Doch Ludwig beharrte ebenso fest darauf, daß er nichts für sie tun konnte. Selbst wenn sie in München wäre, wäre es unmöglich, einen Paß für sie zu bekommen, sagte er ihr. Warum gehst Du nicht einfach zur spanischen Botschaft in London und läßt Dir dort einen Paß ausstellen, fragte er sie. Lola erzählte ihm, sie habe ihre spanische Staatsbürgerschaft verloren, als sie bayerische Staatsbürgerin geworden sei und könne sie jetzt nur durch Zahlung einer großen Summe Geldes wiedererlangen. Da Ludwig selbst das rechtlich fragwürdige Dokument unterzeichnet habe, mit dem Lola die bayerische Staatsbürgerschaft aufgab, sollte er ihr wirklich einen bayerischen Paß besorgen, fand sie. Aber der König blieb unerbittlich. Er war sich nur allzu sehr bewußt, welch entrüstete Feindseligkeit man ihr überall in Bayern entgegenbrachte, auch wenn sie nicht in der Lage zu sein schien, dies zu begreifen.

So kam und ging der 7. April, ohne daß Lola gültige Reisepapiere erhalten hatte. Sie zog von dem Haus in der Queen Street, das sie gemietet hatte, in eines in der Half Moon Street um, im kleinen, aber eleganten Stadtteil Mayfair, wo sie 1841 kurz gewohnt hatte, als sie noch Mrs. James war. Sie bemühte sich weiter um einen Paß, doch als der Frühling kam und das Wetter wieder milder wurde, schien sie England nicht mehr ganz so dringend verlassen zu wollen.

Lola zeigte sich relativ wenig in der Öffentlichkeit – für ihre Maßstäbe sogar sehr wenig –, aber sie pflegte mit einer eigenartigen Gruppe Umgang. Der prominenteste ihrer Bekannten war Lord Henry Brougham, ein führender Politiker der Whig-Partei und ehemaliger Lordkanzler von England, ein Intellektueller, der für seine Überspanntheiten fast ebenso bekannt war wie Lola Montez.[22] Lord Brougham, ein glücklich verheirateter Mann, soll mit der Gräfin von Landsfeld in der Öffentlichkeit gesehen worden sein, aber seine Beziehung zu ihr scheint weitaus ungezwungener gewesen zu sein, als sie das gern darstellte. In der Half Moon Street gab sie Empfänge, zu denen Herren der besseren und weniger guten Londoner Gesellschaft erschienen, darunter Grafen, Anwälte, Journalisten, Offiziere, Politiker und Herren fragwürdiger Profession.

Die außergewöhnlichste neue Figur in Lolas Leben war jedoch ein fünfjähriges französisches Mädchen namens Nina, das Lola Ludwig gegenüber erstmals im April erwähnte.[23] Wie sie erzählte, waren die ehrbaren Eltern der Kleinen beide gestorben, und sie hatte Nina aus Paris holen lassen, um sie in Pflege zu nehmen. »Sie hat ein gutes

Wesen, sie ist süß, und ich will sie adoptieren – Es ist eine große Ablenkung und Beschäftigung für mich ... Jeden Morgen unterrichte ich sie selbst – Sie hat eine Menge Geist und Talent, auch wenn sie sehr jung ist.«
Das plötzliche Auftauchen eines Kindes in Lolas Haushalt gibt natürlich Anlaß zu Spekulationen, daß Nina in Wirklichkeit Lolas Tochter war, aber wenn sie im Frühjahr 1849 fünf Jahre alt war, hätte sie zwischen Lolas Debüts in London und in Paris geboren sein müssen, also in einer Zeit, in der Lola viel reiste und zahlreiche Auftritte hatte, was eine geheimgehaltene Schwangerschaft so gut wie ausschließt.
Ihre Erkenntnis, daß Ludwig für sie nicht mehr so bereitwillig wie zuvor in die Tasche griff, hinderte Lola nicht daran, weiterhin zu versuchen, ihn zur Sicherung ihres Unterhalts zu überreden: »Wenn Dir etwas passiert, werde ich – wie Papon sagt – im Armenhaus sterben – Ich habe nichts, das weißt Du sehr gut, und ich kann nicht glauben, daß Du mich im Elend läßt – Du weißt sehr gut, daß ich nicht heiraten will – Ich könnte es nicht aus Liebe, weil ich nicht an die Liebe glaube – Ich könnte es nicht aus Eigeninteresse, weil ich nichts mehr habe – Wer würde in diesem Jahrhundert eine Frau heiraten, die nichts hat? Im Moment ist meine Lage nicht die glücklichste, doch es ist Gottes Wille, und niemand soll gegen seinen Willen grollen – Alles, was ich jetzt in der Welt will, ist reine *Freundschaft*, die Liebe überlasse ich anderen, für mich ist sie nichts mehr.«[24]
Daß sie Auguste Papon erwähnte, muß Ludwig besonders geärgert haben, zumal er immer noch versuchte, den Schaden, den Papons Memoiren angerichtet hatten, zu begrenzen und neuerlichen Erpressungsversuchen entgegenzuwirken. Die erste Fortsetzung war in der zweiten Märzwoche erschienen, und diesmal war Papon von seiner zuvor veröffentlichten Gliederung abgewichen, die sich vor allem um Lola Montez drehte. Stattdessen schilderte Papon seine Version der Gespräche mit dem König in der Münchner Residenz und zog alles, was der König ihm angeblich gesagt hatte, ins Lächerliche. Er machte sich sogar über sein eigenes höfisches Gehabe gegenüber dem König lustig und amüsierte sich im Nachhinein über seine geschickten Schachzüge.
Was Ludwig in dem Moment, als der Landtag nicht nur sein jährliches Einkommen, sondern auch seine Schulden an den Staat erörterte, den größten Schaden zufügte, war die genaue Veröffentlichung eines Briefs, den der König vergangenen November an Papon geschrieben hatte und in dem es um die Sicherung von Lolas Unter-

halt ging. In diesem Brief hatte Ludwig sich nicht nur bereit erklärt, eine Million Franken auf eine englische Bank zu überweisen, falls Lola dies wünschte, er hatte Papon auch geschrieben, daß er mit solchen Maßnahmen bis nach der Landtagssitzung warten müsse, »um keine schlafenden Hunde zu wecken«.

Fügsame und vertrauensvolle Wähler Bayerns, wählt, wählt noch einmal!
Der alte Mann braucht Gold!
Er war ein so guter, ein so großartiger König!
Und für welch edlen Zweck er all dieses Vermögen verwendet hat!
Haben Sie das gelesen, meine Herren Abgeordneten?
Und Sie, Sire, haben Sie's gelesen? ...
Sehen Sie dieses Dokument mit *froher Zuversicht* in jedermanns Händen, jedermann vor Augen?
Geduld, Sire, es ist weder, Gott sei Dank, das wichtigste, noch das ruhmreichste noch das letzte ...
Ihre Majestät haben mir die Ehre erwiesen, mir noch sehr viel mehr zu schreiben.[25]

Papons gehässige Verhöhnung König Ludwigs schloß mit der spöttischen Herausforderung an den Dichterkönig, auf Papons Veröffentlichung zu antworten:

Zur Arbeit, Sire, schreiben Sie!
Ihre Majestät schreiben so gut!
Erzählen Sie, Sire!
Erzählen Sie unsere langen, intimen Konversationen, unsere endlosen Audienzen, meine Noten, meine Worte.
Mut, Sire! Nachdem Sie Europa herausgefordert haben, machen Sie es jetzt lachen!
In der Arena wurden die besiegten Gladiatoren, die einen lachen machen konnten, verschont.[26]

Selbst Ludwig merkte, daß die Boshaftigkeit der Fortsetzung so überzogen war, daß sie die gewünschte Wirkung schmälerte.[27] Die allgemeine Reaktion der wenigen Menschen, die Papons Veröffentlichung zu Gesicht bekamen, mag der des Rezensenten in der Lokalzeitung nahe Papons Heimatstadt Nyon entsprochen haben: »Wenn der Unverschämtheit und Schamlosigkeit der Gedanken, durch die sich diese Veröffentlichungen auszeichnen, auch nur der geringste literarische Wert entgegenstehen würde, könnte man noch Nachsicht üben. Aber sie entbehren jeglichen Geschmacks und Stils. Was man darin findet sind vor allem die unerhörten Absichten des Autors, eine unvergleichliche Albernheit, eine noch nicht dagewesene Heuchelei, um sich zu einer Persönlichkeit hochzustilisieren ... Es ist kaum nachvollziehbar, wie eine solche Person es wagen kann, in seiner Veröffentlichung von Tugend, von Pflicht, von Selbstlosigkeit, von Rechtschaffenheit zu schreiben, und selbst dabei auf jeder Seite entweder unerhörte Lügen und Übertreibungen aufzutischen oder intimste persönliche Geheimnisse zu verraten.«

Die schweizerischen Behörden hatten genug von der öffentlichen Erpressung, die sich in ihrem Land zutrug, und wiesen Papon und seine Eltern in ihre Heimat Frankreich aus.[28]

In London versuchte Lola sich unterdessen ebenfalls als Schriftstellerin.[29] Sie erzählte Ludwig, sie schreibe »orientalische Märchen«, und denke daran, ihre Memoiren zu verfassen. Sie sagte, sie würde vielleicht eine Schilderung ihrer Reisen in Spanien publizieren, wenn sie jemals einen Paß bekäme, um dorthin zu fahren. Sie schickte dem König eine neue Lithographie von sich, von der sie meinte, sie sei recht gut getroffen. Er schrieb zurück, das Portrait fange zwar ihren Ausdruck ganz gut ein, lasse aber ihr Gesicht zu dick erscheinen.

Es bereitete Lola Sorge, daß die Briefe des Königs nicht mehr Eintragungen für jeden Tag enthielten, daß sie kürzer wurden und aus ihnen eher Wehmut als Leidenschaft sprach. Am 15. Juni schrieb sie ihm einen Brief, in dem sie diese Veränderung beklagte. Angesichts nachfolgender Ereignisse mag ihr Brief wie eine Lüge erscheinen, mit der sie Ludwigs Liebe und Großzügigkeit noch einmal neu entfachen wollte, aber das Bemerkenswerte an Lola Montez ist, daß dieser Brief ebensogut ehrlich gemeint gewesen sein kann. Ihre innere und ihre äußere Sicht der Dinge war stets sehr von dem geprägt, was sie gern sehen wollte:

[Eine] Stimme in mir scheint zu sagen, daß Du andere Liebschaften hast und Deine Lolitta vergessen ist – Seit einigen Nächten bin ich von unschönen Visionen gequält worden – Ich spüre etwas Schreckliches kommen – Nichts könnte mich mehr berühren als der Verlust Deiner Liebe, die der Antrieb meines Lebens gewesen ist, die das Beste aus mir gemacht hat und mich an Gott glauben ließ – Weil Du in meinen Augen der edelste und vollkommenste Mann bist und warst, den Gott auf dieser Welt gemacht hat – Wenn nach diesem Leben die Wahrheit auf dieser Welt bekannt wird, wirst Du sehen, daß ich die besten und reinsten Gefühle für Dich gehabt habe. Mein Herz ist nie schwach geworden, weder in Deiner Anwesenheit noch in Deiner Abwesenheit – Viele Leute hier sagen mir, daß ich zu jung bin, um ohne Gatten und Liebhaber zu leben. Aber dieses Verhalten ist kein großer Verdienst. Wo auf der

Welt könnte ich jemanden finden, der in seiner Seele so edel ist wie Du? Für einige Tage könnte ich jemand anderen lieben, aber wenn ich ihn mit Dir vergleiche, würde meine Liebe schwinden ... Möge Gott Dich beschützen, mein lieber Louis, Du verdienst es mehr als jeder andere auf dieser Welt
– Laß mir etwas Platz in Deinem Herzen.[30]

Aus der Antwort des Königs sprach nur allzu deutlich, zu welch schmerzlicher Einsicht er hinsichtlich ihrer Beziehung gekommen war: »Was Du am 15. in Deinem Brief ausgedrückt hast, hat mich glücklich gemacht, aber ich verdiene Deine Vorwürfe nicht. Statt Dich vergessen zu haben, denke ich immer an Dich, Lolitta, und täglich schreibe ich an meinem Brief für Dich. Du bekommst mehr Briefe von mir als ich von Dir. *Ich kann Dir mein Wort geben, daß ich in niemanden verliebt bin.* Wie anders drückst Du Dich aus, verglichen mit dem [letzten] Winter, in dem Du hier warst. Oft schien es mir, als wäre meine Anwesenheit eine Belästigung für Dich. Daß Du die Gesellschaft von Studenten mir vorgezogen hast, hat mich vor ihnen gedemütigt. Du hast mich warten lassen, während Du mit ihnen warst.«[31]

Nun schrieb Lola, daß sie ihren Ludwig sehen wolle, und fragte ihn, ob sie ihn in seiner Sommerresidenz in Berchtesgaden heimlich besuchen dürfe.[32] Sie schien tatsächlich nicht begreifen zu wollen, welch heftige Gefühle ihr in Bayern noch immer entgegenschlagen würden.

Ludwig antwortete nicht auf ihren Vorschlag. Aber er erfüllte ohne Einwände ihre Bitte um einen Vorschuß auf ihren Unterhalt für die nächsten drei Monate. Seit dem letzten Oktober, als sie Papon nach München geschickt hatte, hatte sie ihn nicht mehr um mehr Geld als ihren normalen Unterhalt gebeten, und vielleicht glaubte er, daß sie inzwischen in der Lage war, mit ihrem Einkommen zu haushalten. Sie schrieb ihm, daß sie nicht genug Geld habe, um ins Theater zu gehen, und daß ihre große Ablenkung nun Ninas morgendliche Unterrichtsstunden seien.[33] Sie habe wieder Migräne und hoffe, im Spätsommer Meerbäder auf der Isle of Wight nehmen zu können.

Aber Lolas Pläne für den Sommer änderten sich Anfang Juli, als eine Freundin ihr zu einem falschen Paß verhalf. Wieder schmiedete sie Pläne, mit dem Schiff nach Cádiz zu reisen. Sie wollte noch im Juli abfahren, besonders nachdem die Königin und andere Leute der besseren Gesellschaft London verlassen hatten, weil Fälle von Cholera bekannt geworden waren. Die Gräfin bereitete gerade ihre Spanienreise vor, als etwas geschah, das wieder einmal eine plötzliche Wende in ihr Leben bringen sollte.

Lola hatte begonnen, Ausfahrten in den nahegelegenen Hyde Park zu unternehmen, einem sehr beliebten Ausflugsziel, wo man sich der guten Gesellschaft zeigen konnte.[34] Bei einer dieser Ausfahrten wurde sie auf einen jungen Offizier mit einem Hund aufmerksam. Welche Rolle der Hund bei der Begegnung spielte, wird unterschiedlich überliefert, aber auf die eine oder andere Weise wurde dem Mann zu verstehen gegeben, daß sein Besuch nicht unwillkommen wäre, woraufhin er in der Half Moon Street 27 vorsprach.

Er hieß George Trafford Heald.[35] Er war einundzwanzig, also sieben Jahre jünger als Lola, groß, schlank und ein wenig ungelenk in seinen Bewegungen. Er hatte glattes, hellbraunes Haar, den Anflug eines Schnurrbarts und eine kleine, aufwärts strebende Nase, die ihn besonders jungenhaft wirken ließ. Heald war gebürtiger Londoner und der einzige Sohn des verstorbenen George Heald, einem Anwalt der Rechtsschule Gray's Inn, der ursprünglich aus Horncastle in Lincolnshire stammte. Seine Mutter war bereits in jungen Jahren gestorben, und nach dem Tod seines Vaters stand er unter der Vormundschaft seiner unverheirateten Tante Susanna Heald. Er hatte in Eton und am Corpus Christi College in Cambridge studiert, sein Studium aber vorzeitig abgebrochen und ein Offizierspatent als Leutnant der Zweiten Gardekavallerie, einem der angesehensten Regimente der Britischen Armee erworben. Er wohnte in der Kaserne in Regent's Park, was ihm die willkommene Gelegenheit gab, das gesellschaftliche Leben der Hauptstadt zu genießen.

Heald war ein Bürgerlicher, doch sein Vater hatte ihm ein Vermögen hinterlassen, wie es viele Adlige nicht ihr eigen nennen konnten. Sein Jahreseinkommen sollte zum Gegenstand zahlreicher Spekulationen werden, wurde aber in einer Gerichtsverhandlung mit 7000 bis 8000 Pfund Sterling im Jahr angegeben. Ein normaler britischer Arbeiter verdiente damals etwa ein Pfund in der Woche, ein ordentliches Haus in London kostete im Jahr 50 Pfund Miete, und ein junger Akademiker rechnete sich mit 250 Pfund im Jahr zu den besser Verdienenden. Zwar lassen sich Währungen nach eineinhalb Jahrhunderten nur sehr schwer vergleichen, aber das Jahreseinkommen des jungen Leutnants dürfte heute ungefähr 1,7 Millionen DM entsprechen. Da er gerade volljährig geworden war, konnte er über dieses Geld frei verfügen, und sein Vermögen würde sich eher noch vergrößern, wenn einige seiner Verwandten starben.

Heald war von der Gräfin von Landsfeld fasziniert und machte ihr auf seine linkische, unerfahrene Art den Hof. Lola schien ihn nicht sonderlich ernst zu nehmen, und plante weiter ihre Reise nach Spanien. Dann überraschte Heald sie am 13. Juli mit einem Heiratsantrag, obwohl er sie erst ein paar Wochen kannte.[36] Der Antrag kam zwar unerwartet, war aber durchaus willkommen. Nachdem sie ein paar Erkundigungen über Healds Vermögen eingezogen hatte (wobei es den damaligen Sitten entsprach, der Angebeteten anläßlich einer solchen Liebeserklärung auch die eigene finanzielle Lage in allen Einzelheiten darzulegen), muß Lola erkannt haben, daß diese Verbindung ihr womöglich die finanzielle Unabhängigkeit geben konnte, die sie seit Jahren angestrebt hatte.

Eine Heirat mit Heald konnte auch die Lösung für einige andere Probleme sein, die ihr immer wieder Kopfzerbrechen bereiteten. Zunächst einmal war da die immer wieder auftretende Schwierigkeit, einen Paß zu erhalten. Als Mrs. Heald würde sie ohne weiteres einen britischen Paß bekommen. Das zweite war ihr gesellschaftliches Ansehen. Selbst mit ihrem Adelstitel blieb Lola in London eindeutig am Rande der respektablen Gesellschaft. Als Ehefrau eines reichen Offiziers der Gardekavallerie hätte sie sofort den Status einer Dame von Rang und durfte vielleicht sogar hoffen, wenn all das Gerede um Ludwig und ihre Bühnenkarriere einmal verebbt war, die höchste Auszeichnung der gesellschaftlichen Akzeptanz in Großbritannien zu erhalten: Ihrer Majestät Königin Victoria vorgestellt zu werden. Und schließlich ist es immerhin möglich, daß Lola Gefallen an Heald fand und der Idee nicht abgeneigt war, wieder einen Mann in ihrem Leben zu haben.

Lola schien sehr schnell beschlossen zu haben, daß eine Heirat nur in ihrem Interesse sein konnte, doch zuerst wollte sie den König informieren und ihm das Versprechen abnehmen, daß er ihr weiterhin ihren Jahresunterhalt zahlen würde. Nur vier Tage nach ihrem letzten Brief, in dem sie Heald mit keiner Silbe erwähnt hatte, schrieb sie Ludwig »etwas sehr Wichtiges« und versicherte ihm, daß sie »bei allem von seiner Meinung geleitet werden wolle«.[37] Sie erzählte ihm, daß Heald, ein junger Offizier aus guter Familie, um ihre Hand angehalten habe, und daß ihr Freund Lord Brougham fand, dies sei eine gute Idee. Es würde das Problem ihrer Staatsbürgerschaft lösen, schrieb sie, und ihre unsichere gesellschaftliche Stellung klären. Der junge Mann sei nicht reich, schrieb sie dem König, sein Jahreseinkommen betrage nur 800 Pfund Sterling.

Und jetzt, mein lieber Louis, geliebt bis in den Tod – glaube mir eines. Ich schwöre es bei Gott – Ich bin in diesen Herren nicht verliebt, es ist ein vollkommen anderes Gefühl – eine gute Meinung und Respekt für seinen Charakter und seine ehrenwerte Position. So bin ich nicht allein auf der Welt ohne *Schutz* jeder Beleidigung ausgeliefert – Jetzt ist es an Dir, lieber Louis, zu sagen, ob Du es nicht willst. Ich liebe Dich genug, um dieser Heirat zu entsagen, *auch wenn sie für mich sehr vorteilhaft ist* ... Aber wenn Du mir erlaubst, zu heiraten, *werden alle unsere Beziehungen weiter die gleichen bleiben* – Ich könnte für Dich nie anders werden. Es ist unmöglich – Mein Leben gehört nur Dir – Ich bin Dein mit meiner ganzen Seele – Ein Ehemann kann die Liebe, die ich für Dich für Ewigkeiten habe, nicht anders machen – Bitte verliere keine Zeit, mir zu schreiben – Ohne Deine Einwilligung für ein lebenslanges Einkommen würde die Familie des Herrn die Heirat nicht erlauben ... Tausend Küsse und ewige Liebe von *Deiner* Lolitta.

Sie versiegelte den Brief, schrieb auf das Kuvert »Seiner Majestät sofort zu überbringen«, und schickte ihn ab. Ludwig erhielt ihn am 22. Juli in Berchtsgaden nur einen Tag nach ihrem letzten Brief und war mehr als überrascht, daß sie vorhatte, einen Mann zu heiraten, den sie in ihrem letzten Brief noch nicht einmal erwähnt hatte. »Was ist in vier Tagen geschehen?«,[38] fragte er. Aber er hatte ihr schon oft geschrieben, daß er nichts dagegen hätte, wenn sie heiratete, wenn es zu ihrem Glück sei, und wiederholte dies nun. Doch ehe er sein umfassendes Einverständnis gab, wollte er ein wenig mehr über den Herrn erfahren: seinen Namen, sein Alter, seinen Rang in der Armee.
Nach Ludwigs Maßstäben ging es Heald mit einem Jahreseinkommen von 800 Pfund Sterling finanziell nicht schlecht, und er sah nicht ein, warum er ihr weiter Unterhalt zahlen sollte, wenn sie ihn heiratete. Wenn seine Familie ihre Erlaubnis davon abhängig machte, so wollte er ihrem Glück nicht im Wege stehen, aber er fand, angesichts seines stark geschmälerten Einkommens müßten 10 000 Gulden pro Jahr genügen. Er sagte ihr, sie solle sich von Lord Brougham wegen eines Heiratsvertrags beraten lassen und einen Arzt konsultieren, um festzustellen, ob ihre Lungen gesund genug seien, um mit einem Mann zu schlafen. Der König sagte nicht, daß ihre Beziehung dieselbe bleiben würde. Er unterschrieb mit »Dein zugeneigter Louis« und schickte den Brief sofort ab. Er rechnete damit, in ihrem nächsten Brief mehr über ihren zukünftigen Gatten zu hören.
Stattdessen erfuhr er die nächsten Nachrichten über Lola und ihren jungen Ehemann aus den Zeitungen, und er schrieb ihr sofort mit unverhohlenem Ärger über ihre Reihe von Lügen: »Du hast mir am 16. Juli geschrieben, daß Du meiner Meinung folgen würdest, was die

Heirat mit dem Gardeoffizier betrifft, der nicht mehr als 800 Pfund im Jahr hat und dessen Familie nicht einverstanden wäre, wenn Du nicht weiter das gleiche Einkommen hättest. Ich habe erfahren, daß dieser Offizier George Trafford Heald heißt und daß sein Einkommen um die 4000 Pfund liegt. Du hast ihn am 20. geheiratet, bevor ich Deinen Brief vom 16. bekommen konnte, der am 22. angekommen ist. *Das ändert die Lage*. Luis.«[39]

※※※※

Mistress Heald auf der Flucht

Tatsächlich hatte die Hochzeit am 19. Juli stattgefunden.[1] Es bleibt unklar, warum Lola es so eilig hatte, mit Heald vor den Traualtar zu treten; es hieß, Healds Kommandant habe ihn gebeten, die Heirat um sechs Monate zu verschieben, aber die Gräfin soll darauf bestanden haben, daß die Hochzeit gleich stattfinde. Was auch immer die Gründe gewesen sein mögen, jedenfalls begab sich das Paar mit seinen Trauzeugen an jenem regnerischen Donnerstagmorgen schon früh in die französische römisch-katholische Kirche in der King Street, wo die beiden nach dem förmlichen Versprechen, die aus der Verbindung hervorgehenden Kinder im katholischen Glauben zu erziehen, in einem französischen Gottesdienst getraut wurden. Anschließend zog die Hochzeitsgesellschaft in die vornehme St. George's Church am Hanover Square, wo das Brautpaar ein zweites Mal getraut wurde, diesmal in einem englischen Gottesdienst, den Reverend Albert Alston nach dem Ritus der Anglikanischen Kirche hielt.
Im Heiratsregister unterschrieb Lola als Maria de los Dolores de Landsfeld und gab an, in Sevilla als Tochter von Oberst Juan Porris und Maria Fernandez geboren zu sein. Sie trug sich als Witwe ein und gab damit erstmals zu, daß sie verheiratet gewesen sei.
Unglücklicherweise war der Witwenstand nur ein Wunschdenken der Lola Montez. Susanna Heald, die Tante des jungen Leutnants, und sein früherer Vormund, hatten gehört, daß die Braut ihres Neffen, in ihren Augen eine schamlose Person, die nur hinter dem Geld des jungen Mannes her war, bereits einen lebenden Ehemann habe, und mehr stand einer Dame nach englischen Recht nicht zu. Miss Heald ließ durch ihre Anwälte Nachforschungen anstellen.
Mitten in ihren Flitterwochen, die sie offenbar in der Half Moon Street verbrachten, erhielt Lola Ludwigs Vorschläge bezüglich ihrer Rente und dann seine verärgerte Reaktion auf die Nachricht über ihre Heirat. Sie antwortete sofort: »Querido Louis, um der Liebe Gottes willen, laß mir, was Du mir versprochen hast. Ohne das ist es der Tod ... Weil ich verheiratet bin, liebe ich Dich nicht weniger – ich liebe Dich genauso ... Gerade jetzt brauchen wir Geld, um Möbel für ein Haus zu kaufen, aber ich bin gezwungen, es mit dem

Geld zu machen, das Du mir monatlich gibst ... Glaube mir, mein Ludwig, ich kenne Dich besser als Du Dich selbst, und ich bin sicher, daß Du viel zu sehr König und Ehrenmann bist, um mir jemals etwas wegzunehmen, das Du mir so oft für das ganze Leben versprochen hast – Ohne Vertrauen in Dein Wort hätte ich nicht geheiratet ... Ich wiederhole, ich fühle für Herrn Heald nichts – aber er ist ein sehr liebenswerter Mann, und Du bist immer das Gesprächsthema.«[2]

Ihre königliche Pension zu sichern, sollte schon bald zu einer der geringeren Sorgen der Gräfin von Landsfeld werden.

Am Montag, den 6. August 1849 trat Inspektor John Whall wie gewöhnlich seinen Dienst in der St. James Polizeiwache in der Little Vine Street am Piccadilly Circus an – doch an diesem Morgen hatte er einen höchst ungewöhnlichen Auftrag auszuführen.[3] Er sollte eine Gräfin wegen Bigamie verhaften, und zwar nicht irgendeine Gräfin, sondern die berühmte Lola Montez. Wir wissen nicht, ob Inspektor Whall von den gewaltsamen Auseinandersetzungen der Gräfin mit Männern gehört hatte, jedenfalls nahm er Sergeant Gray mit, der ihn bei der Festnahme der Lady unterstützen sollte. Um 8.30 Uhr hatten sie in der Half Moon Street einen Termin mit Susanna Heald, die offiziell Klage gegen die Gräfin von Landsfeld erhob, und deren Anwalt, der sich vergewissern wollte, daß der Haftbefehl ordnungsgemäß ausgeführt wurde. Es war bereits deutlich nach halb neun und die Polizisten warteten noch immer vergeblich auf Miss Heald. Eine Reisekutsche war vor dem Haus Nummer 27 vorgefahren und mit Gepäck beladen worden, als Inspektor Whall endlich den Wagen mit der Klägerin und ihrem Rechtsbeistand in die Straße einbiegen sah.

Die vier betraten gemeinsam das Haus der Healds, wo sie den jungen Leutnant antrafen, der den Polizisten bereits bekannt war, weil sie vor kurzem wegen eines Diebstahls, in den einer seiner Diener verwickelt war, mit ihm zu tun gehabt hatten. Sie erklärten gerade den Zweck ihres Besuchs, als die Gräfin den Korridor entlanggeeilt kam, um in die wartende Kutsche zu steigen. Der Inspektor ließ seinen Sergeanten vortreten, sich vorstellen und ihr erklären, daß er sie in Polizeigewahrsam nehmen müsse, da gegen sie eine Klage wegen Bigamie vorliege, weil sie Heald geheiratet habe, obwohl ihr Ehemann Captain James noch lebe. Lola scheint zwar von Tätlichkeiten gegen die Polizisten abgesehen zu haben, kommandierte jedoch ihren neuen Gatten herum, stieß Miss Heald unsanft zur Seite und trat nach ein paar Hunden des Haushalts, die ihr inmitten der ganzen Aufregung vor den Füßen herumliefen.

Lola beteuerte heftig, daß sie kraft Gesetzes geschieden sei und fügte hinzu: »Ich weiß nicht, ob Captain James noch lebt oder nicht, und es ist mir auch egal. Ich habe unter falschem Namen geheiratet und die Ehe war nicht rechtsgültig.« Als der Polizist darauf bestand, daß sie mit ihnen auf die Wache kommen müsse, rief sie aus: »Was wird der König dazu sagen!« und erklärte, daß ihr die Scheidung von Captain James zuerkannt worden war. Die Polizisten erklärten, all das müsse vor Gericht festgestellt werden und ihre Anwesenheit in der Polizeiwache sei zwingend erforderlich. Die Gefangene warnte, daß sie sich nicht lebend ergeben würde und immer Mittel der Selbstzerstörung bei sich trage, wobei sie bedeutungsvoll auf eine kleine Tasche ihres Kleides deutete, in der sie angeblich ein Giftfläschchen hatte, aber Whall und Gray reagierten nur mit gelassener Beharrlichkeit.

Als sie sah, daß es keinen Ausweg gab, schickte Lola Heald mit dem Auftrag los, einen Anwalt zu besorgen, und stieg mit den beiden Polizisten in die Kutsche, um die kurze Strecke auf die Wache in der Little Vine Street zu fahren. Dort wurde sie aufgrund einer Klage wegen Bigamie in Untersuchungshaft genommen. Mittlerweile war ihr erster Ärger verflogen, und Lola schickte sich an, die Angehörigen der Wache mit ihrem Charme zu umgarnen. Sie entschuldigte sich für die Unannehmlichkeiten, die sie den beiden Polizisten bei ihrer Festnahme bereitet hatte und ließ sich huldvoll den übrigen Inspektoren der Wache und dem Kommissar vorstellen, den sie zu einer Zigarre einlud. Der Kommissar erwiderte, im Polizeigebäude sei Rauchen verboten, worauf Lola bedauerte, daß er nicht mit ihr rauchen wollte, sich seelenruhig ihre Zigarre anzündete, und sich genüßlich über die Bestimmungen hinwegsetzte.

Eine erste Vernehmung war für den frühen Nachmittag vor dem Richter des Polizeigerichts in der Marlborough Street, Peregrine Bingham dem Jüngeren, angesetzt.[4] Als die Sitzung beginnen sollte, drängten sich auf den Straßen vor dem Gericht bereits die Schaulustigen, die von Lolas Verhaftung gehört hatten. Die Polizei mußte Verstärkung anfordern, um den Ansturm unter Kontrolle zu halten, und die Gerichtsdiener hatten Mühe, in dem kleinen Gerichtssaal für alle Herrschaften von Rang und Namen Platz zu finden, die darauf bestanden, der Verhandlung beizuwohnen. Lola erschien um halb zwei Uhr, und in ihrem schwarzen Seidenkleid mit enganliegender schwarzer Samtjacke und einem einfachen weißen, mit blauem Stoff abgesetzten Strohhut mit blauem Schleier war sie ein Vorbild des guten Geschmacks. Sie wirkte an Healds Arm so gelassen, als würde sie nicht zu einer Strafverhandlung, sondern zu einer ihr zu Ehren gegebenen Einladung zum Mittagessen gehen. Die Angeklagte nahm innerhalb der Gerichtsschranke auf einem Sessel Platz, und Heald wurde gestattet, neben ihr zu sitzen. Während der ganzen Verhandlung bemühte er sich unaufhörlich um sie, hielt ihre Hand mit beiden Händen umfaßt, flüsterte ihr ins Ohr und lächelte ihr zu, wobei er ihre Hand an die Lippen drückte.

Im Polizeibericht wurde ihr Alter mit vierundzwanzig angegeben, sie machte sich jetzt stets vier Jahre jünger als sie eigentlich war. Ein Journalist im Gerichtssaal verschätzte sich dagegen in die andere Richtung und gab ihr Alter mit »mindestens dreißig« an. Er beschrieb sie als mittelgroß, ziemlich mollig und mit ungewöhnlich großen, blauen Augen, die von dunklen Wimpern umrahmt würden. Vertreten wurde die Gräfin von einem prominenten Anwalt und Mitglied der Rechtsschulen des Temple, Sir William Henry Bodkin, den ein Kollege als »scharfsinnig und klug« charakterisierte;[5] an diesem Nachmittag jedoch zeigte er sich nicht in Höchstform. Da es damals keine öffentliche Strafverfolgung in England gab, wurden Klagen in Strafsachen, zumindest theoretisch, stets von Privatpersonen erhoben. Der von Miss Heald mit der Verfolgung der Anklage wegen Bigamie beauftragte Anwalt war William Clarkson, ebenfalls Mitglied des Temple.

Obgleich die Klageschrift wegen Lolas drohender Abreise aus England in höchster Eile zusammengestellt worden war, konnte Clarkson beeindruckendes Beweismaterial gegen die Gräfin von Landsfeld vorbringen. Mit Hilfe einer Reihe von Zeugenaussagen konnte die Anklage glaubhaft nachweisen, daß Lola Montez in Wirklichkeit Eliza Gilbert James war, deren Ehe mit Captain James von der Ostindischen Kompanie 1842 durch das bischöfliche Konsistorium der Anglikanischen Kirche, den Consistory Court, mit der Auflage geschieden worden war, daß keiner der beiden Ehepartner sich zu Lebzeiten des anderen wieder verheiraten durfte. Es wurde der standesamtliche Eintrag ihrer Eheschließung mit Leutnant Heald vorgelegt, und schließlich der letzte Personalbericht der Kompanie als Beweis vorgebracht, aus dem hervorging, daß James am 13. Juni noch am Leben gewesen und bei seiner Einheit Dienst getan hatte. Damit erklärte Clarkson seine Beweisführung für abgeschlossen.

Bodkin war um seine Aufgabe wahrlich nicht zu beneiden, und er hatte nur wenige Stunden Zeit gehabt, um sich mit dem Fall vertraut zu machen. Er erkannte, daß er bestenfalls erreichen konnte, daß seine

Mandantin gegen Kaution bis auf weiteres auf freien Fuß gesetzt wurde, und darauf zielte er ab. Er war bereit, zuzugestehen, daß dem Gericht genügend Beweismaterial vorgelegt worden war, um eine eingehendere Untersuchung des Falls zu rechtfertigen. Es sei aber auch genug vorgebracht worden, um zu zeigen, daß selbst wenn seine Mandantin die ihr zur Last gelegte Straftat tatsächlich begangen haben sollte, dies unter Umständen geschehen sei, die eine solche Handlung durchaus zu rechtfertigen schienen. Der Anwalt ersuchte den Richter, der Gräfin zu gestatten, das Gerichtsgebäude zu verlassen, nachdem sie eine angemessene Kaution hinterlegt hatte, um ihr Erscheinen bei einer Verhandlung zu gewährleisten, deren Termin noch festzusetzen war.

Richter Bingham verwies darauf, daß das Gesetz stets von der Unschuld der Angeklagten auszugehen habe, die Anklage jedoch von der Schuld der Angeklagten ausgehen wolle, da es keinen Beweis dafür geben könne, daß Captain James in den sechs Wochen zwischen dem offiziellen Bericht vom 13. Juni und der Eheschließung am 19. Juli die zahlreichen Gefahren überlebt habe, denen ein Angehöriger der Armee, zumal in dem tropischen Klima, ausgesetzt war.

Da der Verteidiger der Angeklagten jedoch eingeräumt hatte, daß es ausreichend Grund für die Anstellung weiterer Ermittlungen gebe und angeboten hatte, eine Kaution in ausreichender Höhe zu beschaffen, ordnete der Richter an, die Angeklagte gegen Kaution aus der Untersuchungshaft zu entlassen, und setzte die Gefangene auf freien Fuß, nachdem sie zwei Bürgschaften im Betrag von je 500 Pfund Sterling vorgelegt und ihre eigene Kaution im Betrag von 1000 Pfund für ihr Erscheinen zur Hauptverhandlung hinterlegt hatte. Diese Kautionssumme war beträchtlich, entsprach sie doch dem Unterhalt, den Lola von König Ludwig für ein ganzes Jahr erhielt. Healds Anwälte stellten die beiden Bürgschaften im Betrag von je 500 Pfund, und anscheinend zahlte Heald selbst Lolas persönliche Kaution von 1000 Pfund. Damit war die Gräfin frei und konnte den Gerichtssaal verlassen, aber sie und Heald blieben noch im Gebäude, bis die Neugierigen draußen müde wurden, noch länger auf sie zu warten und die Menge sich zerstreute.

Lola und ihr neuer Ehemann setzten ihre unterbrochene Abreise auf den Kontinent fort, aber sie fuhren nicht wie geplant am 7. August nach Cádiz, sondern machten sich auf den Weg nach Paris und wollten von dort nach Italien und eventuell nach Ägypten weiterreisen, um sich die Pyramiden anzusehen.[6] In Paris machten sie im Hotel

Windsor halt und fuhren dann mit Zug, Kutsche und Dampfschiff nach Marseille weiter, wo sie sich auf der *Marie Antoinette* nach Rom einschifften. Dort besichtigte Lola die berühmten Sehenswürdigkeiten der Stadt und stattete auch Ludwigs Villa Malta einen Besuch ab. Der Verwalter ließ sie hinein, und sie sah alles, was Ludwig ihr so viele Male beschrieben hatte: sein Schlafzimmer, den Garten, die Terrasse, auf der er seine Gedichte schrieb. Lola hatte ihre Zuneigung zu Ludwig nie verloren, auch wenn sie ihn betrog. Es war ein bittersüßer Moment für sie, seine Anwesenheit in der Villa zu spüren.

Von Rom reisten sie über Land nach Neapel, wo sie am 27. August eintrafen und im Hotel Vittoria logierten, wobei sie die bescheidenen Räume, die sie reserviert hatten, gleich gegen eine luxuriöse Suite tauschten.[7] Ihr Aufenthalt war jedoch nur von kurzer Dauer, denn als Heald der Vertretung seiner Bank in Neapel einen Besuch abstattete, lag dort bereits ein Brief mit beunruhigenden Nachrichten für ihn. Offenbar war er von seinen Anwälten, die erklärten, der Anwalt von Miss Heald, Clarkson, habe dem Richter mitgeteilt, daß die Gräfin außer Landes geflohen sei. Wenn sie bis zum 10. September nicht wieder in London sei, um bei der nächsten Verhandlung anwesend zu sein, wäre die gesamte Kaution von 2000 Pfund wahrscheinlich verwirkt. Diese Summe war selbst für jemanden mit einem Einkommen von 7000 Pfund im Jahr kein nichtiger Betrag, weshalb Heald und Lola beschlossen, sofort nach London zurückzukehren. Da von Neapel nach Marseille kein Schiff fuhr, mieteten sie für mehrere hundert Pfund einen Dampfer und fuhren nach Frankreich.

In der Zwischenzeit war Lola Montez in aller Welt berüchtigter geworden als je zuvor. Die Nachricht von ihrer Anklage wegen Bigamie wurde von der Weltpresse als die neueste und ungeheuerlichste aller exzentrischen Launen dieser außergewöhnlichen Frau aufgegriffen. In England gab die Affäre Anlaß zu journalistischen Kommentaren über das unverantwortlich verwirrende, schwierige und teure Verfahren, in Großbritannien eine echte Scheidung zu erwirken[8] (die Prozedur sollte durch das Scheidungsgesetz von 1857 dann auch ganz erheblich verändert werden). Andere Kommentare hatten die eklatante Scheinheiligkeit der viktorianischen Moral zum Ziel, deren jüngstes Beispiel seinen Ausdruck darin fand, daß der Colonel der Zweiten Gardekavallerie entrüstet darauf bestand, daß Leutnant Heald sein Offizierspatent zurückgab, weil er versucht hatte, die Gräfin von Landsfeld zu seiner rechtmäßigen Ehefrau zu machen, obwohl jeder wußte, daß der Oberst keinerlei Anstoß an der Verbindung genommen hätte, wenn der junge Mann einfach mit ihr in wilder Ehe zusammengelebt hätte.

Durch den Bigamie-Skandal hatte jede Zeitung erneut Gelegenheit, das seltsame und abenteuerliche Leben dieser jungen Frau noch einmal aufzurollen, und es wurden auch Geschichten über ihre Mädchenjahre in Schottland und Durham gedruckt.[9] Zudem fanden umfassende Auszüge aus den Zeugenaussagen im Scheidungsprozeß über ihr schockierendes Benehmen mit Leutnant Lennox den Weg in einige Zeitungen. Miss Heald war es gelungen, Lola zu noch größerer Berühmtheit zu verhelfen, als es die bayerischen Rebellen vermocht hatten.

Lola und Heald hatten den Wettlauf mit der Zeit gewonnen, als sie am Freitag, den 7. September etwa um elf Uhr abends wieder in London eintrafen.[10] Am nächsten Morgen zog Lola aus, um sich über den aktuellen Stand der Untersuchungen zu informieren. Sie erfuhr, daß ihre überstürzte Rückkehr von Neapel nach London zwar die Kaution von 2000 Pfund gerettet hatte, daß Miss Healds Anwälte inzwischen aber wahrscheinlich einen Nachweis darüber hatten, daß Captain James am 19. Juli in Indien noch am Leben gewesen war, was bedeutete, daß Lola wahrscheinlich zur Verhandlung vor dem Old Bailey, dem Obersten Strafgericht Englands, verpflichtet werden konnte. Vielleicht mußte sie sogar bis zur Verhandlung ins Gefängnis. Damit hatte Lola nicht gerechnet. Vielleicht hatte sie geglaubt, ihre Anwälte würden Miss Heald irgendwie dazu überreden, die Klage zurückzuziehen und die Reise zurück nach London sei nur erforderlich gewesen, um die Kaution nicht verfallen zu lassen. Als ihr jetzt aber klar wurde, daß sie durch ihr Erscheinen zur Verhandlung zwar die Kaution retten, dafür aber die Freiheit verlieren würde – und ihr dann ganz sicher ein Verfahren wegen Bigamie bevorstand, das sie sogar ins Gefängnis bringen konnte –, mußte Lola nicht lange überlegen, was sie tun würde. Am nächsten Tag brach sie von London nach Frankreich auf und kam am Montagabend, den 10. September mit dem Postschiff Folkstone in Boulogne an. Ihre Kaution war verwirkt.

In Boulogne wartete Lola auf Heald, der noch ein paar Geschäfte in London erledigen und ihr dann nachreisen wollte. Hier fand sie seit dem 1. August zum ersten Mal Zeit, wieder an König Ludwig zu schreiben. Sie hatte seine letzten beiden Briefe nicht bekommen, da er diese, wie vor ihrer Festnahme verabredet, nach Sevilla geschickt hatte.[11] Deshalb konnte sie nicht wissen, wie verärgert der König war,

als er durch die Berichte in den Zeitungen und private Nachforschungen erfahren hatte, daß sie ihn bezüglich der Höhe von Healds Vermögen und der Forderung seiner Familie nach der Weiterzahlung ihrer Pension angelogen hatte. Und er hatte endlich seiner Bitterkeit darüber freien Lauf gelassen, daß sie unmittelbar nach ihrer Rückkehr nach München, als sie ihn beschworen hatte, abzudanken, damit er bei ihr sein könne, in Frankfurt mit Peißner geschlafen hatte. Trotzdem würde er ihr weiter Unterhalt in Höhe von 10 000 Gulden pro Jahr zahlen und wünschte ihr, daß sie in ihrer Ehe glücklich würde.
Dies alles wußte sie nicht, als sie ihm nun schrieb und versuchte, die Anklage wegen Bigamie zu erklären.[12] Es sei ein übler Racheakt von Miss Heald, erzählte sie Ludwig, der die öffentliche Meinung zu ihren Gunsten hätte umschlagen lassen. Lola behauptete, die alte Frau habe sich rächen wollen, weil es ihr nicht gelungen sei, noch mehr Geld aus ihrem Neffen herauszuholen, und weil sie verrückt sei. Im Frühling 1847 waren Zeitungsberichte nach München gelangt, wonach Lola mit einem Offizier namens James verheiratet gewesen sei, und sie hatte allen erzählt, eine Cousine von ihr habe Leutnant James geheiratet. Jetzt bestritt sie nicht mehr, daß sie James tatsächlich geheiratet hatte, aber sie erzählte Ludwig, daß »die Heirat mit Herrn James nie legal war – ich bin getaufte Katholikin [ebenfalls eine dreiste Lüge, Anm. d. Verf.] und habe nie in der katholischen Kirche geheiratet, nur in der protestantischen. Aus diesem Grund war es für mich keine legale Heirat.«
Sie mußte jedoch zugeben, daß ihr Gewissen und die britische Gesetzgebung in diesem Punkt nicht übereinstimmten, daß sie den jungen Leutnant nicht rechtmäßig geheiratet hätte. Und da sie Heald gegenüber keine ehelichen Rechte geltend machen könne, schrieb sie, müsse Ludwig ihr unbedingt mindestens 10 000 Gulden im Jahr zahlen oder ihr einfach eine Summe zur Verfügung stellen, mit der sie versorgt sei. »Aber mein größtes Glück ist immer noch, Deine Briefe zu empfangen«, schrieb sie ihm. »Zahllose Küsse an Dich, mein immer geliebter Louis – Ich könnte nie jemanden wie Dich treffen, mit Deinem Herzen und Deinem Edelmut – Gott behüte Dich – Deine zugetane und zärtliche Lolitta.«
Ludwig glaubte ihr nicht mehr. Er antwortete ihr, eineinhalb Monate nicht zu schreiben widerspreche den Gefühlen der Zuneigung, die sie ausdrücke.[13] Er konfrontierte sie mit ihren Lügen. Und was war aus dem kleinen Mädchen Nina geworden? Er unterschrieb jetzt nur noch mit »Louis«, ohne von Treue oder Zuneigung zu sprechen. Er

halbierte ihre Pension mit Wirkung zum 1. Oktober und begann, sie in seinen Büchern als »Mistress Heald« zu führen.

Lola vermied jede direkte Antwort auf seine Anschuldigungen und Fragen. Kurz nachdem Heald in Boulogne eingetroffen war, reiste das Paar nach Paris und ließ sich dort mit einem Sekretär, zwei Dienern und zwei Zofen in luxuriösen Räumlichkeiten in einem eleganten Hotel in der Rue de Rivoli nieder.[14] Lola ließ den Sekretär Ankündigungen ihrer Ankunft versenden, und bald schon erhielt sie Besuche von Pariser Dandys, englischen Adligen, russischen Fürsten, bayerischen Baronen und Freunden vom Theater. Die Gräfin von Landsfeld, wie sie sich weiterhin nannte, gab ein großes Diner für sie alle, zu dem sie mit bezauberndem Schmuck erschien, unter anderem einem dreifachen Smaragdarmband, in das ein diamantenbesetztes Portrait von König Ludwig eingearbeitet war, der, wie sie allen versicherte, stets wie ein Vater zu ihr gewesen sei, auch wenn in verleumderischen Geschichten das Gegenteil behauptet werde.

Tatsächlich verkündete Lola allen, die es hören konnten, daß sie ihrem neuen Gatten gegenüber die Pflicht habe, alle Verleumdungen zu widerlegen, indem sie die Reinheit ihres Lebens vor ihrer Heirat mit Heald verteidige. Nun veränderte sie wieder einmal ihre Eltern, indem sie ihre Mutter als Irin (die *Cork Constitution* hatte vor kurzem berichtet, daß Lolas Mutter aus dieser Stadt stammte) und ihren Vater als spanischen Aristokraten ausgab.[15] Sie sei sehr streng erzogen worden, und ihre erste Heirat mit Leutnant James sei eine reine Formsache gewesen, um ihre Tugend vor den Nachstellungen eines lüsternen Vormunds zu bewahren. Tatsächlich seien die meisten Geschehnisse in ihrem Leben, die überall bekannt geworden waren, darunter auch der Angriff auf den Gendarmen in Berlin, ihre Ausweisung aus Baden-Baden und dergleichen mehr, das Ergebnis ihrer Bemühungen gewesen, ihre Tugend und Ehre zu verteidigen, die sie unversehrt in die Ehe mit Leutnant Heald gerettet habe, dem ersten Mann, der wirklich ihr Herz erobert habe.

Die Jungvermählten verließen Paris wieder in Richtung Marseille, um dort ein Schiff nach Barcelona zu nehmen, wo endlich Lolas »Heimkehr« nach Spanien stattfinden sollte. Heald beherrschte wahrscheinlich die französische Sprache, aber in Barcelona war er vermutlich sehr viel mehr auf Lola angewiesen, und die plötzliche Nähe führte schon bald zu kleineren Streitereien bis hin zu lautstarken Ehekrächen. In Barcelona machte die Geschichte die Runde, Lola habe Heald im Verlauf einer Auseinandersetzung oberflächlich mit ihrem stets einsatzbereiten Dolch verletzt.[16] Schließlich nahm der Bräutigam Reißaus und ließ Lola allein und verärgert zurück. Drei Tage später kehrte er reumütig zurück, da er offenbar nicht in der Lage war, mit ihr zu brechen oder ganz einfach nicht fähig, seine Rückreise nach England allein in die Wege zu leiten. Lola versöhnte sich mit ihm, aber sie schrieb Ludwig in einem langen Brief in allen Einzelheiten, was sie von Heald hielt: »Wie schade, daß Du nicht bei mir sein kannst, um die ewige Strafe zu sehen, die ich selbst über mich gebracht habe – Dieser Mann ist nicht nur geistlos, dumm und brutal, sondern auch herzlos. Er beleidigt mich vor aller Welt ... Wie kann ich meine Liebe einem anderen geben, nachdem ich Dich gekannt habe. Dieser Mann ist geistlos, unwissend, fast ein Blödsinniger, der selbst keinen einzigen Schritt machen kann.«

Lola hielt an ihrer Darstellung fest, daß Heald nur 600 Pfund im Jahr hätte, und nicht 6000 oder 7000 Pfund, wie Clarkson behauptete, und sie erzählte Ludwig, sie habe ihm einen Monat lang nicht geschrieben, weil sie sich zu sehr dafür geschämt habe, in welches Unglück sie sich gestürzt habe. »Schicke mir bitte in Deinem nächsten Brief etwas von Deinem Haar«,[17] bat sie den König. Wieder einmal schrieb sie die Worte der Liebe, die Ludwig früher so viel bedeutet hatten: »Oh, wenn Du wüßtest, wie meine Gedanken zu Dir gehen – wie oft denke ich an Dich. Du müßtest sicher sein, daß ich Dich liebe – Meine Seele ist für alle Zeiten bei Dir – Ich kann niemanden so wie Dich lieben – Glaube meinen Worten, sie sind in meinem Elend weit weg von Dir geschrieben ... Ich liebe Dich in meinem Unglück mehr als in meinem Glück – Adiós, querido Louis, ich bin mit Herz und Seele immer noch die gleiche Lolitta, die Dich mehr denn je liebt – Bis in den Tod, Deine Lolitta.«

König Ludwig war nun wieder in München und er kam allmählich über Lola hinweg. Es gehörte nicht mehr zu seinem morgendlichen Ritual, ihr zumindest ein paar Zeilen zu schreiben. Er dachte noch immer oft an sie, aber er kam allmählich zu dem Schluß, daß vieles, was er nie von Lola hatte glauben wollen, immer der Wahrheit entsprochen hatte.

Lola und Heald verließen Barcelona am 5. Dezember mit dem Küstendampfer *El Cid*, der sie am 17. Dezember nach Cádiz brachte.[18] Es gab ein paar Menschen in Cádiz, die sich an Lolas ersten Besuch in der Stadt im Jahre 1842 erinnerten, als sie die spanische Sprache und den spanischen Tanz erlernte, und sie bemerkten, daß ihre Schönheit in den letzten sieben Jahren deutlich nachgelassen, ihr

Temperament sich dagegen in keiner Weise gebessert hatte. Die Beziehung zwischen Heald und seiner Braut hatte sich ebenfalls verschlechtert, und Lolas größtes Vergnügen schien es zu sein, ihren Gatten in aller Öffentlichkeit zu terrorisieren. Am Weihnachtsmorgen verließ er die Fonda Himenez, wo sie logierten, um einen kleinen Spaziergang zu machen. Er kehrte nie zurück. Lola hörte, daß er auf dem Weg nach Algeciras war, wo die *Pacha* nach England abfahren sollte, und versuchte, ihn zurückzuhalten, hatte aber keinen Erfolg. Vom Schiff aus schickte Heald ihr einen Abschiedsbrief, in dem er ihr schrieb, er habe wirklich nichts gegen sie, aber so könne er nicht weiterleben und er wolle nach England zurückkehren. Der einzige Lichtblick in ihrer trostlosen Lage war ein Brief von König Ludwig, der sie am 8. Januar erreichte. Der Brief selbst war nicht ermutigend. »Ich habe Dir gesagt, daß die Welt nicht die Macht hat, mich von Dir zu trennen. (Ich glaube, ich habe Dir dafür die größten Beweise gegeben.) Nur Du allein kannst es. Es sind nicht Deine Feinde, die mich meine Gefühle für Dich haben ändern lassen, sondern Dein Verhalten. Du suchst die Gründe für das, was geschieht, immer außerhalb von Dir, aber Du mußt in Dich schauen. Wie könntest Du in eine glückliche Lage kommen, wenn nach einiger Zeit fast alle Deine Bekannten von Dir verraten werden, so wie die Dinge passieren ... Sei glücklich und ändere Dich für Dein Wohl in dieser Welt und in der anderen. Ich wünsche es sehr. Luis.«[19]

Trotz seiner Ermahnungen hatte Ludwig Bankwechsel für Lolas Unterhalt für die ersten drei Monate des Jahres 1850 beigelegt, und das allein war für sie entscheidend. Damit konnte sie ihre Rechnungen in Cádiz bezahlen und versuchen, Healds Liebe zurückzugewinnen.[20]

Lola schrieb Ludwig, dankte ihm für das Geld und ließ durchblicken, daß mehr davon sehr willkommen wäre.[21] Mehr noch, sie fragte Ludwig, ob er ihr einen Brief an Heald schicken würde, in dem er *ihn* ermahnen sollte. Der Mann sei so eitel, schrieb Lola, daß ein paar Worte von Ludwig ihn an ehrenwertere Gefühle erinnern und wieder zur Vernunft bringen würden. Sie bat Ludwig sogar, ihr bei der Suche nach Healds Versteck behilflich zu sein. »Du allein bist für mich das Ideal alles Großen und Edlen an Herz und Seele«, schrieb sie ihm. »Deshalb liebe ich Dich so sehr – Deshalb bin ich für das ganze Leben Deine Lolitta.«

Ende Januar nahm sie ein Schiff von Cádiz nach Frankreich und ließ sich wieder in Boulogne nieder – näher konnte sie Heald nicht kommen, ohne das Risiko einzugehen, verhaftet zu werden.[22] Ludwig

hatte auf ihre Entrüstung darüber, daß Heald sie hatte sitzenlassen und auf ihre Klagen über ihre angeschlagene Gesundheit und allgemeine Mittellosigkeit recht kurz angebunden geantwortet und schloß seinen Brief mit den Worten: »Es war sehr unangenehm für mich zu hören, daß Dich Dein Gatte verlassen hat. Es tut mir leid. Luis.«
Da hatte die Gräfin von Landsfeld eine Idee, wie sie das Interesse des Königs erneut wecken und ihn dazu bringen könnte, ihr Einkommen aufzustocken. Am 25. Februar schrieb sie ihm:

Das erste, was ich tat, war nach London zu schreiben wegen des Pakets, in dem alle Deine Briefe sind – Das habe ich mit vollem Grund und *ohne Zeit zu verlieren* getan. Denn zwei Tage, nachdem das Paket mit Deinen Briefen abgeschickt wurde, ging Herr Heald zu dem Anwalt, wo sie waren, und fragte danach – Als er erfuhr, daß ich nach ihnen nachgesucht hatte, wurde er wütend – Gott weiß, was er mit Deinen Briefen getan hätte, wenn sie in seine Hände gekommen wären – Dieser Mann ist sehr lasterhaft und zu allem Niedrigen und Unehrenhaften bereit ... Der Gentleman will die Heirat annullieren, und ich werde sicherlich ablehnen, weil die andere Heirat nicht *legal* gewesen ist ... Ich würde Dir sehr gerne alle Deine Briefe an mich übergeben, aber wie soll ich sie senden? – Ich habe kein Geld, um jemanden zu bezahlen, sie zu Dir zu bringen ... Wenn Herr Heald sie von mir stehlen würde, würde er sie sicher sofort veröffentlichen ... Ich denke mehr an Dich als an mich – obwohl ich nicht einmal das Geld habe, um mir Schuhe zu kaufen ... Dieses *Ungeheuer* [Heald] hat mir auch den armen Turk genommen, mein einziger Trost und *Freund* ... Ich kann nur noch Tag und Nacht weinen und weinen und weinen – Es ist schrecklich, *allein* zu sein – *und unglücklich und arm* – Aber bei all dem sind, Gott sei Dank, Deine Briefe sicher ... Um Gottes Willen, verlaß mich nicht – Meine einzige Hoffnung ist bei Dir – Deine zugetane, unglückliche Lolitta, einst von Dir geliebt[23]

König Ludwig beantwortete Lolas Brief umgehend: »In dieser Stunde ist Dein Brief vom 25. Februar in meine Hände gekommen. Du bietest mir an, meine Briefe zu schicken, die ich mit Vergnügen empfangen werde und die Du in Sicherheit durch jeden Bankier schicken kannst. Wenn ich sie in meinen Händen habe, werde ich Dir die Wechsel für April, Mai und Juni schicken, auch wenn es zu früh ist ... Luis«[24]
Wenn der König seine Lolitta nicht schon gut genug kannte, und nicht davon ausging, daß seine Briefe jeden Tag eintreffen würden, enthob spätestens Lolas prompte Antwort ihn aller Illusionen, daß sie sie ohne größeren Widerstand herausgeben würde: »Warum schreibst Du mir so kalte Briefe? – Es ist sehr grausam von Dir – Es ist nicht meine Schuld, daß ich unglücklich und arm bin ... Was Deine Brie-

fe anbetrifft, jetzt, wo ich ruhiger bin und die Leute mich nicht so quälen, möchte ich sie behalten – Ich sende sie Dir nur, wenn ich auf Reisen gehe, was nicht wahrscheinlich ist – Um zu reisen, braucht man Geld, etwas, was ich nicht habe – Bitte, schreibe mir freundlichere Briefe – Du hast ein *sehr launisches Herz, und Du vergißt sehr schnell*. Aber ich bin nicht wie Du, ich bin immer noch Deine zugetane und zärtliche Lolitta für das ganze Leben – Heute nacht gehe ich incognito nach London, etwas sehr Gefährliches. Aber ich muß Herrn Heald sehen, damit er mir Geld und das, was er mir genommen hat, gibt.«[25]

Ludwig hatte auf den Köder, den sie ihm in Form seiner Briefe vor der Nase baumeln ließ, offensichtlich angebissen, und antwortete ihr auch diesmal postwendend, indem er versuchte, ihr die Briefe im Austausch gegen das einzige, worauf sie reagieren würde, abzuluchsen: Geld. »Die Wechsel für April, Mai, Juni liegen bei ... Ich hoffe, daß ich sofort die Briefe erhalte, die Du mir zurückzuschicken angeboten hast. Luis ... *Wenn meine Briefe nicht zuvor ankommen, ist es sicher, daß für Juli kein Wechsel geschickt wird*.«[26]

Darauf folgte ein langes Schweigen von Lola, einerseits weil sie ihre Pension bis Mitte des Jahres bereits bekommen hatte, andererseits weil die geheime Expedition nach London von mehr Erfolg gekrönt war, als sie erwartet hatte. Sie konnte Heald nicht nur überreden, seinen Geldbeutel wieder für sie zu öffnen, es gelang ihr sogar, diesen »lasterhaften« und »unehrenhaften« jungen Mann zu überreden, mit ihr in Paris einen aufwendigen Haushalt einzurichten. Die Gräfin traf Ende März in Paris ein und bezog schon bald ein eindrucksvolles Herrenhaus nahe den Champs Elysées, das unter dem Namen Château Beaujon bekannt war, wofür sie einen Mietvertrag über fünfzehn Jahre zu 15 000 Francs im Jahr unterzeichnet haben soll.[27] Heald traf kurz darauf mit einem Troß Bediensteter, fünfzig Truhen, fünf Wagen und sieben Pferden ein.

Das berühmt-berüchtigte Paar begann sogleich, sein neues Heim für 50 000 Francs von Grund auf renovieren zu lassen, und eine Armee Handwerker machte sich über das Château her.[28] Die Beziehung zwischen Lola und Heald war noch immer turbulent, und einmal hielt es einer der Maler, der mit den Renovierungsarbeiten beschäftigt war, für seine Pflicht, einzuschreiten, um zu verhindern, daß es zwischen seinen Auftraggebern zu Gewalttätigkeiten kam.

Die Healds gaben keine Einladungen in großem Stile, sondern bewegten sich vor allem im kleinen Kreise von Lolas Freunden und

Günstlingen, aber man sah sie oft bei Ausfahrten auf den Champs Elysées, wo sie sich unter die feine Gesellschaft mischten.[29] Sie fuhr in einer eleganten Kalesche voran und er folgte ihr in seinem Phaeton. Lola war normalerweise schon von weitem zu erkennen, denn wo immer sie auch hinfuhr, sie pflegte ihren Wagen von vier Schimmeln ziehen zu lassen.

Es kursierte das Gerücht, daß sie etwa 40 000 Pfund Sterling (was heutzutage sicher mehreren Millionen Mark entsprechen würde) bei einem amerikanischen Bankier hinterlegt habe, aber wahrscheinlich hatte sie dieses Gerücht selbst in Umlauf gebracht, um ihre Gläubiger bei Laune zu halten.[30] Tatsache war jedoch, daß die Handwerker für ihre Renovierungsarbeiten im Château Beaujon in bar bezahlt wurden. Das Liebespaar hatte bei einem angesehenen Maler, der in der Nachbarschaft wohnte, auch ein Portrait in Auftrag gegeben. Es sollte den Moment ihrer Verlobung darstellen und zeigte Lola, wie sie auf einem eleganten Sofa saß, Heald stand in seiner Gardeuniform neben ihr und hielt ihre Hände, wobei er ihr tief in die Augen blickte. Auf einem Malachit-Tischchen stand eine luxuriöse Schmuckschatulle, in der die Hochzeitsgeschenke des Leutnants für seine Braut zu sehen waren.

Dieses Leben in Paris kostete Unsummen von Geld, und Heald begann bei all seinem Reichtum Briefe seines Anwalts zu erhalten, der ihn dringend bat, nach London zu kommen, um sein Einkommen zu besprechen und Vorkehrungen für die Begleichung der offenen Rechnungen zu treffen.[31] Als Heald schließlich tatsächlich nach London fuhr, schickte Lola, die offensichtlich besorgt war, was für Ideen der Anwalt ihrem Gatten in den Kopf setzen könnte, ihm zwei Freunde nach, die ihn nach Paris zurückholten, ehe weitere Vorkehrungen getroffen werden konnten.

Ende Mai schrieb Lola erstmals wieder an Ludwig, seit er ihr die Wechsel für April, Mai und Juni geschickt hatte. Sie entschuldigte ihr langes Schweigen damit, daß sie nicht in der Lage gewesen sei, das Bett zu verlassen, da sie von einem weiteren schweren Malariaschub und einer Darmentzündung heimgesucht worden sei.

Mein Leben ist unglücklich, sehr unglücklich – Herr Heald ist mehr als ein Tyrann zu mir – und letztendlich kann ich ihn nicht verlassen, weil ich nichts zum Leben habe ... Du hast mich gebeten, Dir Deine Briefe zu schicken, aber Du hast mir geschworen und versprochen, die kleinen Zuwendungen mir für das ganze Leben zu geben, und jetzt willst Du mir alles nehmen – Der ärmste Mann mit irgendeinem Herzen könnte das nicht tun ... Ständig und vor

allen Fremden werde ich wie eine verlorene Frau von der Straße beleidigt ...
Einige sagen, ich sollte Deine Briefe zur Veröffentlichung verkaufen, aber es
würde mir Schrecken bereiten, Dich zu verraten – Es gefällt mir viel mehr,
Deine Briefe für mich selbst zu lesen und an die Zeit zu denken, die für
immer vorbei ist – Ich bitte Dich, meine Pension nicht zurückzunehmen ...
Keine andre Frau auf der Welt leidet mehr als ich, ist mehr verfolgt – und all
das, weil ich mit Dir in München war ... Jetzt lebe ich in einem sehr schönen
Haus, aber es ist nichts – Herr Heald hat eine Menge (sieben Pferde) aber
nichts für mich ... Ich bin wie ich war und werde es für das ganze Leben sein,
die, die Dich so sehr liebt, Lolitta.[32]

Ludwig beschloß, daß er eine verläßliche Informationsquelle darüber
brauchte, wie Lola tatsächlich lebte.[33] Er bat den bayerischen Botschafter in Paris, August Freiherr von Wendland, um einen vertraulichen Bericht über die Gräfin von Landsfeld. Wendland antwortete,
daß sie und Heald ein elegantes Haus gemietet hatten, einen umfangreichen Haushalt mit zahlreichen Dienern, Pferden und Kutschen unterhielten und in der Öffentlichkeit gesehen wurden, aber
zurückgezogen lebten und angeblich alle ihre teuren Ausgaben in bar
bezahlten.

Ludwig schrieb Lola, was er über ihr Leben in Paris wußte.[34] Er warf
ihr vor, ihn zu belügen, und wiederholte, daß sie keine weiteren Zahlungen mehr erwarten könne, ehe sie ihm nicht seine Briefe zurückgegeben habe. Lola wußte, daß Ludwigs Briefe nun ihr letzter Trumpf
waren, und sie hatte nicht vor, ihn billig herauszugeben. »Die lebenslange Pension, die Du mir versprochen hast, ist von *größter Notwendigkeit* – Du weißt nicht, was Notwendigkeit heißt – es ist ein *schreckliches Wort* ... Wenn Du willst, wäre es mir sehr lieb, Daß Du mir für
alle Papiere und Briefe von Dir, die ich habe, eine Summe auszahlst.
Dann sprechen wir nicht mehr über Geld – Wenn Du das tun würdest, bräuchtest Du mir die Pension nicht mehr länger zahlen – *Ich
bin mit der Summe zufrieden, die Du mir geben willst*. Du siehst, ich brauche dringend Geld – Ich weiß, daß Deine Briefe sehr wertvoll sind,
und wenn mir etwas passiert, könnten andere damit machen, wozu
ich nicht fähig bin, obwohl viele Verleger hier und in London mir
viel Geld dafür angeboten haben, um sie in Englisch oder Französisch
zu veröffentlichen ... Glaube mir, es ist schrecklich, in *Not* zu sein –
Man ist zu vielem fähig, wenn man dazu *gezwungen* wird.« Sie beteuerte nicht mehr länger ihre unsterbliche Zuneigung.

Lola, die stets alles, was sie tat, so wahrnahm, wie es für sie am vorteilhaftesten war, war sicher in der Lage, sich selbst vorzugaukeln, daß dieser Brief nichts weiter war als ein rauher, aber notwendiger Schubs, um Ludwig in die richtige Richtung zu lenken. Ihr erstaunlicher letzter Satz zeigt jedoch, daß selbst ihr diesmal bewußt gewesen sein muß, daß sie einen Erpressungsbrief geschrieben hatte: »Nichts, was ich hier über die Briefe und die Pension geschrieben habe, ist meine eigene Idee. Es ist der Ratschlag von Freunden, die das Ganze ohne Skandal erledigen wollen und auf eine Weise, die Dir Genugtuung gibt. Lolitta«

Ludwig antwortete nicht auf Lolas Brief. Stattdessen schickte er Wendland eine Anfrage nach der anderen bezüglich des Lebens, das Lola in Paris führte.[35] Unter anderem wollte er wissen, ob Heald Lola für den Fall, daß er vor ihr sterben sollte, eine Summe Geld oder eine Pension garantiert hatte. Der Botschafter schrieb darauf, daß in Paris die Meinung vorherrsche, daß Heald um sein Leben fürchten müßte, falls er etwas derartiges getan haben sollte.

Lolas Darstellung, daß sie und Heald finanzielle Schwierigkeiten hatten, entsprach durchaus der Wahrheit, aber ihre Probleme waren größtenteils auf ihren hochherrschaftlichen Lebensstil zurückzuführen.[36] Ende Juli wurden vier der Pferde zum Verkauf nach London geschickt, um die laufenden Ausgaben zu decken, und die Healds versuchten, den Kutschenbauer dazu zu bewegen, einen ihrer Wagen zurückzunehmen. Healds Anwalt sollte in Kürze in Paris eintreffen, um zu besprechen, wie die Ausgaben den Einkommensverhältnissen angepaßt werden konnten, als Heald wieder einmal genug hatte und seine Gattin verließ. An der Art seines Aufbruchs schien Heald nicht völlig ohne Schuld zu sein, da er nachweislich nicht nur alle seine eigenen, sondern auch den Großteil der beweglichen Güter Lolas mitnahm, darunter ihre Adelsurkunde, ihr Marmormodell aus der Hand des Königs und alle Briefe Ludwigs an sie.

Lola hatte so gut wie kein Bargeld, um die Heerscharen von Gläubigern zu befriedigen und konnte nicht einmal mehr die Miete für das Château de Beaujon aufbringen.[37] Sie versuchte, ihr unbezahltes Mobiliar zur Hintertür hinausschaffen zu lassen, wo es durch den Garten transportiert und auf einen bereitstehenden Wagen geladen werden sollte, aber der Polsterer wurde informiert, und ein Gerichtsvollzieher stoppte die Entführung des Sicherheitsgutes. Die Gräfin reiste ab, um ihren Gatten zu verfolgen und schlug wiederum ihr Quartier in Boulogne auf, aber diesmal waren ihre Bemühungen umsonst. Heald war jetzt nur noch daran interessiert, daß seine Anwälte einen Vergleich aushandelten, der ihn ein für allemal von Lola Montez befreite. Die

Besitztümer, die Heald gestohlen hatte, wurden Lolas Anwalt in London übergeben und die Verhandlungen zwischen den Anwälten begannen.

Heald erklärte sich schließlich bereit, die Schulden zu bezahlen, die während der Zeit entstanden waren, in der er mit der Gräfin zusammengelebt hatte, und er soll ihr Unterhalt in Höhe von 50 Pfund pro Monat gezahlt haben, aber ansonsten war Lola finanziell auf sich selbst gestellt, und ihre Rückkehr nach Paris war diesmal weitaus weniger bombastisch.[38] Einige Mitglieder der Presse weigerten sich sogar, zu glauben, daß sie tatsächlich zurückgekehrt war, als berichtet wurde, daß sie zu den Frauen zählte, die in Begleitung des exotischen und reichen Botschafters aus Nepal gesehen wurden, der verschiedene europäische Hauptstädte besuchte. Sie kehrte Mitte September nach Paris zurück und zog kurz darauf in eine relativ bescheidene Wohnung in der Rue de St. Honoré 420, die ein Freund, Michel de Corail, der sich als Graf ausgab, für sie gemietet hatte. Der Mietvertrag für die Wohnung, die in einer eleganten Gegend zwischen der Place de la Concorde und der Église de la Madeleine lag, lautete nicht auf sie, und es wurde auch kein Mobiliar in ihrem Namen gemietet, damit etwaige Gläubiger sie nicht persönlich verfolgen konnten, falls sie die Rechnungen nicht bezahlte.

Die letzten vier Jahre waren für Lola qualvoll gewesen, und sie scheint mit dem Gedanken gespielt zu haben, seelischen Beistand im christlichen Glauben zu suchen. Es gab sogar Gerüchte, daß die Gräfin von Landsfeld sich in ein Karmelitinnen-Kloster in Spanien zurückziehen wolle.[39] Bereits in London hatte sie spirituelles Interesse gezeigt, doch nun sah man katholische Geistliche bei ihr in der Rue de St. Honoré ein und aus gehen, und sie selbst suchte den Seelsorger des zur Madeleine-Kirche gehörenden Pfarrsprengels auf. Der Priester tadelte sie wegen ihrer extravaganten und beschämenden Lebensweise, aber sie gab zurück, dies sei das Ergebnis der Vernachlässigung durch ihre Eltern, die sie in ihrer Kindheit erfahren hatte. Diese Entschuldigung hatte sie schon seit Jahren bemüht, und Ludwigs Rat, doch in ihrem Inneren nach den Gründen für ihre Probleme zu suchen, schien ungehört verhallt zu sein.

Lola begann, in ihrer Wohnung kleine Einladungen zu geben und konnte schon bald einen multinationalen Kreis von Persönlichkeiten aus der Welt der Politik, der Kunst, des Journalismus, des Theaters und der reichen Müßiggänger um sich scharen.[40] Doch ihre größte Sorge galt mehr denn je dem Geld. Ludwig hatte seine Pensionszahlungen

im Juli eingestellt, und sie wagte nicht, von den 50 Pfund monatlichem Unterhalt abhängig zu sein, die sie von Heald bekam.
Es ist Lola zugute zu halten, daß sie offenbar niemals ernsthaft in Erwägung gezogen hat, die Briefe des Königs an sie zu veröffentlichen, auch wenn sie in ihren Briefen indirekt damit drohte. Nun schrieb sie noch einmal an Ludwig und erzählte ihm, daß Healds Anwalt die Briefe des Königs einem Anwalt in London übergeben habe, daß sie aber kein Geld habe, um nach ihnen schicken oder sie ihm sicher überbringen zu lassen:[41]
»Du hast mich vergessen, Deine Lolitta, die nie zu verlassen Du so oft geschworen hast – Ich habe Dir zwei Briefe geschrieben, und Du hast nicht geantwortet – Mein Gott, was ist mein Verbrechen, wenn nicht die Liebe, die ich *immer noch* zu Dir habe … Wenn Du es erlaubst, das einzige, wovon ich im Moment leben kann, ist, meine Memoiren zu veröffentlichen. Du kannst sicher sein, daß weder Dein Name noch der eines Dir sonst Nahestehenden schlechtgemacht wird – Es ist der einzige Beweis, den ich Dir von meiner Zuneigung geben kann, die Welt von Deinem großen Genius und Deinem großen Geist wissen zu lassen … Oh, Ludwig fehle mir jetzt nicht in meiner unbeschreiblichen Lage, es ist so elend.«
Ludwig war offenbar zu dem Schluß gekommen, daß er nichts zu gewinnen, aber viel zu verlieren hatte, wenn er noch einen weiteren Brief in Lolas Hände gelangen ließ, und er dürfte erhebliche Zweifel daran gehabt haben, daß sie in der eleganten Rue de St. Honoré tatsächlich in bitterer Armut lebte. Er antwortete nicht.
Corail schien die Veröffentlichung von Lolas Memoiren als Fortsetzungsroman in der Tageszeitung *Le Pays* vermittelt zu haben, und er und ein alterndes, kleineres Licht der Académie Française sollen sich an das Unterfangen gemacht haben, ihre Erinnerungen in stilistisch einwandfreies und idiomatisches Französisch zu bringen.[42] Die Zeitungen behaupteten, daß Lola Erpresserbriefe an alle schickte, die einen Grund gehabt haben könnten, ihre Darstellung in den Memoiren zu beeinflussen.
Ob es wahr oder falsch ist, Tatsache ist, daß Dritte versuchten, über Botschafter Wendland mit König Ludwig in Kontakt zu treten, um ihm vorzuschlagen, daß die Gräfin für eine Pensionszahlung von 25000 Gulden jährlich bereit sei, die Briefe des Königs zurückzugeben und sie in ihren Memoiren nicht zu verwenden.[43] Wendland bat diese Leute, der Gräfin auszurichten, falls sie erwarte, daß König Ludwig ihr jemals wieder helfen werde, solle sie sofort seine Briefe

zurückgeben und Seine Majestät in Ihren Memoiren in keiner Weise erwähnen. Zur selben Zeit stattete der Botschafter dem französischen Außenminister und Innenminister vertrauliche Besuche ab, um anzufragen, was sie tun könnten, um die Veröffentlichung von Lolas Memoiren zu unterbinden. Die Minister bestellten den Verleger der Zeitung *Le Pays* zu sich und warnten ihn, falls er irgend etwas veröffentliche, das Frankreichs Beziehungen zu einer ausländischen Macht beeinträchtigen könnte, würde er sofort verhaftet. Die Minister baten des weiteren, das Manuskript der Memoiren prüfen zu dürfen, um Streichungen vorschlagen zu können. Der Verleger, der durch die Gesetze der neuen Republik vor Zensur geschützt war, weigerte sich, mit den Ministerien zusammenzuarbeiten.

Als letzter Versuch, mit dem König Kontakt aufzunehmen, wurden die Druckfahnen von Lolas Einführung, die als offener Brief an Ludwig verfaßt war, der bayerischen Botschaft in Paris mit der Bitte vorgelegt, sie sofort an den König zu schicken.[44] Am nächsten Morgen, dem 8. Januar 1851, erschien die erste Folge von Lolas Autobiographie.

Obgleich sie schriftstellerische Unterstützung gehabt hatte, war Lola Montez eindeutig als die Verfasserin der Memoiren zu erkennen, in denen die charakteristische Mischung aus »Lügen und Anmaßung« zum Ausdruck kam, die Sir Jasper Nicolls so viele Jahre zuvor an Lola bemerkt hatte. Die Einführung war an Ludwig persönlich gerichtet und gab einen Ausblick auf die Themen, die in den Memoiren erörtert werden sollten:[45] »Es sind Ihre poetischen Gedanken, die Gedanken eines Mannes der Kunst, eines Philosophen, es sind Ihre zuweilen so strengen, aber immer gewichtigen Urteile, es sind die erhabenen Ideen eines freisinnigen, großmütigen und erhabenen Königs, die ich Europa offenbaren will, welches heute in einen so stumpfen, ideenlosen, ohnmächtigen und gottlosen Materialismus versunken ist ... Die Gesellschaft tut alles, was sie vermag, um aus uns Frauen Heuchlerinnen zu machen. Wir sind unaufhörlich gezwungen, das Gegenteil von dem zu sagen, was wir denken ... Ich werde allerdings die skandalösen Dinge, die sich bis jetzt verschleiert gehalten haben, enthüllen ... Ich werde jedoch stets die Grenzen des Anstands wahren. Wenn ich das Privatleben von Personen des öffentlichen Lebens berühren muß, insbesondere, wenn es sich um Frauen handelt, werde ich stets Zurückhaltung und Rücksichtnahme üben.«

Die Einleitung schweifte ab, wechselte plötzlich das Thema und holte zu ziellosen langatmigen Exkursen aus, all dies typische Merkmale von Lolas Schreibstil. Überraschend ist, daß Lola, die den Ruf einer nach Reformen strebenden Liberalen erhalten sollte, die neue französische Republik und ihre Anhänger sowie die politisch Liberalen im allgemeinen aufs Korn nahm.

Es gelang ihr auch, in die Einführung ein paar dreiste Lügen einzuflechten, allen voran ihre Behauptung, die beste Widerlegung der Vorwürfe, sie habe in Bayern die beschämende Rolle einer Dubarry oder Pompadour gespielt, sei die Tatsache, daß Königin Therese persönlich der Gräfin von Landsfeld als Zeichen ihrer Wertschätzung die Insignien des Theresienordens verliehen habe.[46] Diese dicke Lüge übertraf Lola noch mit ihrer Erklärung, der schönste Tag ihres Lebens sei der gewesen, an dem König Ludwig ihre Hand ergriffen und sie mit folgenden Worten vor seinen versammelten Hof geführt habe. »Meine Herren, ich führe Ihnen hier meine beste Freundin zu«, königliche Worte, in denen, wie Lola schrieb, »mehr lag, als es bedarf, eine Frau zu rächen«.

Literarisch gesehen haben die Memoiren keinen großen Stellenwert, aber sie sind unterhaltsam. Es ist deshalb nicht ganz nachzuvollziehen, warum die Veröffentlichung der ersten Folgen mit allgemeiner Enttäuschung aufgenommen wurde. Wahrscheinlich erwarteten die Leser der Zeitung *Le Pays* die in der Einleitung angekündigten skandalösen Enthüllungen. Aber Lola ging chronologisch vor und erfreute ihre Leser mit Geschichten über das Leben in Indien, die weder skandalös noch besonders neu waren. Wendland konnte Ludwig berichten, daß die Reaktion der Öffentlichkeit lau gewesen sei und daß Lola angeblich frustriert und verärgert darüber war, daß sie weder beim Publikum noch mit ihren Bemühungen, König Ludwig für ihr Schweigen zur Kasse zu bitten, Erfolg hatte.[47]

Anfang 1851 erschienen in unregelmäßigen Abständen weitere Fortsetzungen der Memoiren. Es hieß, daß sie 24000 Francs für das ganze Werk bekommen sollte, aber es war nur etwa ein Viertel veröffentlicht und nur 6000 Francs Honorar gezahlt worden, als *Le Pays* verkauft wurde und die neuen Besitzer – glühende Anhänger der neuen Republik, die Lola so verspottete – jegliche Geschäfte mit ihr ablehnten.[48] Lola soll versucht haben, die restlichen drei Viertel ihres Werks an andere Pariser Zeitungen zu verkaufen, konnte aber keinen Käufer finden, der bereit war, ihr den gewünschten Preis zu zahlen.

Gegen Ende März 1851 erzählte ihr ein Bekannter, daß er vorhabe, nach München zu reisen, und Lola gab ihm einen letzten Brief an Ludwig mit: »Oh, Louis, wenn Du die elende, aber *ehrenhafte* Lage wüßtest, in der ich bin. Alles ist armselig, armselig, aber Geld unrechtmäßig gewonnen ist immer schlecht – Lieber lebe ich so, als sündigen Luxus zu haben ... Oh, Louis, habe Erbarmen – Denke daran, daß Dich Lolitta bittet, die für Dich immer dieselbe gewesen ist ... Um des Mitleids willen, Louis, hilf mir, würdig zu sein – Deine Briefe, die Herr Heald Dir zu geben mir nie erlaubt hätte, stehen zu Deiner Verfügung – sie sind mir heilig – Ich erlaube einem Freund, das zu schreiben, was dann Memoiren genannt wird, *nichts wird aber über München geschrieben* ... Antworte auf meinen Brief – einige Zeilen – Welch ein Glück wäre das, wenn Du mir ein paar Zeilen schreiben würdest – Mein Herz ist für Dich immer noch dasselbe ... Deine immer zugetane Lolitta«[49]

Der König antwortete ihr nicht. Dies war der letzte von hunderten von Briefen, die sie einander schrieben, voller Leidenschaft, Ärger, Desillusion, krankhafter Zuneigung, Lügen, Vorwürfen, Bitten um Geld und Bitten um Liebe. Obwohl Lola Ludwig schmerzlich betrogen hatte, war sie, wie der König ihr gesagt hatte, nicht in der Lage, für ihr eigenes Tun Verantwortung zu übernehmen. Fast noch unbegreiflicher ist, daß ihr Herz und Geist offenbar so beschaffen waren, daß sie tatsächlich aufrichtige Zuneigung und Respekt für Ludwig empfinden konnte, auch wenn sie gleichzeitig versuchte, Geld von ihm zu erpressen. Ob zur Wahrung seiner oder ihrer Ehre, sie hielt immer daran fest, daß ihre Liebe rein platonisch und intellektuell gewesen sei, und bis zu ihrem Tod sprach sie von ihm nur mit höchster Bewunderung.

Kurz nachdem er diesen letzten Brief von ihr erhalten hatte, faßte Ludwig die Gedanken an seine Lolitta in ein letztes Gedicht:

> Die Krone habe ich durch Dich verloren,
> Ich grolle aber Dir darum doch nicht,
> Die Du zu meinem Unglück bist geboren,
> Du warst ein ganz verblendend, sengend Licht!
>
> Sei glücklich! dieses rufet meine Seele,
> Aus ewig weiter Ferne her Dir nach;
> Den Weg des Heiles endlich nun erwähle;
> Das Laster bringt Verderben nur und Schmach.
>
> Den besten Freund, der jemals Dir geworden,
> Du stießest treulos ihn von Dir,
> Verschlossen waren Dir des Glückes Pforten,
> Bloß folgend Deiner lüsternen Begier.

Fürs Leben bleiben immer wir geschieden,
Und nie und nimmer sehen wir uns mehr,
Laß mir des Herzens schwer errungnen Frieden,
Das Leben lastet ohne ihn so sehr.[50]

****

Wieder im Rampenlicht

Die Ankunft eines Kuriers in der Villa Malta brachte Lolitta wieder stark in Ludwigs Erinnerung.[1] Ein Ire namens Patrick O'Brien gab an, im Dienste von Ludwigs Sohn, König Otto von Griechenland, gestanden zu haben und ihm ein Paket von der Gräfin von Landsfeld übergeben zu wollen. Ludwig empfing O'Brien nicht selbst, sondern ließ sich durch einen seiner Höflinge, Graf Franz Pocci, vertreten. Pocci war entsetzt, als O'Brien ihm ein unversiegeltes Paket aushändigte, das sämtliche Briefe des Königs an Lola Montez enthielt.
Ludwig war höchst überrascht und erleichtert, die mehrere hundert Seiten wieder in Händen zu halten, auf denen er seine intimsten Geheimnisse offenbart hatte. Er schickte O'Brien ein Dankesschreiben und 2000 Francs für die Gräfin als Ausdruck seiner Dankbarkeit für ihre Geste.[2] O'Brien schrieb dem König, er sei sicher, daß die »schwache Frau ohne Freunde, die von großen Sorgen und Nöten geplagt wird«, ihm zutiefst dankbar sein werde. Er sagte, Lola brauchte das Geld, um ihr Silber im Pfandhaus auszulösen, da sie sich Geld geliehen habe, um ihn nach Rom schicken zu können.
Als Lola von der Übergabe erfuhr, schrieb sie O'Brien, er möge dem König bestellen, nun könne sie glücklich sterben, da der König ihr sein Wohlwollen gezeigt habe. »Sagen Sie dem König«, schrieb sie ihrem Kurier, »daß seine arme Lola jetzt moralisch tot ist und ihn nie wieder belästigen wird. Sie wird den Schmerz ihres gebrochenen Herzens vor aller Welt verbergen und versuchen, ihre Tage in Frieden mit Gott und den Menschen zu beschließen.«[3]
Wendland berichtete dem König aus Paris, daß die Geschichte des versetzten Silbers wahrscheinlich erfunden war, um mehr Geld aus ihm herauszuholen, und daß O'Brien für Lola nach Rom gereist war, weil er sich in sie verliebt hatte.[4] Der Ire hatte zwar den Eindruck gewonnen, daß Ludwig Lola eine Rente auf Lebenszeit garantieren würde, doch der König beschränkte sich darauf, ihr weitere 3000 Franc als Anerkennung für die bedingungslose Rückgabe der Briefe zu schicken. Es war das letzte Mal, daß er ihr Geld schickte. Einige Wochen später erhielt Pocci ein Schreiben von O'Brien, in dem dieser ihm mitteilte, daß Lola ihm den Erhalt der zusätzlichen 3000

Francs verschwiegen und das Gerücht in Umlauf gebracht habe, O'Brien selbst habe versucht, die Briefe des Königs dazu zu benutzen, Geld von ihm zu erpressen. Er kehrte mit dem Gefühl, schmählich betrogen worden zu sein, nach Irland zurück und fand, die Gräfin verkehre in schlechter Gesellschaft.

Die Gräfin suchte jetzt tatsächlich eine andere Art von Gesellschaft, denn sie beabsichtigte keineswegs, »ihre Tage im Frieden mit Gott und den Menschen zu beschließen«, sondern bereitete sich auf eine neue Bühnenkarriere vor. Ihr Bedarf nach einem nicht unerheblichen Einkommen und einem ereignisreichen Leben in der Öffentlichkeit hatte sie nach dem Scheitern ihrer Ehe und ihrer Memoiren wieder zur Bühne gebracht. Sie war in eine andere Wohnung in der Rue St. Honoré 362 umgezogen und begann, im Sommer täglich vier Stunden für die Wiederaufnahme ihrer Karriere als Tänzerin zu trainieren, die sie nach ihrem zweiten Auftritt in München im Oktober 1846, also vor fast fünf Jahren, unterbrochen hatte.[5] Lola war sich trotz ihrer langen Bühnenpause sicher, daß sie vor vollen Häusern auftreten würde, denn schließlich war sie nach Königin Victoria die berühmteste oder zumindest die berüchtigtste Frau der Welt.

Die Gräfin begab sich unter die künstlerischen Fittiche von Monsieur Mabille, dem Inhaber des berühmten Jardin Mabille, eines Tanzsalons unter freiem Himmel auf den Champs Elysées, der bei Bewunderern schöner Frauen einen weit besseren Ruf genoß als bei Kennern guten Tanzes. Mabille entwarf die Choreographie mehrerer Tänze für die Gräfin, unter anderem eine Tarantella (wahrscheinlich in Anlehnung an den »Oleano« ihres Londoner Debüts), einen bayerischen Tanz, einen ungarischen Tanz und einen Tiroler Tanz.[6] Ludwigs Geld dürfte dazu beigetragen haben, die Tanzstunden, die aufwendigen Kostüme und das Kopieren der Noten zu bezahlen, außerdem erhielt sie angeblich immer noch 600 Pfund im Jahr von Heald, und es ist anzunehmen, daß männliche Verehrer weitere Zuschüsse leisteten.

Den ganzen Sommer 1851 setzte Lola ihre Ballettstunden fort und plante ihr Comeback, wobei sie ein sehr aktives gesellschaftliches Leben führte. Ihre neue Wohnung schien größer und für den Empfang von Gästen besser geeignet zu sein.[7] Bei den Festen, die sie regelmäßig gab, waren vorwiegend Herren aus den verschiedensten Ländern und sozialen Schichten zugegen. Es war keineswegs ungewöhnlich, bei den Soiréen der Gräfin einige Inder und Amerikaner zwischen den Vertretern der führenden europäischen Nationen anzutreffen, und mit ihrer nicht sehr tragenden aber ansprechenden Stimme gab sie ihren Gästen zuweilen eine Gesangsdarbietung. Den größten Teil des Abends verbrachte sie damit, eine kleine Zigarette nach der anderen zu rauchen, während sie die Huldigungen der Herren entgegennahm, die von ihrer geistreichen Konversation in verschiedenen Sprachen bezaubert waren. Ein Beobachter bemerkte, daß sie keine Sprache perfekt sprach, im Englischen jedoch die wenigsten Fehler zu machen schien. Im Französischen übernahm sie den Akzent ihres jeweiligen Gegenüber, und wenn sie lächelnd und mit halbgeöffnetem Mund zuhörte, herrschte in ihrem Gesicht ein reges Mienenspiel.

Im Frühjahr 1851 war Lola mit dem Amerikaner Edward Payson Willis, dem jüngeren Bruder des prominenten Verlegers und Autors Nathaniel Parker Willis, bekannt gemacht worden.[8] Der jüngere der Willis-Brüder wurde ihr Vertrauter und ermunterte sie, ihre Bühnenkarriere wieder aufzunehmen und sich ein Beispiel an dem Erfolg zu nehmen, den Fanny Elssler und Jenny Lind vor kurzem in den Vereinigten Staaten gehabt hatten. Unter Lolas amerikanischen Gästen in jenem Sommer war auch ein Bruder von James Gordon Bennett, dem Verleger und Herausgeber des *New York Herald*. In den Erzählungen seines Bruders spürte Bennett den redaktionellen Wert dieser intelligenten, selbstherrlichen und entschieden unorthodoxen Schönheit, und seine Zeitung sollte sie jahrelang mit unbezahlbarer, wenn auch nicht immer schmeichelhafter Publicity versorgen.

Gegen Ende des Sommers kündigten die Zeitungen in Europa und Amerika an, daß Lola im Herbst nach Amerika kommen würde, und schon bald häuften sich in der amerikanischen Presse entrüstete Beiträge. Der neue amerikanische Konsul in Paris, Samuel Griswold Goodrich, der unter dem Pseudonym Peter Parley einer der produktivsten und meistgelesenen Autoren Amerikas war, schrieb an eine Bostoner Zeitung: »Es ist zu erwarten, daß tausende amerikanischer Damen herbeiströmen werden, um eine Frau zu sehen, die in beachtlichem Maße jeglichen künstlerischen Talents entbehrt und ihren zweifelhaften Ruhm – und nur deshalb wird ihr überhaupt Aufmerksamkeit zuteil – allein durch die schamlose Zügellosigkeit ihres Charakters erlangt hat. Lola Montez' Auftritte empfinde ich unter diesen Umständen als Verstoß gegen die guten Sitten und die allgemeine Moral. Sie ist eine Beleidigung für die amerikanische Gesellschaft, und wenn ihre Darbietungen den Erfolg haben, den die Tourneeplaner vorhersagen, so wird dies der bisher schmerzlichste und schlüssigste Beweis unserer zunehmenden Korruption sein.«[9]

Die *New York Times* ließ feierlich verlauten: »Wir werden zutiefst enttäuscht sein, wenn diese Person in den Vereinigten Staaten auch nur den geringsten Erfolg hat. Sie hat keinen besonderen Ruf als Tänzerin. Sie ist der ganzen Welt nur als schamlose und verrufene Frau bekannt.«[10] Da schon die Ankündigung ihrer Ankunft soviel öffentliches Interesse erregte, sah es aus, als sei Lolas Erfolg so gut wie sicher. Am 26. August unterschrieb sie bei Roux et cie. in der Rue Le Peletier einen Managementvertrag für ihre Auftritte vom 15. September 1851 bis 15. März 1852 in Frankreich, Amerika, Kuba, Brasilien, Mexiko, Chile, Peru und Afrika.[11] Lola verpflichtete sich, mindestens sechs Vorstellungen pro Woche zu geben, und Roux sollte 25 % ihrer Einnahmen für die Organisation und geschäftliche Abwicklung der Tournee erhalten.

Als letzte Vorbereitung ihres Bühnen-Comebacks verschickte die Gräfin von Landsfeld mehrere hundert persönliche Einladungen zu einer privaten Probeaufführung am 12. September im Jardin Mabille an ihre vielen Freunde und an alle Mitglieder der Pariser Presse. Es erschienen etwa dreihundert Herren sowie ein paar Damen, die als »der Elite der eleganten Damen von großem und mäßigem Vorstellungsvermögen« zugehörig beschrieben wurden.[12] Lola ließ sie zwei Stunden über den für zwanzig Uhr angekündigten Beginn der Vorstellung hinaus warten, und die Gäste unterhielten sich bei Punsch, Eiskrem und Zigaretten, die ihre Gastgeberin für sie servieren ließ.

Als sie schließlich erschien, wurde Lola von ihrem geladenen Publikum mit dem angemessen enthusiastischen Applaus begrüßt.[13] In hinreißenden Kostümen führte sie drei der Tänze vor, die sie mit Mabilles Unterstützung perfektioniert hatte. Angeblich warf sie dabei wieder ihr Strumpfband ins Publikum, wie sie es schon bei ihrem Debut in der Pariser Oper vor mehr als sieben Jahren getan hatte. Théophile Gautier und andere bemerkten, daß ihre tänzerische Darbietung tatsächlich weitaus besser war als damals und führten dies auf Mabilles Anleitung zurück. Gautier versicherte seinen Lesern, daß sie noch immer die grazile junge Frau war, die sie in Erinnerung hatten – nervös, ein wenig dünn, mit funkelnden Augen und blitzenden Zähnen.

Vier Tage später feierte Lola Montez in Boulogne ihre offizielle Rückkehr auf die Bühne, wo sie vor einem Publikum, in dem sehr viele Briten vertreten waren, grandiosen Erfolg hatte.[14] »Lola Montez' Tanz ist Poesie in der Bewegung«, schrieb ein Kritiker über ihr Debüt, »manchmal phantastisch, oft lasziv, stets attraktiv.« Der Direktor des Theaters in Boulogne buchte sie zusätzlich zu den zwei ursprünglich geplanten Vorstellungen für eine dritte.

Von Boulogne aus reiste sie in Richtung Osten nach Arras, dann nach Belgien, wo sie in Gent und an drei Abenden in Brüssel auftrat, allerdings mit weniger Erfolg als in Boulogne.[15] Die Theater hoben die Preise für ihre Vorstellungen an, verdreifachten sie in manchen Fällen sogar, und viele kamen nur, um einmal eine so berüchtigte Frau zu sehen. In Brüssel war das Theater am ersten Abend ausverkauft, am zweiten Abend nur mäßig besetzt, und am dritten Abend waren die Zuschauerzahlen enttäuschend. Das Echo in der Presse war nicht eben schmeichelhaft.

Sie logierte in ihrem Lieblingshotel, dem Hotel de Suède, wo ihr in ihren Räumen eines Morgens ein Herr angekündigt wurde, der sie in Vertretung von Monsieur Arnaud, dem Besitzer des Brüsseler Hippodroms, aufsuchte.[16] Arnaud wollte der Gräfin von Landsfeld vorschlagen, gegen 3000 Francs sechsmal im Hippodrom aufzutreten, wobei sie einfach zwei- oder dreimal zu Pferd um den Ring herumreiten sollte. Lola war außer sich über das Ansinnen, daß sie in einem Zirkus auftreten sollte und informierte den gekränkten Herrn, »wenn ich die Kunst des Tanzes kultiviere, dann aus gutem Geschmack. Es ist eine Beleidigung, mir zu unterstellen, daß ich mich von einem Direktor von Gauklern bezahlen lassen würde!« Ihr Geschrei rief Mabille auf den Plan, und sein Erscheinen lenkte sie soweit ab, daß der arme Gesandte den Rückzug antreten konnte, ehe Lola das Messer fand, nach dem sie suchte.

Nach einer einmaligen Vorstellung in Antwerpen betraten die Gräfin und ihr Gefolge preußisches Gebiet.[17] Am 1. Oktober debütierte sie in Aachen, wo sie zwischen den Akten eines Schauspiels tanzte. Von Aachen ging es weiter nach Köln. Dort sollte sie am 5. Oktober zum ersten Mal auftreten, aber der Polizeidirektor verbot die Vorstellung. Bei einer Sondersitzung der Regionalregierung wurde ein entsprechendes Gesuch mit der Bemerkung abgelehnt, die Gräfin von Landsfeld sei nirgendwo in Preußen willkommen, weil ihre Gegenwart Demonstrationen von Liberalen, Sozialisten und Kommunisten auslösen könne. Es gab bereits Berichte, daß linksgerichtete Studenten sie in Aachen mit einer Ehrengarde begleitet hatten, und daß Soldaten einberufen werden mußten, um im Theater die Menschenmengen unter Kontrolle zu halten. Aus welchem Grund auch immer Lola, deren politische Ratschläge an König Ludwig unter anderem die Verweigerung der Pressefreiheit und die Einrichtung einer hart durchgreifenden Geheimpolizei beinhaltet hatten und die in ihren unlängst erschienenen Memoiren die Republikaner lächerlich gemacht hatte, hatte den Ruf einer wilden Liberalen. In New York schrieb Bennett einen langen Leitartikel im *Herald*, der sich möglicherweise auf die Gespräche, die er mit ihr im Sommer in Paris geführt hatte, stützte, worin es hieß, Lola Montez sei eine Sozialistin, die in Bayern versucht habe, das gemeinsame Eigentumsrecht sämtlichen Grundbesitzes einzuführen.

Lolas Tourneeplanung wurde durch das preußische Verbot entscheidend gestört, da Roux Engagements in Düsseldorf und Koblenz vereinbart hatte, auf die Auftritte in weiteren Städten am Rhein und vielleicht sogar in Berlin folgen sollten.[18] Jetzt war er gezwungen, auf die Schnelle neue Engagements zu finden, und darum reiste Lola nach Bordeaux, wo sie so gut wie ohne Vorankündigung im Grand Théâtre auftrat. Bei der ersten Vorstellung – die im Handumdrehen ausverkauft war – war das Publikum sehr geteilter Meinung, und die zweite Vorstellung war sehr viel weniger gut besucht.

Lolas Karriere als Tänzerin fiel schnell wieder in das bekannte und bewährte Muster zurück – es war ein Rezept, das sie sehr geschickt umsetzte, solange sie als Tänzerin arbeitete. Sie wußte, daß sie keine großartige Ballerina war, daß ihre Attraktion immer in ihrer Schönheit, der Neuartigkeit und dem feurigen Temperament ihres Tanzes gelegen hatte und jetzt mehr denn je in ihrer eigenen Berühmtheit bestand. Das bedeutete, daß die Leute ihre Vorstellungen höchstens ein- oder zweimal besuchen würden. Aus diesem Grund versuchte sie gar nicht erst, sich ein umfangreiches Repertoire zu erarbeiten. Lola wußte, daß sie eine fahrende Künstlerin sein würde, solange sie tanzte, da sie in kaum einer Stadt öfter als drei- oder viermal auftreten würde, bis alle Gelegenheit gehabt hatten, sie zu sehen. Sie besaß einen überaus sicheren Instinkt für die geschäftliche Seite ihrer Karriere, und wenn die Urteile über die künstlerische Qualität ihrer Darbietungen auch höchst unterschiedlich ausfielen, waren ihre finanziellen Erfolge doch immer recht ansehnlich.

Von Bordeaux aus ging die Tournee über Lyon weiter nach St. Etienne und Dijon.[19] Unterwegs bediente Lola sich eines ihrer wirkungsvollsten Mittel, der Eigenwerbung, und schrieb einen Leserbrief. Diesmal richtete sich ihr Schreiben gegen Louis Véron, den Herausgeber des *Constitutionnel*, einer prominenten Pariser Zeitung. Aber da sie wußte, daß Véron ihren Brief niemals veröffentlichen würde, und wahrscheinlich auch, weil sie sich ausrechnete, daß potentielle Kartenkäufer eher eine Lokalzeitung lesen würden, schickte sie ihn an den *Salut Public* in Lyon. In diesem Brief, der später von vielen Zeitungen nachgedruckt wurde, nahm sie Véron wegen einer Reihe angeblicher Kränkungen und Beleidigungen aufs Korn und kündigte dann an, falls er fortfahren sollte, sie zu beleidigen, würde sie ihn zu einem Duell herausfordern, bei dem jeder von ihnen eine Pille aus einer Dose nehmen und schlucken würde. Eine der Pillen wäre harmlos, die andere enthielte tödliches Gift. »Sie werden nicht umhin können, ein Duell mit Waffen anzunehmen, die Ihnen so vertraut sind«, schrieb sie und spielte damit sowohl auf seine angeblich giftige Feder als Autor als auch auf seine eigentliche Ausbildung als Apotheker an.

Die Tournee ging über Montpellier, Nîmes und Marseille weiter nach Süden.[20] Wenngleich Lolas Vorstellungen bei der Kritik unterschiedliche Resonanz fanden (einem Bericht zufolge wurde sie in Marseille mit einem Pfeifkonzert empfangen), waren die Kasseneinnahmen eine mehr als angemessene Entschädigung. Roux war nach Paris zurückgekehrt, da ihn sein temperamentvoller Star von der Tournee ausgeschlossen hatte, und auch Lola war schon bald wieder in der Hauptstadt, da sie einen Platz auf dem Dampfer *Humboldt* gebucht hatte, der sie von Le Havre nach New York bringen sollte. Obwohl sie einen Vertrag mit Roux unterschrieben hatte, beschloß die Gräfin, ihn fallenzulassen und stattdessen ihren neuen Freund Willis als Manager und Sekretär einzustellen.

Die *Humboldt* verließ Le Havre am frühen Morgen des 20. November 1851 und überquerte den Kanal. In Cowes legte sie an, um weitere Passagiere an Bord zu nehmen, darunter einen, dessen Anwesenheit die Seereise der Gräfin von Landsfeld gründlich überschatten sollte. Es war Lajos Kossuth, der ungarische Patriot, der während der Revolutionen im Jahr 1849 die Unabhängigkeit Ungarns von den österreichischen Habsburgern erklärt hatte. Als die ungarische Republik unter dem Angriff der Österreicher zerbrach, floh Kossuth in die Türkei, wurde dort ins Gefängnis geworfen und kam etwa zu der Zeit frei, als Lola ihre Karriere als Tänzerin wieder aufnahm. Er hatte gerade eine außerordentlich erfolgreiche dreiwöchige Reise durch England beendet, wo er von den Liberalen gefeiert worden war, und ging jetzt an Bord der *Humboldt*, um in den Vereinigten Staaten den Applaus der Republikaner zu genießen. Willis hatte Lolas Reise gebucht, lange bevor bekannt wurde, daß Kossuth nach Amerika reisen würde, und die Gräfin war nicht erfreut, daß sie nun das Schiff mit einer anderen bekannten Persönlichkeit teilen sollte, und schon gar nicht mit einer, deren Selbstbewußtsein mindestens so ausgeprägt war wie das ihre.[21]

Die Reise war alles andere als angenehm, da während des größten Teils der Überfahrt heftige Westwinde und rauhe See herrschten.[22] An ruhigeren Tagen saß Lola in einen ihrer Kaschmirschals gehüllt im Windschatten des Schornsteins und paffte unzählige Zigaretten, die sie immer nach ein paar Zügen wegwarf, während sie den Ungarn beobachtete, der mit seiner Frau unter den bewundernden Blicken der Mitreisenden an Deck spazierenging. Er war nichts weiter als ein Hochstapler, beschloß sie für sich.

Zu Lolas Glück hatte Kossuth weitaus mehr an der Seekrankheit zu leiden als sie selbst, so daß der Held die meiste Zeit der Reise in seiner Kabine verbrachte, und ihr das Feld überließ, um die Passagiere und die Mannschaft zu fesseln und zu unterhalten. Sie führe nach Amerika, weil sie Geld brauchte, erzählte sie freimütig.[23] Heald habe ihr alles gestohlen, was sie besaß, und König Max II. ihre gesamten Besitztümer in Bayern beschlagnahmt, so daß ihr keine andere Wahl bliebe, als auf die Bühne zurückzukehren. Aber mehr noch als Geld verspreche Amerika künstlerische Freiheit, meinte sie. Nach der bitteren Absage ihrer Auftritte in Köln durch die restriktiven preußischen Behörden wirkte das »Land der Freien« vielversprechender als Europa. Sie wollte sich auf die Schauspielerei verlegen, und falls ihr auf der Bühne kein Erfolg beschieden sein sollte, war Lola zuversichtlich, daß ihr das Rednerpult ein geeignetes Forum bieten würde, um ihre politischen und gesellschaftlichen Theorien zu verbreiten.

Die Nachricht, daß der große Kossuth auf der *Humboldt* eintreffen würde, war ihm vorausgeeilt, und als das Schiff am 5. Dezember um ein Uhr morgens an der Quarantänestation im Hafen von New York anlegte, erfuhren sogleich alle politischen und befreundeten Organisationen davon. Sie hatten einen bombastischen Empfang für den Helden vorbereitet, und zu Lolas erstem Eindruck von der Neuen Welt an jenem Morgen gehörte der Donner der Salutschüsse, der Jubel der Menschenmengen und die Dissonanz der Blaskapellen. Nachdem der Revolutionär und seine Begleiter vom Schiff in die Stadt eskortiert worden waren, um dort mit einem offiziellen Empfang im Rathaus geehrt zu werden, wo sich bereits Tausende von Menschen versammelt hatten, blieb nur noch ein kleines Grüppchen Reporter zurück, um über die Ankunft der berüchtigten Lola Montez zu berichten.

✳✳✳✳

Die Eroberung der Neuen Welt

1851 waren die Vereinigten Staaten für Europäer noch ein Faszinosum. Von den Klassenunterschieden, die bei den Bewohnern der Alten Welt durch Kleidung und Transportmittel so leicht zu erkennen waren, war in der Neuen Welt nichts zu sehen. Fast alle Männer schienen unabhängig von Vermögen oder Stellung die gleichen schwarzen Anzüge zu tragen, und es gab keine privaten Kutschen mit Wappen an den Türen, die an demütigen Fußgängern, die ihre Hand an die Mütze legten, vorbeirasten. Das Land erlebte gerade eine riesige Einwanderungswelle, vor allem aus Irland und den deutschen Staaten, die die ohnehin sehr große Flexibilität des amerikanischen Gesellschaftssystems noch verstärkte. Die Ausdehnung nach Westen, vor allem nach Kansas und Nebraska, deckte das schwärende Problem der Sklaverei auf, doch trotz der damit einhergehenden wachsenden Gewalt und Aufwiegelung sahen noch wenige das schreckliche Krisenpotential voraus, das darin enthalten war.

In Manhattan trat Lola mit Thomas Barry in Kontakt, dem Bühnenleiter und Impresario des Broadway-Theaters, mit dem sie schon in Paris korrespondiert hatte.[1] Abgesehen von ein paar Zeitungsinterviews hielt sich die Gräfin in den ersten Tagen nach ihrer Ankunft vorwiegend in ihrem Zimmer auf und erholte sich von der Reise. Die Reporter waren überrascht, als sie entdeckten, daß die berüchtigte Peitschenschwingerin keine gewaltige, muskulöse Gestalt war, sondern sogar schlanker, als sie ihre lithographischen Porträts erscheinen ließen – fast schon zerbrechlich. Und obwohl sie keine überwältigende Schönheit mehr war, beeindruckten Lolas große, ausdrucksvolle Augen und ihre lebhaften, fast jugendlichen Züge die Reporter noch immer. Sie verteidigte ihren Ruf vor ihnen und fragte: »Wenn ich die Frau wäre, als die man mich beschreibt, wäre ich dann gezwungen, mir meinen Lebensunterhalt auf der Bühne zu verdienen?« Lola zog in dieser Gesellschaft, in der sich Ansehen über Reichtum, Leistung und Selbstdarstellung vermittelte, schnell Verehrer an. Mit ihrem Gespür für die Stimmung im Land bezeichnete sie sich nun als entschiedene Liberale, obwohl ihre neuen amerikanischen Freunde zum größten Teil aus den konservativeren Reihen der Demokratischen Partei stammten. Die republikanische Gräfin von Landsfeld, nie um eine Meinung verlegen, bezauberte die Amerikaner mit ihren geistreichen, schmeichelhaften Kommentaren zur Politik und zu den Sitten des Landes und mit ihrem natürlichen Selbstbewußtsein, das irgendwie in der Neuen Welt zu Hause zu sein schien.

Doch Lolas erster Monat in Amerika war hauptsächlich ihrer Karriere als Tänzerin gewidmet. Nach Wochen der Untätigkeit mußte sie körperlich wieder in Form kommen, und Thomas Barry schien entschieden zu haben, daß die Tanznummern, die Lola unter Mabille einstudiert hatte, für amerikanische Zuschauer einfach nicht ausreichten. Europäer mochten vielleicht bereit sein, erhöhte Preise zu bezahlen, damit sie zwischen den Akten eines Stücks den kurzen Auftritt einer Solotänzerin bewundern konnten, doch die Amerikaner erwarteten, einen Star wie die Gräfin von Landsfeld im Rahmen einer vollständigen Ballettaufführung zu erleben.

Um eine Lösung für das Problem zu finden, suchte Barry einen der berühmtesten amerikanischen Tänzer und Choreographen, George Washington Smith, auf.[2] Smith war Mitte dreißig, aber noch immer ein ausgezeichneter Tänzer und hatte als Mitglied der Truppe von Fanny Elssler bei deren Amerikatournee überzeugende Erfolge gefeiert. Anscheinend baute er die Tänze, die Lola mit Mabille einstudiert hatte, in seine eigenen Choreographien ein. Eine davon hieß »Betly the Tyrolean«, in der Lola die Titelrolle des Mädchens aus den Bergen übernahm; wahrscheinlich beruhte das Stück auf Musik und Handlung von »Le Chalet«, einem Werk von Adolphe Adam aus dem Jahr 1834.

Mit Lola und einem Corps de Ballet erarbeitete und probte Smith auch »Diana and her Nymphs« und »Un Jour de Carnaval à Séville«; dazu entwickelte er für den Star noch einen neuen Solopart, den »Pas de Matelot«, der den Zuschauern das seltene Vergnügen bescherte, die Gräfin von Landsfeld in Hosen zu sehen, wenn sie in einer Reihe von Tänzen, die Szenen aus der Seefahrt einschließlich Schiffbruchs und Rettung darstellen sollten, einen Seemann verkörperte.[3] Die Choreographie des abschließenden Seemannstanzes bereicherte sie gelegentlich damit, daß sie eine kleine amerikanische Flagge schwenkte und küßte, was ihr immer zustimmendes Tosen der Zuschauer einbrachte. Endlich wurde auch Lolas Tarantella oder »Spider Dance« überarbeitet, der gelegentlich auch zum »Zapateado« umbenannt wurde; einem Bericht zufolge richtete ihn Smith auch als *Pas de deux* ein, damit er ihn mit ihr zusammen tanzen konnte.

Vor Weihnachten fand Lola Zeit, im Fotostudio der Gebrüder Meade vorbeizuschauen, um eine Porträtaufnahme machen zu lassen.[4] Das Foto, von dem eine große Lithographie hergestellt wurde, ist das erste von Lola, das genau datiert werden kann. Nach diesem Bild zu urteilen, scheinen die Geschichten von Lolas umwerfender Schönheit stark übertrieben, doch sind dabei zahlreiche Faktoren zu berücksichtigen. Zum einen hatte sie die Zeit ihrer größten Schönheit bereits hinter sich; sie war fast zweiunddreißig, und die Presse hatte schon seit Jahren berichtet, ihr gutes Aussehen sei im Schwinden begriffen. Zum anderen betonen die meisten Berichte, daß Lolas Schönheit vor allem auf der Beweglichkeit ihres Gesichts beruhte, auf dem ausdrucksvollen Mienenspiel ihrer Gesichtszüge (Stieler fing in seinem berühmten Porträt eine Andeutung ein); da Fotografien oft mehrere Minuten lang belichtet wurden, mußte das Modell stillhalten, damit es die Kamera einfangen konnte. Und schließlich haben sich das Schönheitsideal wie auch die Mittel zu seiner Steigerung in eineinhalb Jahrhunderten geändert.

Schließlich waren die Proben soweit fortgeschritten, daß das Broadway-Theater am Weihnachtstag stolz ankündigen konnte, Mlle. Lola Montez werde Montag, den 29. Dezember auf der Bühne in der Rolle von Betly, der Tirolerin, ihr Amerikadebüt geben. Bei der Ankündigung ihres bevorstehenden Debüts bemerkte der *Courrier des Etats Unis,* eines der New Yorker Blätter, die ihr konsequent feindselig gegenüberstanden, anerkennend, daß sie sich bei ihrer Selbstdarstellung lobenswert zurückgehalten und nicht einmal die typischen Scharlatanerien aufgeführt habe, die einem Debüt am Broadway sonst vorausgingen.[5] Im *New York Herald* versuchte Bennett, die Erwartungen des Publikums mit der Voraussage zu dämpfen, Lolas Tanz werde ihre Zuschauer enttäuschen, weil ihr größtes Talent nicht in ihren Fähigkeiten als Tänzerin liege, sondern in ihrem Intellekt und ihrer »umwerfenden Konversationskunst, ihrem herausragenden spontanen Witz und ihrer geistvollen Schlagfertigkeit«. Der Redakteur legte Lola stattdessen nahe, Lesungen zu halten, mit denen sie besser aufzeigen könne, was an ihr so faszinierend sei.

An jenem Abend war das Broadway-Theater mit mehr als dreitausend Menschen restlos ausverkauft.[6] Weil das allgemeine Schwarz der Männerkleidung nicht durch bunte Frauenkleider aufgelockert wurde, sprach man von einem ›schwarzen Haus‹. Nur etwa dreißig Frauen wagten es, sich bei einer Veranstaltung sehen zu lassen, von der das Gerücht ging, es handle sich um ein unanständiges und empörendes Schauspiel. Der Vorhang hob sich vor dem Corps de Ballet, das vor einer Ansicht der Tiroler Alpen aufgestellt war, die die ganze Bühne einnahm. Alle Blicke suchten die Debütantin, doch es folgten erst einige Minuten Ballett, ehe Lola am oberen Ende einer Wendeltreppe erschien, die einen Bergpfad darstellen sollte. Sie wurde mit Willkommensrufen und einem mehrere Minuten andauernden Applaus begrüßt, den sie mit wiederholten Knicksen entgegennahm. Als der Lärm abebbte, setzte die Musik wieder ein; Lola stieg zur Bühne hinab, ein neuer Beifallssturm erhob sich und wurde wie zuvor entgegengenommen.

Das Publikum war in aufmerksamer Erwartung, als sie schließlich mit ihrer Eröffnung, der »Tyrolienne«, begann, doch es wurde schnell offenbar, daß Bennett recht gehabt hatte. Auch wenn Lola sich anmutig bewegte, ein hübsches Gesicht und eine ansprechende, schlanke Figur hatte, war sie keine außergewöhnliche Tänzerin. Ihre Darstellung enthielt keine besonderen Kunststücke, was Beherrschung, Kraft oder Beweglichkeit anging, und obwohl die »Tyrolienne« herzlichen Applaus erhielt, war die Menge still, als Lola für den Pas de deux auf die Bühne kam; für Gaetano Neri, ihren Partner, war der Beifall zum Schluß des Tanzes dann auch enthusiastischer als für sie.

Nach einem »Bergtanz« des Corps de Ballet zeigte sich das Publikum wegen einer in die Länge gezogenen Umkleidepause für den Star unruhig und gereizt. Schließlich erschien sie wieder; sie trug einen rotweiß gestreiften Satinrock, eine schwarze Samtjacke mit goldenem Besatz und einen frechen roten Hut mit einer Feder. Lola führte einen Kriegstanz vor, wahrscheinlich eine Version des Krakoviak, den sie mit Mabille einstudiert hatte. Am Schluß dieses Tanzes führte sie die als Soldaten kostümierten Tänzer der Gruppe mit kleinen Hüpfschritten zunächst um und dann hinter die Bühne. Die Zuschauer waren begeistert, und nach einem letzten Galopp der ganzen Truppe wurde der Star wiederholt vor den Vorhang gerufen, um die Hochrufe der Männer und Sträuße von einigen Frauen in Empfang zu nehmen. »Ladies und Gentlemen«, sagte sie mit leiser Stimme und einem merkwürdigen ausländischen Akzent, »ich danke Ihnen aus tiefstem Herzen für den freundlichen Empfang, den Sie mir, einer armen Fremden in Ihrem edlen Land, bereitet haben«.[7] Einige der Zuschauer bemängelten, daß der ganze Auftritt nur vierzig Minuten gedauert hatte, und die meisten erkannten, daß Lola keine große Tänzerin war. Doch sie verfügte über eine magnetische Bühnenpräsenz und eine Anmut, die es unmöglich machten, sie als einen gewöhnli-

chen Menschen anzusehen, und die Menge ging allgemein mit dem Gefühl nach Hause, daß der Auftritt das Geld wert war.
Selbst die Kritiker, die Lolas Tanzkunst schmähten, räumten ein, daß sie es verstand, ein Publikum zu fesseln. Der Kritiker des *Albion,* der trocken konstatierte, sie habe »nicht die geringste Chance, als Tänzerin höchstes Ansehen zu erreichen«, gab zu, sie habe »ein wunderhübsches Gesicht, einen Blick von überragender Schönheit und große Ausdruckskraft; ... sie legte viel Hingabe in ihre Aufführung und vermittelte den Neugierigen eine Andeutung jenes verborgenen feurigen Temperaments, das die Gerüchte ihr im Übermaß bescheinigten.«[8] Und er fügte hinzu, die veröffentlichten Porträts würden »ihr nicht gerecht«.
Ihr zunächst für eine Woche angesetztes Engagement am Broadway wurde schnell auf eine zweite und dann eine dritte Woche ausgedehnt.[9] Als sich herumsprach, daß Lolas Vorführung und Kleidung zurückhaltend und sittsam waren, stieg der Anteil der Damen im Publikum von Abend zu Abend, und als sie die beiden neuen Ballettnummern vorstellte, die Smith für sie vorbereitet hatte, blieb das Geschäft weiterhin ausgezeichnet. In einem Bericht heißt es, ihre erste Woche am Broadway habe die höchsten Kasseneinnahmen erzielt, die das Theater je erlebt habe, und Lolas Anteil wurde mit 3400 Dollar angegeben, was vermutlich mehr war, als je ein Darsteller in einer Woche an einem amerikanischen Theater verdient hatte.
Inmitten ihres Broadway-Engagements geriet Lola in eine finanzielle Auseinandersetzung mit Edward P. Willis, die in Form eines Austauschs ärgerlicher und beschuldigender Briefe auf den Seiten des *New York Herald* ausgetragen wurde.[10] Mit der Veröffentlichung einer langen Rechtfertigung der Gräfin von Landsfeld im *Herald* am 15. Januar erreichte der Streit just in dem Moment seinen Höhepunkt, als Lola ihre Auftritte in New York beschließen wollte. An den Brief, der in der amerikanischen Presse weithin nachgedruckt wurde, sollte man sich noch jahrelang erinnern, und mit ihm scheint die öffentliche Meinung zu ihren Gunsten umgeschlagen zu sein:

Mr. Bennett,
Ich bin sicher, daß Sie einer Ausländerin, überdies einer Frau, in ihrem Blatt ein wenig Raum für einen Appell an eine intelligente und großmütige Gemeinschaft nicht verweigern werden, damit sie sich gegen ungerechte und engherzige Vorwürfe, mit denen bei den Menschen Vorurteile gegen sie geweckt werden sollen, zur Wehr setzen kann ... Seit meiner Kindheit, als ich

zum ersten Mal von Amerika erfuhr, hat sich mein Herz danach gesehnt, es zu besuchen ... Ich befaßte mich mit Ihren Institutionen, und alle meine romantischen Träume waren mit Ihrem glücklichen Land verbunden ... Ich bin zwar wild und ungebärdig gewesen, aber, soweit ich das beurteilen kann, niemals böse ... Man hat mich, glaube ich, öfter verleumdet, diffamiert und mir Übles nachgesagt als irgendeinem anderen Menschen, ob Mann oder Frau, in diesem Jahrhundert. Wenn all das, was man mir nachsagt, wahr wäre – nein, wenn nur die Hälfte davon wahr wäre – müßte man mich lebendig begraben ... Mit dreizehn Jahren wurde ich von unklugen, aber wohlmeinenden Freunden zu einer Verbindung mit einem weit älteren Mann genötigt, für den ich aber keine Zuneigung empfand und der auch nicht versuchte, sie zu erringen, weshalb ich mich gezwungen sah, mich von ihm zu trennen. Niemals ist mir vorgeworfen worden, mein Treuegelöbnis ihm gegenüber gebrochen zu haben. Wir sind geschieden worden ... Ich ging nach England und von dort auf den Kontinent, und ich wurde *Künstlerin, Schauspielerin, Tänzerin,* da dies die einzige Möglichkeit war, meinen Unterhalt auf ehrenwerte und tugendhafte Weise zu verdienen ... Meine Feinde – die ich mir machte, weil ich eine stolze Frau war – eine eigenwillige Frau – eine ehrgeizige Frau, wenn Sie wollen, aber eine ehrbare Frau, die sich nicht zum Werkzeug von deren Bosheit machen ließ – diese meine Feinde aufgrund von Lüge, Fälschung, und jeder Art von Verbrechen, sie haben mich angegriffen und mich durch Europa und Großbritannien gejagt, und jetzt verfolgen sie mich bis nach Amerika – doch ich fordere sie auf – ich fordere sie mit Stolz auf, diese Bande von Jesuiten und ihre Korona von willfährigen Werkzeugen, mir im Lauf meines ereignisreichen Lebens, von dem jeder Tag nachzuverfolgen ist, eine einzige unehrenhafte Handlung nachzuweisen ... Die süßeste Rache, die ich an all meinen Feinden nehmen kann, ist es, ihnen zu vergeben.[11]

Dann schildert Lola ihre Version ihres Münchner Aufenthalts, in der sie erklärt, daß sie dem König die Augen für die Perfidie und Korruptheit Abels und der anderen Minister geöffnet habe.

Ich hegte liberale Ansichten und war damals wie heute der Anwalt freiheitlicher Maßnahmen; doch ich bin weder sozialistisch noch für einen unbegründeten politischen Umsturz ... [Die Münchner Bevölkerung war] überzeugt, daß ich ein Feind des Volkes sei, wo doch all mein Trachten, der Himmel sei mein Zeuge, danach ging, ihr Glück und Wohlbefinden zu befördern und mich durch freundliche und gute Taten beliebt zu machen. Von den Jesuiten wurde eine Revolution angezettelt, und der gute alte König wurde entthront und ins Exil geschickt. In seinem Unglück fühle ich mit ihm, und ich korrespondiere weiterhin mit ihm ... Er ist ein Dichter, ein Maler und Bildhauer, und ein tugendhafter und gutherziger Gentleman, wie es ihn auf der Welt nur einmal gibt. Dieser verehrungswürdige Gentleman wurde verleumdet, was mich angeht. Ich bin eine arme, schwache und kleine Frau. Ich liebe ihn wie einen Vater. Dieser Art Liebe braucht sich keine Frau zu schämen. Ich bin stolz darauf. Er war mein Freund, und Zeit meines Lebens werde ich seine Freundin sein ... Ich hoffe, die Gentlemen und Ladies in Amerika glauben meine kleine Geschichte, die ich auf meine armselige Weise erzählt habe. Sie ist wahr, bei meinem Leben. Ich bin nicht die bösartige Frau, von der man Ihnen erzählt hat. Ich habe niemals jemandem wissentlich Leid zugefügt. Ich bin keines lebenden Menschen Feind ... Sollte ich wirklich zurückgewiesen werden, wenn ich mein eigenes Geschlecht bitte, ein gutes Wort für mich einzulegen? Ich weiß, daß ich im Leben Fehler gemacht habe, oft und immer wieder – wer hat das nicht? Ich bin eitel gewesen, frivol und ehrgeizig – stolz; nie aber lasterhaft, niemals grausam, niemals gemein. Ich kann nichts dafür, wenn schlechte Menschen auf mich zukommen – wenn sich schlechte Menschen in meine Bekanntschaft einschleichen – wenn schlechte Menschen versuchen, mir Selbstverachtung einzureden ... Ich appelliere an eine freiheitliche Presse und an die klugen Gentlemen, die darüber verfügen, mir bei meinen Anstrengungen zum Erwerb der Mittel für einen ehrbaren Lebensunterhalt zu helfen.

Die meisten Beteuerungen des Briefes sind Lügen, doch es ist interessant, daß Lola ihre Starrsinnigkeit, ihren Stolz, ihren Ehrgeiz und ihre Frivolität zugibt. Ihre Selbstherabsetzung scheint auch einen Teil ihres Zaubers im privaten Umgang ausgemacht zu haben, und sie war wohl viel eher bereit, über sich und die Verrücktheiten des Lebens zu lachen, als der ernste Ton ihrer Briefe vielleicht nahelegt. Die weite Verbreitung des Briefes hatte die erwünschte Wirkung, ihren Ruf wieder herzustellen, und die *Baltimore Sun* urteilte, daß der Brief »die vorgefaßten Überzeugungen bezüglich ihres Lebens und ihres moralischen Charakters erschüttert zu haben scheint«.[12]
Ihr Engagement am Broadway-Theater ging am Freitag, den 16. Januar, mit einer Benefizveranstaltung zugunsten des Hilfsfonds der Feuerwehr zu Ende.[13] Am Ende der Vorstellung, bei der 1200 Dollar für arbeitsunfähige Feuerwehrleute eingespielt wurden, wurde Lola mit einem Blumenstrauß in einer silbernen Vase beschenkt, was ihr, wie sie den Feuerwehrleuten erklärte, viel mehr Freude bereite als das Halsband für 25 000 Dollar, das ihr der Zar von Rußland um den Hals gelegt habe.
Lola dachte nicht nur daran, wie sie ihren Ruf in Amerika verbessern konnte, sondern auch an ihre Theaterkarriere. Von Anfang an hatte sie geplant, in Amerika ihr Debüt als Schauspielerin zu geben, und bevor sie mit ihrer Tanztruppe auf Tournee ging, beauftragte sie einen Stückeschreiber, Charles P.T. Ware jun., die Ereignisse ihres Lebens in Bayern nach ihrer Schilderung zu dramatisieren.[14]

Am Montag nach dem Abschluß ihres Gastspiels am Broadway gaben Lola und ihre Truppe am Walnut Street Theater in Philadelphia die Eröffnungsvorstellung.[15] Die Aufnahme war ebenso gut wie in New York, und das einwöchige Engagement wurde um eine weitere Woche verlängert.

Kurz nach ihrer Ankunft in Philadelphia ging Lola in das Fotoatelier von Marcus A. Root und ließ ein Photo aufnehmen. Dort traf sie zufällig eine Delegation von Häuptlingen der Cheyenne-, Sioux- und Arapaho-Indianer, die nach einer Unterredung mit dem amtierenden »Großen Weißen Vater« in Washington, Millard Fillmore, auf der Rückreise zu den Great Plains waren. Lola bestand darauf, Arm in Arm mit einem der »Wilden«, dem Arapaho-Häuptling »Light in the Clouds«, fotografiert zu werden. Das Bildnis, das dabei entstand, gehört zusammen mit einem weiteren, das in derselben Sitzung aufgenommen wurde, zu den Fotos, auf denen Lola der jungen und beseelten Frau am ähnlichsten ist, die Stieler vier Jahre zuvor in seinem Münchner Porträt eingefangen hat.

Mit einer weiteren Benefizveranstaltung zugunsten verletzter Feuerwehrleute schloß sie ihr Gastspiel in Philadelphia ab;[16] dieses Mal erhielt sie ein Porträtmedaillon von George Washington, für das sie sich angemessen bedankte. Dann kehrte Lola kurz nach New York zurück, ehe sie den Zug nach Washington bestieg, um ein Engagement zu erfüllen, das wegen der Verlängerung in Philadelphia verschoben worden war. Zeitungen berichteten, sie habe bei ihren Auftritten in New York und Philadelphia 16 000 Dollar eingenommen, und während der Woche ihres Aufenthalts in der Hauptstadt des Landes setzte sich ihr Erfolg fort. Sie stattete dem Kongreß einen Besuch ab, und ein galantes Mitglied des Hauses unternahm mit ihr eine Stadtrundfahrt.

Dann reiste sie für drei erfolgreiche Vorstellungen nach Richmond, die auch vom Gouverneur von Virginia, dem Generalstaatsanwalt und den meisten Abgeordneten besucht wurden.[17] Sie war außerordentlich populär, insbesondere, weil sie sich ununterbrochen für die Rechte der Bundesstaaten aussprach und sich gegen die Politik der Einmischung in die Angelegenheiten der Staaten wandte, wie sie die Whigs forderten; dabei schloß sie sich ausdrücklich den Ansichten des späten John C. Calhoun zur Verfassung der Republik an.

Nach einem einmaligen Auftritt in Norfolk begab sich die Truppe wieder nach Norden und gab am Holliday Street Theater in Baltimore vier Vorstellungen, wo ihre Erfolgsserie forgesetzt wurde und ein Kritiker sogar schrieb, ihr Tanz entwickle sich vielversprechend.[18] Es folgte eine Unterbrechung von zwei Wochen, bevor die ganze Gesellschaft ins Howard Atheneum in Boston umzog. Ein Zwischenfall, der sich im Zug nach New England zutrug, wurde zu einer der bekanntesten Anekdoten über Lola Montez.

Die Bostoner Zeitungen berichteten nach ihrer Ankunft darüber: »Lola Montez, die vor einigen Tagen mit der Bahn aus Washington kam, soll sich nach der Aussage eines der Sonntagsblätter im Zug eine Zigarette gegönnt haben. Von einem der Schaffner wird berichtet, er habe der gnädigen Frau Vorhaltungen wegen dieses Regelverstoßes gemacht: ›Madame, Sie können hier nicht rauchen.‹ ›Was?‹ meinte die pikierte Schönheit und nahm gelassen die Zigarette aus dem schönen Mund. ›Sie können hier nicht rauchen, Madame.‹ ›Aber Sie sehen doch, daß ich kann‹, worauf sie dem verdutzten und beschämten Schaffner eine Rauchwolke direkt ins Gesicht blies, welcher der Lady daraufhin gern zu tun gestattete, was ihr gefiel. So konnte sie ihre Zigarette ohne weitere Belästigung oder Unterbrechung zu Ende rauchen.«

Als Lola in Boston von Southworth und Hawes fotografiert wurde, posierte sie mit einer ihrer allgegenwärtigen Zigaretten, vielleicht, um aus dieser Geschichte Kapital zu schlagen. Wahrscheinlich ist es das erste Foto, das man je von einer Frau mit Zigarette aufgenommen hat. Obwohl es vielleicht das bekannteste Foto von Lola Montez ist, so ist es eines der am wenigsten schmeichelhaften.

Ein Zwischenfall in der zweiten Woche des Bostoner Gastspiels machte deutlich, daß die Gräfin von Landsfeld nicht bei allen im »Athen Amerikas« willkommen war.[19] Lola war mit zahlreichen prominenten Persönlichkeiten des Ortes zusammengetroffen, die sie zu einigen exklusiven Treffpunkten Bostons mitnahmen, darunter die Versammlungsräume der Großloge der Freimaurer und das Atheneum. Unter ihren neuen Freunden befand sich ein bekannter Kaufmann, der ihr anbot, sie auf eine Tour durch die hochangesehenen Bostoner Staatlichen Schulen mitzunehmen. Der Kaufmann nahm mit Frederick Emerson, einem Mitglied des Schulausschusses, Verbindung auf und am Donnerstag, dem 25. März, kamen die drei in der Wells Mädchenschule in der McLean Street an. Manchen Berichten zufolge nahm auch Emersons Frau teil. Mr. Emerson stellte die Gräfin den Schülerinnen einer Klasse vor, und nachdem sie dem Unterricht für eine Weile zugesehen hatten, verabschiedeten sich die Besucher und fuhren zur English High School und der Latin School in der Bedford Street. Hier gelang es Lola, während einer Französischstunde mit einem Lehrer ein paar Worte Französisch zu wechseln, und in der Lateinschule gab sie dem Lehrer ein paar Kommentare über einen lateinischen Satz der Tageslektion. Die ausländische Besucherin und ihre Begleiter bedankten sich bei Schülern und Lehrern und gingen ihrer Wege.

Dieser offensichtlich harmlose Besuch entflammte in einigen Teilen der Bostoner Gesellschaft eine fast schon lächerliche Entrüstung. Der *Boston Daily Evening Transcript* führte den redaktionellen Angriff an und veröffentlichte einen Brief, der die Einführung einer »berüchtigten Person in öffentliche Schulen« anprangerte: »Es ist zu hoffen, daß der Mensch, der unseren Schulen einen so tiefen Makel zugefügt hat, all die Entehrung und Schande einer so widerwärtigen Untat erfährt.«[20] Bei der Zusammenkunft des Schulausschusses am 30. März wurde der arme Mr. Emerson von Mr. Felt, einem weiteren Mitglied, ins Gebet genommen, der bekundete, daß die »Einführung solcher Individuen in unsere Schulen eine sehr unmoralische Tendenz« verrate. Emerson verteidigte Lola und meinte, er habe »noch von keiner Geschichte aus zuverlässiger Quelle erfahren, derentwegen sie ihren Anspruch auf die Höflichkeit verwirkt hätte, die man den herausragenden Vertretern ihres Berufes gewöhnlich entgegenbringt.« Felt gab zurück, er habe »davon gehört«, daß sie die Geliebte des Königs von Bayern und anderer berühmter Männer gewesen sei und fing an, die Legenden von Lolas Unmoral zu wiederholen, als ihn Emerson mit der Frage unterbrach, ob Felt gewillt sei, diesen Klatsch in den Zeitungen wiederzufinden und ihn so unter den Schulmädchen verbreitet zu sehen. »Die Kinder«, entgegnete Felt, »wissen mehr darüber, als uns bewußt ist. Neunundneunzig von hundert Mädchen in der besuchten Schule wissen über den Charakter der fraglichen Frau mehr als wir.«

Der *Transcript,* der lange bevor sie Paris auch nur verlassen hatte, einen Boykott der von Gerüchten begleiteten Tournee von Lola Montez befürwortet hatte, schlug sich nun wegen der Schande, die über Boston gebracht worden war, laut an die Brust;[21] die Angelegenheit wurde zu einem zentralen Thema der Auseinandersetzung in den Bostoner Zeitungen, wo sie sogar mehr Aufmerksamkeit erhielt als die Debatten um das Gesetzgebungsverfahren zur Übernahme der Prohibitionsgesetze von Maine (bei denen Lolas Name ins Spiel gebracht wurde). Die Leitartikel wurden im ganzen Land nachgedruckt und trugen zur umfangreichen kostenlosen Werbung für Lola bei. Sie selbst stürzte sich mit einem Brief an den *Transcript* ins Getümmel, in dem sie Epes Sargent, den Herausgeber, ernsthaft ins Gebet nahm:

Sie dürfen mir glauben, Sir, im Herzen des Kritikers ist oft größere Unreinheit als in der Absicht seiner Kritik. Da gibt es Männer, die vor der Venus von Medici und dem Apollo von Belvedere stehen und an ihnen nichts weiter erkennen als ihre Nacktheit ... Ich rede von jesuitischen Lügen ... Es wurde auch behauptet, ich hätte wilde Pferde gezähmt, Gendarmen mit der Pferdepeitsche geschlagen, Fliegen mit Pistolenkugeln von den kahlen Köpfen von Ratsherren geschossen, Duelle ausgetragen und Leute über Bord geworfen, um sie vor dem Ertrinken zu retten und eine Menge von ähnlichen anderen Heldentaten begangen. Nun, Sir, erkennen Sie die verschlagene, jesuitische, infame Absicht in all dem? Es sollte mich einfach meines Geschlechts berauben – mir jenen hohen, edlen, ritterlichen Schutz entziehen, der Frauen in diesem Land der großzügigen Männer so umfassend gewährt wird ... Ich sage, meine Pilgerfahrt nach Amerika, denn es war in der Tat eine Pilgerfahrt ... Und wie ein Liebhaber zu Füßen seines geliebten Fräuleins, wie ein Moslem vor dem Sarg des Propheten – ein von der Reise erschöpfter Pilger vor dem *baldacchino* von Sankt Peter in Rom, so habe auch ich mich still, zufrieden und glücklich vor der einzig erfolgreichen Verwirklichung eines Prinzips verbeugt, dem ich mein Leben gewidmet habe. Und nun, wenn ich als Fremde, eine der Wiegen Ihrer edlen Staatsmänner – Ihrer Websters, Calhouns, Clays – besuchen will, bezeichnen Sie mich in einem Aufschrei als Eindringling! Pfui über Sie, Sir! ... Vor allem aber, wenn Sie den Charakter eines aufrechten Mannes hätten, würden Sie niemals abfällige Bemerkungen über den Charakter einer Lady in Umlauf bringen, von der sie überhaupt nichts wissen; abfällige Bemerkungen, die durch und durch falsch sind und für die den Beweis zu erbringen ich jeden Mann auf dieser Welt herausfordere.

Am Tag ihrer letzten Vorstellung in Boston zeigte man Lola eine weitere vielbesuchte öffentliche Einrichtung, die Strafanstalt, wo sie, wie berichtet wurde, »viele Fragen bezüglich Behandlung und Beschäftigung in den verschiedenen Abteilungen dieser Institution stellte und kein geringes Urteilsvermögen in solchen Dingen an den Tag legte.«[22] In der Presse erhob sich keine Stimme, die ihrer Anwesenheit eine schädliche Wirkung auf die Insassen unterstellt hätte.
Mit ihrer Truppe verließ sie Boston zu Auftritten in Lowell, Masachusetts und Portland im Bundesstaat Maine, wo sie an drei Abenden vor vollem Haus spielte.[23] Am 10. April war Lola wieder zurück in Boston und gab eine Benefizvorstellung für die Opfer eines kurz zurückliegenden Brandes, und sie schaffte es, hinter der Bühne des Howard Atheneum mit dem Souffleur, einem gewissen Mr. Parsons, in Streit zu geraten, den sie offenbar ohrfeigte und einen Stoß ver-

setzte, als er die Gasbeleuchtung in einem Raum zu löschen versuchte, in dem sie und einige ihrer Freunde sich aufhielten. Ein Kommentator merkte an, die von ihr bei dieser Gelegenheit benutzte Sprache habe die Frage nach ihrer Herkunft entschieden: »Die Kraft und Ausdrucksstärke, die sie bei dieser Gelegenheit in ihr Englisch einfließen lassen konnte, hätte nur von jemandem erreicht werden können, der von den britischen Inseln stammt.«

Es gab einiges Gerede, Lola könne vielleicht wegen Körperverletzung verhaftet werden, doch die Angelegenheit wurde fallengelassen, und Lola reiste weiter zu Vorstellungen in Salem, Massachusetts, und in Hartford und New Haven im Bundesstaat Connecticut. Die Aufführungen waren ein finanzieller Erfolg, doch dem Kritiker der *Times* in Hartford gebührt das Verdienst, den ersten schriftlich festgehaltenen Einwand gegen die »Unanständigkeit« ihres »Spinnentanzes« zu formulieren: »Lola Montez ist keine gute Tänzerin. Ihre Technik ist sehr schlecht und mit der Auswahl des »Spinnentanzes« für ihre Aufführungen beweist sie nicht einmal guten Geschmack, da er sie als ebenso abstoßend wie als miserable Tänzerin erscheinen läßt. Sie stolziert darin herum wie ein angestochenes Schwein, rafft ihre kurzen Kleider und hebt sie fast bis an die Taille, und sie stampft dabei andauernd mit einem dünnen, klapprigen Bein auf die Bühne, als hätte sie einen leichten spastischen Anfall.«[24]

Lola kehrte kurz nach New York City zurück und schrieb dem *Herald* einen bösen Brief, in dem sie gegen eine angebliche jesuitische Verschwörung protestierte, die sich gegen das in Kürze erscheinende Stück über ihre Abenteuer in Bayern richten sollte, womit sie ein wenig kostenlose Reklame für ihr bevorstehendes Debüt als Schauspielerin bekam.[25] Nachdem sie in ihrem Hotel in eine weitere Reihe von Angriffen und Schlägereien mit ehemaligen Freunden verwickelt worden war, reiste Lola zu einem Engagement in Albany, New York ab.

Daheim in Europa erhielt König Ludwig von Botschafter Wendland noch immer Berichte über Lolas Abenteuer, einschließlich der Ausschnitte amerikanischer Zeitungen.[26] Der König antwortete Wendland: »Ich stelle fest, daß sie in der Neuen Welt dieselben Streitereien erlebt wie in der Alten Welt. In keiner von beiden findet sie Ruhe ... Lassen Sie mich wissen, ob und wann sie wieder in Paris ist. Es wäre besser, sie würde auf dem vierten oder fünften Kontinent bleiben ... Es ist nicht ihre Tanzkunst, sondern die Erinnerung an ihren Aufenthalt in Bayern, die ihr ein so großes Einkommen verschafft, doch ich fürchte, sie wird leider nicht viel davon über das Meer mit zurückbringen, was aber dennoch zu wünschen wäre, da sie ihre Gewinne gut anlegen muß. Gold bleibt nicht bei ihr, und wo sie ist, braucht es auch Luxus und Prunk.«

In Albany trat Lola dreimal vor großem und begeistertem Publikum auf und begab sich dann nach Rochester und Buffalo, wo in der Nacht nach dem ersten Auftritt am Eagle Theater jemand das Haus niederbrannte.[27] Die Tänzer kamen aus ihrem Hotel und schauten sich das Feuer an; sie waren froh, ihre Kostüme mit ins Hotel genommen zu haben. Am nächsten Abend wurde ihr Gastspiel im Buffalo Theater fortgesetzt, und die Zuschauermenge war zahlreicher als am ersten Abend.

Dann war die Truppe wieder in New York und probte *Lola Montez in Bavaria*. Während der Proben tanzte Lola weiterhin am Broadway, und am 25. Mai gab sie bei der Weltpremiere von *Lola Montez in Bavaria*, einem Vorläufer heutiger Dokumentarstücke und vielleicht dem ersten Geschichtsdrama, in dem die Protagonistin selbst mitspielte, ihr Debüt als Schauspielerin.

Das Stück war in fünf »Zeitabschnitte« mit den Titeln ›Die Tänzerin‹, ›Die Politikerin‹, ›Die Gräfin‹, ›Die Revolutionärin‹ und ›Die Fliehende‹ unterteilt. Für jede Ära hatte man Bühnenbilder vorbereitet, und das Bühnenbild des vierten Abschnitts wurde als »getreues Abbild des Palastes von Lola Montez in München« angekündigt. Die Rolle des Königs ›Louis‹, wie man ihn nannte, wurde von Thomas Barry, dem Inspizienten des Broadway-Theaters, übernommen, der im Januar geschrieben hatte, er sei dankbar, sie loszusein.[28] Möglicherweise hatte er seine Ansicht nicht geändert, doch war er schlau genug, einen offensichtlichen Kassenmagneten zu erkennen. Der Erzhalunke des Stücks, »D'Abel, Ministerpräsident, ein Jesuit«, wurde von H. J. Conway gespielt. Zwei fiktive Figuren, »Baron von Pappenheim, ein Stutzer und Gönner Lolas und der Oper« und »Ludwig von Schootenbottom, ein begeisterter Verehrer Lolas und der Künste«, wurden zur komischen Auflockerung eingefügt. Insgesamt hatte das Stück vierunddreißig Personen.

Von *Lola Montez in Bavaria* ist kein Exemplar erhalten, doch das Stück beruhte eindeutig auf Lolas Version der Ereignisse in Bayern. Sie behauptete, das Stück gebe genau die damals gesprochenen Worte wieder. Der allgemeine Handlungsverlauf kann aus Besprechungen von Vorstellungen rekonstruiert werden. Wenn der Vorhang aufgeht, sieht man Stammbesucher der Münchner Oper, die sich über die wunderbare neue Tänzerin Lola Montez unterhalten. Sie tritt in einem in Blau und Weiß gehaltenem Kleid auf, den Farben Bayerns, und nimmt die Huldigungen ihrer Verehrer entgegen. Auch König Louis hat sich von ihrer Tanzkunst faszinieren lassen und beordert sie zu einer Audienz ins königliche Studierzimmer, wo sie freimütig mit ihm redet und ihm mitteilt, er sei von seinem jesuitischen Ministerpräsidenten hintergangen worden, der ein Agent Metternichs sei und das Volk unterdrücke.

Der König, der guten Willens, aber alt und leicht fehlzuleiten ist, verspricht ihr, ihrem Rat zu folgen und beschließt, sie zur Gräfin zu adeln. Lola erklärt ihm, der Künstler Schootenbottom sei zu Unrecht im Gefängnis, doch sie gestattet dem »lieben armen alten Louis«, ihre Hand zu küssen, als er eine Order zur Freilassung des Malers unterzeichnet. Der König wünscht, daß Lola in den Palast umzieht, damit sie ihm immer als Beraterin zur Verfügung steht, doch Lola, die sich wegen ihrer Auftritte Sorgen macht, ist nur bereit, Louis den Bau eines kleinen Palais' für sie in seiner Nähe zu gestatten.

D'Abel versucht, Lola mit Hilfe von Baron Malthus (Baron von Maltzan) zu bestechen, während der König im verborgenen mithört, und als das scheitert, probiert es der Bösewicht erfolglos mit Arsen. Baron von Newsbaumer (Leutnant Nußbammer) und Pappenheim fechten ein komisches Duell aus. Lola wird bei Hofe eingeführt, wo der skandalträchtige Klatsch der Damen behauptet, die »Maurische Tänzerin« habe den König verhext. Doch nachdem Lola Königin Therese zu Hilfe kommt, als diese in Ohnmacht fällt, wird die Tänzerin zur liebsten Freundin der Königin, und jeder Zweifel an der Ehrenhaftigkeit von Lolas Beziehung zum König verstummt.

D'Abel wird aus dem Dienst entfernt und König Louis regiert mit Lola als De-facto-Premierministerin. Lola überredet den König zu einem Aufruf an das Volk, das neue Kabinett aus seinen eigenen Reihen zu wählen. Die freiheitlichen Studenten laufen zu Lola über, als sie den König veranlaßt, in Bayern eine aufgeklärte Herrschaft einzuführen. Die Jesuiten konspirieren, und mit Bestechung und Lügen zetteln sie einen Aufstand an. Lola kämpft mit ihren loyalen Studenten auf den Barrikaden, aber schließlich ist ihre Sache verloren, und sie flieht in der Verkleidung als Schootenbottoms stumme Schwester ins Exil. Als die freiheitlichen Studenten mit den Söldnern D'Abels zusammenstoßen, endet das Stück in einer letzten Schlacht mit großem Lärm, Feuer, Alarmrufen und Exkursen, und das ganze zu den Klängen der »Marseillaise«.

Leider sind keine Passagen von Lolas Rolle erhalten geblieben, doch es gibt ein paar Beispiele für die Sprache des Stücks. Hier ist D'Abels Monolog aus dem ersten Abschnitt, als ihn König Louis gerade verlassen hat: »So, in der Stimmung, wie ich ihn gefunden, werd' prompt ich Nutzen ziehen aus der Brunft, und, groß geworden durch den Anschein meiner Ehrlichkeit, auch bald den Schlußstein setzen ins Gewölbe meiner Macht. So formt der Mensch den größ'ren sich zum Instrumente; und mächt'ge Königswürde segelt über Tiefen bösen Zwecks, der kleinen Hand, die steuert, nicht bewußt; so also machen brave Diener ihre Könige zum Knecht der Politik.«[29]
Und hier folgt noch eine komische Passage, in der Schootenbottom sich mit seiner Frau über die Möglichkeit unterhält, all ihre Güter könnten von Vollzugsbeamten des Gerichts beschlagnahmt werden: »Die Hüter des Gesetzes mögen hier hereinspazieren, wie du sagst, und mögen mit sich nehmen alle Farben, bis blaue Farbe alles ist, was bleibt; und würden sie ‚ne neue Mischung konzipieren für die Palette hier – es wär' ein Nachweis für Geschmack; doch wenn sie meinen Pinsel nähmen – es wär' ganz leicht, ein einz'ger Pinselstrich, gewissermaßen! In diesem Fall würd' ich dann eine Kunstgewerkschaft gründen.« Frau: »Was soll das sein? Das würd' ich gerne wissen.« Schootenbottom: »Was dieses sein soll, fragst du mich? Da fragst du nach in jedem freien Land. Es ist ein Spielchen zwischen Volk und Verwaltungsleuten und geht darum, ob sie dein Geld für nichts bekommen; und in dem umgekehrten Falle, da gibt man nichts dir für dein Geld.«[30]
Es war eindeutig ein anderes Zeitalter.
Das erste Gastspiel am Broadway war sehr erfolgreich, erstreckte sich aber nur über vier Vorstellungen, weil Lola bereits eine Tournee für das Stück gebucht hatte.[31] Die Kritiker meinten, daß sie gut spielte – für die Maßstäbe der Zeit höchst natürlich und ungekünstelt –, auch wenn ihre Stimme schwach war und sie versuchte, sie zu forcieren. Das Stück selbst wurde gelobt, und man schlug vor, Lola solle lieber mit dem Tanzen aufhören und sich in Zukunft ganz dem Theater widmen.
Zwei Tage nach der letzten New Yorker Vorstellung folgte die Eröffnungsvorstellung am Walnut Street Theater in Philadelphia in völlig neuer Besetzung mit Ausnahme der Titelrolle. Es mag uns heute erstaunlich vorkommen, daß die festen Ensembles amerikanischer Theater ein Drama in fünf Akten mit vierunddreißig Rollen mit zwei Tagen Vorbereitung herausbringen konnten, aber dies wurde häufig

praktiziert, wenn es auch nicht immer gut wurde. Mit *Lola Montez in Bavaria* spielte Lola in mehr als einem Dutzend Städten, und fast jedes Mal waren alle anderen Mitglieder des Ensembles neu in ihren Rollen. Die Schauspieler jener Zeit waren auf erstaunliche Gedächtnisleistungen trainiert, und man verließ sich sehr viel mehr auf die Souffleure als heutzutage. Wahrscheinlich verwendete Lola manchmal eine überarbeitete Version des Stücks, um die Zahl der Rollen wie auch die Länge der Dialoge und des Stückes selbst zu reduzieren.

Das Gastspiel in Philadelphia scheint ein großer Erfolg gewesen zu sein, obwohl Lola zu den letzten beiden Vorstellungen auch tanzte, vermutlich um die Anziehungskraft des Programms zu steigern. Ein Kritiker stellte fest, die Leute würden ebensoviel über Lola reden wie über den Präsidentschaftswahlkampf, der in jenem Wahljahr ein Gegenstand andauernder und hitziger Gespräche war, als die leidenschaftlichen Gefühle, die zum Krieg führen sollten, anfingen zu brodeln.[32]

Professionelle Theaterkritik war weniger entwickelt als heute, und nur wenige Journalisten hatten eine Ausbildung, wie sie von modernen Kritikern erwartet wird. Der anonyme Kritiker des *Sunday Dispatch* in Philadelphia verfügte jedoch offensichtlich über große Theaterkenntnisse und -erfahrungen, und seine Rezension des Stücks war verheerend, obwohl er gewissenhaft einräumte, daß der neu eingetroffene Star eine recht gute Schauspielerin sei:

> In diesem ungewöhnlichen Stück bemüht sich die Schauspielerin Lola Montez, die unterstellten Charaktermängel der Frau Lola Montez zum Verschwinden zu bringen; sie argumentiert als Schauspielerin zugunsten der dargestellten Figur und fordert allgemeinen Beifall für deren selbstlose, freiheitliche und großmütige Anstrengungen im Namen der Freiheit. Die Produktion ist eine windige Abfolge dürftiger Luftblasen, die sich bemüht, die Gültigkeit des alten Wahlspruchs »Eigenlob stinkt« außer Kraft zu setzen und die Heldin in den Augen des Publikums in schwindelnde Höhen zu erheben. Es handelt sich um eine dramatisierte Autobiographie, und die Umstände ihrer Präsentation gestatten die Überzeugung, es handle sich dabei um eine *erlogene* ... Als Theaterproduktion ist das Stück völlig wertlos; es präsentiert verschiedene Figuren, die weder interessant noch originell sind. Lola Montez kann man bescheinigen, daß sie in dem Stück mit einer waghalsigen Pikanterie auftrat, die in jeder anderen Rolle lobenswert gewesen wäre. In ihren Dialogen wirkte sie im Allgemeinen natürlich, wenn auch gelegentlich zu extravagant in ihren Gesten.[33]

Danach fuhr Lola mit dem Zug zu einem sechstägigen Gastspiel am Nationaltheater in Washington, und wieder spielte sie vor ausver-

kauften Häusern und mit guten Besprechungen.[34] »Es gab kein Bemühen um Bühneneffekte – keine Manierismen –, und alles erschien einfach und natürlich. Sie hat keine angenehme Stimme, doch ihre schauspielerischen Leistungen sind gut.« Gegen Ende der Woche hatte sich Lolas gesellschaftliche Stigmatisierung so weit verflüchtigt, daß nun Damen den größeren Teil des Publikums stellten, selbst für den »Spider dance«, der als »La Zapateado« angekündigt war.
Dann reiste Lola nach Baltimore, wo sie am Holliday Street Theater vor vollen Häusern spielte, während gleich nebenan am Volkstheater in der Front Street die Farce von Sterling Coyne »Lola Montes, oder Pas de Fascination« gegeben wurde.[35] Das Gastspiel in Baltimore sollte sechs Abende dauern, doch am fünften Abend geriet Lola hinter der Bühne mit George Washington Smith in Streit, der noch immer als ihr Ballettmeister mitreiste. Nach einer Schilderung warf die Gräfin Smith vor, er behaupte, sie würde ihre beruflichen Verpflichtungen nicht erfüllen, doch es gibt auch andere Berichte über den Grund der Auseinandersetzung. Es hatte offenkundig schon seit Monaten Spannungen zwischen den beiden gegeben, die sich nun entluden, als Lola ihre rechte Handfläche im Gesicht von Smith plazierte. Der Star setzte schon zu einem weiteren Schlag gegen den verblüfften Choreographen an, als der Souffleur zusammen mit weiteren Männern sie zurückhielten. An diesem Abend setzte sie die Vorstellung fort, möglicherweise, weil es sich um einen Benefizabend zu ihren Gunsten handelte, doch die letzte geplante Vorstellung am folgenden Abend, dem 19. Juni, wurde abgesagt und Lola kehrte nach New York zurück, wo eine völlig neue Produktion von *Lola Montez in Bavaria* in Vorbereitung war.
Tom Hamblin, in der ersten Hälfte des 19. Jahrhunderts als Schauspieler und Impresario eine der führenden Persönlichkeiten in der Theaterszene Manhattans, hatte gerade die Renovierung seines Bowery-Theaters abgeschlossen, das mit viertausend Plätzen das größte der Stadt war.[36] Doch das große und jetzt elegant ausgestattete Bowery war kein vornehmes Broadwaytheater, und Hamblin suchte nach einer Attraktion für die Wiedereröffnung des Hauses, die auch einen Akzent von neuer Ehrbarkeit setzen sollte. Angesichts des neuen Ansehens von Lola in der Öffentlichkeit entschloß er sich, *Lola Montez in Bavaria* zu verpflichten, und das vornehme Publikum, das sich am 28. Juni im Theater drängte, rechtfertigte seine Entscheidung voll und ganz. Im Verlauf des Gastspiels zeigte sich, daß Lola ein uneingeschränkter Erfolg war, und Hamblin konnte 500 oder 600

Dollar brutto pro Abend einnehmen statt der zuvor durchschnittlich 120 oder 130 Dollar. Lolas Anteil betrug über 1000 Dollar die Woche, eine phantastische Summe in einem Land, in dem 500 Dollar ein gutes Jahreseinkommen waren.

Während des Sommers, als die meisten Theater geschlossen waren, verließ Lola Manhattan und reiste zu den Naturschönheiten der Catskill Mountains, wo sie nach Berichten »Abgründe durchkletterte, Flüsse durchquerte und über Felsen sprang«.[37] Ende August war sie wieder in der Stadt und nahm an einem Picknick in Yonkers teil, das von Anhängern der Demokratischen Partei veranstaltet wurde; danach tanzte sie bei einer riesigen Benefizvorstellung, die am 6. September in Castle Garden an der Spitze von Manhattan Island anläßlich des hundertsten Geburtstags des amerikanischen Theaters abgehalten wurde, den Seemannstanz aus ihrem »Pas de Matelot«.

Nun begann eine Zeit der Vorbereitungen für eine weitere Aufgabe. H.J. Conway, der in der ersten Produktion von *Lola Montez in Bavaria* die Rolle des D'Abel gespielt hatte, hatte während des Sommers zwei Stücke geschrieben, in denen Lolas schauspielerisches Talent herausgestellt und ihr Image als kühne und freiheitliche Frau ausgebaut werden sollte. Das eine hieß *Charlotte Corday* und beruhte auf einer freien Adaptation der Ermordung Marats; das andere hieß *Maritana, or the Maid of Saragossa*, ein Drama, das in der Zeit der Belagerung Saragossas durch Napoleon spielte. Hier stellte Lola eine junge Spanierin dar, die sich verkleidet und anstelle ihres feigen Liebhabers kämpft. Dies war natürlich eine weitere Gelegenheit, Lolas aufregende Figur in Männerkleidern zur Schau zu stellen.

Lola entschloß sich, ihr neues Repertoire auf einer Tournee vorzustellen, bei der sie Boston und dann Philadelphia besuchte. Trotz – oder vielleicht wegen – der Auseinandersetzung, die im Umfeld ihres ersten Besuchs in Boston stattgefunden hatte, bekam sie ohne Schwierigkeiten zur Eröffnung der Herbstsaison ein Engagement am Howard Atheneum. Am Bostoner Premierenabend von *Lola Montez in Bavaria* war das Howard ausverkauft, und es gab begeisterte Reaktionen. Die *Daily Mail* fand, sie spiele »meisterlich« und sei »eine originelle Person mit gutem Verstand, dazu quirlig und lebhaft wie der Blitz.«[38] Außerdem hielt sie fest, daß Lola ein ruhigeres Leben führte als bei ihrem ersten Besuch in Boston und »die Menge der Einfältigen und Langweiler von sich fernhält, die sie bei ihrem letzten Besuch so beständig belästigt haben«.

Die Weltpremiere von *Charlotte Corday* am 27. September wurde bei den Bostonern ebenfalls ein Erfolg.[39] Keiner schien sich an den Freiheiten der Geschichte gestört zu haben, in deren Verlauf sie praktisch von jedem männlichen Wesen der Besetzungsliste bis zum Wahnsinn geliebt und verehrt wird, obwohl sie selbst völlig keusch und nur ihren heroischen Idealen treu bleibt. Das Stück endet, als der Henker den abgeschlagenen Kopf Charlottes (eine kaum überzeugende Stoffnachbildung von Lolas Kopf) emporhält, wobei eine Anzahl von Nebenhandlungen unaufgelöst in der Schwebe bleibt. Der *Herald* meinte: »Lolas Personifizierung ist keusch und klassisch, und sie legt wahre Charakterstärke und weibliche Würde an den Tag ... Lola verfügt nicht über jenen Umfang und jene Tiefe der Stimme, bei denen die anrührendsten Wirkungen des Pathos zustande kommen, ihre Stärke liegt eher im elektrisierenden und vorwärtsdrängenen Bereich, auch wenn sie stets Respekt erheischt und die edlen Saiten des Gefühls anschlägt, weil sie sich selbst treu bleibt und ihrem Spiel die Anmut und Wahrhaftigkeit des Natürlichen erhält.«

Die *Daily Mail* schickte zwei Kritiker, die sich *Charlotte Corday* ansahen. Einer konstatierte knapp: »Wir können uns keine Künstlerin vorstellen, welche die Figur wirkungsvoller darstellen und nachempfinden könnte als die vielseitige Gräfin von Landsfeld ... Sollte sie ihre Kräfte der Tragödie widmen, sagen wir der Lady eine glänzende Karriere voraus.«[40]

Der zweite Kritiker der *Daily Mail* dagegen schrieb: »Wir finden, ihr Talent würde besser zur Komödie passen als zur Tragödie, da ihre Gestalt zu zerbrechlich erscheint und es ihrer Stimme an Kraft und Volumen mangelt ... Gewiß aber ist sie eine Frau mit außerordentlichen Fähigkeiten, die über eine glänzende Auffassungsgabe und einen äußerst scharfen Verstand verfügt, und wenn man in Betracht zieht, daß sie ein Neuling in dem Beruf ist, sind ihre Darstellungen besser gelungen, als wir erwartet hatten.«[41]

Maritana wurde erst ganz am Ende des Bostoner Gastspiels vorgestellt.[42] Zunächst wurden nur der zweite und dritte Akt zusammen mit *Charlotte Corday* aufgeführt, und erst bei der letzten Matinee wurde dann eine vollständige Fassung gezeigt. Obwohl Lola ihre Rolle beherrschte, schienen die anderen Schauspieler nur schlecht vorbereitet gewesen zu sein, und das Stück konnte nicht beeindrucken.

Am 11. Oktober gab Lola im Chestnut Street Theater mit *Lola Montez in Bavaria* und dem »Spinnentanz« ihre Eröffnungsvorstellung in

Philadelphia.[43] Im Lauf von zwölf Tagen stellte sie auch ihre anderen beiden Stücke vor, dazu noch eine kurze Farce mit dem Titel *Lola Montez in New York,* die Ware für ihr Engagement am Bowery Theater geschrieben hatte, wo man sie aber nicht gezeigt hatte, weil man sie für zu schwach befunden hatte. Die Personen des Stücks schlossen neben Kossuth und Lola die wichtigsten New Yorker Zeitungsherausgeber ein, und es wurde nur zweimal aufgeführt, ehe es in Vergessenheit geriet.

Der *Daily Pennsylvanian* bezeichnete das Engagement als schmeichelhaft für Lola und einträglich für das Management, aber dank der rigorosen Kritik des *Sunday Dispatch* wurde es nicht zu einem einstimmigen Erfolg bei den Kritikern.[44]

Über die Wiedererweckung von *Lola Montez in Bavaria* schrieb der Kritiker: »Die unterschwellige Unverfrorenheit, die diesem Stück innewohnt, wurde von der Künstlerin gekonnt wiedergegeben ... Die Dummheit des Stücks wäre nicht zu ertragen, würden nicht die verrückten Einfälle Lolas die Aufmerksamkeit des Publikums in angemessener Weise wachhalten.«

Charlotte Corday, in dem der beliebte Schauspieler John Drew die komische Rolle des Nero Wax verkörperte, gefiel dem strengen Kritiker als Stück besser, doch er beeilte sich, Lolas Fehler herauszustellen.[45] »Ihre Art zu sprechen ist sehr unnatürlich. Jedes dritte oder vierte Wort betont sie kraftvoll, während sie über die Worte dazwischen mit einer kaum angemessenen Aussprache hinweggleitet. Das verleiht ihrer Darbietung eine Monotonie des Singsangs, die unnatürlich und affektiert wirkt. Ihre Darstellungen waren unbeseelt. Sie war nicht annähernd so interessant wie in ›Lola Montez in Bavaria‹. Letztere Rolle wurde unterhaltsam dargeboten durch die sie charakterisierende Ungezwungenheit.«

Er nannte *Maritana* »eine armselige Angelegenheit«, erachtete aber Lolas Darstellungskunst darin für besser als in *Charlotte Corday.*[46] Die größte Beredsamkeit seiner Kritikerwut blieb jedoch dem »Spinnentanz« vorbehalten, der ihn geradezu schäumen ließ:

Während der Woche hat der Manager des Chestnut ein Experiment veranstaltet, in dem er sich bemühte herauszufinden, wieviel Unschicklichkeiten das Publikum erträgt, ehe es einen Darsteller von der Bühne zischt. Montag und Dienstagabend führte Mlle. Lola Montez den »Spinnentanz« auf, sehr zum unsittlichen Ergötzen lüsterner Lebemänner, doch zum Mißvergnügen aller Menschen feiner Lebensart. Mit seiner unüberbietbaren Obszönität übersteigt dieser Tanz alles, womit ein Publikum dieser Stadt jemals beleidigt worden ist.

Lola Montez ließ vermutlich dieses Porträt aus dem Jahr 1847
Ludwig I. zukommen.

Alle, die dabei waren, waren verwundert, nicht wegen des unzüchtigen Wesens dieser Frau – denn sie ist jenseits jeder Hoffnung – sondern weil es fast unglaublich war, daß der Leiter einer öffentlichen Vergnügungsstätte zulassen konnte, eine derartige Zurschaustellung vor ein ehrbares Publikum zu bringen. Es gab einige Sturmwarnungen, die die Theaterleitung vor dem Bevorstehenden hätten warnen können. An ein oder zwei Abenden standen Besucher im Parkett auf und beschwerten sich über die Frau und ihre Schamlosigkeit. Sie wurden von der Polizei eilig hinausgebracht. Herren, die unglücklicherweise Damen ins Theater mitgebracht hatten, standen mitten in dieser Vorstellung auf und eilten mit ihren lieben Schutzbefohlenen aus dem Gebäude. Am Freitagabend zischten *wirklich* einige Leute in den oberen Rängen, und die Tänzerin zeigte ihnen mit erhobenem Finger ihre Verachtung. Es waren nur wenige Damen anwesend. Das Parkett war mit derselben Gruppe von Personen besetzt, die auch die ersten Reihen einer Darbietung von Künstlermodellen belegen würden. Natürlich waren *sie* von dem Gezeigten angetan, und ein ziemlich einstimmiges *da capo* war die Folge. Lola kam heraus, verbeugte sich, hob ein Bukett auf und zog sich wieder zurück. Doch der tumultähnliche Applaus hielt an. Darauf erschien die Künstlerin erneut und hielt eine kleine Rede, in der sie sich auf die zum Ausdruck gekommene Mißbilligung bezog – sie habe den Tanz »vor allen Höfen Europas« aufgeführt und ihn »ihrem spanischen Naturell entsprechend getanzt«, auch »in Einklang mit spanischem Brauch« – offenbar in dem Glauben, diese Behauptungen seien eine hinreichende Entschuldigung für jedwede Verletzung des Anstandes, die sie sich vielleicht erlaubt.

Um diese moralische Entrüstung richtig einordnen zu können, muß man wissen, daß es sich um eine Ära handelte, in der in New York City gegen einen Opernimpresario ein Prozeß angestrengt wurde, um ihm dringend vor Augen zu führen, daß weitere Aufführungen von Verdis *Rigoletto* wegen des »Gesangs, der Darstellung und der Handlung« jenes Meisterwerks »hier und heute eine Art der Präsentation einer Oper darstellen, die kein tugendsames Mitglied der holden Weiblichkeit besuchen könnte, ohne hier und heute zugleich Geschmack und Schamgefühl zu opfern.«[47] Es ist durchaus möglich, daß Lola den »Spinnentanz« in unterschiedlich gewagten Versionen aufführte, doch wahrscheinlicher dürfte sein, daß die Kritiker, die gelegentlich gegen seine Unsittlichkeit wetterten (die meisten Kritiker machten im Allgemeinen keinen Unterschied zum Rest ihres moralisch einwandfreien Repertoires), einfach ihre überentwickelte viktorianische Empfindsamkeit vorführten – eine Empfindsamkeit, die Lola eine Menge unbezahlbarer Publicity einbrachte.
Falls Lola auf ein Engagement in New York gehofft hatte, bei dem sie ihre Fähigkeiten in *Charlotte Corday* und *Maritana* vorführen konnte,

so hat dies sich nie erfüllt. Als sie wieder in New York war, wandte sie ihre Aufmerksamkeit der Vorbereitung einer Tournee zu, die im Winter in den Süden führen und anschließend weitergehen sollte. Sie war mit ihrem Manager, John Jones, unterwegs, der das Amt nicht länger innehatte als die meisten seiner Vorgänger. Zu diesem Zeitpunkt dürfte es ihr Ziel gewesen sein, Kalifornien zu erreichen. Die New Yorker Zeitungen enthielten regelmäßig Berichte über die riesigen Schiffsladungen von Gold, die aus Kalifornien kamen, wo die unterhaltungshungrige Bevölkerung spektakuläre Eintrittspreise bezahlte und die größten Darsteller aus aller Welt in das schon legendäre kalifornische Eldorado lockte. Lola, auf die Geld und Abenteuer eine mächtige Anziehung ausübten, muß sich zu Kalifornien hingezogen gefühlt haben. Doch was immer ihr eigentliches Ziel gewesen sein mag, so scheint sie New York dieses Mal verlassen zu haben, ohne bald zurückkehren zu wollen.

Ihr erstes Engagement war in Charleston, South Carolina, wo sie am 6. Dezember mit *Maritana* ihr Debüt gab.[48] Das Stück wurde am nächsten Abend wiederholt, und in der dritten Vorstellung fügte sie dann den »Spinnentanz« hinzu. Am vierten Abend gab sie mit *Lola Montez in Bavaria* ihre Geschichtsversion zum Besten, die sie an ihrem letzten Abend wiederholte und mit dem »Spinnentanz« beschloß. Wenn Charleston schockiert gewesen sein sollte, so ist kein Bericht darüber erhalten geblieben.

Am 20. Dezember hätte sie in Mobile auftreten sollten, doch die Reise durch South Carolina, Georgia und Alabama dauerte zwei Tage länger als vorgesehen. Auf ihrem Weg durch den Süden beeindruckten Lola die riesigen Getreide- und Gemüsefelder, die von Sklavenscharen bearbeitet wurden.[49] Landwirtschaft in dieser Größenordnung hatte sie noch nicht gekannt. Aufmerksam und neugierig, wie sie stets war, sprach sie mit den Südstaatlern, die sie traf und bestärkte so ihre Meinungen, die sie sich bei ihrem Besuch Virginias und durch die Verbindung mit den Demokraten des Nordens über die Lebensart des Südens und seine »besondere Institution« gebildet hatte. Das verschobene Engagement in Mobile war ein Erfolg, mit vollen Häusern zu Spitzenpreisen sowie schmeichelhaften Besprechungen in den Lokalblättern.

Ihr Tourneebeginn war von Erfolg bei der Kritik und, was wichtiger war, finanziell gekrönt, und Lola muß sich hochgemut und mit einer schweren Geldkassette an Bord des Dampfers nach New Orleans begeben haben.[50] Am 30. Dezember erreichte sie den großen Mississippi-Hafen und mietete sich im Veranda Hotel ein, wo sie sich auf ihr Engagement in Tom Placides Varieties Theater und auf die Begrüßung des Jahres 1853 vorbereitete.

New Orleans war eine lebenssprühende Stadt, die sich viel von ihrem französischen und spanischen Erbe bewahrt hatte. Das tropische Klima brachte es mit sich, daß die Stadt regelmäßig von Gelbfieberepidemien heimgesucht wurde, doch die natürlichen Vorzüge ihrer Lage an der Mündung des Mississippi, die Widerstandskraft ihrer Bewohner und der ständige Zustrom neuer Glücksritter ließen sie alle Krankheiten und Fluten überstehen. Hier war die seltsame amerikanische Mischung aus Aufdringlichkeit, Begierde und Vertraulichkeit, die Lola in den Staaten des Ostens kennengelernt hatte, durch eine gewisse Würde und Anmut aus der lateinischen und der Alten Welt gemildert. Der ungeheure Verkehr der Dampfboote, die auf der mächtigen Wasserstraße stromauf und stromab eilten, ließ die Stadt pulsieren und verband sie nicht nur mit den Städten im Landesinneren, sondern auch mit den Häfen Europas.

Das ständige Ensemble des Varieties war gut, und seine Mitglieder lernten ihre Rollen in *Lola Montez in Bavaria* schnell genug, um das Stück bei Lolas Premiere am 3. Januar einsetzen zu können. Wie bei allen ihren Debüts in Amerika war das Theater fast voll, obwohl die Kartenpreise erhöht worden waren. Es fand sich sogar eine ansehnliche Anzahl Damen im Publikum, die mit einem Blumenregen für den Star die Aufmerksamkeit auf ihre Anwesenheit lenkten.

Am zweiten Abend mußte New Orleans lernen, daß man Lola nicht mit demonstrativer Beiläufigkeit behandeln konnte.[51] In einer der Logen plauderte und lachte eine Gruppe so laut und ausdauernd miteinander, daß sich das Publikum gestört fühlte und die Schauspieler aus dem Tritt kamen. Lola fiel aus der Rolle (obwohl es gewissermaßen eine metaphysische Frage ist, ob man aus der Rolle fallen kann, wenn man sich selbst spielt) und wandte sich ans Publikum. »Ladies und Gentlemen«, sagte sie, »ich bin wirklich entzückt, vor Ihnen aufzutreten; doch wenn es eine Intrige gegen mich gibt, dann ziehe ich mich zurück!« Die angeblichen Verschwörer schwiegen beschämt, wie es sich schickte, und die Vorstellung wurde ohne Unterbrechung fortgesetzt.

Sie erhielt freundliche Besprechungen, die anmerkten, Lolas Art zu spielen sei frei, unbeschwert und spontan, und unterscheide sich von der theatralischen Effekthascherei der meisten Schauspielerinnen.[52] Viele Zuschauer waren enttäuscht, weil sie nicht tanzte, doch der *New*

Orleans Daily Picayune empfahl dennoch, »jeder sollte sich Lola Montez ansehen, denn sie ist es sicherlich wert«, und bezeichnete sie in der Folge als »die berühmteste Schauspielerin, die seit Jahren aufgetreten ist«. Der Kritiker des *Courrier de la Louisiana* empfand sie als verlockend androgyn und als Walstatt von Liebreiz und Energie. Wie andere Kritiker fand auch er, sie stehe unter Hochspannung und sei voller nervöser Energie, doch, schrieb er, »trotz ihrer Unerfahrenheit auf der Bühne vergißt sie sich und bewegt sich mit der Selbstverständlichkeit einer Frau, die in einem Salon verkehrt«. Sie spricht Englisch, hielt er fest, »mit einer einmaligen Mischung aus spanischem und irischem Akzent«.

Während der ersten Woche ihres zunächst auf zwei Wochen angelegten Engagements spielte Lola ihre eigenen Abenteuer, die sie bei der fünften Vorstellung mit dem »Spinnentanz« ergänzte, was sogar die Stehplätze füllte. New Orleans war durch Lolas Tänze nicht schockiert, und das begeisterte Publikum des Varieties verlangte gewöhnlich eine Wiederholung. In der zweiten Woche stellte Lola *Charlotte Corday* vor und baute nach bewährtem Muster in die späteren Vorstellungen Tänze ein. Das Programm vom 14. Januar sah *Corday* und den »Spinnentanz« vor; doch nach dem Stück wurde vor dem Vorhang angekündigt, daß der Tanz nicht aufgeführt werde. Es ist möglich, daß Lolas partielle Indisposition auf den Kummer zurückzuführen war, den die Nachricht, die an jenem Tag in den Zeitungen von New Orleans erschienen war, ausgelöst hatte, daß George Trafford Heald in Lissabon ertrunken sei, als eine Yacht kenterte.[53] In Wahrheit war Heald quicklebendig, und in einigen Zeitungen an der Ostküste, offenbar aber nicht in New Orleans, wurde eine Woche darauf eine Richtigstellung veröffentlicht.

Lolas Einstellung zu Heald, den sie einen gefühllosen Grobian und Dieb genannt hatte, dürfte sich durch den zeitlichen und räumlichen Abstand bereits gemäßigt haben. Sie benutzte noch immer seinen Namen, unterzeichnete mit »Marie de Landsfeld Heald« und in späteren Jahren sollte sie »Mrs. Heald« als gleichberechtigten Namen neben Lola Montez betrachten. Die vermeintliche Witwe dürfte über die falsche Nachricht vom Tod ihres Mannes ernsthaft erschüttert gewesen sein.

Doch die Wirkung, die der Bericht über Healds Tod auf Lola gehabt haben mag, war nicht von Dauer, und Placide engagierte sie umgehend für eine dritte Woche am Varieties. Lola nahm ihre Karriere ernst und hatte die Zeit in New Orleans nicht nur dazu genutzt, die

Herren der Stadt zu bezaubern und sich von ihnen zu den Sehenswürdigkeiten begleiten zu lassen, sondern hatte auch ihr Repertoire erweitert. Ihr erneuertes Engagement eröffnete sie in der Titelrolle eines für sie neuen Stücks, *Clarissa Harlowe, or the Fatal Choice,* von dem Lola behauptete, es sei ihre eigene Übersetzung und Adaptation eines französischen Stückes, das auf einem Roman von Richardson aus dem 18. Jahrhundert basierte. Wieder beurteilten die Kritiker ihre Bemühungen mit Wohlwollen.[54] Sie stellte auch *Maritana* vor und fügte ihre erste rein komische Rolle hinzu, die Figur der Lady Teazle in Sheridans Klassiker »School for Scandal«. Der Kritiker des *Picayune* meinte, dies sei eine ihrer besten Rollen und sie habe eine gute Konzeption dieses Charakters. »Es war zwar nicht die Lady Teazle, die wir kannten«, schrieb er, »doch es war dennoch sehr lobenswert«.

Lola sorgte weiterhin für volle Häuser im Varieties, und Placide engagierte die Gräfin trotz der hohen Gage, die er zahlen mußte, für eine vierte Woche. Ihr Engagement in New Orleans wurde damit zum längsten Gastspiel ihrer Bühnenkarriere. Als sie sich am 30. Januar im Varieties zum letzten Mal verbeugte, hatte sie achtundzwanzig Abende mit Auftritten in fünf Stücken und fünf Tänzen hinter sich gebracht. Ihre Anziehungskraft war so groß, daß sie nach dem Ende im Varieties noch für zwei reine Tanzvorstellungen am Orleans Theater engagiert wurde. Die Karnevalssaison näherte sich ihrem Höhepunkt, und obwohl Lola eindeutig plante, weiterzureisen, blieb sie, um in New Orleans den Fastnachtsdienstag, »Mardi Gras«, zu feiern.

Die näherrückende Abreise aus New Orleans führte zu einer Krise zwischen der Gräfin von Landsfeld und der Zofe, die sie aus New York mitgebracht hatte.[55] Das Mädchen war für sechs Monate eingestellt worden und hatte die Zusicherung erhalten, die Rückreisekosten nach New York erstattet zu bekommen, und zwar ab dem Ort, an den die Reisen sie in dieser Zeit hingeführt hätten. Der verlängerte Aufenthalt in New Orleans hatte der Zofe Zeit gelassen, eine Bindung zu der Stadt oder zu einem ihrer Bewohner zu entwickeln; sie verkündete, sie wolle ihr Gehalt ausbezahlt bekommen, Lolas Dienste verlassen und sich hier niederlassen. Das allein hätte schon genügt, ihre impulsive Herrin in Wut zu versetzen, doch das Mädchen bestand auch noch darauf, die Rückreise nach New York erstattet zu bekommen, obwohl sie gar nicht zurückfahren wollte. Lola wurde zornig, stürzte sich auf sie und schlug das Mädchen in die Flucht.

Doch amerikanische Dienstboten schienen nicht so leicht gewillt, Schläge hinzunehmen, wie ihre europäischen Kollegen, und Lolas Zofe wandte sich auch prompt an die Polizei und zeigte ihre Herrin wegen tätlichen Angriffs und Körperverletzung an. Zwei Polizeibeamte, die möglicherweise von Lolas ungestümem Beziehungen mit Männern in Uniform wußten, wurden mit einem Haftbefehl für die Gräfin von Landsfeld zu ihren Räumen geschickt. Es ist nicht ganz klar, was wirklich passierte, als die Beamten den Haftbefehl vollziehen wollten; doch Lola, so heißt es, widersetzte sich jedem Zugriff und zückte ihren stets bereiten Dolch. Einer der Beamten lenkte sie ab, während der andere hinter sie schlüpfte und ihre Arme festhielt, so daß man ihr den Dolch entwinden konnte. Lola reagierte mit Fußtritten, schlug wild um sich und trieb ihre Zähne in jeden verfügbaren Körperteil der Polizisten.

Der Lärm rief einige von Lolas Freunden herbei. Sie überredeten die Beamten, sie loszulassen, worauf die Gefangene dramatisch nach einem Fläschchen mit der Aufschrift »Gift« griff, das auf einem Regal stand und erklärte: »Gleich werde ich aller künftigen Kränkungen ledig sein!« Nachdem sie sich den Inhalt hinuntergeschluckt hatte, sank sie zu Boden. Das verstärkte die Dramatik der Szene, und jemand rannte los, ein Gegengift zu besorgen, während andere sich um die niedergestreckte Frau bemühten und wieder andere die Polizei für die Brutalität schalten, mit der sie eine edle Frau zum Äußersten getrieben hatte.

Angeblich sei Lola wieder zu sich gekommen, habe ein oder zwei Zigarren geraucht und sei dann erneut in Ohnmacht gefallen, während ihre Freunde, von denen einige angesehene Bürger der »Crescent City« waren, den Beamten versprachen, sie würden für das Erscheinen der Beschuldigten zu jedem Verhör sorgen. Schließlich zogen die Beamten ohne ihre Beute ab, und wie durch ein Wunder überlebte Lola das Gift. Zwar mußte sie sich ins Bett legen, um sich von dem Angriff zu erholen und ihren Auftritt bei einer geplanten Benefizveranstaltung für einen der Schauspielerkollegen absagen.

Innerhalb einer Woche war sie bereit, zu ihrem nächsten Engagement am National Theater in Cincinnati aufzubrechen. Für die Fahrt den Mississippi hinauf buchte sie zusammen mit fast vierhundert anderen eine Passage auf der *Eclipse,* dem angeblich größten und teuersten Dampfboot der Welt. Es war die Blütezeit der Mississippi-Dampfer, und die Reise durch das hochwinterliche Herz des Erdteils muß auch für die weitgereiste Gräfin von Landsfeld eindrucksvoll gewesen sein.

Am 26. Februar kam sie in Cincinnati an, und nach nur dreitägigen Proben mit dem örtlichen Ensemble gab Lola vor ausverkauftem Haus die Eröffnungsvorstellung mit dem Stück, das ihren Namen trug, »*Lola Montez in Bavaria*«. Es war erneut ein voller Erfolg beim Publikum wie bei den Kritikern. »Wir betraten das Theater mit großer Voreingenommenheit bezüglich ihrer Fähigkeiten, die sie beim Auftritt zeigen würde; doch noch vor dem Ende des ersten Aktes ertappten wir uns dabei, wie wir der *unschuldigsten,* natürlichsten und anmutigsten Schauspielerin applaudierten, die je die Bretter des National Theater geschmückt hat. Voller Lebendigkeit und Temperament brachte sie soviel Leben und Schwung in das Stück, wie es wohl keine außer Lola Montez vermitteln könnte. Ihre Stimme ist weiblich und wunderbar melodiös; ihre Interpretation ist *sans reproche* – ohne Fehl und Tadel –, wobei sie unsere Muttersprache vollkommen korrekt ausspricht, auch wenn vielleicht der leichte Hauch eines fremden Akzents mitschwingt, der aber gerade ausreicht, sie um so zauberhafter erscheinen zu lassen. Wir werden niemals bereuen, die Schauspielerin Lola gesehen zu haben.«[56]

Die *Cincinnati Gazette* erklärte, »die Kritiken, welche die Zeitungen der Ostküste über ihren Stil als Schauspielerin verbreitet haben, hatten uns nicht auf die Vorführung einer so ausgezeichneten künstlerischen Leistung vorbereitet, wie sie zweifellos von ihr gezeigt wurde. In ihrer Darstellung lag soviel Inspiration und dramatische Fähigkeit, daß sie sich den Ruf einer Schauspielerin entschieden verdient hat. Auch nicht der Wählerischste dürfte irgendwelche Einwände gegen das Stück finden.«[57]

Am interessantesten war die Reaktion des Kritikers der Zeitung *Der deutsche Republicaner,* eines Mannes, der auch den Stil europäischer Schauspieler kannte und der für die große Gemeinde der deutschen Einwanderer in Cincinnati schrieb; für ihn war die Handlung des Stücks keine Phantasie, sondern Zeitgeschichte. Er bezeichnete das Stück selbst als närrisches, handwerklich schlechtes Machwerk und kritisierte die Bühneneinrichtung, mit der den Amerikanern eine äußerst unzutreffende Schilderung der Sitten und der Kleidung an einem deutschen Hof gegeben werde. Doch als er auf Lola selbst zu sprechen kam, zeigte er eine veränderte Meinung:

Bisher konnten wir nicht begreifen, wie es ihr möglich war, so unumschränkten Einfluß auf König Ludwig zu erlangen, der doch sonst nicht eben zahm oder gefügig gewesen. Jetzt, da sie uns ihr Hexenwerk auf der Bühne vorgeführt, glauben wir gern, daß der arme Louis nicht widerstehen konnte. Ihr Mienen- und Gebärdenspiel verdiente jede Bewunderung, und sie erinnerte uns oft an Rachel, die in dieser Hinsicht bekanntlich als unerreichtes Vorbild gilt. Am interessantesten war die Szene ihrer ersten Begegnung mit dem Minister Abel, den sie mit einer solchen Mischung von Herausforderung und Verachtung anblickte, wie wir sie nach unserer Erinnerung weder im Leben noch auf der Bühne je zu sehen bekamen. Auch ihre spätere Unterredung mit Abel, bei der sie ihn auf ihre Seite zu locken versucht, konnte als meisterlich gelten. Ein Problem, das Lola in ihrer Karriere als Schauspielerin noch zu schaffen machen wird, ist ein nicht besonders geeignetes Organ, das für viele Rollen unpassend erscheinen dürfte; durch weitere Übung wird sie diesen Übelstand sicherlich teilweise überwinden können. Ihre Aussprache ist rein und korrekt, dem Zuhörer geht keine Silbe verloren; jenes häßliche Modulieren und Vibrieren der Stimme, jenes Quäken und Schreien, das einem bei amerikanischen Schauspielerinnen ständig begegnet, ist ihr völlig fremd, und in dieser Hinsicht bildete sie einen äußerst wohltuenden Kontrast zu den anderen mitwirkenden Ladies.[58]

Das Engagement in Cincinnati war ein weiterer uneingeschränkter Erfolg; das Haus war regelmäßig ausverkauft, und jeden Abend erschien eine größere Anzahl von Damen. Lola gab dreizehn Vorstellungen in fünfzehn Tagen und fügte sogar noch eine weitere Rolle hinzu – die Titelrolle in einem Stück, das sie vielleicht in München gesehen hatte, nämlich *Yelva, die russische Waise* von Eugène Scribe. Es ist eine völlig stumme Rolle, und außer den Worten »Edward, mein Bruder!« am Schluß des Stücks mußte Lola sich auf ihre pantomimischen Fähigkeiten verlassen.

Joseph M. Field, der das Theater in Mobile geleitet hatte, als Lola dort vergangenen Dezember aufgetreten war, hatte beschlossen, nach St. Louis zurückzukehren und dort eine Saison am Varieties Theater zu bleiben. Field hatte Lola für das Varieties gebucht, doch die Gräfin muß ihre Ankunft wegen der Verlängerung des erfolgreichen Gastspiels in Cincinnati verschoben haben; der Manager, dem offenbar niemand mitgeteilt hatte, wann er Lola erwarten dürfe, war außer sich, als sie endlich ankam, nachdem er wiederholt gezwungen gewesen war, die Vorankündigungen ihrer Auftritte zu ändern. Am 21. März, ihrem Eröffnungsabend in *Yelva,* unternahm Fields den ungewöhnlichen Schritt, in der Vorankündigung ausdrücklich darauf hinzuweisen, er halte es für »angebracht, dem Publikum mitzuteilen, daß die Preiserhöhung von 75 Cent auf 1 Dollar ... für heute und für die folgenden Abende der Auftritte von Lola Montez auf den dringenden Wunsch jener Lady erfolgt ist.«[59]

Kate, die dreizehnjährige Tochter des Theaterleiters, schrieb ihrer Tante: »Nun, Lola Montez trat gestern Abend zum ersten Mal in Vaters Theater auf. Das Theater war vom Parkett bis zu den Türen voll besetzt. Ihre Augen sind die schönsten, die ich je gesehen habe. Ich mag sie sehr gern, doch sie spielte ein stummes Mädchen, weshalb ich nicht sagen kann, was sie in Sprechrollen oder als Tänzerin leisten kann. Sie versucht, Vater soviel Ärger wie möglich zu machen.«[60]

Das Engagement in St. Louis war kurz (fünf Vorstellungen) und stürmisch.[61] Lola und Field gingen einander, wie verlautet, wiederholt an die Kehle, und eine Zeitung berichtete, »man kann sagen, sie lebt in einem beständigem Sturm«, wenn man auch einräumte, daß sie ihr Engagement zu Ende gebracht habe, »ohne, wie durch ein Wunder, während ihres Aufenthaltes hier irgend jemanden ausgepeitscht zu haben, soweit uns bekannt geworden ist«.

In St. Louis scheint Lola einen neuen Manager aufgetan zu haben, Jonathan Henning, einen früheren Telegraphisten, der Mitte zwanzig war.[62] Zu dieser Zeit tauchen auch die ersten veröffentlichten Hinweise auf, sie wolle nach Kalifornien und vielleicht nach Kuba und Mexiko reisen, doch zunächst nahmen sie und Henning das Dampfboot *Reindeer* nach Louisville, wo sie mit einem Engagement am Bates Theater rechnete. Doch die Sache fiel ins Wasser, und die beiden buchten eine Passage auf einem Dampfer, der sie auf dem Weg nach San Francisco erst einmal nach New Orleans zurückbrachte.

Dort kamen sie am 7. April an, doch ehe sie eine Fahrt nach Kalifornien buchen konnten, gab Lola ihrer Legende neue Nahrung durch eine weitere Begegnung mit dem Gesetz von Louisiana.[63] In Placides Varieties gab man eine Benefizgala zugunsten der American Dramatic Fund Association, einer Wohlfahrtseinrichtung für Schauspieler. Lola stand nicht auf dem Programm, doch mit ihrem Charme gelang es ihr, an dem Mann am Bühneneingang vorbeizukommen (obwohl sie und Tom Placide zu diesem Zeitpunkt nicht auf bestem Fuß miteinander standen), und sie und Henning sahen den Aufführungen aus der Kulisse zu.

Als Ducy Barre, eine Tänzerin, mit der Lola sich angefreundet hatte, mit ihrer Aufführung beginnen wollte, drängte sich Lola an den Platz des Souffleurs, um besser sehen zu können. George T. Rowe, Placides grauhaariger Souffleur und Vorhangzieher, der eine Institution des Theaterlebens in New Orleans war, machte ihr klar, daß sie im Bereich des Souffleurs nichts zu suchen hatte. Rowes Sprache, Haltung und vielleicht auch seine körperliche Grobheit ließen Lolas Sicherungen durchbrennen, und so brach zwischen den beiden ein Kampf mit Ohrfeigen, Tritten und Rangeleien aus. Lola forderte Verstärkung von Henning und sagte ihm: »Wenn du ein Mann bist, dann gib ihm die Peitsche!« Daraufhin packte Henning Rowe an der Krawatte und begann, ihn zu würgen. Andere griffen ein, um die Kämpfer zu trennen, und mit dem Erscheinen des Gesetzes in Form von Officer Hard, der es ablehnte, eine der beiden Parteien ins Gefängnis zu bringen, trat wieder Frieden ein.

Am nächsten Morgen erschien Rowe vor dem Kriminalgericht und gab eine eidesstattliche Erklärung ab, Lola und Henning hätten ihn tätlich angegriffen und sich der Körperverletzung schuldig gemacht. Nachdem man sie von den Anschuldigungen in Kenntnis gesetzt hatte, erschienen die Gräfin und ihre Freunde ebenfalls vor dem Gericht, und Lola beschuldigte Rowe ebenfalls des tätlichen Angriffs und der Körperverletzung. Die erste Anhörung durch Richter Winter wurde für Donnerstag, den 14. April angesetzt. Schon lange vor dem Anhörungstermin hatte sich an jenem Tag eine Menschenmenge versammelt, die die Show sehen wollte. Ein Reporter schrieb: »Bürger aller Schichten – stämmige Bauersleute wie parfümierte Dandys, feurige Galane, die den Duft von Musselin lieben, Staats- und Rechtsanwälte und lüsterne alte Herren mit steifem Hemdkragen und Doppelkinn – alle standen sie mit aufgerissenen Augen und gespitzten Ohren herum, um jede Einzelheit des Skandals aufzufangen, der über der wimmelnden Menge schwebte.«

Als Henning Richter Winter mitteilte, die Gräfin sei zu krank, um persönlich anwesend zu sein, wurde dies mit allgemeiner Enttäuschung aufgenommen. Der Staatsanwalt wandte ein, daß kein ärztliches Attest vorliege, und zur Zufriedenheit der Menge ordnete Winter an, die Gräfin habe zu erscheinen und schickte Beamte, die sie zum Gericht bringen sollten.

Nach einer gewissen Zeit erschien die Beklagte:

Schließlich kam sie und trippelte in Begleitung ihrer Herren in den Gerichtssaal, leichtfüßig wie eine junge Gazelle, bleich vor Erregung angesichts der ungewohnten Szenerie und mit Augen, aus denen das wilde Licht einer poetischen und hitzigen Seele blitzte. Ihre Kleidung war sauber und geschmackvoll; sie trug einen Rock aus strohfarbenem Leinen, eine schwarze Mantille aus Kantonkrepp, ein toskanisches, mit reichster Spitze bedecktes Häubchen, und einen weißen, sternenbestickten Spitzenschleier, der beim leisesten Atemzug erzitterte und wie der Glanz ihrer halb verborgenen, liebreizenden roten Lippen ihren fein geformten, klassischen Kopf schmückte.

Ihr Erscheinen vor Gericht machte sich durch eine höchst erfrischende Aufregung bemerkbar. All die ungewaschenen Republikaner der Stadt waren anwesend und starrten sie an, als sei sie eine wilde und ungezähmte Bestie, die man zu ihrem ganz persönlichen Vergnügen eingesperrt hatte. Auch als Ziel von tausend Augen, und schlimmer begafft als das Zeuglodon oder sonst irgend eine Monstrosität, verlor sie weder ihre Geistesgegenwart noch ihre Selbstbeherrschung. Angesichts des vollen Hauses, für das sie gesorgt hatte, merkte sie naiv an, die Vertreter des Gesetzes hätten einen Fehler gemacht, keine Eintrittskarten für zwei Dollar pro Kopf auszugeben.[64]

Tatsächlich verwandelte sich die Vernehmung in eine klassische Vorstellung Lolas. Sie nahm ihrem Anwalt den größten Teil der Beweisführung und des Kreuzverhörs aus der Hand, und selbst Richter Winter konnte angesichts ihrer Schlagfertigkeit ein Grinsen nicht unterdrücken.

Das Verfahren begann mit der Befragung von Rowe, der seine Sicht der Begegnung schilderte und es abstritt, das Handgemenge mit einem Fußtritt gegen die Dame eröffnet zu haben. Lola hielt dagegen, daß Rowe ein brutaler Mann sei, ein Jesuit dazu, und daß sie ihm das ins Gesicht gesagt habe. Sie führte ein Dienstmädchen vor, das schwor, die Gräfin sei mit einem roten Fleck in der Größe eines mexikanischen Dollars am Bein (unterhalb des Knies) nach Hause gekommen und habe erklärt, daß dieser von einem Tritt Rowes stamme. Von ihrem Platz auf der Verteidigerbank bemerkte Lola im Bühnenflüsterton: »Wenn ich von einem Pferd getreten worden wäre, würde mir das nichts ausmachen, aber von einem Arsch ...!« und Gelächter schallte durch das Gericht.

Im weiteren Verlauf beschuldigte Lola Rowe, er habe sie während ihres Engagements im Varieties ständig mit unsittlichen Anträgen beleidigt und behauptete, auf Vorhaltungen wegen seines schändlichen Benehmens habe er sie gebeten: »Sag' in jedem Fall nichts zu der Alten«, womit Mrs. Rowe gemeint gewesen sei. Das führte zu Lachsalven bei den Zuschauern.

Thomas Placide wurde aufgerufen. Den Kampf zwischen seinem Souffleur und Lola hatte er nicht gesehen, doch als man ihn von der Störung unterrichtete und er ihr erklärte, sie müsse gehen oder würde festgenommen, habe sie sich geweigert und ihn einen »verdammten Lügner, verdammten Schuft und verdammten Dieb« genannt.« »Stimmt das etwa nicht?« kommentierte Lola mit gedämpfter Stimme von ihrem Platz im Gerichtssaal, und wieder brüllten die Zuschauer vor Lachen.

Lola übernahm die Befragung Placides:

Lola: Haben Sie mit Lola Montez nicht sehr viel Geld gemacht, Mr. Placide?
Zeuge: Für jeden Dollar, den ich verdient habe, haben Sie vier gekriegt. Sie verkaufen sich als Star und streichen den Löwenanteil ein.
Lola: Sind Sie nicht eines Abends, als ich in ihrem Theater getanzt habe, mit flatterndem Hemd und in sehr unsittlicher Weise hinter der Bühne erschienen? Und, Mr. Placide, Sie sind nicht gerade ein schöner Mann, müssen Sie wissen! (Der letzte Satz wurde beiseite gesprochen, und die Antwort ging in der Aufregung und dem folgenden Beifall unter.)
Lola: Habe ich Ihnen nicht angeboten, für die arme kleine Ducy Barre zu tanzen, und Sie wollten mir diese großzügige Geste nicht gestatten?
Zeuge: Ich war der Meinung, sie wären dem Haus nicht von Nutzen.
Lola: Sie wissen sehr gut, daß ich immer für vollbesetzte Häuser gut bin, und zum Beweis wende ich mich an das hier anwesende Publikum. (Dieser Wink mit dem Zaunpfahl war das Signal für lauten, lang anhaltenden Beifall, dem die Beamten nur schwer Einhalt gebieten konnten.)[65]

Eine Reihe von Zeugen gaben ihre Darstellung dessen zu Protokoll, was sie am Abend der Benefizveranstaltung hinter der Bühne gesehen hatten, und Winter verfügte, daß der Fall vor dem Ersten Bezirksgericht verhandelt werden solle; die Kaution der Gräfin setzte er auf 1000 Dollar fest. Lolas Anwalt plädierte, die Anklage sei leichtfertig, Rowe sei »weder Haut noch Haar beschädigt worden« und eine niedrigere Kaution sei angemessen. Der Richter verringerte die Kaution auf 500 Dollar, die sofort gestellt wurde, und Lola fuhr mit einem Vierspänner im Triumph nach Hause, wobei sie die Sympathien der meisten Zuschauer begleiteten. Sei es, daß die Angelegenheit irgendwie geregelt wurde oder Lola die Kaution einfach verfallen ließ, jedenfalls segelten sie und Henning am frühen Morgen des 22. April vom Jackson Square Kai mit dem U.S. Postschiff *Philadelphia* den Mississippi hinunter nach Aspinwall an der Küste Panamas.[66]

****

Daheim im goldenen Westen

1853 existierten drei Seewege vom Osten der Vereinigten Staaten nach Kalifornien. Fracht wurde oft auf die lange, stürmische Reise um Kap Horn geschickt, während Passagiere und ihr Gepäck die Fahrt gewöhnlich abkürzten und Mittelamerika auf dem Landweg über Panama oder Nicaragua durchquerten. Lola nahm die Panamaroute, die sich entlang des heutigen Kanalverlaufs als einem Wechsel von Schmalspurbahn, Treidelbooten und Maultierpfaden durch heiße, dampfende und fieberverseuchte Urwälder wand. Die Goldfunde in Kalifornien hatten diese abgeschiedene tropische Provinz in eine Verkehrsader von weltweiter Bedeutung verwandelt, die sich nun nicht nur der teuersten Bahnlinie pro Trassenkilometer rühmte, sondern auch mehrerer Zeitungen in englischer Sprache. Seit 1849 war die mühsame Reise durch Panama zwar erheblich zivilisierter geworden, doch sie war noch immer eine scheußliche Begegnung mit Schlamm, bösartigen Insekten, drückender Hitze und erheblichen Einschränkungen des leiblichen Wohls.

Am 1. Mai 1853, nach einer Woche Fahrt durch die Karibik, setzte die *Philadelphia* Lola, ihr Dienstmädchen und ihren Manager mit etwa zweihundertfünfzig weiteren Passagieren in Aspinwall (dem heutigen Colón) ab, der Endstation der Eisenbahnlinie über den Isthmus.[1] Die Trasse tauchte in die grüne Wildnis des panamesischen Dschungels ein und endete nach etwa der Hälfte der fünfzig Meilen der Landenge abrupt in Barbacoas, wo an einer Holzbrücke gebaut wurde, auf der die Strecke den Chagras River überqueren sollte. Passagiere und Gepäck mußten in flache, offene Boote umgeladen und diese wurden zu Wucherpreisen flußaufwärts in das Dschungeldorf Gorgona gezogen, wo für die Nacht ein paar ›Hotels‹ Schutz vor Moskitos und dem tropischen Regen boten.

Nach der Ankunft eines Schiffes überstieg die Zahl der in Gorgona übernachtenden Passagiere regelmäßig den Bestand an Feldbetten, was viele von ihnen dazu zwang, für gutes Geld auf dem Fußboden zu nächtigen.[2] Lola bestand natürlich nicht nur auf einem eigenen Zimmer, sondern verlangte vom Inhaber auch noch, in ihrem Zimmer ein Feldbett für ihren Schoßhund Flora aufzustellen. Als der Wirt protestierte, daß all seine Betten bereits für die Nacht vergeben seien und er keinen seiner Gäste auf den Fußboden legen könne, antwortete Lola zwischen Zügen an ihrer Zigarette: »Sir, es interessiert mich nicht, wo Ihre Gäste schlafen, aber Sie sollten wissen, daß mein Hund in Palästen geschlafen hat. Schaffen Sie das Bett her und sagen Sie nichts mehr.« Der eingeschüchterte Hotelier erfüllte die Forderung, doch als der Gräfin am Morgen für die Beherbergung Floras eine Rechnung über 5 Dollar präsentiert wurde, war sie außer sich. Die Rechnung wurde vor der Mündung von Lolas Pistole neu ausgehandelt.

Der Rest der Reise wurde auf Maultieren zurückgelegt, die einem engen, morastigen Pfad über die kontinentale Wasserscheide folgten und dann zu der kleinen Hafenstadt Panama abstiegen, wo die Schiffe nach Kalifornien ankerten. Lola nahm ein Zimmer im Cocoa Grove Hotel am Ortsrand.[3] In der Hitze der mondlosen, stockfinsteren Nacht saß sie vor der Tür und hielt im Licht einer Lampe des vorderen Korridors im Kreise einiger Herren Hof. Plötzlich war in der Dunkelheit draußen das zweimalige Klicken eines Revolverhahns zu hören, und danach die Stimme eines Kaliforniers, der mit der Gruppe reiste und sagte, jemand versuche, ihn zu erschießen. Dann klickte der Hahn noch ein paarmal.

Gelassen erhob sich Lola von ihrem Stuhl, befahl einem der Männer, ein Licht zu besorgen und schritt in die Dunkelheit zu der Stelle, von der die Stimme des Mannes kam. Die anderen Männer folgten ihr, und nach wenigen Augenblicken hatten sie ihren Freund erreicht und sahen die Gestalt eines Mannes, der in den Dschungel floh; der Schuß, den man ihm nachschicken wollte, ging jedoch ebenfalls nicht los. Lola befragte den geschockten Reisenden eingehend und versuchte herauszufinden, ob er sich während der Reise irgendwelche Feinde gemacht hatte, die sich vielleicht zu dem Mordversuch veranlaßt gesehen hatten. Ihre Untersuchung ergab keine Verdächtigen, doch sie erklärte dem Beinahe-Opfer, sie an seiner Stelle hätte den Burschen an den Haaren gepackt und ihn festgehalten, während sie gleichzeitig um Hilfe gerufen hätte. Die Herren, die schon vorher von Lolas Intelligenz und ihrem weiblichen Charme beeindruckt gewesen waren, hatten keine Zweifel, daß sie mit dem mutmaßlichen Mörder tatsächlich so kaltblütig und mutig umgesprungen wäre.

Viele der Herren, die Lola in Panama kennenlernte, waren auf dem Dampfer *Illinois* gerade aus New York angekommen, und einige von ihnen waren herausragende Bürger Kaliforniens, einschließlich eines

US-Senators und anderer Bundes- und Staatsbeamter, welche der Ernennung der neuen demokratischen Regierung von Präsident Franklin Pierce beigewohnt hatten. Auch Journalisten waren in der Gruppe zahlreich vertreten, unter ihnen der 32 Jahre alte Herausgeber des *San Francisco Whig and Commercial Advertiser*, Patrick Purdy Hull. Sie alle schifften sich auf dem 1600-Tonnen Seitenraddampfer *Northerner* nach San Francisco ein und stachen am 5. Mai in See.

Im Verlauf der zweiwöchigen Reise machte Lola die Bekanntschaft von Patrick Hull.[5] Seine Familie war vom Staat New York nach Mansfield, Ohio umgezogen, und er war Rechtsanwalt in Cleveland geworden. Seine Verbindungen zur Whig-Regierung hatten ihm 1850 einen Posten verschafft, bei der Durchführung der Volkszählung in Kalifornien mitzuwirken, wo er dann als Journalist geblieben war. Nach den wenigen vorhandenen Beschreibungen war Hull ein gutaussehender Mann mit rötlichem, fleischigen Gesicht, scharfen Augen und lockigem Haar. Er war lebhaft und extrovertiert und nach Aussage mancher Leute nicht übermäßig intelligent, doch er galt als großer Geschichtenerzähler und hat Lola während der Fahrt die Küste hinauf vermutlich bei Laune gehalten.

Am 21. Mai steuerte Kapitän Isham die *Northerner* durch das Golden Gate, passierte die frühlingsgrünen Hügel rund um die Bucht und um 6 Uhr morgens machte das Schiff am Long Wharf in San Francisco fest. Eine große Menschenmenge – die bevorstehende Ankunft eines Seitenraddampfers war am Signalmast des Ausgucks auf der Spitze des Telegraph Hill angekündigt worden – hatte sich eingefunden, um das Postschiff zu empfangen. Als Belohnung wartete auf die Menge nicht nur eine beispiellose Lieferung von 275 Säcken mit kostbaren Briefen, sondern auch der Auftritt der Gräfin von Landsfeld, Frau Lola Montez höchstpersönlich.

Obwohl Lolas Ankunft Aufsehen erregte, war man in San Francisco schon an Berühmtheiten und Wunder gewöhnt. Weit davon entfernt, sich nur als primitiver, von durchreisenden Goldsuchern bewohnter Außenposten darzustellen, hatte sich die vier Jahre alte Stadt zu einer bedeutenden und kultivierten Metropole mit 50 000 Einwohnern und Stein- und Ziegelbauten entwickelt. Tatsächlich ging der Goldrausch 1853, als die Förderung dramatisch abfiel, zu Ende, und die Zahl hoffnungsfroher Neulinge, die in die Goldfelder zogen, war kleiner als die Zahl der Enttäuschten, die sie verließen.[6] Goldabbau entwickelte sich zur Industrie, und Kaliforniens Wirtschaft war dabei, sich auf andere Produktionszweige als die wertvoller Metalle umzustellen.

Da kaum jemand länger als vier Jahre in San Francisco gelebt hatte, gab es auch kein eingesessenes Establishment. Auch wenn es zu Rassendiskriminierung kam, war Kalifornien in vieler Hinsicht dabei, eine klassenlose Gesellschaft zu bilden, oder zumindest eine Gesellschaft, in der die Stellung des Einzelnen nur auf wenig mehr als auf seinen erkennbaren Fähigkeiten und dem verfügbarem Geld beruhte. Das mußte Lola gefallen haben, die sich über die Macht und die Geltung des europäischen Adels immer geärgert hatte, auch wenn sie sich bemüht hatte, sie ebenfalls zu erlangen. Ob sie nun mit der Idee angekommen war, ein Teil dieser Welt zu werden – in der alle Menschen gleich waren, und Frauen als Partnerin und nicht als Spielzeug respektiert wurden –, jedenfalls war sie weniger als einen Monat in Kalifornien, als die Zeitungen von ihren Plänen, sich hier niederzulassen, berichteten.[7]

Doch zuerst konnte man Gold verdienen. Lola kam in San Francisco an, ohne zuvor mit einem Theatermanager Kontakt aufgenommen zu haben, aber sie erhielt schnell ein Engagement am American Theater, einer der ersten Bühnen der Stadt, die vor kurzem umgebaut worden war und etwa dreitausend Zuschauer faßte. Unmittelbar nach der Ankunft kündigte Henning als Manager, was zu einer Szene führte, in der Lola ihn anscheinend mit ein paar Ohrfeigen belehrte, er könne nicht kündigen, weil er gefeuert sei.[8] Dann zerriß sie vor seinen Augen Schecks im angeblichen Wert von 200 Dollars, um ihre Verachtung für Geld zu demonstrieren.

Fünf Tage nach ihrer Ankunft debütierte Lola in *The School for Scandal,* möglicherweise, weil dem ständigen Ensemble das Stück gut bekannt war. Und der Theaterkasse tat es nur gut, wenn man die Gräfin auf die Bühne brachte, solange das öffentliche Interesse an ihrer Person so hoch war. Wie in jeder florierenden Stadt abseits der zentralen Wirtschaftszone war alles in San Francisco teuer, und die besten Plätze für die Vorstellung kosteten 5 Dollar, fünfmal so viel wie die Plätze bei ihrem New Yorker Debüt und zehnmal so viel wie bei ihren vorangegangenen Engagements an der Ostküste.

In San Francisco saß das Geld locker genug, um bei ihrem Debüt als Lady Teazle ein volles Haus zu garantieren, und die Theaterkasse nahm am Eröffnungsabend 4500 Dollars ein. Die Menge war enttäuscht, weil sie nicht tanzte, doch Lola wußte zweifellos, daß sie am ersten Abend ein volles Haus haben würde, egal was sie tat, und sie war berechnend genug, ihre Tänze für die Abende aufzusparen, an denen sie den Kartenverkauf unterstützen würden. Das Publikum des ersten Abends war von ihr begeistert, und auch die Reaktion der Kritik war freundlich, wobei der *Alta California* meinte: »Mademoiselle Lola legte all die Anmut und Lebhaftigkeit an den Tag, die man von jemandem erwarten durfte, der Fürsten den Kopf verdreht und Redakteure und Angreifer gnadenlos niedergemacht hat.«[9] Eine andere Zeitung brachte ihre Überraschung zum Ausdruck, daß sie erst seit einem Jahr als Schauspielerin tätig war, und bezeichnete ihre Lady Teazle als »vollkommen ursprünglich und die Darbietung pikant und effektvoll«, auch wenn sie anmerkte, daß Lola mit Sheridans Text recht frei verfahren war.

Während das Ensemble des American Theater *Lola Montez in Bayern* einstudierte, setzte Lola ihr Engagement mit *Yelva* und dem »Spinnentanz« fort. Wieder war das Haus trotz angehobener Preise ausverkauft, und das Publikum feierte Lolas Pantomime als russische Waise enthusiastisch. Ihr Triumph mit dem bekannten »Spinnentanz« fügte ihrer Legende ein weiteres Kapitel hinzu, auch wenn der Spruch umging, der Tanz sei vielleicht nichts für anständige Damen, da die Tänzerin in ihren Röcken nach der Spinne suchen mußte, und zwar »ein wenig weiter oben, als es einem so öffentlichen Ort angemessen war«.[10]

Ein Redakteur, der den Tanz nie selbst gesehen hatte, schrieb, daß sich »eine tugendhafte Frau den ›Spinnentanz‹ in Anwesenheit des anderen Geschlechts nicht ohne schamhaftes Erröten und den Ausdruck gekränkter Sittsamkeit auf den Wangen ansehen kann«.[11] Ein anderer Kritiker jedoch, der den Tanz gesehen hatte, entgegnete: »Der ›Spinnentanz‹ ... ist kein bißchen anstößiger als der Bühnentanz im allgemeinen. In Bezug auf Lola Montez kann sogar festgestellt werden, daß ihre Röcke weit länger sind als die von anderen *danseuses*, die wir auf den Bühnenbrettern Kaliforniens gesehen haben.«

Am Montag, den 30 Mai, war das Ensemble schließlich bereit für das nach Lola benannte Stück, das in großem Stil aufgeführt wurde und den Einsatz von 50 Statisten für die Massenszenen vorsah.[12] Man scheint es jedoch nicht ausreichend geprobt zu haben, und die Unzulänglichkeiten des Stücks wurden durch die anfänglich schwache Leistung des Ensembles noch verstärkt. Dessen ungeachtet, wie ein Kritiker schrieb, »ist es fast unnötig, eigens auszusprechen, daß es ein voller Erfolg war ... Lola mit ihrer Energie und Geistesgegenwart glich die Mängel all der anderen aus.« Weiter führte er aus, daß das Drama seinen Star nicht so schmeichelhaft in Szene setzte, wie man vielleicht erwartet hatte: »Das Stück zeigt Lola als kokette, launische

und leichtsinnige Frau, wenn auch fest zum Guten entschlossen, das ist wahr; aber nicht als die raffinierte Diplomatin und begabte Anführerin, als die sie in der Geschichte erscheint. Sie berät den König mit der ganzen Begeisterung eines roten republikanischen Zweitsemesters, aber auch mit ebenso viel Zurückhaltung. Die Geschichte stellt ihr ein größeres Lob aus als ihr eigenes Theaterstück.«
Lola Montez in Bayern bewährte sich in den folgenden Aufführungen und sorgte weiter für ein volles Haus. Lola spielte sich durch ihr ganzes Repertoire, wobei sie die Zusammenstellung der Theaterstücke bei fast jeder Vorstellung geschickt variierte. Und wie üblich war ihr Erfolg in finanzieller Hinsicht ebenso groß wie bei der Kritik;[13] in der ersten Woche im American Theater nahm sie 16000 Dollar ein.
Einer ihrer neuen Freunde, die Lola in San Francisco kennenlernte, war ein 31jähriger böhmischer Geigenvirtuose, Michael (oder »Miska«, ein Name, den P. T. Barnum erfunden hatte, um ihn exotischer zu machen) Hauser, der Tourneen durch Europa und Amerika unternommen hatte, seit er Teenager war.[14] Bei einer privaten musikalischen Matinee, die Hauser am 12. Juni veranstaltet hatte, war Lola die einzige Frau gewesen, und sie erschien anschließend zusammen mit ihm auf einem Plakat für eine Wohltätigkeitsveranstaltung. Hauser schrieb seinem Bruder in Wien Briefe, in denen er (mit einem gewissen Anteil dichterischer Freiheit) seine Abenteuer schilderte, die dort in einer Lokalzeitung erschienen und später als Buch veröffentlicht wurden. In einem dieser Briefe beschrieb er Lola: »Hat Lola aus dem Jungbrunnen getrunken? Noch immer sind an ihr keine Spuren einer vorgerückten Jahreszeit wahrzunehmen, nur ein ewiger Hochsommer mit zwei unvergleichlichen Tagesgestirnen, ihren Augen am leuchtenden Horizonte. Ungezogen und frivol wie ein kleines Kind, ist sie doch imstande, mit einem einzigen Blick zu imponieren, und wehe demjenigen, welcher es wagt, ihre Ungnade auf sein Haupt zu ziehen. Doch mir gegenüber war sie bis jetzt immer liebenswürdig und niemals grob. Sie ist von sehr erregbarer Natur, und beim geringsten Anlaß erbebt ihre ganze Gestalt, und ihre Augen flammen wie Blitze. Aus gutem Grund sollte man sich vor ihr in Acht nehmen, denn sie ist das tapferste und wagemutigste Weib, das je irdischen Boden betreten. Dabei besitzt sie wirklich Geist und eine außergewöhnliche Bildung.«
Lola bat Hauser, sich der Truppe anzuschließen, die sie für eine Tournee durch die Städte im Landesinneren zusammenstellte.[15]

Außerhalb San Franciscos gab es keine ständigen Ensembles, und Schauspieler zu ihrer Unterstützung mitzunehmen, wäre viel zu teuer und beschwerlich gewesen. Aber wenn ein paar Akte ihrer Stücke das Programm abrundeten, konnte sie allein mit ihren Tänzen auf Reisen gehen. Die Tournee sollte in San Francisco beginnen, doch zunächst wollte sie, wie sie Hauser unter dem Siegel der Verschwiegenheit mitteilte, Patrick Hull heiraten. Hauser fragte sich im stillen, der wievielte Ehemann das für sie wäre, doch er behielt diese Frage für sich.

Weshalb Lola Hull heiratete, weiß man nicht. Vielleicht hat sie sich vorgemacht, sie könnte mit ihm in Kalifornien einen ländlichen Hausstand gründen und Kinder großziehen. Die Ehe mit einem Amerikaner mochte ihr vielleicht auch als verlockende Möglichkeit erschienen sein, die Fragen nach ihrer Nationalität, ihrem Paß und der Aufenthaltserlaubnis zu beenden. Und was immer sie sonst noch an Gründen gehabt haben mochte, so empfand sie Hull vielleicht auch als reizenden und anziehenden Mann, mit dem sie gern zusammenleben wollte. Lola hatte mit Hull einige Zeit in den Räumen des *San Francisco Whig and Commercial Adviser* verbracht, und er hatte sie dort den Handsatz gelehrt, eine Fertigkeit, die sie nie mehr vergaß.[16]

Es hatte Gerüchte gegeben, daß Lola und Hull heiraten würden, doch Zeit und Ort der Zeremonie wurden streng geheim gehalten, und die meisten, die sich in der Dämmerung des 2. Juli, einem Samstag, auf den Plankenweg hinaus zu der alten Lehmziegelkirche der Dolores Mission machten, waren geladene Gäste.[17] Unter den wenigen Dutzend Teilnehmern befand sich eine Anzahl örtlicher Würdenträger und Freunde des Bräutigams. Als die Braut den Kirchengang hinunterging, drehte sie sich um und verfügte, daß die Doppeltüren der Kirche geschlossen wurden, damit die Neugierigen draußen blieben. Am Altar nahm Pater Flavel Fontaine zwei Vasen mit künstlichen weißen Rosen als Geschenk der Braut an die Heilige Jungfrau entgegen, ehe er die kurze katholische Trauungszeremonie vollzog. Was die Wiederverheiratung anging, schien Lolas Gewissen rein, da sie der Auffassung war, ihre Ehe mit James sei nie gültig gewesen.[18] Außerdem schien sie geglaubt zu haben, daß Heald tot war, denn dem Priester nannte sie vorbehaltlos ihren vollen Namen: Maria Dolores Eliza Rosana Landsfeld Heald. Natürlich erzählte sie ihm auch, daß sie siebenundzwanzig Jahre sei, wobei sie fünf Jahre von ihrem wahren Alter abzog und sich so fünf Jahre jünger machte als der Bräutigam.

In der Wohnung des Priesters wurde ein kurzer Empfang mit Kuchen, Wein, Zigarren und Zigaretten abgehalten, worauf die Hochzeitsgesellschaft ins Gates Hotel in der Bush Street zurückkehrte, wo das Paar die Glückwünsche der übrigen Freunde entgegennahm. Dann mußte alles gepackt und hinunter zum Kai geschafft werden. Dort wurde es auf den Dampfer *New World* verladen, der um vier Uhr nachmittags flußaufwärts nach Sacramento fahren sollte. Lola und Hull winkten zum Abschied und schifften sich ein im Hafen der Ehe – in Gestalt der San Francisco Bay.

Sacramento, damals noch nicht Hauptstadt des Staates, hatte sich rund um ein Fort und eine Siedlung entwickelt, die beide unter der vorangegangenen mexikanischen Regierung von einem Deutschschweizer, Johann Sutter, gegründet worden waren, der nun seine umfangreichen mexikanischen Landbesitzrechte gegen die Horden der Argonauten, wie sich die goldhungrigen Eindringlinge selbst nannten, verteidigen mußte. Sacramento hatte viel von seinem Charakter als rauher Grenzort bewahrt, und das Publikum hier war berüchtigt für die Vehemenz, mit der es seine Meinung äußerte. Mehr als ein Schauspieler war mit einem Hagel von fliegendem Gemüse von der Bühne gescheucht worden.

Nachdem sie die Hochzeitsnacht in einer Luxuskabine auf der *New World* verbracht hatten, kamen Hull und seine Braut in Sacramento an und trugen sich im Orleans, dem nobelsten Hotel der Stadt ein.[19] Der Eröffnungsabend im Sacramento Theater verlief gut, wobei Hauser die Hauptlast des Programms übernahm und Lola »El Ole« tanzte und den Abend mit ihrem »Spinnentanz« beschloß.

Der nächste Abend verlief ganz anders. Als Lola mit »El Ole« begann, war von einigen der Zuschauer vorn im Saal rauhes Gelächter zu hören, und Lola bedeutete Charles Eigenschenk, ihrem Dirigenten, die Musik zu unterbrechen. Was dann geschah, beschrieb Hauser in einem Brief an seinen Bruder:

Kühn trat sie an den Bühnenrand vor, mit stolzen Zügen und flammenden Augen hielt sie die folgende Ansprache:
»Myladies und Gentlemen! Lola Montez hat zuviel Achtung vor dem Volke Kaliforniens, als daß sie dem dummen Lachen einiger einfältiger Narren irgendeine Bedeutung beimessen würde.« – Erneutes Gelächter – »Ich will reden!« rief sie mit lauter, eindrucksvoller Stimme; aus ihren Augen schossen Blitze. – »Kommt herauf«, fuhr sie fort, »gebt mir eure Hosen und nehmt dafür meine Röcke, ihr seid nicht würdig, Männer genannt zu werden!« – Riesengelächter – »Lola Montez ist stolz darauf, so zu sein, wie sie ist, doch ihr habt

nicht den Mut, euch mit einem Weib zu schlagen, das euch nicht fürchtet, das euch verachtet, ja, ich bin dieses Weib!« – Sie wollte weiterreden, doch das Wüten und Toben des Publikums hatte seinen Kulminationspunkt erreicht. Faule Äpfel und Eier schwirrten durch die Luft, und dieses Bombardement, das der weiblichen Opponentin eine bessere Meinung über das männliche Geschlecht vermitteln sollte, hielt so lange an, bis der schwächere Teil aus strategischen Gründen den Rückzug antrat und sich aus der Schußlinie brachte.[20]

Lolas Verschwinden ließ das Publikum verblüfft und gespalten zurück. Einige zischten sie aus, andere applaudierten, und manche verlangten ihr Geld zurück. Charles King, der Theaterleiter, erschien vor dem Vorhang und kündigte an, daß Lola in Kürze ihren Tanz zu Ende bringen werde; doch als minutenlang nichts geschah, begann das Publikum erneut ungebärdig zu werden. King lief zu Hauser und flehte ihn an, die Show zu retten; er bot ihm sogar an, sein Honorar zu verdoppeln, falls es ihm gelänge, das Publikum vom Randalieren abzuhalten. Mit wachsamem Blick für fliegende Nahrungsmittel trat Hauser an die Rampe und war erstaunt, mit Applaus empfangen zu werden. Er nahm ein von ihm geschriebenes virtuoses Kabinettstückchen mit dem Titel »Der Vogel auf dem Baum« in Angriff, und bezauberte damit das Publikum nach seinem eignen Bericht derart, daß er das Stück wiederholen mußte. Dann, so schreibt er, wurde der Manager vor die Zuschauer gebeten, und ein Publikumssprecher meinte, daß Lola Montez unwürdig sei, vor ihnen aufzutreten, daß man aber noch mehr von Hauser zu hören wünsche.
Wenn wir Hauser glauben dürfen, so stürmte Lola, die in der Kulisse mitgehört hatte, auf die Bühne und begann zu tanzen, doch die Menge erhob sich gegen sie, und sie trat schnell den Rückzug an. »Alle drängten zur Bühne«, schreibt Hauser, »Bänke und Stühle wurden zertrümmert und unter den martialischen Klängen splitternder Fensterscheiben erklang der Schlachtruf: ›Halunke! Wir wollen unser Geld zurück!‹«
Hauser wurde erneut auf die Bühne gerufen, und er arbeitete sich durch alle Stücke, die den Haufen ablenken könnten, einschließlich einiger Variationen des ›Yankee Doodle‹. Lola willigte ein, das Programm wie vorgesehen mit dem »Spinnentanz« zu beschließen; doch als Lola während der Verfolgung durch die imaginäre Spinne auf einen Blumenstrauß, den ein Verehrer auf die Bühne geworfen hatte, zutanzte und wiederholt darauf herumtrampelte, geriet das Publikum außer sich. Ihre Geste wurde als arrogante Herausforderung aller, ob

Freund oder Feind, empfunden, und die Menge ging in entschieden schlechter Stimmung nach Hause.

Ein bewaffneter Leibwächter begleitete sie zum Orleans zurück, doch der Abend war noch nicht vorüber, denn eine Menge von mehreren hundert Menschen erschien, um ihr mit Töpfen und Pfannen, Trommeln und Pfeifen ein Ständchen zu bringen. Mit einer Lampe und, nach einigen Augenzeugen, mit einer Pistole zeigte sich Lola an ihrem Fenster, bedachte die Menge mit einem Knicks und versuchte, zu ihr zu sprechen, doch ihre Bemühungen gingen im Krawall unter. Die Musikanten brachten noch drei Hochrufe auf Lola Montez, bedachten sie noch mit drei Akkorden Katzenmusik und zogen in einer Alkoholwolke weiter, worauf die Gräfin wieder am Fenster erschien, um ihre Worte vor der verbleibenden Menge loszuwerden. Sie erklärte, sie könne nicht glauben, daß die guten Bürger Sacramentos so ein Benehmen guthießen; gewiß aber würde sich kein *Mann* ein solches Betragen gegenüber einer Dame zuschulden kommen lassen.

Diese Anschauung wurde mit Gejohle, Hohngelächter und Katzenmusik quittiert, und das lärmende Orchester eilte zurück, um das Konzert wiederaufzunehmen. Lola erklärte ihnen, sie sollten ihr Geld zu der Wohltätigkeitsveranstaltung am Samstag tragen, wo sie zugunsten der freiwilligen Feuerwehr tanzen würde; wenn sie ihre Karten bezahlten, könnten sie sie nach Lust und Laune beschimpfen, versprach sie ihnen. Die lärmende Versammlung, die von der Lust, am Käfig der Löwin zu rütteln, mindestens ebenso stark angetrieben schien wie von der eigentlichen Feindseligkeit, die sie mit ihrem Wutanfall im Theater hervorgerufen hatte, zerstreute sich schließlich.

Am nächsten Tag maß Lola dem Zwischenfall nicht mehr Bedeutung bei als die Leute, die ihr das Ständchen gebracht hatten.[21] Hauser berichtet: »Als ich sie kurz darauf besuchte, hüpfte sie mir lächelnd entgegen und erklärte naiv: ›Glauben Sie mir, lieber Hauser, der gestrige Abend war mir lieber als 1000 Dollar. Ich habe mich köstlich unterhalten, und die Reihe meiner Abenteuer hat sich wieder um eins vermehrt!‹« Dessenungeachtet war Lola bewußt, daß es eine Mißstimmung gegen sie gab, und es kursierten Gerüchte, daß die Feuerwehrmänner ihre gesammelten Spenden zurückweisen würden. Sie wußte, daß die Hochrufe für die kühne Frau mit der scharfen Zunge nur einen kleinen Schritt von der Verdammung als Furie entfernt lagen. Die Gräfin hatte Sacramento aufgefordert, sie zu beschimpfen; jetzt würde sie Sacramento dazu verführen, sie zu lieben.

An diesem Tag wurde alles getan, um eine Wiederholung des Durcheinanders vom Abend zuvor zu verhindern. Der Marschall der Stadt und eine ganze Polizeitruppe kündigten an, daß der erste Mann, der auch nur das kleinste Anzeichen von Aufsässigkeit zeige, verhaftet werde. Eine beträchtliche Zahl von Freikarten wurde an Leute vergeben, die sich verläßlich an der Show erfreuen würden; und es könnte Lolas eigene Idee gewesen sein, ihren Auftritt durch die persönliche Anwesenheit von Johann A. Sutter aufzuwerten, der das Theater betrat, als alle anderen schon Platz genommen hatten, und vom Publikum mit Begeisterung empfangen wurde.

Nach der Ouvertüre erschien King vor dem Vorhang und bat die Zuschauer, Lola eine kurze Ansprache zu erlauben, was diese mit lautem Beifall auch taten. Lola trat vor die Menge und begann zu sprechen: »Ladies und Gentlemen! Gestern abend kam es in diesem Theater zu einem Vorfall, den ich bedaure. Das Theater ist klein; es ähnelt eher einem Salon. Ich komme Ihnen sehr nahe; ich berühre Sie fast; und der Ton ist nicht immer eindeutig zu verstehen. Mein Herz ist anfällig, und seit ich in Sacramento bin, habe ich sehr darunter gelitten, weshalb es mir gelegentlich sehr schlecht geht. Beim Tanzen habe ich einige Male mit den Füßen aufgestampft, und als jemand gelacht hat, kam es mir wie eine Beleidigung vor. Ich habe viele Feinde, die mir aus Europa gefolgt sind und mich mit Beleidigungen konfrontiert haben, und ich hatte unterstellt, es handle sich um einen von denen, die mir in dieser Absicht gefolgt sind. Ich weiß, daß es kein Amerikaner war, denn von den Amerikanern wurde ich geliebt und geehrt, wo immer ich hingekommen bin.«[22]

Mit dieser schamlosen Rede zog sie alle Register: Sie sei eine verkannte Frau, eine kranke Frau, eine verfolgte Frau und eine Frau, die die Amerikaner liebte. Ihr Stampfen, fuhr sie fort, sei Teil des »weltberühmten Spinnentanzes; und weshalb sollte ich ihn in Kalifornien nicht tanzen?« Ihre Freunde würfen ihr manchmal einen Blumenstrauß zu, erklärte sie weiter, der die Spinne darstellen sollte, und nur deshalb sei sie auf die Blumen zu ihren Füßen getreten.

»Ich werde aus meinem Gedächtnis streichen, was vorgefallen ist«, schloß sie. »Es war meiner unwürdig, und ich werde nie wieder darüber sprechen. Wenn Sie, meine Damen und Herren, wünschen, daß ich meinen Tanz fortsetzen soll, brauchen Sie es nur zu sagen.« Die Antwort erfolgte in Form von donnerndem Applaus, und der Abend wurde ein ungetrübter Erfolg.[23] Das Publikum, schrieb ein Kritiker, »ließ das Theater im Delirium seines Beifalls bis auf die Grundmauern erzittern ... Kraft jenes Genius, der von allen vernünftigen Menschen zu Recht auf das Höchste bewundert wird, hat sich die Gräfin vollständig rehabilitiert«.

Die übrigen drei Vorstellungen ihres Engagements in Sacramento waren gut besucht und erfolgreich, doch wegen eines weiteren Zwischenfalls blieb ihr Name in den Zeitungen. Der *Daily Californian* merkte in dem Bericht über Lolas Rehabilitierung an, das Publikum sei anscheinend ausgiebig bestochen worden;[24] Lola antwortete umgehend mit einem offenen Brief, in dem sie den Verfasser zum Duell forderte, entweder mit Pistolen, oder, wie sie dem Herausgeber des *Le Constitutionnel* vorgeschlagen hatte, durch die Wahl von einer von zwei Pillen, von denen eine ein tödliches Gift enthielt. Der Verfasser reagierte nicht darauf, doch die Geschichte wurde überall nachgedruckt und erweiterte Lolas Legende um eine Anekdote über »Pistolen oder tödliche Pillen«.

Nach der Abschiedsvorstellung unternahmen Lola und Hull eine schnelle Reise mit dem Dampfer nach San Francisco, wo Hull seine Anteile am *San Francisco Whig* abtrat, und waren rechtzeitig wieder in Sacramento, damit Lola am 14. Juli bei einer Benefizveranstaltung für Charles King tanzen konnte. Dann nahm die Truppe einen Dampfer, der den American und den Feather River hinauffuhr, um in Marysville zu debütieren.

Lolas dortiger erster Auftritt muß ein Fiasko vom Ausmaß ihrer zweiten Vorstellung in Sacramento gewesen sein.[25] Dieses Mal schien sie nicht geneigt, es philosophisch zu betrachten, und im Hotel mußte fast die Polizei in den Schreiwettkampf eingreifen, den sie sich mit Hull und den Mitgliedern ihrer Truppe lieferte.[26] Hauser war nicht bereit, sich ihren Launen noch länger zu unterwerfen und plante, am nächsten Morgen nach Sacramento zurückzukehren. Einem Bericht zufolge warf Lola alle Sachen Hulls aus einem Fenster im zweiten Stock ihres Hotels.

Dennoch fand am Montag, den 18. Juli, eine zweite Vorstellung statt, bei der Eigenschenk als Geigensolist einsprang.[27] Dieses Mal glückte die Vorstellung, und vor dem Vorhang entschuldigte Lola die Abwesenheit von Hauser, der sich, wie sie sagte, »durch seinen Empfang so geschmeichelt fühlte, daß er abgereist war«. Mit ihrem Charme scheint Lola die Gunst ihres Mannes und des restlichen Ensembles wiedergewonnen zu haben, und zusammen reisten sie nach Grass Valley in den Ausläufern der Sierra.

Die Straße von Marysville nach Grass Valley war nur etwa 65 Kilometer lang, doch sie stieg fast 800 Meter an. Als das Ensemble die Mühlen hören konnte, in denen das kristalline Golderz zermahlen wurde, das man aus dem Untergrund des Grass Valley zutage förderte, war die Landschaft von einem flachen Talgrund in kühlen Wald übergegangen.

Obwohl nur etwa 2000 Menschen, davon 300 Frauen, in der Gemeinde lebten, war sie die sechstgrößte in Kalifornien.[28] Hier lag die Zukunft des Goldabbaus im Staat, eine industrielle Zukunft, die sich sehr vom unabhängigen und abenteuerlichen Leben der Goldgräber unterscheiden sollte, die 1849 nach Kalifornien gingen. Die meisten Goldlagerstätten im Schwemmaterial, die von Einzelpersonen, die sich mit Pfannen oder Rüttelsieben durch den Kies arbeiteten, ausgebeutet werden konnten, waren schon erschöpft; und die weit größeren verbleibenden Lagerstätten waren hauptsächlich Erzadern in hartem Fels, die nur durch Stollenbergbau und industrielle Verarbeitung des gewonnenen Gesteins abgebaut werden konnten. Die Tage des einsamen Schürfers waren vorüber und machten dem Bergbauingenieur Platz. Das Feld blieb nun den Investoren überlassen, die fähig waren, die zur Goldgewinnung erforderlichen Industrieanlagen hochzuziehen.

Auch wenn Grass Valley sehr idyllisch lag, erinnerte das unaufhörliche Hämmern der großen Erzbrechmaschinen, die Tag und Nacht liefen und mit Wasserkraft oder Dampfmaschinen betrieben wurden, ständig daran, daß die Gemeinde industriell geprägt war. Ein großer Teil des Kapitals zur Finanzierung der Minen und Raffinerien stammte aus Europa, und Lola besaß selbst bald eine Beteiligung an der Empire Mine, die zur reichsten Mine in der Geschichte Kaliforniens werden sollte und aus den ca. 590 Kilometer langen Stollennetz jährlich an die sechs Millionen Unzen Gold gewann. Nach einem zeitgenössischen Bericht belief sich ihre Beteiligung auf 20 000 Dollar, ein ansehnliches Vermögen.[29]

1853 war Grass Valley eine Ansammlung ein- und zweistöckiger Holzbauten aus rohen Brettern, die in neuen Sägemühlen aus heimischen Kiefern und Föhren hergestellt wurden. Das erste Restaurant des Ortes, der Epicurean Saloon, war gerade eröffnet worden, und die Zahl städtischer Vergnügungen sollte sich mit der Einweihung der ersten Kegelbahn, der ersten Buchhandlung und des ersten Bordells bald vergrößern. Lola und Hull stiegen nicht im einzigen richtigen Hotel von Grass Valley, dem Beatty House, ab, dessen Übernachtungsmöglichkeiten aus Stockbetten in Schlafsälen bestanden, sondern zogen in ein Häuschen an der Mill Street, nicht weit vom Stadtzentrum, das einem Freund Hulls gehörte.[30] Der Streit von Marysville schien vergessen, und die Einwohner von Grass Valley bemerkten die Koseworte, die zwischen Hull und seiner Gräfin gewechselt wurden; mit ihrer Freundlichkeit und Gutmütigkeit gewann sie die Herzen der Einheimischen. In Grass Valley gab Lola zwei Vorstellungen, in einem kleinen Theater über dem Alta Saloon, und beide waren ein voller Erfolg vor ausverkauftem Haus.

Nach der zweiten Vorstellung führte Lola ihr Ensemble nach Nevada City, einem weiteren Bergbauzentrum, das nur ein paar Meilen von Grass Valley entfernt war.[31] Die Reihe ihrer Auftritte in der kleinen, über einem Laden gelegenen Dramatic Hall wurde vor vollen Sälen, bei verdoppeltem Eintritt, ebenfalls gut angenommen. In diesen unprätentiösen, demokratischen Berggemeinden mit übermütigen, hart arbeitenden Männern war Lola bester Laune, und jetzt genoß sie es besonders, ihre Vorstellungen mit kurzen, geistreichen Ansprachen zu beenden.

Anfang August war sie zurück in Grass Valley, sehr wahrscheinlich mit dem Vorsatz, die Bühne zu verlassen und sich in dem Bergbaustädtchen niederzulassen, wo die Landschaft und die Bergluft sie vielleicht an die bayerischen Alpen und an Simla in den Vorbergen des Himalaja erinnerten. Sie kaufte das Häuschen an der Mill Street, aber es sollte nicht zum Ort ehelicher Freuden werden.[32] Vor Mitte August hieß es, Pat und Lola wollten sich scheiden lassen. Eine Geschichte berichtet, Lola hätte Hull hinausgeworfen, als seine Absicht, sich mit ihrem Geld dem Müßiggang hinzugeben, offenkundig wurde.

Am Morgen des 13. September reiste Hull aus Grass Valley nach San Francisco ab, und sie verlieh ihrem Wunsch Ausdruck, »er möge mich nie wieder belästigen«.[33] Obwohl es wiederholte Zeitungsberichte über eine bevorstehende Scheidung gab, meldete keine Zeitung je die Auflösung der Ehe. Es ist nicht unwahrscheinlich, daß Lola, die möglicherweise gehört hatte, daß Heald noch am Leben war, die Angelegenheit einfach auf sich beruhen ließ. Sie nannte sich weiter Marie de Landsfeld Heald und Mrs. Heald; an Hull zeigte sie keinerlei Interesse mehr und erwähnte ihn nie wieder.

Die Pläne der Gräfin, Grass Valley zu ihrem ständigen Wohnsitz zu machen, kamen voran. Das weiße, von hohen Bäumen überschattete und von einem niedrigen Staketenzaun umgebene Häuschen war klein, aber ihren Bedürfnissen angemessen. Es war eingeschossig, mit einem spitzen Dachboden darüber. Ein enger Mittelgang erstreckte sich von der Eingangstür nach hinten, und die wenigen Zimmer öffneten sich nach beiden Seiten. Draußen lief eine überdachte Veranda, Piazza genannt, rund um das Haus, und Lola pflegte anmutig in einer zwischen zwei Pfosten angebrachten Hängematte zu schaukeln. Es gab kleine Nebengebäude, die für Gäste und Bedienstete und als allgemeiner Speicherplatz geeignet waren.

Im Oktober, ehe der Winter die Straßen unpassierbar machte, verließ Lola ihre Zufluchtsstätte und nahm den Dampfer von Sacramento nach San Francisco, wo sie Möbel einkaufte.[34] Unter den Stücken, die sie erwarb, befand sich eines, das Grass Valley entzücken würde: ein Pianola, das Weisen aus Hérolds *Zampa* und Donizettis *La Favorite* abspielen konnte. Zu ihrer eigenen Unterhaltung brachte sie auch einen Papagei, zwei weitere Hunde und einen jungen Grizzlybären mit.

Zum ersten Mal konnte Lola ihrer Tierliebe ohne Einschränkung nachgeben.[35] Sie hatte immer Hunde gehabt, und in München und Paris hatte sie eine Anzahl Vögel gehalten. In Grass Valley baute sie schon bald eine kleine Menagerie auf, die vier Hunde, eine Ziege, ein Pferd, ein Mutterschaf mit Lamm, drei Kanarienvögel und eine Wildkatze beherbergte.

Das Grundstück im Umkreis ihres Häuschens wurde zu ihrem Garten, und kurz nach dem Einzug schrieb sie einem Freund und bat ihn, Johann Sutter zu veranlassen, ihr Blumensamen und Weinsetzlinge von seiner berühmten Farm zu schicken.[36] Lola arbeitete häufig im Garten oder kümmerte sich um die Kübelpflanzen auf der Piazza, und es wurde berichtet, daß sie eine der ersten in der Gegend war, die einheimische Kaktusgewächse kultivierte.

Ihr Häuschen wurde zum Zentrum der gesellschaftlichen Aktivitäten in Grass Valley, und sie hatte einen ständigen Kreis von Bewunderern.[37] Sie führte Soireen am Mittwochabend ein, bei denen gutes Essen, edle Brandys, ausgezeichnete Zigarren und angeregte Unterhaltung geboten wurden. Gelegentlich sang Lola spanische Lieder und manchmal, so berichtet ein Teilnehmer in seinen Erinnerungen, beehrte sie die Gesellschaft mit einem Tanz, obwohl das Häuschen zu klein war für ihre ausgreifenden Schrittfolgen.

Reisende Schauspieler waren in ihrem Haus immer willkommen, und manchmal wurden sie sogar eingeladen, während ihres Besuchs bei ihr zu wohnen. Ole Bull, der berühmte Geiger, spielte in ihrem Salon, und sie fuhr nach Nevada City, um sich die Monplaisir Ballet Company anzusehen, die in New York einmal eine Benefizveranstaltung mit ihr bestritten hatte.[38] Jahre später erinnerte sich Charles

Warwick, ein Schauspieler, der mit einem Empfehlungsschreiben für Lola in Grass Valley angekommen war, an sein erstes Zusammentreffen mit der Gräfin von Landsfeld in der Mill Street:

Ich traf die liebenswürdige Lola im hinteren Garten, wo sie ein kleines Spiel mit einem Paar zahmer Bären vollführte, mit denen sie eine verspielte und liebevolle Vertrautheit zu verbinden schien. Sie war barhäuptig und von der Sonne fast wie ein Mexikaner gebräunt; ihr Haar fiel in reicher Fülle auf ihre anmutigen Schultern. Ihre Kleidung war von einfachster Machart und aus derbstem Material, ein gewöhnliches Kleid, mit kurzem Rock und ebensolchen Ärmeln, welche die wohlgeformten Arme fast bis zur Schulter unbedeckt ließen ... Ich hatte erwartet, eine blasierte Dame von Welt, eine raffinierte, hochfliegende Abenteurerin vorzufinden, die, nachdem sie das Herz des alten Bayernkönigs gefesselt und wie ein unberechenbarer Komet von einem europäischen Hof zum nächsten geflattert war, aus schierem *ennui* zu uns gekommen war, einer Langeweile, die nicht ganz frei war von einer zynischen Verachtung für die Menschheit im Allgemeinen ... Ich muß mit Nachdruck bekennen, daß ich sie als großzügige, gütige und seelenvolle Frau kennengelernt habe ... Während meines kurzen Aufenthaltes in Grass Valley machte ich die Bekanntschaft aller wichtigen Leute am Ort, da meine Bekanntschaft mit Lola ein Passierschein zur besten Gesellschaft der wilden Bergbaustadt war. Die Gräfin war der allgemeine Liebling aller Schichten, vom rohen, ungehobelten Bergmann bis zu den reichsten und mächtigsten Persönlichkeiten dieses ländlichen Eldorado; sie wurde wohl als eine Art Regimentsmaskottchen dieser halbzivilisierten Gemeinschaft betrachtet.[39]

Zu ihren Bewunderern in Grass Valley gehörte auch John E. Southwick, Direktor und Teilhaber der Empire Mine.[40] Er war 1849 in Grass Valley angekommen und einer der ersten Kapitalgeber für die Empire Mine gewesen. Er war ein »Mann von Bildung, einnehmender Erscheinung und der Sohn eines New Yorker Kaufmanns von beträchtlichem Wohlstand«. Southwick stand Lola nahe genug, um den Besuchern ihres Häuschens als Gastgeber gegenüberzutreten, obwohl es keinen Hinweis darauf gibt, daß er mit ihr zusammenlebte.
Jener Winter in der Sierra, als Stürme manchmal bis zu einem Meter Schnee in einer einzigen Nacht brachten, war vielleicht der härteste, den Lola je erlebt hatte, doch sie schien ihn zu genießen.[41] Nachdem kein echtes Schlittengeläut vorhanden war, rüstete sie einen Schlitten mit Kuhglocken aus und unternahm mehrmals einen klingenden Ausflug über die verschneite Straße nach Nevada City. »Wie ein Meteor zischte sie durch Schneegestöber und Schneehaufen«, berichtete die Lokalzeitung, »und nach einer ausgiebigen Tour durch die Hauptstraßen verschwand sie in Richtung Grass Valley«.

Weihnachten gab Lola ein Fest für die wenigen kleinen Mädchen von Grass Valley;[42] sie begrüßte jede einzeln an der Tür und geleitete sie hinein, wo sie den geschmückten Christbaum bewundern durften. Sie spielten miteinander, bekamen etwas Gutes zu essen, und dann erhielt jede ein Geschenk der Gastgeberin. Lola mochte Kinder sehr gern, und man hörte sie oft sagen, daß sie zu ihrem größten Bedauern keine eigenen habe.

Zwei Mädchen aus Grass Valley, die wahrscheinlich an jener Weihnachtsfeier teilgenommen hatten, machten später Karriere an der Bühne.[43] Sue Robinson, die in eine Familie von Theaterleuten hineingeboren wurde, trat schon mit zehn Jahren auf und spielte bis zu ihrem plötzlichen Tod im Alter von 26 Jahren. Angeblich lernte die sechsjährige Lotta Crabtree ihre ersten Tanzschritte von Lola, ihrer Nachbarin in der Mill Street, doch es gibt keinen Beleg für diese Geschichte, und es ist wahrscheinlicher, daß sie ihre erste Ausbildung von den Eltern Sue Robinsons erhielt, die in Grass Valley eine Tanzschule eröffnet hatten. Lotta jedoch, die sich später zu einer Shirley Temple des 19. Jahrhunderts entwickelte, war sich bewußt, wieviel die Verbindung ihres Namens mit einer Legende wert war, und wußte dies für sich zu nutzen.

Lolas junger Grizzly, der angekettet in einer Ecke ihres Vorgartens lebte, faszinierte Kinder wie Erwachsene.[44] Vielleicht wurde er einfach zu groß, um als Haustier gehalten zu werden, oder vielleicht war er schlecht gelaunt, weil er keinen Winterschlaf hielt – eines Tages Anfang Februar jedenfalls bohrte der Bär seine Zähne in Lolas Hand, als sie ihn mit Zucker fütterte und versuchte dann, sie mit seinen Krallen zu bearbeiten. Ein Mann, der zufällig in der Nähe war, rannte herbei und schlug mit einem Knüppel auf den Kopf des Bären ein, um Lolas Hand freizubekommen, doch ihre Zuneigung zu dem Bären fand nach diesem Zwischenfall ein abruptes Ende. Kurz darauf erschien im *Grass Valley Telegraph* eine Anzeige: »Grizzly zu verkaufen«.

Mit dem Beginn des Frühlings war es Lola wieder möglich, aus dem Haus zu gehen und Ausflüge zu unternehmen, bei denen sie die Sierra zu Pferde erkundete, aber nach ihrer Auseinandersetzung mit dem Bären war das Glück nicht mehr auf ihrer Seite. Im Mai wurde sie fast von ihrem Pferd erdrückt, auch wenn der Unfall nicht von ihrer Tierliebe, sondern von ihrer Liebe zu Blumen verursacht wurde. Der *Grass Valley Telegraph* berichtete darüber: »Letzten Sonntag hätte Madame Lola Montez beinahe das Ende ihrer ereignisreichen Laufbahn

Porträt von Lola Montez, datiert vom 22. Dezember 1851 in New York City, vor ihrem amerikanischen Debüt.

erreicht. Bei einem Ausritt entlang eines steilen Bergkamms in der Nähe ihres Häuschens entdeckte sie auf der gegenüberliegenden Seite eines breiten Grabens ein Büschel Blumen. Sie wollte die Blumen pflücken, weshalb sie ihr Pferd zum Sprung zwang, ohne vorher innezuhalten und das Gelände einzuschätzen. Das Pferd bezwang den Graben, doch der Boden, auf dem es aufsetzte, stieg so steil an, daß es sofort nach hinten stürzte und seine furchtlose Reiterin in den Graben warf. Zum Glück war das Wasser seicht, doch glücklicher noch war der Umstand, daß das Pferd herumliegendes Holz lostrat, unter dem die tapfere Lady sicher aufgehoben war und kaltblütig den Bewegungen des kämpfenden Pferdes direkt über ihr zusehen konnte. Es waren Helfer in der Nähe, und Madame wurde schnell aus ihrer gefährlichen Lage befreit. Sie ist wahrlich nur knapp und mit viel Glück davongekommen.«[45]

Kurz nach dieser knappen Rettung unternahm Lola wieder einen Ausflug nach San Francisco, doch im Juli war sie zurück und brach mit einer Gruppe befreundeter Herren aus Grass Valley zu einer Campingtour über den Gipfelkamm der Sierra Nevada auf. Man wollte die Truckee-Almen und die Donner-Hütten besichtigen.[46] An diesem Ort waren die unglücklichen Einwanderer der Donner Party während des schrecklichen Winters von 1846/47 eingeschlossen gewesen, und um zu überleben, mußten die Überlebenden die Leichen ihrer Gefährten essen. Lolas Expedition durch die majestätische Berglandschaft hatte auch ein wenig von einer Katastrophe an sich, wenn auch nicht im gleichen Ausmaß.

Ein Mitglied der Gruppe kehrte um, nachdem er mit Lola in einen Streit geraten war, der fast eine ganz Nacht lang andauerte. Er sei, wie er berichtete, »bereit gewesen, die Gewalten einer tobenden Wildnis zu ertragen – mehr aber nicht«. Zu jedermanns Überraschung waren auch Lola und die meisten anderen aus der Gesellschaft bald wieder in Grass Valley, denn der Mann, der das Lasttier mit all ihren Vorräten geführt hatte, war von der Gruppe getrennt worden und hatte sie ohne Proviant zurückgelassen. Als sie zurückkamen, hatten sie zwei Tage ohne Nahrung zugebracht, doch niemand schien deswegen an Kannibalismus gedacht zu haben.

Als der Sommer in den Herbst überging, schien die Gräfin Landsfeld immer noch größten Gefallen an ihrem ländlichen Refugium zu finden und dachte offenkundig nicht daran, auf die Bühne und in die Welt, die sie gekannt hatte, zurückzukehren. Im Frühling war das Gerücht umgegangen, Lola wolle eine Tournee zu den Minen im

Süden unternehmen, doch es zeigte sich, daß die Geschichte jeder Grundlage entbehrte.[47]
Es besteht jedoch die Möglichkeit, daß Lolas Gedanken nicht nur auf den Ruhestand ausgerichtet waren. 1914 wurde ein Brief veröffentlicht, der angeblich an Lola in Grass Valley gerichtet und in Washington, D.C. geschrieben worden war.[48] In ihm war von einer Verschwörung die Rede, bei der Südstaatler die Sezession Kaliforniens von der Union finanzieren wollten und Lola Kaiserin von Kalifornien werden sollte. Nach Zeitungsberichten von 1914 war der Brief, nur mit den Initialen »J.C.« unterzeichnet, im Futter einer Stickerei entdeckt worden, von der behauptet wurde, Lola habe sie angefertigt. Doch das Dokument ist seitdem verschwunden, und es ist unmöglich festzustellen, ob es sich um eine Ente handelte. In München waren selbst Lolas Freunde daran verzweifelt, sie zur Wahrung politischer Geheimnisse bewegen zu wollen; alles, was ihr bekannt war, tauchte auch regelmäßig im Gespräch auf. Seit ihrer Münchner Zeit war sie sicherlich reifer geworden, aber angesichts ihrer Flatterhaftigkeit und Unberechenbarkeit scheint es unwahrscheinlich, daß ein Verschwörer, der bei Verstand war, sie an einem hochverräterischen Akt hätte teilnehmen lassen; noch viel weniger hätte er vorgeschlagen, sie zur Kaiserin zu krönen.
Im November 1854 war Lola in einen Tumult verwickelt – keinen allgemeinen Aufstand, sondern ein weiteres Beispiel für Lolas Versuche, Fälle von Verletzung ihrer Ehre im Schnellverfahren zu ahnden.[49] Der Übeltäter war der Herausgeber des *Grass Valley Telegraph*, ein junger blonder Absolvent von Amherst mit Namen Henry Shipley, der ein schwerer Trinker war. Nach Lolas Darstellung war Shipley ihr vom ersten Moment an, als er sie besucht hatte, um sich vorzustellen, als eingebildeter und großspuriger Windhund erschienen. Seine persönlichen Angriffe hatten damit begonnen, daß drei Sänger für ein paar Konzertauftritte nach Grass Valley gekommen waren. Lola, die krank im Bett lag, war bei den Konzerten nicht anwesend, doch nachdem sie gehört hatte, wie Shipley erklärte, er werde einen Bericht schreiben, in dem der es »diesen Künstlern zeigen werde«, hatte Lola »ihn gebeten, noch einmal darüber nachzudenken«, worauf er versprach, die Sänger weder zu loben noch zu kritisieren. Lolas Engagement für drei Darsteller, die sie offenbar kaum kannte, war nicht nur ein Zeichen für ein Nachlassen ihres Egoismus, der ihr Leben beherrscht hatte, sondern auch Teil ihres natürlichen Mitgefühls für jene, die ihr Brot mit öffentlichen Auftritten verdienten, wie ihr

Kommentar zu dem Zusammenstoß mit Shipley zeigt: »O Leser, mögest du dem Künstler mit Wertschätzung und Freundlichkeit begegnen. Ich, die ich schreibe, habe seit 1843 viele Gegenden der Welt bereist, und in fast jedem Theater Europas hatte ich Erfolg, wo viele, die ebensogut, wenn nicht besser waren als ich, gescheitert sind, weil ihnen das Schicksal nicht wohlgesonnen, mir dagegen hold war. Wie viele habe ich doch gesehen, deren echtes Talent schlecht entgolten wurde – enttäuscht, sehr empfindsam, Jahr für Jahr hart arbeitend, und doch noch immer keine Stufe der Leiter hinaufgekommen. Wie viele, deren Herz im Innersten gebrochen war, habe ich mit strahlendem Lächeln auftreten sehen. Da mochte eine Mutter gestorben sein oder ein Ehemann im Sterben liegen – was kümmerte es den Manager oder das Publikum? ›Immer nur lächeln‹, sagen sie, ›wir wollen hier keine düsteren Blicke sehen; mit traurigen Gesichtern bekommen wir das Haus nicht voll.‹ Von den traurigen Realitäten hinter der Szene, deren täglicher Zeuge ich war, könnte ich ganze Bände schreiben und käme zu keinem Ende.«

Lola machte kein Geheimnis aus ihrer Empörung über Shipley, als sein Blatt einen Kommentar veröffentlichte, demzufolge sich das singende Ensemble »zu dem Zweck, Unglück über alle zu bringen, die sich in seiner Hörweite befinden«, zusammengeschlossen habe. Der Herausgeber trat ihr in ihrem Haus, wo sie krank im Bett lag, gegenüber, und die Darstellungen des Treffens stimmen nur in dem Punkt überein, daß Lola Shipley mit einem Revolver bedrohte. Sie behauptete, sie habe ihn mit der Waffe aus dem Haus befördert, nachdem er gedroht hatte, ihr die Kehle durchzuschneiden, er erklärte dagegen, er habe sich angesichts der grundlosen Gewalttätigkeit ruhig zurückgezogen.

Der letzte Tropfen, der das Faß zum Überlaufen brachte, folgte in Shipleys Kommentar über Königin Christina von Spanien. Der Herausgeber griff die journalistischen Bemühungen der Königin an und meinte: »In ihren Zeilen liegt so viel Lola-Montez-mäßige Unverschämtheit und unverfrorene Heuchelei, daß selbst der Ex-König von Bayern angenehm überrascht sein würde.« Lola las es und explodierte. »Unverschämtheit und Heuchelei, das kann man wohl sagen!« meinte sie. »Höre, Europa; hast nicht du mich sogar als zu wahrheitsliebend, zu kühn empfunden, als daß man so etwas behaupten könnte? War die Heuchelei nicht auf der Gegenseite? Was dachtest du von, oh! Alexandre Dumas, Beranger, Mery, von all meinen anderen Freunden, als du mir vorhieltest, mein Fehler liege in meiner übermäßigen Freimütigkeit? Oh, meine Freunde, ihr wußtet nicht, daß ein Shipley lebte und atmete – daß sein Machtspruch in alle vier Himmelsrichtungen gehen und er mich schließlich als Heuchlerin bezeichnen würde!«

Augenblicklich stürzte sich Lola aus ihrem Häuschen; in einer Hand trug sie das beleidigende Blatt, in der anderen eine Pferdepeitsche. Sie traf Shipley im Golden Gate Saloon an der Hauptstraße, wo er seinen morgendlichen Erfrischungstrunk nahm. In der eigenen Darstellung des Herausgebers im *Grass Valley Telegraph*, der in der dritten Person gehalten war, betrat Lola die Bar »unter Verwendung einer Sprache, von der unser Teufel sagt, er wolle sie nicht anstimmen.«[50] Sie schlug nach ihm, und als er ihr sofort die Peitsche entwand, benutzte sie mit einiger Wirkung ihre Fingernägel. Nach Shipleys Angaben wiesen alle Umstehenden die Bitten der Lady um Unterstützung und sogar ihr Angebot, ihnen eine Runde auszugeben, zurück. Der Herausgeber behauptete, er sei unbeweglich stehengeblieben und habe »sie allzeit mit der ungerührtesten Besonnenheit behandelt«, bis er sich, nachdem er keine Antwort auf seine Nachfrage erhalten habe, ob einer wünsche, Madame Lolas Kampf mit ihm auszufechten, zurückgezogen habe, »empört und mit Bedauern, daß sich eine Frau so weit vergessen konnte. *Sic transit gloria mundi.*«

Lolas Erinnerung an den Vorfall unterschied sich davon ein wenig, und weil Shipley die einzige Zeitung von Grass Valley besaß, fuhr sie die vier Meilen nach Nevada City, um der Konkurrenzzeitung ihre Darstellung zu übergeben:

Ich entsann mich der Frauenrechtskonvention und profitierte von den Regeln der Lucy Stone – Haube auf dem Kopf und Peitsche in der Hand; jene Peitsche, die nie anderswo als auf einem Pferd gelandet war, sollte dieses Mal dadurch entweiht werden, daß sie auf einen ARSCH niederfiel. Treu den bereits erwähnten Regeln von Miss Lucy Stone und anderen starken Frauen schritt ich voran – fand jenen furchtbaren Mann und traf ihn mit besagter Peitsche schnell wie der Blitz viermal an Kopf und Schulter, bei meiner Ehre, ehe meinem Feind einfiel, daß er auf einem Stuhl saß. Neben ihm saß die Lady des Golden Gate Saloon, auf der anderen Seite ein Gentleman; nachdem ich ihm vier gute Peitschenhiebe verpaßt hatte, erhob er sich und baute sich nach den bestens bewährten Regeln von Yankee Sullivan [ein brutaler Preisboxer] vor mir auf und schickte sich an, mir eins aufs Auge zu geben. Der Geist meiner irischen Vorfahren (ich bin gewissermaßen eine Dreiviertelmischung aus irischem, spanischen und schottischem Blut) ergriff Besitz von meiner linken Hand, und nach den bestens bewährten Regeln von Tom Hyer [ein bewunderter Faustkämpfer] erwischte ich ihn, ehe er meines treffen konnte, an seinem Auge, an dem ich dank einiger Ringe, die ich gerade trug, eine einschneidende Wirkung erzielte. Wie üblich beendete der große Möchtegern-Schläger den Kampf mit gewissen Beschimpfungen, die er, wie man gerechterweise zugeben muß, meisterhaft beherrscht. *Sic transit gloria Shipley.* Leider! armer Yorick.[51]

Der ganze Vorfall schien schnell vergessen, außer von der Weltpresse, welche die Geschichte so lange weitergab, bis sie in jeden Winkel des Globus vorgedrungen war und Lolas Legende noch ein wenig mehr verschönte.

Für die meisten ihrer Bekannten in Grass Valley jedoch war die Gräfin alles andere als ein Drache. Sie war als eine wichtige Persönlichkeit der Gemeinde anerkannt, die wie andere Goldgräberstädte eine kosmopolitische Auswahl von Individualisten und Exzentrikern beherbergte, unter denen Lola viel weniger bizarr erschien als in der »zivilisierteren Welt«. Die Bewohner von Grass Valley sollten sich gern an sie erinnern. Als sie ihr Heim in den Bergen gerade verlassen hatte, schrieb einer der Einwohner: »Madame Lola (so ließ sie sich nennen, solange sie in dieser Stadt lebte) mag in mancher Hinsicht exzentrisch gewesen sein; doch viele ihrer Aktivitäten zeigten auch, was an freundlichen und wohltätigen Anlagen in ihr steckte. Wir erinnern uns, daß sie viele Meilen über die Hügel ritt, um einem armen Goldgräber Lebensmittel und Medikamente zu bringen. Mehr als einmal wachte sie die ganze Nacht am Bett eines Kindes, dessen Mutter sich keine Krankenschwester leisten konnte. Wiederholte Beispiele dieser Art sind hier überall bekannt ... Lola war eine der Löwinnen unserer Stadt; Besucher aus dem Flachland, ob Kleriker oder Laien, wünschten anläßlich der Besichtigung unserer Quarzmühlen unterschiedslos, ihr vorgestellt zu werden, und von einer einstündigen Unterhaltung in ihrem gastfreundlichen Häuschen kam ein jeder hocherfreut zurück.«[52]

In Grass Valley, wo sie zum ersten Mal seit zwölf Jahren von ihrer angenommenen Rolle als exotische Spanierin und auch von Schmeicheleien wie Schmähungen befreit war, hat Lola vielleicht auch angefangen, die angeborenen Züge ihrer Persönlichkeit von denen zu trennen, die sie selbst erschaffen hatte. In Grass Valley las sie zum ersten Mal die Bücher von Andrew Jackson Davis, einem populären Spiritisten und Mystiker jener Zeit, dessen Theorien sie veranlaßten, ernsthaft in der Bibel zu lesen.[53]

Doch das fast zwei Jahre während Idyll ging seinem Ende zu; Lola wollte Grass Valley verlassen. Der Grund war wahrscheinlich ihr unwiderstehliches Bedürfnis, neue Orte und Menschen kennenzulernen und neuen Herausforderungen zu begegnen. Auch der Bergbaudistrikt veränderte sich; er wurde zivilisierter, und die Wirtschaft Kaliforniens stagnierte. Viele der Freunde Lolas an den kalifornischen Bühnen hatten den Pazifik überquert und unternahmen Tourneen durch Australien, und sie hatte bestimmt von den Belohnungen gehört, die *Down Under* warteten. Im Frühling 1855 machte Lola erste Pläne, ihre eigene Tour durch Australien und weitere Länder zu organisieren.

Die Tournee sollte in Australien beginnen, wo sich die Kolonie Victorias mitten im Goldrausch befand und neureiche Goldgräber bereit waren, viel für gute Unterhaltung auszugeben.[54] Lola hatte auch vage Pläne, mit ihrer Truppe nach Hong Kong und möglicherweise auf die Philippinen weiterzuziehen, zu den Bildern ihrer Kindheit und Jugend in Kalkutta zurückzukehren und dann nach Ägypten und schließlich nach Europa zu reisen.

Im Mai fing sie an, eine kleine Truppe kalifornischer Bühnenveteranen zusammenzustellen. Es gelang ihr, den musikalischen Direktor Charles Eigenschenk wieder zu verpflichten, der ihre Vorstellungen in Kalifornien geleitet hatte. Der Truppe hatte sich auch ein großer, hübscher Schauspieler für komische und romantische Rollen angeschlossen, der 27jährige Augustus Noel Follin, dessen Künstlername Frank Folland war.[55] Er hatte Lola ein Jahr zuvor in Grass Valley kennengelernt, und die sich bäuerlich gebende Gräfin, die auf Französisch und Spanisch mit ihm plauderte, hatte ihn mit ihrer Schönheit und ihrem Charme gefesselt. Folland hatte ihr eine Daguerrotypie seiner geliebten Halbschwester Miriam gezeigt; Lola fand das Mädchen so schön, daß sie darauf bestand, das Photo für zwei Tage zu behalten, ehe sie es zurückgab. »Sie ist in dich verliebt«, schrieb er an Miriam.

Folland hatte Frau und zwei Kinder in Cincinnati, von denen er getrennt lebte und die er weiterhin unterstützte, obwohl er über zwei Jahre in Kalifornien gewesen war. Im letzten Brief an seine Mutter und seine Halbschwester vor seiner, wie er meinte, profitablen Zweijahrestournee rund um die Welt klang der Schauspieler eher bekümmert als glücklich, was ein Hinweis auf seine Neigung zur Selbstinszenierung ist.[56] Darin bat er, seine Frau von seiner Abreise zu benachrichtigen, da er es nicht über sich bringe, es ihr selbst zu schreiben. Und sein kryptischer Schluß: »Ich traue, traue mir nicht zu, mehr zu sagen. Wenn ich es täte, würde ich sterben« weckt den Verdacht, daß sich sein emotionaler Aufruhr bereits auf Lola Montez bezog.

Im Juni 1855 wurde das Ensemble zusammengerufen.[57] Lola hinterlegte bei Southwick ein Testament, denn mittlerweile war aus ihr eine Frau mit einigem Besitz geworden, wie eine Zeitung in ihrem Abschiedsartikel feststellte:

Madame Lola hat in Kalifornien viele Freunde gewonnen. Grass Valley, wo sie in den letzten Jahren ihren Wohnsitz hatte, verliert mit ihr eine der herausragendsten Gestalten des öffentlichen Interesses. Ihr freundliches Wesen und viele Gefälligkeiten und gute Taten machten sie zum Liebling all jener, die sie gut genug kannten, ihr eine Reihe von Exzentrizitäten und Anzeichen von Sprunghaftigkeit nachzusehen. Man wird sich daran erinnern, daß das erste und einzige Bühnenengagement der Gräfin in dieser Stadt äußerst erfolgreich war; und zweifellos hätte ein umfangreiches Vermögen in ihrer Reichweite gelegen, wenn sie ihre beruflichen Fähigkeiten weiter verfolgt hätte. Doch auch in der Wahl eines anderen Weges, für den sie sich den Umständen eines Lebens im Bergbau anpaßte, zeigte sie eine glückliche Hand und zählt heute zu den wenigen, die bei Unternehmungen in Sachen Quarzgestein Geld verdient haben. Sie behält ihr Anwesen im Nevada County, ebenso wie ihre Anteile am Bergbaugeschäft und meint, am Ende der geplanten Veranstaltungsreihe, die sich hoffentlich als erfreulich und einträglich erweisen wird, nach Kalifornien zurückzukehren.

Am Abend vor der Abfahrt des Schiffes von San Francisco versammelten sich die Schauspielerin Laura Keene, die gerade von einer Tournee durch Australien zurückgekehrt war, und eine Anzahl von Lolas anderen Theaterfreunden in den Räumen der Gräfin im International Hotel, um ein Glas Wein mit ihr zu trinken und sich zu verabschieden. Einer der Anwesenden schrieb später: »Lola war in bester Laune und hatte für alle die freundlichsten und liebenswürdigsten Abschiedsworte. Ich glaube, sie hatte gerade zu dieser Zeit angefangen, etwas von der gebieterischen und rücksichtslosen Art abzulegen, für die sie so berüchtigt war.«[58]

Am nächsten Nachmittag, es war der 6. Juni, versammelte sich eine große Menschenmenge am Kai, um Lola und ihre Truppe zu verabschieden.[59] Lola war 34 Jahre alt, sie hatte eine lange und schwere Reise vor sich, und möglicherweise nahm sie diesen Abschied ernster als die zahllosen vorangegangenen Abfahrten. Viele ihrer Freunde aus Grass Valley waren zu ihrer Verabschiedung gekommen, doch einen ihrer Freunde würde sie niemals wiedersehen: ihren Pudel Flora, der in der Woche zuvor verschwunden war.

Der Tidenstrom begann durchs Golden Gate abzufließen, und Kapitän Hays gab der *Fanny Major* das Kommando zum Ablegen. Vom Kai ertönten die Rufe »Gott mit euch!« und ein unkoordinierter Versuch, drei Vivats auszubringen, während die hochaufragende Bark auf die Bay hinausfuhr und Lola Montez zu neuen Abenteuern brachte.

✳✳✳✳

Zu den Antipoden

Die *Fanny Major* war kein großes Schiff, und die mehr als zwei Monate, die sie bis Sydney brauchte, waren wohl nicht besonders angenehm gewesen; doch die lange Reise gab Lolas Truppe zumindest Zeit, zu proben. Für *Lola Montez in Bavaria* würde man die Besetzung zwar mit heimischen Schauspielern komplettieren müssen, doch ansonsten bereiteten die Schauspieler kleine Stücke vor, die sie aus eigener Kraft aufführen konnten.

Auf den Navigator-Inseln (dem heutigen Samoa) legte die *Fanny Major* am 17. Juli einen Zwischenstopp ein, um Vorräte aufzunehmen;[1] und am 16. August 1855, mitten im stürmischen australischen Winter, segelte das Schiff schließlich durch den Port Jackson Kanal und warf im Darling Harbor von Sydney Anker. Der Anblick erinnerte Lola und ihre Begleiter möglicherweise an San Francisco mit seinen um eine große Wasserfläche angeordneten Hügeln und Inseln. Die Stadt selbst war ebenso wie die kalifornische Metropole eine Einwandererstadt, aber doppelt so groß und mit einem deutlich britischen Einschlag, der eher an London als an ein Gebiet an der Zivilasitionsgrenze erinnerte.[2] Umherziehende Ureinwohner, Banden von Häftlingen und Scharen wilder Papageien waren meist nur noch Erinnerung, und von einem Abschnitt der George Street wurde behauptet, er ähnle der Bond Street in London so sehr, wie eine Straße der anderen nur ähneln könne.

Lolas Ankunft war eine Überraschung für die Australier, denn sie hatte die Tournee vorbereitet und war abgereist, ehe ihr die Nachricht vorauseilen konnte. Aber in Australien war sie genauso berühmt wie überall, und sie schloß schon bald einen Vertrag für sechs Vorstellungen im Victoria Theatre an der Pitt Street ab. Der Star schlug sein Quartier in einem der feineren Etablissements der Stadt auf, in Petty's Hotel, und dann begann man mit den Proben für die erste Aufführung von *Lola Montez in Bavaria*.

Zur Eröffnungsvorstellung am Donnerstag, den 23. August, stand sie vor einem überfüllten, erwartungsvollen und hauptsächlich mit Männern besetzten Haus, doch der *Sydney Morning Herald*, das wichtigste Blatt der Stadt, nahm das Ereignis ostentativ nicht zur Kenntnis, so wie er bereits ihre Ankunft ignoriert hatte und auch die künftige Anwesenheit dieser skandalösen Frau in seiner Stadt ignorieren würde. Der *Bell's Life in Sydney and Sporting Reviewer* weigerte sich ausdrücklich, sich nur aufgrund ihres zweifelhaften Rufes der Ächtung dieses »außergewöhnlichen und begabten Wesens« anzuschließen und erklärte: »Ihr Auftritt war dezent und elegant, und während der ganzen langen Vorstellung spielte sie mit einer Mischung aus Leidenschaft, Anmut, Verspieltheit und Pathos, die jedermann für sie einnahm.«[3] *The Empire* versicherte seinen Lesern feierlich, daß die Gerüchte, das Stück könne einen schädlichen Einfluß auf die öffentliche Moral haben, jeder Grundlage entbehrten.

Nach der ersten Vorstellung richtete Lola von der Bühne herab eine kleine Ansprache an das Publikum, wie sie es nach den meisten ihrer Vorstellungen in Australien tun sollte. Sie dankte der Menge für den freundlichen Empfang und forderte die Damen Sydneys auf, sich im Theater sehen zu lassen, was sie mit Fortdauer des Engagements in wachsender Anzahl taten.

Der Sydneykorrespondent des *Argus* aus Melbourne sah das bayerische Stück bei der zweiten Aufführung und scheint das geschrieben zu haben, was man beim *Sydney Morning Herald* dachte:

Ich sehe mich genötigt zu sagen, daß ich mich sehr von denen unterscheide, die meinen, Lola habe irgendeine Begabung für die Schauspielkunst. Ihr äußeres Erscheinen ist gut; ihre Stimme dagegen ist, wenn nicht schlecht, so doch mit Mängeln hinsichtlich Modulationsfähigkeit und Süße behaftet, zumindest in den für die Bühne bestimmten höheren Stimmlagen. Manchmal wirkt sie für den einen oder anderen Augenblick anmutig, doch solchem Aufblitzen eines edleren Geistes folgt mit Sicherheit sogleich die Grobheit und die Vulgarität. Ihre größten Wirkungen erzielt sie mit Posieren. Die Art, in der sie die exquisiten Proportionen ihrer Figur verhüllen, in gewissem Umfang sogar verformen kann, um sie dann plötzlich, in einem Ausbruch von Leidenschaft oder einem Ansatz von Zärtlichkeit, in ihrer ganzen Pracht zu enthüllen, ist für den Künstler zweifellos eine gute Studie. Die Kostüme für ihre Rollen sind schön – recht theatralisch zwar, doch geschmackvoll; auch achtet sie sorgfältigst darauf, ihre schöne Gestalt so zu bekleiden, daß nicht mehr davon zur Schau gestellt wird als notwendig. Während des ganzen Stückes erhaschte ich nur einen einzigen Blick auf ihren Fuß, und ich würde meinen, es muß einer erheblichen Anstrengung weiblicher Entschlossenheit bedurft haben, ihre Figur so bewußt verhüllt zu halten. Ihre Züge sind interessant, doch nicht wirklich schön, und nach meinem Geschmack auch nicht von angenehmer Ausdruckskraft. Das Stück, in dem sie auftrat ... ist so ziemlich der schlimmste Schund und Humbug, der je einem englischen Publikum vorgeführt wurde. Die Anstößigkeit liegt nicht in der Darstellung selbst, doch ihr ganzer Tenor in sozialer, politischer und religiöser Hinsicht ist in höchstem Maße verwerflich und unmoralisch. Lola Montez wird, wenn ich mich nicht irre, feststellen, daß ihr Gastspiel in Sydney sich als Reinfall erweisen wird.[4]

Diese Rezension läßt einen Anflug viktorianischer Heuchelei erkennen, beschreibt der Kritiker doch eine Schauspielerin in einem verwerflichen und unmoralischen Stück als grob und vulgär, bewundert aber andererseits deren Entschluß, die »Pracht« der »exquisiten Proportionen ihrer Figur« zu verhüllen; allem Anschein nach ist er gleichzeitig erregt und doch enttäuscht, »während des ganzen Stückes nur einen einzigen Blick auf ihren Fuß« erhascht zu haben. Die Vorhersage des Kritikers erwies sich als Irrtum, denn Lola sorgte bei allen sechs Vorstellungen und den fünf Abenden der Verlängerung ihres ersten Engagements für ein volles Haus.

Schon während der ersten Woche in Sydney litt Lola unter ihrem schlechten Gesundheitszustand, der ihre ganze Tournee beeinträchtigen sollte.[5] Ursprünglich mögen es noch verspätete Auswirkungen der Reise gewesen sein, doch auch danach litt sie an Müdigkeit, Schwächeanfällen und Kopfschmerzen. Am vierten Abend ihres Engagements in Sydney fiel sie in Ohnmacht und mußte von einem Arzt wiederbelebt werden, und am sechsten Abend sagte sie ihren Auftritt in einer der beiden Komödien ab, die sie mit Folland spielen sollte.

Lola erweiterte ihr Repertoire um neue Stücke, lauter leichte romantische Komödien in einem oder zwei Akten. *The Morning Call* war ein Zweipersonenstück, das sie mit Folland aufführte, genau wie *Antony and Cleopatra*, eine Burleske, die nichts mit den historischen Vorbildern zu tun hatte, sondern von einer koketten Pariser Arbeiterin und dem hübschen Nachbarn in der Wohnung nebenan handelte. *Follies of a Night* und *Maidens Beware* kamen ebenfalls in Sydney hinzu.

Erst in der achten Aufführung trat sie schließlich auch als Tänzerin auf, mit dem »Spider Dance«, den sie in New York, wie auf dem Plakat behauptet wurde, in zweihundert aufeinanderfolgenden Vorstellungen getanzt haben soll; wahrscheinlich war kein Mensch in Australien in der Lage, dies als Lüge zu erkennen. Die Überzeugung, Lola Montez sei eine schamlose und anstößige Frau, hatte Erwartungen geweckt, daß der Tanz skandalös und obszön sein würde, und das Haus war ausverkauft. Es gab einige Enttäuschung, weil Lola nicht einmal herumwirbelte, um den Rock bis zur Taille hochschwingen zu lassen, was viele ehrbare Tänzerinnen machten, und auch die Suche nach der Spinne unter dem Rock schien relativ zurückhaltend gewesen zu sein. Dennoch war der »Spinnentanz« ein großer Erfolg, und sie führte ihn an allen noch verbleibenden Abenden ihres Engagements auf.

Die vollen Häuser und die Einnahmen, die sie mit sich brachten, waren erfreulich, konnten aber die auftauchenden Probleme in Lolas Ensemble nicht lösen. Berufliche und persönliche Auseinandersetzungen sorgten für Differenzen, und einige Mitglieder fingen an, die Rollen abzulehnen, die man ihnen zugewiesen hatte. Am Ende der Veranstaltungen in Sydney stand nur noch Folland mit Lola auf dem Programm. Es war nicht immer leicht, mit dem Star zusammenzuarbeiten, doch hätten die aufsässigen Schauspieler gewußt, daß Lola zu dem Schluß kommen würde, es sei ein Fehler gewesen, sie überhaupt zu engagieren, hätten sie sich vielleicht auch mehr darum bemüht, mit ihr auszukommen.

Altgediente Schauspieler in Sydney hatten Lola bereits dazu überredet, ihre Pläne über Auftritte in Hongkong, Indien und darüber hinaus aufzugeben. Bei dem begrenzten englischsprachigen Bevölkerungsanteil dieser Außenposten des britischen Empires war einfach nicht genug Geld zu holen, um die Kosten und das Risiko zu rechtfertigen, die mit der Verschiffung einer ganzen Truppe über so große Entfernungen verbunden waren. Und wenn ihre Tournee sich auf Australien beschränkte, war es unsinnig, die von ihr importierte Gruppe Unzufriedener zu beschäftigen, da am Ort zahlreiche bessere Schauspieler zur Verfügung standen, die für weniger Geld arbeiteten.

Lola sollte in der kommenden Woche ihr Engagment in Melbourne antreten, und die Mitglieder ihrer Truppe wurden unruhig, als das Datum näherrückte, ohne daß Vorkehrungen für ihre Abreise in die Victoria-Kolonie getroffen worden waren. Am Freitag, den 7. September bat das Ensemble um eine Unterredung mit Lola, die um zwölf Uhr im Victoria Theater stattfinden sollte.[6] Lola erschien nicht, doch ihr Manager war anwesend und verkündete, daß die Truppe aufgelöst sei und sie nur Folland und Eigenschenk nach Melbourne mitnehmen werde. Es kam zu Unmutsäußerungen und Aufregung, weil alle über unterschriebene Verträge und eine Garantie der Rückfahrtskosten nach Kalifornien verfügten, doch der Manager, der selbst auch seiner Verpflichtung entbunden worden war, teilte ihnen mit, daß sie nach Lolas Meinung »alle zum Teufel gehen könnten«. Daraufhin machten sie sich auf die Suche nach Anwälten, die ihre Ansprüche gegenüber Lolas Bemühen, sie zu entlassen, geltend machen sollten.

Am Abend zuvor hatte Lola ihren Gewinn an sich genommen und war in den Kulissen erneut in Ohnmacht gefallen. In der letzten Nacht ihres Engagements in Sydney zahlte sie Folland, der die Gunst von Kritik und Publikum gewonnen hatte, seinen Anteil aus. Am frühen Nachmittag des nächsten Tages fand sie sich am Kai der Australian Steam Navigation Company im Darling Harbor ein, um sich an Bord des Dampfers *Waratah* zu begeben, der um fünfzehn Uhr nach Melbourne ablegen sollte. Einem der entlassenen Schauspieler war es gelungen, sie an jenem Morgen zu treffen und sie zu fragen, ob sie der Truppe irgend etwas zu sagen habe;[7] ihre Antwort – »ich bin eine verheiratete Frau, und ich wünsche Ihnen alles Gute« – hatte gezeigt, daß sie sich ihrer Verantwortung durch eine Berufung auf jenen britischen Rechtsgrundsatz entziehen wollte, demzufolge eine verheiratete Frau ohne ihren Gatten keine eigene Rechtsstellung besaß und so ohne Erlaubnis ihres Mannes weder gültige Verträge abschließen noch getrennt von ihm gerichtlich belangt werden konnte. Wen Lola zu diesem Zeitpunkt als gesetzlichen Ehegatten vorschob, ist nie geklärt worden.

Die Anwälte der Mitglieder von Lolas Truppe beeilten sich, ihre Anträge zu verfassen, Erklärungen abzugeben und Verfügungen zu erlangen, ehe Lola dem gesetzlichen Zugriff der Gerichte von Neusüdwales entschlüpfen konnte. Doch nur die Kanzlei Johnson und Johnson schaffte es, ihre Papiere rechtzeitig beim Sheriff vorzulegen und eine Haftverfügung zur Festnahme der berühmten Beklagten zu erwirken.[8] Als die großen Schaufelräder der *Waratah* sich zu drehen begannen, konnten die Müßiggänger am Kai Thomas Brown den bekannten Gerichtsvollzieher des Supreme Court von Neusüdwales beobachten, wie er sich durch die Menge drängte und seine massige Gestalt auf die Postbarkasse wuchtete, mit der die letzten Säcke auf das Schiff gebracht wurden.

Der Gerichtsvollzieher hangelte sich auf das Schiff, machte »Marie de Landsfeldt Heald, beklagt unter dem Namen Lola Montez« unverzüglich ausfindig und verkündete ihr, er stelle sie wegen einer gerichtlichen Forderung von 100 Pfund zuzüglich Kosten unter Arrest. Lolas Anwalt war an Bord, um sie zu verabschieden und erklärte Brown, er werde für seine Klientin Kaution stellen. Brown erwiderte, selbst wenn der Anwalt wegen der Forderung von 100 Pfund Kaution stelle, müsse die Dame den Gerichtsvollzieher dennoch zum Büro des Sheriffs begleiten, da angeblich noch weitere Verfügungen vorlägen, die eine beträchtliche Kaution erforderlich machten. Andere Herren traten vor und erklärtem dem Vollzugsbeamten, sie würden Kaution stellen, doch mittlerweile glitt das Schiff schon durch den Jackson Harbor auf die See hinaus, und keiner schien über das nötige Bargeld zu verfügen, das er dem Gerichtsvollzieher als Kaution für die Gefangene hätte übergeben können.

Lola kümmerte sich nicht um das Geschehen, sondern begab sich hinunter in die Kapitänsmesse, wo sie mit ein paar Damen plauderte. Der Gerichtsvollzieher geriet in immer größere Verzweiflung. Als die *Waratah* Dawes Point passierte, wurde sie von einem Boot abgefangen, das den Angestellten einer anderen Anwaltsfirma an Bord hatte und der eine Handvoll weiterer Verfügungen für Brown mit sich führte. Falls der Gerichtsvollzieher festgestellt haben sollte, daß keine der Verfügungen ordnungsgemäß vom Sheriff erlassen worden war, beschloß er, diese Tatsache außer acht zu lassen.

Brown ging in die Messe hinunter, nahm Lola bei der Hand und machte ihr klar, daß sie mit ihm zur Küste zurückkehren müsse. »Das werde ich nicht tun«, erwiderte sie scharf, »ich bin eine verheiratete Frau, und das ist nicht mein Name«. Eine beträchtliche Anzahl von Menschen in der Messe unterstützte diesen Standpunkt, und Brown, der spürte, daß für ihn hier wenig Aussicht auf Erfolg bestand, begab sich zu Kapitän Warner und dem Agenten der Dampfschiff-Reederei, um ihnen den Haftbefehl vorzulegen. Der Gerichtsvollzieher erklärte ihnen, sie sollten an der Watson Bay beidrehen, damit er die Gräfin von Bord führen könne, doch die Offiziere hatten kein Interesse daran, sich in die Auseinandersetzung verwickeln zu lassen und erklärten ihrerseits, sie würden nicht beidrehen, solange er keine schriftliche Vollmacht vorweisen könne, das Schiff an der Weiterfahrt zu hindern.

Browns Verzweiflung wuchs, als er mit ansehen mußte, wie die *Waratah* auf South Head und die offene See zulief. Lola war schon zu Bett gegangen. Der Gerichtsvollzieher verlangte, man solle ein Signal setzen und die Wasserpolizei anfordern, doch der Kapitän verweigerte die Zusammenarbeit und rechnete Brown vor, er fordere 7000 Dollar Kaution, obwohl ihm nur eine gültige Verfügung über 100 Dollar vorliege. Brown gab schließlich auf und suchte James Crosby auf, den Spielleiter des Victoria-Theaters, den Lola zuvor als ihren

Agenten eingestellt hatte; dem erklärte er, er müsse Madame Montez sehen, um ihr die übrigen Verfügungen zuzustellen. Crosby, den Beschreibungen nach von mephistophelischem Aussehen – mit langem, bleichem Gesicht und schwarzem Bart – schloß Lolas Kabine auf und erlaubte Brown, einzutreten und die unautorisierten Verfügungen auf ihr Bett zu legen.[9] Dann kletterte Brown in das Beiboot, das er am Heck der *Waratah* festgemacht hatte und ruderte als Verlierer an die Küste, während Lola nach Melbourne dampfte.

Der *Sydney Morning Herald*, der sich zuvor nicht einmal herabgelassen hatte, Lola Montez auch nur zu erwähnen, gefiel sich nun darin, auf einer Seite gleich zwei Artikel über sie zu bringen.[10] Der eine war ein Brief, unterzeichnet mit »Einer von Lola Montez' Truppe«, in dem der Standpunkt der erbitterten Schauspieler in ihrem Streit mit Lola dargelegt wurde. Der andere Artikel enthielt eine Darstellung der Bemühungen Browns, Lola zu verhaften, und es wurde festgehalten, daß »sie, wie erzählt wurde, unmittelbar nach ihrer Festnahme in die Kabine ging, sich entkleidete und Mr. Brown wissen ließ, sie werde nicht mit ihm kommen, doch könne er sie so haben, wie sie sei, wenn er wolle.« Obwohl der *Herald* in der Folge auch die unspektakuläre Darstellung des Zwischenfalls veröffentlichte, die Brown selbst gab, wurde die erste, falsche Meldung überall auf der Welt nachgedruckt. In einigen Versionen fordert Lola Brown zum Eintreten auf, als er an ihre Kabinentür klopft, und als der Gerichtsvollzieher in den Raum tritt, findet er sie mit nichts als einem Lächeln am Leib vor. Es hat den Anschein, als wären die zurückgelassenen Schauspieler schließlich von den Anwälten Lolas ausbezahlt worden; die Fälle wurden nicht weiterverfolgt, und als Lola zu einem späteren Zeitpunkt nach Sydney zurückkehrte, blieb sie unbehelligt.

Am Morgen des 11. September lief die *Waratah* in die Port Philip Bay ein und dampfte gen Melbourne. Wenn auch die relativ flache Gegend keinen so dramatischen Eindruck vermittelte wie Sydney, herrschte durch den Reichtum, den die nahegelegenen Goldminen mit emporschießenden Grenzorten wie Bendigo und Ballarat erzeugten, doch reges Treiben in der Stadt. Damals wie heute unterschied sich die Hauptstadt von Victoria grundlegend von ihrer Rivalin Sydney. Auch wenn es nicht an Vertretern viktorianischer Moral mangelte, wie Lola bald erfahren sollte, erzeugte der Einfluß der nahe der Stadt gelegenen Goldfelder doch eher den Charakter einer Grenzstadt mit der entsprechenden Toleranz für Vielfalt und für exzentrische Lebensäußerungen.

Lola nahm im Grand Imperial Hotel Quartier und entdeckte bald, daß sie in Melbourne ein paar alte Freunde hatte. Einer von ihnen war Miska Hauser, den sie zuletzt gesehen hatte, als er sie in Marysville während ihrer Tournee durch Kalifornien verlassen hatte.[11] Hauser fürchtete, Lola würde ihm noch grollen, doch als sie hörte, er sei in der Stadt, schrieb sie ihm einen freundlichen Brief und lud ihn ein, sie zu besuchen, und er suchte sie im Imperial auf.

Er fand sie ausgestreckt auf einem Sofa liegend vor; sie drehte Zigaretten und hatte Tarotkarten vor sich auf dem Tisch ausgebreitet. Lola war immer abergläubisch gewesen, und inzwischen interessierte sie sich für alles, was mit Spiritismus und Okkultismus zu tun hatte. Der Raum war mit ihren halb ausgepackten Koffern und Schachteln gefüllt. »Dachte ich mir's doch, Sie deutscher Bär, daß Sie kommen würden«, begrüßte sie ihn. »Ich wußte, sie könnten nicht ernstlich böse sein.« Hauser berichtete, daß Lola von Geschichten und Scherzen überfloß und eine ganze Stunde lang weiterplapperte. Ihr Tanz, erklärte er, hätte sich verbessert und sei zugleich sinnlicher und verfeinerter geworden.

Nur zwei Tage nach ihrer Ankunft eröffnete Lola die Tournee mit *Lola Montez in Bavaria* vor wie üblich vollbesetztem Haus und zu wie üblich erhöhten Preisen, wobei Folland die Rolle des eitlen und lächerlichen Barons von Poppenheim übernahm;[12] die übrigen Rollen wurden mit einheimischen Mitgliedern der dortigen Theatertruppe besetzt. Das nicht ausreichend geprobte Stück scheint nicht viel Eindruck auf die Kritiker gemacht zu haben, obwohl sie und auch das Publikum anzuerkennen bereit waren, daß das Stück nicht so war, wie es an diesem Abend gespielt wurde.

Im weiteren Verlauf von Lolas erfolgreichem Engagement ließ der Andrang der Besucher nach, so daß zu einer Benefizveranstaltung am Mittwoch, den 19. September, trotz ihrer »Sehstörungen« (möglicherweise Migräne-Attacken) der »Spider Dance« mit ins Programm aufgenommen wurde. Bei dieser Gelegenheit scheint Lola lang und intensiv nach der Spinne in ihren Röcken gesucht haben zu müssen, und am Schluß war sie so erschöpft, daß sie zu ihrer Verbeugung vor dem Vorhang von zwei Ensemblemitgliedern gestützt werden mußte. Wieder einmal hatte die Spinne für sie ihren Zauber spielen lassen. Der Kritiker des *Argus* prangerte sie am nächsten Morgen an: »Wir können uns nicht vorstellen, weshalb die Bühne des Theatre Royal für eine öffentliche Zurschaustellung von der Art, wie sie gestern Abend stattgefunden hat, gewählt worden sein soll ... Wir fühlen uns aufgerufen, die Aufführungen dieser Lady vom letzten Abend mit dem Ausdruck tiefster Verdammung anzuprangern ... Wenn das Management des Theatre Royal vorhat, öffentliche Förderung durch solche Vorstellungen zu bekommen, dann hat es kein Recht, ehrenhafte Damen zu beleidigen, indem es sie zu ihren Vorstellungen einlädt. Und wenn solche Szenen jemals wiederholt werden sollten, dann müssen endgültig die Behörden einschreiten, um ein Ärgernis abzuschaffen, das jegliche Moral öffentlich untergräbt.«[13]

Der Kritiker des *Geelong Advertiser* hatte die Vorstellung nicht besucht, schrieb aber, was er gehört hatte und bestätigte die im *Argus* ausgedrückte Meinung;[14] außerdem wiederholte er das Gerücht, sie habe bei ihrem Vorhang gestützt werden müssen, weil sie betrunken gewesen sei. Er fügte hinzu, daß das Theatre Royal ihr Engagement um drei weitere Abende verlängert und angekündigt habe, sie werde den »Spider Dance« jeden Abend auffführen.

Der *Age* dagegen beurteilte den »Spinnentanz« anders: »Der Tanz erfordert in der Tat jene besondere Art von ›Zurschaustellung‹, die auf keinen Fall toleriert werden könnte, wenn sie nicht mit größter Eleganz und kompromißloser Präzision aufgeführt würde. So vollkommen war ihre pantomimische Darstellung, daß jeder im Saal, ungeachtet der Geschicklichkeit der imaginären Spinne, sich in ihrer Kleidung zu verstecken, den Augenblick erkannte, in dem sie das Tier in geziemender Weise abschüttelte und mit dem ›hübschesten Fuß der Welt‹, wie er genannt wird, zertrampelte. Das Haus dankte es ihr mit einem Beifallsturm, den es so lange fortsetzte, bis Madame Lola hereingeführt wurde, die sich mittlerweile wegen der Drehungen und Mühen dieses außerordentlichen Tanzes offenkundig sehr schwindlig und unwohl fühlte und kaum in der Lage war, dem Publikum zu danken.«

Wie vorherzusehen, heizte Lola die Auseinandersetzung persönlich an, indem sie dem *Argus* mit einem Brief an den Herausgeber des *Herald* antwortete: »Die Unterstellung des *Argus*, ich hätte mich mit diesem Tanz dazu herbeigelassen, an eine kranke Neigung zu unzüchtigen Zurschaustellungen zu appellieren, weise ich mit Verachtung zurück. Die Unzüchtigkeit liegt auf der Seite dieser Leute, die jede künstlerische Arbeit mit Hintergedanken betrachten; wir sollten sie daran erinnern, daß die Statue der Eva als Symbol der Unschuld gilt, und daß Kunstwerke, was auch in ihnen dargestellt sei, seit den Tagen, als Eva ihr Bild in der Quelle betrachtete, allein auf Grund ihres Kunstcharakters gegenüber den Ferkeleien der Lüsternen und

der Uneingeweihten geheiligt sind; *par exemple* die Venus von Medici und der griechische Sklave von Powers.
Auch morgen Abend werde ich auf meinem Posten sein, und dort werde ich einen Kurs einschlagen, auf dem ich den Wert der in dem Argus-Artikel vorgebrachten Meinung, auf die ich weiter oben angespielt habe, einer Überprüfung unterziehen werde.«[16]
Wenn überhaupt noch zusätzliche Werbung vonnöten war, so wurde sie im Übermaß von Reverend John Lawrence Milton geliefert, einem kleinen alten Mann mit einem langen grauen Bart, der die Sitzungen des städtischen Gerichtshofes besuchte, um den dort erscheinenden Obdachlosen und Trunkenbolden ein Gefühl für Reue und Rechtschaffenheit einzutrichtern.[17] Am Schluß der Gerichtssitzung des 21. September erhob sich Milton mit einem Exemplar des *Herald* in der Hand und trat feierlich zum Zeugenstand vor, wo er die Richter bat, ihn anzuhören. Als Sprecher einer empörten Gemeinde und Hüter von Anstand und Sitte verlangte Milton, einen Haftbefehl für Lola Montez auszustellen, damit sie von einer in ihrem Brief an den *Herald* bereits öffentlich angedrohten Wiederholung der von ihr am Mittwoch Abend begangenen Untaten abgehalten werde. Die Richter rieten ihm, er möge seine Aussage und seinen Antrag in gebührende Form bringen und dann vorlegen.
Natürlich war das Haus an jenem Abend voll mit Männern, die unbedingt den »Spinnentanz« sehen wollten. Nachdem sie die Komödien geduldig abgesessen hatten, hatten sie angefangen, »Spinne, Spinne, Spinne« zu intonieren, als Folland vor den Vorhang trat und eine Botschaft Lolas vortrug, in der sie erklärte, mit dem »Spinnentanz« führe sie lediglich unschuldige spanische Volkskunst vor; dann fragte er die Zuschauer, ob sie das zu sehen wünschten. Selbstverständlich stimmte das Publikum lautstark zu, auch wenn von ein paar Pfiffen berichtet wurde.
Dieses Mal schien die Spinne in ihren Röcken sich nicht ganz so weit nach oben vorgearbeitet zu haben. Zumindest konnte keine der Zeitungen, einschließlich des *Argus,* auch nur den kleinsten Einwand gegen den Tanz finden. Über diese Vorstellung brachte *Age* eine abweichende Kritik, und der Autor war nicht so beeindruckt, wie es sein Kollege gewesen war; er fand sie »einfach lächerlich – ein Stück schwerfälliger, starrer und unbeweglicher Pantomime«.[18]
Am 24. September beendete Lola ihr erstes Engagement in Melbourne, und am folgenden Tag nahm sie den Dampfer, der über die Port Philip Bay nach Geelong übersetzte, wo sie noch am selben

Abend ihren ersten Auftritt im frisch renovierten Theater hatte. Das Theatre Royal in Geelong war klein; anscheinend faßte es nur etwa fünfhundert Zuschauer, doch es gab Lola die Möglichkeit, ihr Gastspiel in Melbourne auf zwei Engagements aufzuteilen und weiterhin viel Geld zu verdienen.

Lola hatte das Programmheft inzwischen um ein Szenario des »Spinnentanzes« erweitert: »Während sich eine junge Spanierin beim Tanze vergnügt, wird sie von einer Spinne oder Tarantel gestochen, die sich an ihr festbeißt, und während sich das Gift allmählich in ihrem Leib ausbreitet, wird sie von Schwäche und Erschöpfung ereilt, stürzt auf die Bühne oder taumelt verwirrt von dannen.«[19]

Offenkundig sollten damit Gerüchte zu Verstummen gebracht werden, in denen dem Tanz eine weniger harmlose Geschichte unterlegt wurde, obgleich Presseberichte belegen, daß Lola nur selten eine Ohnmacht oder Erschöpung mimte, auf die Bühne stürzte oder verwirrt von dannen taumelte. Gewöhnlich spielte sie, daß sie die Spinne fand, auf den Boden warf und im Triumph auf ihr herumtrat, ehe sie einen jubelnden Abschluß tanzte.

Nach Abschluß eines erfolgreichen Gastspiels in Geelong trat das Ensemble wieder in Melbourne auf, doch man teilte sich das Haus mit einem Opernensemble, und im Verlauf von siebenundzwanzig Tagen schaffte Lola lediglich zehn Aufführungen. Sie tanzte in Melbourne erstmals »El Olle« und studierte noch eine weitere Komödie, *Asmodeus, or The Little Devil,* ein. Ihr erstes Auftreten als Lady Teazle in *The School for Scandal* führte zu einer einfühlsamen Besprechung im *Herald*: »Lola Montez hat ihre besten Momente, wenn sie ihre sichtlich ungekünstelte Bereitschaft zu schlagfertigen und ironischen Erwiderungen ausspielt, die sie mit dem sprühenden Temperament und der Schärfe unverstellter Genüßlichkeit vorbringt; es ist mehr als eine Vermutung, wenn wir glauben, sie sei von Natur aus ziemlich gut darin, anderen ›die Haut bei lebendigem Leib abzuziehen‹. Spaß und Fröhlichkeit hingegen gehören ganz entschieden zu ihrem Charakter, und wo sie ihnen nachgeben kann, fühlt sie sich ganz zu Hause. Sobald sie ernst oder pathetisch wird, durchschaut man die Maske; funkelnde Augen und ein lachender Mund verweigern sich der Unterwerfung unter die Ernsthaftigkeit.«[20]

Mittlerweile wurde ihr das fragwürdige Kompliment zuteil, Gegenstand einer Satire zu werden, diesmal durch George Coppin, einem populären Schauspieler und Veranstalter.[21] In seinem Olympic Theatre inszenierte Coppin ein Stück, in dem er als Cupido verkleidet auf-

trat und seinen Rock wie eine Metzgerschürze hochgezogen hatte. Das ausgedruckte Programm enthielt eine Parodie auf Lolas Beschreibung ihres »Spinnentanzes«, die mit den Worten begann: »Während sich der dralle, junge Gott beim Tanze vergnügt, kippt er einen Spinnenbrandy, der sofort seine Wirkung bei ihm tut.«
Offenkundig hatte Coppin Lolas Musik für den »Spinnentanz« erhalten, damit er die Travestie so nah wie möglich an das Original anlehnen konnte. In der Tat beklagte man sich darüber, daß der Tanz viel zu sehr an seinem Vorbild orientiert war. Als Höhepunkt seines Tanzes zog Coppin eine riesige ausgestopfte Tarantel unter seinen Röcken hervor und sprang mit beiden Füßen darauf herum. Nach dem Tanz trat er vor den Vorhang und hielt ein kurze Ansprache, bei der er Lolas Stimme und Eigenheiten imitierte.
Trotz der höhnischen Bemerkungen, sie habe kein Talent und niemand wolle sie mehr als einmal sehen, machte Lola ihre Sache außerordentlich gut. Innerhalb von zwei Monaten hatte sie in Melbourne und Geelong mehr als dreißig Vorstellungen gegeben, obwohl sie über eine Woche lang krank gewesen war und sich das Theatre Royal bei ihrem zweiten Gastspiel mit dem Opernensemble teilen mußte.
Am Dienstag, den 20. November, reiste das Lola-Montez-Ensemble auf dem Dampfer *Havilah* von Melbourne in Richtung Südaustralien ab und kam drei Tage später in Adelaide an. Adelaide, die Hauptstadt Südaustraliens, war weit weniger kosmopolitisch als Melbourne oder Sydney. 1855 hatte es nur knapp 20000 Einwohner. Das einzige bedeutende Theater, das Victoria, kündigte voller Stolz die Premiere der »Künstlerin von Weltruf, Lola Montes, Gräfin von Landsfeldt, Prinzessin von Bayern« für den 26. November an. Natürlich wurden die Eintrittspreise heraufgesetzt; die besten Plätze wurden für siebeneinhalb Shilling, fast den gesamten Tageslohn eines durchschnittlichen Facharbeiters, angeboten. Doch als sich der Vorhang für *The Morning Call* hob, war das Haus voll besetzt und begrüßte den Star mit lautstarkem Applaus.
Der Kritiker des *South Australian Register* erklärte: »Madame Montez ist zweifellos eine Künstlerin ersten Ranges, die sicherlich überwältigenden Zulauf erfahren wird, wenn alle ihre Vorstellungen mit demselben Geschmack und Geschick wie die gestrige ausgestattet sind.«[22]
Die *Adelaide Times* bezeichnete sie als »die natürlichste und anmutigste Schauspielerin, die wir je außerhalb Englands gesehen haben.« Auch wenn das Haus am zweiten Abend nicht voll besetzt war und sich die Damen rar machten, wuchs die Begeisterung von Kritik und

Publikum rasch und erreichte am 30. November ihren Höhepunkt, als Lola mit einer Darbietung des »Spinnentanzes« zur ersten Berufstänzerin wurde, die je in Adelaide aufgetreten war.

Nachdem sie mit tumultähnlichem Applaus vor den Vorhang gerufen worden war, brachte Lola ihre Dankbarkeit für die Zustimmung des Publikums zum Ausdruck, indem sie sagte: »Ich bin sehr glücklich über die Einschätzung, die sich in Adelaide geäußert hat, weil sie jenen Dr. Milton in Melbourne davon überzeugen wird, daß er nicht ganz richtig lag mit seiner Behauptung, mich würden hier schreckliche Tumulte erwarten.«[23] Es fällt ein wenig schwer zu glauben, daß Dr. Milton irgendeine Meinung über die Aufnahme des »Spinnentanzes« in Adelaide aufgeschrieben haben soll, doch Lola brachte es immer wieder fertig, ihre Gegner zu personalisieren und als allgegenwärtig hinzustellen, sei es als Jesuit oder als der arme Reverend Milton.

Während der Vorstellungen Lolas in Adelaide durfte ein ansässiger Künstler mit Namen J. M. Skipper hinter der Bühne arbeiten; die Bleistiftskizzen und Aquarelle, die er schuf, liefern uns, auch wenn sie offenkundig von einem Amateur stammen, eine einzigartige Darstellung Lolas in Aktion. Auf einer Zeichnung ist sie bei der Vorführung des »Spinnentanzes« wiedergegeben, auf einer anderen in »El Olle«, und in beiden Fällen mit Kastagnetten. Die Skizzen betonen Lolas Figur, die von Kritikern oft erwähnt worden ist, aber auf Fotografien nicht so in Erscheinung trat. Die Zeichnungen ihrer Tänze gewähren uns auch einen Blick auf ihre Kostüme und ihren Tanzstil. Ein weiteres Bild zeigt Lola und Folland bei der Aufführung von *Follies of a Night*, und ein viertes stellt die Tänzerin hinter der Bühne in ihrem Kostüm für »El Olle« dar, wie sie eine Zigarette raucht.

Das Spätfrühlingswetter in Südaustralien wurde immer schwüler, doch Lola sorgte weiterhin für volle Häuser. Das Ensemble hatte beschlossen, Adelaide am 8. Dezember nach einer Benefizvorstellung zu verlassen;[24] als jedoch die Nachricht vom Fall Sewastopols an die alliierten Truppen auf der Krim kam, überredeten die örtlichen Freimaurer Lola, auch noch für eine Benefizveranstaltung zu Gunsten der Witwen und Waisen der Helden von Sewastopol zu bleiben. Diese wurde zu einem angemessen spektakulären Finale zweier Wochen ungetrübter Erfolge; der regierende Gouverneur und seine Gattin saßen in der Staatsloge, die Freimaurer erschienen in vollem Ornat, und die Vorstellungen erhielten begeisterten Applaus.

Am 18. Dezember war die Truppe wieder in Melbourne, und Lola mit ihrem Ensemble willigte ein, ihre Dienste für eine Benefizveranstaltung am Heiligen Abend zur Verfügung zu stellen, die in Coppins Olympic für die Backus Minstrels, eine amerikanische Show auf Australientournee, stattfinden sollte.[25] Sie steuerte die Komödie *Der Eton Boy* zusammen mit »El Olle« und dem »Spinnentanz« bei, und zwei Abende darauf befanden sie und die anderen Mitglieder ihrer Truppe sich im Olympic im Publikum und sahen sich eine Weihnachtspantomime an. Während dieses Aufenthaltes in Melbourne traf sie auch mit George Coppin zusammen, der den »Spinnentanz« parodiert hatte.

Am 28. segelte die Truppe zu einem weiteren Engagement nach Sydney und kam gerade rechtzeitig zum Beginn des neuen Jahres 1856 an. Lola mietete sich im Hart's Hotel am Church Hill ein, wo sie von Bewunderern umgeben war, auch wenn die Mitglieder von Sydneys feiner Gesellschaft sich ein wenig mehr abseits hielten als die entsprechenden Persönlichkeiten Melbournes und Adelaides.[26] Eine der Lustbarkeiten bei Lolas Gesellschaften war das Rauchen, und sie zeigte ihren Gästen die »spanische Art, den Tabak zu *genießen*, anstatt seinen Rauch, ehe man ihn geschmeckt hat, gleich wieder auszustoßen, wie es der absurde englische Stil erfordert.« Sie zog dann lange an ihrer Zigarette und trank langsam einen Schluck Wasser, ehe sie Schwaden von Rauch aus Mund und Nase und, einem Bericht zufolge, auch aus den Ohren ausstieß.

Zu den Zerstreuungen, die Lola auf ihren Soiréen anbot, gehörten auch Versuche, durch Tischklopfen, Möbelrücken und Ähnliches mit den Geistern der Toten in Verbindung zu treten.[27] In Melbourne hatte sich Lola das Buch *The Night Side of Nature* ausgeliehen, Catherine Crowes zweibändige Ansichten über Gespenster, Poltergeister, Doppelgänger und Gegenstände, die nachts Geräusche verursachten. Inzwischen hielt Lola sich für eine Expertin des Okkulten und beschäftigte sich mit der Welt der Geister.

Am 7. Januar trat das Ensemble ein zweiwöchiges Engagement an, und wieder gab es begeisterte Reaktionen von Kritik und Publikum. Bei der ersten Gelegenheit, bei der der *Morning Herald* von Lola Notiz zu nehmen geruhte, rügte er sie, weil Lola in *School for Scandal* während der Szene, in der sich Lady Teazle hinter einem Wandschirm verbirgt, den Augenblick genutzt hatte, um sich eine Zigarette anzuzünden. Dieser Kommentar provozierte eine Antwort des Stars von der Rampe. *Bell's Life* erklärte: » Eine solche Todsünde, wenn es denn eine Sünde wäre, war hingegen eine Angewohnheit ihrer Landsmänninnen; so zeigte sie sich gänzlich gleichgültig gegenüber den grundlosen Angriffen von Seiten einer kleinlichen Presse und verließ sich voll auf die fortdauernde Nachsicht der zahlreichen vorurteilslosen Freunde, die sie allabendlich willkommen hießen.«[29]

Nach dem Ende ihres zweiten Engagements in Sydney segelten Lola, Folland und Eigenschenk am 6. Februar auf der *Telegraph* wieder nach Melbourne. Zu der seit langem geplanten Einweihung des größten Theaters im Goldgräberland, des neuen Victoria in Ballarat, sollten sich ihnen Crosby und seine Frau für kurze Zeit anschließen.

Am Montag nach der erfolgreichen Premiere in dem neuen Haus wurde Lolas Zorn geweckt, als sie einen mit »Civis« unterzeichneten Brief in der *Ballarat Times* vom Tage las. Der Autor wandte sich gegen das Getue, das um Lolas Erscheinung gemacht wurde und erklärte: »Die Presse sollte den Menschen moralische Führung geben. Wie kann sie sich nur dieser Pflicht entledigen und die ungesunde Erregung um eine Frau fördern, die, um es gelinde auszudrücken, keinen Anspruch auf unsere Achtung erheben kann und deren Bekanntheit eine wenig beneidenswerte ist.«[30]

Der Herausgeber der *Ballarat Times*, Henry Erle Seekamp, war so etwas wie ein Lokalheld, nachdem er seine Zeitung dafür benutzt hatte, die Bergleute gegen die politischen Kräfte aufzuwiegeln, die sie ausbeuten und unterdrücken würden. Im Gefolge der Ereignisse der Eureka Stockade, dem einzigen bewaffneten Aufstand Australiens gegen die Staatsmacht, war er für drei Monate ins Gefängnis gesteckt worden. Ob Seekamp den »Civis«-Brief geschrieben hatte oder nicht, jedenfalls war er nicht der Typ, der klein beigegeben hätte, als ihn Lola nach jener Abendvorstellung im Victoria von der Bühne herab angriff und ihm vorwarf, sie zu verleumden, nachdem er ihre Gastfreundschaft genossen und sehr beachtliche Mengen von ihrem Schnaps konsumiert hätte, wobei er sich die ganze Zeit seiner Macht und Bedeutung gerühmt habe.[31]

Am Nachmittag des 19. Februar, einem Dienstag, nahm Lola an einer Wohltätigkeitslotterie in der Star Concert Hall von Ballarat teil und gewann mit ihrem zweiten oder dritten Los eine Damenreitpeitsche.[32] Da Lolas Hang zu Peitschen sogar in Ballarat wohlbekannt war, ist kaum zu glauben, daß der Preis nur durch reinen Zufall in ihre Hände gelangte. Lola begann auch bald zu erklären, Seekamp sei genau der Richtige, an dem sie ihre Neuerwerbung ausprobieren konnte.

Es dauerte nicht lang, bis dies dem Herausgeber zugetragen wurde, der sich seine eigene schwere Peitsche schnappte, die Main Road von Ballarat zum United States Hotel, in dem Lola und ihre Truppe untergebracht waren, hinunterschritt und sich an der Bar einen Drink bestellte. Einem Augenzeugen zufolge hatte Lola vom Balkon des Hotels das Treiben in der Straße beobachtet und jemanden gefragt, wer der kleine Mann mit der Brille sei. Als man ihr sagte, es handle sich um Seekamp, griff sich Lola ihre Peitsche, rauschte in die Bar hinunter und hieb auf Kopf und Schultern des Herausgebers ein. Seekamp gab auf die gleiche Weise zurück, und während beide versuchten, Schläge anzubringen, ohne selbst getroffen zu werden, bombadierte Lola ihren Gegner mit rhetorischen Fragen von der Art: »Wie können Sie es wagen, mich in ihrer Zeitung anzugreifen?« und: »Wollen Sie mich noch einmal beleidigen?«

Seekamps Waffe war weit schwerer, und als er schließlich versuchte, eine Faust in ihrem Gesicht zu landen, fand einer der Herumstehenden, daß der Kampf mit ungleichen Mitteln ausgefochten werde und nahm den Herausgeber in den Schwitzkasten. Jemand entwaffnete auch Lola, doch als Seekamp losgelassen wurde, nahm er sich sofort wieder seiner Gegnerin an und griff nach ihren schwarzen Locken und ihrem Kleid; dann wirbelten die beiden in einem Wettkampf im Haare-Ziehen umher, bis sie von Leuten aus der großen Menge, die inzwischen die Bar füllte, wieder getrennt wurden.

Folland, der im angrenzenden Victoria Theatre geprobt hatte, erschien mit dem Ruf »Wo ist er?« auf der Bildfläche. Seekamp hatte sich eben aus dem Hotel gekämpft, und als Folland sich ihm näherte, zog er etwas aus seinem Mantel. »Oh, wenn Sie mir auf diese Tour kommen, das kann ich auch, machen Sie schon«, sagte der Schauspieler und zog dabei eine Feuerwaffe aus der Tasche, worauf die Farce zur Tragödie zu werden drohte; doch als sich Seekamps Waffe nur als Totschläger oder kleiner Knüppel herausstellte, schob Folland seine Pistole wieder in die Tasche zurück.

Eine Menge johlender Goldgräber hatte die Straße rund um die beiden Männer gefüllt und fing an, Seekamp mit Orangen, Äpfeln und allem, was greifbar war, zu bewerfen. Seekamp antwortete mit einer Folge ordinärer Gesten, die auch sein Hinterteil einschlossen, ehe er sich in die Sicherheit des Charlie Napier Hotels flüchtete, während Lola aus einem Fenster des United State Hotels herausfordernd ihre Peitsche gegen ihn schwang.

Die Nachricht von der letzten peitschenschwingenden Heldentat der Lola Montez verbreitete sich um den ganzen Erdball. Der *Melbourne*

Punch widmete dem Spottepos aus achtundzwanzig Vierzeilern über die »Schlacht von Ballarat« eine ganze Seite.[33] Bei ihrer Vorstellung am Abend des Vorfalls erklärte Lola in der Ansprache im Rampenlicht: »Er behauptet, er wolle mich aus der Goldlagerstätte verscheuchen, doch ich werde den Spieß umdrehen und Seekamp in einen Fricasseekamp verwandeln.« Ein Beobachter bedauerte, daß sie in kürzester Zeit die Popularität eines Mannes zerstört habe, der ein Sprachrohr des Volkes gewesen sei, doch die tatsächliche Schädigung von Seekamps Ruf scheint nicht ganz so schwerwiegend gewesen zu sein.

Lola sorgte auch in der zweiten Woche weiterhin für gutbesuchte Häuser und bekam Gelegenheit, die Bergleute in ihren Stollen zu besuchen, wo sie mit Begeisterung empfangen wurde.[34] Dank ihrer kalifornischen Erfahrungen konnte sie über die örtliche Bergbautechnik mitreden, die sich von der in Grass Valley gebräuchlichen unterschied. Die Claims, die von Bergleuten ausgebeutet wurden, waren klein: in manchen Gebieten beschränkte das Gesetz einen Goldgräber auf eine Fläche von zwanzig mal zwanzig Fuß, d. h. von etwa sechs mal sechs Metern. Infolgedessen waren die Mühlen für das goldhaltige Gestein auch weit kleiner als jene in Kalifornien, bei deren Finanzierung Lola mitgeholfen hatte. Der Star kletterte die Leitern der Gruben hinauf und hinunter und war sehr freigiebig mit »Shoutings«, was in der Sprache der Bergleute soviel wie »Runden schmeißen« hieß.

Lolas Gastspiel in Ballarat wurde durch einen weiteren Peitschenzwischenfall überraschend beendet, doch dieses Mal schwang nicht sie die Peitsche. Zwischen Lola und ihrem Manager James Crosby war es wegen der nach Lolas Meinung verdächtig niedrigen Nettoeinnahmen der Theaterkasse, von denen ihr ein gewisser Prozentsatz zustand, zu einem Wortwechsel gekommen.[35] Am Sonntag, den 1. März wiederholte Lola ihren Vorwurf der Unterschlagung gegen Crosby in Anwesenheit seiner Frau, die exakt für diesen Augenblick ihre Vorkehrungen getroffen hatte; Mrs. Crosby zog eine schwere Peitsche hervor und fing an, so heftig auf Lola einzuschlagen, daß die Waffe bald auseinanderbrach. Mrs. Crosby, die dem Vernehmen nach kräftig gebaut war, zog Lola an den Haaren und versetzte ihr einen Faustschlag, während Mr. Crosby zusah. Als Lola sich befreien konnte, war sie so schwer verletzt, daß sie an jenem Abend nicht mehr auftreten konnte.

Lola war nicht ernstlich verletzt, obwohl ihrem Ego vermutlich ein

Schlag versetzt worden war, dessen Folgen lange vorhalten würden. Ihr ganzes Leben lang reagierte sie auf die Widrigkeiten des Lebens mit kühnen Taten, und dieses Mal erhielt sie Unterstützung durch George Coppins Sinn für das Theatergeschäft. Auch wenn er ihren »Spinnentanz« persifliert hatte, scheint Lola seit der Benefizvorstellung in seinem Olympic mit ihm auf gutem Fuß gestanden zu haben. Coppin war sich bewußt, daß mit der Publicity von Ballarat viele Eintrittskarten zu verkaufen waren, was immer er von ihrem Talent oder ihrem Charakter halten mochte, und am Samstag, den 8. März, kündigten die Zeitungen an, daß an jenem Abend in Coppins Royal Amphitheatre »MADAME LOLA MONTEZ (die noch immer unter den Verletzungen leidet, die ihr in Ballarat zugefügt wurden) gegen den Rat ihre Ärzte dazu bewegt werden konnte, FÜR WEITERE SECHS NÄCHTE in Melbourne zu bleiben, ehe sie ihr Engagement in Bendigo antritt und unmittelbar anschließend nach Kalifornien abreist; es wird ihr erster Publikumsauftritt seit den kürzlich erfolgten, (moralisch wie physisch) abscheulichen Angriffen auf sie sein.«[36]
Am Premierenabend war das riesige Amphitheater einschließlich der Stehplätze ausverkauft, und Lola war sichtlich überrascht von dem Applaus, der ihr von dem Gesichtermeer da unten entgegenbrandete. Der Kritiker des *Herald* meinte: »Es ist schwer, sich eine eindrucksvollere Ovation als jene vorzustellen, die Lola Montez am Samstagabend dargebracht worden ist.«[37] Er stellte auch fest, daß Lola eher noch lebhafter als sonst gewesen sei, und daß es »völlig klar war, daß ihr überhaupt nichts fehlte«. Die Unterhaltung kam gut an, und am Ende der Vorstellung sagte Lola den Zuschauern, sie bedaure die Vorfälle in Ballarat, obwohl sie sicher sei, »ihre Feinde« würden erkennen, daß sie sich selbst mehr geschadet hatten als ihr«.
Finanziell hatten ihre Feinde sie bestimmt nicht getroffen, denn im Amphitheater sorgte Lola jeden Abend für ein volles Haus. Das Engagement wurde über die vorgesehenen sechs Vorstellungen hinaus um drei weitere verlängert und hätte noch weiter fortgesetzt werden können, wenn nicht das Engagement in Bendigo gewesen wäre. Ohne Zwischenfall sorgte Lola bis zum Abend ihrer Abschiedsvorstellung in Melbourne, einer Benefizvorstellung zugunsten Follands, für ein gefülltes Haus. Gerade als Lola mit ihrer letzten Nummer, dem »Spider Dance«, begonnen hatte, waren einige Zischer zu hören.[38] Sie winkte das zu diesem großen Anlaß verdoppelte Orchester ab und trat an die Rampe. Sie erklärte, diejenigen, die da gezischt hätten, seien keine Gentlemen, und wo sie hingehe, würde sie nicht ausge-

zischt. Die Zuschauer fürchteten, sie denke dabei an ihre Suite im Grand Imperial, und begannen zu rufen: »Ist gut!«, »Das sind keine Gentlemen!« und »Weitermachen!«. Als Antwort brachte sie ihren Tanz ohne jede Inspiration über die Bühne.

Danach trat sie nochmals an die Rampe, um sich endgültig von Melbourne zu verabschieden, und meinte mit einem Lachen: »Das war für die Leute, die gepfiffen haben.« Sie gab dem Dirigenten den Einsatz und tötete die Spinne erneut, dieses Mal allerdings mit dem gewohnten Temperament, während das Publikum in Hochrufe ausbrach. In einer kurzen Rede dankte sie Melbourne und Coppin.

Lola beendete ihr Gastspiel in Melbourne an einem Dienstag und sollte am folgenden Freitag zur Premiere am Criterion Theater in Bendigo, einem weiteren Zentrum des Goldbergbaus etwa fünfundachtzig Meilen nördlich, antreten. Trotz ihrer Krankheit und des stürmischen Wetters verlief Lolas Engagement in Bendigo gut, und zu einem frühen Zeitpunkt ihres Gastspiels verkündete sie sogar, sie habe sich ein Häuschen gekauft und wolle sich in Bendigo niederlassen.[39] Der dramatische Höhepunkt ihres Engagements sollte sich am Abend des 2. April ereignen, als der Star wieder einmal seinen Mut und seine Selbstbeherrschung bewies.

Während eines Gewitters führte die Truppe gerade *Asmodeus, or The Little Devil* auf, als ein flammender, von einer Explosion innerhalb des Theaters gefolgter Blitz alle überraschte. Durch das Metalldach des Gebäudes war ein Kugelblitz eingedrungen und zur Bühne hinuntergelangt. Dort hatte er sich aufgeteilt und, nachdem er knapp an Lola, Folland und einem weiteren Schauspieler vorbeigezischt war, circa einen Meter der hölzernen Außenwand des Theaters in Splitter zerlegt, die Kulissen in Brand gesetzt und schließlich ein Loch ins Dach geschlagen, durch das er wieder hinausgelangt war. *Der Bendigo Adviser* druckte folgenden Bericht:

Von vorne war der Blitz deutlich zu sehen, als er quer über die Bühne schoß, und danach blieb ein Geruch wie von verbranntem Schießpulver zurück. Die Szene auf der Bühne war ein fast unbeschreibliches Durcheinander. Die Vorführungen wurden durch den Blitz und die Explosion schlagartig unterbrochen, und das Zerbersten der Holzverkleidung und Prasseln der Splitter, dazu die brennenden Kulissen und die Schreie der Damen, die in wildem Durcheinander kreuz und quer über die Bühne rennenden Schauspieler, Kulissenschieber usw., bildeten insgesamt ein äußerst interessantes Schauspiel, wie man es auf der Bühne nicht oft erleben kann. Jedermann schien von Furcht ergriffen, als mitten in all dem Lola Montez, welche die ganze Zeit über auf der

Bühne gestanden war, nach vorn kam und sagte – daß sie hoffe, die Damen und Herren würden keine Angst haben. Sie selbst habe keine. »Der ›kleine Teufel‹ ist Pulver und Blei gewohnt.« Mit allergrößter Kaltblütigkeit gab sie dann weiter Anweisungen, damit das Stück fortgesetzt werden konnte. Der Vorhang fiel, ging wenige Minuten später wieder auf, und die Vorstellung wurde bestens zu Ende geführt.[40]

Am Ende des Stückes wurde Lola vor den Vorhang gerufen, und sie erklärte, dies sei das erste Mal gewesen, daß sie den *kleinen Teufel* mit echtem Blitz und Donner gespielt habe. Nachdem sie den Abend mit ihrem »Spinnentanz« beschlossen hatte, verweigerte sie ein *da capo* und meinte, »nachdem Blitz und Donner die Bühne ramponiert haben«, könne keiner eine Wiederholung der »Spinne« erwarten. »Ehrlich und von ganzem Herzen bekannte sie, sie danke der Vorsehung für ihre göttliche Fügung, daß niemand verletzt worden sei. Sie hoffe, alle Anwesenden würden dem Allmächtigen auf dem Heimweg für ihre wunderbare Errettung danken. Sie hoffe, daß die nächste Aufführung von *Asmodeus, or The Little Devil* wieder ohne Blitz und Donner abgehen möge.«

Auch das erste Engagement in Bendigo war durch, allerdings weniger himmlische, Störungen gekennzeichnet. Am Tag ihrer letzten Vorstellung vor dem Umzug nach Castlemaine hatten Folland und Lola gestritten, worauf er sich weigerte, an diesem Abend aufzutreten. Von der Rampe herab machte Lola klar, sie habe nie zugelassen, daß ihre Verpflichtungen gegenüber dem Publikum durch private Auseinandersetzungen gestört wurden.[41] Sie hatten nicht zum ersten Mal gestritten. In Melbourne war ein Freund zum Einschreiten gezwungen gewesen, als Lola bei einer Essenseinladung Folland mit ihrem Dolch angegriffen hatte.

Der Saal in dem Minenstädtchen Castlemaine hatte wenig von einem Theater. Seinen Lehmboden hatte man nur zum Teil mit Holzplanken bedeckt, und der Raum faßte kaum vierhundert Menschen, wenn man ihn von Wand zu Wand vollstopfte. Es gab keinen Platz für das Orchester, deshalb wurde die musikalische Begleitung von Mrs. Gill, die auch im *Eton Boy* mitspielte, auf dem Piano geliefert. (Eigenschenk hatte sich, wahrscheinlich in Melbourne, von der Tournee abgesetzt). Doch die Goldgräber hungerten nach Unterhaltung, und reservierte Plätze wurden für zehn Shilling verkauft. Der hohe Eintrittspreis wurde in der Folge durch Lolas Aufnahme der »Spinne« in die Eröffnungsvorstellung am 10. April gerechtfertigt.

Die Vorstellung verlief ohne Probleme, doch Lola ließ sich während ihrer Bühnenansprache auf ein Schreiduell mit einigen der Bergleute ein.⁴² Sie geriet außer sich und erklärte, sie sei ebenso reich wie irgendeiner im Saal, sie besäße 70 000 Pfund und »sie seien ihr alle völlig egal«. Anstatt ihr die zehn Shilling zu mißgönnen, meinte sie, sollten sie ihr dankbar sein, daß sie überhaupt hier tanze.

In Castlemaine waren zwei Vorstellungen geplant gewesen, doch das Echo war groß genug, eine dritte zu rechtfertigen, bei der Lola bei ihrer Bühnenansprache erneut mit ihren Zuschauern aneinandergeriet. Als sie erwähnte, *Lola Montez in Bavaria* werde für ihr neues Engagement in Bendigo vorbereitet, zischte einer der Zuschauer. »Lola nahm sich den ›Zischer‹ verärgert vor; in Bayern hätte das Leben von fünf Millionen Menschen in ihrer Hand gelegen; weil sie diese nicht geopfert habe, sei sie an diesem Abend hier und tanze. Sie sei nicht hergekommen, um sich beurteilen zu lassen – das Urteil über sie sei schon vor langer Zeit getroffen worden, am Theater Seiner Majestät im Jahre 1842 [1843]. Sie habe sich ihr Vermögen selbst erarbeitet, und sie empfehle dem Mann, der sie ausgezischt hatte, noch einmal zur Schule zu gehen und zu lernen, daß er nicht auszischen solle, was er nicht verstehe.«⁴³

Die Vorstellungen in Castlemaine blieben jedoch nicht ganz unbelohnt, sondern brachten immerhin 450 Pfund ein.⁴⁴ Nachdem Lola ein zweites Engagement in Bendigo zu Ende gebracht hatte, berichteten die Zeitungen mit einer gewissen Verwunderung, Lola seien mehr als 1500 Pfund für ihre dortigen Vorstellungen bezahlt worden. Der April in Victoria war kalt und naß gewesen, und Lola und Folland bedauerten es wahrscheinlich nicht, die Bergbaugegend zu verlassen, um nach Melbourne zu fahren, wo sie auf der *Wonga Wonga* eine Passage nach Sydney buchten. Nachdem man die Pläne für eine Asientournee aufgegeben hatte und Australien wenig Möglichkeiten für weitere Eroberungen bot, wollten sie nach Kalifornien zurückzukehren. Lola und Folland begaben sich auf die kurze Reise nach Newcastle, wo der amerikanische Dreimastschoner *Jane A. Falkenberg* vor Anker lag, um Passagiere nach San Francisco aufzunehmen.

Am 22. Mai verschwand die Küste Australiens am Horizont, als sie ihre Heimreise antraten, doch die Aussicht einer Rückkehr nach Kalifornien muß sie gleichermaßen verunsichert wie beruhigt haben. Das Leben in der Heimat hielt weniger Gewißheiten bereit als eine Tournee durch Australien. Sie mußten entscheiden, ob sie ihre Theaterkarrieren fortsetzen wollten; Lola konnte sich wieder nach Grass Valley zurückziehen, und Folland hatte die Möglichkeit, entweder be

seinen Eltern und seiner Halbschwester in New York City unterzukommen oder sich mit seiner Frau in Cincinatti zu versöhnen. Doch dringlicher noch mußten sie sich entscheiden, ob sie gemeinsam weitermachen oder getrennte Wege gehen wollten.
Während des gemeinsamen Jahres war ihr Verhältnis stürmisch gewesen, aber zumindest hatten sie den stabilisierenden Rahmen ihrer beruflichen Arbeit und den damit verbundenen Verpflichtungen gehabt. Follands hartnäckige Weigerung, in Bendigo aufzutreten, hatte gezeigt, daß der Kitt, der ihre impulsiven Charaktere zusammenhielt, zu bröckeln begann. Beide neigten zu Stimmungsumschwüngen und Selbstdramatisierungen, und wochenlang zusammen auf dem Schiff festgehalten zu werden, kann für beide nicht einfach gewesen sein. Zu der Zeit scheint Lola sich mitten in einer spirituellen Krise befunden zu haben. Jahre später sollte sie schreiben: »Einst lebte ich für die Welt und von ihr, ließ mich hinreißen, *alle* ihre schrecklichen Sünden und Täuschungsmanöver zu begehen. Damals liebte ich diese Welt. Sie war alles für mich. Ich küßte und verehrte ihre Ketten, mit denen sie mich festhielt. Und weshalb tat ich es? Weil ich aus mir selbst lebte und mein Glück von ihr abhängig machte, und später den bloßen Broterwerb von ihren Lastern. Ach, Jahre über Jahre habe ich gebraucht, mich aus diesen Erniedrigungen herauszuarbeiten. Ich verabscheute mich selbst, verabscheute die Sünde. Aus eigenem Antrieb versuchte ich, mich zu ändern, nicht wegen des äußeren Scheins, denn eine Heuchlerin war ich nie, sondern wegen eines inneren Drangs zum *Lichte*, das die *Wahrheit* ist ... Ich war eine Elende, ach so schrecklich Elende. Ich fing an zu begreifen, welch Ungeheuer ich in meiner Geisteshaltung war.«[45]
Die Motivation für ihre spirituelle Suche lag womöglich in den Botschaften, die ihr der Spiegel und der eigene Körper übermittelten. Sie war fünfunddreißig Jahre alt, und ihre Schönheit hielt dem Vergleich mit der Schönheit jüngerer Frauen nicht mehr stand. Dazu war sie in Australien aus Erschöpfung wiederholt gezwungen gewesen, Rufe nach einem *da capo* zurückzuweisen. Sie wurde schneller müde, und ihr Körper erholte sich langsamer von der Anstrengung. Mitte des 19. Jahrhunderts war es nicht ungewöhnlich, vor Erreichen des mittleren Lebensalters zu sterben, und Lola wurde nicht nur mit dem von der Zeit geforderten Tribut an die Eitelkeit konfrontiert, sondern mit ihrer eigenen Sterblichkeit. Diese Reise sollte ein Wendepunkt für sie werden.
Am 7. Juli lief die *Jane A. Falkenberg* wegen eines Notfalls Honolulu

an und setzte den Zweiten Offizier an Land, dessen rechte Hand bei einem Unfall während der Bordfeier zum 4. Juli gequetscht worden war.[46] Lola nutzte die Gelegenheit und verbrachte ein paar Stunden an Land, wo sie in dem kleinen Ort spazierenging. Beobachtern kam sie sorgenbeladen und vorzeitig gealtert vor.

Bald darauf war das Schiff wieder unterwegs, und an jenem Abend wurde auf der *Falkenberg* ein Dinner zur Feier des 29. Geburtstages von Folland abgehalten.[47] Es wurde viel Champagner getrunken, und die Feier dauerte bis in die frühen Morgenstunden des 8. Juli. Nach einem der wenigen zeitgenössischen Berichte verließ Lolas Liebhaber die Gesellschaft und ging an Deck, um wieder einen klaren Kopf zu bekommen.

Der zunehmende Mond war im Meer versunken, und die Schwärze des Wassers, so wirkte es wohl, nahtlos in den Nachthimmel übergegangen. Wie man bei der Ankunft der *Falkenberg* in San Francisco bekanntgab, sei Folland bei einer Schlingerbewegung des Schiffes über Bord geschleudert worden und untergegangen. Ein anderer Bericht meinte, er habe sich entschlossen, an Deck zu schlafen und sei in der Nacht verschwunden. Später tauchten Gerüchte auf, er sei aus Verzweiflung über seine endlosen Streitereien mit Lola über Bord gesprungen.

Was auch immer die Umstände von Follands Tod gewesen sein mögen, Lola war am Boden zerstört und fühlte sich verantwortlich.[48] Später sollte sie schreiben, sie habe Gott in ihrem Schmerz laut angefleht, auch sie zu sich zu nehmen. Als sich der Tod nicht einstellen wollte, beschloß sie, ihr Leben zu ändern, um vielleicht einen Sinn in ihrem Dasein zu finden.

So, wie das Zusammentreffen mit König Ludwig ihr äußeres Leben verändert hatte, fing mit Follands Tod eine Veränderung ihres Innenlebens an. Doch Eliza Gilbert konnte niemals ganz aus Lola Montez verschwinden, und sie würde immer eine stolze und impulsive Frau bleiben, die eine ziemlich lockere Einstellung zur Wahrheit und eine unvergängliche Liebe zum Rampenlicht hatte. Doch als ihre Arroganz und ihre Zornausbrüche allmählich abnahmen, begannen ihre Freundlichkeit und Nächstenliebe, die stets ein verborgener Teil ihrer Persönlichkeit gewesen waren, die auf Sensation ausgerichteten Elemente ihres Wesens in den Schatten zu stellen.

****

Sorgen und Erfolg

Als ihr Liebhaber in den Fluten des Pazifik verschwand, war Lola dazu verurteilt, die nächsten achtzehn Tage eingeschlossen inmitten der Erinnerungen an ihn zu verbringen. Jeden Tag sollte sie seine Besitztümer vor Augen haben, das Bett, in dem er geschlafen hatte, seinen leeren Platz an der Tafel, die Stelle an der Reling, wo er gestanden war. Und nach zwei Monaten auf See mußte Lola noch zwei weitere Tage warten, ehe sich die graue Wand aus Sommernebel so weit gelichtet hatte, daß der Kapitän das Golden Gate fand. Als Lola am 26. Juli 1856 wieder in San Francisco ankam, hatte sie sich möglicherweise entschlossen, sich der Fürsorge für Follands Familie zu widmen. Die Zeitungen schrieben, Lola bezeichne Folland als den einzigen Mann, den sie je geliebt habe, lehne alle Tröstungen ab und sei bei ihrer Ankunft vor Trauer dem Wahnsinn nahe gewesen.[1] Inzwischen war sie in anhaltend düstere Stimmung versunken.
Lola schrieb sicherlich an Follands Witwe in Cincinnati, machte ihr Mitteilung von seinem Tod und bot ihr und Follands beiden Kindern finanzielle Hilfe an. Auch Follands Vater und Stiefmutter, Charles Follin und Susan Danforth Follin in New York City, teilte sie die traurige Nachricht brieflich mit und bot wahrscheinlich an, ihnen und Follands geliebter Halbschwester Miriam zu helfen, deren Foto Lola so sehr bewundert hatte. Wenn sie nicht schon vorher beschlossen hatte, Kalifornien zu verlassen und an die Ostküste zurückzukehren, so traf sie die Entscheidung Ende August, als sie schrieb, sie hoffe, den »Spider Dance« bald noch einmal »in jeder Stadt und jeder Gemeinde der Vereinigten Staaten« aufzuführen.[2]
In der Zwischenzeit mietete sie ein kleines Haus und richtete sich häuslich ein;[3] ein Dienstmädchen, ein Schoßhund namens Gip und mehrere andere Hunde leisteten ihr Gesellschaft, dazu noch eine Sammlung exotischer Vögel, die sie einschließlich eines großen, weißen, sprechenden Kakadus und eines Leierschwanzes aus Australien mitgebracht hatte.
In jenem Jahr hatten Gesetzlosigkeit und politische Auseinandersetzungen schon vorher zur Bildung einer Bürgerwehr in San Francisco geführt. Nun behielten die nüchternen Bürgerwehrler die Stadt im

Auge und sorgten so während der nebligen Sommertage für einen größeren Bedarf an Unterhaltung als je zuvor. Lola wurde vom American Theater engagiert, dem Nachfolger des gleichnamigen Hauses, an dem sie drei Jahre zuvor ihre Premiere in dieser Stadt gegeben hatte. Lola wollte mehr Geld für Follands Familie zusammenbringen, und vielleicht spürte sie auch, daß ihre Rückkehr auf die Bühne sie von der Erinnerung an seinen Tod ablenken würde.

Ihre Eröffnungsvorstellung am 7. August, sie spielte *Morning Call* und *Eton Boy,* füllte das Haus bis auf den letzten Platz, und das Engagement erstreckte sich auf erfolgreiche zwei Wochen; sie mischte Stücke, die sie schon vorher in Kalifornien gespielt hatte, mit solchen, die sie für Australien einstudiert hatte. In der zweiten Woche führte sie jeden Abend auch einen ihrer Tänze auf. Im allgemeinen lobten die Kritiker ihr Spiel;[4] einer meinte, ihre Vorstellung in *Follies of a Night* »hätte von keiner der Schauspielerinnen, die uns besucht haben, übertroffen werden können« und erklärte weiter unten »es ist erstaunlich, wie sich die schauspielerischen Leistungen der Lady verbessert haben, seit sie das erste Mal nach Kalifornien kam«.

Der Kritiker des *True Californian,* der Lola zum ersten mal sah, war angenehm überrascht: »Wir haben so viele üble Geschichten über sie gehört, ihr Spiel wurde lächerlich gemacht und ihre persönliche Ausstrahlung bestritten. Doch wir geben zu:

> Falls auf ihr Los auch mancher dumme Fehler falle,
> Schaut euch ihr Antlitz an, und ihr vergeßt sie alle!

Ihre Gaben als Schauspielerin sind in dieser Stadt außerordentlich unterbewertet worden, und ihre Erscheinung war nicht weniger umstritten. Wir waren Zeuge, wie sie zwei Figuren spielte, die keineswegs einfach darzustellende Rollen waren, und wir sind ganz sicher, daß nur wenige der hochgerühmten Stars, die den Kontinent zu unserer geistigen Erleuchtung durchquert haben, sie in einer der beiden Rollen übertreffen könnten.«[5]

Nach einer Vorstellung von *Lola Montez in Bavaria*, das sie inzwischen als eigenes Werk ausgab, erklärte Lola den Zuschauern von der Bühne, sie habe das Stück in Australien häufig gespielt, wo es »sehr viel zur Verbreitung freihheitlicher Grundsätze beigetragen hat«.[6] Und der »Spider Dance« lockte das Publikum weiterhin in Scharen an. In den beiden Wochen verdiente sie über 4000 Dollar, und eine Zeitung bemerkte überrascht, es habe jegliche Gewalt gefehlt, abgesehen von einer Ohrfeige, die sie einem jungen Mann aus ungenanntem Grund verpaßte.

Lola war ans Theater von Sacramento engagiert worden, doch bevor sie mit dem Dampfer flußaufwärts fuhr, übergab sie ihren Schmuck an die Auktionsfirma Duncan & Co. (die vom Onkel einer anderen Tänzerin und Exzentrikerin, Isadora Duncan, betrieben wurde); er sollte während ihrer Abwesenheit zugunsten der Kinder Follands versteigert werden. Die Auktion war ein Symbol für Lolas veränderte Wertbegriffe. Schmuck stellte für eine alleinstehende Frau eine verläßliche Alterssicherung dar, doch über den finanziellen Wert hinaus war Schmuck immer auch ein Teil von Lolas Eitelkeit gewesen. Die Lithographie, die sie Ludwig aus London geschickt hatte, zeigte sie mit mindestens drei Ringen allein an ihrer Rechten, zusätzlich zu einem juwelenbesetzten Kreuz als Anhänger. Der Betrag der Rechnung, die sie im Juwelierladen von Frau Opitz in München unbezahlt hinterlassen hatte, hätte ausgereicht, mehrere Dutzend bayerische Familien für ein Jahr oder länger zu ernähren. Nun ließ sie diese Form der Eitelkeit zum Nutzen anderer hinter sich.

Ihre Schmucksammlung, von der eine Zeitung erklärte, sie werde »wahrscheinlich von keiner übertroffen, die eine Einzelperson in den Vereinigten Staaten besitzt«, sollte 20000 bis 30000 Dollars bringen, und mehr als 5000 Menschen besuchten Duncans Ausstellungsräume, weil sie die Diamanten, Rubine und das kunstvoll verarbeitete Gold besichtigen wollten.[7] Doch die 89 aufgerufenen Positionen waren für eine Stadt der Größe San Franciscos möglicherweise zu viel, und die Auktion erbrachte weniger als 10000 Dollar – eine Enttäuschung, aber immer noch eine königliche Summe für die Kinder Follands.

Am 9. September gab Lola am Forrest Theater in Sacramento ihre Eröffnungsvorstellung, und an jedem der Tage, an denen sie auftrat, war die Abendvorstellung bereits um 14 Uhr ausverkauft.[8] Der erste Abend mit dem »Spider Dance« brachte die höchsten Einnahmen in der Geschichte des Forrest, und Lola war eindeutig noch immer derselbe Publikumsmagnet wie zuvor.

Von Sacramento aus unternahm Lola eine letzte Reise nach Grass Valley. Haus und Garten hatte man während ihrer Abwesenheit dem Verfall preisgegeben, doch Lola dürfte es dennoch schwergefallen sein, ihrem Bergrefugium Lebewohl zu sagen.[9] Vieles hatte sich verändert; der größte Teil des Ortes war bei einem Feuer zerstört worden, als sie in Australien war, doch er erhob sich eindrucksvoller als zuvor aus seiner Asche.

Lola verkaufte ihr Häuschen und nahm zum letzten Mal von Grass Valley Abschied. Mehr als ein Jahrzehnt später berichtete eine Zeitung, sowohl ihre Rosensträucher als auch die Erinnerung an Lola lebten noch immer in den Bergen.[10] In Grass Valley erinnerte man sich ihrer als »Geschöpf der großzügigen Impulse. Durch ihre Extravaganzen und guten Taten brachte sie sich an den Bettelstab. Die Elenden und die Armen gedenken ihrer in Freundschaft. Häufig konnte man sie antreffen, wie sie dem einen Trost und dem anderen wirksame Hilfe zuteil werden ließ.«

Lola sollte laut Spielplan am 20. September wieder im Forrest Theater in Sacramento auftreten, doch sie teilte von Grass Valley aus mit, sie sei krank, so daß ihr erneuter Auftritt im Forrest schließlich am 29. stattfand.[11] Im Verlauf des Gastspiels trat sie mit Junius Booth, dem Bruder von Edwin und Julius Booth, in *Antony and Cleopatra* auf; Junius war Inspizient am Metropolitan Theater in San Francisco. Vermutlich wurde sie von Booth gebeten, in der Woche darauf die Spielzeit des Metropolitan zu eröffnen. Bei ihrer Rückkehr nach San Francisco wurde Lolas kalifornisches Abschiedsengagement beim Metropolitan bekanntgegeben, und am 13. Oktober war Premiere mit *Follies of a Night*.

Am zweiten Abend hielt sie auf der Bühne eine Rede, in der sie ihren Zuschauern erklärte, sie kehre nicht ihrer selbst wegen in die Oststaaten zurück, sondern wegen einer Verpflichtung anderen gegenüber.[12] Das Publikum und die Zeitungen waren besorgt wegen der anstehenden allgemeinen Wahlen, und die Kampagnen, Versammlungen und Aufmärsche, die in den Abendstunden abgehalten wurden, beschnitten Lolas Zuschauerzahlen bei ihren letzten Auftritten in Kalifornien.

Am Tage ihrer letzten Vorstellung schrieb der Kritiker des *Daily Evening Bulletin*: »Es ist jedoch für alle, außer für sie selbst, offensichtlich, daß ›die Tage ihres Tanzes‹ im Grunde genommen ›vorüber sind‹. Auch wenn sie ihre Posen recht anmutig darbietet, so zeigt sie doch nicht mehr jenes Maß, was in ihrem Alter auch niemand von ihr erwartet, an Beweglichkeit und Lebendigkeit, das für die Erhaltung einer herausgehobenen Position als Tänzerin erforderlich ist ... Vergeblich ist das Bemühen, sich der Natur zu widersetzen. Doch in einigen ihrer letzten Vorstellungen, in Stücken wie *The Follies of a Night* und anderen leichten Komödien, hat sie gezeigt, daß sie eine der anmutigsten und lebhaftesten Bühnenschauspielerinnen ist; schade, daß sie sich nicht auf solche Rollen beschränkt.«[13]

Am 17. Oktober gab sie in *Yelva,* gefolgt von einem »Spinnentanz« zum Abschied, ihre letzte Vorstellung in Kalifornien.

Mittlerweile mußte sie Nachricht von Follands Witwe und seiner Stiefmutter erhalten und erfahren haben, daß zwar die Witwe nichts mit ihr zu tun haben wollte, die Stiefmutter jedoch gewillt schien, alles anzunehmen, was sie ihr anbieten würde.[14] Lola setzte eine Verfügung auf, in der sie ihren ganzen Besitz Follands Stiefmutter als Treuhänderin für die Kinder des Schauspielers vermachte, mit der Bitte, sie im spiritistischen Glauben zu erziehen.

Von den Zeitungen Kaliforniens wurde nun berichtet, George Trafford Heald sei im Juni in einem Pflegeheim in Folkestone gestorben.[15] Heald war erst achtundzwanzig Jahre alt gewesen; der »weiße Tod«, die Tuberkulose, und ein chronisches Darmgeschwür hatten ihn einem langsamen, schmerzvollen Ende entgegengehen lassen. Die einzige Bestimmung seines kurzen Lebens schien die Heirat mit Lola Montez gewesen zu sein. Anscheinend hat sich Lola selbst als seine Witwe gesehen, und in der Folge sollte sie immer dann seinen Namen verwenden, wenn sie eine andere als Lola Montez sein wollte.

Am 20. November begab sie sich an Bord des Dampfers *Orizaba* der Pacific Mail, der am Kai an der Washington Street in San Francisco lag.[16] Die Morgenzeitung brachte eine kurze Würdigung Lolas und erklärte, vor und nach ihrer Reise nach Australien habe sie für volle Häuser gesorgt, »wie es nur wenigen Künstlern gelungen ist, die uns besucht haben«. Dem Bericht zufolge kehrte sie mit 23 000 Dollars an die Ostküste zurück, die aus ihren Theaterunternehmungen stammten. Das Schiff lief Nicaragua an, und eine Anzahl von Lolas Mitpassagieren waren Söldner, die den Freibeuter William Walker aus Tennessee unterstützen wollten, »den grauäugigen Mann des Schicksals«, welcher sich bemühte, das Land an sich zu reißen. Zur Mittagsstunde begann das große seitliche Schaufelrad der *Orizaba* das Wasser aufzuwühlen, und bald darauf, als das Schiff um den Telegraph Hill steuerte, war Lola den Blicken der Leute, die ihr Glück gewünscht hatten, entschwunden.

Von San Juan del Sur an der pazifischen Küste Nicaraguas nahmen Lola und die anderen Passagiere mit dem Ziel New York eine Kutsche hinauf zum Lake Nicaragua, überquerten den See auf einem Dampfer und fuhren schließlich auf Booten den San Juan River hinunter an die karibische Küste, wo sie in San Juan del Norte das Dampfschiff *Tennessee* erwartete, mit dem sie nach New York fahren würden. Dort kam Lola nach einer Abwesenheit von mehr als vier Jahren am 16. Dezember an. Sie hatte jedoch immer noch Freunde in der Stadt, zu denen Heman Burr und dessen Sohn Charles Chauncey Burr gehörten.

Chauncey war Journalist, der sich im Fillmore-Flügel der Demokratischen Partei engagierte.[17] 1856 war er 41 Jahre alt und ein breitschultriger, gutaussehender Mann mit blühender Gesichtsfarbe und einem langen, hellen Bart. Er hatte in Pennsylvania als Anwalt gearbeitet und war dann Pastor der Universalisten-Kirche geworden, ehe er sich dem Journalismus widmete.

Burr war überzeugt, daß »der Neger einer minderen Rasse angehört und zum Dienen bestimmt ist«, und stellte seine Beredsamkeit als Sprecher und Autor im Kampf gegen die sog. Abolitionisten, die Verfechter der Sklavenbefreiungsidee, zur Verfügung. Er hatte eine Reihe von Publikationen herausgegeben und verfaßt, von denen eine später in der *New York Daily News* erscheinen sollte. Unter der Regierung von Präsident Franklin Pierce, der gerade im Begriff war, die Präsidentschaft an Buchanan abzutreten, hatte Burr ein Angebot abgelehnt, zum Botschafter in Berlin ernannt zu werden.

Aufgrund ihres neuen religiösen Bewußtseins erneuerte Lola natürlich lieber ihre Freundschaft mit Burr als mit Gefährten, die eher den Hedonismus vertraten, der ihr Leben bis zu diesem Zeitpunkt gekennzeichnet hatte. Thomas Lake Harris, ein weiterer Universalist, hatte mit Burr zusammen eine Publikation mit dem Titel *The Gavel* herausgegeben. Harris hatte sich für den Spiritismus interessiert und 1850 angefangen, mit Geistern Kontakt aufzunehmen, die ihm die Geheimnisse des Universums und alles über Zivilisationen auf den Planeten und auf dem Mond anvertrauten. Damals gründete Harris die New Church in New York City.

Möglicherweise war es Chauncey Burr, der Lola mit Harris und seiner Version des Christentums bekannt machte. Lola begeisterte sich ziemlich für den Seher und seine Lehre, obwohl die zentrale Doktrin des Christentums – die Erlösung des Sünders durch das Opfer Jesu – Mittelpunkt ihres Glaubens blieb;[18] Botschaften von Geistern und Leben auf anderen Planeten spielten eine Nebenrolle.

Doch zur Zeit ihrer Rückkehr nach New York wollte Lola vor allem Follands Stiefmutter treffen. Wahrscheinlich geschah das noch vor Ende Dezember, und es wird berichtet, Lola habe sich, als Noels Stiefmutter sie im Hotel aufsuchte, vor Susan Danforth Follin auf die Knie geworfen und geschrien: »Ich habe Ihren Sohn umgebracht! Ich habe Ihren Sohn umgebracht!«[19] Mrs. Follin schien Lola versichert zu haben, ihr Noels Tod nicht vorzuwerfen, doch Lolas Aufmerksamkeit richtete sich schnell auf Miriam, die Halbschwester des Toten, deren Foto sie so fasziniert hatte.

Miriam war 20 Jahre alt, doch weil sie die Unschuld und Naivität, die sie nicht mehr besaß, so gut spielen konnte, wurde sie von der Familie für 16 ausgegeben.[20] Tatsächlich war sie mit 17 verheiratet worden, nachdem ihre Mutter entdeckt hatte, daß sie von dem Angestellten eines Juwelierladens, der sie mit Diamanten überhäuft hatte, in das Sexualleben eingeführt worden war. Der Angestellte war vor die Wahl gestellt worden, Miriam zu heiraten oder wegen Verführung ins Gefängnis zu gehen. Die Hochzeit fand statt, doch Susan Follin nahm ihre Tochter sofort mit nach Hause und verbot ihr, ihren widerstrebenden Gatten zu sehen, der zwei Jahre später eine Annullierung erwirken konnte.

Miriam und Lola hatten vieles gemeinsam: beide waren intelligent, ehrgeizig, willensstark und sich ihrer Macht über Männer bewußt. Miriam sollte später ein fast ebenso buntes Leben wie Lola führen, eine Reihe von Ehemännern und Liebhabern, ein Vermögen und einen Adelstitel einsammeln sowie als Mrs. Frank Leslie eine herausragende Rolle in der amerikanischen Publizistik des 19. Jahrhunderts spielen. Doch zu diesem Zeitpunkt ihres Lebens gefiel sich Miriam in der Rolle des unschuldigen Mädchens, und Lola, in deren Vorstellung diese erwachsene Frau als ihre kleine Schwester erschien, war von ihr vollkommen überwältigt.

Ein undatierter Brief Lolas an Miriam wurde wahrscheinlich kurz nach ihrem Kennenlernen geschrieben, und er vermittelt einen Eindruck, wie sehr die ältere Frau von ihr eingenommen war: »Allerliebste, ... Du weißt, liebes Schätzchen, wie sehr ich Dich liebe und welche Freude mir Deine Anwesenheit bereitet. Ich möchte Dich an mein Herz drücken und Dir wahre schwesterliche Liebe geben, rein und hingebungsvoll. Wenn irgend möglich, möchte ich nicht, daß Du gehst, denn Du hast es geschafft, daß ich Dich liebe – Du kleine Hexe ... Gott segne Dich, Du Allerliebste, Deine Lola.«[21]

In der dritten Januarwoche des Jahres 1857 war Lola ins Heim der Follins am Stuyvesant Place 13 eingezogen, und die Vorbereitungen für eine Theatertournee, bei der Miriam Lola als deren kleine Schwester »Minnie Montez« begleiten sollte, waren fast abgeschlossen.[22] Susan Follin scheint keine Einwände gegen den Plan gehabt zu haben, und am 2. Februar begann die Tournee im Green Theater in

Albany. Dort spielten sie von Montag bis einschließlich Samstag, und Minnie Montez gab ihr Bühnendebut als Gegenspielerin von Lola in *The Cabin Boy*. Außer einer einzigen Quelle, die am Eröffnungsabend ein volles Haus konstatiert, sind keine Besprechungen erhalten.

Montez und Schwester waren für Mittwoch, den 11. Februar für das Forbes Theater in Providence gebucht, doch von einer Flut waren riesige Eisblöcke den Hudson hinuntergetrieben worden, was die Überfahrt zum Ostufer verhinderte, wo Lola und Miriam in den Zug umsteigen mußten. Für den Montag gaben sie es auf, hinüberzukommen, doch als sich die Bedingungen am Dienstag Nachmittag noch immer nicht gebessert hatten, bezahlten die Schauspielerinnen einige Bootsleute, die sie über den gefährlichen Wasserlauf übersetzen sollten.

Sie erreichten den Zug um 15 Uhr, doch ihre Überfahrt über den angeschwollenen, durch Eis blockierten Fluß war so spektakulär gewesen, daß in *Frank Leslies Illustrated Weekly Magazine* ein Artikel mit einem Holzschnitt veröffentlicht wurde, der die wagemutigen Frauen in einem Boot darstellte;[23] dies war gleichzeitig Miriams erster Auftritt in dieser Zeitung, deren Eigentümerin und Herausgeberin sie später werden sollte.

Am Abend der Eröffnungsvorstellung mußten Hunderte vor dem vollbesetzten Theater abgewiesen werden.[24] *Lola Montez in Bavaria* wurde bei der Premiere und an den beiden folgenden Abenden gespielt, und Minnie trat erst am vierten Abend auf, wobei sie erneut in *The Cabin Boy* mitspielte. Ein Kritiker schrieb: »Die jüngere Schwester ist genau die attraktive Person, als die sie vorgestellt worden ist, und für einen Neuling auf der Bühne macht sie ihre Sache gut.« Das ganze Engagement wurde ein Riesenerfolg, »eines der erfolgreichsten in dieser Länge, das hier je von jemandem gespielt worden ist«, erklärte das *Providence Journal*. »Mittlerweile kann man schon von Glück reden, wenn man am Eingang stehen darf und über die Köpfe der Leute hinweg einen Blick auf die Bühne erhascht.«

Charles Blake widmete diesem Gastspiel von fünf Vorstellungen mehrere Seiten seiner *History of the Providence Stage,* und einiges davon zeigt sehr schön, was für ein Mensch Lola geworden war:

Sie blieb eine Woche und sorgte bis zuletzt für ein volles Haus; tagsüber lebte sie zurückgezogen, las religiöse Schriften und bereitete sich beständig, ruhig und voller Hoffnung auf den Tod vor, da sie völlig davon überzeugt war, die Schwindsucht habe die Grundpfeiler ihres Leben unterhöhlt …

Damals waren im Ensemble des Theaters nicht viele begabte Schauspieler vertreten. Unter denen, die ihre Figuren am wenigsten erfolgreich verkörperten, war der »zweite alte Mann«, der von Natur aus niemals für die Bühne bestimmt war, obgleich er ein hervorragender Mensch war ... Für die Burschen auf der Galerie wurde er bald zu ihrem Opfer; sie machten sich ein Vergnügen daraus, ihn lächerlich zu machen und ihn zu verspotten ... Der arme Duffy (so hieß der Schauspieler) wurde sehr deprimiert, doch er verdoppelte seine Anstrengungen, gut anzukommen. Seine verstärkten Bemühungen waren so grotesk, daß die Burschen vor Vergnügen ganz außer sich gerieten, und eines Abends, während des Engagements von Lola Montez, erreichte ihre Freude einen Höhepunkt. Die Brutalität ihres Benehmens weckte Lolas Ärger. Nach einem erfolgreichen *Coup* bei ihrem Benefizabend wurde sie vor den Vorhang gerufen, doch anstatt die übliche Rede mit den Danksagungen zu halten, brach sie plötzlich in Beschimpfungen aus und stieß jene kurzen, scharfen und eindringlichen Vorwürfe aus, die keiner, der sie gehört hat, je vergessen wird. Den Zuschauern, die inzwischen aus Neugier und Scham schwiegen, erklärte sie, wie sie die Wirkung ihrer Grausamkeiten einem harmlosen Mann gegenüber erlebt hatte, dessen schlichter Charakter und Zielstrebigkeit alle, die ihn gut kannten, für ihn eingenommen hatten. Zunächst, erklärte sie, habe er geglaubt, irgendeine Nachlässigkeit seinerseits hätte ihm ihr Mißvergnügen eingebracht, worauf er all seine Zeit und seine Gedanken darauf verwandt habe, sich für seine Aufgabe zu vervollkommnen, doch mit so wenig Erfolg, daß man ihn mit noch schlimmeren Beleidigungen überhäuft habe; diesen Abend habe er seine Absicht verkündet, der Bühne Lebewohl zu sagen und Providence zu verlassen. »Jungens«, sagte sie, »ihm wurde das Herz gebrochen – von euch! Ich habe versucht, ihn zum Bleiben zu überreden und ihm versichert, daß ihr ihm gegenüber keine bösen Absichten habt; doch er meint, er müsse gehen. Wollt ihr den alten Mann fertigmachen? Erlaubt mir, ihm zu sagen, daß ihr ihn hier haben wollt; darf ich?« Nie zuvor hatte man in dem Theater einen solchen Beifallssturm erlebt, wie ihn die Menge, die mittlerweile die Bösartigkeit ihres Benehmens erkannt hatte, daraufhin losbrechen ließ.[25]

Black schreibt auch, daß Lola, als sie erfuhr, der Mann einer der Schauspielerinnen, die in *Lola Montez in Bavaria* auftraten, liege mit Schwindsucht im Sterben, ihnen jeden Tag einen Besuch abstattete, die Frau am Krankenbett ablöste, dem Mann die Tröstungen ihres Glaubens nahezubringen versuchte und großzügig zur Erfüllung ihrer materiellen Bedürfnisse beitrug.[26] »Als sie Providence verließ, gedachten ihrer dankbare Herzen, und Segenswünsche begleiteten sie«, schließt der Artikel.

Als Lola Providence verließ, trennte sie sich offenkundig auch von Miriam, weil Lola, wies es in einem späteren Bericht heißt, »offen vor Augen geführt wurde, daß Miriam kein unschuldiges Fräulein war«.[27]

Sicher ist zumindest, daß zwei Monate nach Miriams Auftritten in Providence ein verheirateter Mann, der auch Bankpräsident und früherer Kongreßabgeordneter war, in der Seventh Street in Manhattan auf Miriams Namen ein Haus kaufte, vermutlich um einen Ort zu haben, an dem sie sich ungestört treffen konnten.

Im Juni versuchte Minnie Montez, ihre Bühnenkarriere wiederaufzunehmen und spielte erneut in Albany in einem Stück mit dem Titel *Plot and Passion,* doch Miriam war für anderes bestimmt, als von einem zugigen Theater zum nächsten zu reisen. Drei Monate später war sie mit einem Archäologen verlobt, der ein hervorragender Wissenschaftler und ehemaliger Diplomat gewesen war. Man kann sich unschwer vorstellen, weshalb Lola zu diesem Zeitpunkt ihres Lebens ihre Illusionen über die »kleine Hexe« verlor.

In Pittsburgh ging Lolas Tournee ohne Unterbrechung weiter;[28] dort gab sie sieben Vorstellungen, gewöhnlich vor vollbesetztem Haus. Dann nahm sie den Zug nach St. Louis, doch als sie krank wurde, verschob man die Premiere. Sie erholte sich jedoch innerhalb einer Woche, und zur Eröffnung im St. Louis Theater am 12. März prügelten sich die Massen um die Eintrittskarten. Nach der Hälfte ihres Engagements erklärte der *Missouri Democrat,* »das Publikum bei ihrem ersten Auftritt war das größte, das je in einem Theater der Stadt war; und an jedem der folgenden Abende zog sie größere Menschenmassen an, als alle Stars vor ihr jemals angezogen haben ... Lola ist genial, und ungeachtet ihrer kleinen Exzentrizitäten ist sie eine gutherzige, liebenswürdige Frau.«

Nach ihrem Engagement am St. Louis Theater wurde Lola von einem Unternehmer, der die Interessen der großen Bevölkerungsgruppe deutscher Einwanderer in der Stadt vertrat, zu dem kühnen Vorhaben überredet, im Varieties Theater aufzutreten und *Lola Montez in Bavaria* in deutscher Sprache aufzuführen.[29] Da Lola selbst während ihres Aufenthaltes in Bayern nur lückenhaft Deutsch gesprochen hatte, dürfte sie keine übermäßig verständliche Vorstellung gegeben haben, doch sie bewältigte zwei Abende mit *Lola Montez in Bayern* vor ausverkauftem Haus. Der einzige Kritiker, der das Ereignis zur Kenntnis nahm, hüllte sich über ihren Auftritt in diskretes Schweigen.

Fünf Tage nach ihrer letzten Vorstellung in St. Louis folgte die Premiere in Louisville, Kentucky, wo sie vom Applaus einer großen Menge vornehmer Zuschauer empfangen wurde.[30] Ihr einwöchiges Engagement wurde verlängert, und eine Zeitung meinte, »hätte man sie mit größtem Lob angekündigt und täglich in überschwenglichster

Weise erwähnt, hätte ihr Triumph auch nicht größer sein können«.
Nächste Station der Tournee war das National Theater in Cincinnati, wo sie vier Jahre zuvor schon einmal aufgetreten war. Wegen der Frühlingsstürme war das Haus nicht immer ganz ausverkauft, doch ihr Engagement wurde um zwei Wochen verlängert.

Daraufhin gab sie ihr Debüt an Rice's Chicago Theater. Außer dem Hinweis, der Eröffnungsabend habe ein überfülltes Haus beschert, enthalten die wenigen Zeitungen, die überdauert haben, keine Besprechungen zu ihrem einzigen Engagement an einer Bühne von Chicago.[31] Vielleicht hatte sie bei den Zuschauern Chicagos keinen Erfolg, vielleicht war sie aber auch nur erschöpft von den drei Monaten, die sie unterwegs gewesen war; jedenfalls beendete Lola ihre Tournee nach den fünf Vorstellungen in Chicago und kehrte nach New York City zurück, auch wenn zusätzliche Engagements in Detroit, Cleveland und Buffalo geplant gewesen zu sein schienen. Den Berichten nach kehrte sie mit 7000 Dollar als Lohn ihrer Mühen zurück.

In New York erholte sie sich nicht nur von der Tournee, sondern bereitete auch eine grundlegende Veränderung ihres Bühnenlebens vor. Lola schien den Eindruck gewonnen zu haben, Miriam sei ihrer nicht wert und Follands Witwe nicht gewillt, das Objekt ihrer Wohltätigkeit abzugeben, was ihr freie Hand ließ, ihr Berufsleben ihren eigenen Bedürfnissen entsprechend neu zu bewerten.

Das Tanzen wurde immer anstrengender, und ihr war bewußt, daß sie es bald aufgeben mußte. Die Schauspielerei war körperlich weniger anstrengend, doch es würde ständig schwerer werden, in der Rolle junger Frauen glaubwürdig zu bleiben, und für Frauen im mittleren Alter wurden nur wenige Rollen in leichten Komödien geschrieben.

Im Jahr 1851, als sie mit Kossuth nach Amerika gesegelt war, hatte sie einem Reporter erzählt, sie würde sich vielleicht zum Vortragspodium hingezogen fühlen. Jetzt waren wahrscheinlich ihr Alter und der Einfluß von Chauncey Burr, der ein bekannter »Redekünstler« war, gemeinsam dafür verantwortlich, Lola Montez in eine Vortragsrednerin zu verwandeln. Sie bedauerte, sich nicht schon früher an öffentlichen Lesungen versucht zu haben; das Vortragspodium war der Bühne in fast jeder Hinsicht überlegen, wenn man vom Ruhm einmal absah, den sie mittlerweile eher bereit war aufzugeben.

Sie würde nicht mehr mit einem Orchester oder mit Kollegen proben müssen oder sich mit deren Stimmungen auseinandersetzen. Sie würde nicht mehr mit teuren Kostümen oder Ausstattungen reisen müssen, und es gab weit mehr Orte mit Sälen, die für eine Lesung geeignet waren, als solche mit Theatern. Wenn erst die Saalmiete bezahlt war, die viel niedriger war als die Miete für ein Theater, würde sie die Tageskasse mit keinem außer ihrem Manager zu teilen haben. Falls sie erfolgreich war, könnte sie sehr wohl mit Lesungen höhere Nettoeinnahmen erzielen, als sie diese je mit Bühnenvorstellungen erreicht hatte.

In den Monaten Mai und Juni des Jahres 1857 arbeiteten Lola und Chauncey Burr an der Vorbereitung ihrer ersten Vorträge und feilten an ihrer Podiumstechnik.[32] Auch wenn Burr damals wie heute oft zugeschrieben wurde und wird, der Verfasser von Lolas Vorträgen gewesen zu sein, machen Lolas zahlreiche veröffentlichte Leserbriefe und ihre erhaltenen Briefmanuskripte deutlich, daß sie ihre Muttersprache großartig beherrschte und gewiß auch genügend Geist und Stil hatte, alles zu verfassen, was sie auf dem Podium vortrug. Die Manuskripte ihrer Vorträge liegen fast alle in ihrer Handschrift vor und enthalten viele eigene Korrektureinträge. Selbst bei den ersten Vorträgen, als Burr ihr noch behilflich war, scheinen die meisten Ideen von ihr selbst zu stammen; darüber hinaus ähnelt der Stil der Lesungen Lolas anderen Schriften, unterscheidet sich aber deutlich von den Veröffentlichungen Burrs. Zwar sollten Lolas Aussagen immer mit gesunder Skepsis beurteilt werden, doch dies ist der beste Beweis, daß sie tatsächlich die Autorin war, die sie zu sein vorgab.

Es war geplant, sechs Vorträge vorzubereiten und mit ihnen auf Tournee zu gehen, doch in jenem Sommer scheinen nur zwei davon fertig geworden zu sein.[33] Am 13. Juli trat Lola ein Schauspiel- und Tanzengagement am Metropolitan Theater in Buffalo an, das wahrscheinlich als Ersatz für ein von ihr abgesagtes Engagement im Frühling gedacht war. Dieses Gastspiel endete am 17. Juli; Lola führte *The Cabin Boy*, den Matrosentanz »Hornpipe« und den »Spinnentanz« auf. »Es war«, schrieb der *Morning Express*, »eine triumphale Veranstaltung. Das Metropolitan war zum Ersticken voll mit Bewunderern ihres Tanzes.«

Danach reiste sie nach Toronto zu einem Engagement, ihrer ersten Vorstellung in Kanada. Am Royal Lyceum Theatre tanzte sie zum letzten Mal überhaupt und beendete eine Karriere, die vierzehn Jahre zuvor in London begonnen hatte. Abgesehen von vier Vorstellungen in New York im folgenden Jahr war es auch das letzte Mal, daß sie je wieder als Schauspielerin auftrat. Danach, wahrscheinlich am 29. Juli,

wählte Lola den Ort Hamilton in Ontario als Stätte ihres ersten Auftritts als Vortragsrednerin. Ihr Thema war »Schöne Frauen«.
Der Vortrag war nicht tiefschürfend, aber er war geistreich und informativ und gab Ratschläge, die im wesentlichen selbst heute noch Gültigkeit haben. Zunächst behandelte Lola die Subjektivität des Schönheitsbegriffs, wonach in der einen Kultur das als häßlich erscheint, was die andere lobt. Wie immer man Schönheit auch definieren wolle, meinte sie, so schwinde sie doch sicher mit der Zeit. Daraufhin befaßte sie sich mit berühmten schönen Frauen, die sie selbst gekannt hatte, und ihren jeweiligen Verdiensten, und dann betrachtete sie einige der nationalen Schönheitskriterien und das Verhältnis der Mode zur Schönheit. An dieser Stelle kam sie auf ihren Besuch des Harems des Sultans in Istanbul zu sprechen, ein typisches Stückchen Schönfärbung der Wahrheit nach Lola Montez.
In ihren Empfehlungen plädierte Lola für leichte, nicht einengende Kleidung, besonders bei Mädchen und jungen Frauen, deren Körper sich noch in der Entwicklung befindet. Die meisten Kosmetika erklärte sie für abträglich und oft sogar gefährlich. Für Lola waren Mäßigung, Körperertüchtigung und Reinlichkeit die drei Requisiten weiblicher Schönheit. Mäßigung bedeutete nicht nur Alkoholabstinenz, sondern auch Verzicht auf starken Kaffee und schweres Essen (Tabak dagegen erwähnte sie nicht). Körperliche Übungen sollten sanft sein, doch jeden Tag und im Freien abgehalten werden. Und ein tägliches lauwarmes Bad mit Kleiezusatz sollte Haut und Körper erneuern. In einer Zeit, in der Badewannen eine Seltenheit waren, empfahl Lola, jede Frau solle dafür sorgen, daß sie eine im Haus habe.
Als Abschluß erklärte Lola jedoch: »Ich kenne keinen Kunstgriff, der den Mangel eines ungeschliffenen Geistes und eines garstigen Herzens wettmachen könnte. Jene zauberhafte Seelentätigkeit, jene spirituelle Energie, die dem weiblichen Körper erst die Beseeltheit, die Anmut und das lebendige Strahlen vermittelt, ist letztlich die wahre Quelle der Schönheit einer Frau«.[35]
Mit ihrem ersten Vortrag zog Lola eine große Menschenmenge an, und ein Kritiker schrieb, sie habe »ihre Sache glaubwürdig vertreten.«[36] Ihre Stimme empfand er als sanft und ausreichend tragfähig, doch er empfahl ihr, ihr Sprechtempo ein wenig zu variieren.
Zwei Tage darauf wiederholte sie »Schöne Frauen« in der American Hall in Buffalo, wo die Zeitung berichtete: »Selten, wenn überhaupt, war ein Publikum in Buffalo mehr angetan oder, man könnte fast sagen, stärker von einem Vortrag fasziniert als von dem der Lola

Montez«.³⁷ Am nächsten Abend stellte sie einen neuen Vortrag mit dem Titel »Ursprung und Macht Roms« vor, der ihr Beitrag zur Römisch-Katholischen Kirche und zugleich ihr Angriff auf sie war.

»Meines Wissens hat die Geschichte nichts zu bieten, was wunderbarer wäre als der Beitrag, den die Katholische Kirche in die verschiedenen Kulturen der Welt eingebracht hat«,³⁸ begann Lola. Doch schnell machte sie klar, daß die Größe der Kirche in der Vergangenheit liege und sie zu einer Abscheulichkeit verkommen sei. Nicht von Anfang an sei sie »Lüge und Betrug« gewesen. »Wir können ihr das Verdienst nicht absprechen, ihre Sache in jenen schrecklichen Zeiten [dem ›finsteren‹ Mittelalter] gut gemacht zu haben.« Doch seit der Renaissance habe der Kampf der Katholischen Kirche darin bestanden, »Herzen und Hirne der Menschen in die Nacht zurückzuzerren, aus der sie gekommen waren«.

Ihre These illustrierte sie durch einen Vergleich des katholischen Österreich mit dem protestantischen Preußen sowie der katholischen Kantone der Schweiz mit den protestantischen Kantonen, um den heimtückischen Einfluß der katholischen Doktrin auf eine Bevölkerung zu zeigen. Zum Schluß lobte Lola das, was sie für das protestantische Prinzip der Vereinigten Staaten hielt. »Dieses Prinzip«, sagte sie, »hat der Welt die vier größten Tatsachen der Neuzeit geschenkt – Dampfschiffe, Eisenbahnen, Telegraphen und die amerikanische Republik!«³⁹

Mit Beginn ihrer Karriere als Vortragsreisende gab Lola die Behauptung, Spanierin zu sein, keineswegs auf. Zwar verschwanden die letzten Spuren des ausländischen Akzents, den sie sich zugelegt hatte, und Kritiker hielten die wunderbare Klarheit und Präzision ihrer Aussprache fest. Doch sie gab weiterhin vor, ihre Mutter sei spanischer Abstammung gewesen, wenn auch jener Vortrag deutlich machte, daß ihr Maskerade als Katholikin endgültig vorüber war.

Zusammen mit Chauncey Burr, der sie wahrscheinlich als ihr Manager begleitete, bereiste Lola nun New York und Neuengland. Zu Beginn hatte sie nicht immer ein großes Publikum, doch die Reaktionen auf ihre bezaubernde Art auf dem Podium und ihre geistvollen Vorträge waren immer äußerst positiv, so wie jene des Korrespondenten der *Boston Post*, der aus Burlington, Vermont schrieb: »Es drängt sich mir die Überzeugung auf, daß sie besser spricht als tanzt, und meiner Meinung nach ist sie ebenfalls dieser Anschauung. Ihr Vortrag stellte sich als entschieden erfreuliche und nützliche Unterhaltung heraus.«⁴⁰

Falls Lola noch zusätzlicher Werbung zur Ankurbelung ihrer neuen Karriere bedurft hätte, so erhielt sie diese, als sie Ende August beschloß, in Montreal zu lesen. In der Presse Montreals brach ein Streit über ihren Charakter aus und darüber, ob es anständigen Menschen anstehe, bei ihren Vorträgen gesehen zu werden. Der journalistische Krawall überstieg alles, was sie in der Vergangenheit aufgerührt hatte, und amüsante Höhepunkte der Wortwechsel wurden überall nachgedruckt.

Die erste Salve wurde am 26. August im *Witness* abgefeuert, der erklärte: »Die berüchtigte Lola Montez schickt sich an, in dieser Stadt Vorträge zu halten. Es ist zu hoffen, daß achtenswerte Bürger sich nicht so weit erniedrigen werden, sich ihrem Publikum anzuschließen«.[41] Lola antwortete mit einem ihrer berühmten Leserbriefe, der am 29. August im *Pilot* veröffentlicht wurde:

Aus dem Gefühl, mir selbst Gerechtigkeit zuteil werden zu lassen, sehe ich mich veranlaßt, Sie zu fragen, welchen Grund ein unvoreingenommener Mann haben sollte, mich wegen der Ausübung eines ehrenwerten und untadeligen Berufes anzugreifen?
Könnte dieser Angriff, werter Herr, nicht der Verderbtheit Ihres eigenen schlechten Wesens entsprungen sein? Und verdiene ich mein Brot nicht auf ebenso achtbare Weise wie Sie? – und es freut mich zu wissen, daß ich inmitten all der Bosheit und Falschheit, die man auf mich gehäuft hat, soviel ich weiß, noch niemals auf eine solche Weise von irgend einem Mann angegriffen worden bin, dessen Leben selbst ohne Makel war. Meine Angreifer stammten aus den Reihen der Männer von Ihrer Art, die sichtlich über keine Möglichkeit verfügen, Charakter zu entwickeln, aber mit erhobener Stimme gegen das Laster wettern – Männer, die sich selbst im Dienst der Sünde verzehrt haben und sich jetzt als besondere Feinde der Sünder hervortun ...
Mein Leben war nicht ohne Fehler, das will ich nicht bestreiten; doch ich bestreite, jemals derlei Beschimpfungen verdient zu haben, wie sie von Leuten wie Ihnen über mich gehäuft werden, und die Geschichte wird eines Tages mein Recht erweisen, solches von mir zu behaupten ...
Wie werden Sie dem gegenübertreten, der gesagt hat: »Derjenige unter euch, der ohne Sünde ist, werfe den ersten Stein?« Leben Sie nach dem moralischen Grundsatz des »Herrn«, dann werden Sie niemals wieder Steine auf mich oder sonst irgendeinen Menschen werfen ...
Sie haben mein Mitleid verdient, werter Herr, und ich vergebe Ihnen in der Hoffnung, dieser Brief möge ein Weg sein, aus Ihnen einen Mann mit besseren Manieren und mit besseren Prinzipien zu machen.[42]

Dieser Brief, der überall nachgedruckt wurde, dürfte zu ihrer Rehabilitation im Bewußtsein der Öffentlichkeit beigetragen haben. Der

Witness zog sich in Schweigen zurück, doch *Le Minerve* nahm den Kampf auf schaltete sich mit der Erklärung ein, »Wir schreiben, um die öffentliche Moral zu rächen ... Wir halten uns für verpflichtet, im Namen des Anstandes, der öffentlichen Moral und der guten Gesellschaft Montreals gegen den Skandal zu protestieren, der soeben über unsere Stadt hereingebrochen ist ... Welche Mutter, die sich das angehört hat, könnte noch zu ihrer Familie zurückkehren und Wertschätzung und Autorität erwarten? ... Ihr nicht zu verheimlichen, was für einen beklagenswerten und tragischen Pfad sie beschreitet, ist das Beste, was wir für Lola Montez tun können.«[43]

Der Herausgeber des *Le Minerve* schien von Lola eindeutig besessen gewesen zu sein;[44] selbst nachdem sie Kanada verlassen hatte, verwandte er fast eine halbe Seite darauf, das Lob, das die Konkurrenzzeitung *Le Pays* auf diese schamlose Kurtisane gehäuft hatte, zu widerlegen.

Als Auswirkung dieser Aufmerksamkeit war gesichert, daß Lolas Vorträge ausverkauft waren und hunderte weggeschickt werden mußten. Sie war klug genug, ihre Analyse der katholischen Kirche nicht in Montreal vorzutragen, nahm aber eine neue Lesung in ihr Programm auf, die besonders für das französische Kanada geeignet war und den Titel »Das Geistesleben und die Frauen von Paris« trug. Dieser Vortrag enthielt eine Reihe von Porträts Pariser Prominenter, dazu einen kleinen Kommentar zu den Pariser Sitten. Die Porträts beruhten angeblich auf Lolas persönlicher Kenntnis jeder dieser Berühmtheiten, doch bei einigen sind Hinweise darauf zu finden, daß sie aus anderen Quellen zusammengestellt worden waren.

Die Nachfrage nach Eintrittskarten war so groß, daß »Schöne Frauen« wiederholt wurde. Der *Daily Argus* nannte Lola eine »perfekte Vortragsrednerin«.[45] »Ihre Stimme ist von fließender Sanftheit; ihre Intonation und die Pointierung, die sie den einzelnen Passagen eines von glänzenden Schlaglichtern und schönen Beispielen munterer Satire überfließenden Vortrags verlieh, wurden in keiner Weise mit irgend einem fremden Akzent dargeboten ... Sie ist beträchtlich schlanker, als sie auf den uns bekannten Stichen dargestellt ist, doch dem Ausdruck auf ihrem Gesicht und dem Glanz ihrer Augen kann kein Künstler gerecht werden. Ihre Haltung ist ungezwungen und damenhaft, und der Vortrag wurde von ihr mit einer Anmut und einer schönen Diktion dargebracht, wie wir sie auch von den vollendetsten Schauspielerinnen nur selten vortrefflicher vernehmen konnten.«

Der *Pilot* war ebenso begeistert und druckte lange Zusammenfassungen der beiden Vorträge ab. Nachdem der *Pilot* erkannt hatte, daß eine »allgemeine« Nachfrage nach den Zusammenfassungen herrschte, wurden sie noch einmal gemeinsam in einer besonders umfangreichen Ausgabe am 1. September veröffentlicht. *Transcript* und *Gazette* schlossen sich ebenfalls den Lobeshymnen an.

Den ganzen Herbst über setzte Lola ihre Tournee durch die Staaten Neuengland und New York fort und erhielt so gut wie einstimmigen Beifall. Auf dem Podium war sie meist bescheiden, doch elegant gekleidet, gewöhnlich trug sie ein einfaches Kleid aus schwerem Stoff und keinen Schmuck. Ihre Vorträge dauerten etwa eine Stunde und waren damit kürzer als viele andere jener Zeit, was zu ein paar Beschwerden führte, doch ihre Darbietung wurde allgemein gelobt, und Kritiker spielten häufig auf den »hochmoralischen Grundtenor« ihrer Vorträge an.

Anfang Oktober kam Lola schließlich nach Boston und konnte einen weiteren Erfolg verbuchen. Die *Boston Bee* erklärte sie zur »unangefochtenen Königin des Vortragssaales«, und der *Herald* meinte, »was gute Darbietung, klare Aussprache und eindrucksvollen Stil angeht, haben wir selten oder gar nie einen Vortragenden gehört, der die exzentrische Lola übertroffen hätte«.[46] Inzwischen war es ihr möglich, ein Werbeplakat mit guten Besprechungen von Zeitungen in Buffalo, Montreal, New Haven, Hartford, Boston und vielen anderen Städten des Nordostens zu erstellen.

Im November ging Lola nach Philadelphia, wo sich die Zuhörer ihrer Vorträge sogar auf den Korridoren drängten und einen Kritiker zu der Bemerkung veranlaßten, »sie muß es sehr einträglich finden«.[47] Hier erweiterte sie ihr Repertoire um »Galanterie«, einen Vortrag, der unverkennbare Zeichen ihrer Urheberschaft aufwies. In ihrer Rückschau auf die Geschichte der Galanterie im Laufe der Zeitalter stellte sie den Ausspruch von König Franz I. von Frankreich heraus, der nach der Schlacht von Pavia gesagt hatte: »Alles ist verloren, außer der Ehre« – ein Ausspruch, den Lola ein Jahrzehnt zuvor in einem Brief an König Ludwig zitiert hatte.

König Ludwig selbst war eines der Hauptbeispiele zeitgenössischer Galanterie, die in Lolas Vortrag behandelt wurden, und sie hatte nur Lob für ihn.[48] Obwohl das Porträt Ludwigs, das Lola in dem Stück *Lola Montez in Bavaria* auf zwei Kontinenten vorgeführt hatte, nicht ausschließlich schmeichelhaft war, sagte sie in ihrem Vortrag: »Er ist nicht nur der kultivierteste und vornehmste Gentleman nach der alten Schule des Benehmens, sondern auch einer der Gebildetsten

und einer der klügsten Köpfe unter Europas Männern des Geistes.«
Sie vermied jeden Kommentar über die Art ihrer Beziehung zu dem König, doch den Bemerkungen über Ludwigs Verehrung weiblicher Schönheit in der Tradition der Troubadours ließ sie stets einen Diskurs über die Unfähigkeit grober Naturen, idealisierte, platonische Liebe zu verstehen, folgen.

Ein Kritiker in Philadelphia bemerkte über diesen erneuten Versuch, ihr Bild in der Öffentlichkeit zu korrigieren: »Es kann schwerlich abgestritten werden, daß ihre Vorträge in dieser Gemeinde eine Rehabilitierung ihres früheren Selbst bewirkt haben: Denn die große Zahl und die Achtbarkeit der Zuschauer, die sie wiederholt angezogen hat, kann kaum zu etwas anderem gezwungen worden sein, als freiwillig ihren Beitrag für eine bestimmte Leistung abzuliefern; und wenn die fast einmütige Anerkennung ihrer Zuhörer in Hinblick auf Stil und Inhalt der Vorträge als Kriterium gelten darf, ist ihre Leistung von einer Art, der sich auch der Stolzeste nicht schämen muß. Vieles von ihrem gegenwärtigen Erfolg ist der Tatsache zuzurechnen, daß ihr in diesem Land ein etwas anrüchiger Ruhm vorausgeeilt ist, das sei gerne zugegeben; doch zugleich muß man auch einräumen, daß zwar Neugierde zur Popularität dieser Veranstaltungen auf dem Vortragspodium beigetragen haben mag, sie aber nicht weniger als Überraschung und angenehme Enttäuschung zum Ergebnis hatten.«[49]

Derselbe Kritiker behandelte auch die Tatsache, daß Lolas Erfolg nicht so sehr von dem abzuhängen schien, *was* sie sagte, sondern davon, *wie* sie es sagte: »Ihr Vermögen, Gedanken und Gefühle durch das Medium ihrer Gesichtszüge auszudrücken, ist in der Tat höchst außergewöhnlich; wenn man dem noch die silbrige Sanftheit ihrer fließenden Stimme hinzufügt und dazu die herausragende Korrektheit ihrer Aussprache, die der Sprache selbst einen neuen Zauber verleiht, dann haben wir einen gewissen Anhaltspunkt für die Fähigkeiten Lolas, in einem Vortrag als attraktiv zu erscheinen, was immer auch ihr Thema sein mag.«

Die Tournee wurde in Baltimore und Washington fortgesetzt, wo sie »Heldinnen der Geschichte und willensstarke Frauen« einführte. Lola empfand sich bestimmt selbst als willensstarke Frau, der ein Platz unter den Heldinnen der Geschichte zustand, und dieser Vortrag wurde zu ihrer bis dahin persönlichsten Aussage.[50]

Taten und nicht Worte seien der Maßstab für willensstarke Frauen, erklärte sie, und schloß die neuen Feministinnen der Konvention der Frauenrechte von Lucy Stones aus Seneca Falls ausdrücklich aus, die in Lolas Augen nichts Besseres als keifende Weiber waren.[51] »Eine einzelne Frau, die in der Unabhängigkeit und Macht ihrer in ihr selbst begründeten Stärke voranschreitet, um ihre Persönlichkeit geltend zu machen, und die mit all den Mitteln, die ihr Gott gegeben hat, ihren Anspruch auf einen Anteil der Privilegien dieser Welt vertritt, wird für ihre Bekanntheit und ihre Durchsetzung in der Welt mehr erreichen als eine Million Konventionsfrauen.« Sie fügte sogar das komisch gemeinte Programm einer Konvention der Männerrechte ein, in der Klage geführt wurde über Hemden, denen alle Knöpfe fehlten und Socken mit einem Loch an jedem Zeh und ähnliche männliche Widrigkeiten, die durch die weibliche Vernachlässigung häuslicher Pflichten verursacht werden.

Lola hatte höchstes Lob für das reine Heldentum in den »Wohnstätten dieser Welt«, wo die Frau »inmitten von Armut, Vernachlässigung und niederdrückender Verzweiflung den schrecklichen Kampf durchsteht und niemals den fürchterlichen Forderungen der Notwendigkeit erliegt, bis ihr der Tod die letzte Abwehrwaffe aus den Händen nimmt!«[52] Doch der größte Teil ihres Vortrags war den Anekdoten über berühmte Frauen der Weltgeschichte gewidmet, von Kleopatra bis zu Katharina der Großen. Auch deren Fehler leugnete sie nicht: »Ich verlange nur, daß eine große Frau nach denselben Kriterien beurteilt wird wie ein großer Mann. Wenn die Herren der Schöpfung dagegen Einspruch einlegen, so fordere ich sie auf, mit welchem göttlichen Recht sie ein Leben der Lust für sich beanspruchen wollen, das Frauen verboten sein sollte!«

Obwohl sie das Recht außergewöhnlicher Frauen verteidigte, in öffentlichen Angelegenheiten eine herausragende Rolle zu übernehmen, schloß Lola ihren Vortrag üblicherweise mit den Worten: »Doch noch immer ist jene bei weitem die glücklichste und gewöhnlich auch nützlichste Frau, die über den Bereich der Pflichten für ein ›glückliches und tugendhaftes Heim‹ hinaus keinen Ehrgeiz entwickelt.«[53] Diesen Satz strich sie später. Ein Kommentator ihres neuen Vortrags fügte der Besprechung eine persönliche Notiz hinzu: »Mit großer Dankbarkeit müssen wir feststellen, daß dies das Ende der Karriere von Madame Lola Montez als Vortragsreisende ist. Wir verletzen kein Geheimnis und dringen in niemandes verborgenste Privatsphäre ein, wenn wir erwähnen, daß diese schöne, begabte Frau vor einer glänzenden ehelichen Verbindung steht. Sie beabsichtigt schon in zehn Tagen auf dem Weg nach Paris zu sein. Für den Frühling darf eine kurzzeitige Rückkehr in dieses Land erwartet werden.«

Am 12. Dezember 1857 verließ Lola auf der *Fulton* New York, um nach Le Havre und an einen Ort zu reisen, der für sie anscheinend ein letzter, sicherer Hafen in ihrem Leben werden sollte. Lola hatte die Bekanntschaft mit Prinz Ludwig Johann Sulkowski erneuert, einem 43 Jahre alten österreichischen Adligen, den sie 1843 in Berlin kennengelernt hatte.[54] Sulkowski war 1848 aus Österreich geflohen, nachdem er sich auf die Seite der Aufständischen geschlagen hatte; sein jüngerer Bruder war in Wien auf den Barrikaden getötet worden. Nachdem er zunächst in die Schweiz geflohen war, war der Prinz schließlich in die Vereinigten Staaten gekommen, hatte sich im nördlichen Teil des Staates New York niedergelassen und war ein wohlhabender Farmer geworden.

Das Beweismaterial ist lückenhaft, doch allem Anschein nach überzeugte Sulkowski Lola davon, sie heiraten und mit ihr zusammen auf seinen schlesischen Besitzungen leben zu wollen, auf die er, wie er ihr erzählte, nach zehn Jahren im Exil zurückkehren dürfe.[55] Er scheint sie dazu überredet zu haben, sich an Weihnachten in Paris mit ihm zu treffen.

Sulkowski hatte ihr allerdings nicht erzählt, daß er auf der Farm in New York eine Frau und fünf Kinder hatte. Er machte zwar Lola den Hof, hatte aber nicht die Absicht, sie zu heiraten. Am Weihnachtstag kam Lola in Paris an und merkte sofort, daß etwas nicht stimmte. Sulkowski war nicht da, und Lola fand wahrscheinlich heraus, daß niemand etwas von ihrer bevorstehenden Hochzeit oder einer Amnestie nach zehn Jahren wußte, und vielleicht hörte sie auch, daß der Prinz schon eine Frau hatte.

Am nächsten Tag, »enttäuscht und fiebrig«, buchte sie auf dem nächsten verfügbaren Schiff, dem Dampfer *America* der Cunard-Reederei, die Überfahrt zurück nach Amerika. Das Schiff lief am 2. Januar von Liverpool nach Boston aus.[56] Lola war verärgert, und an jenem Abend fing sich ein Mann am linken Seine-Ufer, der unvorsichtig genug war, auf ihren Rock zu treten, einen kräftigen Schlag ins Gesicht ein.

Das Warten auf die Abfahrt muß qualvoll gewesen sein, denn Lola scheint nicht sicher gewußt zu haben, was schiefgegangen war, obwohl sie bestimmt den Verdacht gehabt haben muß, sie sei als Närrin vorgeführt worden. Als sie nach einer rauhen Überfahrt zurückkehrte, sollte die amerikanische Presse berichten, sie habe den Prinzen in Paris geheiratet.[57]

Dies war offenbar einige Wochen, bevor Lola sicher war, betrogen worden zu sein, denn Anfang Februar erklärte sie noch, die Hochzeit stünde kurz bevor.[58] Doch dann machte sie gute Miene zum bösen Spiel und erzählte ihre eigene Lüge, indem sie behauptete, *sie* habe die Verbindung abgebrochen, weil der Prinz mit einer berühmten Sängerin umherreiste und sich als ihr Ehemann ausgab.

****

Heimwärts

In Boston war es ein schöner, sonniger Tag, als die *America* am 18. Januar mit Mrs. Heald an Bord in den Hafen einlief.[1] Doch Lola, die in der Erwartung, einen Prinzen zu heiraten, wahrscheinlich den größten Teil ihres Besitzes bereits verkauft und ihre Einkünfte gespendet und verschenkt hatte, befand sich nicht gerade in einer sonnigen Lage. Sie zog in ein kleines Zimmer in der Bayard Street 25 in New York City, wo ein Freund, Otto von Hoym, der Direktor des Deutschen Stadttheaters, mit seiner Familie wohnte. Und jetzt fuhr sie, wahrscheinlich aus wirtschaftlicher Notwendigkeit, in überfüllten Straßenbahnen, anstatt sich eine Kutsche zu mieten.

Doch Lola hatte eine Möglichkeit, Geld zu verdienen, und innerhalb von zwei Wochen nach ihrer Rückkehr hatte sie ihr Debüt als Vortragsrednerin in der Hope Chapel in New York City gegeben.[2] Ihr erster Auftritt am 3. Februar zog »eine der größten Ansammlungen von Zuhörern an, die sich je in den Mauern dieses Gebäudes zusammenfand«, und der *Herald* erklärte, »sie verspricht eine der erfolgreichsten Vortragsrednerinnen zu werden«. Die *Times,* von der sie seit ihrer Ankunft in Amerika verfolgt worden war, widmete ihr einen halben Meter Kolumnenplatz für die schmeichelhafte Besprechung und Zusammenfassung von *Beautiful Women*. Sie hatte geplant, in der folgenden Woche *Wits and Women of Paris* vorzustellen, doch die Reaktion auf ihren ersten Vortrag war so überwältigend, daß sie ihn zwei Abende später wiederholte.

Während der Monate Februar und März präsentierte sie alle ihre Vorträge mit Ausnahme des Beitrags mit dem Titel *Romanism* in der Hope Chapel und im Atheneum in Brooklyn. Während der Vortragsserie wurde Lolas Name wegen eines neuen Skandals auf allen Titelseiten groß herausgebracht. Sie wurde als Leumundszeugin in einem komplizierten Verfahren wegen einer angeblichen Schuld von 390 Dollar geladen, ein Prozeß, der sich schon über ein Jahr hingezogen hatte. Kläger war der zwielichtige David Wemyss Jobson.

Jobson war Schotte, der 1842 in Montrose, Lolas alter Heimat, für die Liberalen für einen Parlamentssitz kandidiert, aber keine Stimmen erhalten hatte.[3] Er behauptete, Zahnarzt Königin Viktorias gewesen zu sein und hatte eine Anzahl medizinischer, zahnmedizinischer und veterinärmedizinischer Bücher geschrieben, dazu politische Abhandlungen und eine Gedichtfassung der Bergpredigt. In New York City scheint er sich hauptsächlich mit Zahnbehandlungen, Journalistik, und Prozeßvertretungen beschäftigt zu haben, hatte jedoch auf keinem Gebiet Erfolg und galt als eine öffentliche Plage. Außerdem versuchte er, James Bennett, den Herausgeber des *Herald,* gerichtlich zu belangen und war gerade dabei, eine zweite Klage gegen ihn einzureichen; zur selben Zeit wurde er wegen übler Nachrede von einem anderen Zahnarzt gerichtlich verfolgt.

Lola, die Jobson 1849 in London kennengelernt hatte, wurde vorgeladen, um ihre Meinung über seinen Ruf als wahrheitsliebenden Menschen zu äußern. Vor Richter John N. Whiting bekundete sie, Jobson habe sie in ihrer Wohnung in der Half Moon Street aufgesucht, sich als Rechtsanwalt vorgestellt und angeboten, ihr beim Schreiben ihrer Memoiren zu helfen. Später, erklärte sie, habe er versucht, sie zu erpressen, und in London sei er als Lügner und Gewohnheitsverbrecher bekannt gewesen.

C. B. Schermerhorn, der Anwalt des Klageführenden, begann sein Kreuzverhör mit Lola in der Absicht, ihre Glaubwürdigkeit zu untergraben. In den Zeitungen wurde ein Auszug des Protokolls veröffentlicht, der ungeachtet der leichten Verfälschungen eine gewisse Ahnung von Lolas Schlagfertigkeit vermittelt:

Lola: Ich heiße Lola Montez; mein Familienname war Maria Rosanna Gilbert
Schermerhorn: Wo sind Sie geboren?
Lola: In dem schönen Städtchen Limerick.
Schermerhorn: Wie alt sind Sie?
Lola: Dreiunddreißig.
Schermerhorn: Wann sind Sie geboren?
Lola: Rechnen Sie nach; ich kann es Ihnen nicht sagen; ich war nicht anwesend, als ich geboren wurde; ich hatte zwei Gatten und bin dabei, einen dritten zu bekommen; mein erster Gatte war Captain James.
Schermerhorn: Waren Sie mit James verheiratet?
Lola: Ein Geistlicher hat mir den Ring auf den Finger gesteckt, aber mein Geist war nie mit ihm verbunden.
Schermerhorn: Wer waren Ihre anderen Gatten?
Lola: Nun, warten Sie, Sie werden jedenfalls nicht dabei sein, sicher nicht.
...
Lola: Ich habe ein paar Monate in Spanien verbracht und tanzen gelernt; allein bin ich damals ausgezeichnet zurechtgekommen, und jetzt ebenso; in Spa-

nien gab es ein reizendes kleines Mädchen, Dolores, deren Mann sie verlassen hatte.
Schermerhorn: Ihretwegen?
Lola: Nein, so etwas habe ich nie getan.
Schermerhorn: Wie viele Liebschaften haben Sie gehabt?
Lola: Wie viele haben Sie? Also kommen Sie, hören Sie – keine; Ich habe zwei Jahre am Hof des Bayerischen Königs gelebt.
Schermerhorn: Wen haben Sie dort gekannt?
Lola: Alle außer Ihnen; ich habe alles über einige Millionen Menschen gewußt; ich habe den König von Bayern gekannt, Mr. Wittelbacher wurde er genannt – sein Familienname.
Schermerhorn: Waren Sie die Geliebte des Königs?
Lola: [*Springt auf*] Was soll das! [*Energisch*] Nein, Sir. Sie sind ein Schurke, Sir; Ich schwöre auf dieses Buch [die Bibel], in dem ich jeden Abend lese, daß ich keine Liebschaft mit dem alten Mann hatte; ich habe den König gekannt und die Seele des Königs im Sinn der Freiheitsliebe geformt; er stellte mich dem gesamten Hof mitsamt seiner Gemahlin vor und bezeichnete mich als seine beste Freundin.
...
Schermerhorn: Hat Mr. Jobson nicht eine Guinee gespendet, um Sie vor der Besserungsanstalt zu bewahren?
Lola: Er hatte keine Guinee.
Schermerhorn: Hat er Ihnen kein Guinee gegeben, um Sie davon abzuhalten, für Ihren Unterhalt auf die Straße zu gehen?
Lola: [*Erhebt sich verärgert*] Soll ich hier beleidigt werden? Gentlemen, wollen Sie mich nicht schützen? [*Der Richter beruhigt sie*]
Richter: Mr. Schermerhorn hätte die Frage nicht stellen dürfen.
Lola: Schermerhorn! Er heißt Schermerhorn? Oho! Ich habe da ein paar Fragen an *ihn*![4]

Als man erneut zur Anhörung zusammentrat, waren so viele Zuschauer erschienen, daß sie nur mit Einlaßkarten teilnehmen durften. Richter Whiting hatte die weise Vorkehrung getroffen, zwei Polizeibeamte in Zivil in seinem Büro im vierten Stock bereitzuhalten, als man Lolas Kreuzverhör wieder aufnahm. Doch das Kreuzverhör versackte in Einsprüchen, die von Frederick L. Seely, dem Anwalt des Beklagten, und der Zeugin selbst kamen.

Schermerhorn: Madame, war ihr Name nicht ursprünglich Betsy Watson?
Lola: Darauf möchte ich nicht antworten. Belanglose Fragen werde ich nicht beantworten, auch keine unwahren Fragen ... Ich werde, wenn es Ihnen recht ist, alles beantworten, was korrekt ist; wenn ich aber ein Frage nicht beantworte, so sollten Sie daran denken, es handelt sich um eine, die aus der Unwahrheit im Kopf jener Männer stammt. [*Sie zeigt auf Jobson und Schermerhorn*]

Schermerhorn: Sie sind doch in Montrose in Schottland geboren, und nicht in Limerick in Irland, wie Sie angegeben haben, und von einer Mary oder Molly Watson, und zwar 1815?
...
Lola: [*Verärgert*] Darf ich wie die Yankees mit einer Gegenfrage antworten?
[*Der Richter bemüht sich vergeblich, die Zeugin zum Schweigen zu bringen*]
Lola: Ich habe viele Fragen an diesen Mr. Schermerhorn oder Skrekhorn oder wie er heißt. Ich habe da ein paar kleine Fragen wegen einer Dame, die Sie neulich geschlagen haben, als man Sie vor das Polizeigericht gebracht hat.
Richter. [*Gequält*] Madam! Madam!
...
Lola: Ich frage Sie doch nur, ob Sie ihr süßes kleines Händchen so freundlich an den Hals jener Dame gelegt haben.
Richter. Ich bitte Sie, tun Sie mir den Gefallen, Madam, und sprechen Sie nur, um eine Frage zu beantworten.
Lola: Ich antworte nur, in der Art der Yankees, mit einer Gegenfrage.
...
Schermerhorn: Waren Sie nicht Aushilfszimmermädchen in dem Gasthof Star Inn in besagter Stadt, in Montrose?
Lola: [*mit ironischem Lachen*] Was kann man von so einem Gauner anderes erwarten? [*Zeigt mit dem Finger auf Jobson*] Schmutz kann nur Schmutz erzeugen. Dieser Mann [Schermerhorn] ist –
Richter. Oh, Madam, hätten Sie die Güte, den Mund zu halten?
Lola: Ich habe ihn nur einen Mann genannt.
...
Richter. [*Flehend*] Madam, würden Sie bitte schweigen?
Lola: Ich bin nicht dort geboren; Sie können mich nicht als Zimmermädchen hinstellen; aber wenn ich eines wäre, so wäre das nichts Unehrenhaftes; wäre ich als Zimmermädchen geboren, hätte ich mich für eine weit größere Frau gehalten als ich heute bin ... Wieso eigentlich, Sir, wie können Sie etwas über mich wissen, oder ob ich ein Zimmermädchen war?
Schermerhorn: Ich möchte dieser Frau sagen – dieser Dame, sagen wir mal –
Lola: Bitte nennen Sie mich eine Frau – ich bin stolz darauf, eine Frau zu sein. Auch ihre Mutter war eine Frau! [*Gelächter*][5]

Die Vernehmung geriet noch weiter aus den Fugen, als Seely bei einer Zwischenfrage Jobson als »Kollegen« bezeichnete. Jobson sprang auf und schrie: »Wenn Sie mich noch einmal Kollege nennen, Sie Landstreicher von einem Rechtsverdreher, dann können Sie was erleben!« Daraufhin erklärte Seely Jobson, er werde ihn aus dem Fenster werfen, wenn er noch ein Wort sage. Es entspann sich ein Ringkampf zwischen Jobson und Seely, und der Reporter der *Times* schrieb: »Wenn die Szene nicht auch etwas Tragisches gehabt hätte, so wäre sie vollkommen lachhaft gewesen. Der unglückliche Richter lief im Zustand hilflosen Entsetzens auf und ab. Madame Montez ... demonstrierte ihre gewohnte kühle Selbstbeherrschung, aber aus dem Blitzen ihrer Augen und einer unwillkürlichen Bewegung zu Mr. Jobsons Kopf, als dieser die schmerzlichen Wirkungen von Mr. Seelys Händen erfuhr, war klar ersichtlich, daß sie keinerlei Einwände gehabt hätte, sich mit einem Griff ein Souvenir von jener unglücklichen Kopfhaut zu beschaffen.«[6]

Die Polizisten in Zivil schleppten Jobson ins Gefängnis, der Richter erklärte, er wolle mit dem Fall nichts mehr zu schaffen haben und Lola hielt den Reportern und allen anderen Anwesenden im Raum einen Vortrag über die moralische Verkommenheit von Jobson und Schermerhorn.

Seely und Jobson wurden beide wegen Mißachtung des Gerichts zu zwei Tagen Gefängnis verurteilt, und Lola besuchte Seely, um ihn ihrer Unterstützung zu versichern.[7] Als Jobson aus dem Gefängnis an der Eldridge Street entlassen wurde, mietete er die Stuyvesant Hall für einen Vortrag mit dem Titel *Lola Montez and Her Fancies* am gleichen Abend, an dem Lola ihrerseits einen neuen Vortrag halten wollte, *Comic Aspects of Love*, der sich an eine deutschsprachige Aufführung von *Lola Montez in Bayern* am Stadttheater anschloß. (Lola wurde von ihrer Freundin, Mrs. Hoym dargestellt.) Jobsons Vortrag lockte weniger als vierzig Zuhörer an, von denen einige ihr Geld zurückverlangten, als sie hörten, was er zu sagen hatte.

Comic Aspects of Love bestand weitgehend aus Anekdoten, die der Weltgeschichte entnommen waren.[8] Lola unterschied zwischen wahrer Liebe, die zu verspotten, wie sie sagte, sie sich nie herausnehmen würde, und sentimentaler Liebe, die sie aufs Korn nahm. Sie stellte heraus, daß Monotonie eine eheliche Gemeinschaft ebenso sicher untergraben wie Zwietracht sie in Brand stecken könne, und empfahl Paaren, »zumindest so oft getrennte Wege zu gehen, wie nötig ist, um eurem erneuten Zusammentreffen einen kleinen Hauch Frische zu verleihen«. Sie merkte auch an: »Es ist sehr viel leichter, einen Liebhaber zu gewinnen, als ihn zu behalten ... Wenn Mann und Frau aufhören, einander den Hof zu machen, wird die romantische Leidenschaft schnell davonfliegen.«

Nacheinander las sie im Stadttheater *Wits and Women of Paris* und *Gallantry*, doch ihr Lob König Ludwigs in letzterem gefiel den deutschen Republikanern in ihrem Publikum nicht.[9] Außerdem arbeitete sie an einem Projekt, das wahrscheinlich aus der Reaktion der Öffentlichkeit auf ihre Aussage im Jobson-Fall entstanden war. Das

nicht darum geben, meine schrecklichen und furchtbaren Erfahrungen als dringende Warnung für all jene hinzugeben, die von ähnlicher Natur sind wie ich! ... Was ist mein weltliches Wissen in Deinen Augen – ein Hindernis auf dem Weg zu Dir. Was hat mir die Welt denn je gegeben? (Und ich bin *allem* begegnet, was die Welt zu geben hat – ALLEM!) Nichts als Schatten, die im Herzen eine schwer heilende Wunde hinterlassen – eine düstere Unzufriedenheit ...
Manchmal befürchte ich, mich für besser zu halten, als ich bin. Doch laß mich nur einen Blick auf meine Vergangenheit werfen. Oh, wie mich das demütigt! ... Bewahre meine Zunge davor, Böses zu sagen und zu lügen ... Lieber Herrgott, zwinge mein heftiges Temperament zur Selbstbeherrschung, und verleihe mir ein Herz voller Demut ... In dieser Woche habe ich hauptsächlich durch Temperamentsausbrüche gesündigt und durch lieblose Gedanken gegen meinen Nachbarn.[56]

Jeden Sonntag suchte sie eine Methodistenkirche auf, zu der sie sich wegen der Schlichtheit der Gottesdienste und der Gemeindemitglieder hingezogen fühlte. Sie hatte das Bedürfnis, auf irgendeine Weise zu helfen, Alte, Kranke und Arme zu besuchen. »Doch«, schrieb sie in ihr Tagebuch, »das wird stattfinden, wenn der Herr die Zeit für gekommen hält, wenn Er mich dieses Glückes für *reif* erachtet – das heißt, wenn mir das *Selbst vollständig ausgebrannt* worden ist.«

Die Idylle in Derbyshire ging Ende September abrupt zu Ende, als Lola mit ihrem Gastgeber in Streit geriet und nach London zurückkehrte. Später schrieb sie einem Freund, daß es »sich unglücklicherweise ergab, daß die Menschheit, die immer sündigen wird, in Person des Gentleman ungebeten zuviel davon versucht hat, wenn du verstehst, was ich meine, und weil ich das nicht hinnehmen wollte, packte ich meinen Koffer und, wie die Amerikaner sagen, machte ich mich ›auf die Socken‹ übers Wasser.«[57] Dies erscheint jedoch als weiteres Beispiel für Lolas Beschönigen der Tatsachen, um damit Tadel von sich abzulenken, denn ihr Tagebuch scheint eine andere Geschichte zu erzählen: »Es war in der Tat grausam von Mr. E., das zu sagen; aber ich fürchte, auch ich war zu voreilig ... Hätte ich übelnehmen sollen, was gesagt wurde? Nein, ich hätte kein Wort sagen sollen. Die Welt würde mir Beifall zollen, doch ach! mein Herz sagt mir, daß ich um Seinetwillen die abscheulichsten Vorwürfe aushalten sollte, auch die unverdienten. Doch in meinem Herzen verspüre ich keinen Zorn. Weshalb tat ich es dann aber auch nur einen Augenblick lang?«

Am 4. Oktober verließ Lola Southampton auf dem Dampfschiff *Hammonia* und erreichte New York vierzehn Tage später. Die Abend-

Kreuzverhör über ihre Herkunft und ihre Lebensgeschichte hatte das Interesse der Öffentlichkeit geweckt, und Lola beschloß, eine Folge von zwei autobiographischen Vorträgen zu halten. Der erste wurde am 5. und am 13. April in der Hope Chapel vorgestellt.

Lola erzählte ihre Lebensgeschichte in der dritten Person, wobei sie von sich als »jene ›exzentrische‹ Person« (wie sie von den Zeitungen genannt wurde) sprach; damit milderte sie den egozentrischen Anspruch eines autobiographischen Vortrags und erhielt die Möglichkeit, sich selbst ironisch zu betrachten. Ehe sie mit der Erzählung begann, wies sie darauf hin, daß einer Frau gewöhnlich »ein äußerst geringer Handlungsspielraum« in der Welt zugestanden werde: »Entweder muß sie die Dienerin oder das verwöhnte Spielzeug des Mannes sein; oder sie muß die Verantwortung übernehmen, sich zur Zielscheibe für die korruptesten und feigsten Individuen ihres eigenen Geschlechts und der bösartigsten und verworfensten Individuen des anderen Geschlechts zu machen.«[10]

Eine Frau, die kühn genug sei, sich gegen die Konvention zu stellen, aber nicht stark genug, den unvermeidlichen Attacken auf sie zu widerstehen, sei in Gefahr, »in das Meer der untilgbaren Sünde gespült zu werden«. Lola sagte von sich, sie sei, wenn nicht »die am meisten beschimpfte Frau der Welt«, so doch »in jedem Fall eine ziemlich ausgiebig beschimpfte«, auch wenn sie offensichtlich das Gefühl hatte, den Beweis erbracht zu haben, daß sie damit fertig wurde.[11]

»Nach allem vielleicht die edelste Form des Mutes«, stellte sie fest, »ist es, sich der eigenen Person zu stellen – sich hinzusetzen und sich sein eigenes Leben vor Augen zu führen und all den Taten gegenüberzutreten, die den Geist oder die Sitten der Gesellschaft im Guten oder im Bösen beeinflußt haben könnten«.[12] Sollte völlige Aufrichtigkeit der Maßstab sein, an dem sie gemessen werden wollte, so ist sie ihm nicht ganz gerecht geworden, denn ihre Vorträge waren voll mit beschönigenden Unwahrheiten. Viele von ihnen sind belanglos: Sie verschob ihr Geburtsjahr auf 1824, behauptete, ihre Mutter sei mit den Montalvos von Spanien verwandt, beförderte ihren Vater in den Rang eines Captains und behauptete, »Lola« sei ein Kindername. Doch die allgemeinen Grundzüge ihres frühen Lebens waren wesentlich genauer dargestellt als in ihren Memoiren für *Le Pays*.

In zwei Sätzen faßte sie zusammen, wie sehr sie inzwischen ihre Flucht mit Lieutenant James bedauerte: »Bindungen, für die man durchgehen muß, sind wie durchgehende Pferde fast immer dazu bestimmt, kaputtzugehen. Mein Rat an alle jungen Mädchen, die einen

solchen Schritt in Erwägung ziehen: Sie sollten sich lieber eine Stunde, bevor sie fliehen, aufhängen.«[13]
Als sie auf ihr Leben als Erwachsene zu sprechen kam, wurden die Einzelheiten weniger verläßlich.[14] Lieutenant Lennox und ihre Affäre, die ihre Scheidung beschleunigt und sie auf die Bühne gebracht hatte, verschwanden ganz aus ihrer Erzählung. Als sie in Warschau, behauptete sie, von der Bühne herab auf die lüsternen Avancen des Fürsten Paskevitch hingewiesen habe, sei dies mit Beifall aus der Loge der Fürstin beantwortet worden und habe fast zu einer umfassenden Revolution gegen die Russen geführt. Dessen ungeachtet sei die Tänzerin in St. Petersburg vom Zaren und seinem Innenminister wegen »ärgerlicher Händel mit Kaukasien« konsultiert worden.
Dujarier, behauptete sie, habe ihr mehr als 100 000 Dollar vermacht, die sie in selbstloser Weise seiner Familie übergeben habe.[15] (Dieser Teil von Lolas Vortrag führte, als er in der Pariser Presse abgedruckt wurde, zu einer erbosten Gegendarstellung von Dujariers Schwager.) Wie schon in ihrem Vortrag über »Galanterie« erhielt König Ludwig höchstes Lob. Der unmittelbare Anlaß der Münchner Revolte gegen sie sei, wie Lola verkündete, die auf ihren Vorschlag hin anstehende Einführung des Code Napoléon durch Ludwig gewesen, was den konservativen Kräften ein Greuel gewesen sei. Sie erzählte, ihre heimliche Rückkehr nach München habe den König zum Rücktritt bewegen sollen, damit all die liberalen Reformen, die er auf ihr Drängen hin eingeführt hatte, nicht durch ihn wieder zerstört würden.
Abgesehen von den Verfälschungen ihrer Rolle und Beweggründe in Bayern war diese Erzählung ihres Lebenslaufes wahrscheinlich zutreffender als die meisten ihrer anderen Versuche. Gegen Ende des Vortrags brachte Lola ins Spiel, daß sie bald nach Europa zurückkehren werde, vielleicht für immer, und tatsächlich waren Pläne für eine Vortragstournee auf den britischen Inseln im Gang.[16]
Die Zeitungsberichte über Lolas Aussage zu ihrer Abstammung bei der Gerichtsverhandlung hatten noch ein überraschendes Ergebnis. Mrs. Isaac Buchanan, die Frau eines der bekanntesten Floristen Manhattans, hatte ihre Kindheit in Montrose verbracht. Mrs. Buchanan – Maria Elizabeth Thomson, wie sie damals hieß – hatte eine Schulkameradin mit Namen Eliza Gilbert gehabt, ein temperamentvolles, schwarzhaariges Mädchen mit dunkelblauen Augen, deren Stiefvater sie zu seinen Eltern in Montrose geschickt hatte.
Mrs. Buchanan schrieb ihrer alten Freundin, sie möge sie doch in ihrer Wohnung an der 17. Straße, in der Nähe des Broadway, besu-

chen und schickte ein Blumenarrangement zur Dekoration des Podiums bei Lolas erstem autobiographischem Vortragsabend.

Zum Dank für die Blumen schrieb ihr Lola: »Tausend Dank für das herrliche Bouquet, das Sie mir für meinen Vortrag am letzten Montag zustellen ließen. Ich bin sicher, die Blumen haben mir zusätzlich Mut gemacht, die selbstauferlegte mühselige Aufgabe zu erfüllen und meine Geschichte tausend neugierigen Menschen zu erzählen, die sich bestimmt nicht mehr für mich interessiert haben als für den Mann im Mond.«[17]

Sie besuchte die Buchanans am Abend des 10. April und erneuerte nach mehr als fünfundzwanzig Jahren die Freundschaft. In ihrem Leben sollten die Buchanans noch eine bedeutende Rolle spielen.

Der *New York Herald* reihte Lola nun zusammen mit Edward Everett und Horace Greeley unter die »wichtigsten Vortragskünstler der Zeit« ein. »Einige von ihnen sind zuletzt ein wenig verblaßt, doch Lola Montez scheint von allen die größte zu sein, denn sie allein schafft es, den Beifall und die Spannung zu halten, die sie bei ihrem ersten Erscheinen hinter dem Lesepult von Hope Chapel erzeugt hat. Lola scheint in der Tat all ihre illustren Rivalen klar aus dem Feld geschlagen zu haben.«[18]

Die autobiographischen Vorträge waren als die letzten vor ihrer Rückkehr nach Europa plakatiert worden, aber weil sie weiterhin so erfolgreich waren, und weil eine jetzt begonnene Vortragstournee durch Europa bald von den Sommerferien unterbrochen würde, mietete Lola Ende Mai das Broadway Theater und wiederholte ihre autobiographischen Lesungen vor gut besetzten Rängen in dem größeren Veranstaltungsort. Da sie weiterhin guten Zulauf hatte, begann sie mit einer zweiten Serie von Vorträgen am Broadway, und an drei Abenden führte sie ein Doppelprogramm mit einem Vortrag und einer Vorstellung von *Morning Call* auf. Mit diesen drei Abenden nahm sie Abschied von der Bühne, wo sie sich in nur fünf Jahren großer Erfolge erfreut hatte. Lolas Gastspiel am Broadway setzte sich bis in die erste Juniwoche fort, wo sie zum ersten Mal in New York City ihren Vortrag über die Römische Kirche hielt. Inzwischen hatte sie in New York und Brooklyn über fünfundzwanzig Lesungen gehalten;[19] doch die Sommersaison führte zu einer Unterbrechung der meisten öffentlichen Unterhaltungsmöglichkeiten, weshalb sie weit im Norden der Stadt, einem als Yorkville bekannten Viertel an der neunzigsten Straße und der Third Avenue, ein Häuschen mietete und eine Karriere als Schriftstellerin begann.

Ihr erstes Buch, ihre Vortragstexte, erschien noch vor Ende Juni bei einem New Yorker Verleger.[20] Der *New York Herald* fand die Vorträge »oberflächlich«, aber andere Zeitungen in New York, Philadelphia, New Orleans, Boston und Nashville lobten sie für Brillanz, Witz und Geist und beschrieben sie als »zum *allerbesten* gehörend, was in dieser Art in diesem Land je geboten wurde«. Schnell folgte eine zweite Ausgabe bei einem Verlag in Philadelphia, und kurz darauf brachte ein Londoner Verleger eine Raubkopie in drei verschiedenen Versionen heraus, um alle Ebenen des Buchmarkts zu bedienen.

Wieder gab es Berichte, Lola habe die Vorträge nicht selbst geschrieben, sondern sie seien ausschließlich das Werk von C. Chauncey Burr und nur von ihm abgeschrieben. Doch Lola wies die Beleidigung in einem Brief an den *New York Herald* in ihrer gewohnt forschen Art zurück:

»Eigentlich sollte ich auf diese Angelegenheit nicht öffentlich eingehen, nur wegen des Lärms einiger hirnloser seltsamer Käuze, die zu Literatur und Literaten das gleiche Verhältnis haben wie Leisetreter, Klatschtanten und Lästerer zu achtenswerten und wohlerzogenen Leuten. Einer von ihnen, wahrscheinlich der Ausgehungertste und Abgerissenste der schwachsinnigen Truppe, hat es gewagt, bei mir einen Erpressungsversuch zu machen, so als sei es mir möglich, ständig in Angst vor zwanzigtausend feigen Räubern dieser Art auszuhalten.«[21]

Unterstützung für die Urheberschaft Lolas kam von einem Redakteur des *Cleveland Plain Dealer,* der folgende Geschichte erzählte: »Lola Montez ist eine höchst kultivierte und bemerkenswert begabte Frau, was immer sie für persönliche Fehler haben mag; und zu sagen, sie sei unfähig, die von ihr gehaltenen Vorträge zu schreiben, ist ebenso absurd wie gemein ... Der Schreiber dieses Artikels kann beeiden, daß er einst die forsche Gräfin sah, wie sie einen Setzrahmen nahm, sich an den Setzkasten begab und ohne Manuskript eine scharfe und schwungvolle Mitteilung aufsetzte, in der ein gewisser Redakteur ganz schön fertiggemacht wurde. Man hatte ihr nur gezeigt, wie man die Setzrahmen leerte. Das Ganze geschah in Cincinnati. Lola Montez und nicht schreiben? Das können Sie Ihrer Großmutter erzählen! Sie kann sogar Typen setzen.«[22]

Der Erfolg der veröffentlichten Vorträge ermutigte Lola, noch mehr zu schreiben, und bald erschien ein zweiter Band unter ihrem Namen, *The Arts of Beauty, or Secrets of a Lady's Toilet, with Hints to Gentlemen on the Art of Fascinating*. Dieser Band enthielt Lolas praktische Hinweise für Schönheitspflege und Hygiene, und ihr Rat bleibt bis heute bemerkenswert zeitlos. In Weiterführung der Prinzipien, für die sie schon in ihrem Vortrag über »Schönheit« eingetreten war, empfahl Lola, auf alles Unnatürliche zu verzichten, einschließlich industriell hergestellter Kosmetika, die sie als gefährlich brandmarkte und von denen wir heute wissen, daß viele tatsächlich giftig waren. Sie teilte ihre eigenen Rezepte für Hautcremes, Haarwaschmittel, Wachse zur Haarentfernung und dergleichen mit, die alle aus Naturprodukten hergestellt wurden. Frische Luft, Leibesertüchtigung, Mäßigung in allen Dingen und sorgfältigste Reinlichkeit gehörten mit zu ihrem Schönheitsplan. Sie schloß sogar ihr eigenes Rezept für Zahnpulver ein und riet, Zähne und Zahnfleisch nach jeder Mahlzeit gründlich zu säubern.

Die fünfzig »Hinweise für Gentlemen«, alle ironisch gemeint, skizzierten genau das, was ein Mann *nicht* tun durfte, wenn er die schöne Dame gewinnen wollte. Lola schrieb, sie füge sie nicht nur wegen der Belehrung von Gentlemen hinzu, sondern auch zur Erheiterung der Damen, denn »Männer haben, ich weiß nicht wieviel tausend Jahre lang, über die *Eitelkeit* der Frauen gelacht, und wenn die Frauen das Kompliment nicht zurückgeben und über die *Eitelkeit* der anderen Partei lachen konnten, so liegt es nur daran, daß es ihnen immer an eigenem Wissen über das bärtige Geschlecht gefehlt hat«.[23]

Von der ersten New Yorker Ausgabe von *The Arts of Beauty* dürften innerhalb weniger Monate 60000 Exemplare verkauft worden sein.[24] Ihr folgte eine britische Ausgabe, dann eine kanadische und frankokanadische Ausgabe mit 45000 Exemplaren, eine französische Ausgabe und mehrere andere Übersetzungen. *The Arts of Beauty,* das in Amerika seit 1870 zweimal neu aufgelegt worden ist, dürfte wahrscheinlich das am weitesten verbreitete Werk Lolas sein.

Das abschließende literarische Werk, das unter ihrem Namen erschien, ist ein Buch mit dem Titel *Anecdotes of Love,* ein Abriß historischer Liebesgeschichten, die aus unbekannten Quellen zusammengestellt sind. Lolas eigener Beitrag besteht in einer Einführung vom Umfang einer Seite, und es ist nicht belegt, inwieweit sie bei der Auswahl des Materials tatsächlich mitgewirkt hat. Es erscheint eher als ein Versuch, aus ihrem Namen Kapital zu schlagen und enthält wenig Interessantes.

Der Erfolg ihrer Vorträge und Bücher verschaffte Lola wieder eine feste finanzielle Grundlage, und sie konnte es sich leisten, den Sommer in Yorkville mit Gip, einer ganzen Menagerie anderer Haustiere und einen Garten mit blühenden Pflanzen zu genießen.[25] Nachdem sie ihr Haar jahrelang in schulterlangen Kringellocken getragen hatte, legte sie sich eine neue Frisur zu; die Haare waren kurz geschnitten und lagen in krausen Löckchen am Kopf an; es wirkte ein wenig wild, aber recht attraktiv.

Die Gemeinschaft, die sie in Yorkville unterhielt, schloß ein oder zwei Veteranen der sexuellen Befreiungsbewegung des Spiritisten Stephen Pearl Andrew ein, und es ging das Gerücht, Lola plane in Yorkville eine Kommune für die freie Liebe.[26] In Wahrheit dienten Lola Unterhaltungen ihrer bevorzugten Zerstreuung: in der gepflegten Konversation war sie unangefochtene Meisterin. Lolas Gäste waren gemischt, weil sie, wie einer ihrer Freunde anmerkte, »eine Leidenschaft dafür hatte, alle Arten von besonderen und eigentümlichen Menschen kennenzulernen«. Von einem Sessel im Torbogen zwischen dem vorderen und dem hinteren Salon aus hatte sie dann den Vorsitz über die Versammlung, rollte aus einem Tabaksbeutel, der am Stuhl hing, für alle Zigaretten, hieß jeden Neuankömmling mit einer »geistreichen« Begrüßung willkommen und redete über Gott und die Welt.

Lola war eine äußerst geistreiche Erzählerin: »Wenn Lola redete, gab es keine andere Möglichkeit, als ihr zuzuhören. Jenes wunderbare Sprachorgan, das ihren Gedanken Auftrieb verlieh, überwältigte einen wie der Krater eines Vulkans bei einem Ausbruch, mit einem Lavastrom der Beredsamkeit; und die schwache Andeutung einer Idee, die von ihrer einseitigen Konversation gelegentlich zum Leben erweckt wurde, verfiel gleich wieder in Hoffnungslosigkeit und Hilflosigkeit, ehe sie eine angemessene Form gefunden hatte.«[27] Einer ihrer gelehrteren Freunde schrieb: »Es gab sicher kein Gebiet, zumindest soweit ich das beurteilen kann, über das sie sich nicht auf Grund persönlicher oder angelesener Erfahrung mit einiger Kompetenz unterhalten konnte.«

Dennoch gelang es Lola nicht, immer der Mittelpunkt der Gesellschaft zu sein:

»Gelegentlich war sie wirklich unausstehlich, wenn sie sich nämlich in einer Debatte ganz offensichtlich auf der falschen Seite befand und sich in solche Erregung hineinsteigerte, daß sich ihr niemand mehr entgegenstellen konnte; oft habe ich erlebt, wie sie auf diese Weise eine angenehme Gesellschaft sprengte. Niemals gab sie zu, im Unrecht zu sein, und ihre Freunde waren gezwungen, ihre Fehler den Aufwallungen eines unkontrollierbaren Temperaments anzulasten; niemand hat sie je aufgefordert, sich zu entschuldigen.«[28]

Gegen Ende des Sommers zog eine Angelegenheit Lolas Aufmerksamkeit auf sich.[29] Im vergangenen März hatte ein Sturm die Church of the Good Shepherd zerstört, ein Gotteshaus der Episkopalkirche, die von Reverend Ralph Hoyt geleitet wurde. Der Kirche fehlten noch 5000 Dollars für den Wiederaufbau, und Lola bot an, einen Benefizvortrag über den römischen Katholizismus in der Hope Chapel abzuhalten.

Der Geistliche nahm das Angebot dankbar an, und der Vortrag wurde auf den 13. Oktober gelegt, doch dann erschienen in der religiösen Presse kritische Stimmen zu dem Vortrag und der Vortragenden. Die Autoren empörten sich darüber, daß eine Kirche überhaupt Wohltaten einer so berüchtigten Person wie Lola Montez annahm. Der Ärger steigerte sich so sehr, daß Hoyt wiederholt untersagte, von Lola irgend etwas anzunehmen oder auch nur mit ihr zusammenzuarbeiten.

Lola antwortete in ihrer gewohnten Art mit einem Leserbrief:

Der Einfall eines Geistlichen, den Frierenden und Hungernden in den egoistischen Zeiten, in denen wir leben, Nahrung und Kleidung zu überlassen, anstatt sie mit »Traktaten festlich zu bewirten«, hat mich sehr überrascht, da ein solches Benehmen für einen Pfarrer geradezu einmalig ist, und so erwachte in mir der starke Wunsch, mein Scherflein beizutragen und beim Wiederaufbau einer Kirche zu helfen, die einem neuartigen, aber wahrhaft christlichen Zweck dienen soll. Nun konnte ich mir allerdings zu keiner Zeit vorstellen, selbst in den gesegneten Gefilden des Klerus eine Bigotterie und Intoleranz vorzufinden, die so dumm und unverschämt ist, und die einen wahrhaft menschenfreundlichen Kleriker für seine Bereitschaft kritisiert, eine Gabe von mir anzunehmen, damit die Armen gespeist und belehrt werden können. Mir fiel wieder ein, daß es die Schriftgelehrten und die Frommen waren, die unseren Herrn gekreuzigt haben ... Doch ich begnüge mich damit, den denkenden Geistern die Entscheidung zu überlassen, wer der bessere Christ ist, ich, oder die kalten und herzlosen Pharisäer, die mich oder sonst jemanden für gute Taten vernichten möchten ... Und meinem Vortrag über Rom werde ich einen Nachsatz hinzufügen, der sich auf die antichristliche und antiamerikanische Bigotterie und Intoleranz bezieht, die, wie es scheint, auch dazu verwandt werden können, den armen und entblößten Menschen seiner natürlichen Rechte zu berauben.[30]

Lola hielt ihren Vortrag wie geplant und begann dann mit den Vorbereitungen für ihre Reise zu den Britischen Inseln. Obwohl sie angedeutet hatte, sich vielleicht in Großbritannien niederzulassen, hatte sie vor, nach dem Ende der Tournee im Juli 1859 wieder nach Amerika zurückzukehren.[31]

Am Montag, den 8. November, um fünfzehn Uhr tuckerte das Dampfschiff *Pacific* aus dem Hafen von New York, wobei es von den Hochrufen Tausender Amerikaner irischer Abstammung begleitet wurde.[32] Sie waren allerdings nicht gekommen, um ihre Landsmännin Lola Montez zu verabschieden, sondern feierten die Einweihung einer Dampfschiff-Verbindung nach Galway, die eine Stärkung der Bande mit Irland und eine Beschleunigung der Post zwischen Amerika und Europa bringen sollte. Lola reiste erster Klasse und wurde von C. Chauncey Burr sowie dessen Vater begleitet, die ihre Tournee als Manager betreuen sollten.

Die Überfahrt verlief sehr unruhig; der kalte Nordatlantik wurde von stürmischen Gegenwinden zu schwerer See aufgepeitscht, und Eisberge, einige davon mehr als hundert Meter hoch, trieben vorbei. Lola hatte Irland zuletzt vor über zwanzig Jahren gesehen, als sie als Mrs. Eliza Rosanna James nach Indien abgereist war. Am 23. November, als die *Pacific* in Galway einlief, kehrte Lola Montez als Berühmtheit zurück; die Presse erwartete sie schon und berichtete, sie habe keine der neuen Krinolinen unter ihrem flauschigen schwarzen Seidenkleid, aber einen üppigen Pelz darüber getragen. »Sie brachte ihre Gefühle für Irland als dem Land ihrer Geburt in warmen Worten zum Ausdruck, und sie war begierig darauf, Limerick wiederzusehen, ihren Geburtsort, den sie als kleines Kind verlassen hatte.«[33]

Lola und die Burrs nahmen den Zug nach Dublin, doch bevor sie die Orte wiedersehen konnte, die sie als junge Braut gekannt hatte, reiste sie nach Limerick und Cork.[34] Lolas Tante Mary lebte mit ihren beiden Kindern in Cork, und Lola hat ihnen offenbar einen stillen und persönlichen Besuch abgestattet. Die Zeitung in Limerick berichtete, sie würde vielleicht auch die Familie Lord Ashtowns im Oliver Castle bei Kilafiane besuchen. Lady Ashtown war Lolas Cousine zweiten Grades, doch es erscheint unwahrscheinlich, daß sie von ihren Verwandten in den herrschaftlichen Hallen des vor kurzem wiederaufgebauten Oliver Castle willkommen geheißen worden wäre, da Lolas Abkunft illegitim und ihr Ruf noch immer zweifelhaft war.

Es diente der Verteidigung ihre Rufes, als Lola bei ihrer Rückkehr nach Dublin am 5. Dezember an *Freeman's Journal* schrieb.[35] Im *Daily Express* war ein biographischer Artikel über sie erschienen, der eine Übersetzung von Dujariers letzter Nachricht an Lola enthielt, in der er erklärte, weshalb er beschlossen hatte, seine letzte Nacht auf Erden allein zu schlafen. Lola behauptete, die korrekte Übersetzung aus dem

Französischen müsse lauten: »Das erklärt, weshalb ich dich nicht getroffen habe, ehe ich zu Bett ging«, was eindeutig gelogen war. Sie beging auch den merkwürdigen Irrtum, Dujariers Tod in den November zu verlegen, obwohl das Duell tatsächlich im März stattgefunden hatte.

Weiterhin rechtfertigte Lola ihre Stellung in München und belegte die Tadellosigkeit ihrer Beziehung zu König Ludwig mit der Feststellung: »Die Königin von Bayern war bis zuletzt meine gute Freundin« und auch damit, daß »die gute Königin dabei beobachtet wurde, wie sie am Fenster des Schlosses weinte«, als man Lola zwang, aus der Stadt zu fliehen. Auch das war natürlich eine Lüge.

Die Schlußsequenz ihrer Aufzählung von Lügen und Halbwahrheiten ist von herrlicher Unverfrorenheit: »Zu den Tausenden böser und lächerlicher Unwahrheiten, die gegen mich veröffentlicht wurden, will und werde ich nichts sagen; ist es doch meine feste Absicht, die Ereignisse meines Lebens geduldig der Geschichte anheimzugeben, während ich meine Lästerer jenem Gott überantworte, der ein besonderes Vorgehen bei der Bestrafung ›aller Lügner‹ verfügt hat, die, so fürchte ich, das Jenseits als ein klein wenig ›heißer‹ erleben werden, als sie mein Leben im Diesseits gemacht haben. Nach über zehn Jahren, in denen ich eine Zielscheibe ihrer unduldsamen Bosheiten war, erfüllt es mich jedoch mit Stolz, daß sie gezwungen sind, die einzige Handlung meines ganzen Lebens, die sie mit einem moralischen Makel zu belegen wagen, weit weg unter eine Wolke revolutionären Rauches und Staubes in Bayern zu verlegen.«

Einige ihrer Verwandten waren nach Dublin gekommen, um am Mittwoch, den 8. Dezember, Lola bei ihrem Vortrag im Round Room der Rotunde zu erleben, wo sie über »Amerika und sein Volk« sprach.[36]

Die Burrs hatten gute Arbeit geleistet, und der Saal war voll besetzt mit vornehmem Publikum. Man hatte so viele Stühle auf das Podium gestellt, daß der Rednerin kaum Platz vor dem Lesepult blieb, das mit einem purpurroten Tuch bedeckt war. Ihr Eintreten wurde mit anhaltendem Applaus begrüßt, und viele im Publikum waren hingerissen von ihrer beständigen Schönheit, die einen Kontrast zu ihrem schlichten dunklen Samtkleid bildete.

Das eigentliche Thema ihres Vortrags war die Rolle der Einwanderer in den Vereinigten Staaten.[37] Sie begann mit der Feststellung, Amerika könne sich nicht mehr der Flut der Einwanderer entgegenstellen und das Beste wäre, wenn das Land die Fremdenfeindlichkeit der Unwissenden endlich aufgebe und sich darauf konzentriere, die neue Bevölkerung so schnell wie möglich zu integrieren. Zu viele der Neuankömmlinge sähen sich immer noch als Deutschamerikaner oder Irische Amerikaner und dergleichen, und Lola bezeichnete ihre wechselseitigen Animositäten als das »erste Rumoren eines sozialen und politischen Rassenkrieges, der in Amerika nicht zu vermeiden sein wird«.

Sie teilte ihren Zuhörern zu deren größter Zufriedenheit mit, daß sich Amerika auf die Anarchie zubewege, wobei sie die Bürgerwehren und blutigen Kämpfe wegen der Sklaverei in Kansas im Jahr 1855 als erste Beispiele dieser Entwicklung anführte. Lolas Feststellung, »viele hervorragende Männer« hätten eingeräumt, eine Form der Monarchie sei das einzige Mittel gegen die unvermeidliche Katastrophe, wurde mit Applaus begrüßt. Auch ihre Beteuerungen, »nur wenige Monarchien in Europa wagen es, mehr diktatorische Macht an sich zu reißen«, als jene, die die amerikanische Regierung ausübe, und England sei zur Zeit die freiheitlichere der beiden Nationen, wurden von den Dublinern erfreut aufgenommen. Die amerikanische Demokratie sei eine Illusion, weil nur ein Sechstel der Bevölkerung über das Stimmrecht verfüge und das Caucussystem, das Verfahren der Ämternominierung durch die Eliten der Parteien, eine Abstimmung bedeutungslos mache, wie sie erklärte.

Die gleichförmige Kleidung der Amerikaner würde die Europäer als Ausdruck der Gleichheit beeindrucken, doch politische Gleichheit sei nicht gleichbedeutend mit sozialer Gleichheit, und kein Volk sei »so besorgt, durch gesellschaftlichen Umgang mit Gewöhnlichkeit beschmutzt zu werden wie die Menschen Amerikas«. »Reichtum – der allmächtige Dollar – gilt in Amerika als die höchste Form der Ehrbarkeit. Ohne diesen gibt es für einen Einwanderer kaum die geringste Möglichkeit, eine angesehene Stellung zu erreichen«.

Doch ein hart arbeitender Einwanderer, der in den Westen ginge, fern der überfüllten Städte, könne in Amerika noch immer ein Vermögen machen. »Er muß sich erarbeiten, was er verdient; Müßiggang, Verschwendungssucht und unmäßiges Trinken werden ihm nur Armut, Not und Schande einbringen.« Lola schloß ihren Vortrag mit teilweise humorvollen Beispielen von Iren, die in der Neuen Welt Erfolg gehabt hatten.

Publikum und Kritik reagierten positiv. »Der Vortrag wußte zu gefallen, er war belehrend und gut gewürzt«, erklärte das *Freeman's Journal*. »Ihre Art zu sprechen ist ausdrucksvoll, ohne dramatisch zu werden,

und ihre Stimme, die besonders sanft und nuancenreich ist, klingt immer klar und ist gut zu hören, obgleich sie niemals laut wird.«[38] Eine andere Zeitung schrieb: »Was ihre Art zu sprechen angeht, wird die Gräfin von Landsfeld in der ganzen Welt von keiner ihrer Geschlechtsgenossinnen übertroffen.«
Zwei Abende darauf erläuterte Lola ihre Ansichten zum Thema »Komische Aspekte der Mode« einem zahlreicheren und sogar noch vornehmeren Publikum.[39] Dieser Vortrag enthielt kaum ernsthafte gesellschaftliche Kommentare. Er handelte von der Macht der Mode seit ihren Ursprüngen, und Lola verfolgte ihre Spur, ausgehend von den Feigenblättern im Garten Eden bis zu ihrer Herrschaft über alle Lebensbereiche. Männer wurden nicht weniger zum Gespött gemacht als Frauen, obwohl sie der Streitfrage über Reifröcke oder Krinolinen einen besonderen Kommentar vorbehielt. Lola meinte, diese seien nicht schlimmer als die gestärkten Unterröcke und bekundete ihre Überzeugung, man könne von vielen Frauen behaupten, sie seien »an gestärkten Unterröcken gestorben«.
Der dritte und letzte Vortrag im Round Room hieß »Der englische und der amerikanische Charakter im Vergleich« und bot eine kenntnisreiche, eher positive Darstellung des amerikanischen Charakters.[40] Auch wenn die Bevölkerung hierzulande »zur Zeit ungehobelt und ungestüm und den feineren kulturellen Umgangsformen nur wenig verbunden ist, so stellt sie dennoch den Beginn und die Grundlage dessen dar, was einmal der Charakter einer ganz eigenen und neuen Nation in Amerika sein wird.«
Die Religion in Amerika, meinte sie, sei von Sekten beherrscht, die durch Inbrunst, wenn nicht gar Raserei gekennzeichnet seien sowie durch starke wechselseitige Unduldsamkeit. »In Amerika lernt man schnell, zwischen Freiheit und Toleranz zu unterscheiden – ihre gesellschaftlichen Bedeutungen sind sehr verschieden. In keinem Teil der Welt ist die öffentliche Meinung mächtiger oder gar tyrannischer als in Amerika.« Und doch, räumte Lola ein, sei moralischer Mut ein entscheidender Wesenszug des Amerikaners.
Die Amerikaner als Volk würden, wie sie erklärte, ständig lesen und philosophieren, die Vielfalt der Sekten und Theorien sei daher eine natürliche Folge. »Man mag dieses Ergebnis beklagen, man mag die Extravaganzen und Verrücktheiten betrauern, in die der menschliche Geist verfallen kann, aber das wäre genau dasselbe, wie wenn man den Bau von Dampfschiffen und Eisenbahnen beklagte, weil manchmal Menschen von ihnen zerstückelt werden.«

Kurz vor dem Bürgerkrieg sagte Lola noch einmal voraus, daß Amerika auf dem Weg zu Krieg und Anarchie sei, auch wenn sie am Schluß Hoffnung äußerte: »Aber diese bewegten und kriegerischen Zeiten, die in Kürze ausbrechen werden, werden neue und stärkere Männer auf den Plan rufen, welche die Geschicke der Regierung bestimmen. Die Politiker werden den Staatsmännern weichen müssen ... Es werden Männer erscheinen, die der großen Aufgabe gewachsen sind – Männer, deren Geist unter dem Druck der machtvollen Umstände, die ihren Patriotismus und ihr Genie herausfordern, wachsen wird. Welche Form die Regierung dann auch immer annehmen mag, ob sie weiterhin eine Republik bleibt oder etwas ähnliches wie eine konstitutionelle Monarchie wird, so wird sie doch nie etwas anderes sein als die Heimstatt der Freiheit.«[41]

Die Gräfin von Landsfeld hatte eine Tournee begonnen, die ausgedehnter und anspruchsvoller war als alles, was sie bis dahin unternommen hatte. Von Dublin kehrte sie nach Cork zurück, wo sie zwei Vorträge hielt, und dann zu einem einzigen Vortrag nach Limerick, ihren Geburtsort.[42] Ursprünglich hatte sie auch Pläne geäußert, in Belfast und Waterford aufzutreten, doch nach den Ferien setzte sie nach England über und begann 1859 mit einem Vortrag in Manchester.

Die Burrs ließen sie nicht zur Ruhe kommen; selten lagen zwischen den Vorträgen mehr als ein paar Tage. Ende Januar sprach sie zweimal in Glasgow und fuhr dann nach Edinburgh. Es wäre interessant zu wissen, ob sie Montrose besuchte oder alte Freunde in Edinburgh oder Sunderland aufsuchte, wo sie am 14. Februar sprach. Dieses Datum dürfte ihr 39. Geburtstag gewesen sein. In der Hauptstadt Schottlands schäumte eine der Zeitungen über die Unverschämtheit der Frau und nannte ihren Auftritt »einen Angriff auf jene Schicklichkeit und jenen Anstand, zu der die Bewohner dieser Stadt sich bisher bekannt haben«,[43] doch Lola zog große Mengen von Zuschauern an, die alle zu den »vornehmen« Bürgern gehörten.

In einer für sie typischen Woche sprach sie in Sheffield, Nottingham, Leicester, Wolverhampton und Worcester. Lolas Manager machten ihre Öffentlichkeitsarbeit gut, und sie sprach ständig vor ausverkauften Häusern. Sie scheint, wenn man den Zeitungsberichten glaubt, fast unverändert begeistert aufgenommen worden zu sein, wenn auch die Meinung geäußert wurde, ihre letzten Vorträge seien für die hohen Eintrittspreise zu kurz – manchmal nur fünfundvierzig Minuten – gewesen. Die besten Plätze in Lolas Vorträgen kosteten manchmal über drei Shilling, während vergleichbare Plätze bei den Lesungen des populären Charles Dickens nur zwei Shilling kosteten. Lola nahm sehr viel Geld ein.

Comic Aspects of Fashion gab sie öfter zum Besten als ihre weniger frivolen Vorträge. *English and American Character Compared* wurde ebenfalls häufig geboten, doch sie lockerte ihn mit mehr Kommentaren zu gesellschaftlichen Bräuchen Amerikas auf und sprach dafür weniger über Politik. Einige Male las sie auch *Strong-Minded Women*.

Im Konzertsaal von York war Lola am 16. Februar etwa bei der Hälfte der *Comic Aspects of Fashion*, als sie bemerkte, wie ein gutangezogener Mann auf einem der reservierten Plätze ihr recht auffällig eine lange Nase machte, eine Geste, die 1859 sehr viel beleidigender war als heute.[44] Sie unterbrach ihre Ausführungen und drückte mit einem vernichtenden Blick auf die beleidigende Partei ihre Überraschung aus, daß sie ausgerechnet hier in York zum ersten Mal während all ihrer Vorträge von einem »vornehmen Mann« beleidigt werde. Der Nasendreher war tatsächlich ein Mann von Rang und Namen, und der diensthabende Polizist an der Tür hielt es für unklug, einzuschreiten. Lola beendete ihren Vortrag ohne weitere Unterbrechungen und wurde lautstark gefeiert.

Anfang April, nach vier Monaten fast ununterbrochenen Reisens, kam Lola zum Abschluß ihrer Tournee nach London. Sie hatte noch immer ein paar Freunde in der Stadt und wohnte bei einem von ihnen in der Weymouth Street beim Portland Place. Ein Brief, den sie unmittelbar nach ihrer Ankunft in London schrieb, ist erhalten und gibt die tiefen spirituellen Interessen dieser Berühmtheit wieder, die ihre Abende damit zubrachte, geistreiche Lektionen zu erteilen: »Gottes *heiliger* Name sei gesegnet auf ewig. Ich habe das gefunden, was mit nichts anderem vergleichbar ist, was nichts anderes und niemand sonst geben kann, sei es durch einfühlsamen Rat oder freundliche Worte. Daß Gottes Liebe zum verkommensten seiner Sünder so groß war, daß er Seinen Sohn hingab, Sein göttliches Menschsein, damit Er in die Welt komme, um alle Sünde in der Welt zu tilgen und für uns zu sterben, auf daß wir durch seinen Tod das ewige Leben empfangen ... Bedenke, was ich für eine Sünderin war, wie unmöglich es einst erschien, mich zu bessern, und nur Seiner beständigen Fürsorge und Liebe und meiner Inbrunst und Aufrichtigkeit des Herzens ist es zu verdanken, daß Er dieses *Wunder* vollbracht hat ...

In meinem Inneren bin ich eine schwache Sünderin. Nur weil ich zu Jesus gebetet habe, zu mir zu kommen und in meinem Herzen zu wohnen, schöpfe ich Wahrheit und Frieden. Ich fühle große *Demut* in mir. Ich habe auf viel Geld verzichtet und bin arm, soweit es das Geld betrifft. Aus Liebe zu meinem Gott habe ich das Richtige getan.«[45]

Ihre Überzeugungen konnten sie jedoch nicht abhalten zu lügen, einem Wesenszug, der sie seit ihrer Kindheit kennzeichnete. Der *British Spiritual Telegraph* veröffentlichte den folgenden Bericht, dem Informationen von der Hauptperson selbst zugrunde liegen müssen:

Auch die Gräfin von Landsfeld, die in London derzeit erfolgreich Vorträge hält, stellte während ihrer Zeit in Amerika sorgfältige Untersuchungen auf dem gesamten Gebiet übersinnlicher Erscheinungen an, und nachdem sie sich von deren Existenz überzeugt hatte, besaß sie die Ehrlichkeit und den Mut, sich zu ihren Überzeugungen zu bekennen. Sie hielt mehrere öffentliche Vorträge über den Spiritismus, spendete die Erlöse für mildtätige Zwecke und bewies damit jenes großzügige Mitgefühl, das ihr immer eigen war. In Amerika war sie mit einem Gentleman verlobt, der unglücklicherweise ums Leben kam, doch es stellte sich heraus, daß er ihr sein gesamtes, sich auf 20 000 Pfund belaufendes Vermögen vermacht hatte. Sie weigerte sich, etwas davon anzunehmen und überließ es den Verwandten ihres Liebhabers; diesen edlen geistigen Akt, der sich von den Taten anderer mit höheren Ambitionen abhebt, mag man bei der Einschätzung ihres Charakters berücksichtigen.[46]

Einer ihrer Freunde schrieb später: »Für sie ... hatte die Wahrheit keinerlei Bedeutung; selbst in diesen letzten Jahren, als sie den dringenden Wunsch verspürte, eine gute Christin zu sein, siegte ihre angeborene Charakterschwäche über die neuen Vorsätze, und so verbreitete sie immer wieder die absurdesten Unwahrheiten.«[47]

Die Burrs mieteten die vornehme St. James Hall in der Nähe des Piccadilly Circus für Lolas ersten öffentlichen Auftritt in London, seit sie im Sommer 1843 hier getanzt hatte (wenn man ihr unfreiwilliges Erscheinen vor dem Polizeigericht in der Great Marlborough Street im Jahr 1849 nicht einrechnet). Zuerst sprach sie am 7. April über »Englischen und amerikanischen Charakter«, und während der folgenden verregneten Woche fuhr sie mit »Europäer in der Neuen Welt«, »Komische Aspekte der Mode«, und »Willensstarke Frauen« fort. Obwohl die Presse ihre Vorträge kaum ernstnahm, räumten die Reporter ein, daß »ihre zahlreichen und vornehmen Zuhörer« gut unterhalten und zufrieden nach Hause gingen.[48] Wie immer man den Wert ihres Vortrags auch beurteilen möge, schrieb ein Kritiker, »innerhalb von drei Minuten nach Beginn hat die Gräfin ihr Publikum vollständig im Griff«, und ein anderer erklärte, daß er »einhellige Zufriedenheit zu vermitteln scheint.«

Doch das *Evening Journal* entrüstete sich darüber, daß die Zuhörer, unabhängig von Lolas wirklichem Leben und dem Verdienst ihrer Vorträge, nur wegen ihres zweifelhaften Rufes kämen: »Ob zu Recht oder zu Unrecht, es bleibt eine Tatsache, daß ihr nach gängiger Einschätzung keinerlei Anspruch zugestanden wird, [ein perfektes Vorbild der Wohlanständigkeit] zu sein, mit dem die Abhaltung ihrer Vorträge und die Erwartungen des Publikums zu rechtfertigen wären. Im Interesse der Moral und des Anstands ist es wirklich höchste Zeit, gegen diese Art der Zurschaustellung zu protestieren.«[49]

Nach ihrer letzten Lesung am 15. April kehrten die Burrs offenbar nach Amerika zurück, während Lola in London blieb, obwohl sie ursprünglich geplant hatte, nach dem Ende ihrer Tournee ebenfalls nach Amerika zurückzufahren.[50] Sie erneuerte Freundschaften, und einige ihrer Bekannten veranlaßten sie, den Pachtvertrag für ein vornehm möbliertes Haus in Mayfair am Ostrand des Hyde-Parks – Park Lane West 26 – zu übernehmen, wo sie ihren Wohnsitz nahm. Sie stellte sich vor, mit der Vermietung von Teilen des Hauses an vornehme Mieter ein ständiges Einkommen erzielen und selbst einen komfortablen Ruhestand genießen zu können.

Der Plan ging bald gründlich schief.[51] Keine vornehmen Mieter eilten herbei, die Räume zu belegen, und als Geschäftsführerin war Lola ein hoffnungsloser Fall. Sie stritt sich mit dem Personal, als sich Schulden auftürmten. Es war vielleicht ein Versuch, Geld aufzutreiben, als Lola im Juni zwei weitere Vorträge in der St. James Hall ankündigte. Für den ersten dieser Abende am 10. Juni stellte sie einen vollkommen neuen Vortrag mit dem Titel »Sklaverei in Amerika« zusammen, der, den Werbetexten zufolge, »auf vielen Jahren persönlicher Beobachtung und einer intimen Kenntnis des Lebens auf den Plantagen« beruhte. Der Inhalt dieses Vortrags war fast nur politischer Natur, und sie wiederholte ihn kein einziges Mal.

Nachdem sie die Lesung mit einer humorvollen Darstellung des übertriebenen Nationalstolzes der Amerikaner eröffnet hatte, wandte sich Lola der ernsten Frage einer möglichen Auflösung der Union zu. Das werde nie geschehen, erklärte sie. Es sei weit wahrscheinlicher, daß sich eine Art eingeschränkter Monarchie herausbilde, als daß die Union zerbreche. »Vor allem anderen habe ich als eines der bemerkenswertesten Merkmale bei all meinen Reisen in diesem Land eine tiefe und fast heilige Liebe zur Union angetroffen.« Zweitens, erläuterte sie, sei Neuengland das einzige Land, in dem der Wunsch, die Union aufzulösen, einiges politisches Gewicht habe; genau dieses Gebiet würde aber von einer Auflösung am härtesten getroffen. Der Süden mit seinen reichen Ressourcen käme ohne den Norden ganz gut zurecht, doch Neuengland würde ohne die Rohstoffe und Märkte des Südens austrocknen.

Die Verfechter der Sklavenbefreiungsidee, die sogenannten Abolitionisten, behauptete Lola, hätten sich durch ihre radikalen Angriffe auf das Christentum und die moralischen Grundlagen der Gesellschaft in Mißkredit gebracht, und ihre Gefolgschaft sei mittlerweile auf eine Handvoll Leute beschränkt. Kein Zentimeter Amerikas sei durch die Abolitionisten von der Sklaverei befreit worden; alle freien Staaten lehnten die Sklaverei nicht aus Prinzip, sondern wegen wirtschaftlicher Zwänge ab. »[Die Sklaverei] mußte dem Wettbewerb der freien Arbeitskraft und den Notwendigkeiten weichen, die der Handel und die Mechanisierung hervorbrachten, und dort, wo sie heute noch stattfindet, kann sie mit keinen anderen Mitteln vertrieben werden.« Sie habe Sklavenplantagen besichtigt, sagte Lola, und mit den Sklaven gesprochen, die fett, faul und zufrieden seien, wie sie erklärte. Diese würden die freien Arbeiter Englands bedauern, von denen sie glaubten, sie lebten in bitterer Armut und herzloser Ausbeutung.

Schließlich solle England nicht glauben, die Amerikaner seien sich der moralischen Probleme der Sklaverei nicht bewußt oder sähen das begangene Unrecht nicht:

Was diesen verbotenen Gegenstand angeht, lastet die Sklaverei ebenso auf den Gedanken und Worten der Weißen wie auf den Schultern der Schwarzen. Es gibt Tausende von Christen und gewissenhaften Menschen in den Sklavenstaaten, die in ihrem Innersten gegen diese ungeheure Sünde der Nation rebellieren, aber der Terror der Lynchjustiz, die fürchterlicher ist als die Gesetze Drakons, versiegelt ihre Lippen in dauerndem Schweigen.

Doch die Gerechtigkeit des Himmels wird nicht für immer schlafen – die Zeit wird kommen, da Amerika sich von dieser Sünde freigemacht haben wird, die ständig zu Gott schreit; und da seine Nationalflagge als freies und stolzes Zeichen universeller Freiheit ebenso in den himmlischen Brisen flattern wird wie die Banner, die von den Mastspitzen der Schiffe des freien England wehen![52]

Heute kommt einem Lolas Vortrag wahrscheinlich merkwürdig und zweideutig vor: Sklaverei ist zwar ein Übel, das zum Himmel schreit, aber am besten läßt man sie in Ruhe eines wirtschaftlichen Todes sterben. In der Zeit vor dem Bürgerkrieg jedoch, und besonders in Kreisen der Demokraten, die Lola am besten kannte, kann ihr Standpunkt als die Stimme der Vernunft und der Mäßigung betrachtet werden. Die Abolitionisten vertraten selbst im Norden nur eine bestimmte Minderheit, und Politiker fast aller Richtungen, die nicht den radikalen Randgruppen verbunden waren, suchten nach einer Politik, die eine nationale Krise wegen der Sklaverei abwenden konnte.

Lolas Vortrag reichte aus, in London einen Gegenvortrag zu provozieren, den eine »farbige Lady« der amerikanischen Gesellschaft der Gegner der Sklaverei hielt.[53] Lola nahm den Protest nicht zur Kenntnis und beschloß ihre öffentlichen Auftritte in Europa am Abend des Gegenvortrages, es war der 15. Juni, mit einer Wiederholung von »*Strong-minded Women*«, wobei sie dieses Mal eine kurze, satirische Zusammenfassung ihrer Ansichten zur »Frauenrechtsbewegung in Amerika« hinzufügte. »Am Schluß des Vortrages«, berichtete die Presse, »erhob sich das Publikum *en masse* und setzte die Hochrufe und das Hüteschwenken noch lange fort, nachdem sie sich zurückgezogen hatte.«

Die Angelegenheit in der Park Lane verschlimmerte sich.[54] Lola mußte feststellen, daß es unmöglich war, ausreichende Einnahmen zu erzielen, um das Haus halten und ihre Schulden abzahlen zu können. Sie wurde verklagt und dann erkrankte sie ernstlich. Die Urteile wurden vollstreckt, ihre Möbel beschlagnahmt und verkauft, und zuletzt wurde ihr der Pachtvertrag entzogen. Ein älteres Ehepaar aus Derby war Lolas Rettung; es hatte von ihrer Notlage erfahren und ihr die Benutzung ihres Landhauses angeboten.

Inmitten von 40 Morgen Land mit Gärten, Teichen und Obstbäumen wurde Lola wieder gesund. Sie wohnte in einem Häuschen mit Geißblatt und Efeu und vertrieb sich die Zeit mit Angeln, Beerensammeln und Lesen. Gegen Ende des Sommers fing sie an, ein spirituelles Tagebuch zu führen, in das sie jeden Samstagabend Einträge machte.[55]

Als Anleitung für ihre Meditationen las sie die religiösen Schriften von John Bunyan, und ihre Gedanken wanderten zu dem Leben zurück, das sie geführt hatte:

Wie viele Jahre meines Lebens habe ich doch Satan und meiner Liebe zur Sünde geopfert! Wessen habe ich mich in jenen Jahren des Elends und der Verderbtheit nicht schuldig gemacht in Gedanken oder Taten! ... Was würde ich blätter dieses Tages brachten die erschreckende Nachricht, ein Arsenal der Föderierten in Virginia sei von einem wildgewordenen Abolitionisten namens John Brown beschlagnahmt worden, der einen allgemeinen Sklavenaufstand anzuzetteln versuchte. Lola muß nun angefangen haben, sich Gedanken über ihre zuversichtlichen Behauptungen zu machen, die Union sei sicher.

Mittlerweile benutzte sie fast ausschließlich den Namen Mrs. Heald, an Bord des Schiffes ebenso wie nach der Rückkehr nach New York.[58] Sie nahm eine Wohnung im Norden der Stadt, besuchte ihre alten Freunde und fing an, regelmäßig eine Methodistenkirche aufzusuchen, obwohl sie ihre Verbindung mit der New Church von Thomas Harris aufrechterhielt.

Sollte sie gewünscht haben, wieder zu der Ruhe zurückzufinden, die sie in Derbyshire genossen hatte, so war New York City nicht der geeignete Ort dafür. Es war kaum ein Monat vergangen, ehe sich Lola erneut gedrängt fühlte, sich mit einem Leserbrief an den *Herald* an die Öffentlichkeit zu wenden. Man hatte ihr, wie man ihr sagte, vorgeworfen, die Amerikaner in ihren Vorträgen in England beschimpft zu haben, und sie bestand darauf, dieser Verleumdung entgegenzutreten, insbesondere, weil sie (durch ihre Heirat mit Hull) eingebürgerte Amerikanerin geworden war und den Status einer Bürgerin dieses Landes allen anderen vorgezogen hatte.

Ich hatte meine Vorträge als faire und wahrheitsgetreue Schilderungen dieses Landes gedacht, ohne dummes Geschwätz von Beweihräucherung auf der einen oder von Fehldarstellungen auf der anderen Seite. Und gewiß dürfen wir von den Fehlern derer sprechen, die wir am meisten lieben, ohne den Vorwurf auf uns zu ziehen, wir würden sie beschimpfen. Ich habe nicht die sinnlose Narretei begangen, die Amerikaner als fehlerlos zu bezeichnen, aber ich habe gesagt, und zwar mit genau diesen Worten, daß es, »alles in allem genommen, auf der Welt keinen anderen Ort gibt, wo der Mensch sich mit solch riesigen Schritten auf die Zivilisation und die Vollkommenheit zubewegt wie in Amerika.« ... Wenn ich sage, daß meine Vorträge von Amerikanern in England mit Zustimmung aufgenommen wurden, sollte ich vielleicht den einen über »Die Sklaverei in Amerika« ausnehmen, der, wie ich verstehen kann, einige sehr verdienstvolle Gentlemen beleidigt hat, die, wie ich vermute, gewisse einseitige philanthropische Ansichten hatten, welche es ihnen ganz unmöglich machten, die Meinung eines unparteiischen und unvoreingenommenen Beobachters zu billigen, der sich nicht um die Einseitigkeiten und Vorurteile beider Seiten kümmert. Jedenfalls beginnen die dunklen Ereignisse, die ich vorhergesagt habe, bereits Gestalt anzunehmen, und ich sage weiterhin, selbst wenn ich mir dadurch bald den Vorwurf zuziehen werde, der gegen meinen Vortrag vorgebracht worden ist, nämlich Amerika zu beleidigen, daß es von Bürgerkrieg und Anarchie bedroht war.[59]

Sei es aus finanziellen Gründen oder wegen ihrer Unfähigkeit, sich aus dem Licht der Öffentlichkeit zurückzuziehen, jedenfalls war die Gräfin von Landsfeld bald wieder zurück auf dem Vortragspodium. Sie bereitete eine neue Lesung vor, »*John Bull at Home*«, und trug sie am 15. Dezember zum ersten Mal in der Mozart Hall, Broadway 663, vor einem Stehplatzpublikum von annähernd dreitausend Zuhörern vor.[60]

Der Vortrag bestand weitgehend aus anekdotischen Schilderungen der Engländer, aber einige Abschnitte waren aufschlußreich. Lola begann mit der Feststellung, sie hoffe, ihr werde nicht vorgeworfen, diesmal die Engländer zu beschimpfen. Sie sprach die negative Reaktion an, die ihr Vortrag über Sklaverei in England ausgelöst hatte und beschuldigte die Briten der Heuchelei, indem sie behauptete, der von den Briten praktizierte »Kuli-System« beute die Eingeborenenvölker sehr viel mehr aus als die Sklaverei der Amerikaner. An dieser Stelle des Manuskripts hat Lola einen Satz gestrichen: »Nehmen sie aber meine Erklärung zur Kenntnis, daß ich die *Seele* des Negers liebe, denn die Seele besitzt keine Farbe.«[61]

Lola wiederholte ihren Angriff auf die amerikanische Frauenbewegung und meinte: »Alles, was ich zu meiner Zeit von dieser Auseinandersetzung um die Frauenrechte gesehen oder gehört habe, kommt intellektuell bei weitem nicht an das heran, was Lady Mary Wortley Montagu in England erklärt hat, bevor diese Konventionen entstanden sind. Sie war ein wirklicher *Blaustrumpf;* sie packte die Gesellschaft an der Nase und ohrfeigte sie mit einiger Wirkung, und zwar nicht, indem sie wie wild versuchte, die Narreteien der Männer nachzuahmen oder in öffentlichen Versammlungen um einen großen Haufen abstrakter und unsinniger Unmöglichkeiten zu feilschen, sondern indem sie ihre eigene ausgeprägte Persönlichkeit aufrichtete und ihre revolutionären und originellen Ideen mit Worten vorbrachte, die hart wie Steinbrocken waren.«[62]

»*John Bull at Home*« war ein Erfolg, und nach dem Neujahrstag trat Lola wieder in der Mozart Hall auf, dieses Mal mit einem Vortrag über »Mode«, einer modifizierten Fassung von »Komische Aspekte der Mode«. Wieder unter der Leitung der Burrs begab sie sich mit ihren Vorträgen auf eine ausgedehnte Tournee, die am 25. Januar 1860 in der Fund Hall in Philadelphia ihren Anfang nahm.

Erneut gelang es Lola, fast überall für überfüllte Häuser zu sorgen, und im allgemeinen waren die Kritiken schmeichelhaft. In Philadelphia schrieb ein Kritiker, der Vortrag über »›Mode‹ weise seiner talentierten Verfasserin wahrscheinlich einen Platz unter den kompetentesten und vollendetsten lebenden Vortragskünstlern zu.«[63] Aus Maryland schrieb sie einem befreundeten Journalisten in Philadelphia einen Brief, in dem sie anmerkte, ihre Gesundheit bereite ihr wieder Probleme und das Fieber und der Schüttelfrost, unter denen sie bei ihrer Ankunft in Baltimore gelitten habe, hätten ihr das Gefühl gegeben, »als würden die Hexen aus Macbeth ihren Tanz in mir aufführen.«

In Washington erkannte sie im Publikum, das Vizepräsident Breckinridge, Senatoren und Botschafter einschloß, einen anderen befreundeten Journalisten wieder, einen Mann, den sie aus San Francisco kannte.[64] Sie schickte Chauncey Burr ins Publikum, der den Kalifornier bitten sollte, sie am Ende des Vortrags aufzusuchen. Nach vier Jahren freute sich Lola, ihren alten Freund zu treffen und war begierig auf Nachrichten aus dem *Golden State*; sie nahm ihn mit in den Salon ihrer Suite im National Hotel, wo sie am Kaminfeuer saßen, während sie Zigaretten drehte und ihn mit Fragen über ihre Freunde von der Westküste bombardierte. Um halb fünf Uhr morgens ließ sie ihn schließlich ziehen, doch erst, nachdem sie ihm ein Empfehlungsschreiben an einen ihrer Kontaktleute beim *New York Herald* mitgegeben hatte, in dem sie diesen aufforderte, dem Kalifornier die Slums zu zeigen und einen Bohemien aus ihm zu machen.

Der Tourneeplan ließ Lola wenig Zeit sich auszuruhen und schickte sie durch Pennsylvania und nach Ohio, wo Herman Burr erschien und die Aufgaben des Managements von seinem Sohn übernahm. In Cleveland druckte der *Daily Herald* einen Artikel ab, in dem behauptet wurde, Lolas richtiger Name sei Betty Watson, sie habe mit dem Tanzen bei Nebenvorstellungen in Irland begonnen und ihr Londoner Debüt als Lola Montez sei von Zuschauern abgebrochen worden, die aufgestanden seien und gerufen hätten: »Weg mit dir, weg! Das genügt nicht, Betty Watson!«[65] Der *Plain Dealer* nannte den Artikel des *Herald* einen »frei erfundenen Schwachsinn«, und hielt es für vollkommen angemessen, daß »diese großartig begabte Frau auf lobenswerte Art danach trachtet, ihren Unterhalt in diesem Land der Freien zu verdienen.«

Die Burrs planten, Lola durch den Mittleren Westen und den Süden zu begleiten, und Lola hoffte, Ende März wieder in New York zu sein.⁶⁶ In diesem Jahr war der Winter im Mittelwesten mild, aber trotzdem war das Wetter oft genug unfreundlich und hielt den Umfang ihrer Besucherzahlen in Grenzen. Aus Louisville schrieb sie am 6. März an ihre Freundin Maria Buchanan:

Nach einer ermüdenden Pilgerschaft durch die Wildnis von Ohio und Indiana sind wir bis hierher gekommen; wir haben in jeder Gemeinde, wo die Leute sich eine Fünfundzwanzig-Cent-Münze abringen konnten, Station gemacht. Wir werden *nicht* hinunter in den Süden fahren, sondern morgen von hier nach St. Louis aufbrechen und dann von dort den ganzen Landstrich bis Chicago und Umgebung, Detroit und Umgebung abgrasen, ehe wir uns wieder auf den Weg nach Hause machen, was Ende nächsten Monats sein wird.
Mit wenigen Ausnahmen mußte ich *jeden Abend* lesen – wenn wir in den Süden gingen, würden wir nicht so viele Städte wie im Westen vorfinden, auch wären die Entfernungen zwischen den Orten beträchtlich, so daß es sich nach allen Berechnungen nicht lohnen würde ...
Ich bin zu einem äußerst eintönigen Leben gezwungen, sitze tagsüber in meinem Zimmer oder reise in Kutschen und halte abends Vorträge vor einer Menge von Leuten, die mich nicht interessieren – doch ich habe Dir auch eine gute Nachricht mitzuteilen. Die Burrs sind entschlossen, in New York eine Wochenzeitung herauszubringen. Sie beteiligen mich mit einem Viertel und zahlen mir daneben 20 Dollar die Woche für meine Dienste – das ist ein glänzendes Geschäft, weil ich selbst keinen Penny hineinstecken muß; ich glaube auch, daß es ein besseres Geschäft ist als der *Candy Store*. Ich werde die gesamte Geschichte meines Lebens in ausführlicher Form schreiben, und Burr kann die beste Wochenzeitschrift im ganzen Land machen. Ich weiß, du wirst die Idee gutheißen – die Zeitschrift soll »The Thunderer« heißen. Sie soll dem Namen alle Ehre machen, wie du noch sehen wirst. – Sobald wir wieder zurück sind, soll so schnell wie möglich die erste Ausgabe erscheinen.
Ich sehe meiner Rückkehr nach N.Y. mit dem größten Vergnügen entgegen, da es die einzige Stadt Amerikas ist, in der ich gerne lebe ...
Vier Wochen lang habe ich unter einer höchst schmerzhaften Neuralgie einer Gesichtshälfte gelitten, ich hatte starke Schmerzen auszuhalten – doch jetzt haben wir das schönste Frühlingswetter, und ich bin sehr erleichtert ...
Überall äußert sich die Presse lautstark zu meinen Gunsten, was sehr erfreulich ist, obwohl ich mir in Wahrheit nicht viel daraus mache, was sie sagen.⁶⁷

Auf ihrem Weg von St. Louis nach Chicago führte Lolas Tournee sie am 14. März nach Springfield in Illinois.⁶⁸ Es war genau der Tag, an dem Abraham Lincoln, der berühmteste Vortragsredner der Stadt, von seiner erfolgreichen Vortragstournee durch die Staaten des Nordostens zurückkam, wo er durch seine Cooper-Union-Ansprache zu einer umstrittenen Persönlichkeit der nationalen Politik geworden war. Es ist nicht überliefert, ob er sich an seinem ersten Abend zu

Hause den mehr als vierhundert Mitgliedern der »Elite« Springfields in der Cook's Hall anschloß, um sich Lolas weniger umstrittene Bemerkungen über »Komische Aspekte der Mode« anzuhören.

Von Chicago aus führte Lolas Tournee weiter nach Detroit, Toronto, Buffalo, Rochester und unzähligen Orten dazwischen; sie endete am 11. April mit einem einzigen Auftritt in Albany, und kehrte dann wieder heim nach New York City. Inzwischen versuchte Lola, Geld zurückzulegen und ihren Finanzen mehr Aufmerksamkeit zu schenken, und wenn auch ihre Einnahmen aus den zwölf Wochen der Vortragsreise nicht mit den großen Summen zu vergleichen waren, die sie mit dem Tanzen verdient hatte, ging sie nun haushälterisch damit um, damit sie für das bescheidene Leben ausreichten, das sie zu führen vorhatte. Zuletzt übergab sie ihre geschäftlichen Angelegenheiten einfach Mrs. Buchanan.[69]

Am Clinton Place 15 (der heutigen achten Straße) in Greenwich Village, nördlich des Washington Square, mietete sich Lola eine Wohnung und lebte dort friedlich als Mrs. Heald.[70] Sie war eine New Yorkerin geworden; ihr Besuch in England hatte ihr klargemacht, daß sie sich inmitten der Finanzaristokratie der Neuen Welt mit ihrer größeren Toleranz für eine aus eigener Kraft hochgekommene, unabhängige Frau eher zu Hause fühlte als in den starren Klassenstrukturen Englands. Sie hatte gute Freunde und war glücklich mit ihrer Kirche, und New York besaß eine kosmopolitische Atmosphäre, die in den übrigen Städten Amerikas unbekannt war.

Die Pläne der Burrs für den *Thunderer* verwirklichten sich nicht, doch Lola blieb geschäftig. Sie dachte an eine Veröffentlichung ihrer letzten Vorträge und an eine mögliche weitere Englandtournee im Jahr 1861. Allerdings war alles von der politischen Lage überschattet, und Lola machte sich keine Illusionen über das, was kommen würde: »Politisch befinden wir uns kurz vor schrecklichen Unruhen zwischen dem Norden und dem Süden«, schrieb sie einem Freund in England. »Einer hat so Unrecht wie der andere.«[71]

Lola hatte nun in hohem Maß den Frieden und die Stabilität erreicht, die ihr mittlerweile mehr bedeuteten als die Aufregungen und Sensationen, derer sie sich so viele Jahre erfreut hatte. Sie hatte nun die Ruhe, die sie auch in Grass Valley und Derbyshire gefunden hatte, aber es war eine Ruhe, die von innen kam. Ihre Vorträge hatten Lola Erfolg, Achtung und öffentliche Aufmerksamkeit eingetragen, und es bestand jede Aussicht, daß sie ihre Karriere noch viele Jahre fortsetzen konnte.

Der New Yorker Sommer war schon Ende Juni 1860 heiß geworden, die Nachmittagstemperaturen stiegen auf über 32 Grad und hatten schon 26 Grad erreicht, als Lola am Samstag, den 30. Juni aufwachte. Kurz nach dem Aufstehen begann sie sich schwindlig zu fühlen und legte sich wieder aufs Bett.[72] Unmittelbar darauf war sie durch einen Schlaganfall gelähmt und konnte nicht mehr sprechen. Ihre Freunde wurden an ihr Bett gerufen, doch sie konnten sie nur bequem lagern und zusehen, wie sich ihr Zustand veränderte. Sonntag und Montag gab Lola gelegentlich Zeichen, daß sie ihre Freunde erkannte, doch am Dienstag schien sie ins Koma gefallen zu sein, und die Ärzte hielten es für unwahrscheinlich, daß sie die Nacht überleben würde.

Schiffe, die an jenem Tag nach Europa ablegten, überbrachten die Nachricht, Lola Montez liege im Sterben, doch am 4. Juli besserte sich ihr Zustand.[73] Sie war linksseitig gelähmt und unfähig zu sprechen, doch am Ende der Woche war klar, daß die Krise überstanden war und die Buchanans begannen, Lolas Übersiedlung in ihr Sommerhaus mit Park in Astoria, gegenüber der 86. Straße in Manhattan, zu planen, damit sie genesen konnte.

Der unbeugsame Wille, der Lola berühmt gemacht hatte, war noch immer stark, und sie kämpfte gegen ihre Krankheit, als sei sie mit der Pferdepeitsche hinter einem Herausgeber her. Der Kampf war entmutigend, und Ende August war ihr Zustand noch immer mitleiderregend: »Lola war halb mit einem Nachtkleid und halb mit Morgengarderobe angetan; sie saß in einem hübschen Garten, und ihre hohlen Wangen, eingesunkenen Augen und die leichenblasse Gesichtsfarbe bildeten einen auffallenden Kontrast zu den fröhlichen Blumen. Nur mit krampfartigen, wiederholten Bemühungen gelang es ihr manchmal, ein verständliches Wort hervorzubringen. Sie hatte Schaum vor dem Mund wie ein Mensch in Schüttelkrämpfen, und ohne es zu merken, wischte sie ihn sich ab wie die kleinen Jungen, die sich mit dem Ärmel drüberfahren. Sie zeigte in der Tat das merkwürdige und wilde Benehmen eines stummen Idioten und hat offensichtlich jedes weitergehende Interesse an der Welt um sie herum oder an deren Angelegenheiten verloren. So sieht also das Ende ihres ereignisreichen Lebens aus!«[74]

Doch Lolas scharfer Geist war lebendig. Im Oktober brachte Mrs. Buchanan Lola von Astoria wieder in ein Zimmer in einem Miethaus in der West Seventeenth Street 194, drei Straßenzüge südlich vom Haus der Buchanans.[75] Eine verwitwete Krankenschwester namens Margaret Hamilton wurde als Pflegerin für sie eingestellt, und

Lolas Kraft und Körperbeherrschung besserten sich langsam. Sie konnte wieder sprechen und mit Unterstützung ein paar Schritte gehen. Doch nun stellte sie sich darauf ein, vielleicht nicht wieder gesund zu werden, und gegen Ende Juli, sobald sie ihre Wünsche mitteilen konnte, wurde ein Testament aufgesetzt, in dem sie der Church of the Good Shepherd, zu deren Gunsten sie zwei Jahre zuvor gelesen hatte, 250 Dollar vermachte; alles andere sollte an Maria Buchanan und ihren Sohn David gehen.

Im Herbst 1860 bekam Lola Besuch aus England, der ihr offensichtlich unwillkommen war: ihre Mutter.[76] Einige Zeugen meinten später, Eliza Craigie sei nicht aus Mitgefühl aufgetaucht, sondern in der Hoffnung, Lola könnte ein Vermögen besitzen, auf das sie Anspruch erheben könnte. Einer schilderte sie als »kalte, leidenschaftslose Frau, die ihr Tochter in einer Art begrüßte und verabschiedete, in der sie wahrscheinlich auch einen Besuch bei vornehmen Leuten absolviert hätte. Sie war höchst enttäuscht, Eliza ohne weltliche Besitztümer vorzufinden und besuchte sie während ihres zwei- oder dreiwöchigen Aufenthaltes nur zweimal, wenn ich mich recht erinnere.«

Die Kranke vermittelte ihrer Mutter wahrscheinlich das Gefühl, alles andere als willkommen zu sein. Jahrelang hatte Lola jedem, der es hören wollte, erklärt, Eliza Craigies Kälte und Eitelkeit hätten ihr einziges Kind auf den Weg der Sünde getrieben, zuerst, indem sie sie dazu zwang, sich in die Arme von Lieutenant James zu flüchten, und später, indem sie sie nach England verfrachtete, als sie auf der Suche nach einer Zuflucht vor einer gescheiterten Ehe nach Kalkutta gekommen war. Nachdem Mrs. Craigie wieder nach England zurückgekehrt war – Berichten zufolge hatte sie ein paar Dollar für Lolas Medikamente dagelassen – beantwortete Lola keinen ihrer Briefe.[77]

Wahrscheinlich um einem Versuch ihrer Mutter oder anderer Leute zuvorzukommen, sich Besitz anzueignen, der möglicherweise ihr zustand, ließ Lola alle gesetzlichen Ansprüche, die sie noch immer in Bayern haben mochte, an Isaac Buchanan übereignen. Mit geschwächter Hand unterzeichnete sie ein letztes Mal mit »Lola Montez, Gräfin von Landsfeld«.

Im Verlauf des Herbstes besserte sich Lolas Gesundheitszustand rasch. Schließlich fühlte sie sich bereit, sich in den Dienst ihres Glaubens zu stellen, vielleicht, wie sie in ihr spirituelles Tagebuch geschrieben hatte, um »meine schrecklichen und furchtbaren Erfahrungen als dringende Warnung für all jene hinzugeben, die von ähnlicher Natur sind wie ich«. Sie bat darum, zum Heim der New York Magdalen Society an der 88. Straße hinausgefahren zu werden, wo sie alles in ihren Kräften stehende tat, die Frauen zu beraten und zu trösten, welche die Prostitution aufzugeben und eine geachtete Stellung in der Gesellschaft zurückzugewinnen versuchten.[78] Lola war der Ansicht, daß die Gesellschaft gute Arbeit leistete, und sie muß eine Verwandtschaft mit Frauen gespürt haben, die unter derselben heuchlerischen Verachtung litten, die sie erfahren hatte und der sie noch immer nicht ganz entronnen war.

Mitte Dezember war sie imstande, allein, wenn auch ein wenig hinkend, zu gehen, und es schien wieder Hoffnung auf eine vollständige Wiederherstellung zu geben.[79] Der Dezember war kalt und windig, doch der Weihnachtstag war einigermaßen angenehm, und Lola unternahm einen Feiertagsausflug ins Freie. Das erwies sich als fataler Fehler, denn kurz darauf lag sie mit einer Lungenentzündung darnieder. Lola, deren Lungen immer schwächlich gewesen waren, wußte, daß dies das Ende sein würde. Sie setzte ein neues Testament auf, in dem sie dem Magdalenen-Heim 300 Dollars vermachte; alles andere ging an Mrs. Buchanan mit der Bitte, sie möge es wohltätigen Zwecken zuführen.

Sie bat Mrs. Buchanan, ihren Pfarrer, Reverend Francis Lister Hawks von der Calvary Episcopal Church, aufzufordern, ihr bei der Vorbereitung auf den Tod beizustehen. Erst zwei Jahre zuvor hatte sie den Bischof der Episkopalen dafür geschmäht, daß er sich Berichten zufolge gegen ihren Benefizvortrag zugunsten der Church of the Good Shepherd gewandt hatte, doch nun waren alle Feindseligkeiten vergessen, und es heißt, Bischof Potter persönlich habe Lola in ihrem Krankenzimmer besucht. Andere Freunde, die sie während ihrer letzten Tage besuchten, hatten den Eindruck, daß ihre großen Augen ihr zerstörtes Gesicht mit noch mehr zauberhafter Schönheit überstrahlten.[80] Im Zimmer hatte sie Bibelzitate in großer Schrift verteilt, damit sie beständig Worte des Glaubens vor Augen haben konnte.

Bei seinem ersten Besuch in Lolas Krankenzimmer nahm Hawks ihre ziemlich zerlesene Bibel zur Hand, und das Buch öffnete sich bei der Geschichte, in der Jesus Magdalena im Hause Simons vergibt.[81] Hawks sprach über »Christi gütiges Erbarmen und Verzeihen« für jene Frau, und Lola rief aus: »Ach, sie hat so sehr geliebt. *Kann ich genug lieben?*« Im Verlauf seiner Besuche bei Lola war Hawks tief berührt von ihrer Inbrunst, ihrem Glauben und ihrem Wunsch, ihr Herz von Sünde zu befreien: »Sie war eine geistvolle, höchst vollendete Frau von großer natürlicher *Beredsamkeit*. Manchmal hörte ich ihr bewundernd zu, wenn sie, während ihr die Tränen heruntersliefen, mit der erhobenen rechten Hand und den einzigartig ausdrucksvollen Zügen (besonders ihren leidenschaftlichen schwarzen [sic] Augen) fast ebenso deutlich wie mit der Zunge sprach; dabei verweilte sie bei Christus und der fast unglaublichen Wahrheit, daß Er einer so schlimmen Sünderin, wie sie ihrer Meinung nach gewesen war, Seine Gnade erweisen könne, bis ich den Eindruck hatte, *sie* sei der Pfarrer und nicht ich.

»Als ihr Ende nahe war und sie nicht mehr sprechen konnte, bat ich sie, mich durch ein Handzeichen wissen zu lassen, ob ihre Seele Frieden gefunden habe und sie noch immer überzeugt sei, daß Christus sie retten würde. Sie sah mir in die Augen und nickte.«

Als ihre Lungen versagten, bedeutete sie einem Freund, sich neben sie zu setzen und ihr aus der Bibel vorzulesen; mit einer Hand auf dem Buch und erneut den Worten der Hoffnung lauschend, begab sich Lola auf die letzte ihrer vielen Reisen. Es war Donnerstag, der 17. Januar 1861.

✳︎✳︎✳︎✳︎

Epilog

Am nächsten Tag fuhr einer von Lolas Freunden mitten in einem Schneesturm nach Brooklyn, um im weitläufigen Green-Wood-Friedhof eine Grabstelle auszusuchen;[1] das Grab lag an einem Abhang mit Blick auf einen kleinen See. Lolas Sarg wurde hinunter zur siebzehnten Straße ins Haus der Buchanans gebracht, und früh am Sonntagmorgen las Reverend Hawks dort, in Anwesenheit der engsten Freunde Lolas, den Trauergottesdienst der Episkopalen. Nur ein kleiner Kreis von Lolas Freunden war von ihrem Tod in Kenntnis gesetzt worden, damit nicht Presse und Schaulustige ihre Beerdigung stören konnten. Erst als der Trauerzug seinen Weg durch Manhattan hinunter zur Brooklyn Fähre nahm, begann sich die Nachricht zu verbreiten, daß sie tot war.

Die Trauergesellschaft begleitete den Sarg über den East River und folgte ihm die vier Kilometer bis zu dem frischen Grab in der gefrorenen Erde.[2] Dort verlas Reverend Hawks den schlichten Aussegnungsgottesdienst und fügte hinzu: »Im Laufe einer langen Erfahrung als christlicher Geistlicher sind mir, glaube ich, niemals tiefere Reumütigkeit und Demut, mehr echte Bußfertigkeit der Seele und bitterere Selbstvorwürfe begegnet als bei dieser armen Frau.« Selbst der hartgesottene Küster wurde dabei beobachtet, wie er sich eine Träne abwischte.

Am Montag brachten die Zeitungen lange Nachrufe, in denen sie bei der Schilderung ihrer Abenteuer Tatsachen und sehr viel Erfundenes mischten, vieles davon Lolas eigene Schöpfung. »Über ihre ausgefallensten Handlungen wurden eilig berichtet«, schrieb die *New York Post,* »doch ihre zahlreichen Akte von Großmut, besonders gegenüber armen Menschen – und in New York gibt es einige dieser Gruppe, die es bezeugen können – waren nur den Nutznießern ihrer unbekümmerten Freigiebigkeit bekannt.«[3]

Jene, die sie am besten kannten, sprachen am liebevollsten über sie. Der Schriftsteller Charles Godfrey Leland, ein jahrelanger Freund Lolas, schrieb in seinem langen Nachruf in *Frank Leslie's Illustrated Newspaper:* »Sie hatte viele gute und langjährige Freunde, mit denen sie sich nie stritt. Sie war großzügig im Übermaß, und Mitleid und freundliche Gefühle waren bei ihr ebenso leicht zu wecken wie Zorn. Sie war wie ein glänzend dahinfließender Fluß, solange man nicht die Tiefen aufrührte ... Nur Lolas feuriges und unbezähmbares Temperament verleitete sie zu Fehlern. Wenige Frauen nur waren so wenig wie sie dazu imstande, vorsätzlich irgend etwas Böses zu tun oder einen anderen ungerührt zu kränken.«[4]

Die *New York Times*, die nie zu den großen Bewunderern Lolas gezählt hatte, nannte sie »großzügig und temperamentvoll im Übermaß: auch leicht aufzuregen, wie es solchen Naturen eigen ist, doch verzeihend und liebevoll. Ihre natürlichen Gaben waren von höchstem Rang, ihre Fähigkeiten waren vielseitig und in mancher Hinsicht großartig.«[5]

Nur wenige wußten nichts Gutes über Lola zu sagen. Der *Albion* erklärte steif, »wir halten es nicht für wünschenswert, die Abenteuer von Unglücklichen ihrer Art zu erzählen, wie hervorragend der Rang auch sein mag, den sie einnehmen.«[6] Und die *Irish American Weekly* hatte nur Verachtung für diese Tochter Irlands: »Ihr Leben gereichte weder ihrem Heimatland zur Ehre, noch war es der Gesellschaft von Nutzen, weshalb wir es vorziehen, keine weiteren Nachforschungen darüber anzustellen.«

In Europa schwiegen dieses Mal einige Zeitungen, die im letzten Sommer, als die vorzeitige Nachricht von ihrem Tod aufgetaucht war, Nachrufe auf sie gebracht hatten. Andere brachten Überschriften wie »Lola Montez tot – dieses Mal wirklich!« oder »Lola Montez schon wieder gestorben!«[7] Die meisten Zeitungen begnügten sich damit, Nachrufe der amerikanischen Presse nachzudrucken, doch der Londoner *Daily Telegraph* schwelgte in einer ungeheuerlichen und verächtlichen Zusammenfassung »einer merkwürdigen und traurigen Karriere« und schloß: »Da wir von ihrem erbärmlichen Tode erfahren, kommt uns unwillkürlich der Gedanke, er sei kein unangemessenes Ende für ein Leben, bei dem jede einzelne glänzende Stunde der Schändlichkeit festgehalten worden ist.« Am seltsamsten allerdings war ein Leserbrief an die Londoner *Morning Post*, den Dr. George Harrison, ein Mitglied des Royal College of Surgeons of England, einer Chirurgenvereinigung, am gleichen Tag geschrieben hatte, als die Nachricht von Lolas Tod London erreichte, und in dem er feststellte: »Sir, Lola Montez, die kürzlich einen schweren Schlaganfall erlitten hatte, starb am 17. des Monats in New York an einer Lungenentzündung. Sie war, glaube ich, 40 Jahre alt; und zuletzt lebte sie vollständig von Almosen, die zu spenden ich ausersehen wurde.«[8]

In Wahrheit verfügte Lola über zwei Sparguthaben, in Höhe von insgesamt 1247 Dollar, einer im Jahre 1861 beachtlichen Summe.[9] Wie sie auf dem Sterbebett verfügt hatte, wurden der New York Magdalen Society 300 Dollar übergeben. Mit dem Rest wurden ihre Arztrechnungen und Beisetzungskosten beglichen und ein weißer Marmorgrabstein für den Green-Wood Friedhof gekauft, auf dem zu lesen war: »Mrs. Eliza Gilbert, verstorben am 17. Januar 1861, im Alter von 42 Jahren.« Vielleicht paßt es ja zu einer Frau, die so viele Schwierigkeiten gehabt hatte, die Wahrheit zu sagen, daß ihr Grab einen Namen trägt, den sie nie geführt hat, und daß ihr Grabstein sie älter macht, als sie war, wo sie doch den größten Teil ihres Lebens gelogen hatte, um sich jünger zu machen. Tatsächlich starb sie genau einen Monat vor ihrem vierzigsten Geburtstag.

In München erhielt der vierundsiebzigjährige König Ludwig die Nachricht vom Tod seiner Lolitta. In den dreizehn Jahren, seit er sie zuletzt gesehen hatte, hatte er noch andere Liebschaften gehabt, doch keine davon hatte einen vergleichbaren Einfluß auf sein Herz und seinen Verstand gehabt. Königin Therese war vier Jahre zuvor an Cholera gestorben, und der Verlust war schrecklich für ihn gewesen. Doch Lolitta hatte er nie vergessen. Alle ihre Briefe an ihn und seine Briefe an sie wurden zusammen mit anderen Dokumenten ihres Münchner Aufenthalts zu den Akten genommen. Botschafter Wendland hatte ihm fortwährend Zeitungsausschnitte von den Abenteuern der Lola Montez zugeschickt, und jetzt ließ ihm der Botschafter die Nachrufe der New Yorker Zeitungen zukommen.[10]

Eines der letzten Dokumente für das Lolitta-Archiv erreichte München im April. Es war ein kleiner, schwarz umrandeter Brief aus Amerika.

Sire,
In meiner frühen Kindheit war ich in Schottland die Schulkameradin eines kleinen Mädchens, von dem ich kaum annehmen konnte, daß es mich auf seinem Totenbett einmal bitten würde, Eurer Majestät zu schreiben ... Sie hat mir oft von Eurer Majestät und Eurer Freundlichkeit und Güte berichtet, die ihr zu Herzen ging – und sie bat mich, Eurer Majestät mitzuteilen, sie habe ihr Leben geändert und ihre Gefährten gewechselt.
Nun also löse ich das Versprechen ein, das ich der verstorbenen Mme. Lola Montez, mir als Eliza Gilbert bekannt, gegeben habe und füge hinzu, daß sie wünschte, ich solle Euch wissen lassen, sie habe aufrichtige Wertschätzung für Eure große Freundlichkeit bis an ihr Lebensende empfunden.
Sie starb in aufrichtiger Reue und legte ihre Vergebung und Aufnahme in die Hand des Erlösers, siegend nur durch Seine Güte ...

Ich habe die Ehre, Eurer Majestät gehorsame und untertänige Dienerin sein zu dürfen.
Maria E. Buchanan[11]

Der König griff zur Feder. Im Kampf mit der englischen Sprache schrieb er seine Antwort:

Mistress Maria Buchanan,
Mit einer großen Befriedigung hörte ich die Reue der L.M. für ihr früheres Benehmen, und es freut mich sehr, daß sie den Auftrag erteilt hat, mich zu informieren. Es ist mir ein großer Trost zu hören, daß sie als Christin gestorben ist. L.M. war eine sehr vornehme Dame. Meinen aufrichtigen Dank für Ihren freundlichen Brief ...
Ihr sehr verbundener
Lewis[12]

Möglicherweise war Ludwig sogar zu einem ironischen Lächeln fähig, als ihn ein paar Monate später ein zweiter Brief von Mrs. Buchanan erreichte, in dem sie vorschlug, der König, der seine Geliebte mit Geld überhäuft habe, möge vielleicht den Wunsch verspüren, einen Zaun um ihr Grab zu bezahlen. Mrs Buchanan erhielt keine Antwort.
Unter den Dokumenten in Ludwigs Archiv befanden sich auch seine Briefe an Papon, die ihm der sehr merkwürdige Marquis durch Botschafter Wendland freiwillig zurückgab.[13] Papon behauptete, in ein Dominikanerkloster eingetreten zu sein und jetzt Bruder Antoine zu heißen. Bruder Antoine schlug vor, der König möge seine Dankbarkeit für die Rückerstattung des Erpressermaterials in Form von Geld zum Ausdruck bringen, doch Ludwig zog es vor, das Armutsgelübde des neuen Bruders nicht in Versuchung zu führen. Nach einer Quelle sei Bruder Antoine, dessen Gesundheit ihn bald zwang, den Freuden des Klosterlebens zu entsagen, ins Geschäftsleben eingestiegen und habe katholische Kirchen in Frankreich gegen den Diebstahl ihrer Wertgegenstände versichert. Um Prämienerhöhungen zu rechtfertigen, verursachte Papon Verluste, indem er die versicherten Gegenstände selbst stahl, was das Gesetz, wie berichtet wird, mit dem gebotenen Ernst zur Kenntnis genommen habe. Doch als das Gericht seine Strafe von zehn Jahren Zwangsarbeit verkündete, sah es sich gezwungen, Papon *in absentia* zu verurteilen.
König Ludwigs letzte Jahre waren keine glücklichen, doch er hielt sie mit seiner tapferen Entschlossenheit durch. Er erlebte, wie König

Max II., sein Sohn und Nachfolger, starb, und ihm Ludwig II., sein jugendlicher Enkel, folgte. Prompt verursachte Ludwig II. einen Skandal, weil er gegen alle Vernunft einem anmaßenden und extravaganten Liebling verfiel – keiner Tänzerin, sondern einem Komponisten, Lolas altem Bekannten Richard Wagner, der ebenfalls gezwungen war, aus München zu fliehen, sehr zum Mißvergnügen seines königlichen Schutzherrn.

Der alte König erlebte auch Bayerns militärische Demütigung durch Bismarcks Preußen im Jahr 1866. Seine Isolation nahm noch zu, als sein Gehör fast völlig schwand und seine Freunde, Zeitgenossen und weitere seiner Kinder ihm im Tod vorausgingen. Dafür wuchs mit der Zeit seine Popularität; die Bayern vergaßen seinen Eigensinn und seine Besessenheit für die spanische Frau und erinnerten sich dafür des Mannes, der seine grenzenlosen Energien zum Wohle seines Landes eingesetzt und München verwandelt hatte. König Ludwig widerfuhr die seltene Ehre, an seinem 76. Geburtstag bei der Enthüllung seines großen Reiterstandbildes in der Ludwigstraße anwesend zu sein, das von seinen getreuen Münchnern errichtet wurde und bei dem Tausende in Hochrufe ausbrachen. Sein Abbild aus Bronze steht noch heute und erhebt seine Hand segnend über seine Stadt. Ludwig starb am 29. Februar 1868 in Nizza.

Tausende von Meilen entfernt, ist in Schenectady, New York, ein anderer Liebhaber Lolas in Bronze verewigt.[14] Dank finanzieller Hilfe von König Ludwig hatte Fritz Peißner durch seine Emigration nach Amerika Zuflucht gefunden und war vermutlich als Professor für Sprachen Mitglied der Fakultät des Union College geworden. Er heiratete die Tochter eines älteren Professors, zeugte drei Kinder, wurde ein angesehenes Mitglied der Fakultät und veröffentlichte eine Anzahl von Sprachbüchern, die recht erfolgreich waren. Der Tod einer kleinen Tochter im Jahr 1858 scheint Peißner zu derselben Art persönlicher religiöser Suche veranlaßt zu haben, der auch Lola nachging.

Als der Bürgerkrieg ausbrach, wurde aus Professor Peißner Colonel Peißner, der ein Regiment Freiwilliger anführte, in dem auch viele deutsche Einwanderer für den Erhalt der Union kämpften. Der Oberst war begierig darauf, den Mut seiner Männer unter Beweis zu stellen und verlangte, man solle sie in die vordere Kampfzone verlegen. Bei der Schlacht von Chancellorsville am 2. Mai 1863 erlebten sie ihre Feuertaufe, als ihre Stellung überraschend angegriffen wurde. Peißner ritt ihre Linie auf und ab und feuerte seine Männer an, den

Konföderierten zu widerstehen, als er vom Pferd geschossen wurde; er starb auf der Stelle. Er war 37 Jahre alt. Die Studenten der Klasse des Jahrgangs 1863 am Union College stifteten der Schule eine Büste von Lolas Liebhaber in der Uniform eines Obersten mit der Inschrift: »Fähiger Gelehrter, Geliebter Freund, Heldenhafter Soldat.«
Der andere bekannte Bewunderer Lolas in München, Leutnant Friedrich Nußbammer, fand ebenfalls ein frühes und tragisches Ende, wenn auch ohne Heldentaten.[15] Nach seiner Verbannung aus München wurde er mit einer mageren Pension in den einstweiligen Ruhestand versetzt, wobei man ihm jegliche andere Geschäftstätigkeit untersagte. Seine wiederholten Bemühungen, wieder in den aktiven Dienst zurückzukehren oder eine Arbeit annehmen zu dürfen, wurden ausnahmslos abgewiesen. Nußbammer, der keine Hoffnung hatte, dem Schicksal des inneren Exils, in dem er lebte, entkommen zu können, wurde schließlich verrückt. Mit 39 Jahren starb er in einer Anstalt.
Auch die anderen zentralen Figuren aus dem Leben Lolas verschwanden allmählich. Patrick Purdy Hull hatte ein Jahr nach Lolas Abreise aus Kalifornien einen Schlaganfall erlitten und starb sechs Monate darauf im Alter von 36 Jahren.[16] Ihr Liebhaber Lieutenant Lennox war zu seinem Dienst in Indien zurückgekehrt, starb aber wenige Monate später mit 23 Jahren an einem Fieber.
Nur Thomas James, ihr erster und einziger gesetzlich angetrauter Ehemann, überlebte sie. Captain James war bei seinen Offizierskameraden offenbar auch nicht beliebter, als er bei seiner Frau gewesen war. Obwohl die meisten Offiziere der indischen Armee alle zwei oder drei Jahre ein neues Kommando erhielten, verbrachte James mehr als fünfzehn Jahre auf einem entfernten Außenposten, der ihm als inoffizielles Exil vom Regiment zugewiesen worden war;[17] er beendete seinen Dienst mit einem Tadel, weil er die Bücher so schlecht geführt hatte, daß ein erheblicher Geldbetrag nicht belegt werden konnte.
Dennoch wurde James bei seiner Versetzung in den Ruhestand zum Major befördert und zum Oberstleutnant ehrenhalber ernannt, wodurch er eine höhere Pension erhielt und sich für den Rest seines Lebens mit »Colonel« anreden lassen konnte. Zu seinem Glück kehrte der frischgebackene Major nach London zurück, kurz bevor der Sepoy-Aufstand ausbrach, der den Subkontinent verwüsten und den Charakter Britisch-Indiens für immer verändern sollte.
Im Ruhestand scheint sich James wieder mit seinen ersten Liebhabe-

reien beschäftigt zu haben, Pferden und Schießen.[18] Er adoptierte ein kleines Mädchen, das er seiner unverheirateten Schwester Wilhelmina in Cheltenham zur Erziehung überstellte. Wenige Jahre nach seiner Rückkehr nach England lernte er als Mittfünfziger eine junge Frau mit einer unehelichen Tochter kennen, fing prompt an, eigene Kinder mit ihr zu zeugen und heiratete sie schließlich am Neujahrstag 1870, als er fast dreiundsechzig war und sie mit ihrem dritten Kind schwanger ging. Etwas mehr als ein Jahr später starb er in ihrem Haus im Londoner Bayswater Distrikt an einem Schlaganfall.

Lolas Mutter wohnte etwa eine Meile entfernt, in der Pension von Mrs. Smith in der Queen's Road 36 (heute Queensway).[19] Mrs. Craigie führte als Witwe eines pensionierten Militärs das bequeme Leben der Mittelklasse, hielt mit der Familie der Craigies und ihrem Neffen und ihrer Nichte in Irland Kontakt und erfreute sich auch eines kleinen Kreises Londoner Freunde.

Am kalten Abend des 15. November 1875 bemerkten Passanten, wie dunkler Rauch aus einem Fenster im ersten Stock der Pension quoll. Ein Polizeiwachtmeister rannte zur Zimmertür, doch sie war von innen abgeschlossen. Nach einigem Zögern brach er mit noch ein paar Männern die Tür auf.

Drinnen fanden die Retter Eliza Craigie mit verbrannter Kleidung bewußtlos auf dem Teppich liegend; offensichtlich hatten sich ihre Röcke am Feuer ihrer Heizung entzündet. Die Frau mit ihren Verbrennungen wurde in eine Kutsche getragen und eilig ins St. Mary's Hospital gebracht, wo sie sechs Tage später im Alter von siebzig Jahren starb, ohne das Bewußtsein wiedererlangt zu haben. Die Nachrufe in den Zeitungen konnten nicht einmal ihren Namen richtig wiedergeben, noch viel weniger waren sie in der Lage, sie als die Mutter von Lola Montez zu identifizieren.

Mit ihrem Tod wechselte Lola von ihrer Stellung als eine der berühmtesten Frauen der Welt in das Reich der Legende über. Sie hatte soviel unternommen, die Geschichtsaufzeichnungen durcheinanderzubringen, daß es keine Überraschung ist, wenn die nach ihrem Tod verfaßten Geschichten gewöhnlich keinen engeren Bezug zu den Tatsachen ihres Lebens aufwiesen als ihre eigenen Erzählungen. Im Lauf der Jahre wurde Lola zu einem beliebten Sujet für Romanautoren und Stückeschreiber und sogar für Komponisten von Musicals, Ballettszenen und Opern. Lola trat in einer Anzahl von Filmen als Thema oder Filmfigur in Erscheinung; der Höhepunkt war Max Ophüls' Film *Lola Montez* von 1955, der auf einem französischen

Roman beruhte. Der Film ist zu einem Kinoklassiker geworden, auch wenn die darin vorgestellte Lola sehr viel mehr gallische Zurückhaltung und Berechnung aufweist, als das Original gezeigt hatte.

Die feministische Bewegung hat Lola selten als eine ihrer Heldinnen betrachtet, und Lola selbst sah sich nie als Feministin. Immer betrachtete Lola Lebensereignisse eher in persönlichen und spezifischen Zusammenhängen als in abstrakten und allgemeinen; und obwohl sie darum kämpfte, in den Genuß der Freiheiten zu kommen, für die auch Feministinnen von damals und heute fochten, so strebte Lola doch in erster Linie an, ihr eigenes Leben von den Vorurteilen und Beschränkungen der Gesellschaft zu befreien und bahnte nur zufällig Wege, denen auch andere Frauen folgen konnten.

Lola Montez hat aber gezeigt, daß eine intelligente, wagemutige, bezaubernde und äußerst willensstarke Frau weit über die eingeschränkte Rolle hinaus, die Frauen nach allgemeinem Verständnis erlaubt war, erfolgreich sein konnte; ihr Beitrag zum Feminismus liegt darin, daß sie sich der Verachtung, Lächerlichkeit, Entrüstung und all den anderen Hindernissen, die ihr die Gesellschaft in den Weg legte, widersetzte und auf ihre Weise zu Ruhm und Erfolg als Tänzerin, Schauspielerin, Vortragsrednerin und Autorin gelangte. Das Beispiel ihres Lebens ermutigt jeden, das Wagnis einzugehen und seine Träume zu leben.

Am Ende jedoch wurde ihr bewußt, daß Egoismus, Eitelkeit und Willenskraft, die sie in die Lage versetzt hatten, die erbitterte Feindschaft ihrer Gegner als eine ehrgeizige und unabhängige Frau niederzutrampeln, sie auch dazu brachten, sich rücksichtslos über alle Menschen ihrer Umgebung hinwegzusetzen. Ihre Bemühungen, sich Demut, Menschenfreundlichkeit und Mitleid anzueignen, waren so unmäßig und sprunghaft wie all ihre anderen Begeisterungsschübe; doch wenn wir den Erinnerungen ihrer besten Freunde glauben können und der Aussage des Pfarrers, nach der sie auf dem Totenbett ihre Zuversicht geäußert haben soll, daß Gott ihre Bemühungen annehmen werde, hat Lola am Ende sogar über ihre eigene Natur gesiegt.

Ihr weißer Grabstein steht noch immer allein auf der kleinen Kuppe des Green-Wood Friedhofs; die Inschrift ist inzwischen unleserlich. Wenn Lola sich am Ende noch eine letzte Botschaft ausgesucht hätte, die hier für die Nachwelt hätte eingemeißelt werden sollen, könnte es eine Botschaft des christlichen Glaubens und der Hoffnung gewesen sein. Doch vielleicht ist ihr wahres Lebensmotto am besten in der Widmung zu ihrem Vortrag *The Arts of Beauty* zusammengefaßt:

ALLEN MÄNNERN UND FRAUEN
ALLER LÄNDER GEWIDMET,
DIE SICH NICHT VOR *SICH SELBST* FÜRCHTEN UND
DIE GENÜGEND ZUTRAUEN ZU IHRER EIGENEN SEELE
HABEN, MIT DER KRAFT IHRER
EIGENEN PERSÖNLICHKEIT
AUFZUSTEHEN UND DAS WAGNIS EINZUGEHEN, SICH
DEN GEZEITENSTRÖMEN DER WELT AUSZUSETZEN.

Bibliographie

Archive

Deutschland

Bayerisches Hauptstaatsarchiv, München
   Abteilung II: Neunzehntes und zwanzigstes Jahrhundert
   Abteilung III: Geheimes Hausarchiv
   Abteilung IV: Kriegsarchiv
Bayerisches Staatsarchiv, München
Bayerische Staatsbibliothek, München
Stadtbibliothek, Monacensia Sammlung, München
Württembergisches Hauptstaatsarchiv, Stuttgart

Großbritannien

British Library, India Office Library and Records, London
Greater London Record Office, London
Public Record Office, Kew

USA

Harvard Theatre Collection, Cambridge

Quellen in Auswahl

ADALBERT, Prinz von Bayern, *Nymphenburg und seine Bewohner*, München 1949.
ALBRECHT, D., »König Ludwig I. und Gottlieb Freiherr von Thon-Dittmer«, *Land und Reich, Stamm und Nation. Festgabe für Max Spindler zum 90. Geburtstag*, hg. v. A. Klaus, München 1984.
Allgemeine deutsche Real-Encyklopädie für die gebildeten Stände, Conversations-Lexicon, Leipzig 1853.
Die allgemeine Studenten- und Volksbewegung in München am 8., 9., 10., 11. und 12. Februar 1848, München 1848.
Anfang und Ende der Lola Montez in Bayern. Wahrheitsgetreue Schilderung der Zeit von Oktober 1846 bis Februar 1848, München 1848.

»Aufzeichnungen eines Achtundvierzigers«, *Österreichische Rundschau*, Nr. 16, 1848, S. 57–63.

AUGUSTIN-THIERRY, A., *Lola Montez. Favorite Royale*, Paris 1936.

»Aus den Tagen der Lola Montez«, *Neue Deutsche Rundschau*, 1901, S. 913–944.

Bericht aus München über die Ereignisse des 9., 10., 11. Februar 1848, München 1848.

BEYER, L. (Pseud.?), *Glorreiches Leben und Taten der edelen Sennora Dolores*, Leipzig 1847.

BLAINEY, A., *The Farthing Poet. A Biography of Richard Hengist Horne*, London 1968.

BLAKE, Ch., *An Historical Account of the Providence Stage*, Whitney 1868.

BOISSERÉE, S., *Tagebücher*, Darmstadt 1985, IV.

BOUCHARDON, P., *Le duel du chemin de la Favorite*, Paris 1927.

BRAY-STEINBURG, Otto Graf von, *Denkwürdigkeiten aus meinem Leben*, Leipzig 1901.

BÜLOW, E. von, *Novellen*, Stuttgart 1846.

BÜLOW, H. von, *Briefe und Schriften*, Leipzig 1904.

[CANNON, M.], *Lola Montez. The Tragic Story of a »Liberated Woman«*, Melbourne 1973.

CHORLEY, H., *Modern German Music*, 1854, Nachdruck New York 1973.

CHROUST, A. (Hg.), *Gesandtschaftsberichte aus München 1814–1848*.
  I. Abteilung, *Die Berichte der französischen Gesandten*, München 1936.
  II. Abteilung, *Die Berichte der österreichischen Gesandten*, München 1942.
  III. Abteilung, *Die Berichte der preußischen Gesandten*, München 1951.

CLELAND, R. (Hg.), *Apron Full of Gold: The Letters of Mary Jane Megquier from San Francisco, 1849–1856*, San Marino 1949.

»Colonel Elias Peissner«, *Union College Magazine*, 1867.

CORTI, E. C. C., *Ludwig I. von Bayern*, München 1937.

COTTON, J. J., *List of Inscriptions on Tombs or Monuments in Madras*, Madras 1905.

COYNE, J. S., *Pas de Fascination: or, Catching a Governor! Originally Licensed by the Lord Chamberlain, and Performed at the Theatre Royal, Haymarket, under the Title Lola Montez: or, A Countess for an Hour*, London 1848 (?).

CRAEMER, J. L., *Königs-Historien, Teil III, Residenz-Geheimnisse*, München 1896.

Criticisms on the Performances of Harry Jackson, the Celebrated Comedian from the Sydney, Melbourne, Adelaide, Hobarttown, etc. Newspapers, Auckland 1857.

CROWE, C., »Die Nachtseite der Natur, oder Geister und Geisterseher«, übers. n. d. 2. engl. Ausg. v. C. Kolb, II Bde., *Bibliothek der Zauber-, Geheimnis- und Offenbarungs-Bücher und der Wunder, Hausschatz-Literatur aller Nationen in allen Raritäten und Kuriositäten. Zur Geschichte der Kultur hauptsächlich des Mittelalters*, hg. v. J. Scheible, Stuttgart 1849.

CUBITT, G., *The Jesuit Myth. Conspiracy Theory and Politics in 19th Century France*, Clarendon 1993.

DANTON, G. H., »Elias Peissner«, *Monatsheft für Deutschen Unterricht*, 1940, S. 314-324.
DARLING, A. (Pseud.), *Lola Montez*, New York 1972.
Das Nachtlager in Blutenburg, romantisches Schauspiel aus dem 19. Jahrhundert in mehreren Aufzügen, München 1848.
D'AUVERGNE, E. B., *Lola Montez: An Adventuress of the Forties*, London 1909.
D'ECQUEVILLEY, V., *Témoin dans un duel ou La vérité sur le procès Victor d'Ecquevilley*, Frankfurt a. M. 1847.
DE MORETON, Ch. und DE CELESTE, M., *Un deuil au bout du Monde*, Paris 1877.
»Der Beherrscher eines Kleinstaates«, *Gartenlaube*, 1866, S. 591-595.
DIRR, P., »Sturmbewegte Zeiten«, *Das Bayernland* 37, 1926, S. 653-664.
DISRAELI, B., *Lord Beaconfield's Correspondence with His Sister 1832–1852*, London 1886.
DÜRCK-KAULBACH, J., *Erinnerungen an Wilhelm von Kaulbach und sein Haus*, München 1917.
[DYER, H.], *The Story of a Penitent: Lola Montez*, New York 1867.

EDEN, E., *Up the Country*, London 1930.

FARLEY, P., »The Day Peissner Fell«, *Union College Alumni Monthly*, Februar 1914.
FITZBALL, E., *Thirty-Five Years of a Dramatic Author's Life*, London 1859.
FOLEY, D., *The Divine Eccentric. Lola Montez and the Newspapers*, Los Angeles 1969.
FOURNIER, A., »Lola Montez. Ein geheimer Bericht über Bayern im Jahre 1847«, *Deutsche Revue*, August 1902, S. 214-230.
[FRANCIS, G. H.], »The King of Bavaria, Munich, and Lola Montez«, *Fraser's Magazine*, Januar 1848, S. 89-104.
FRIEDLÄNDER, H., (Pseud.: P. Erdmann), *Lola Montez und die Jesuiten. Eine Darstellung der jüngsten Ereignisse in München*, Hamburg 1847. Erstmals veröffentlicht unter dem Pseudonym Ignaz Dobmayer unter dem Titel *Zustände und Ereignisse in München im Jahre 1847*.
FUCHS, E., *Ein vormärzliches Tanzidyll. Lola Montez in der Karikatur*, Berlin 1904.

GASH, N., *Sir Robert Peel*, London 1970.
Genealogisches Taschenbuch der deutschen gräflichen Häuser auf das Jahr 1847, Gotha 1847.
GIARDINA, R., *Lola Montez. Ballerina e avventuriera. La vita di Eliza Dolores Gilbert*, Mailand 1992.
GOLDBERG, I., *Queen of Hearts. The Passionate Pilgrimage of Lola Montez*, New York 1936.
GOLLWITZER, H., *Ein Staatsmann des Vormärz: Karl von Abel 1788–1859*, Göttingen 1992.

—, *Ludwig I. von Bayern. Königtum im Vormärz. Eine politische Biographie*, München 1986.
Government of Bihar, *List of Pre-Mutiny Inscriptions in Christian Burial Grounds in the Patna District*, Patna 1936.
GOWER, F. L., *Bygone Years*, London 1905.
GUEST, I., *Romantic Ballet in Paris*, London 1966.

HACKER, R., *Die Beziehungen zwischen Bayern und dem Hl. Stuhl in der Regierungszeit Ludwigs I.*, Tübingen 1967.
HASE, U., *Joseph Stieler*, München 1971.
HAUSER, M., *Aus dem Wanderbuch eines österreichischen Virtuosen. Briefe aus Kalifornien, Südamerika und Australien, gesammelt und herausgegeben von S. Hauser*, Leipzig 1859.
HELLERSTEIN, E., HUME, L. und OFFEN, K. (Hg.), *Victorian Women*, Stanford 1981.
HINGSTON, E. P., *The Genial Showman*, London [o. J.]
HODSON, V. C. P., *List of the Officers of the Bengal Army 1758–1834*, London 1927-1947.
HOLDREDGE, H., *The Woman in Black. The Life of Lola Montez*, New York 1955.
HORN, O., *Chronik der Palatia. Zur fünfzigjährigen Jubelfeier des Corps Palatia*, München 1863.
HORSTMAN, A., *Victorian Divorce*, New York 1985.
HUMMEL, K.-J., *München in der Revolution von 1848/49*, Göttingen 1987.
HUTCHINGS, A. M., »The Most Famous Vamp Who Ever Lived«, *Hobbies*, April 1945.

IKONNIKOV, N. (Hg.), *La Noblesse de la Russie*, Paris 1959.

JUNGMANN-STADLER, F., »Johann Nepomuk Wilhelm Freiherr von Pechmann«, *Das Bayernland* 91, Nr. 3, September 1989, S. 67-71.

KRESSNER, K. G. M., »Das erste Auftreten von Lola Montez in Deutschland«, *Velhagen und Klasing's Monatshefte,* Februar 1901, S. 677-683.
KINYON, E., *The Northern Mines*, Valley-Nevada City 1949.
KRISTL, W. L., *Lola, Ludwig und der General*, Pfaffenhofen/Ilm 1979.
KURZ, F., *Der Anteil der Münchener Studentenschaft an den Unruhen der Jahre 1847 und 1848*, München 1893.

LELAND, Ch. G., *Memoirs*, New York 1893.
LEMAN, W., *Memories of an Old Actor*, San Francisco 1886.
Lettre à Mr. A. P. à Nyon pour faire suite aux Offres et Ménaces, Genf 1849.
LEWALD, F., *Zwölf Bilder nach dem Leben*, Berlin 1888.
Lola Montez, Gräfin von Landsfeld, München 1848.
LUDWIG I., König von Bayern, *Gedichte*, Pfaffenhofen 1980.
LUMLEY, B., *Reminiscences of the Opera*, London 1864.

»Madras Almanac«, *Asylum* Press, Madras [o. J.]

MAILLIER, Ch., *Trois Journalistes Drouais: Brisset, Dujarier, Bure,* Paris 1968.

MALMESBURY, J. H. H., *Memoirs of an Ex-Minister. An Autobiography of the Rt. Hon. Earl of Malmesbury,* London 1884.

MANN, G., *Ludwig I., König von Bayern,* Schaftlach 1989.

MARETZEK, M., *Revelations of an Opera Manager in 19th Century America,* 1855, Nachdruck New York 1968.

MASSETT, S., *»Drifting About« or What »Jeems Pipes of Pipesville« Saw and Did,* New York 1863.

MIRECOURT, E. de (Pseud.: F. Ch. Jacquot), *Les Contemporains, Parte 78, Lola Montez,* Paris 1857.

Mola oder Tanz und Weltgeschichte, Leipzig 1847.

MONTEZ, L., *Abenteuer der berühmten Tänzerin. Von ihr selbst erzählt,* Leipzig 1847.

—, *Anecdotes of Love. Being a True Account of the Most Remarkable Events Connected with the History of Love, All Ages and Among All Nations,* New York 1859.

—, *Lectures of Lola Montez including her Autobiography,* New York 1858.

—, *Memoiren der Lola Montez,* Berlin 1851 und 1986.

—, *Memoiren von Lola Montez, Gräfin von Landsfeld,* übers. v. L. Fort, Grimma 1851.

MOORE, L., »George Washington Smith«, *Dance Index* 4, 1945, S. 88-135.

MOSCHELES, I., *Recent Music and Musicians,* New York 1875.

MOULIN-ECKART, R., *Hans von Bülow,* München 1921.

MOUROT, S., *This Was Sydney,* Sydney 1969.

MÜLLER, K. A., *Am Rand der Geschichte,* München 1957.

OETTINGER, E. M., *Mollalontez,* Leipzig 1847.

OSTINI, F., *Wilhelm von Kaulbach,* Bielefeld 1906.

OTTOMEYER, H. (Hg.), *Biedermeiers Glück und Ende. Die gestörte Idylle 1815–1848,* München 1987.

PAPON, A., u. a. (Hg.), *Lola Montez. Memoiren in Begleitung vertrauter Briefe SM des Königs Ludwig I. von Bayern und der Lola Montez,* III Bde., Stuttgart 1849.

PHILLIPS, C. C., *Portsmouth Plaza. The Cradle of San Francisco,* San Francisco 1932.

PLÖTZ, J. von, *Der verwunschene Prinz. Schwank in drei Aufzügen,* München [o. J.]

Polski Slownik Biograficzny, Krakau 1935.

PRAAG, M. M. van, *Lola en Ludwig,* 's Gravenhage 1962.

PUDELIK, J., »The Warsaw Ballet Under the Directorships of Maurice Pion and Filippo Taglioni, 1832-1853«, *Dance Chronicle* 11, Nr. 2, 1988, S. 219-273.

Q. *You Have Heard of Them,* New York 1854.

RAUH, R., *Lola Montez. Die königliche Mätresse*, München 1992.
ROGERS, A., *A Hundred Years of Rip and Roarin' Rough and Ready*, Kalifornien 1952.
ROSS, I., *The Uncrowned Queen. Life of Lola Montez*, New York 1972.

SALA, G. A., *The Life and Adventures of George Sala*, New York 1895.
SCHILLER, H. (Hg.), *Briefe an Cotta. Vom Vormärz bis Bismarck, 1833–1863*, Stuttgart 1934.
SCHMELLER, J. A., *Tagebücher 1801–1859*, München 1954-1956.
SCHMIDT, B. (Hg.), *Die Reußen. Genealogie des Gesamthauses Reuß*, Schleiz 1903.
SCHORN, K., *Lebenserinnerungen*, Bonn 1898.
SEITZ, M., »Die Februar- und Märzunruhen in München 1848«, *Oberbayerisches Archiv für vaterländische Geschichte* 78, 1953, S. 1-104.
SEOIGHE, M., *The Story of Kilmallock*, Cill Mocheallog 1987.
SEPP, J., *Ludwig Augustus, König von Bayern*, Schaffhausen 1869.
SHOEMAKER, S. M., *Calvary Church, Yesterday and Today*, New York 1936.
SIGMA, »Lola Montez w Warszawie«, *Tygodnik Illustrowany*, Nr. 21, 1912, S. 21–409.
SIMON, L., »L'extraordinaire aventure de Lola Montez«, *Archives internationales de la danse*, Oktober 1935, S. 133-135.
SPINDLER, M., *Erbe und Verpflichtung. Aufsätze und Vorträge zur bayerischen Geschichte*, München 1966.
—, »Die politische Wendung von 1847/48 in Bayern«, in *Bayern, Staat und Kirche, Land und Reich*, hg. v. O. Schottenloher, München 1961.
STERN, M. B., *Purple Passage. The Life of Mrs. Frank B. Leslie*, Oklahoma 1953.

THIERSCH, J., *Carl Thiersch. Sein Leben*, Leipzig 1922.
»Trial for Murder in France – Lola Montez«, *American Law Journal*, Juli 1848.
TORRELAS, A., *Como las hojas. Lola Montez, la amada del Rey Poeta*, Barcelona 1944.

»Um Lola Montez«, *Blätter aus dem Kieler Theatermuseum*, Kiel 1930.

VACANO, E. M. und MONTEZ, L., *Die Kunst der Schönheit. Toilettengeheimnisse*, Berlin 1894.
[VANDAM, A. D.], *An Englishman in Paris*, New York 1892.
VARNHAGEN, E. von, *Tagebücher*, Bern 1972.
[VOGT, K.-W.], *Lola Montez mit ihrem Anhange und Münchens Bürger und Studenten*, München 1848.
[VOGT, K.W. (?)], *Das Nachtlager in Blutenburg oder der Lola Montez letztes Verweilen in Münchens Nähe*, München 1848.

WAGNER, C., *Die Tagebücher*, München 1976–1978.
WAGNER, R., *Mein Leben*, München 1983.

WALKER, A., *Franz Liszt. The Virtuoso Years*, New York 1983.

WERNITZ, A., »Lasaulx und die vorrevolutionäre Münchener Szene im Februar 1847«, *Oberbayerisches Archiv für vaterländische Geschichte* 93, 1971, S. 185–189.

WHITING, L., *Kate Field. A Record*, Boston 1900.

WILMES, J. und PREZELIN, J., *Lola Montez. Pavane pour un roi poète*, Lausanne 1967.

WITHERS, W. B., *History of Ballarat*, Niven 1887.

WOLF, J. H., *Geschichtliche Walhalla der großen Fest- und Versöhnungswoche zwischen König und Volk in München vom 6. bis 13. März 1848*, München 1848.

WYNDHAM, H., *The Magnificent Montez. From Courtesan to Convert*, New York 1936.

XYLANDER, R. und SUTNER, C. von, *Geschichte des 1. Feldartillerie-Regiments, König Regent Luitpold*, Berlin 1911.

ZUBER, K.-H., *Der »Fürst Proletarier«. Ludwig von Oettingen-Wallerstein*, München 1878.

Abkürzungen

Folgende Abkürzungen werden in den Quellenangaben verwendet:

AN   Archivnummer
BAM   Bayerisches Staatsarchiv München, Nr. RA 16177.
BHS   Bayerisches Hauptstaatsarchiv München, Abteilung II, Neunzehntes und Zwanzigstes Jahrhundert.
BSB   Bayerische Staatsbibliothek München.
CKL   Corti, Egon Cäsar Conte, Ludwig I. von Bayern, München 1937.
FDE   Foley, Doris, The Divine Eccentric. Lola Montez and the Newspapers, Los Angeles 1969.
FGB   Chroust, Anton (Hg.), Gesandtschaftsberichte aus München 1814 bis 1848. I. Abteilung, Die Berichte der französischen Gesandten, München 1936.
GKL   Gollwitzer, Heinz, Ludwig I. von Bayern. Königtum im Vormärz. Eine politische Biographie, München 1986.
GHA   Bayerisches Hauptstaatsarchiv, München, Abteilung II, Geheimes Hausarchiv.
IOBL   India Office Library and Records, British Library, London.
JN   Nicholls, Sir Jasper, Journals, India Office Library and Records, British Library, London, MSS Eur. F175.
JSP   Jungmann-Stadler, Franziska, Johann Nepomuk Wilhelm Freiherr von Pechmann, in: Das Bayernland 91, Nr. 3, September 1989, S. 67–71.
JVJ   James v. James, File of the Consistory Court of London, Greater London Record Office, In Accession 73.77.
KA   Bayerisches Hauptstaatsarchiv, München, Abteilung IV, Kriegsarchiv.
KAM   Kurz, Ferdinand, Der Anteil der Münchener Studentenschaft an den Unruhen der Jahre 1847 und 1848, München 1893.
KL   König Ludwig I. von Bayern
KLA   König Ludwig I. Archiv in der Bayerischen Staatsbibliothek, München.
KLL   Kristl, Wilhelm Lukas, Lola, Ludwig und der General, Pfaffenhofen/Ilm 1979.
LM   Lola Montez
LML   Montez, Lola, Lectures of Lola Montez Including Her Autobiography, New York 1858.
MAR   Müller, Karl Alexander, Am Rand der Geschichte, München 1957.
MD   Anonyme Tagebuchtranskription, ohne Titel, 4° Mon 2660, Monacensia Sammlung, Stadtbibliothek München.

MEM	Montez, Lola, Memoiren von Lola Montez, Gräfin von Landsfeld, aus dem Französischen übertragen von Ludwig Fort, Grimma 1851.
MSB	Brief von KL an LM, 8. Februar 1849, Z-200/1936/37, Monacensia Sammlung, Stadtbibliothek München.
NL	Nachlaß Ludwigs I. im GHA
ÖGB	Chroust, Anton (Hg.), Gesandtschaftsberichte aus München 1814–1848. II. Abteilung: Die Berichte der österreichischen Gesandten, Band III.
PGB	Chroust, Anton (Hg.), Gesandtschaftsberichte aus München 1814–1848. III. Abteilung: Die Berichte der preußischen Gesandten, Band IV.
PLM	Papon, Auguste, Lola Montez. Memoiren in Begleitung vertrauter Briefe SM des Königs Ludwig I. von Bayern und der Lola Montez, III Bde., Stuttgart 1849.
PRO	Public Record Office, Kew.
SFM	Seitz, Max, Die Februar- und Märzunruhen in München 1848, Oberbayerisches Archiv für vaterländische Geschichte 78, 1953, S. 1–104.
WGB	Württembergisches Hauptstaatsarchiv Stuttgart, Gesandten Berichte aus München, E73Vez.61–29.

Quellenangaben

Enthält ein Absatz mehrere Passagen oder Zitate, für die Quellen angegeben werden, so sind diese unter einer gemeinsamen Anmerkungsziffer aufgeführt.

Von Irland nach Indien

1 Zu Francis Lister Hawks und seinen Gedanken über die sterbende LM siehe [Dyer], *Penitent* und Shoemaker, Calvary Church.
2 [Dyer], *Penitent*, 21.
3 MEM 1:93.
4 Government of Bihar, *List*, 48; PRO, WO25/65, *Commissioning Book*, 384; MEM 1:32.
5 PRO, WO12/4175, *Musterlist of the 25th Foot Regiment, 1818–1822;* MEM 1:32–33; über das Alter der Mutter von Lola siehe den Eintrag ihres Todes im General Register Office, London 1875, Middlesex County, Sub-District of St. Joan Paddington, No. 229; über die Familie Oliver allgemein, siehe Seioghe, *Kilmallock*, 155; siehe Letzer Wille und Testament von Charles Silver Oliver, datiert und unterzeichnet in Old Brompton, 3.5.1815, in den Akten der Irish Land Commission, Dublin, Box 3643, schedule A, No. 2, record EC 4332; über das Leben von Charles Silver Oliver allgemein, siehe R. G. Thorne, *The House of Commons, 1790–1820* (London, 1986), 6:690.
6 Siehe Letzter Wille und Testament von Charles Silver Oliver.
7 Siehe MEM 1:33 für eine Beschreibung der Mutter von Lola Montez; LML17. PRO, WO 12/4175, Musterlist of the 25th Foot Regiment, 1818–1822; Kirchenbuch der Holy Trinity Church (Christ Church), Cork, vol. 11: Marriages, 119; *Ennis Chronicle and Clare Advertiser*, 6.5.1820, 3c1.
8 PRO, WO 12/4175, Musterlist of the 25th Foot Regiment, 1818–1822; Kirchenbuch der Holy Trinity Church (Christ Church), Cork, vol. 11: Marriages, 119; *Ennis Chronicle and Clare Advertiser*, 6.5.1820, 3c1.
9 PRO, WO 12/4175 und WO 12/4176, *Musterlist of the 25th Foot Regiment, 1818–1822,* und *Government Gazette* [Kalkutta], 22.5.1823, 7c1 General Order 2933.
10 PRO, WO 25/3503, Embarkation/Disembarkation Returns, vol. 1819–1822:82.
11 PRO, WO 12/5653, *Musterlist of the 44th Foot Regiment;* Details über die Reise gangesaufwärts sind einem unveröffentlichten Manuskript entnommen: IOBL, insbesondere Eur.Ms.B242, *Journal of Travel on the Ganges*, und Eur.Ms.B208, *Journal of Capt. C. D. Aplin*.

12 PRO, WO 25/1789, *Casualty List of the 44th Foot Regiment, Auction of the Effects of Ensign Edward Gilbert, Dinapore, 27.10.1823*.
13 PRO 25/1789, *Casualty List of the 44th Foot Regiment, Auction fo the Effects of Ensign Edward Gilbert, Dinapore, 27.10.1823;* IOBL, N/1/vol. 12/617, *Dinapore Burial Records;* und Government of Bihar, *List,* 48, inscription 158.
14 MEM 1:44–45.
15 MEM 1:49–51, 61, 83.
16 PRO, WO 25/1789, *Casualty List of the 44th Foot Regiment, Auction of the Effects of Ensign Edward Gilbert, 27.10.1823* und der Brief, der zu diesem Zeitpunkt eingeheftet wurde.
17 IOBL, L/mil/10/24/7733, *Service Record of Patrick Craigie.*
18 IOBL, L/mil/9/131/73–76, *Cadet Papers of Patrick Craigie;* Mikrofilm des Kirchenregisters der Montrose Library; IOBL, L/mil/24/ff33, *Service Record of Patrick Craigie;* MEM 1:75.
19 IOBL, L/mil/24/ff33, *Service Record of Patrick Craigie;* IOBL, N/1/13/189, Kirchenregister von Dacca; *Bengal Hukaru* [Kalkutta], 24.8.1824, 2c3.
20 MEM 1:99; JVJ, *Exhibits to the Summary of the Evidence of Robert McMullin* (zwei Briefe von Patrick Craigie an Robert McMullin vom 28.9.1840 und 12.10.1840).
21 MEM 1:83.
22 MEM 1:94.
23 MEM 1:93.
24 IOBL, L/Mar/B/70B, *Log of the »Malcolm«;* MEM 1:95.

Vom Kind zur Frau

1 Die Darstellung der Reise auf der *Malcolm* beruht auf dem erhaltenen Logbuch (IOBL, L/Mar/B/79B) und dem kurzen Bericht Lolas (MEM 1:95).
2 MEM 1:96.
3 Siehe Mikrofilm des Kirchenregisters der Montrose Library.
4 LML 21; *Edinburgh Evening Courant,* 20.8.1849, 3c5.
5 *Sunderland Herald,* 31.8.1849, 5c1–2.
6 MEM 1:96–97; JN 40, 31.7.1837, und JN 38, 14.9.1832.
7 Englische Volkszählung von 1841 für 20 Camden Place, Bath, Somerset; MEM 1:Ch. 10.
8 MEM 1Ch. 12.
9 MEM 1:104–105, 91; JN 40, 15.11.1837.
10 JN 39, 14.2.1834.
11 *Bengal Hukaru* [Kalkutta], 2.11.1837.
12 IOBL, L/mil/9/168/435–438, *Cadet Papers of Thomas James,* und IOBL, L/mil/10, *Service Record of Thomas James.*
13 MEM 1:138.
14 MEM 1:138–140.
15 MEM 1:143; LML 22; über die Familie Lumley, siehe Hodson, *List,* 3:90 ff.
16 MEM 1:CH.16.

Die Freuden der Ehe

1 JVJ, *Summary of the Testimony of John James.*
2 JN 40, 31.7.1837.
3 JN 40, 12.8. und 15.11.1837
4 MEM 1:161.
5 MEM 1:161, 163. Über Ballcrystal: MEM 1:Ch 18.
6 JVJ, *Summary of the Testimony of John James.*
7 JVJ, *Summary of the Testimony of Browne Roberts.*
8 MEM 1:164–165.
9 *Bengal Hukaru* [Kalkutta], 26.2.1839, 3c1.
10 Zu Lolas Bericht über die Reise flußaufwärts, siehe MEM 2:Ch. 1–3.
11 KLA 34 [AN 172], LM an KL, 26.5.1850.
12 Eden, *Country,* 318.
13 Eden, *Country,* 316–317.
14 Eden, *Country,* 339.
15 Eden, *Country,* 341–342.
16 JVJ, *Allegation Five of the Complaint;* MEM 2:49.
17 MEM 2:49.
18 Vgl. LML 37–38 mit MEM 2:49–50, und LML 38–39 mit MEM 2:70–73.
19 IOBL, L/mil/10, *Service Record of Thomas James;* alle Angaben ab hier bis zum Ende dieses Kapitels basieren auf Dokumenten aus JVJ, wenn nicht anders angegeben.
20 IOBL, Biographical card file, »Sturgis«.
21 LML 39.
22 IOBL, L/mil/9/185/247–255, *Cadet Papers of George Lennox,* und IOBL, L/mil/10, *Service Record of George Lennox.*
23 JVJ, *Exhibit to the Summary of the Testimony of Robert McMillan.*
24 *Age* [London], 11.6.1843, 5c3.
25 LML 40.

Lola Montez wird geboren

1 Siehe *Times* [London], 9.4.1847, 5c5.
2 MEM 2:109.
3 LML 40–41.
4 Obwohl Lola ihren neuen Familiennamen üblicherweise Montez buchstabierte, wurde er in Frankreich durchweg Montès geschrieben, und manchmal unterschrieb sie selbst mit Montes, wenn sie Französisch schrieb.
5 *New York Herald,* 28.1.1850, 3c1; siehe auch die Ankündigung ihres Debüts in London in der Times vom 3.6.1843, 4c4.
6 *Morning Herald* [London], 7.12.1842, 7c3–4.
7 Zu den Details der Scheidungsangelegenheit siehe JVJ; die hochinteressante und eingehende Untersuchung über die Scheidung in England siehe Horstman, *Victorian Divorce.*
8 Lola gab dieses Datum in ihrem Brief an den Herausgeber der Era [London], 18.6.1843, 5c4–6c1 an; siehe *Allgemeine deutsche Real-Encyclopädie für*

die gebildeten Stände, Conversations Lexikon 10:628. Der Bericht von Lord Malmesbury erschien in seinen *Memoirs* 1:208, Fn 1.
9 MEM 2:109–110.
10 Der Bericht von Lumley erscheint in seinen *Reminiscences*, 76–78.
11 Siehe die spätere Darstellung eines anonymen Kritikers der *Morning Post* (vielleicht Charles J. Rosenberg) in einem Buch, das unter dem Pseudonym »Q« (*You Have Heard of Them*, 98–106) erschien.
12 Q, *You Have Heard of Them*, 101–102.
13 *Morning Post* [London], 3.6.1843, 5c5.
14 *Morning Herald* [London], 5.6.1843, 3c5.
15 Zu den zeitgenössischen Berichten der Londoner Presse, die dieser Beschreibung von Lolas Debüt zugrunde liegen, siehe *Morning Post*, 5.6.1843, 3c3; *Illustrated London News*, 10.6.1843, 405c1; *Examiner*, 10.6.1843, 357c3; *Evening Mail*, 2.–5.6.1843, 8c5; *Planet*, 4.6.1843, 5c5; *Observer*, 4.6.1843, 2c6; *Bell's New Weekly Messenger*, 4.6.1843, 5c2; *Evening Chronicle*, 10.6.1843, 3c5; *English Chronicle*, 6.6.1843, 3c2; *Court Journal*, 10.6.1843, 377c1; *John Bull*, 10.6.1843, 363c2; *Weekly Chronicle*, 10.6.1843, 5c2; *British Queen & Statesman*, 10.6.1843, 10c3; *Spectator*, 10.6.1843, 537c2; *Weekly Dispatch*, 11.6.1843, 284c2; *Age*, 11.6.1843, 5c3–6c1; *Era*, 11.6.1843, 5c3; *Theatrical Journal*, 10.6.1843, 177–178; *Times*, 5.6.1843, 6c4. Einige der zitierten Besprechungen sind lediglich Nachdrucke von Besprechungen in den anderen Veröffentlichungen.
16 Lumley, *Reminiscences*, 78.
17 Lumley, *Reminiscences*, 77–78.
18 *Morning Post* [London], 5.6.1843, 3c3.
19 *Morning Herald* [London], 5.6.1843, 3c5.
20 *Times* [London], 5.6.1843, 6c4.
21 *Evening Chronicle* [London], 5.6.1843, 3c5.
22 *Era* [London], 11.6.1843, 5c3.
23 Lumley, *Reminiscences*, 77–78. Zu Lebzeiten von Lola wurde die Geschichte veröffentlicht, daß ihr Debüt auch deshalb ein Fiasko war, weil eine Gruppe junger Adliger, angeführt von Lord Renelagh, sie als Betrügerin mit Buhrufen von der Bühne jagte (siehe Q, *You Have Heard of Them*, 102–103). Dieses Gerücht wurde zu einer gängigen Version von Lolas Debüt, obwohl es durch jeden Zeitungsbericht und Lumleys eigene Memoiren widerlegt wird.
24 *Age* [London], 11.6.1843, 5c3–6c1.
25 *Era* [London], 18.6.1843, 5c4–6c1.
26 *Court Journal* [London], 17.6.1843, 394c1.
27 *Spectator* [London], 17.6.1843, 564c1.
28 *Age* [London], 18.6.1843, 5c2&3–6c1.
29 »Die Beherrscher eines Kleinstaates«, 593c1.
30 Siehe die Notiz über Lolas letztes Londoner Auftreten, einschließlich der Erwähnung ihrer Abreise nach St. Petersburg in Wyndham, *Magnificent Montez*, 60.

31 Zu dem Bericht von Fitzball über diesen Zwischenfall siehe Fitzball, *Thirty-Five Years,* 1:90–95.

Deutschland wird mit der Peitsche erobert

1 MEM 2:113–114.
2 Der folgende Bericht des Besuchs von Lola in Ebersdorf beruht vorwiegend auf K. G. M., »Das erste Auftreten von Lola Montez in Deutschland«. Von Belang ist auch »Der Beherrscher eines Kleinstaates«, offenbar von einem der Verwandten Heinrichs verfaßt. Lolas eigener Bericht in MEM 2:Ch. 21 erscheint nicht zuverlässig.
3 *Abend Zeitung* [Dresden], 17.8.1843, 56c2.
4 *Deutsche Allgemeine Zeitung* [Leipzig], 15.8.1843, 1327c1–2.
5 *Abend Zeitung* [Dresden], 24.8.1843, 59c2.
6 *Abend Zeitung* [Dresden], 24.8.1843, 62c1–2.
7 *Gesellschafter* [Berlin], 13.9.1843, 728c1; *Journal des Débats* [Paris], 15.11.1843, 3c3–4.
8 Moulin-Eckart, *Hans von Bülow,* 29–30; E. von Bülow, *Novellen* 1:281–328. Zu der Beurteilung eines zeitgenössischen Zuschauers von »Die neue Melusine« und die Genauigkeit seiner Darstellung von Lola siehe ÖGB 409–410.
9 *Abend Zeitung* [Dresden], 21.11.1843, 407c1; *Berliner Illustrierte Zeitung,* 13.11.1927, 1853 ff.; *Königliche Priviligierte Berlinerische Zeitung,* 22.8.1842.
10 *Münchener Conversationsblatt,* 5.10.1843, 319c1–2.
11 *Allgemeine Theater Chronique* [Leipzig], 6.9.8143, 426c1; *Königliche Priviligierte Berlinerische Zeitung,* 28.8.1843, suppl., 7c1.
12 *Münchener Conversationsblatt,* 5.10.1843, 319c1–2.
13 *Abend Zeitung* [Dresden], 21.11.1843, 407c1.
14 *Königliche Priviligierte Berlinerische Zeitung,* 7.9.1843, suppl. (1c2).
15 *Königliche Priviligierte Berlinerische Zeitung,* 9.9.1843, 7c1.
16 *Allgemeine Deutsche Zeitung* [Leipzig], 9.9.1843.
17 *Berlinische Nachrichten von Staats und gelehrter Sachen,* 9.9.1843, 2c3.
18 LML 42–43.
19 E. von Bülow, *Novellen,* 1:303.
20 *Königliche Priviligierte Berlinerische Zeitung,* 12.9.1843, 407c1.
21 MEM 2:198.
22 *Galignani's Messenger* [Paris], 17.9.1843.
23 *Allgemeine Deutsche Zeitung* [Leipzig], 15.9.1843, 1630c2.
24 *Journal des Débats* [Paris], 7.10.1843, 3c5.
25 *Journal des Débats* [Paris], 7.10.1843, 3c5.
26 Einen ausgezeichneten allgemeinen Überblick über das Leben von Frauen in England, Frankreich und den Vereinigten Staaten in der Zeit Lolas gibt Hellerstein, Hume und Offen, *Victorian Women.* Material über das Schicksal von Frauen in Deutschland in der Biedermeierzeit findet sich in zahlreichen Aufsätzen in Ottomeyer, *Biedermeiers Glück und Ende.*
27 Hummel, *München,* 374–377.

28 *Journal des Débats* [Paris], 15.11.1843, 3c3–4; *Allgemeine Theater Chronique* [Leipzig], 13.10.1843, 490c1–2; *Abend Zeitung* [Dresden], 24.10.1843, 328c1–2; *Dampfboot* [Danzig], 10.10.1843, 970c2; *Allgemeine Deutsche Zeitung* [Leipzig], 25.11.1843, 2318c2.
29 MEM 2:201–206.
30 IOBL, N/1/1844/1a, Will of Patrick Craigie, 29.11.1843.
31 Das Todesdatum von Patrick Craigie wird von Hodson (*List*, 1:406) mit 3.10.1843 angegeben, aber auf dem Grabstein steht der 8.10.1843 (siehe Government of Bihar, *List*, 70, inscription 495), und dies war das Datum, das in dem Nachruf im *Asiatic Journal*, 3rd ser. vol. 2 (1844): 454–455 angegeben wurde. Siehe auch den Eintrag in Hudson zu der Beschreibung des Craigie-Toastes.
32 LML 41.

Der Weg nach Rußland und zurück

1 Die Details über den Aufenthalt von Lola in Warschau wurden aus den widersprüchlichen Berichten ausgewählt, die in Simon, »L'extraordinaire aventure« wiedergegeben werden. Pudelek, »Warsaw Ballet«; Sigma, »Lola Montez w Warszawie«; *Sunday Times,* 21.1.1844, 3c5; *Era* [London], 21.1.1844, 5c4; *Allgemeine Theater Chronique* [Leipzig], 8.12.1843, 586c2; und *Dampfboot* [Danzig], 12.12.1843, 118c1.
2 Pudelek, »Warsaw Ballet«, 251–253; siehe auch *Polski Slownik Biograficzny* 1:12–13.
3 Pudelek, »Warsaw Ballet«, 257; Simon, »L'extraordinaire aventure«, 135; Sigma, »Lola Montez w Warszawie«, 409; LML 45–47.
4 Simon, »L'extraordinaire aventure«, 135.
5 *Journal des Débats,* [Paris], 15.11.1843, 3c3–4.
6 Simon, »L'extraordinaire aventure«, 135.
7 *Sunday Times* [London], 21.1.1844, 3c5.
8 Siehe *Abend Zeitung* [Dresden], 5.12.1843, 447 f.
9 Simon, »L'extraordinaire aventure«, 135.
10 Simon, »L'extraordinaire aventure«, 135.
11 Zu Lolas Würdigung Polens und seiner Bevölkerung siehe LML 158–159.
12 *Stettiner Intelligenz-Blatt,* 25.11.1843, 2242 und 1.12.1843, 2277; *Allgemeine Theater Chronique* [Leipzig], 1.1.1844, 3c1.
13 *Allgemeine Politische Zeitung für die Provinz Preußen* [Danzig], 11.12.1843, 1160c2; *Schaluppe zum Dampfboot* [Danzig], 12.12.1843, 1188c2.
14 *Schaluppe zum Dampfboot* [Danzig], 13.12.1843, 1204c1–2 und 16.12.1843, 1217c1.
15 *Königsbergische Preußische Staats-Kriegs-und Friedens-Zeitung,* 4.1.1844, 28c2, und 6.1.1844, 40c2–41c1. Siehe auch *Allgemeine Theater Chronique* [Leipzig], 31.1.1844, 56c1.
16 *Königsbergische Preußische Staats-Kriegs-und Friedens-Zeitung,* 6.1.1844, 40c2–41c1.
17 *Allgemeine Theater Chronique* [Leipzig], 31.1.1844, 56c2.

18 LML 49–52.
19 Sigma, »Lola Montez w Warszawie«; MEM 2:159–166.
20 *Königsbergische Preußische Staats-Kriegs-und Friedens-Zeitung,* 21.2.1844, 393c1, die das *Echo am Memel* [Tilsit] zitiert. Siehe auch die Königsberger Zeitung vom 22.2.1844, 401c1.
21 MEM 2:167.
22 MEM 2:168.
23 MEM 2:169.

Die Eroberung eines Genies

1 MEM 2:172–175; *Allgemeine Theater Chronique* [Leipzig], 6.3.1844, 116c1; *Dresdner Anzeiger,* 28.2.1844.
2 Siehe Liszts Brief an den Direktor des Dresdner Hoftheaters in der Sammlung der Library of Congress, ML 95.L68 (Mus) 86/20, 227 reel 1, letter 28; *Abend Zeitung* [Dresden], 19.3.1844, 228c2.
3 R. Wagner, *Mein Leben,* 282.
4 MEM 2:176.
5 *Abend Zeitung* [Dresden], 14.3.1844, 42c2, R. Wagner, *Mein Leben,* 282; C. Wagner, *Die Tagebücher* 2:235f.
6 R. Wagner, *Mein Leben,* 283; C. Wagner, *Die Tagebücher* 1:32.
7 Moulin-Eckart, *Hans von Bülow,* 29f., H. von Bülow, *Briefe und Schriften* 6 (Band 5 der Briefe), 503.
8 MEM 3:43; *Abend Zeitung* [Dresden], 14.3.1844, 43c1.
9 Zu dem folgenden Bericht siehe MEM 3:42–56.
10 *Königsbergische Preußische Staats-Kriegs-und Friedens-Zeitung,* 26.3.1844, 641c2.
11 *Abend Zeitung* [Dresden], 19.3.1844, 228c2.
12 Zur Erörterung dieser Geschichte siehe Walker, *Franz Liszt* 1:393 und Fn 28; MEM 2:180.
13 Lewald, *Zwölf Bilder,* 351.
14 *Journal du Dimanche* [Paris], 11.4.1847, 31c3; *Berliner Illustrierte Zeitung,* 13.11.1927, 1853 et seq.

Das Urteil von Paris

1 *Abend Zeitung* [Dresden], 16.11.1844, 919c1–2.
2 Botschafter Apponyi an Prinz Metternich, 27.3.1847, zitiert in *Berliner Illustrierte Zeitung,* 13.11.1927, 1853 et seq.
3 *Journal des Débats* [Paris], 18.3.1844, 2c5.
4 Guest, *Romantic Ballet in Paris,* 230.
5 *Corsaire* [Paris], 24.3.1844, 1c2; *Journal des Théâtres* [Paris], 24.3.1844, 4c2.
6 *Journal des Théâtres* [Paris], 28.3.1844, 3c1 und 4c1.
7 *Courrier Français* [Paris], 1.4.1844, 1c3–2c1.
8 *Siècle* [Paris], 4.4.1844, 2c2–3.
9 *Courrier de Londres et de Paris* [London], 30.3.1844, 3c3.

10 *Corsaire* [Paris], 29.3.1844, 3c1; *Presse* [Paris], 29.3.1844, 3c3.
11 *Allgemeine Theater Zeitung* [Wien], 11.4.1844, 364c1.
12 *Estafette* [Paris], 2.4.1844, 1c3.
13 *Journal des Théâtres* [Paris], 31.3.1844, 2c1.
14 *Presse* [Paris], 1.4.1844, 1c2–3.
15 Walker, *Franz Liszt,* 395.
16 *Corsaire* [Paris], 7.8.1844, 3c1–2.
17 *Era* [London], 28.7.1844, 5c2.
18 *Coureur des Spectacles* [Paris], 20.8.1844, 2c2, und 3.9.1844, 3c1–2.
19 Die folgende Beschreibung von Dujarier basiert vorwiegend auf Maillier, *Trois Journalistes.* Siehe auch Bouchardon, *Le Duel.*
20 Bouchardon, *Le Duel,* 27.
21 *Journal des Théâtres* [Paris], 5.3.1845, 2c2.
22 *Courrier Français* [Paris], 10.3.1845, 3c1; *Revue et Gazette des Théâtres* [Paris], 9.3.1845, 2c2; *Réform* [Paris], 10.3.1845, 2c2.
23 *Corsaire-Satan* [Paris], 8.3.1845, 3c3; *Constitutionnel* [Paris], 11.3.1845, 2c1.
24 *Rabelais,* 9.3.1845, 2c1.
25 *Siècle,* 10.3.1845, 3c3.
26 *Presse* [Paris], 10.3.1845, 2c2–3.

Eine Verabredung im Bois

1 Der folgende Bericht beruht vorwiegend auf den umfangreichen Abschriften und Zusammenfassungen der Zeugenaussagen bei der Gerichtsverhandlung gegen Beauvallon wegen Mordes im Jahr 1846, die in der Pariser Presse veröffentlicht wurden. Das Material findet sich in der *Presse* vom 26./27./28./29./30. und 31.3.1846, und im *Journal des Débats* vom 27./28./29./30. und 31.3.1846, und in der *Gazette des Tribunaux* vom 27./28./29. und 30.3.1846. Größtenteils stimmen die Darstellungen überein, wenn es auch im Detail einige Abweichungen gibt. Eine andere wertvolle Quelle ist Bouchardon, *Le Duel,* die auf teilweise unveröffentlichtem Material zu den Ermittlungen über den Tod von Dujarier zu basieren scheint.
2 Zu der Originalnotiz, siehe das Gerichtsprotokoll über Lolas Zeugenaussage bei der Mordanklage, die auch in der *Presse,* dem *Journal des Débats* und in der *Gazette des Tribunaux* zitiert wurden.
3 *Corsaire-Satan* [Paris], 23.3.1845, 3c3.

Auf der Suche nach Zerstreuung – zu Hause und im Ausland

1 *Corsaire-Satan* [Paris], 21.3.1845, 2c3; *Figaro* [Paris], 3.10.1858, 6c2; *Galignani's Messenger* [Paris], 14.4.1845, 4c1; *Journal des Théâtres* [Paris], 19.4.1845, 3c3; *Rabelais* [Paris], 20.4.1845, 2c3; *Revue des Théâtres* [Paris], 9.7.1845, 3c3; *Berliner Illustrierte Zeitung,* 13.11.1927, 1853 et seq.; LML 58.
2 LM an »Mon cher Fiorentino«, o. D., Harvard Theatre Collection.
3 Siehe *Courrier de l'Europe* [London], 6.9.1845, 642c2 und 644c2.

4 Schorn, *Lebenserinnerungen* 1:200f.
5 *Bonner Wochenblatt,* 12.8.1845, [9c1]; Moscheles, *Recent Music,* 316.
6 Der folgende Bericht über das Bankett beruht auf Schorn, *Lebenserinnerungen* 1:208–211; Chorley, *Modern German Music* 2:272–275; Moscheles, *Recent Music,* 317f.
7 Zu dem Deutsch von Franz Liszt siehe Lewald, *Zwölf Bilder,* 339.
8 Zu einer Auflistung der Reisen von Lola im Sommer 1845 siehe *Gazette des Tribunaux* [Paris], 26.7.1846, 1249c4–1250c1.
9 Siehe BAM, Polizeibericht vom 17.2.1847, der den Bericht über den Vorfall in Baden-Baden in der *Mannheimer Abendzeitung,* Nr. 28, Februar 1847 zitiert; *Beobachter* [Stuttgart], 28.2.1847m 230c1–2.
10 Siehe Cubitt, *Jesuit Myth,* 105–142.
11 KLL 51f.
12 LM an ein Ausschußmitglied, 30.5.1846, Stadt- und Universitätsbibliothek, Frankfurt am Main; *Revue des Théâtres* [Paris], 14.2.1846, 2c2.
13 Dieser Bericht über die Gerichtsverhandlung beruht auf den umfassenden Berichten in der Pariser Presse. Siehe *Presse,* 26./27./28./29./30. und 31.3.1846; *Journal des Débats,* 27./28./29./30. und 31.3.1846, und *Gazette des Tribunaux,* 27./28./29. und 30.3.1846.
14 *Gazette des Tribunaux* [Paris], 28.3.1846.
15 *Gazette des Tribunaux* [Paris], 28.3.1846.
16 *Figaro* [Paris], 3.10.1858, 6c2; siehe auch LM an Monsieur Vijand, o. D., carton 26, no. 6, Archives de la Ville de Reims, Collection Tarbe; und LM an ein Ausschußmitglied, 30.5.1846, Stadt- und Universitätsbibliothek, Frankfurt am Main. Nach den Verzeichnissen der Armee hatte Leigh am 17.5.1844 sein Offizierspatent für das Zehnte Husarenregiment gekauft und verkaufte es Anfang des Jahres 1845; siehe auch LM an die Besitzerin des Hotel de Suède, Brüssel, am 18[?].8.1846, Harry Ransom Center for the Humanities, University of Texas, Austin; siehe Mirecourt, *Lola Montès,* Faksimile des Briefes von LM an Monsieur Bloque, 25.9.1847.
17 LM an die Besitzerin des Hotel des Suède, Brüssel, im August 1847, Harry Ransom Center for the Humanities, University of Texas, Austin.
18 Siehe Artikel aus dem *Frankfurter Journal,* 27.2.1847, der einem Brief von Heinrich von der Tann an KL vom 12.3.1847 beigelegt war und in NL85/3/7 zu finden ist.
19 Gash, *Sir Robert Peel,* 60, 176.
20 Beyer, *Glorreiches Leben,* 20; Syndham, *Magnificent Montez,* 70.
21 *Allgemeine Zeitung* [Augsburg], 1.9.1846, 1949c2–1950c1, LM an die Besitzerin 18[?].8.1846, Harry Ransom Center of the Humanities, University of Texas, Austin; *Allgemeine Zeitung* [Augsburg], 4.9.1846, 1976c1; LM an Monsieur Du Bois, o. D., Yale University Library, Theatrical Manuscripts Collection.
22 *Der Beobachter* [Stuttgart], 28.2.1847, 230c1–2; Beyer, *Glorreiches Leben,* 20; MEM 3:67, *Atheneum* [London], 9.2.1861, 196f. (berichtet über Lolas Abreise aus Stuttgart nach München, die auf die Hochzeitsfeierlichkeiten folgte).

Ein König im Herbst

1 Diese Skizze über Ludwigs Leben, Charakter und seine Leistungen basiert auf den beiden besten Quellen, GKL und CKL.
2 Siehe KLA 33 [AN 128], KL an LM, 8.7.1848.
3 Mann, *Ludwig I.*, 56.
4 Zu einer liberalen, protestantischen zeitgenössischen Sicht der Situation siehe Erdmann, *Lola,* 175–200.
5 BHS Staatstheater Akte 13196, Memorandum von Freiherr von Frays an KL, 6.10.1846, mit einer Notiz des Königs.
6 Siehe KLA 33 [AN 199], KL an LM, 23.3.1849.

Der verwunschene Prinz

1 *Münchener Politische Zeitung,* 7.10.1846, 980.
2 KLA 39, Freiherr von Maltzahn an KL, 31.12.1846.
3 *Bayerischer Volksfreund* [München], 7.10.1846, 648c1.
4 Mit Bezug auf das Kleid, das sie trug, als sie König Ludwig zum ersten Mal traf, siehe KLA 33 [AN 162], KL an LM 12.10.1848; KLA 33 [AN 164], KL an LM, 18.10.1848; und KLA 33 [AN 206], KL an LM, 30.4.1849. Über Graf Lerchenfeld, siehe Bray-Steinburg, Denkwürdigkeiten, 27.
5 Siehe Fournier, »Lola Montez«, 216, wo ein österreichischer Spion in München die Geschichte in einem Bericht an Prinz Metternich im März 1847 wiederholt. Zu einem anderen frühen Gerücht über das erste Treffen von LM und KL, siehe Boisserée, *Tagebücher* 4:883f.
6 BHS Staatstheater Akte 13107, KLs Anmerkung vom 8.10.1846.
7 BHS Staatstheater Akte 13196, Freiherr von Frays an KL, 8.10.1846, KLs Anmerkung vom selben Tag.
8 BHS Staatstheater Akte 13196, zweites Memorandum von Freiherr von Frays an KL vom 8.10.1846.
9 BHS Staatstheater Aktes 13196, Kopie des Briefes von der Hoftheaterdirektion an LM, 8.10.1846.
10 Plötz, *Prinz,* 29ff.
11 *Münchener Morgenblatt,* 17.10.1846, 1; *Bayerischer Eilbote* [München], 16.10.1846, 1019c1.
12 *Bayerischer Eilbote* [München], 16.10.1846, 1019c1; zitiert in Hase, *Stieler,* 26; GKL 679; KLA 33 [AN 165], KL an LM, 22.10.1848.
13 MD 3.
14 KLA 4.17, Taschennotizbuch 1846–1847, 15.10.1846; KLA 33 [AN 121], KL an LM, 16.6.1848.
15 LM an Baron Frays, 22.10.1846, MS 1489, California Historical Society, San Francisco; Ausschnitt aus einem nicht identifizierten Auktionskatalog von Walter R. Benjamin im Mai 1952, der einen Brief von LM an den Direktor des Augsburger Theaters vom 22.10.1846 verzeichnet, Harvard Theatre Colletion; KLA 33 [AN 165], KL an LM, 22.10.1848; KL an Tann 5.6.1847, zitiert in CKL 510.
16 PGB 201, 17.10.1846.

17 MD 2; CKL 464.
18 ÖGB 425, 25.2.1847.
19 MD 2; *Bayerischer Eilbote* [München], 23.10.1846, 1042c2. BHS Staatstheater Akte 13196, Kopie einer Mitteilung des Theaterdirektors an LM, 20.10.1846, und Memorandum vom 12.11.1846. ÖGB 396, 25.11.1846; Brief vom Amalia Thiersch an ihre Schwester vom 24.11.1846, nachgedruckt in der *Deutschen Allgemeinen Zeitung* [Berlin], 25.7.1919, 2c1–3.
20 KL an Tann, 17.11.1846, zitiert in CKL 465.

Die Mätresse des Königs

1 MAR 101; der Vorname von Frau Ganser, der sonst nirgends Erwähnung findet, ist in den Münchener Stadtverzeichnissen jener Zeit zu finden. Siehe KLA 39, Akte Thierry, Ulrich Thierry an KL, 20.10.1846, mit einer Anmerkung von KL; und ÖGB 395 ff., 25.11.1846.
2 PGB 209, 14.12.1846. Nußbammer (sein wirklicher Name, obwohl er oft mit Nußbaumer bezeichnet wird) war eine Waise, dessen Leben durch Lola auf tragische Weise verändert wurde. Siehe seine Dienstakte in KA Akte 80668. Eine Zusammenfassung seines tragischen Schicksals findet sich bei Sylander und Sutner, *Geschichte* 3:59, Fn 2.
3 Eine Reihe von Karikaturen von Lola mit Turk findet sich in Fuchs, *Tanzidyll*.
4 Zu einer Erörterung des früheren Lebens von Heideck und seine Beziehung zum König, siehe KLL. Wenn nicht anders angegeben, ist dem Bericht über die Rolle Heidecks in der Geschichte von Lola sein 13 Seiten umfassendes Memorandum über seine Beziehung zu Lola zugrunde gelegt, das in voller Länge in KLL zitiert wird.
5 NL 88/4/2. Siehe auch das Taschenberichtsbuch des Königs in KLA 8, Eintrag 7 und 8; Hummel, *München*, 348; *Illustrated London News*, 30.10.1847, 283c3; KLA 39, Akte Metzger, Anmerkung von KL zu dem an ihn gerichteten Brief von Metzger vom 6.11.1846. KL legte später die Geldmittel für die Ausgestaltung des Hauses von Lola auf 20000 Gulden fest; siehe KLL 100.
6 Zumindest einige Auszüge aus den Polizeiakten über den Zwischenfall finden sich in BAM.
7 Siehe Nußbammers Personalakte in KA, Akte 80668.
8 Siehe Schmeller, *Tagebücher* 2:443 (Eintrag für den 16.11.1847); MD 4; Amalia Thiersch an ihre Schwester, 24.11.1846, nachgedruckt in der *Deutschen Allgemeinen Zeitung* [Berlin], 25.7.1919, 2c1–3; »Aus den Tagen der Lola Montez«, 923.
9 KA Akte 80668; MD 3; Amalia Thiersch an ihre Schwester, 24.11.1846, nachgedruckt in der *Deutschen Allgemeinen Zeitung* [Berlin], 25.7.1919, 2c1–3.
10 Siehe KLA 39, Akte Curtius, Dr. Curtius an KL, 23.12.1846, und Dr. Curtius an KL, o. D., aber mit einer Anmerkung des Königs vom 20.1.1847.
11 Die Darstellung des Streits von Lola mit dem Polizeidirektor ist weitge-

hend von MAR 96.125 übernommen, der sich auf Pechmanns unveröffentlichte Tagebücher und Memoranda stützt. Über dieses Thema, siehe auch JSP 67–71.
12 Ein Faksimile dieser Zeilen findet sich in JSP 70.
13 MAR 99.
14 Über dieses Treffen, siehe MAR 107.
15 Zitiert in CKL 467 aus GHA.
16 Zitiert in CKL 468f., von KL an Tann, 27.11.1846.
17 GHA Urkunde 54/4/32,4, siehe CKL 495, Zitat von KL an Tann, 22.2.1847.
18 KLL 62.
19 MAR 112f.; PGB 203, 30.11.1846.
20 MAR 109f.
21 GKL 679, Zitat aus dem Tagebuch von KL.
22 Erdmann, *Lola,* 54f.

Eine gewonnene Schlacht

1 KLL 61; siehe auch PGB 209, 14.12.1846.
2 MAR 111.
3 Der folgende Dialog wird nach den unveröffentlichen Aufzeichnungen von Pechmann in MAR 112ff. zitiert.
4 MAR 115.
5 Nachgedruckt in *Le Temps* [Paris], 26.2.1909, 2c3–6.
6 MAR 115; CKL 472, Zitat aus KL an Tann, 27.12.1846.
7 KLA 38, Akte Heideck, KL an Heideck, 5.12.1846.
8 Der folgende Bericht der Ereignisse im Haus des Generals gründet sich auf Auszüge aus dem unveröffentlichten Memorandum von Heideck, wie es in KLL zitiert wird, und dem Zitat des Briefes von KL an Tann vom 27.12.1846 in CKL (472).
9 Siehe KLA 39, Akte Seinsheim, Seinsheim an KL, 5.12.1846 (erster Brief mit diesem Datum). Es scheint keine Kopie des Berichts von Frau Ganser erhalten geblieben zu sein, aber die Dinge, die erwähnt werden und die für das Ganze typisch scheinen, wurden in einer undatierten Notiz über die Berichte von Frau Ganser in BAM überliefert.
10 CKL 472, Zitat KL an Tann, 27.12.1846.
11 Gollwitzer, *Abel,* 534. Siehe KLA 39, Akte Seinsheim, zwei Briefe von Seinsheim an KL, beide datiert mit 5.12.1846; und NL XXI 586b, Anmerkung von KL zu einem Memorandum von Abel, 20.12.1846, und, an derselben Stelle, die Bemerkung von KL über die Anschuldigungen von Seinsheim, KL durch Abel am 21.12.1846 zugestellt.
12 KLL 70f.
13 KLA 38, Akte Maltzahn, Brief von KL an Maltzahn, 19.12.1846.
14 GKL 679, Zitat des Tagebucheintrags von KL vom 19.12.1846; PGB 203, 30.11.1846; GKL 891, Fn 1520, Zitat des Tagebucheintrags von KL vom 17.12.1846.

15 Erdmann, *Lola*, 20f.; KLA 34 [AN 1], LM an KL, 1.12.1846, KLA 39, Akte Pechmann, Pechmann an KL, 11.12.1846, beiliegend eine Kopie des Berichts 1998 vom 10.12.1846; MAR 118.
16 Diese Notiz, in Deutsch und nicht in Lolas Handschrift, wird in JSP 71 im Faksimile wiedergegeben.
17 Für diese und die folgenden Zeilen, siehe das Affidavit von Ulrich Thierry in KLA 39, Akte Pechmann.
18 MAR 119; ein Entwurf dieses Briefes, zusammen mit einer französischen Übersetzung, die sicher für Lola gedacht war, findet sich in KLA 38, Akte Pechmann.
19 MAR 120; siehe auch NL XXI, Pechmann an KL, 17.112.1846; Craemer, *Königs-Historien*, 28f.; Schmeller, *Tagebücher* 2:448, Eintrag 16.12.1847.
20 BAM, Memorandum vom 17.12. mit der Anmerkung von KL vom gleichen Tag; MD 4; KLA 34 [AN 19], LM an KL, o. D.; KLA 39, Akte Thiersch, Thiersch an KL, 23.12.1846; MD 4; Thiersch, Carl Thiersch, 46; KLA 39, Akte Manostetter, Manostetter an KL, 22.12.1846, Hörmann an Manostetter, 1.1.1847.
21 KLA 39, Kaiserin Charlotte Auguste (Caroline) an KL, 15[?].12.1846; ÖGB 410, Fn 1, 7.2.1847.
22 CKL 475f., Zitat KL an Tann, 12.12.1846.
23 KLA 39, Akte Curtius, Curtius an KL, 23.23.1846.
24 CKL 477, Zitat KL an Tann, 28.12.1846.
25 KLA 39, Akte Maltzahn, Maltzahn an KL, 31.12.1846.
26 KLA 34 [AN 3], LM an KL, 31.12.1846.

Mätresse gegen Minister und Mob

1 KLA 39, Akte Maltzahn, Maltzahn an KL, 6.1.1847; siehe auch PGB f., 5.2.1847; ÖGB 405, 3.1.1847.
2 WGB, 10.1.1847; siehe auch Lolas Brief an der Herausgeber der *Times* [London], 18.3.1847, 6c2; WGB, 5.1.1847; PGB 240, 6.3.1847; siehe CKL 479, Zitat KL an Tann, 6.1.1847 (obwohl Corti es versäumt, Maltzahn eindeutig zu identifizieren).
 Auch MS 1794, f. 287 und 288 ist von Interesse, KL an LM, 1.1.1848, Bibliothèques Municipales de Besançon, Bibliothèque d'étude et de conversation; darin bezieht er sich auf ihre Weigerung, auf die Bestechung von Maltzahn einzugehen, als sie sagte: »Was Sie vor einem Jahr getan haben, ist heute in mein Herz eingeprägt.«
3 »Aus den Tagen der Lola Montez«, 924; BAM, Zuteilung von Leibwächtern für Lola Montez, 3.1.1847.
4 ÖGB 404, 3.1.1847.
5 ÖGB 407, 6.1.1847; Dürck-Kaulbach, *Erinnerungen*, 53f.
6 Zu der Geschichte von Kaulbachs Porträt und den Reisen des Gemäldes, bis zu seiner Rückkehr ins Münchener Stadtmuseum, siehe *Süddeutsche Zeitung*, 5.8.1987, 13.
7 BHS Minn 45390, zusammen mit vielen anderen beleidigenden und dro-

henden Briefen und Wandzeichnungen; auch in PGB 214, Fn 4, 5.2.1847; und WGB, 28.1./10.1./24.1.1847.

8 KLA 93, Akte Curtius, Dr. Curtius an KL, o. D., mit Anm. des Königs vom 20.1.1847; KA Akte 80668, zwei Notizen von KL vom 17.1.1847.
9 KLA 3,9 Akte Curtius, Dr. Curtius an KL, o. D. aber mit Anmerkung des Königs vom 20.1.1847.
10 CKL 484, Zitat KL an Tann, 3.2.1847.
11 KLA 3 [AN 7], KL an LM, 26.1.1847; Amalia Thiersch an ihre Schwester, 5.3.1847, nachgedruckt in der *Deutschen Allgemeinen Zeitung* [Berlin], 26.7.1919, 2c1–3.
12 KLA 39, Akte Diepenbrock, Kardinal Diepenbrock an KL, 29.1.1847.
13 BSB, Autograph. Cim. Ludwig I., KL an Kardinal Diepenbrock, 9.2.1847.
14 PGB 281, 13.7.1847.
15 BHS, Akte Staatsrat 4828.
16 Die folgende Schilderung beruht auf dem Polizeireport über den Vorfall in KLA 39, Akte Manostetter, 11.2.1847; BAM, Polizeibericht vom 8.2.1847; MD 6; WGB, 4.2.1847; ÖGB 414, 11.2.1847; »Aus den Tagen der Lola Montez«, 925.
17 Die Notiz befindet sich im KLA 34, anonym an KL, datiert »4. Feb. 47 5 früh« zu Händen von KL.
18 MD 6.
19 MD 6.
20 Dieser Bericht über den Vorfall vom 6.2. beruht auf dem Bericht des Polizeidirektors Mark an den König im KLA 39, Akte Mark, Mark an KL, 7.2.1847; BAM, Polizeibericht vom 7.2.1847; MD 6; ÖGB 414f., 11.2.1847; WGB, 8.2.1847; »Aus den Tagen der Lola Montez«, 925; Schmeller, *Tagebücher* 2:449, Eintrag des 10.2.1847.
21 PGB 216, 5.2.1847.
22 ÖGB 414f., 11.2.1847; WGB, 8.2.1847; MD 7.
23 BHS Staatsrat 886, 8.2.1847; GKL 676.
24 WGB, 9.2.1847; ÖGB 416, 11.2.1847.
25 BHS Staatsrat 887, 9.2.1847.
26 KLA 39, Akte Maurer, Maurer an KL, 10.2.1847.
27 BHS Staatsrat 887, Anmerkung von KL vom 10.2.1847; Bray-Steinburg, *Denkwürdigkeiten,* 30f.
28 KLA 39, Akte Maurer, Maurer an Kl, 10.2.1847 (zweiter Brief dieses Datums).
29 Der österreichische Botschafter Senfft, ein enger Freund von Minister Abel, schrieb am 12.2. an Metternich wegen des Plans zum gemeinsamen Rücktritt, daß »wir die weitere Entwicklung gespannt erwarten«, was darauf hinweisen würde, daß er und vielleicht auch Abel dachten, der König würde nachgeben, wenn er mit dem Rücktritt seines gesamten Ministerrates konfrontiert würde. ÖGB 416, Fn 2.
30 Das Originalmemorandum befindet sich in NL XXII und ist nachgedruckt in PGB 223ff.
31 Zitiert in CKL 490f.

32 Siehe KLA 33 [AN 49], KL an LM, 13.2.1848.
33 GKL 679f., Zitat aus KLs Tagebucheintrag vom 13.2.1847; WGB, 17. und 23.2.1847.
34 Siehe Spindler, »Die Politische Wendung«, 333.
35 ÖGB 442, Fn 3, 28.2.1847; WGB, 21.2.1847.
36 ÖGB 421–426, 25.2.1847; PGB 226ff., 24.2.1847; FGB 235f., 21.2.1847; PRO, FO9/95 *Bayerische Korrespondenz,* 26.2.1847.
37 Siehe Hacker, *Die Beziehungen,* 137; eine Kopie des falschen päpstlichen Briefes befindet sich im KLA 39; siehe auch WGB, 26.2.1847. CKL nahm an, daß der Brief echt war.
38 Siehe den eigenen Bericht von Lasaulx über das Treffen in seinem Brief an Aloys Mayr vom 18.2.1847, in Wernitz, »Lasaulx«, 185–189.
39 Wenn nicht anders angegeben, beruht dieser Bericht über die Ereignisse vom 1. März 1847 auf den folgenden Quellen: MD 9; KA A XIII 3, Justiz und Polizei, 1844–1869, Memorandum über die Unruhen vom 1. März; WGB, 2.3.1847; FGB 238f., 2.3.1847; PGB 233f., 2.3.1847; ÖGB 427–432, 1./2. u. 3.3.1847; Amalia Thiersch an ihre Schwester, 5.3.1847, nachgedruckt in der *Deutschen Allgemeinen Zeitung* [Berlin], 26.7.1919, 2c1–3; NL XXI 586, Bericht von Minister Zu Rhein an KL über die Ausschreitungen vom 1.3., datiert 9.3.1847; *Bayerischer Eilbote* [München], 5.3.1847, 230c2; Fournier, »Lola Montez«, 214–230; Bray-Steinburg, *Denkwürdigkeiten,* 39f.; »Aus den Tagen von Lola Montez«, 926ff.
40 Faksimilenachdruck in *Um Lola Montez;* NL 21, Zu Rhein an KL, 1.3.1847.
41 FGB 239, 2.3.1847.
42 »Aus den Tagen der Lola Montez«, 927.
43 »Aus den Tagen der Lola Montez«, 927.
44 Amalia Thiersch an ihre Schwester, 5.3.1847, nachgedruckt in der *Deutschen Allgemeinen Zeitung* [Berlin], 26.7.1919, 2c1–3; ÖGB 437, 5.3.1847.
45 Zitiert in CKL 499.
46 KLA 39, Österreich, Akte Charlotte Auguste, Charlotte an KL, 2.3.1847.
47 Zitiert von Fürst Metternich in einem Brief an Erzbischof Diepenbrock, 29.3.1847, in ÖGB 435, Fn 1.

Die Gräfin und ihr Hofstaat

1 KL an König Friedrich Wilhelm, 5.4.1847, zitiert in CKL 502.
2 KLL 95; ÖGB 443, 29.3.1847; siehe LA 33 [AN 9], KL an LM, 7.4.1847; NL 85/3/7, Tann an KL, 14.3.1847.
3 KLA 39, Akte Heideck, Heideck an KL, 24.12.1846. KLA 39, Akte Heideck, Rechnung von Ernestine Opitz, einem Brief von Heideck an KL beigefügt, 25.1.1847; KLL 97.
4 KLL 100ff.
5 ÖGB 442, 29.3.1847, und ÖGB 448, 6.4.1847; CKL 503; *Times,* 18.3.1847, 6c2; *National,* 21.3.1847, 2c1; KL an Tann, 28.12.1846, zitiert in CKL 477; KLA 39, Akte Diepenbrock, Diepenbrock an KL, 27.3.1847.

6 *Pictorial Times* [London], 9:210 (20.3.1847), 185c1.
7 *Times* [London], 9.4.1847, 5c5; der Brief erschien auch im *Journal des Débats* [Paris], 6.4.1847, 2c5 und zahlreichen anderen Zeitungen, aber nicht alle, die ihn erhielten, ließen sich dazu herab, ihn zu veröffentlichen: siehe *National* [Paris], 7.4.1847, 2c1. Siehe auch LM an den Herausgeber des *Journal du Dimanche*, 31.3.1847, Bibliothèque Nationale, Paris, Nouvelles Acquisitions Françaises 1305, Lola Montés, no. 289; und LM an Girardin, 31.3.1847, Harry Ransom Center for the Humanities, University of Texas, Austin.
8 *Allgemeine Zeitung* [Augsburg], 17.7.1847, 1341.
9 KLA 39, Akte Metzger, Metzger an KL, 20.7.1847. Zu einer Beschreibung des Hauses und seiner Möblierung, siehe KLL 95ff.; für die Rechnungen der Arbeiter siehe KLA 39, Akte Metzger; und zu dem Inventar des Hauses von Lola siehe KLA 39, Akte Rosmann; GKL 685, Fn 1532; KLA 33 [AN 194], KL an LM, 8.3.1849.
10 ÖGB 452, 4.5.1847; CKL 506f.; *Allgemeine Zeitung* [Augsburg], 1.5.1847, 968.
11 KLA 33 [AN 13], KL an LM, 22.5.1847; Adalbert, *Nymphenburg*, 114.
12 KA Akte 80668.
13 Siehe eine Beurteilung von Berks in PGB 330, 30.11.1847.
14 PGB 279, 7.6.1847; ÖGB 457, 2.6.1847.
15 KLA 33 [AN 121], KL an LM, 16.6.1848, beigefügtes Zettelchen o. D.
16 PGB 282, 13.7.1847.
17 Siehe KLA 39, Akte Peißner, Peißner an KL, 29.12.1848; Horn, *Palatia*, 21ff., KAM.
18 Siehe Amalia Thiersch an ihre Schwester, 30.6.1847, nachgedruckt in der *Deutschen Allgemeinen Zeitung* [Berlin], 26.7.1919, 2c1–3.
19 Amalia Thiersch an ihre Schwester, 30.6.1847, nachgedruckt in der *Deutschen Allgemeinen Zeitung* [Berlin], 26.7.1919, 2c1–3.
KLA 39, Akte Mussinan, Mussinan an KL, 23.6.1847; *Kölnische Zeitung*, 3.7.1847, 7c1.
20 *Brüsseler Deutsche Zeitung*, 25.7.1847, 3c2; *Kölnische Zeitung*, 3.7.1847, 7c1; KLA 33 [AN 14], KL an LM, 4.7.1847.
21 CKL 512.
22 CKL 512. Das genaue Datum kann aus dem Brief von KL an LM vom 18.7.1848 im KLA 33 [AN 132] geschlossen werden.
23 Zitiert in CKL 513.
24 CKL 513f.
25 KLA 33 [AN 133], KL an LM, 21.7.1848.
26 Über die Faszination, die Lolas Füße auf Ludwig ausübten, siehe zusätzlich zu den regelmäßigen Bemerkungen in seinen Briefen, ihre Füße zu küssen, die Briefe des Königs an Lola im KLA 33: [AN 134] 25.7.1848, [AN 142] 13.8.1848, [AN 150] 9.9.1848, [AN 165] 22.10.1848, [AN 167] 28.10.1848, [AN 173] 19.11.1848.
27 BSB Kaulbach Archiv 1,8: Josephine von Kaulbach an Wilhelm von Kaulbach, 3.7.1847 und 22[?].7.1847.

28 Ludwig I., *Gedichte* 246.
29 Siehe KLA 34 [AN 111], LM an KL, 23.7.1848.
30 Zitiert in CKL 517. KLA 33 [AN 16], KL an LM, 4.8.1847.
31 NL XII 587e, Maurer an KL, 6.8.1847.
32 NL XII 587e, Maurer an KL, 6.8.1847; Notiz von KL an Maurer, 9.8.1847.
33 NL XII 587e, Maurer an KL, 11.8.1847.
34 KL an Maurer, GHA, zitiert in CKL 520.
35 Über den Würzburger Vorfall im allgemeinen, siehe die folgenden Quellen in KLA 39: Akte Günther, Günther an KL, o. D.; Akte Berks, Berks an KL, 8.8.1847; Akte Mussinan, Mussinan an KL, 8.8.1847; Akte Hetzendorf, Hetzendorf an KL, 10.8.1847.
36 KLA 34 [AN 22], LM an KL, 6.8.1847.
37 KLA 33 [AN 19], KL an LM, 8.8.1847.
38 KLA 39, Akte Peißner, Peißner an KL, 29.12.1848.
39 BSB Kaulbach Archiv 1,8; Josephine von Kaulbach an Wilhelm von Kaulbach, 15.8.1847; PGB 203, 30.11.1846; vergleiche mit NL 88/4/2 und FGB 234, 16.2.1847.
40 KLA 33 [AN 23], KL an LM, 21.8.1847; die Originalurkunde findet sich im GHA Urkunde 54/4/32.
41 KLA 34 [AN 29], LM an KL, 25.8.1847.
42 PGB 299, 4.9.1847; *Rheinischer Beobachter* [Köln], 12.9.1847, 2c1.
43 KLA 33 [AN 25], 26.8.1847, und KLA 33 [AN 27], 1.9.1847.
44 KLA 34 [AN 31], 2.9.1847.
45 WGB, 5.9.1847. KLA 34 [AN 37], 23.9.1847, und KLA 33 [AN 37], 27.9.1847.
46 PGB 332, 30.11.1847.
47 KLA 34 [AN 38], 24.9.1847.
48 Siehe KLA 33 [AN 27–37], 1.-27.9.1847.
49 KLA 33 [AN 38], 1.10.1847; der Entwurf ist AN 230.
50 KLA 33 [AN 118], KL an LM, »15. Oktober 1848« (tatsächlich 15.11.1848).
51 KLA 33 [AN 156], KL an LM, 1.10.1848.
52 KLA 39, Bayern, Akte Königin Therese von, 13.10.1847.
53 »Aus den Tagen der Lola Montez«, 931; WGB, 2.11.1847.
54 *Berliner Illustrierte Zeitung,* 13.11.1927, 1853 et seq.
55 *Bayerischer Volksfreund* [München], 11.10.1847, 672, Ankunft von Francis im Goldenen Hahn. [Francis], »King of Bavaria, Munich, and Lola Montez«, 92.
56 [Francis], »King of Bavaria, Munich, and Lola Montez«, 102f.
57 GKL 684f., Zitat aus dem Tagebuch von KL.
58 Für den Besuch von de los Valles bei Lola, siehe KLA 41, Akte de los Valles, de los Valles an LM, 9.11.1847.
59 KLA 41, Akte de los Valles, de los Valles an LM, 9.11.1847.
60 Amalia Thiersch an ihre Schwester, o. D. (wahrscheinlich Ende November 1847), nachgedruckt in der *Deutschen Allgemeinen Zeitung* [Berlin], 26.7.1919, 2c1–3; PGB 327, 23.11.1847.

61 KLA 39, Akte Peißner, Peißner an KL, 29.12.1848.
62 KLA 39, Akte Peißner, Peißner an KL, 5.1.1849.
63 PGB 332, 30.11.1847.
64 PRO, FO9/100 Bavarian Correspondence, dispatch 79, 30.11.1847.

Der Weg zur Revolution

1 FGB 313–316, 3.12.1847; PGB 333f., 6.12.1847; KLA 39, Akte Wallerstein, Wallerstein an KL, 1.12.1847; WGB, 3.12.1847.
2 KLA 33 [AN 121], KL an LM, 16.6.1848, kleine Beilage o. D.; KLA 33 [AN 177], KL an LM; 1.12.1848.
3 KLA 39, Akte Wallerstein, Wallerstein an KL, 2.12.1847.
4 PGB 333, 6.12.1847; FGB 316, 9.12.1847; KLA 39, Akte Wallerstein, Wallerstein an KL, 3.12.1847 und 4.12.1847; FGB 316, Fn 1, 4.12.1847.
5 KLA 39, Akte Mussinan, Mussinan an KL, 4.12.1847 (zwei Briefe).
6 KLA 39, Akte Berks, Berks an KL, 4.12.1847.
7 KLA 39, Akte Denker, Denker an KL, 4.12.1847.
8 PGB 335, 6.12.1847.
9 KLA 39, Akte Mussinan, Mussinan an KL, 5.12.1847.
10 PGB 334, 6.12.1847.
11 KLA 39, Akte Berks, Berks an KL, 12.12.1847; KLA 39, Akte Wallerstein, Wallerstein an KL, 10.12.1847.
12 KLA 39, Akte Mussinan, Wallerstein an KL, 16.12.1847, zu finden in dem Brief von Mussinan an KL, 20.12.1847.
13 GHA ARO 35 I, Wallerstein an KL, 14.2.1848.
14 Schiller, Briefe an Cotta 3:163, Kolb an Cotta, 20.12.1847.
15 GKL 705 Fn 1605, Zitat aus dem Tagebuch von KL; KLA 34 [AN 59], LM an KL, 15.2.1848.
16 MD 15; WGB, 4.1.1848.
17 KLA 39, Akte Berks, Berks an KL, o. D., bezugnehmend auf die Ermittlungen der Anklage, daß die Studenten keine Hosen anhatten.
18 KLA 38, Akte Berks, KL an Berks, 3.1.1848, 3.1.1848; KLA 33 [AN 42], KL an LM, 3.1.1848; KLA 34 [AN 50], LM an KL, 3.1.1848.
19 Siehe KLA 34 [AN 58], LM an KL, 14.2.1848.
20 Amalia Thiersch an ihre Schwester, o. D. (wahrscheinlich um den 1.2.1848), nachgedruckt in der *Deutschen Allgemeinen Zeitung* [Berlin], 26.7.1919, 2c13.
21 KLA 36, Dokument in Spanisch in der Handschrift von KL, datiert mit »Begonnen im Monat Januar und beendet im Februar 1848«.
22 Bezüglich der Angelegenheit Hohenhausen, siehe die folgenden Akten in KLA 39: Akte Berks, Berks und Wallerstein an KL, 2.1.1848, und Berks an KL, 3.1.1848; Akte Hohenhausen, Hohenhausen an KL, 7.1.1848; Akte Wallerstein, Wallerstein an KL, 8.1.1848, 9.1.1848 und 19.1.1848. Siehe auch PGB 346ff., 11.1.1848; PGB 351ff., 18.1.1848; PGB 355, 25.1.1848; ÖGB 513f., 7.1.1848.
23 PGB 349f., 11.1.1848; FGB 326, 17.1.1848; WGB, 8.1.1848; MD 14.

24 WGB, 11.1.1848. PGB 331, 30.11.1847; PGB 363, 8.2.1848; ÖGB 514, Fn 1, 24.1.1848.
25 WGB, 4.1.1848; *Allgemeine Studenten,* 5.
26 KLA 39, Akte Berks, Memorandum Wallersteins zu finden bei dem Brief von Berks an KL, 26.1.1848.
27 KLA 39, Akte Wallerstein, Wallerstein an KL, 12.1.1848.
28 MD 16; *Bayerische Landbötin* [München], 22.1.1848, 80c2.
29 SFM 18.
30 KLA 39, Akte Hofbauer, Hofbauer an KL, 10.2.1848; KAM 35; Amalia Thiersch an ihre Schwester, o. D. (wahrscheinlich um den 1.2.1848), nachgedruckt in der *Deutschen Allgemeinen Zeitung* [Berlin], 26.7.1919, 2c1–3.
31 PGB 360f., 8.2.1848; ÖGB 519, 7.2.1848.
32 MD 18; WGB, 30.11.1847 und 8.2.1848; KLA 8:8, Haushaltsbuch von KL, Dezember 1847. »Aus den Tagen der Lola Montez«, 941.
33 Ab hier bis zum Ende des Kapitels *Kühnheit und Verrat* sind die hauptsächlichen Quellen für die Darstellung, wenn nicht anders angegeben, die folgenden: KAM 52–64; SFM 23–39; »Aus den Tagen der Lola Montez«, 913–944; »Lola Montez. Aus den Aufzeichnungen eines Achtundvierzigers«, 57–63; KLA 39, Akte Hagemann, Hagemann an KL, o. D.; KLA 39, Akte Weber, Weber an KL, 12.2.1848; KLA 39, Akte Mark, Mark an KL, 19.2.1848; *Bayerische Landbötin* [München], 12.2.1848, 151c2–152c1–2; Memorandum von Bürgermeister Steinsdorf, Stadtarchiv München, B. u. R. 1422, in weiten Teilen veröffentlicht in Dirr, »Sturmbewegte Zeiten«; ÖGB 327.365; PGB 360–438; FGB 518–557; WGB, Februar und März 1848; PRO, FO149/38, dispatch 8, 11.2.1848; *Allgemeine Studenten,* 9–15; *Nachtlager in Blutenburg; Lola Montes, Gräfin von Landsfeld; Bericht aus München;* und Wolf, *Geschichtliche Walhalla.*
34 NL 49/3/40, Verschiedene Gutachten, Entwurf der Verfügung, die Universität zu schließen, von KL mit Anmerkungen versehen und auf 8.2.1848 datiert; KAM 43f.
35 MSB.
36 ÖGB 522, 9.2.1848.
37 »Aus den Tagen der Lola Montez«, 942.
38 Siehe GHA ARO 35 I, Wallerstein an KL, 9.2.1848.
39 »Aus den Tagen der Lola Montez«, 939.
40 MSB.
41 Der Bericht über den Besuch der Delegation beruht insbes. auf dem Memorandum von Bürgermeister Steinsdorf, Stadtarchiv München, B. u. R. 1422.
42 »Aus den Tagen der Lola Montez«, 937.
43 KLA 34 [AN 54], LM an KL, 10.2.1848.
44 KLA 33 [AN 45], KL an LM, 10.2.1848.
45 CKL 541f.
46 PGB 377, 15.2.1848.
47 KLA 39, Akte Mussinan, Mussinan an KL, [11.2.1848].
48 KLA 33 [AN 52], KL an LM, 15.2.1848, und [AN 62] 23.2.1848; siehe auch Schiller, *Briefe,* 3:165.

49 Zusätzlich zu den oben zitierten Quellen, siehe KLA 39, Akte Hagemann, Hagemann an KL, o. D.
50 KLA 33 [AN 46], KL an LM, 11.2.1848.
51 KLA 33 [AN 46], KL an LM, 11.2.1848.

Auf der Flucht

1 KLA 34 [AN 56], LM an KL, [11.2.1848].
2 Zusätzlich zu den angegebenen Quellen im vorhergehenden Kapitel, siehe KLA 33 [AN 107], KL an LM, 11.5.1848.
3 *Lola Montez, Gräfin,* 14; für das Folgende über die Blutenburg, siehe insbesondere [Vogt?], Nachtlager, und eine illustrierte kritische Broschüre mit dem Titel »Das Nachtlager«.
4 KLA 33 [AN 46], KL an LM, 11.2.1848.
5 Zusätzlich zu den früher zitierten Quellen siehe die folgenden Akten im KLA 39: Akte Mark, Mark an KL, 12.2.1848; Akte Berks, Berks an KL, 12.2.1848; Akte Weber, Karl Weber an KL, nicht datiert; siehe auch BSB Stieleriana 1.5.c. 1, Protokoll von Weber und Dichtl, 31.3.1848.
6 KLA 34 [AN 57], LM an KL, 12.2.1848.
7 KLA 33 [AN 49], KL an LM, 13.2.1848; KLA 33 [AN 62], KL an LM, 23.2.1848; GHA ARO 35 I, Wallerstein an KL, 14.2.1848.
8 KLA 33 [AN 50], KL an LM, 14.2.1848; KLA 33 [AN 46], KL an LM, 11.2.1848; obwohl GKL auf S. 688 eine andere Darstellung berichtet; *Bayerische Landesbötin* [München], 24.2.1848, 192c2.
9 Varnhagen von Ense, *Tagebücher* 4:247, Eintrag am 15.2.1848.
10 KLA 34 [AN 59], LM an KL, 14.2.1848.
11 KLA 39, Akte Mussinan, Briefe von Mussinan an KL vom 15.2. und 18.2.1848 und die Mitteilung von KL an die drei Alemannen in Lindau mit Datum vom 19.2.1848.
12 KLA 33 [AN 58 bis], Briefentwurf KLs an LM datiert 18.2.1848.
13 KLA 33 [AN 56], KL an LM, 18.2.1848.
14 KLA 34 [AN 62], LM an KL, 19[?].2.1848.
15 KLA 33 [AN 58], KL an LM, 19.2.1848 (offensichtlich nie abgeschickt).
16 KLA 42, Mussinan an unbekannten Adressaten, wahrscheinlich Berks, 20.2.1848; KLA 34 [AN 63], LM an KL, 20.2.1848.
17 KLA 34 [AN 60], LM an KL, 17.2.1848.
18 KLA 34 [AN 61], LM an KL, 18.2.1848.
19 KLA 34 [AN 59], LM an KL, 15.2.1848.
20 KLA 39, Akte Mussinan, Mussinan an KL, 22.2.1848 und 23.2.1848; KLA 39, Akte Denker, Denker an KL, o. D.; KLA 39, Akte Peißner, Peißner an KL, 5.1.1849; KLA 39, Akte Denker, Denker an KL, 25.2.1848.
21 KLA 39, Akte Poninski, Poninski an KL, 25.2.1848; KLA 41, Robert Peel an LM, 21.2.1848.

Kühnheit und Verrat

1. KLA 34 [AN 70], LM an KL, 27.2.1848.
2. KLA 34 [AN 71], LM an KL, 28.2.1848.
3. CKL 553, Zitat eines Briefes von KL an seine Tochter Mathilde, 6.3.1848, GHA.
4. KLA 33 [AN 73], KL an LM, 4.3.1848.
5. Spindler, »Die Politische Wendung«, 317.
6. Über die Identität des Barons, siehe sein Brief an KL in KLA 38 und den Eintrag unter der Familie Meller-Zakomelsky in Ikonnikov, *La Noblesse de la Russie,* vol. J.1, j159–j171.
7. KLA 34 [AN 72 u. 73], LM an KL, beide datiert 1.3.1848.
8. KLA 39, Akte Peißner, Peißner an KL, 5.1.1849; siehe auch die Notiz von Lola, im Faksimile wiedergegeben in Fucht, *Tanzidyll,* 157.
9. Über die Rückkehr von Lola nach München, siehe KLA 36, Memoranda von KL, datiert 29.4.1854 und 27.1.1858; *Bayerische Landbötin* [München], 11.3.1848, 248c1–2; »Aus den Tagen der Lola Montez«, 942f.; Wolf, *Geschichtliche Walhalla,* 11ff.; und CKL 554ff., was auf einer unidentifizierten und unveröffentlichten Quelle zu beruhen scheint. Lolas eigener Bericht findet sich in LML 72ff.
10. LML 73.
11. *Bayerische Landbötin* [München], 11.3.1848, 248c1–2; SFM 81.
12. KLA 33 [AN 76], KL an LM, 10.3.1848, und [AN 77], 12.3.1848; Albrecht, »König Ludwig«, 71.
13. KLA 33 [AN 77], KL an LM, 12.3.1848.
14. KLA 33 [AN 78], KL an LM, 15.3.1848; *Bayerische Landbötin* [München], 18.3.1848, 276c1–2.
15. KLA 33 [AN 79], KL an LM, 17.3.1848.
16. KLA 39, Akte Peißner, Peißner an KL, 5.1.1849.
17. KLA 34 [AN 75], LM an KL, 12.3.1848.
18. KLA 34 [AN 77], LM an KL, 15.3.1848.
19. KLA 39, Akte Peißner, Peißner an KL, 5.1.1849.
20. KLA 34 [AN 78], LM an KL, 16.3.1848.
21. KLA 33 [AN 79], KL an LM, 17.3.1848; GKL 716.
22. Spindler, »Die Politische Wendung«, 338.
23. GKL 717.
24. KLA 33 [AN 80 bis], KL an LM, 19.3.1848.
25. KLA 33 [AN 81], KL an LM, 19.3.1848, und [AN 83], KL an LM, 22.3.1848.
26. GKL 718f.

Eine Gräfin im Exil

1. PRO, FO 149/38 Bavarian Correspondence, dispatch 19, 23.3.1848.
2. PGB 437, Fn 1, 22.3.1848; *Examiner* [London], 8.4.1848, 236c2.
3. KLA 34 [AN 80], LM an KL, 18.3.1848; KLA 33 [AN 84], KL an LM, 23.3.1848.

4 KLA 34 [AN 82], LM an KL, o. D.
5 KLA 34 [AN 86], LM an König Maximilian, 24.3.1848; KLA 33 [AN 87], KL an LM, 29.3.1848.
6 KLA 34 [AN 83], LM an KL, 23.3.1848, mit Beilagen.
7 KLA 34 [AN 87], LM an KL, 26.3.1848; KLA 39, Akte Peißner, Peißner an KL, 29.12.1848; siehe auch Brief von LM (nicht in ihrer Handschrift) an Carl Deil, 30.3.1848; Stadtarchiv Hannover.
8 KLA 33 [AN 88], KL an LM, 1.4.1848, und [AN 89], 3.4.1848.
9 KLA 33 [AN 92], KL an LM, 8.4.1848.
10 KLA 34 [AN 89], LM an KL, 2.4.1848, und [AN 90], 5.4.1848.
11 KLA 34 [AN 91], LM an KL, 7.4.1848; KLA, Akte Peißner, Peißner an KL, 29.12.1848.
12 KLA 39, Akte Mussinan, Mussinan an KL, 13.4.1848; und Akte Vogt von Hunolstein, Vogt von Hunolstein an KL, 9.4.1848 und 13.4.1848.
13 KLA 33 [AN 94], KL an LM, 11.4.1848, und [AN 95], 12.4.1848.
14 KLA 33 [AN 97], KL an LM, 17.4.1848.
15 KLA 39, Akte Murray, Murray an KL, 19.4.1848; KLA 33 [AN 99], KL an LM, 23.4.1848; KLA 34 [AN 96], LM an KL, 23.4.1848.
16 KLA 34 [AN 95], LM an KL, 22.4.1848, Anlage von Frederic Bähler, datiert 20.4.1848.
17 KLA 39, Akte Peißner, Peißner an KL, 29.12.1848.
18 KLA 34 [AN 98], LM an KL, 29.4.1848.
19 KLA 33 [AN 106], KL und LM, 9.5.1848.
20 KLA 34 [AN 100], LM an KL, 9.5.1848.
21 Coyne, *Pas de Fascination;* Theaterplakat für das Theatre Royal, Haymarket, London, 29.4.1848, Harry Ransom Center for the Humanities, University of Texas, Austin; *Illustrated London News,* 29.4.1848, 281c1 (»Lola Montès« wird unter Beweis stellen, daß sie für die Londoner Öffentlichkeit ebenso attraktiv ist, wie sie für den Bayerischen Monarchen war«), und 6.5.1848, 296c3; *Satirist* [London], 29.4.1848, 152c1, 6.5.1848, 164c1 und 27.5.1848, 200c2.
21a etwa: *Lola Montez, oder Gräfin für eine Stunde.*
21b etwa: *Pas de Fascination oder Wie angle ich mir einen Gouverneur.*
22 KLA 34 [AN 105], LM an KL, 8.6.1848.
23 KLA 34 [AN 106], LM an KL, 8.6.1848.
24 KLA 33 [AN 121], KL an LM, 16.6.1848 (Beilage »Wenn Du diesen Zettel gelesen hast, dann verbrenne ihn sofort.«).
25 KLA 39, Akte Rufenacht, Rufenacht an KL, 8.8.1848 (Entwurf); Akte Peißner, Peißner an KL, 29.12.1848.
26 Über Papon, siehe KL 39, Akte Rufenacht, Rufenacht an KL, 31.8.1848, 27.9.1848 und 10.1.1849. Rufenacht hatte das Gefühl, daß Lola und Papon sich in Paris kennengelernt hatten, aber hatte keinen Beweis, der diesen Verdacht bestätigen konnte. Siehe auch Archives d'Etat de Genève, Etrangers, 3.12.1848, 267, 461.
27 KLA 34 [AN 109], LM an KL, 30.6.1848, Anlage mit Notiz von KL auf einer Seite und der Antwort von LM auf der anderen.

28 KLA 39, Akte Rufenacht, Rufenacht an KL, 8.8.1848 und 8.8.1848 (Entwurf).
29 KLA 33 [AN 130], KL an LM, 13.7.1848; KLA 33 [AN 134], 25.7.1848; und KLA 33 [AN 142], 13.8.1848.
30 KLA 34 [AN 115], LM an KL, 17.8.1848.
31 KLA 33 [AN 144], KL an LM, 25.8.1848.
32 KLA 39, Akte Rufenacht, KL an Rufenacht, 27.8.1848 und 28.8.1848.
33 KLA 39, Akte Rufenacht, Rufenacht an KL, 26.8.1848; KLA 33 [AN 145], KL an LM, 28.8.1848.
34 KLA 33 [AN 146], KL an LM, 29.8.1848.
35 KLA 34 [AN 116], LM an KL, 2.9.1848.
36 KLA 34 [AN 117], LM an KL: 7.9.1848.
37 KLA 33 [AN 151], KL an LM, 13.9.1848.
38 KLA 39, Akte Rufenacht, Rufenacht an KL, 14.9.1848 und 27.9.1848; KLA 34 [AN 118], LM an KL, 14.9.1848.
39 KLA 33 [AN 154], KL an LM, 23.9.1848.
40 KLA 39, Akte Rufenacht, Rufenacht an KL, 27.9.1848, beigefügt eine Kopie eines an ihn gerichteten Briefes von Peißner, datiert 23.9.1848. KLA 39, Akte Peißner, Peißner an KL, 29.12.1848.
41 KLA 34 [AN 119], LM an KL, 27.9.1848.
42 Der folgende Bericht des Treffens zwischen Papon und KL beruht auf den Briefen in der Akte Papon in KLA 38 und KLA 39; auf KLA 33 [AN 159], KL an LM, 7.10.1848; und auf dem Bericht in PLM.
43 KLA 34 [AN 120], KL an LM, 2.10.1848.
44 KLA 34 [AN 158], KL an LM, 6.10.1848; und [AN 172], KL an LM, »15. Oktober 1848« (tatsächlich 15.11.1848, wie aus der internen Datierung des Briefes klar hervorgeht).
45 KLA 34 [AN 125], LM an KL, 20.10.1848.
46 KLA 34 [AN 126], LM an KL, 1.11.1848.
47 KLA 33 [AN 169], KL an LM, 5.11.1848.
48 Die Geschichte von Lola und Lord Julius wurde aus KLA 34 [AN 128] LM an KL, 20.11.1848 und [AN 129], 25.11.1848 rekonstruiert; KLA 39, Akte Papon, Papon an KL, 24.11.1848, mit Anlage des Briefes von Charles Peschier an Papon vom 23.11.1848, und Papon an KL, 1.12.1848; KLA 39, Akte Rufenacht, Rufenacht an KL, 10.1.1849. Siehe auch *Genealogisches Taschenbuch der deutschen gräflichen Häuser auf das Jahr 1847,* 582.
49 KLA 34 [AN 127], LM an KL, 8[?].11.1848.
50 KLA 38, Akte Papon, KL an Papon, 18.11.1848.
51 KLA 34 [AN 128], LM an KL, 20.11.1848.
52 KLA 33 [AN 173], KL an LM, 19.11.1848; KLA 33 [AN 174], KL an LM, 23.11.1848.
53 Siehe Brief von Peschier an Papon, Beilage im KLA 39, Akte Papon, Papon an KL, 24.11.1848; KLA 33 [AN 119], KL an LM, 12.6.1848; KLA 34 [AN 108], LM an KL, 21.6.1848.
54 KLA 34 [AN 129], LM an KL, 25.11.1848 und [AN 130], 27.11.1848.

»Das ändert die Lage«

1 KLA 34 [AN 132], LM an KL, 7.12.1848.
2 KLA 33 [AN 178], KL an LM, 13.12.1848.
3 KLA 33 [AN 177], KL an LM, 1.12.1848.
4 KLA 39, Akte Papon, Papon an KL, 1.12.1848.
5 KLA 34, LM an KL, 11.12.1848.
6 KLA 39, Akte Peißner, Peißner an KL, 5.1.1848.
7 KLA 33 [AN 185 bis], KL an LM, 6.1.1849, Entwurf.
8 Zitiert in CKL 561, aus dem Manuskript im GHA.
9 KLA 34 [AN 139], LM an KL, 19.1.1849.
10 PLM, v.
11 KLA 39, Akte Rufenacht, Kopie des Briefes von LM an Rufenacht, 10.1.1849; KLA 34 [AN 138], LM an KL, 12.1.1849.
12 KLA 33 [AN 188], KL an LM, 23.1.1849; KLA 38, Akte Papon, KL an Papon, 22.1.1849.
13 PLM 53.
14 MSB; KLA 33 [AN 191], KL an LM, 15.2.1849.
15 KLA 33 [AN 191], KL an LM, 15.2.1849.
16 KLA 33 [AN 191], KL an LM, 15.2.1849.
17 KLA 34 [AN 141], LM an KL, 1.3.1849.
18 KLA 33 [AN 193], KL am LM, 1.3.1849.
19 KLA 34 [AN 162], LM an KL, 20.2.1849; KLA 34 [AN 163], LM an KL, 24.2.1849; und KLA 34 [AN 142], LM an KL, o. D., Anlage von Dr. Thomas Watson, 1.3.1849.
20 KLA 34 [AN 149], LM an KL, 22.3.1849; *Sunday Times* [London], 25.3.1849, 5c4; KLA 34 [AN 143], LM an KL, 5.3.1849; KLA 39, Akte Rosmann, Rosmann an KL, 27.3.1847.
21 KLA 34, LM an KL, 15.3.1849; KLA 34 [AN 148], 19.3.1849; KLA 34 [AN 150], 24.3.1849; KLA 33 [AN 198], KL an LM, 20.3.1849; KLA 33 [AN 199], 23.3.1849; KLA 33 [AN 200], 27.3.1849.
22 KLA 34 [AN 162], LM an KL, 20.2.1849; Gower, *Bygone Years,* 1116f.; Sala, *Life* 1:194f.
23 KLA 34 [AN 153], LM an KL, 26.4.1849.
24 KLA 34 [AN 151], LM an KL, 2.4.1849.
25 PLM 85f.
26 PLM 96.
27 KLA 33 [AN 197], KL an LM, 16.3.1849; *Nouvelliste Vaudois,* 31.3.1849, 1c1–2; zitiert in *Journal de Genève,* 5.4.1849, 3c1.
28 KLA 39, Akte Rufenacht, Rufenacht an KL, 12.5.1849.
29 KLA 34 [AN 149], LM an KL, 22.3.1849; KLA 34 [AN 144], 6.5.1849; KLA 34 [AN 154], 12.5.1849; KLA 33 [AN 210], KL an LM, 24.5.1849.
30 KLA 34 [AN 156], LM an KL, 15.6.1849.
31 KLA 33 [AN 213], KL an LM, 16.6.1849.
32 KLA 34 [AN 157], LM an KL, 28.6.1849.
33 KLA 34 [AN 157], LM an KL, 28.6.1849.
34 MEM 3:188–191; *Ass. Nat.*, 24.10.1849, 2c2–4; Disraeli, *Correspondence,* 228.

35 *Evening Mail* [London], 6.–8.8.1849, 3c5; *Assemblée Nationale* [Paris], 24.10.1849, 2c3–4; General Registry Office, London, Eintrag der Eheschließung von George Trafford Heald mit Maria de los Dolores de Landsfeld; 19.7.1849.
36 KLA 34 [AN 161], LM an KL, 16.7.1849.
37 KLA 34 [AN 161], LM an KL, 16.7.1849.
38 KLA 33 [AN 218], KL an LM, 22.7.1849.
39 KLA 33 [AN 219], KL an LM, 24.7.1849.

Mistress Heald auf der Flucht

1 General Register Office, London, Verzeichnis der Eheschließungen in der Grafschaft Middlesex, Kirchenbuch für St. George Hanover Square, 1849; KLA 39, Akte Cetto, Cetto an KL, 4.8.1849; Katholische Erzdiözese von Westminster, Verzeichnis der Eheschließungen in der French Chapel in der King Street, 1849.
2 KLA 34 [AN 164], LM an KL, 1.8.1849.
3 Der folgende Bericht über die Verhaftung Lolas und der Eintragung in das Polizeiregister beruht auf der Darstellung im *Express* [London], 12.8.1849, 5c3–4.
4 Diese Darstellung über das Verhör von Lola basiert auf Berichten im *Express* [London], 7.8.1849, 4c1–2; *Evening Mail* [London], 6.–8.8.1849, 3c5; *Examiner* [London], 11.8.1849, 508c2–3.
(Dieser Bericht wurde in der *Sunday Times*, 12.8.1849, 2c3–4 nachgedruckt.)
5 Gower, *Bygone Years,* 116f.
6 *Evening Mail* [London], 10.–12.9.1849, 5c6; *Courrier de l'Europe* [London], 1.9.1849, 559c1; KLA 34 [AN 165], LM an KL, 15.9.1849.
7 *Evening Mail* [London], 10.–12.9.1849, 5c6.
8 *Express* [London], 8.8.1849, 3c1–2; *Weekly Chronicle* [London], 11.8.1849; 4c5–6. Über das Scheidungsgesetz von 1857 und Scheidung in England im 19. Jahrhundert siehe Horstmann, *Victorian Divorce; Punch* [London] 17 (1849); *News of the World* [London], 26.8.1849, 3c2.
9 *Weekly Chronicle* [London], 16.9.1849, 6c1–2, *Lady's Newspaper* [London], 15.9.1849, 154c2; *Court Journal* [London], 1.9.1849, 742c2; *Sunderland Herald,* 31.8.1849, 5c1–2; *Express* [London], 11.8.1849, 3c3; Evening Mail [London], 13.8.1849.
10 Evening Mail [London], 13.8.1849, 2c4; Court Journal [London], 15.9.1849, 785c2; *Courrier de l'Europe* [London], 15.9.1849, 582c1; *Evening Mail,* 12.–14.9.1849, 3c5.
11 KLA 33 [AN 220], KL an LM, 30.7.1849 (Entwurf); KLA 33 [AN 221], 10.8.1849 (Entwurf).
12 KLA 34 [AN 165], LM an KL, 15.9.1849.
13 KLA 33 [AN 223], KL an LM, 19.9.1849, Beilage [AN 222], 11.8.1849; KLA 8,8, Berichtsbuch von KL, 1847–1854, 1.10.1849.
14 *Courrier de l'Europe* [London], 22.9.1849, 598c1–3.

15 *Constitution* [Cork], 18.9.1849, 2c3; *Courrier de l'Europe* [London], 22.9.1849, 598c1–3.
16 *Assemblée Nationale* [Paris], 24.10.1849, 2c3–4; *New York Herald*, 19.11.1849, 1c3; KLA 34 [AN 166], LM an KL, 16.11.1849.
17 KLA 34 [AN 166], LM an KL, 16.11.1849.
18 *New York Herald*, 28.1.1850, 3c1; KLA 34 [AN 168], LM an KL, 31.12.1849; Brief von LM an Henry Vane, 31.12.1849, Harry Ransom Center for the Humanities, University of Texas, Austin.
19 KLA 34 [AN 224], KL an LM, 23.12.1849.
20 Brief von LM an Henry Vane, 31.12.1849, Harry Ransom Center for the Humanities, University of Texas, Austin.
21 KLA 34 [AN 169], LM an KL, 8.1.1850.
22 KLA 33 [AN 227], KL an LM, 15.1.1850, als unzustellbar zurückgekommen; *Galignani's Messenger* [Paris], 11.2.1850, 3c1; KLA 34 [170], LM an KL, 25.2.1850; KLA 33 [AN 226], KL an LM, 14.1.1850.
23 KLA 34 [AN 170], LM an KL, 25.2.1850.
24 KLA 33 [AN 228], KL an LM, 3.3.1850.
25 KLA 34 [AN 171], LM an KL, 8.3.1850.
26 KLA 33 [AN 229], KL an LM, 13.3.1850.
27 *National* [Paris], 17.8.1850, 3c3; *Galignani's Messenger* [Paris], 2.4.1850, 6c2; *New York Herald*, 22.4.1850, 1c4.
28 *Gazette des Tribunaux* [Paris], 1.9.1850, 1039c1; KLA 39, Akte Wendland, Wendland an KL, 2.12.1850, einschließlich eines anonymen Geheimdienstberichtes.
29 KLA 39, Akte Wendland, Wendland an KL, 15.6.1850; *New York Herald*, 20.5.1850, 1c3, 7.6.1850, 2c2 und 2.7.1850, 2c3.
30 KLA 39, Akte Wendland, Wendland an KL, 15.6.1850; *Corsaire-Satan* [Paris], 16.–17.8.1850, 1c1–2.
31 KLA 42, H. D. Davies an George Trafford Heald, 2.8.1850.
32 KLA 34 [AN 172], LM an KL, 26.5.1850.
33 GHA Wendland Nachlaß 50/I, KL an Wendland, 1.6.1850; KLA 39, Akte Wendland, Wendland an KL, 15.6.1850.
34 KLA 33 [AN 225], KL an LM, 9.6.1850 (Entwurf; spätere Fassung wahrscheinlich abgeschickt); KLA 34 [AN 173], LM an KL, 26.6.1850.
35 GHA Nachlaß Wendland 50/I, KL an Wendland, 22.6.1850; KLA 39, Akte Wendland, Wendland an KL, 3.7.1850.
36 KLA 42, H. D. Davies an George Trafford Heald, 2.8.1850; KLA 39, Akte Wendland, Wendland an KL, 18.10.1850; *New York Herald*, 9.9.1850, 2c3, 7.10.1850, 4c2; GHA Urkunde 54/L4/32,6 LM an Henry Wellington Vallaince, 2.10.1850.
37 KLA 39, Akte Wendland, Wendland an KL, 18.10.1850; *New York Herald*, 9.9.1850, 2c3; *Sunday Times* [London], 25.8.1850, 4c3; GHA Urkunde 54/L4/32,6 LM an Henry Wellington Vallaince, 2.10.1850.
38 *Galignani's Messenger* [Paris], 3.10.1850, 4c2–3; *New York Herald*, 21.10.1850, 1c3; *New York Herald*, 7.10.1850, 4c2; GHA Urkunde 54/L4/32,6, LM an Henry Wellington Vallaince, 2.10.1850; KLA 39, Akte

Wendland, Wendland an KL, 27.11.1850 und 8.12.1850, einschließlich eines Geheimdiensberichtes; KLA 39, Akte Wendland, Wendland an KL, 8.12.1850, einschließlich eines Geheimdienstberichtes.
39 *New York Herald,* 26.11.1850, 3c5; KLA 39, Akte Wendland, Wendland an KL, 18.11.1850 und 8.12.1850; KLA 39, Akte Wendland, Wendland an KL, 18.11.1850.
40 KLA 39, Akte Wendland, Wendland an KL, 27.11.1850, 8.12.1850, 21.5.1851, 28.3[?].1851; *New York Herald,* 23.12.1850, 1c2.
41 KLA 34 [AN 174], LM an KL, 27.10.1850.
42 KLA 39, Akte Wendland, Wendland an KL, 5.1.1851; *New York Herald,* 21.2.1851, 2c3.
43 KLA 39, Akte Wendland, Wendland an KL, 5.1.1851 und 8.2.1851.
44 KLA 39, Akte Wendland, de Lunel an KL mit beigefügten Druckfahnen und Anlage zum Brief Wendlands an KL vom 8.1.1851.
45 MEM 1:1, 6.8.9.
46 MEM 1:25–26.
47 KLA 39, Akte Wendland, Wendland an KL, 8.2.1851.
48 KLA 39, Akte Wendland, Wendland an KL, 21.5.1851.
49 KLA 34 [AN 175], LM an KL, o. D. doch von KL kommentiert mit »Erhalten am 26. März 1851«.
50 Ludwig I., *Gedichte,* 139, aus dem Originalmanuskript in GHA.

Wieder im Rampenlicht

1 KLA 39, Akte Pocci, Pocci an KL, 2.5.1851; Akte O'Brien, O'Brien an KL, o. D. [5.5.1851?], GHA Wendland Nachlaß 50/I KL an Wendland, 7.5.1851.
2 KLA 39, Akte O'Brien, O'Brien an KL, »Dienstag morgen« [6.5.1851?] und [5.5.1851?].
3 KLA 39, Akte O'Brien, O'Brien an KL, »Rom, Freitag«.
4 KLA 39, Akte Wendland, KL an Wendland, 30.7.1851; GHA Wendland Nachlaß 50/I KL an Wendland, 30.7.1851; KLA 8,8, Berichtsbuch für 1847–54, Juli 1851; KLA 39, Akte Pocci, Pocci an KL, 1.8.1851.
5 *New York Herald,* 30.7.1851, 3c6, 12.8.1851, 2c2 und 29.8.1850, 1c4.
6 *Sunday Times* [London], 21.9.1851, 3c4; *Courrier de l'Europe* [London], 20.9.1851, 710c2–3; KLA 39, Akte Wendland, Wendland an KL, 28.3.1851.
7 *New York Herald,* 25.12.1851.
8 Siehe Brief von George P. Morris an P. T. Barnum, 8.11.1851, Special Collections Department, Alderman Library, University of Virginia, Charlottesville.
9 *Boston Daily Evening Transcript,* 31.3.1852, 2c1.
10 *New York Times,* 26.9.1851, 2c3.
11 *New York Herald,* 30.12.1851, 4c2–3.
12 *Courrier de l'Europe* [London], 20.9.1851, 710c2–3.
13 *Courrier des Etats Unis* [New York], 3.10.1851, 3c1; *Union* [Paris], 14.9.1851, 3c3; *Indépendance Belge* [Brüssel], 20.9.1851, 1c1–4.

14 *Revue et Gazette des Théâtres* [Paris], 21.9.1851, 3c3; *Deutsche Theater-Zeitung* [Berlin], 27.9.1851, 311c1; *New York Herald,* 28.10.1851, 2c1.
15 *Sunday Times* [London], 26.10.1851, 3c2; *Emancipaton* [Brüssel], 26.9.1851, 3c3 und 2.10.1851, 2c2; *Journal de la Belgique* [Brüssel], 27.9.1851, 3c3; *Revue et Gazette des Théâtres,* [Paris], 5.10.1851, 4c1.
16 *Galignani's Messenger* [Paris], 27.9.1851, 3c2; *Emancipation* [Brüssel], 28.9.1851, 2c4, 3c1; *Augsburger Tagblatt,* 3.10.1851, 1542; *New York Herald,* 28.10.1851, 2c1.
17 *Echo der Gegenwart* [Aachen], 1.10.1851, 3c2, 6.10.1851, 1c3, und 7.10.1851, 2c1; *New York Herald,* 28.10.1851, 2c1 und 4c4; *Augsburger Tagblatt,* 24.11.1851, 1880.
18 *Revue et Gazette des Théâtres* [Paris], 23.11.1851, 5c1.
19 *Union* [Paris], 17.10.1851, 3c4; *Galignani's Messenger* [Paris], 25.10.1851, 3c2.
20 *Deutsche Theater Zeitung* [Berlin], 1.11.1851, 355c2; *Galignani's Messenger* [Paris], 27.10.1851, 4c1.
21 *New York Herald,* 13.1.1852, 4c6.
22 *New York Herald,* 5.12.1851, 2c5, 13.1.1852, 4c6.
23 *New York Post,* 5.12.1851, 2c1–3; *New York Herald,* 5.12.1851, 2c5, *Courrier des Etats Unis* [New York], 27.11.1851, 2c4.

Die Eroberung der Neuen Welt

1 *New York Herald,* 6.11.1851, 4c3–4, 13.1.1852, 4c6, und 6.12.1851, 2c3; *New York Tribune,* 6.12.1851, 5c1.
2 Moore, »George Wahington Smith«.
3 Moore, »George Wahington Smith«, 111.
4 Sowohl die Kopie der Lithographie als auch ein handschriftliches Anerkennungsschreiben Lolas an die Gebrüder Meade, datiert 22.12.1851, befinden sich in der Harvard Theatre Collection.
5 *Courrier des Etats Unis* [New York], 29.12.1851, 2c5; *New York Herald,* 29.12.1851, 1c6.
6 Dieser Bericht über das Debüt von Lola in Amerika beruht auf dem *New York Herald,* 30.12.1851, 4c2–3; *New York Post,* 30.12.1851, 2c4; *Courrier des Etats Unis* [New York], 30.12.1851, 3c1, und *Albion* [New York], 3.1.1852, 8c3.
7 *New York Herald,* 30.12.1851, 4c2–3.
8 *Albion* [New York], 3.1.1852, 8c3.
9 *Sun* [Baltimore], 6.1.1852, 2c2; *New York Herald,* 13.1.1852, 4c6.
10 *New York Herald,* 5.1.1852, 2c3, 6.1.1852, 4c4, 7.1.1852, 2c1, 10.1.1852, 5c2, und 13.1.1852, 4c6.
11 *New York Herald,* 15.1.1852, 4c5–6.
12 *Sun* [Baltimore], 28.1.1852, 2c3.
13 *Public Ledger and Daily Transcript* [Philadelphia], 27.1.1852.
14 Ware ist eine schemenhafte Gestalt, und es wurde vermutet, daß der Name nur ein Pseudonym eines literarischen Freundes von William Bennet war;

aber alles in allem scheint es Anhaltspunkte dafür zu geben, daß er ein tatsächlich existierender, wenn auch undurchsichtiger Stückeschreiber war. Siehe *New York Herald*, 6.4.1852, 3c5–6.

15 *Daily Pennsylvanian* [Philadelphia], 22.1.1852, 2c2 und 24.1.1852, 3c6; *Sunday Dispatch* [Philadelphia], 25.1.1852, 2c7; *Public Ledger and Daily Transcript* [Philadelphia], 3.2.1852, 2c3; *New York Herald*, 6.2.1852, 2c3–4 und 10.2.1852, 3c3.
16 *New York Herald*, 3.2.1852, 7c1, 6.2.1852, 2c3–4 und 15.2.1852, 1c2.
17 *New York Herald*, 25.2.1852, 2c1; *Richmond Dispatch*, 19.2.1852, 2c5; *Richmond Whig*, 20.2.1852, 2c1 und 25.2.1852, 2c1; *New York Herald*, 6.3.1852, 3c5.
18 *Sun* [Baltimore], 27.2.1852, 2c1; *Boston Herald*, 12.3.1852, 2c5.
19 *Boston Daily Evening Transcript*, 27.3.1852, 2c2, zitiert *Boston Courier*.
20 *Boston Daily Evening Transcript*, 29.3.1852, 2c2; *Boston Herald*, 31.3.1852, 2c4; *Boston Daily Courier*, 1.4.1852, 1c8.
21 *Boston Daily Transcript*, 31.3.1852, 2c1–2 und 2.4.1852, 1c1–3; *New York Herald*, 31.3.1852, 1c6 und 1.4.1852, 6c3–4.
22 *Boston Daily Mail*, 3.4.1852, 2c1.
23 *Boston Herald*, 12.4.1852, 4c4; *Boston Transcript*, 12.4.1852, 2c5.
24 *Boston Daily Mail*, 20.4.1852, 4c1, zitiert *Hartford Times*.
25 *New York Herald*, 30.4.1852, 7c2, 1.5.1852, 2c3 und 3.5.1852, 2c3; *New York Times*, 1.5.1852, 1c6.
26 GHA Wendland Nachlaß 50/I, KL an Wendland, 14.6.1952.
27 *New York Herald*, 9.5.1852, 2c3; *Buffalo Daily Courier*, 11.5.1852, 2c5 und 12.5.1852, 2c5.
28 Thomas Barry an James Wright, 13[18?].1.1852, Boston Public Library.
29 *New York Herald*, 27.5.1852, 7c4.
30 *New York Herald*, 27.5.1852, 7c4.
31 *New York Herald*, 27.5.1852, 4c4, 30.5.1852, 4c3; nicht identifizierter Zeitungsausschnitt, der eine Besprechung in *New York Mirror* zitiert, Harvard Theatre Collection.
32 *Public Ledger and Daily Transcript* [Philadelphia], 4.6.1852, 3c1.
33 *Sunday Dispatch* [Philadelphia], 6.6.1852, 2c7.
34 *National Intelligencer* [Washington], 8.6.1852 3c4 und 10.6.1852, 3c3; *Republic* [Washington], 9.6.1852, 3c2.
35 *Daily Argus* [Baltimore], 19.6.1852, 3c1; *Sun* [Baltimore], 21.6.1852, 1c7; Moore, »George Washington Smith«, 111.
36 *New York Herald*, 12.6.1852, 4c4–5, 30.6.1852, 2c6, 2.7.1852, 4c4 und 5.7.1852, 2c5.
37 *New York Herald*, 11.7.1852, 2c5, 25.8.1852, 2c3 und 27.8.1852, 1c6; *New York Times*, 6.9.1852, 3c6.
38 *Daily Mail* [Boston], 21.9.1852, 2c2 und 4c5, 23.9.1852, 2c4 und 25.9.1852, 2c3.
39 *Sunday Dispatch* [Philadelphia], 17.10.1852, 2c7; *Boston Herald*, 1.10.1852, 4c5.
40 *Daily Mail* [Boston], 29.9.1852, 2c2.

41 *Daily Mail* [Boston], 2.10.1852, 4c1.
42 *Boston Daily Mail*, 2.10.1852, 4c1.
43 *Sunday Dispatch* [Philadelphia], 24.10.1852, 2c5; *New York Herald*, 11.7.1852, 2c5.
44 *Daily Pennsylvanian* [Philadelphia], 23.10.1852, 3c3; *Sunday Dispatch* [Philadelphia], 17.10.1852, 2c7.
45 *Sunday Dispatch* [Philadelphia], 6.6.1852, 2c7 und 17.10.1852, 2c7.
46 *Sunday Dispatch* [Philadelphia], 17.10.1852, 2c7 und 24.10.1852, 2c5.
47 Zitiert von Charles Haywood in seiner Einleitung zu Maretzek, *Revelations*, vii.
48 Weder *Charleston Mercury* noch *Charleston Daily Courier* kommentierten Lolas Vorstellungen außer der Bemerkung, daß die Besucherzahlen gut waren.; *Charleston Daily Courier*, 7.12.1852, 2c2.
49 Siehe die Kommentare Lolas über den Süden und seine Gesellschaft in den Manuskripten ihrer Lesungen über die Sklaverei in Amerika in der Harvard Theatre Collection, vol. 3 der Manuskripte, 2. Lesung; *Mobile Daily Advertiser*, 23.12.1852, 3c1.
50 *Mobile Daily Advertiser*, 22.12.1852, 3c1, 23.12.1852, 3c1, 24.12.1852, 3c1 und 29.12.1852, 3c1; *Mobile Daily Register*, 23.12.1852, 3c1, 25.12.1852, 2c4 und 28.12.1852, 3c1; *New Orleans Daily Picayune*, 31.12.1852, 2c5; *Deutsche Zeitung* [New Orleans], 1.1.1853, 2c6.
51 James Sprigg an Elizabeth Linn, 5.1.1853, Lewis F. Linn Papers, Missouri Historical Society, St. Louis.
52 *New Orleans Daily Picayune*, 4.1.1853, 2c1, 5.1.1852, 2c1; *Courrier de la Louisiane* [New Orleans], 7.1.1853, 2c4–5.
53 *New Orleans Daily Picayune*, 14.1.1853, 1c6 und 15.1.1853, 1c2; die *New York Times* berichtete über den mutmaßlichen Tod Healds auf ihrer Titelseite am 14.1.1853, veröffentlichte jedoch am 22.1.1853 eine Richtigstellung, ebenfalls auf der Titelseite. In den Zeitungen von New Orleans scheinen keine Richtigstellungen erschienen zu sein. Ein Artikel in der *Boston Daily Mail*, 23.2.1853, übernommen von der *New Orleans Delta*, berichtet über Lola, sie sei »nervös geworden duch die Gerüchte über den Verlust eines Ehemannes«, also hatte sie die Nachricht sicher gehört.
54 *New Orleans Picayune*, 29.1.1853, 1c2 und 24.1.1853, 1c3.
55 Der folgende Bericht beruht auf einer Darstellung in der *Boston Daily Mail*, 23.2.1853, übernommen von der *New Orleans Delta*, und anderen Berichten im *Courrier de la Lousiane*, 10.2.1853, 2c2 und der *Deutschen Zeitung* [New Orleans], 10.2.1853, 3c1 und 11.2.1853, 3c1.
56 *Cincinnati Daily Commercial*, 5.3.1853, 2c3.
57 *Cincinnati Gazette*, 2.3.1853, 2c3.
58 *Deutscher Republicaner* [Cincinnati], 2.3.1853, 3c2.
59 *Missouri Republican* [St. Louis], 21.3.1853, 2c10.
60 Zitiert in Whiting, *Kate Field*, 33.
61 *St. Louis Democrat*, zitiert in Liberty [Mo.] *Weekly Tribune*, 15.4.1853, 1c5.
62 *Louisville Daily Democrat*, 1.4.1853, 3c2; *Louisville Daily Journal*, 12.4.1853, 3c2.

63 Der folgende Bericht über den Vorfall und die anschließende Anhörung vor Gericht beruht auf einem nicht identifizierten Zeitungsausschnitt in der Harvard Theatre Collection, einem Ausschnitt aus der *Boston Daily Mail* vom 26.4.1853 in der gleichen Sammlung, *Courrier de la Louisiane*, 10.4.1853, 2c3; *Deutsche Zeitung* [New Orleans], 15.4.1853, 3c2 und *New York Times*, 21.4.1853, 6c3 und 22.4.1853, 8c2–3; *Daily Panama Star*, 6.5.1853, 2c2–4; *Gazette des Tribunaux* [Paris], 13.5.1853, 458c4–459c1.
64 *Boston Daily Mail*, 26.4.1853.
65 *New York Times*, 22.4.1853, 8c2–3.
66 *New Orleans Daily Picayune*, 22.4.1853, 1c3 (Abendausgabe).

Daheim im goldenen Westen

1 *Panama Herald*, 3.5.1853, 2c4.
2 *Panama Herald*, 6.5.1853, 3c2; *Deutsche Zeitung* [New Orleans], 24.5.1853, 2c6.
3 *Daily Panama Star*, 5.5.1853, 2c2.
4 *Daily Panama Star*, 5.5.1853, 2c2.
5 Siehe die Volkszählung von 1852 in Kalifornien, 4:222, auch 4:252, nicht identifizierter Zeitungsausschnitt aus einer Zeitung aus Philadelphia vom 21.8.1853, Zitat aus *New York Sunday Courier*, Harvard Theatre Collection; San Francisco Bulletin, 26.10.1895, 20c1–3.
6 *Pioneer* [San Jose, Kalif.], 15.9.1900, 137.
7 *Golden Era* [San Francisco], 12.6.1853, 2c6.
8 *Golden Era* [San Francisco], 22.5.1853, 4c1.
9 *Alta California* [San Francisco], 27.5.1853, 2c4; *Placer Times & Transcript* [San Francisco], 27.5.1853, 3c1.
10 Cleland, *Apron*, 80.
11 *Shasta Courier* [Oroville], 16.7.1853, 2c2; *Sacramento Union*, 19.7.1853, 2c7.
12 *Daily Evening Herald* [San Francisco], 27.5.1853, 3c1; *Alta California* [San Francisco], 31.5.1853, 2c4.
13 Hauser, *Wanderbuch* 1:42.
14 *Alta California* [San Francisco], 13.6.1853, 3c7; *Sacramento Union*, 15.6.1853, 2c3; Hauser, *Wanderbuch* 1:42.
15 Hauser, *Wanderbuch* 1.41.
16 *Golden Era* [San Francisco], 7.11.1858, 4c5.
17 *Placer Times & Transcript* [San Francisco], 25.6.1853, 3c1; zu den Berichten über die Hochzeit siehe *Placer Times & Transcript* [San Francisco], 2.7.1853, 1c4; *Sacramento Union*, 4.7.1853, 2c3 und *Alta California* [San Francisco], 24.1.1874, 1c3.
18 Siehe ein Faksimile des Eintrags im Standesamt der Mission Dolores in Phillips, Portsmouth Plaza, 292.
19 *Sacramento Union*, 6.7.1853, 2c2–3.
20 Hauser, *Wanderbuch* 1:47–50; zusätzlich zu dem Bericht von Hauser über die zweite Vorstellung von Lola in Sacramento, siehe *Daily Democratic State Journal* [Sacramento], 7.7.1853, 2c5 und 8.7.1853, 4c1–2; und *Sacramento*

Union, 7.7.1853, 2c6.
21 Hauser, *Wanderbuch* 1:51.
22 *Sacramento Union,* 8.7.1853, 2c3.
23 *Sacramento Union,* 8.7.1853, 2c3.
24 *Alta California* [San Francisco], 9.7.1853, 2c2.
25 *Sacramento Union,* 18.7.1853, 2c2; *Democratic State Journal* [Sacramento], 18.7.1853, 2c4.
26 *Daily Evening Herald* [San Francisco], 19.7.1853, 2c1; *San Francisco Examiner,* 19.2.1899, 31.
27 *Sacramento Union,* 22.7.1853, 2:3.
28 *Placer Times & Transcript* [San Francisco], 10.10.1853, 2c4.
29 M. Tellman Wright an M. E. Wright, 12.11.1853, Sophia Smith Collection, Smith College, Northampton.
30 *Nevada Journal,* 5.8.1853, 2c5; Jonas Wincester, Korrespondent des Nevada Journal in Grass Valley, deutet in dieser Geschichte an, daß Lola nach einer abgesetzten Vorstellung im Alta Theater auf einer privaten Feier in Grass Valley nackt getanzt habe, aber diese Behauptung wird durch nichts bestätigt, und es hätte auch nicht dem Charakter von Lola entsprochen. Zum Nachweis der Autorschaft von Wincester an diesem anonymen Artikel, siehe sein Brief an E. Wincester, 14.8.1853, Jonas Wincester Papers, California State Library, Sacramento; *Sacramento Union,* 22.7.1853, 2c3.
31 FDE 71.
32 Jonas Wincester an E. Wincester, 14.8.1853, Wincester Papers, California State Libray, Sacramento; M. Tellman Wright an M. E. Wright, 12.11.1853, Sophia Smith Collection, Smith College, Northampton.
33 LM an »Paco«, 14.9.1853, Katalog 11 von L'Autographe, S. A., Genf 1987, Katalognummer 186; Lola würde später bestätigen, daß sie zweimal verheiratet gewesen war und sich damit eindeutig auf James und Heald beziehen (*New York Times,* 10.2.1858, 3c3). Wahrscheinlich sah sie ein, daß ihre Heirat mit Hull ungültig war, sogar wenn sie nicht zugeben wollte, daß dasselbe für ihre Heirat mit Heald zutraf.
34 Gilmor Meredith an seine Schwester Emma, 29.1.1854, zitiert in FDE 107; *Democratic State Journal* [Sacramento], 22.10.1853, 2c4.
35 FDE 106 f.
36 LM an »Paco«, 14.9.1853, Katalog 11 von L'Autographe, S. A., Genf 1987, Katalognummer 186; *New York Clipper,* 5.7.1879, 119c3–4; Kip, *Early Days,* 59 f.
37 FDE 106 f.
38 *Nevada Democrat,* 3.5.1854, 2c2.
39 *New York Clipper,* 5.7.1879, 119c3–4.
40 Gilmor Meredith an seine Schwester Emma, 29.1.1854, zitiert in FDE 107. Außer einer kurzen Erwähnung eines »verrückten Deutschen« findet sich keine zeitgenössische Bestätigung der Legende über Lolas Affäre oder Heirat mit einem deutschen Adligen in Grass Valley, manchmal Dr. Adler oder Kirke Adler genannt, der angeblich bei einem Jagdunfall getötet wurde. Die Geschichte wurde anscheinend zum ersten Mal in einem vorzeitigen

Nachruf für Lola in *Europa, Chronik der gebildeten Welt* [Leipzig], 1860, zweites Halbjahr, c1122–1125, gedruckt und wurde in der ersten Biographie König Ludwigs von Johann Sepp (*Ludwig Augustus,* 497) wiederholt. Die Annahme, daß die Legende in Deutschland entstanden sei und dann wieder die Vereinigten Staaten erreichte, kann durch die Tatsache gestützt werden, daß die Berichte von einem Mann sprachen, der Arzt und von adliger Geburt sei (»ein Arzt von Adel«), obwohl in den Berichten in Deutschland kein Name erwähnt wurde, und dies wurde möglicherweise »Dr. Adler«, als die Geschichte von englischsprachigen Berichterstattern übermittelt wurde; FDE 150; LM an Conrad Hotaling, 22.11.1854, Lola Montez Collection, Bancroft Library, University of California, Berkeley; Massett, »Drifting About«, 247.

41 *Nevada Journal,* 20.1.1854, 2c5.
42 FDE 121f.; *Daily National Gazette* [Nevada City], 1.7.1870, 2c1.
43 FDE 123–126.
44 *Sacramento Union,* 10.2.1854, 2c5; *Grass Valley Telegraph,* 9.3.1854, 2c3; *Shasta Courier* [Oroville], 18.2.1854, 2c2.
45 *Grass Valley Telegraph,* 25.5.1854, 2c2.
46 *Grass Valley Telegraph,* 13.7.1854, 2c1; *Golden Era* [San Francisco], 6.8.1854, 2c5.
47 *Grass Valley Telegraph,* 18.5.1854, 2c3.
48 *San Francisco Chronicle,* 27.12.1914, 29c3–5 und 31c6, und 28.12.1914, 8c1.
49 Der folgende Bericht über den Konflikt zwischen Lola und Shipley beruht weitgehend auf einem Artikel im *San Francisco Examiner,* 23.9.1888, 10c6–8, der ausführlich aus den zeitgenössischen Zeitungsberichten zitiert, von denen die meisten nicht anders erhalten geblieben sind.
50 Zitiert im *Democratic State Journal* [Sacramento], 22.11.1854, 3c1–2.
51 Zitiert im *San Francisco Examiner,* 23.9.1888, 10c6–8; in einer gekürzten Fassung auch in *Alta California* [San Francisco], 26.11.1854, 2c4, und in der *Steamer Edition* der gleichen Zeitung vom 1.12.1854, 3c4.
52 *National Gazette* [Nevada City], 11.11.1858, zitiert in Kinyon, *Northern Mines,* 147f.
53 *New York Daily Tribune,* 30.1.1861, 7c1–2.
54 *Alta California* [San Francisco], 21.5.1855, 2c3; siehe auch den zitierten Brief von Noel Follin in Holdredge, *Woman in Black,* 254.
55 Noel Follin an Miriam Follin, 11.7.1854[?], zitiert nach Stern, *Purple Passage,* 18.
56 Noel Follin an Susan und Miriam Follin, 31.5.1855, zitiert nach Holdredge, *Woman in Black,* 254f.
57 *Sacramento Union,* 7.6.1855, 2c6; *Golden Era* [San Francisco], 3.6.1855, 2c4.
58 Leman, *Memories,* 257.
59 *Golden Era* [San Francisco],10.6.1855, 2c4 und 5; *Placer Times & Transcript* [San Francisco], 7.6.1855, 2c1; *Californian Chronicle* [San Francisco], 7.6.1855, 2c3.

Zu den Antipoden

1 *Sydney Morning Herald,* 17.8.1855, 4c1; *Argus* [Melbourne], 17.9.1955, 6c3.
2 Mourot, *This Was Sydney,* 48.
3 Siehe *Bell's Life in Sydney and Sporting Reviewer,* 1.9.1855, 2c6, und 25.8.1855, 2c7. *Empire* [Sydney], 27.8.1855, 4c6.
4 *Argus,* 31.8.1855, 9c3–4.
5 *Bell's Life in Sydney and Sporting Reviewer,* 1.9.1855, 2c6, und 8.9.1855, 2c5.
6 Siehe Affidavit von James Simmonds, Exhibit to Action 2171 before the Supreme Court of New South Wales, 1855, Archives of New South Wales, Sydney.
7 Affidavit von James Simmonds, Exhibit to Action 2171 before the Supreme Court of New South Wales, 1855, Archives of New South Wales, Sydney.
8 Siehe Writ of Capias ad Respondendum for £ 100 in der Akte der Action 2168 von 1855 im Supreme Court von New South Wales, Archives of New South Wales, Sydney; der folgende Bericht beruht auf den Angaben von Brown gegenüber dem *Sydney Morning Herald,* 14.9.1855, 5c4; dem eines Offiziers der Dampfschiffgesellschaft, der an Bord der Waratah war, im *Sydney Morning Herald,* 12.9.1855, 5c3; einem Brief von Lolas Rechtsanwälten im *Herald,* 12.9.1855, 5c3; und *Bell's Life in Sydney and Sporting Reviewer,* 15.9.1855, 2c7–8. Folland gab einen wenig andernen Bericht im *Argus* [Melbourne], 17.9.1855, 6c3, und in der *Age* [Melbourne], 17.9.1855, 6c1.
9 *Scotsmann* [Edinburgh], 16.2.1861, 6c3.
10 *Sydney Morning Herald,* 11.9.1855, 5c2–3, und 14.9.1855, 5c4.
11 Zu dem folgenden Bericht, siehe Hauser, *Wanderbuch* 2:102–105.
12 *Geelong Advertiser & Intelligencer,* 15.9.1855, 2c6–7; *Age* [Melbourne], 14.9.1855, 4c3–4; *Herald* [Melbourne], 14.9.1855, 4c6.
13 *Argus* [Melbourne], 20.9.1855, 5c3.
14 *Geelong Advertiser,* 21.9.1855, 2c4.
15 *Age* [Melbourne], 20.9.1855, 4c6.
16 *Herald* [Melbourne], 21.9.1855, 6c3.
17 *Truth* [Melbourne], 12.8.1911, 7c1–2; *Herald* [Melbourne], 22.9.1855, 5c1; *Age* [Melbourne], 22.9.1855, 5c5; *Argus* [Melbourne], 24.9.1855, 6c1.
18 *Age* [Melbourne], 22.9.1855, 4c6.
19 *Geelong Advertiser & Intelligencer,* 28.9.1855, 2c7.
20 *Herald* [Melbourne], 3.11.1855, 5c4.
21 *Argus* [Melbourne], 1.10.1855, 5c5–6; Moreton de Chabrillan, *Un Deuil,* 136.
22 *Adelaide Times,* 27.11.1855, 3c8; *Criticisms on the performances of Harry Jackson,* 27.
23 *Adelaide Times,* 27.11.1855, 3c8; *Criticisms on the performances of Harry Jackson,* 29.
24 *South Australia Register,* 14.12.1855, 2c6.
25 *Age* [Melbourne], 24.12.1855, 6c4; *Herald* [Melbourne], 27.12.1855, 4c6.
26 *Scotsman* [Melbourne], 16.2.1861, 6c3.

27 *Scotsman* [Melbourne], 16.2.1861, 6c3; Blainey, *Farthing Poet,* 213.
28 *Sydney Morning Herald,* 14.1.1856, 4c6.
29 *Bell's Life in Sydney and Sporting Reviewer,* 19.1.1856, 2c5.
30 Zitiert nach den originalen Ermittlungsberichten gegen Seekamp, von Lola unterschrieben, in der Archives Division der State Library of Victoria, wiedergegeben in [Cannon], *Lola Montes.*
31 *Bell's Life in Sydney and Sporting Reviewer,* 5.4.1856, 2c6; *Melbourne Punch,* 21.2.1856, 19c2.
32 Dieser Bericht über den Zweikampf zwischen Lola und Seekamp beruht auf Artikeln im *Herald* [Melbourne], 22.2.1856, 5c3; *Age* [Melbourne], 23.2.1856, 3c1; und *Bell's Life in Sydney and Sporting Reviewer,* 1.3.1856, 2c5.
33 *Melbourne Punch,* 28.2.1856, 27; *Herald* [Melbourne], 23.2.1856, 6c4; Charles Eberle, *Memoirs,* MS 7569, Victoria State Library, 2:72–73.
34 *Age* [Melbourne], 23.2.1856, 3c1; *Herald* [Melbourne], 28.3.1856, 5c3; Withers, *History,* 120f.
35 *Herald* [Melbourne], 5.3.1856, 6c6, und 7.3.1856, 6c1; *Melbourne Punch,* 6.3.1856, 35; *Age* [Melbourne], 7.3.1856, 4c6.
36 *Age* [Melbourne], 8.3.1856, 1c5.
37 *Herald* [Melbourne], 10.3.1856, 5c2 und 5c3.
38 *Age* [Melbourne], 19.3.1856, 2c4.
39 *Herald* [Melbourne], 28.3.1856, 5c3, und 31.3.1856, 7c2; *Age* [Melbourne], 31.3.1856, 3c6, 3.4.1856, 5c2.
40 Wiederholt in *Herald* [Melbourne], 4.4.1856, 7c1–2; siehe auch *Herald* [Melbourne], 7.4.1856, 6c5.
41 *Age* [Melbourne], 11.4.1856, 3:2; Blainey, *Farthing Poet,* 210.
42 *Mt. Alexander Mail,* 11.4.1856, 5c1–2.
43 *Mt. Alexander Mail,* 15.4.1856, 2c5.
44 *Mt. Alexander Mail,* 6.5.1856, 3c1; *Bendigo Courier,* 10.5.1856, 3c2.
45 LM an Miss Mitchell, 4.4.1859, New York Public Library, Crane Family Papers.
46 *Pacific Commercial Advertiser* [Honolulu], 10.7.1856, 2c4 und 2c1; *Polynesian* [Honolulu], 12.7.1856, 39c5.
47 *Golden Era* [San Francisco], 3.8.1856, 4c3; Typoscript des Tagebuches von John H. McCabe 2:280, Sutro Library, San Franicsco; *Alta California* [San Francisco], 4.4.1861, 1c2.
48 *Alta California* [San Francisco], 4.4.1861, 1c2; *Golden Era* [San Francisco], 3.8.1856, 4c3; [Dyer], *Penitent,* 26.

Sorgen und Erfolg

1 *Golden Era* [San Francisco], 2.8.1856, 4c3.
2 *Daily Evening Bulletin* [San Francisco], 23.8.1856, 3c3.
3 *Alta California* [San Francisco], 29.8.1856, 2c1, und 4.4.1861, 1c2.
4 *Alta California* [San Francisco], 14.8.1856, 2c4, und 20.8.1856, 2c2.
5 Zitiert in *Sacramento Union,* 14.8.1856, 3c3.

6 *Daily Evening Bulletin* [San Francisco], 12.8.1856, 2c3; *Golden Era* [San Francisco], 24.8.1856, 5c1.
7 *Alta California* [San Francisco], 6.9.1856, 2c1, und 9.9.1856, 2c3.
8 *Democratic State Journal* [Sacramento], 13.9.1856, 2c4; ein apokrypher Brief, der mit »Lola Montes« unterschrieben war, tauchte ungefähr zu dieser Zeit in einer Pariser Zeitung auf und führte einige Biographen fälschlicherweise zu der Annahme, daß Lola aus irgendeinem Grund nach Europa zurückgekehrt sei. Siehe *Estafette* [Paris], 7.9.1856, 3c3, und 13.9.1856, 4c1.
9 *New York Times*, 26.4.1856, 2c4; *Golden Era* [San Francisco], 11.5.1856, 4c6.
10 *Alta California* [San Francisco], 11.7.1868, 1c6.
11 *Age* [Sacramento], 17.9.1856, 2c2.
12 *Daily Evening Bulletin* [San Francisco], 16.10.1856, 3c2.
13 *Daily Evening Bulletin* [San Francisco], 17.10.1856, 3c2.
14 *Alta California* [San Francisco], 4.4.1861, 1c2.
15 *Wide West* [San Francisco], 21.9.1856, 3c1; der Eintrag des Todes von Heald am 20.7.1856 im General Register Office, London.
16 *Alta California* [San Francisco], 20.11.1856, 2c2; *New York Times*, 23.1.1857, 6c3.
17 Siehe *Alta California* [San Francisco], 4.4.1861, 1c2; *New York Times*, 3.5.1883, 5c2; *New York Tribune*, 3.5.1883, 5c5.
18 LM an Miss Mitchell, 4.4.1859, New York Public Library, Crane Family Papers.
19 *Daily Territorial Enterprise* [Virginia City, Nev.], 14.7.1878, 1c1.
20 Siehe allgemein Stern, *Purple Passage*.
21 LM an »Sweetest«, o. D., Cornell University Library, Ithaca.
22 *New York Times*, 23.1.1857, 6c3; *Golden Era* [San Francisco], 5.4.1857, 4c5.
23 *Frank Leslie's Illustrated Newspaper* [New York], 7.3.1857, 212f.
24 *Providence Journal*, 17.2.1857, 2c7, 16.2.1857, 2c5, 17.2.1857, 2c7.
25 Blake, *Historical Account*, 265ff.
26 Blake, *Historical Account*, 268.
27 *Daily Territorial Enterprise* [Virginia City, Nev.], 14.7.1878, 1c1; Stern, *Purple Passage*, 23–26.
28 *Pittsburgh Morning Post*, 28.2.1857, 3c1; *Freiheits Freund* [Pittsburgh], 2.3.1857, 3c1; *Golden Era* [San Francisco], 3.5.1857, 4c6; *Missouri Historical Society*, St. Louis, Theaterplakat für das St. Louis Theatre, 12.3.1857, Ankündigung der Vorstellung von Lola Montez, »genesen von ihrer schweren Krankheit«; *Missouri Democrat* [St. Louis], 17.3.1857, 3c1.
29 *Anzeiger des Westens* [St. Louis], 24.3.1857, 3c3.
30 *Louisville Daily Journal*, 6.4.1857, 3c1.
31 *Daily Journal* [Chicago], 29.4.1857, 3c1; *Golden Era* [San Francisco], 28.6.1857, 4c6.
32 *Golden Era* [San Francisco], 28.6.1857, 4c6. In einem Brief der Theatrical Manuscripts Collection der Yale University spricht Lola davon, sie sei »jeden Tag fleißig und emsig bei der Arbeit, seit ich Philadelphia verlassen habe, um eine neue Lesung vorzubereiten. ... Sie gefällt mir wirklich besser als alle meine anderen Schriften.« Undatierter Brief an »My dear Dr.«

(tatsächlich geschrieben aus Baltimore am 19.11.1858 an Robert Shelton MacKenzie, irisch-amerikanischer Autor und Journalist in Philadelphia).
33 *Golden Era* [San Francisco], 28.6.1857, 4c6; *Buffalo Morning Express,* 18.7.1857, 3c2.
34 Ausschnitt, Nachdruck eines alten Programms der Vorstellung in Toronto aus der *New York Clipper,* o. D., in der Sammlung des Lincoln Center Branch of the New York Public Library; *Buffalo Morning Express,* 31.7.1857, 3c2.
35 LML 122.
36 *Buffalo Morning Express,* 31.7.1857, 3c2.
37 *Buffalo Morning Express,* 1.8.1857, 3c2.
38 LML 267, 276.
39 LML 292.
40 *Boston Post,* 2.9.1857, 2c2.
41 *Witness* [Montreal], 26.8.1857, 541c3.
42 *New York Times,* 7.9.1857, 2c5.
43 *Minèrve* [Montreal], 3.9.1857, 2c1–2.
44 *Minèrve* [Montreal], 8.9.1857, 2c1–4.
45 *Daily Argus* [Montreal], 29.8.1857, 2c1–2.
46 *Boston Bee,* 10.10.1857, 4c7; *Boston Herald,* 9.10.1857, 2c5; siehe das Theaterplakat für die Lesung von Lola in Newark, N. J., am 28.9.1857, 2c5 in KLA 29, Akte Wendland.
47 *Philadelphia Press,* 9.11.1857, 2c3; KLA 34 [AN 75], LM an KL, 12.3.1848.
48 LML 162, 165f.
49 *Philadelphia Press,* 16.11.1857, 2c3.
50 »Sie gefällt mir wirklich besser als alle meine anderen Schriften«, schrieb Lola in einem Brief in der Theatrical Manuscripts Colection, Yale University. Der Brief ist o. D. und die Anrede lautet nur »Dear Dr.«, aber die implizierte Beweisführung legt nahe, daß er am 19.11.1857 in Baltimore geschrieben wurde und an den Autor und Journalisten Dr. Robert Shelton MacKenzie in Philadelphia gerichtet war.
51 LML 176f.; *New York Herald,* 16.2.1858, 6c1; *New York Times,* 16.2.1858, 5c3–4.
52 LML 185f., 197f.
53 Manuskript der Lesungen von LM, Harvard Theatre Collection; *Philadelphia Press,* 5.12.1857, 2c4.
54 LML 43; das Leben von Sulkowski, 1814–1879, kann ziemlich detailliert in den jährlichen Ausgaben des zu seinen Lebzeiten erschienenen Gothaischen genealogischen Hofkalenders verfolgt werden,.
55 *New York Daily Tribune,* 19.1.1858, 7:1–2.
56 *New York Times,* 1.2.1858, 2c1–2; *Allgemeine Zeitung* [Augsburg], 31.12.1857, 582c1–2.
57 *Boston Daily Advertiser,* 18.1.1858, 1c5; *New York Herald,* 17.1.1858, 1c1; *New York Tribune,* 19.1.1858, 7c1–2.
58 *New York Times,* 10.2.1858, 3c3–4; *New York Herald,* 19.2.1858, 8c1; LML 43f.

Heimwärts

1 *New York Herald,* 21.1.1861, 8c1–2; *Sunday Dispatch* [Philadelphia], 21.2.1858, 2c4; LM an Maria Buchanan, »Freitag morgen« [9.4.1858], Harvard Theatre Collection; *New York Times,* 20.4.1858, 5c2.
2 *New York Herald,* 4.2.1858, 5c4–5; *New York Times,* 5.2.1858, 3c3–4.
3 Über Jacobson, siehe Times [London], 5.4.1842, 5c4, und 19.4.1842, 5c4; *New York Times,* 30.5.1876, 8c2; und die Einträge über seine Werke in dem Katalog der British Library.
4 *New York Times,* 10.2.1858, 3c3–4.
5 *New York Herald,* 19.2.1858; *New York Times,* 19.2.1858, 8c1–3.
6 *New York Times,* 19.2.1858.
7 *New York Herald,* 27.2.1858, 1c1–2, 3.3.1858, 8c2; *New York Times,* 27.2.1858, 5c1–3; *Sunday Dispatch* [Philadelphia], 7.3.1858, 2c5; *New York Herald,* 17.3.1858, 7c5–6; *New York Times,* 19.3.1858, 1c6; *Courier des Etats Unis* [New York], 20.3.1858, 1c5–2c1.
8 LML 219f.
9 *New York Herald,* 24.3.1858, 1c4.
10 LML 15.
11 LML 14f.
12 LML 12f.
13 LML 24.
14 LML 48ff.
15 *Figaro* [Paris], 3.10.1858, 6c2; LML 69–73.
16 LML 81.
17 LM an Maria Buchanan, »Freitag morgen« [9.4.1858], Harvard Theatre Collection.
18 *New York Herald,* 7.4.1858, 4c3.
19 *Evening Post* [New York], 9.11.1868, 1c1.
20 *New York Herald,* 27.7.1858, 1c1; siehe die Pressenotizen über die Lesungen von Lola auf pp.iii-v der Ausgabe von Philadelphia, Harry Ransom Center for the Humanities, University of Texas, Austin; siehe auch *New York Tribune,* 13.7.1858, 3c1, und *Frank Leslie's Illustrated Newspaper* [New York], 3.7.1858, 75c2; *Illustrated News of the World* [London], 14.8.1858, 107c2.
21 *New York Herald,* 4.11.1858, 4c6.
22 Zitiert in den *New York Daily News,* 17.9.1858, 5c4.
23 Montez, *The Arts,* xvi.
24 Siehe die Einführung des Herausgebers zu *Montes, L'Art;* es gab 1969 eine Neuauflage von Chelsea Press, New York, und 1978 eine von Ecco Press, New York.
25 *Evening Post* [New York], 9.11.1868, 1c1; Wyndam, *Magnificent Montez,* 239, Zitat eines Briefes von LM an Charles G. Leland, 20.8.1858.
26 *Golden Era* [San Francisco], 10.10.1858, 4c2; Leland, *Memoirs,* 225.
27 *Evening Post* [New York], 9.11.1868; 1c1; Leland, *Memoirs,* 225.
28 *New York Tribune,* 30.1.1861, 7c1–2.
29 Dieser Bericht über Lolas Bemühungen, Reverend Hoyt zu unterstützen,

beruht auf nicht identifizierten Zeitungsausschnitten in der Manuscript Collection, New York Public Library.
30 Siehe nicht identifizierte Zeitungsausschnitte in der Manuscript Collection, New York Public Library.
31 Wyndam, *Magnificent Montez,* 239f., Zitat eines Briefes von LM an Charles G. Leland aus der ersten Woche im November 1858.
32 *Galway Vindicator,* 24.11.1858, 2c7.
33 *Galway Vindicator,* 24.11.1858, 2c7.
34 *Dublin Evening Mail,* 26.11.1858, 3c1; *Munster News and Provincial Advertiser* [Limerick], 27.11.1858, 3c4.
35 *Freeman's Journal* [Dublin], 7.12.1858, 3c1.
36 *Daily Express* [Dublin], 9.12.1858, 3c4–5.
37 Dieser Bericht über ihre Lesung beruht auf Zeitungsberichten in *Freeman's Journal* [Dublin], 9.12.1858 und dem Manuskript der Lesung in der Harvard Theatre Collection.
38 *Freeman's Journal* [Dublin], 9.12.1858, 3c2; *Munster News an Provincial Advertiser* [Limerick], 15.12.1858, 3c3.
39 Siehe das Manuskript der Lesung in der Harvard Theatre Collection.
40 Siehe das Manuskript der Lesung in der Harvard Theatre Collection.
41 Siehe das Manuskript der Lesung in der Harvard Theatre Collection.
42 *Sunday Times* [London], 16.1.1859, 3c3.
43 *Sunday Times* [London], 13.2.1859, 3c3.
44 *Sunday Times* [London], 27.2.1859, 3c5.
45 LM an Miss Mitchell, 4.4.1859, New York Public Library, Crane Family Papers.
46 *British Spiritual Telegraph* [London], 1.5.1859, 252.
47 *New York Tribune,* 30.1.1861, 7c1–2.
48 *Morning Advertiser* [London], 8.4.1859, 3c2; *Morning Star* [London], 9.4.1859, 5c6.
49 *Evening Journal* [London], 7.–8.4.1859, 5c6.
50 Ein großer Teil dieses Berichts über Lolas Aufenthalt in England beruht auf der *New York Tribune,* 30.1.1861, 7c1–2.
51 LM an »Camille« [wahrscheinlich Mrs. Sherard (Ellen) Osborn], 11.2.1860, Stadtbibliothek München; LM an einen unbekannten Autor, 13.[6.1859] [lithographisches Faksimile], Harry Ransom Center for the Humanities, University of Texas, Austin; *Era* [London], 5.6.1859, 1c1; siehe den Bericht über diese Lesung in der *Morning Post* [London], 13.6.1859, 3c2, und das Manuskript der Lesung in der Harvard Theatre Collection.
52 Zitat aus Lolas Manuskript der Lesung in der Harvard Theatre Collection.
53 *Morning Star* [London], 13.6.1859, 3c2; *Era* [London], 19.6.1859, 11c1.
54 *New York Tribune,* 30.1.1861, 7c1–2.
55 [Dyer], *Penitent,* 20–21, 23, 24, 26–27.
56 [Dyer], *Penitent,* 28.
57 LM an »Camille« [wahrscheinlich Mrs. Sherard (Ellen) Osborn], 11.2.1860, Stadtbibliothek München, Sammlung Monacensia; [Dyer], *Penitent,* 29–30.

58 *New York Herald,* 27.10.1859, 10c3; *New York Tribune,* 21.11.1859, 5c5; Lola gab einem Freund im Februar 1860 als Antwortadresse die Harris New Church Publishing Company an. Siehe LM an »Camille« [wahrscheinlich Mrs. Sherard (Ellen) Osborn], 11.2.1860, Stadtbibliothek München, Monacensia Literaturarchiv.
59 *New York Herald,* 30.11.1859, 4c5.
60 *New York Herald,* 18.12.1859, 2c3; Ames, *Outlines,* 124 ff.
61 Manuskript der Lesung in der Harvard Theatre Collection.
62 Manuskript der Lesung in der Harvard Theatre Collection.
63 *Philadelphia Press,* 28.1.1860, 2c3.
64 *Alta California* [San Francisco], 4.4.1861, 1c2.
65 *Cleveland Daily Herald,* 13.2.1860, 3c3; *Cleveland Plain Dealer,* 13.2.1860, 3c2.
66 LM an »Camille« [wahrscheinlich Mrs. Sherard (Ellen) Osborn], 11.2.1860, Stadtbibliothek München, Monacensia Literaturarchiv.
67 LM an »Meine liebe Freundin« [Maria Buchanan], 7.3.1860, Harvard Theatre Collection.
68 *Daily Illinois State Journal* [Springfield], 14.3.1860, 3c2, 15.3.1860, 2c1, 16.3.1860, 3c2–3, und 19.3.1860, 3c3.
69 KLA 39, Akte Buchanan, Maria Buchanan an KL, 21.9.1861.
70 Siehe die Volkszählung in den USA von 1860, New York City, 15th Ward, 3rd District, S. 339, Dwelling House 370, Family 462; *Montrose Standard & Angus & Mears Register,* 27.7.1860, 3c1; LM an »Camille« [wahrscheinlich Mrs. Sherard (Ellen) Osborn], 11.2.1860, Stadtbibliothek München, Monacensia Literaturarchiv.
71 LM an »Camille« [wahrscheinlich Mrs. Sherard (Ellen) Osborn], 11.2.1860, Stadtbibliothek München, Monacensia Literaturarchiv.
72 *New York Tribune,* 4.7.1860, 5c3.
73 *New York Tribune,* 7.7.1860, 5c3; *New York Herald,* 7.7.1860, 5c6; ein Beispiel für die verfrühten Nachrufe auf Lola, siehe *Kölnische Zeitung,* 1.8.1860, 3c2; *Europa, Chronik der gebildeten Welt* [Leipzig], 1860, c1122–1125; nach ihrem Tod behauptete eine weithin gedruckte Geschichte, daß der Schlaganfall durch einen Schock hervorgerufen wurde, als sie in den Straßen von New York von Follins Tochter brüskiert wurde, die, wie die Geschichte erzählte, von Lola durch die Emma Willard Academy gebracht wurde und die nun mit einem ehemaligen Diplomaten verheiratet war. Da Caroline Follin zu diesem Zeitpunkt zu jung war, um verheiratet zu sein (und es keine Unterlagen über ihre Einschreibung an der Willard Academy gibt), und Miriam Follin nun, als Mrs. E. G. Squier, mit einem früheren Diplomaten verheiratet war, scheint diese Geschichte sich auf die ehemalige »Minnie Montez« zu beziehen. Es gibt keinen Beweis für diese Geschichte, und die Tatsache, daß sich Lola und Miriam wohl unter unfreundlichen Unständen getrennt hatten, läßt es unglaubwürdig erscheinen, daß Lola ernsthaft verstört gewesen wäre, selbst wenn Miriam sie brüskiert hätte. Siehe *Philadelphia Press,* 22.1.1861, 2c2, und *Alta California* [San Francisco], 29.3.1861, 1c6.

74 *Sunday Dispatch* [Philadelphia], 9.9.1860, 2c6.
75 *New York Herald,* 21.1.1861, 8c1–2; New York City Department of Health, Register of Deaths, Borough of Manhattan, 1798–1865, Mikrofilm Spule 21, Death of Lola Montez am 17.1.1861. Ihr Testament ist in Huchings, »The Most Famous Vamp«, 20, abgedruckt.
76 Nicht identifizierter Zeitungsausschnitt in der Harvard Theatre Collection; siehe auch Rodgers, *A Hundred Years,* 75–78.
77 Eliza Craigie an Dr. John Cooper, 14.1.1861, abgedruckt in Rodgers, *A Hundred Years,* 78; BSB Auto. Cim Lola Montez.
78 KLA 39, Akte Buchanan, Maria Buchanan an KL, 21.9.1861; *New York Clipper,* 16.9.1911, 17c4–5.
79 Eliza Craigie an Dr. John Cooper, 14.1.1861, abgedruckt in Rodgers, *A Hundred Years,* 78; *New York Herald,* 21.1.1861, 8c1–2.
80 Hingston, *Genial Showman* 2:216.
81 [Dyer], *Penitent,* 35–40. Eine völlig andere Version der letzten Lebensmonate von Lola wurde in Helen Holdredge, *Woman in Black,* gegeben, nach der Lola in einer Pension in Brooklyn lebte und halbverrückt in der Nachbarschaft umherirrte.

Dieser Bericht wurde von dem meisten späteren Biographen übernommen. Er beruht auf einem anonymen Brief an den Herausgeber des *Brooklyn Eagle* vom 16.4.1894, 7c6. Jeder Brief und zeitgenössische Zeitungsbericht, die von Lolas letztem Lebensjahr handelt, als auch die Volkszählung in den USA im Jahr 1860, die ihre Adresse in Manhatten nachweist (15th Ward, 3rd District, S. 339, Dwelling House 370, Family 462, 22.6.1860), machen deutlich, daß dieser Brief, der mehr als 30 Jahre nach ihrem Tod geschrieben wurde, falsch ist.

Epilog

1 [Dyer], *Penitent,* 17; KLA 39, Akte Buchanan, Maria Buchanan an KL, 8.4.1861; *Sunday Dispatch* [Philadelphia], 27.1.1861, 1c8. Einige Monate nach dem Tod von Lola berichtete der Korrespondent der *Sacramento Union* in New York von Gerüchten, denen zufolge Mrs. Buchanan Lola während ihrer Krankheit betrogen und beschimpft und daß die Krankenschwester sie mißhandelt hätte. Er selbst habe gesehen, daß der Raum, in dem sie gestorben war, schmutzig und verwahrlost gewesen sei (*Sacramento Union,* 22.5.1861, 1c4). Obwohl es keine Frage ist, daß das Zimmer von Lola bescheiden war, wird diese Geschichte nicht durch Berichte von Lolas Freunden bestätigt, die alle davon sprachen, welches Glück sie hatte, in ihren letzten Tagen eine so gute, christliche Freundin zu finden. Siehe, z.B., die Zeugenaussage von Reverend Hawks in [Dyer], *Penitent,* 35–36; den Nachruf von Charles Leland in *Frank Leslie's Illustrated Newspaper,* 2.2.1861, 165c3; *Sun* [New York], 20.1.1860, 4c6.
2 [Dyer], *Penitent,* 36–37; *Evening Post* [New York], 19.1.1861, 3c6.
3 *New York Evening Post,* 21.1.1861, 2c2–3.
4 *Frank Leslie's Illustrated Newspaper* [New York], 2.2.1861, 164f. Der Nach-

ruf ist nicht unterzeichnet, aber die Details weisen deutlich darauf hin, daß der Autor Leland war.
5 *New York Times,* 21.1.1861, 8c1.
6 *Albion* [New York], 22.1.1861, 44c2; *Irish American Weekly* [New York], 26.1.1861, 2c2.
7 *Morning Star and Dial* [London], 7.2.1861, 5c2; *Sunderland Herald,* 8.2.1861, 6c7; *Daily Telegraph* [London], 9.2.1861, 4c5–6, und 5c1.
8 *Morning Post* [London], 7.2.1861, 4c6.
9 *Sun* [New York], 25.4.1897, sec. 3, 9c4.
10 KLA 39, Akte Wendland, Wendland an KL, 15.2.1861.
11 KLA 39, Akte Buchanan, Maria Buchanan an KL, 16.3.1861.
12 KL an Maria Buchanan, 9.4.1861, Harvard Theatre Collection.
13 KLA 39, Akte Papon, Papon an KL, 6.8.1852, 6.9.1852, 3.2.1854; Mirecourt, *Lola Montès,* 64, Fn 1.
14 Über das Leben von Peißner in Amerika, siehe Danton »Elias Peissner«; Farley, »The Day Peissner Fell«; »Colonel Elias Peissner«; und »History of the Class of 1863 of Union College«, 76–79.
15 KA Akte 80668; Xylander und Sutner, *Geschichte* 3:59, Fn 2.
16 Siehe FDE 92–93; Cotton, *List,* 343.
17 IOBL, E/4/840 ff171, 12.11.1856; Hodson, *List* 2:544.
18 Siehe sein Testament, eröffnet am 8.6.1871, im Principal Registry of the Family Division, Somerset House, London; ebenso die Unterlagen über seine zweite Heirat und seinen Tod im General Register Office, London.
19 Siehe *Paddington Times* [London], 20.11.1875, 3c2 und 27.11.1875, 3c1; und ihr Testament im Principal Registry of the Family Division, Somerset House, London.

Bildnachweis

Münchner Stadtmuseum: 25

Archiv für Kunst und Geschichte, Berlin, 33, 47, 91, 139, 145, 159, 177, 263, 273

Bayerische Staatsbibliothek, München: 117, 225

Bayerisches Hauptstaatsarchiv, Geheimes Hausarchiv, München: 205

Stiftung Weimarer Klassik, Herzogin Anna Amalia-Bibliothek: 285

Rare Books Room, Special Collections Department, The Pennsylvania State University Libraries: 403

San Francisco Performing Arts Library and Museum: 373

Personenregister

Abel, Karl von 127, 149, 151, 160, 163, 165, 179–183, 248
Abromowicz, Ignacy 78 ff.
Agoult, Marie, Gräfin von 87, 97
Albrecht, Prinz von Preußen 69
Alston, Reverend Albert 323

Balzac, Honoré de 108
Barre, Ducy 382
Barrez, Hippolyte 94
Barry, Thomas 353, 365
Bassenheim, Friedrich Karl, Graf von 240
Baur von Breitenfeld, August, Hauptmann 240 f., 245
Beauvallon, Jean-Baptiste Rosemond 102–108, 114 ff., 118 ff.
Bennett, James Gordon 347, 355
Berks, Franz von 193 f., 197, 202, 207 ff., 214, 217, 220 f., 223, 227 ff., 235, 245–251, 254, 257 ff., 260, 268
Berlioz, Hector 93, 98
Berryer, Pierre Antoine 115, 119
Bertrand, Arthur 105, 107
Bingham, Peregrine, d. J. 325 f.
Bodkin, Sir William Henry 326 f.
Boigne, Charles de 105 ff.
Booth, Junius 438
Brougham, Lord Henry 320 f.
Brown, Bailiff Thomas 426 ff.
Buchanan, Maria Elizabeth Thompson 463, 482 ff.
Bull, Ole 400
Bülow, Eduard von 68 ff., 89
Bülow, Hans von 68, 98 f.
Burr, Charles Chauncey 440, 445 f., 468 f., 472 ff., 483

Burr, Herman 440, 468 f., 472 ff., 481 ff.

Charlotte Auguste, Witwe von König Franz von Österreich 164, 186
Clarkson, William 326 f.
Conway, H. J. 365, 370
Coppin, George 422 f., 425, 429
Corail, Michel de 339 f.
Crabtree, Lotta 402
Craigie, Eliza Oliver Gilbert 11–17, 24, 26 ff., 34, 37, 77, 485 ff., 494
Craigie, Patrick, d. J. 15 ff., 21, 23 f.
Craigie, Patrick, d. Ä. 19
Craigie, Thomas 37
Crosby, James 417 f., 428

Dahn, Constanze 156
Denker, Maria 221 f., 265 f., 278
Denman, Lord Thomas 46
Diepenbrock, Kardinal Melchior Freiherr von 171 f.
Drew, John 372
Dujarier, Alexandre Henri (geb. Alexandre Honoré) 98 ff., 102–109, 114 ff., 118 f., 144, 468
Dumas, Alexandre, d. Ä. 97, 107 f., 114 ff.
Dumas, Alexandre, d. J. 116
Duval, Léon 115, 118 f.

Eden, Emily 34 ff.
Eigenschenk, Charles 393, 397, 415
Elßler, Fanny 45, 51, 54, 95
Emerson, Frederick 362

Field, Joseph M. 381 f.
Fiorentino, Pier-Angelo 95, 100, 109, 153 f., 165
Fitzball, Edward (geb. Ball) 59 f.
Folland, Frank (geb. Augustus Noel Follin) 409 f., 141 ff., 419, 421, 427, 430 ff.
Follin Miriam 409, 435, 441 ff.
Follin, Susan Danforth 435, 440 f.
Francis, George Henry 213
Frays, August Freiherr von 128–134
Friedrich Wilhelm IV., König von Preußen 70, 110, 128

Ganser, Crescentia 138, 149, 153 ff., 160 f.
Gautier, Théophile 96, 100, 348
Gilbert, Edward 10
Girardin, Emile 99, 103, 108
Goodrich, Samuel Griswold 347
Görres, Joseph von 182, 232
Green, Mary 11
Günther, Karl von 202 f.

Hamblin, Tom 369
Harris, Thomas Lake 440 f.
Harrison, Dr. George 489
Härtreiß, Jacob 258, 266
Hauser, Miska, geb. Michael 391 ff., 414
Havard, Ambros 146, 173 f., 176
Hawks, Reverend Francis Lister 7, 9 f., 486 ff.
Heald, George Trafford 319 ff., 323–329, 331 f., 335 ff., 377, 439 f.
Heald, Susanna 319, 323 f., 329
Heideck, Karl Wilhelm Baron von 139 f., 147 f., 155 ff., 160 f., 188 f.
Heinrich LXXII., Prinz von Reuß-Lobenstein-Ebersdorf 59, 61–65
Henning, Jonathan 382 f, 385, 389
Hirschberg, Graf Eduard von 234, 236 f., 239

Hohenhausen, Baron Leonhard von 226, 228, 333
Hoym, Otto von 456
Hoyt, Bischof Raphl 467
Hull, Patrick Purdy 297 ff., 388, 392 f., 493
Humpelmeyer, Georg 251, 255 f.

Ingram, Charles und Ann 37 ff.
Innes, William 16 ff.

James, Reverend John 28
James, Thomas, d. Ä. 29
James, Thomas, d. J. 24, 26–31, 34, 37 f., 42 f., 46, 48, 493 f.
Janin, Jules 100
Jobson, David Wemyss 456 ff.
Julius, Graf von Schwandt 302 ff.

Karkowski, Eustache 214, 219 ff.
Kaulbach, Josephine von 198 f.
Kaulbach, Wilhem von 169 f., 198
Keene, Laura 410
Kelly, Fanny 44 f.
King, Charles 394 ff.
Kossuth, Lajos 351 f.
Kunft, General Johann von 250

Lasaulx, Ernst von 182 f.
Leeb, Johannes 171
Leibinger, Ludwig 237, 256, 258, 264
Leigh, Francis 119 f.
Leland, Charles Godfrey 488
Lennoc, George 38 ff., 44, 46, 493
Lerchenfeld, Graf Ludwig 131
Lesnowski, Antoni 78, 80, 82
Leuchtenberg, Auguste, Gräfin von 249
Leuchtenberg, Maximilian, Graf von 215
Lincoln, Abraham 482
Lind, Jenny 74, 137
Liszt, Franz 86–92, 97, 110–115
Los Valles, Louis Xavier de Saint-

Sylvain, Baron 214, 216
Louis Philippe, König von Frankreich 93, 267, 269
Ludwig I., König von Bayern 9, 122–144, 146–158, 160–176, 178–217, 219–224, 226 ff., 233, 235, 237, 239 f., 242 ff., 246 f., 249 f., 252 f., 259–272, 274, 278 ff., 281 f., 286 ff., 292–300, 303, 306–321, 323, 332 ff., 338 ff., 345, 490 ff.
Ludwig II., König von Bayern 492
Luitpold, Prinz von Bayern 243
Lumley, Benjamin (geb. Levy) 49 ff., 53, 55 f., 58
Lumley, Sir James Rutherford 26
Lushington, Dr. Stephen 46

Mabille (Victor?) 346, 348 f.
Maffei, Joseph von 248
Malmsbury, James Howard, Harris, Earl of 48 f., 56
Maltzahn, Heinrich, Baron von 130, 134, 138, 161, 166, 168
Marden, Caroline 40
Mark, General Heinrich von der 233
Mark, Xavier 183, 187, 238, 271, 277
Maurer, Georg von 176, 187 f., 181 f., 194, 197, 200 ff., 208 ff., 214
Maximilian II., König von Bayern 197, 280 ff., 288, 492
Mayrhofer, Gregor 253
Meade Brothers, Photografen 355
Meller-Zakomelsky, Georges, Baron 120, 269, 271, 274, 286 f., 302, 305
Metternich, Prinz Klemens von 175, 189
Michelet, Jules 113
Milton, Reverend John Lawrence 421
Mussinan, Johann von 193, 195, 209, 214, 230 f., 249, 262, 265 ff.
Mussinan, Oskar von 193, 204, 238

Neri, Gaetano 356
Nikolaus I., Zar von Rußland 70 f., 73, 78, 85
Nicolls, Sir Jasper 21, 23 f., 28, 57
Nußbammer, Friedrich 138, 141 f., 152, 162, 165, 170 f., 185 f., 193, 195, 212, 493

O'Brien, Patrick 345
Oliver, Charles Silver 11–16
Opitz, Ernestine 222, 289

Palmerston, Lord Henry John Temple 136, 217
Papon, Auguste 293 ff., 300 ff., 309, 311, 317, 491
Pantaleoni, italienischer Tenor 90 ff.
Paskiewitsch, Prinz Iwan Feodorowitsch 78, 81, 85, 220
Pechmann, Johann Nepomuk, Baron von 143, 146, 149, 151 ff., 162, 165
Peel, Robert, d. Ä. 120, 230
Peel, Robert, d. J. 120 f., 130, 266 ff., 286 f.
Peißner, Elias (»Fritz«) 195, 204, 214, 216, 227, 229, 232, 236, 256 ff., 262, 266, 270, 278 ff., 287, 289, 308, 492 f.
Pillet, Leon 94 f.
Pius IX., Papst 182
Placide, Tom 376 f., 384 f.
Pocci, Graf Franz 345

Rachel (geb. Elisa Félix) 381
Rae, Catherine Craigie 20 f., 29, 37, 40 ff.
Reisach, Karl August, Graf von 127, 168, 170, 178, 215
Reissinger, Karl 65 f.
Richemont, Eduard, Graf von 219 f.

Riehle, Ignaz 173, 176
Robinson, Sue 402
Root, Marcus A. 360
Rotenhan, Baron Hermann von 280f.
Rowe, George T. 382, 384f.
Rufenacht, Alexandre Emmanuel 286, 291, 295f.

Sailer, Johann von 172
Schäfer, Joseph 357
Schermerhorn, C. B. 457ff.
Seekamp, Henry Erle 426f.
Seeley, Frederick I., 458ff.
Semper, Gottfried 90
Severine, Dimitri 221
Shipley, Henry 405ff.
Smith, George Washington 354, 369
Steinkeller, Piotr 78, 81f.
Stieler, Joseph Karl 125, 135ff., 192f.
Steinsdorf, Kaspar von 242ff., 246, 248
Stone, Lucy 407
Sturgis, Henry und Mary 37f.
Sue, Eugène (geb. Marie Joseph) 113
Sulkowski, Prinz Ludwig Johann 453f.
Sutter, Johann A. 396, 400

Taglioni, Maria 45, 69
Tann, Heinrich Baron von der 137, 147, 165f., 180, 188, 190, 192, 197f.
Therese von Sachsen-Hildburghausen, Königin von Bayern 124, 126, 143, 185, 194, 211, 214, 253, 260, 269, 275
Thierry, Berta 138
Thierry, Mathilde 138, 174
Thierry, Ulrich 162
Thiersch, Friedrich von 231–236, 240
Thon-Dittmer, Gottlieb von 274ff.
Thornhill, John 37
Tichatschek, Joseph 89

Véron, Louis 350
Viktoria, Königin von England 59, 66, 110

Wagner, Cosima 90
Wagner, Richard 88f., 492
Wallerstein, Prinz Ludwig von Öttingen- 194, 198, 208f., 214, 217, 219–224, 228ff., 234f., 251, 257, 259f., 274f., 267
Ware, Charles P. T., Jr. 360f.
Watson, Sarah 40ff.
Weber, Lt. Theodor 251
Wegner, Caroline 271, 275
Wendland, Freiher August von 337ff., 345, 364
Whall, Inspektor John 324f.
Willis, Edward Payson 347, 351, 357
Wolff, Oskar 111f.
Wollstonecraft, Mary 74

Zenetti, Johann 181, 184f., 194, 198, 209
Zu Rhein, Friedrich Baron von 181ff.

SERIE PIPER

Biographien

Brigitte Hamann
Elisabeth
Kaiserin wider Willen. 660 Seiten mit 57 Fotos. SP 2990

Das übliche süße Sisi-Klischee wird man in diesem Buch vergeblich suchen: Elisabeth, Kaiserin von Österreich, Königin von Ungarn, war eine der gebildetsten und interessantesten Frauen ihrer Zeit: eine Königin, die sich von den Vorurteilen ihres Standes zu befreien vermochte. Häufig entfloh sie der verhaßten Wiener »Kerkerburg«, weil sie nicht bereit war, sich von den Menschen »immer anglotzen« zu lassen. Statt dessen war sie monatelang auf Reisen, lernte Sprachen und trieb – im Rittersaal der Hofburg! – Sport. Schon vor dem Attentat war sie eine legendäre Figur geworden.

Meine liebe, gute Freundin!
Die Briefe Kaiser Franz Josephs an Katharina Schratt aus dem Besitz der Österreichischen Nationalbibliothek. Herausgegeben und kommentiert von Brigitte Hamann. 560 Seiten mit zahlreichen Abbildungen. SP 2228

Rudolf
Kronprinz und Rebell. 534 Seiten mit 35 Abbildungen. SP 800

»... ein Buch, das keineswegs nur historisch interessierte Leser fesseln kann, sondern auch eine reiche Fundgrube für psychologisch Interessierte bedeutet, weil Rudolfs späteres unglückliches Schicksal hier ganz klar und eindeutig aus den katastrophalen äußeren Umständen seiner Kindheit und Erziehung erklärt wird.«
Wochenpresse, Wien

Kronprinz Rudolf
»Majestät, ich warne Sie...«
Geheime und private Schriften. Herausgegeben von Brigitte Hamann. 448 Seiten. SP 824

Diese Schriften geben einen aufschlußreichen Einblick hinter die Kulissen der k.u.k. Monarchie.

»Hier kommt der Kronprinz unmittelbar zu Wort... Es spricht ein erschütternd wirkender Zeuge für eine sich ausweglos abzuzeichnende Lage, die der sensible Prinz offenbar schon sehr früh erkannt hatte und nicht ändern konnte.«
Die Presse, Wien

Biographien

Martha Schad
Bayerns Königinnen
407 Seiten mit 4 Abbildungen.
SP 2569

Über die aus dem Hause Wittelsbach stammenden Monarchen gibt es zahlreiche Veröffentlichungen. Doch wer waren die Frauen an der Seite dieser kunstsinnigen Herrscher? Bayerns Königinnen stammten alle aus führenden Dynastien Europas, waren schön und hochgebildet. Sie wirkten vor allem in ihren Familien, engagierten sich aber auch auf sozialem und kulturellem Gebiet, sie förderten Toleranz, Frömmigkeit und Liberalität im jungen Königreich, erlebten politische Niederlagen genauso wie privates Glück. Für ihre biographischen Studien zog Martha Schad bisher unerschlossene Briefe und Tagebücher aus dem Geheimen Hausarchiv der Wittelsbacher heran und schildert eindrucksvoll und kurzweilig das öffentliche und private Leben der bayerischen Herrscherinnen.

Kaiserin Elisabeth und ihre Töchter
201 Seiten mit einunddreißig Farb- und achtundzwanzig Schwarzweißabbildungen.
SP 2857

Einundzwanzig Salutschüsse kündigten 1855 die Geburt von Erzherzogin Sophie von Österreich an, der ersten Tochter des österreichischen Kaiserpaars Elisabeth und Franz Joseph. Ein Jahr später wurde Erzherzogin Gisela geboren. Als nach dem plötzlichen Tod der gerade zweijährigen Sophie endlich der ersehnte Thronfolger Rudolf zur Welt kam, war die Freude am Hof und beim Volk überwältigend. Zehn Jahre später folgte Marie Valérie, der erklärte Liebling von Mutter Elisabeth, der kleine Sonnenschein am Kaiserhof. Martha Schad schöpft für diese Familienchronik wie eine intime Freundin aus dem privaten Fundus der Kaiserfamilie. Anhand von Briefen, Tagebüchern, Gemälden und Photographien folgt sie den Lebenswegen der Töchter der Kaiserin und denen ihrer Nachkommen bis in die Gegenwart.

SERIE PIPER

Biographien

Dirk Van der Cruysse

»Madame sein ist ein ellendes Handwerck«

Liselotte von der Pfalz – eine deutsche Prinzessin am Hofe des Sonnenkönigs. Aus dem Französischen von Inge Leipold. 752 Seiten. SP 2141

Ein unvergleichliches Bild ihrer Zeit hat Liselotte von der Pfalz in ihren 60 000 Briefen hinterlassen. In diesen Universalreportagen beschreibt sie ihr Leben am Hof ihres Schwagers, des Sonnenkönigs Ludwig XIV., freimütig, spöttisch, oft derb. Die Intrigen und Ränkespiele, die politischen Krisen und die glänzenden Feste bei Hof fanden in »Madame«, der Tochter des Kurfürsten Karl Ludwig von der Pfalz, eine kluge und geistreiche Beobachterin.

»Van der Cruysses Werk berichtet so frisch, wie es seinem Objekt zukommt.«
Die Zeit

»Dirk Van der Cruysse gelang es in bravouröser Weise, diese ungewöhnliche Frau zu rehabilitieren.«
Die Welt

Helga Thoma

»Madame, meine teure Geliebte ...«

Die Mätressen der französischen Könige. 251 Seiten mit 11 Porträts. SP 2570

Die Herrscher des 17. und 18. Jahrhunderts konnten zwar ungehindert Kriege führen, Abgaben eintreiben und Schlösser bauen, beim Heiraten aber mußten sie sich der Staatsräson beugen: Fürstenehen hatten den dynastischen Erfordernissen zu entsprechen, der Repräsentation zu dienen und Thronerben hervorzubringen. Fürs Herz hielten sich insbesondere die französischen Könige Mätressen: geistreiche, schöne, sinnliche Frauen, die mit Intelligenz und diplomatischem Geschick erheblichen Einfluß auf die Staatsgeschäfte der Monarchen gewannen. Daß sie keineswegs nur genußsüchtige, eitle und verruchte Geschöpfe waren, zeigt Helga Thoma in sieben Porträts berühmter Mätressen der französischen Könige, und sie bricht eine Lanze für diese Frauen, die beim Volk verhaßt, aber bei Hof von großem Einfluß waren.

Biographien

Joan Haslip
Marie Antoinette
Ein tragisches Leben in stürmischer Zeit. Aus dem Englischen von Christian Spiel. 436 Seiten. SP 1743

Marie Antoinette, jüngste Tochter der österreichischen Kaiserin Maria Theresia, war ein Opfer der Politik. Um einen alten Erbfeind als neuen Verbündeten zu gewinnen, wurde sie völlig unvorbereitet mit vierzehn Jahren an den späteren König Ludwig XVI. verheiratet. Das unpopuläre Bündnis und die Heirat stießen in Frankreich auf bittere Ablehnung. Königin Marie Antoinette war den Intrigen bei Hof nicht gewachsen und geriet schnell ins politische Abseits. Sie übersah die Zeichen der Zeit und beschleunigte die tragischen Ereignisse. Die Französische Revolution bedeutete das Ende der absolutistischen Monarchie, das mit der öffentlichen Hinrichtung des Königspaars besiegelt wurde. Joan Haslip zeichnet ein einfühlsames Bild dieser widersprüchlichen Herrscherin.

Friedrich Weissensteiner
Franz Ferdinand
Der verhinderte Herrscher. 246 Seiten mit 77 Abbildungen. SP 1532

Eine bekannte Figur auf der geschichtlichen Bühne ist Franz Ferdinand vor allem durch seinen Tod. Die Schüsse von Sarajewo haben den Plänen ein gewaltsames Ende gesetzt, die dieser markanteste Kopf der ausgehenden Donaumonarchie für sein Land entworfen hatte.

Die rote Erzherzogin
Das ungewöhnliche Leben der Tochter des Kronprinzen Rudolf. 288 Seiten mit 27 Abbildungen. SP 1527

Reformer, Republikaner und Rebellen
Das andere Haus Habsburg-Lothringen. 320 Seiten. SP 1954

Die »anderen« Habsburger, das sind die Aufklärer und Liberalen im Erzhaus.

Große Herrscher des Hauses Habsburg
700 Jahre europäische Geschichte. 384 Seiten mit zahlreichen Abbildungen. SP 2549

SERIE PIPER

SERIE PIPER

Biographien

James Cleugh

Die Medici

Macht und Glanz einer europäischen Familie. Aus dem Amerikanischen von Ulrike von Puttkamer. 489 Seiten mit 149 Abbildungen. SP 2321

Die Chronik einer Familie, die wie keine andere die Kultur der Renaissance verkörperte.

Die Medici gehören zu den großen Familien, die die europäische Geschichte und Kultur entscheidend geprägt haben. Sie waren Bankiers, Feldherren, Päpste, Herzöge, Königinnen, Despoten, aber auch geniale Förderer von Kunst und Wissenschaft. Unter ihrer Führung wurde Florenz zum kulturellen Mittelpunkt Europas.

Unter den großen Familien, die den Lauf der europäischen Geschichte prägten, hat wohl kaum ein Name helleren Glanz als jener der Familie Medici. Ob als Bankiers, Feldherren, Päpste, Herzöge, Despoten oder geniale Förderer von Kunst und Wissenschaft – die Medici haben auf vielen Gebieten Weltruhm erlangt. Sie gaben der römischen Kirche zwei Päpste und Frankreich zwei Königinnen. Der Welt schenkten sie als großzügige Mäzene der Kunst unvergleichliche Meisterwerke. Im Mittelpunkt dieser Familienchronik steht deshalb auch die strahlende Gestalt Lorenzos des Prächtigen, des Staatsmannes und Dichters – die ideale Verkörperung des Renaissance-Menschen. Er war Förderer von Leonardo, Botticelli und Michelangelo. Unter seiner Führung wurde Florenz zum intellektuellen Zentrum Europas. James Cleugh erzählt von den Verwicklungen der Renaissance-Politik, den Intrigen, Liebschaften, Kriegen und Morden der Medici, und er befreit die Überlieferung von Legenden und halben Wahrheiten. Das Ergebnis ist eine einzigartige Chronik einer Familie, die dreihundert Jahre in Florenz herrschte und deren Vermächtnis den menschlichen Geist noch jahrhundertelang bewegt hat.

Biographien

Vincent Cronin
Katharina die Große
Biographie. Aus dem Englischen von Karl Berisch. 423 Seiten. SP 2319

Vincent Cronin porträtiert die schillernde Persönlichkeit der russischen Kaiserin, ihr ereignisreiches Privatleben und ihre großen Leistungen als Regentin – gerade auch bei der Verwirklichung weitreichender Sozialreformen.

»Cronins Werk ist *das* Musterbeispiel einer geglückten Lebensbeschreibung überhaupt.«
Die Welt

Prinz Roman Romanow
Am Hofe des letzten Zaren
1896–1919. Herausgegeben von Prinz Nikolai und Prinz Dimitri Romanow. Aus dem Dänischen von Lothar Schneider. 480 Seiten mit 32 Seiten Abbildungen. SP 2460

Eine interessante Innenansicht der prächtigen, streng abgeschirmten, fast mystischen Welt der Zarenfamilie.

Henri Troyat
Rasputin
Eine Biographie. Aus dem Französischen von Yla Margrit von Dach. 224 Seiten mit 14 Abbildungen. SP 2858

Wunderheiler oder Scharlatan, Heiliger oder Wüstling, bauernschlauer Intrigant oder klug taktierender Politiker? Der Faszination dieses düster dreinblickenden Charismatikers mit dem stechenden, etwas irren Blick kann man sich auch heute nur schwer entziehen. Wie war es Rasputin, dem analphabetischen Bauernsohn aus der entlegensten sibirischen Provinz, möglich gewesen, eine solche Macht über den Zaren und seine Gattin und damit in einem Riesenreich wie Rußland zu gewinnen? – Henri Troyat zeichnet ein fundiertes Bild dieser schillernden Persönlichkeit, ihrer Ausschweifungen, ihres Machtinstinkts und ihrer hellseherischen Gaben.

SERIE PIPER

Biographien – Zeitgeschichte

Evelyne Bloch-Dano
**Madame Zola
und die Pariser Boheme**
352 S. mit 7 s/w-Abb. Gebunden
ISBN 3-538-07081-4
Eine fesselnde Biographie mit vielen eingestreuten, bisher unveröffentlichten Briefen und unvergeßlichen Schilderungen aus dem Paris des vorigen Jahrhunderts.

Carolly Erickson
Königin Victoria
352 S. mit 10 s/w-Abb. Gebunden
ISBN 3-538-07082-2
»Eine bewundernswerte Biographie, anschaulich, klug, sorgfältig recherchiert, meisterhaft rekonstruiert und voller aussagekräftiger Details.«
The New York Times Book Review

Edmond und Jules Goncourt
Madame Pompadour
260 S. Gebunden
ISBN 3-538-07075-X
Das Charakterbild einer berühmten Frau, der Mätresse Ludwigs XV. und heimlichen Lenkerin der Geschichte.

Helmut Kaiser
Maria Sibylla Merian
204 S. mit 6 Farbtafeln und 11 s/w-Abb. Gebunden
ISBN 3-538-07051-2
Aus Selbstzeugnissen, umfangreichen Quellen und Dokumenten rekonstruiert Helmut Kaiser das Leben einer ungewöhnlich selbständigen und erfolgreichen Frau.

Serge Lancel
Hannibal
388 S. mit 4 s/w-Abb. Gebunden
ISBN 3-538-07068-7
Die packende Biographie des größten Feindes Roms, eines genialen, listigen Feldherrn und weitsichtigen Politikers nach den neuesten Forschungsergebnissen.

Jean Sévillia
Zita
Europas letzte Kaiserin
360 S. mit 16 s/w-Abb. Gebunden
ISBN 3-538-07076-8
Die Biographie spiegelt zugleich ein Jahrhundert Zeitgeschichte wider: vom Ende des Habsburgerreichs bis zu den Umbrüchen des ausgehenden 20. Jahrhunderts.

Henri Troyat
Rasputin
224 S. mit 14 s/w-Abb. Gebunden
ISBN 3-538-07066-0
Die spannende Biographie einer charismatischen Gestalt, deren Ausschweifungen, Anmaßung und Machtmißbrauch den Sturz des Zarentums beschleunigte.

ℍ Artemis & Winkler